Eduard Engel
Deutsche Stilkunst

BAND 1

Die Andere Bibliothek

Begründet von
Hans Magnus Enzensberger

Eduard Engel

Deutsche Stilkunst

Nach der 31. Auflage von 1931
Mit einem Vorwort bereichert
von Stefan Stirnemann

BAND 1

Inhalt

BAND 1

Vorwort ix–xxxiv

Einleitung 1

ERSTES BUCH
Grundfragen 11
1. Abschnitt: Der Zustand 13
2. Abschnitt: Vom guten Stil 27
3. Abschnitt: Von der Wahrheit 35
4. Abschnitt: Der persönliche und der unpersönliche Stil 47
5. Abschnitt: Vom besten Stil und vom Wege zu ihm 55
6. Abschnitt: Natur und Unnatur. Die Preziösen 61

ZWEITES BUCH
Die Deutsche Sprache 81
1. Abschnitt: Sprachschulmeisterei 83
2. Abschnitt: Deutsche Sprachlehre 97
   Sprachgebrauch und Sprachrichtigkeit
3. Abschnitt: Drei Hauptsünden: 109
   Satzdreh nach Und
   Als und Wie
   Derselbe, Dieselbe, Dasselbe
4. Abschnitt: Hauptwort 121
5. Abschnitt: Zeitwort: 131
   Handlungs- und Leideform
   Erzähl- und Vollendungsform
   Gegenwart der Erzählung
   Wenn mit ›würde‹
   Bin-Form und Sei-Form
   Nachklappen
   Hilfszeitwörter
6. Abschnitt: Allerlei Sprach- und Stilgebrechen: 141
   Welcher
   Prädikat mit Ein
   Ersterer und Letzterer
   Her und hin
   Selten günstig
   Rechtschreibung
7. Abschnitt: Freiheit 149

DRITTES BUCH
Der Ausdruck 155
1. Abschnitt: Die Macht des Wortes 157
2. Abschnitt: Abklatschwort und Eigenwort
   Abgedroschenheit und Ursprünglichkeit 165
3. Abschnitt: Vom Deutschen Wortschatz und seiner Mehrung 179
4. Abschnitt: Ausdrucksmittel 197
5. Abschnitt: Vom nachlässigen, vom schludrigen, vom schlampigen Stil 207
6. Abschnitt: Der sichtbare und der unsichtbare Stil 215
7. Abschnitt: Das Beiwort 231

VIERTES BUCH
Die Fremdwörterei 1 251
1. Abschnitt: Die deutsche Barbarensprache 253
2. Abschnitt: Zur Geschichte der Fremdwörter 267
3. Abschnitt: Die Fremdwörterseuche 285
4. Abschnitt: Der fremdwörtelnde Dünkel 299
5. Abschnitt: Der fremdwörtelnde Schwindel 311
6. Abschnitt: Fremdwörter und Verständlichkeit 327
7. Abschnitt: Milieu und Nuance 337
8. Abschnitt: Die Pücklerei 355

FÜNFTES BUCH
Die Fremdwörterei 2 373
1. Abschnitt: Die unwissenschaftliche Wissenschaft 375
2. Abschnitt: Kunstprosa und Fremdwörter 389
3. Abschnitt: Die Verdeutschung der Fremdwörter 407
4. Abschnitt: Sprachmenger und Puristen 439
5. Abschnitt: Unsre klassischen Puristen 457
6. Abschnitt: Fremdwörter und Deutsches Volkstum 469
7. Abschnitt: Die Zukunft der Fremdwörterei 479

BAND 2

SECHSTES BUCH
Der Satz 491
1. Abschnitt: Satz und Persönlichkeit   493
2. Abschnitt: Die harmonische Periode und der schöne Satz   507
3. Abschnitt: Länge und Kürze des Satzes   519
4. Abschnitt: Der Schritt des Satzes   529
5. Abschnitt: Haupt- und Nebensätze –
              Neben- und Untergeordnet   537
6. Abschnitt: Der Schachtelsatz   553
7. Abschnitt: Wortstellung   571
8. Abschnitt: Zeichensetzung   587

SIEBENTES BUCH
Der Aufbau 599
1. Abschnitt: Ordnung und Unordnung   601
2. Abschnitt: Anfang, Übergang, Schluß   613
3. Abschnitt: Belebung   631
4. Abschnitt: Kurz und bündig   649
5. Abschnitt: Wortmacherei   657

ACHTES BUCH
Der Ton 669
1. Abschnitt: Stilgemäß und stillos   671
2. Abschnitt: Schlichtheit   687
3. Abschnitt: Übertreibung   699
4. Abschnitt: Humor, Witz, Ironie   707
5. Abschnitt: Geistreichtum und Geistreichtun   721
6. Abschnitt: Geborgter Geist: Zitat, Manier, Phrase   729

NEUNTES BUCH
Die Schönheit 745
1. Abschnitt: Schmuck   747
2. Abschnitt: Bild   757
3. Abschnitt: Wohllaut   779
4. Abschnitt: Klarheit und Verständlichkeit   795
5. Abschnitt: Hilfsmittel zum guten Stil   813

ZEHNTES BUCH
Die Stilgattungen 827
1. Abschnitt: Belehrungsstil   829
2. Abschnitt: Zeitungsstil   845
3. Abschnitt: Kunstschreiberstil   857
4. Abschnitt: Kanzleistil   871
5. Abschnitt: Rednerstil   883
6. Abschnitt: Briefstil   893
7. Abschnitt: Deutsche Prosameister   905

Blattweiser 921

Vorwort von Stefan Stirnemann

Deutsche Stilkunst – das gestohlene Lebenswerk

Es gibt Bücher, die nicht für sich selbst sprechen können – nicht, weil sie keine eigene Sprache hätten, sondern weil sie geknebelt waren und nun erst wieder zur Sprache finden müssen. Jahrzehnte stand Eduard Engels *Deutsche Stilkunst* unscheinbar in den Regalen der Antiquariate, und man machte sich, falls man sie fand, an ihr die Hände staubig. Gedruckt war sie in gebrochener Schrift, in der Fraktur, die jeden Text in die Vergangenheit entrückt.

Was hat es mit Eduard Engels verschollener Stimme auf sich?

Eduard Engel hat mit seiner *Deutschen Stilkunst* bis heute den Stil der Stilbücher geprägt. Seine Art aufzutreten hat Schule gemacht: mit unakademischer Begrifflichkeit, mit vorbildlichen Sätzen der Meisterinnen und Meister des Stils, mit einer Fülle abschreckender Beispiele aus der Literatur und den Zeitungen. Für seine Ansichten zu Wort, Satz und Text rief er Eideshelfer auf – die Klassiker mit ihren Überlegungen.

Engels *Deutsche Stilkunst* erschien von 1911 bis 1931 in 31 Auflagen und in einer Stückzahl von 68 000. Im Nationalsozialismus fielen das Buch und sein jüdischer Autor den rassistischen Gesetzen zum Opfer: Eduard Engel erhielt Publikationsverbot und wurde zum Verfemten. 1943 – Engel war fünf Jahre zuvor gestorben – stahl Ludwig Reiners das erfolgreiche Buch und veröffentlichte eine eigene »Deutsche Stilkunst«. Er hat sein Werk – nicht ungeschickt, aber ohne tiefere Kenntnis – aus den Büchern anderer zusammengestellt; die wesentlichen Teile übernahm er von Eduard Engel. Auf diese Weise wirkte Reiners am nationalsozialistischen Vernichtungsprogramm mit. Die Menschen, die in der mörderischen Wahnvorstellung jener Zeit als Juden gebrandmarkt waren, sollten nicht nur entrechtet und ermordet werden, auslöschen wollte man auch ihren Beitrag zum Leben des Geistes; die deutsche Kultur sollte »entjudet« werden. Das nationalsozialistische Plagiat wird unter dem seit 1949 verkürzten Titel »Stilkunst« bis heute verlegt.

Ohne Namen spricht Eduard Engels Stimme aber nicht nur in der Reinersschen »Stilkunst«; über sie ist der geplünderte Engel zu Reiners' Nachfolgern gelangt. Ein Beispiel: Wolf Schneider, der sachkundige Stillehrer, verwirft in seinem Buch *Deutsch für Kenner* die umständliche Schreibart der Akademiker, »jene Abhandlungen deutscher Gelehrter«, und begründet sein Urteil mit einem bildkräftigen Ausspruch Goethes: »wo sie rechts und links abschweifen und die Hauptsache vergessen machen, wie Zughunde, die, wenn sie kaum ein paarmal angezogen haben, auch schon wieder ein Bein zu allerlei bedenklichen Verrichtungen aufheben, so daß man mit den Bestien gar nicht vom Fleck kommt, sondern über Wegstunden tagelang zubringt.« Das steht nicht genau in dieser Form bei Goethe – nämlich in einem der Goethegespräche, die Johannes Falk überlieferte –, sondern bei Ludwig Reiners, und der hat es von Engel. Engel hatte den Wortlaut ein wenig verändert, um den Satz in seinen Zusammenhang einzupassen, und Reiners schrieb, unvertraut mit Goethe, blind ab.

Eduard Engel kannte Goethes Werk gründlich. Er verfaßte eine zweibändige Biographie, gab eine fünfbändige Volksausgabe seiner Werke heraus und stellte eine Sammlung seiner Sprüche zusammen. In der Einleitung dazu schreibt Engel: »Sämtliche Dichtungen in Vers und Prosa; jedes wissenschaftliche Werk, auch die gefürchtete Farbenlehre; jeder Brief, jedes Gespräch, jedes Tagebuchblatt – alles wurde wie zum erstenmal für dieses Buch neu gelesen. Dies hielt ich für meine Pflicht, und ›Seines Fleißes darf sich jedermann rühmen‹, heißt es bei dem nicht unbescheidenen Lessing. Ich rühme mich meines Fleißes nicht, denn wollte ich die selbstgestellte Aufgabe redlich erfüllen, so war die erreichbare Vollständigkeit ohne unermüdlichen Fleiß nicht möglich.«

Nun geht es gewiß nicht darum, nachzuweisen, wer welches Goethezitat ins Spiel brachte, hat doch auch Engel manche Einzelheit von anderen übernommen. Vielmehr steht eine ganze Auswahl der Stilvorbilder in Frage, ein Kanon, und mit ihm die Gedankenwelt, in die er eingebettet ist. Schneider schreibt über sein Buch: »Viele Beispiele dafür, was die deutsche Sprache leisten kann, stammen aus dem 18. Jahrhundert, von Lessing, Lichtenberg und Goethe, und sie sind überhaupt nicht veraltet, so wenig wie aus dem 19. Jahrhundert Heine, Büchner oder Nietzsche.« Diese Wahl und Deutung leistungsfähiger deutscher Sprache des 18. und 19. Jahrhunderts stammt wesentlich von Eduard Engel. Auch hier, nicht nur in der Art des Auftretens, haben Schneider und andere in ihm ihren ungekannten Vorgänger.

Hinter Kanon und Buch steht eine Person, eine Persönlichkeit: Eduard Engel, der Autor, ist Eduard Engel, der Mensch. Dieser Mensch war ein ausgefuchster Fachmann der Sprache, des Schreibens und der Literatur. Aus einer Erfahrung schöpfend, die er in langer Lebensarbeit erworben hatte, gab er in seiner Zeit seine gute Lehre und kann sie von nun an wieder geben, mit eigener Stimme und nicht mehr in der Verballhornung seines nationalsozialistischen Plünderers Ludwig Reiners.

Engel war ein Mann der Leidenschaft. Sah er den Wert der Sprache und die Ehre seines deutschen Vaterlandes in Gefahr (was oft der Fall war), brach er in schallenden Zorn aus. Im Einsatz für einen verständlichen und klaren deutschen Stil kämpfte er gegen die »Fremdwörterei«. Deshalb waren jeweils schnell die Vorwürfe Purismus und Chauvinismus zur Stelle, damals, als er selbst und sein Name noch lebten, und auch später, wenn sein verschollener Name selten einmal genannt wurde. Chauvinismus ist die verbohrte, blindwütige und kriegerische Liebe zur Heimat, Purismus das krampfhafte und schrullige Vermeiden von Fremdwörtern. Eduard Engel verdient es, gehört zu werden, ohne daß man gleich grobe Stempel bereitlegt.

Ich fand Engels *Deutsche Stilkunst* vor Jahren in meiner Schweizer Heimat. Es war ein Stück der letzten Auflage von 1931, sorgsam in einen klassisch-blauen Schulschutzumschlag eingefaßt. Ein vorne eingeklebtes Blatt sagte mir, daß dieses Buch der zweite Fortschrittspreis war, den der Schüler Gallus am 15. Juli 1939 in Fribourg bekommen hatte, in der Zeit seiner Gymnasialstudien am Kollegium St. Michael.

Der Umschlag war an einigen Stellen bleich geworden, die Seiten aber waren glatt und frisch geblieben und nur wenige Sätze sorgfältig mit Bleistift unterstrichen. Hervorgehoben hatte sich der junge Gallus in der Einleitung den Satz: »Guter Stil läßt sich nicht künstlich anlernen; wohl aber läßt sich jeder Schreiber, der eines guten Willens ist, auf den Urgrund aller echter Stilkunst leiten: auf die Wahrheit, die Natürlichkeit jedes von ihm geschriebenen Wortes.« Im zweiten Drittel des Buches war dieser Satz unterstrichen, die Hauptteile sogar in blassem Rot: »Es gibt, wie in aller Kunst, so in der Stilkunst nur *eine* schöne Harmonie: das Zusammenstimmen von Gehalt und Form; ja man kann noch weitergehend für unsern Fall sagen: das Zusammenstimmen des Schreibenden und des Geschriebenen.«

Hätte ich dem Gymnasiasten Gallus die Hand führen können, so hätte ich ihn noch eine Stelle unterstreichen lassen, um ihm zu zeigen, was Engel vom Gegenüber des Schreibers, vom Leser, sagt und von dem, was beide verbindet. Wo Engel davor warnt, zuviel Wissen in die Sätze zu packen, schreibt er: »Hier läßt sich einmal ein handgreiflicher Rat geben, wie man einem der ärgsten Gebrechen des Satzbaues und damit der ganzen Darstellung siegreich begegnen kann. Man habe die rechte Liebe zur Sache und zum Leser, nicht zu sich und seinen kleinen Eitelkeiten! Die Liebe blähet sich nicht, sie sucht nicht das Ihre: nicht alles, was du weißt oder was dir köstlich scheint, frommt dem Leser, oder doch nicht in diesem Augenblick.«

Ferner hätte ich dem angehenden Studenten empfohlen, Engels Sätze nicht nur zu unterstreichen, sondern laut zu lesen. Eduard Engel hat als Stenograph des Reichstags zehntausend Reden gehört und mitgeschrieben, er hatte anspruchsvolle Ohren. Engels Ideal, sein Hochziel, wie er sagt, ist die gesprochene Sprache, und seine Sätze zeigen ihre Natürlichkeit und Schönheit, wenn man sie spricht.

Offenbar hatte man im Jahr 1939 in der Schweiz nichts davon vernommen, daß Eduard Engel zu den Geächteten zählte und daß man seine Bücher in niemandes Hand geben durfte, schon gar nicht in die eines Schülers. Wer es gehört hat, hat es wohl nicht geglaubt.

Vorwort

Chauvinistischer Purismus

Für Eduard Engel ist der Umgang mit Fremdwörtern und Wörtern aus fremden Sprachen zunächst eine Frage des Stils und damit zugleich – sofern jeder Schreibende das Ziel haben sollte, verstanden zu werden – eine Frage der Verständlichkeit. Deswegen behandelt er solche Wörter in einem Buch mit dem Titel *Deutsche Stilkunst*.

Im Vordergrund steht für ihn ein gesellschaftliches Problem: »Die Fremdwörterei ist die granitne Mauer, die sich in Deutschland zwischen den Gebildeten und den nach Bildung ringenden Klassen erhebt.« Im achten Buch, im Abschnitt »Schlichtheit«, zitiert er den Satz einer Arbeiterzeitung: »Die Nationalzeitung, die publizistische *femme soutenue* der Großbanken, beschäftigt sich mit dem Elend der Arbeitslosigkeit« und fragt: »Was soll sich der lesende Arbeiter dabei denken?«

Die Art zu sprechen und zu schreiben, indem man Muttersprache, Fremdwörter und Fremdsprachen mischt, nennt Engel mit einem alten Wort »Welsch«. Wer nicht weiß, was Engel damit meint, kann daran Anstoß nehmen, ebenso am Wort »Entwelschung«, das Engel zuerst als Haupttitel, in weiteren Auflagen als Untertitel seines *Verdeutschungsbuches* verwendet. Der sogenannte Welscher ist nur ein Menschentyp. Er ist gerade nicht der Angehörige eines anderen Volkes, der mit diesem zusammen zu verachten wäre: »Welsch ist zum allergrößten Teil die Sprache des Bildungs- und Gelehrtendünkels, zum sehr umfangreichen die des Schwindels, zum allergeringsten die eines berechtigten wissenschaftlichen Bedürfnisses.« (*Verdeutschungsbuch*) Der an sich harmlose Sinn des Wortes ist in der Zusammensetzung Kauderwelsch spürbar, die Engel ebenfalls verwendet. Für die Dünkel- und Schwindelsprache benutzt Engel noch weitere Namen: Rackerlatein, Apothekergriechisch, Leierkastenitalienisch. Um den schülerhaften Bildungshochmut zu treffen, nennt er sie Pennälerei; weil andere Sprachen bestohlen werden, *Kleptomania linguistica*, und mit einem satirischen Glanzstück heißt er sie Polylalie, das Reden in vielen Zungen. Gegen das Sprachgemisch führt Engel »die herrlichen deutschen Kraft- und Saftwörter unserer Sprachmeister« ins Feld.

In dieser Art von Arbeit überzeugt er mit seinem Bemühen um Verständlichkeit und mit seiner Sprachphantasie. Vor einigen Jahren wurden Verdeutschungen für das Wort »Fast Food« gesucht; den Vorschlag »Dampfmampf« hätte Engel sicher mit Freude in sein Verdeutschungsbuch eingetragen.

Welche Haltung nimmt Eduard Engel gegenüber anderen Völkern ein? Hätte er sie geringgeschätzt, so hätte er sich nicht mit ihrer Literatur befaßt. Für Deutsche nicht schmeichelhaft zu lesen, schreibt er im Buch *Frankreichs Geistesführer*: »In Frankreich war die Literatur lange Zeit überwiegend der Pflege der höchsten Stände anvertraut; in Deutschland sind es noch heute weit überwiegend die Mittelstände, die schaffend oder genießend zur Literatur in Beziehung stehen: daher der mehr weltmännische Geist der französischen, der oft etwas spießbürgerliche der deutschen Literatur.«

An der *Deutschen Stilkunst* fällt auf, daß Engel in den letzten Auflagen immer mehr deutsche Wörter einfügt, beispielsweise »Abschnitt« für »Kapitel«. Über bestimmte Fremdwörter will er sich mit einer besonderen Schreibweise lustig machen, beispielsweise mit »Nüankße« für »Nuance«. Anke Sauter behandelt diese Zusammenhänge und viele weitere in ihrer Dissertation über Eduard Engel.

Was Engel selbstkritisch zum Ton sagt, den er gegen die »Welscher« anschlägt, gilt auch für den Inhalt: »Ob ich in der berechtigten sachlichen Empörung nicht doch einmal falsch gegriffen habe, darüber steht nicht mir das Urteil zu.« Wenn zum Purismus die Schrulligkeit gehört, so wirkt Engel selten puristisch. Sein Tonfall ist allerdings heftig, und oft scheint ihn der Humor verlassen zu haben.

In den Jahren des Ersten Weltkriegs werden seine Äußerungen besonders grell, und hier steckt Eduard Engel tief in der Geschichte jener Zeit. Ihm zum Vorwurf zu machen, daß er Deutschlands Sieg wollte und die Niederlage und den Versailler Vertrag als Unglück ansah, wäre allerdings unangemessen. Engel ließ freilich seinen Gefühlen weiten Auslauf und forderte in einem seiner Aphorismen statt der Vaterlandsliebe sogar die Vaterlandsleidenschaft. *(Selbstgedachtes)*

Gehört Eduard Engel mit dem Kampf für ein reines Deutsch, den er schließlich mit seinem Verständnis von Vaterlandsleidenschaft verband, in die Frühgeschichte des Nationalsozialismus? Die naheliegende Frage verkennt, daß die Nationalsozialisten die Fremdwörter gar nicht ersetzen wollten. Ein Beispiel: Für seine letzte Auflage der *Deutschen Stilkunst* schrieb der Reichstagsstenograph Engel für die Wörter »Stenographie« und »stenographieren« »Kurzschrift« und »kurzschreiben«. Friedrich Kellner, ein Justizinspektor, der im Dritten Reich Tagebuch führte, vermerkt unter dem 26. August 1942: »Die Verbesserer der deutschen Sprache werden stolz gewesen sein, als sie für das griechische Wort ›Stenographie‹ das deutsche Wort ›Kurzschrift‹ erfunden hatten. Die Freude war nur von kurzer Dauer. Der Führer hat jetzt angeordnet, daß in Zukunft nicht mehr die Bezeichnung ›Kurzschrift‹, sondern lediglich die Bezeichnung ›Stenographie‹ Verwendung finden soll. – So hat ein Führer doch seine Sorgen.« *(Vernebelt, verdunkelt sind alle Hirne)*

Der Kampf gegen Fremdwörter unterliegt dem gleichen falschen Urteil wie die Frakturschrift. Diese wirkt heute als Schriftform des Nationalsozialismus, doch in Wahrheit wurde sie damals abgeschafft. Joseph Goebbels hielt in seinem Tagebuch vom 2. Februar 1941 den Vorgang und seinen Grund fest: »Der Führer ordnet an, daß die Antiqua künftig nur noch als deutsche Schrift gewertet wird. Sehr gut. Dann brauchen die Kinder wenigstens keine acht Alphabete mehr zu lernen. Und unsere Sprache kann wirklich Weltsprache werden.« Zur Sprache einer eroberten Welt gehörten für die Nationalsozialisten auch Fremdwörter.

In den Mittelpunkt des Problems von Wortwahl und politischer Einstellung gelangt man beim Betrachten des Wortes »völkisch«. Engel schreibt: »Volk ist so edel wie Nation, völkisch wie national, und selbst der gelegentliche Mißbrauch durch die einseitig und aufdringlich Völkischen wird dieses gute, ja unentbehrliche deutsche Wort nicht mehr verdrängen.« In *Was bleibt?*, seiner Sichtung der Weltliteratur, behauptet Engel: »Je völkischer, desto bleibender; ja man kann kühn verallgemeinern: nur das Völkische verbürgt Dauer.« Er fügt aber die entscheidende Einschränkung an: »nur das Völkische, das zugleich allgemeinmenschlich ist.« Der Nationalsozialist Gerhard Baumann, der 1936 Eduard Engel als Juden angriff, schreibt zu dessen Verwendung des Wortes »völkisch«, sie klinge »nicht bloß national, sondern fast nationalsozialistisch«, weist aber Engels Einschränkung höhnisch zurück: »Er vertritt, wie jeder Jude, das Ideal des Allgemeinmenschlichen, das über das Völkische hinausgeht.«

Eduard Engel paßte auch unabhängig von seiner Herkunft nicht zum Nationalsozialismus.

Eduard Engel – Berufsschriftsteller

In der Einleitung zu seinem *Verdeutschungsbuch* nennt sich Engel (1851–1938) einen Berufsschriftsteller und erklärt damit zu wenig. Er war auf vielen Gebieten tätig und eine in der Öffentlichkeit bekannte Persönlichkeit. Studiert hatte er alte und neue Sprachen und seine Doktorarbeit zu einem altfranzösischen Thema geschrieben. Über seine Arbeit als amtlicher Stenograph berichtet er: »Der Verfasser glaubt durch seinen Lebensgang in besondrer Weise zu einem Urteil über den deutschen Sprachgebrauch erzogen zu sein. Mehr als 30 Jahre hat er im amtlichen Dienste des Reichstags viele tausend Reden von vielen hundert Rednern – darunter Bismarck, Moltke, Treitschke – nicht nur angehört, sondern nach seiner Neigung und seinem Berufe sprachlich geprüft.« *(Gutes Deutsch)*

Engel gab einige Jahre lang das *Magazin für die Literatur des In- und Auslandes* heraus und schrieb Literaturgeschichten der deutschen, französischen, englischen und nordamerikanischen Sprache. Wie er arbeitete und daß er in vielfältigen Beziehungen stand, zeigt sich in seinen Erinnerungen: »Als ich im Spätsommer 1882 in der Pariser Staatsbücherei an den letzten Abschnitten meiner Geschichte der französischen Literatur arbeitete, lud mich Zola, der damals, wie regelmäßig im Sommer, auf seinem Landsitz in Medan lebte, zum Besuch ein. Ich folgte seiner Einladung gern, denn wer hätte mich Zuverlässigeres über ihn selbst und seine ›realistischen‹ Freunde lehren können? Für wissenschaftlich gilt solch unmittelbares Schöpfen aus den Lebensquellen in Deutschland nicht: hier enthalten nur die gedruckten Werke – ›die Texte und die Kommentare‹ – die eigentliche Wissenschaft, denn nur aus Texten und Kommentaren kann man ›zitieren‹ und Anmerkungen machen. Dennoch habe ich für meinen Abschnitt über Zola und seine Zeitgenossen, z. B. Daudet, meine menschlichen Kenntnisse mitverwertet, weil ich gerade sie, die wahres Wissen sind, für wahre Wissenschaft halte. Mit den Jüngstdeutschen von 1885, mit Liliencron, Heyse, Raabe, Keller und manchen andern habe ich es nachmals für meine Geschichte der deutschen Literatur ebenso gehalten.« *(Menschen und Dinge)*

Von Theodor Fontane konnte er schreiben, er habe die Ehre genossen, »Freund von ihm genannt zu werden.« Anke Sauter bringt einen wichtigen Teil seiner Berufsarbeit auf den Begriff, Eduard Engel habe »Literaturvermittlungsgeschichte« geschrieben, »durch die Entdeckung des erzählerischen Werkes von Fontane, durch die Förderung Raabes, Liliencrons, Zolas und Poes.« Neben seinen Büchern über Literatur und Sprache stehen Titel wie *Eisenbahnreform* und *Kaspar Hauser. Schwindler oder Prinz? Ein urkundlicher Roman*. Engel verfaßte auch Novellen. Über ein weiteres Feld seiner Tätigkeit, über seinen Beitrag zur Einführung der Sommerzeit, erzählt er: »Aber wie war das mit meiner Erfindung der Sommerzeit? O damals, als sie eingeführt wurde, am 1. Mai 1916, berichtete die Presse, daß ich das Karnickel sei, das angefangen habe; dann geriet mein Anteil in Vergessenheit.«

Nicht vergessen wurde Eduard Engel als Literaturwissenschaftler und Stillehrer. 1931 machte ihn der Allgemeine Deutsche Sprachverein zum Ehrenmitglied, und Engel stand nun in einer Reihe mit den Politikern Bismarck und Hindenburg, dem Dichter Peter Rosegger, den angesehenen Germanisten Friedrich Kluge und Otto Behaghel. Im Jahr darauf veröffentlichte der erfolgreiche Spötter Robert Neumann seine zweite Sammlung literarischer Parodien, *Unter fremder Flagge*, und ließ im Kapitel »Nietzsche und die Folgen« neben Sigmund Freud auch Eduard Engel auftreten. Der verulkte Freud stellt bei Nietzsche eine »prae-embryonale Tantenliebe« fest, und der nachgeäffte Eduard Engel ordnet den Philosophen in die »Gruppe der Wortgaukler« mit »zierig verschnörkeltem Dünkelwelsch« ein. Gekonnt parodiert Neumann den für Engel typischen Witz, einem einfachen deutschen Wort hochverwickelte Fremdwörter gegenüberzustellen, um deren Widersinn aufzudecken: »Aber warum ›kleinlich‹? Warum nicht petitechosesk, petitechosal, petitechosalesk, bagatellizistisch, bagatellizionalizististisch?« Auch daß Eduard Engel Gerhart Hauptmann verabscheute und den »gar mit dem Nobelpreis ausgezeichneten, keines reinen Deutschen Satzes fähige Thomas Mann«, wurde von Neumann auf die Schippe genommen.

Engel, der auch in seinen Erinnerungen nur schweigsam von sich und seinem Leben erzählt, war ein geübter und unternehmungslustiger Reisender. Beim Lesen eines seiner Aphorismen sieht man den Berufsschriftsteller auf der Akropolis eine Leiter hochklimmen, die für Ausbesserungsarbeiten angelehnt war, um, immer auf der Suche nach Erkenntnis, auch die Rückseite von Figuren des Phidias in Augenschein zu nehmen: Phidias habe die Rückseite »ebenso fein ausgearbeitet wie die Vorderseiten, obwohl er wußte, kein Mensch werde je die Rückseiten sehen.« Dieses Beispiel sorgfältiger und verantwortungsvoller Kunstarbeit, die eine Sache rundum ausführt und sich nicht mit einer Schauseite und Andeutungen begnügt, veranschaulicht auch die Arbeit an Texten, wie Engel sie fordert. In der *Deutschen Stilkunst* zitiert Engel gleich im ersten Abschnitt unter dem Seitentitel »Prosa als Kunst« Nietzsches Überlegung zum Arbeiten an einer Seite Prosa wie an einer Bildsäule.

Das Lebensbuch

Als 1911 die *Deutsche Stilkunst* erschien, war Eduard Engel sechzig Jahre alt, und er gab ihr alles mit, was er wußte und konnte. Im Nachwort der Ausgabe, die 1917, also während des Krieges, erschien, nennt er sie »mein Lebensbuch«. Wer so viele Bücher geschrieben hat wie Engel, der sagt mit dieser Bezeichnung etwas. Für seine Arbeit überhaupt hatte er diesen Grundsatz: »Mein schriftstellerisches Lebenswerk war erfüllt von dem Leitgedanken: Es besteht weder Verlangen noch Notwendigkeit für langweilige Bücher.« *(Verdeutschungsbuch)* In der Einleitung legt sich Engel die Latte selbst hoch: »Aber auch danach erkühnte ich mich zu trachten, daß mein Buch über Stilkunst vielleicht eins der Beispiele werde, wie man Fragen der Kunst in künstlerischer Form behandeln könne.« Ob Engel diesen Anspruch erfüllt, entscheidet der Leser nach seinem Geschmack. Wer sogleich entscheiden möchte, dem sei für eine Probe im sechsten Buch, im Abschnitt »Satz und Persönlichkeit«, Engels Meisterstück über die klappernde Satzmühle des Hofrats Schöll angeraten (S. 498 f.).

Broder Christiansen, ein jüngerer Zeitgenosse Engels, gibt in seiner *Kunst des Schreibens* ein Zeugnis der Zustimmung, die sich dieses Lebensbuch einst erwarb: »Aber endlich steht da noch – für sich allein – das prächtige Buch von Eduard Engel über ›Deutsche Stilkunst‹. Es wiegt schwerer, als alle früheren zusammengelegt. Niemand verläßt das Buch unbetroffen, unbeschenkt. Ich verkenne nicht seine Schwäche: es streitet zu lebhaft gegen Wertstörungen dritten und vierten Ranges, um nicht des öfteren das Wertganze falsch, ungerecht zu messen – trotzdem bleibt es anzuerkennen als eine Großtat für die deutsche Prosa.« Christiansens Lob hat Gewicht, weil der Autor im selben Fach wie Eduard Engel auftrat, also ein Rivale war.

Vielleicht ist es kein Zufall, daß Engels *Deutsche Stilkunst* im gleichen Verlag erschien (nämlich bei F. Tempsky, Wien, und G. Freytag, Leipzig) wie einst ein anderes einflußreiches Stilbuch, Karl Ferdinand Beckers *Der Deutsche Stil, Neu bearbeitet von Otto Lyon*. Engel geht an einigen Stellen auf diesen Vorgänger ein; in der letzten Auflage nennt er ihn anders als in den früheren nicht mehr mit Namen. Ein kurzer Vergleich mit Becker macht eine Eigentümlichkeit Engels deutlich.

Karl Ferdinand Becker (1775–1849) war einer der maßgebenden Grammatiker des 19. Jahrhunderts. Als führendes Mitglied des »Frankfurtischen Gelehrtenvereins für deutsche Sprache« begründete er eine Umgestaltung der Sprachlehre, die in Schule und Wissenschaft heute noch wirksam ist. Beckers jüngste Tochter Ferdinande nimmt uns in ihren Erinnerungen ins Vaterhaus mit und erlaubt uns einen Blick auf eine gelehrte Gesprächsrunde im Hause Becker: »So habe ich auch stundenlang bei meiner Handarbeit in einem Eckchen sitzend mit Interesse zugehört, wenn die gelehrten Herren, meist Schulleute aus Frankfurt, an bestimmten Tagen mit Vater jeder das Seine besprachen. Wurden die Sachen einmal gar zu subtil (einige Herren hatten es schrecklich wichtig mit dem Komma u. dgl.), so guckte ich mir derweil die ausgeprägten, ernsthaften Gesichter an und fand dabei meine Unterhaltung.«

Wer es wichtig mit dem Komma hat, dem ist der Satzbau, die Syntax, ein Anliegen, und Ergebnis der Arbeit der Frankfurter war eine neue Auffassung von Syntax. Entsprechend verwendet Becker in seinem Stilbuch für Gliederung und Lehre zahlreiche syntaktische Begriffe. Engel kritisiert Becker deswegen: »Da predigt z. B. eine Stillehre: ›Wenn ein Adjektivsatz das Attribut des Individuums in einem Gegensatze besonders hervorhebt, so wird die Hervorhebung durch Welcher bezeichnet.‹ Der Verfasser war sicherlich der einzige, der diesen Satz verstand.« Engel spottet zu Unrecht, denn Beckers Fachsprache ist sinnvoll und zugänglich, wenn man sich Zeit für sie nimmt. Die Begriffe sind freilich abstrakt – mit Engels Ausdruck: unsichtig – und setzen eine bestimmte Schulung voraus. Eduard Engel ist kein Freund des Abstrakten, er setzt bei seinen Begriffen voll auf fröhliche Phantasie und Verständlichkeit. Namen wie Bandwurmsatz, Treppensatz, Stopfsatz, Kettensatz bezeichnen in erster Linie nicht grammatische Verhältnisse des Satzbaus, sondern Fehler im Bau der Sätze. Ebenso lebendig und anschaulich sind Schreistil, Papierstil, Schwammwort, Eigenwort, Satzdreh.

Einige dieser und ähnlicher Bezeichnungen hat Engel selbst gebildet, manche hat er aus der Tradition übernommen, z. B. aus dem *Deutschen Sprachhort* von Albert Heintze, bei dem er im Gymnasium Deutschunterricht hatte. Was die Eigentümlichkeit seines Lebensbuches ausmacht, ist das Zusammenspiel dieser lebhaften Begriffe.

Eigentümlich ist auch der philosophische Blick auf den Stil. Die Schwindler, die nichts zu bieten haben und doch etwas scheinen wollen, nennt Engel Stilgecken, Stilgaukler oder Zieraffen. Bei aller Lustigkeit der Bezeichnung zielt Eduard Engel hier auf den Punkt seines größten Ernstes. Engels Kernbegriff ist die Wahrheit, die Redlichkeit, und der Feind schlechthin, den er sich erwählt hat und dem er allenthalben in den Weg tritt, ist der unredliche Autor, der Hochstapler: »Die unverzeihliche Todsünde des Stils, die Sünde gegen den heiligen Geist der Menschenrede ist die Unwahrheit.« Zur Wahrheit, die den guten Stil ausmacht, gehört auf fast gleicher

Höhe die Person, die jeder ist oder sein kann: »Kein Mensch spricht wie ein andrer Mensch, wie sollte da ein Schreiber anders als ganz persönlich schreiben?«

Eine weitere Eigentümlichkeit Engels ist sein kunstvoller Umgang mit Zitaten: »Ein selbstgefundenes, selbstempfundenes, nicht abgedroschenes Wort eines großen Dichters kann am passenden Ort wundervoll wirken, jede Erwiderung lähmen, einen langen Beweis krönen.« Engel sucht bei den Klassikern Bestätigung, und einmal unterläuft ihm ein Fehler, der ihn eigentlich auszeichnet. Seine leitende Idee der »sorgsamen Rücksicht auf den Leser« unterstützt er mit einem Satz aus Kellers *Grünem Heinrich*: »Der Seher ist erst das ganze Leben des Gesehenen, so ist erst der Leser das ganze Leben des Geschriebenen.« Von Keller stammt aber nur der erste Teil, die Anwendung auf den Leser ist Engels Leistung; er vermischte seine eigene Folgerung mit dem Wortlaut Kellers: Engel hat mit den Gedanken seiner Gewährsmänner gearbeitet und sie weitergedacht.

Gleich unscharf führt Engel seinen Begriff der »Schrittmäßigkeit« auf Goethe zurück. Der Begriff bezeichnet »das goldene Mittelmaß« des Satzbaus, aber anders, als es Engels Darstellung nahelegt, meint Goethe mit dem Wort, das er nur einmal verwendet hat, keine Eigenschaft des Stils, und er hat es nicht eigentlich selbst erfunden, sondern allenfalls aus dem Adjektiv »schrittmäßig« gebildet, der zeitgenössischen Verdeutschung des Musikwortes *andante*. Auch ohne den vollen Segen Goethes ist der Begriff wesentlich für Engels Buch. Sätze und Texte sind für Engel Gebilde voller Bewegung, und Engels Gefühl für Rhythmen und Klänge setzt auch sein Lebensbuch in Bewegung – seine Leser hoffentlich auch.

Wer ist ein Jude?

Beim ersten Auschwitz-Prozeß in Frankfurt am Main sagte ein Angeklagter über das Kind eines SS-Offiziers: »Er war sechs Jahre alt und hatte eine Tafel um den Hals gehabt, wenn er ins Lager gegangen ist, seinen Vater zu suchen. Auf der Tafel ist gestanden, daß er der Sohn vom Schutzhaftlagerführer Schwarzhuber ist, damit sie ihn nicht schnappen und weg in die Gaskammer mit ihm. Er geht ja nur seinen Vater suchen.«

In der mörderischen Wahnwelt der Nationalsozialisten war es offenbar nicht immer leicht, die jüdische oder nichtjüdische Herkunft festzustellen. Und was bei Kindern schwierig war, fiel auch bei den Künstlern und ihren Werken schwer. Über den Komponisten Franz Schreker stand 1938 im Handbuch *Die Juden in Deutschland*: »Nichtarische Abstammung noch nicht einwandfrei erwiesen.« Auf dem Feld der Literatur wollte Adolf Bartels schon Jahre vor 1933 den Grundsatz der »reinlichen Scheidung« durchführen, Juden und Deutsche voneinander trennen. Eduard Engel nannte Bartels in seiner *Deutschen Literaturgeschichte* einen »teutonischen Berserker«, und Kurt Tucholsky führte 1922 in dem Aufsatz *Herr Adolf Bartels* vor, wie abgründig lächerlich Bartels' Unternehmen war. Er zitiert Bartels: »Von Rudolf Borchardt weiß ich noch nichts. Jude wird er ja sein.« Über Klabund schrieb Bartels: »Er hat immerhin eine jüdische Großmutter.« Dazu Tucholsky: »Die ehrwürdige Großmutter Klabunds stammt übrigens lustiger Weise von einer Lieblingsredensart des Dichters, der in seiner christlichen Arglosigkeit zu sagen pflegt: ›Wenn das meine jüdische Großmutter wüßte!‹ Soweit die Quellen des Herrn Bartels.« Was damals lächerlich wirkte, war wenige Jahre später tödlich.

Eduard Engel wurde wiederholt öffentlich als Jude angeprangert. Theodor Lessing schrieb über ihn 1930 in seinem fragwürdigen Buch *Der jüdische Selbsthaß* die kurze Bemerkung: »Es ist ein altes Gesetz, daß Überläufer zu Eiferern werden. Sie wären in sich selber nicht sicher, wenn sie nicht ausdrückliche Bestätigung von seiten einer Volkheit fänden. Kein reinbürtiger Deutscher könnte so polternd das Welschwort verfolgen wie Eduard Engel, der jüdische Reinerhalter der deutschen Sprache.« Abgesehen von der Oberflächlichkeit, mit der Lebensschicksale als typisch jüdisch ausgegeben und darstellt werden, ist das Buch deswegen fragwürdig, weil Lessing die Vorurteile der Antisemiten übernimmt. Was sagt Eduard Engel selbst zur Frage von Herkunft und Glauben? Am Schluß seiner Aphorismensammlung *Selbstgedachtes* schreibt er zurückhaltend: »Wie ich meine fertige Handschrift noch einmal Blatt für Blatt durch meine Finger rascheln lasse, kommt mir der Schlußgedanke, wie wenig ich in diesem Buche von zwei wichtigen Seelengebieten sage: von der Liebe und dem Glauben. Das geschah, weil ich mich nicht in die heimlichsten Heiligtümer eines andern eindrängen mag. Ich wehre dem andern auch das Eindrängen in die meinen.«

1936 veröffentlichte Gerhard Baumann die Untersuchung *Jüdische und völkische Literaturwissenschaft, Ein Vergleich zwischen Eduard Engel und Adolf Bartels*. Darin stellt er anklagend fest, daß Engel »mit allen Mitteln die von Bartels eingeführte rassische Betrachtung der Literaturgeschichte zu verneinen« suche, und verkündet: »Dieser Kampf zwischen beiden ist heute durch die Gründung eines deutschen Staates entschieden, sorgen wir dafür, daß die Entscheidung nicht auf dem Papier stehen bleibt, sondern in der Öffentlichkeit Wurzel faßt.« Die Entscheidung faßte öffentlich Wurzel. Der Germanist Ewald Geißler empfahl 1934 in der Einleitung zum Duden-Stilwörterbuch Eduard Engels *Deutsche Stilkunst* und nannte sie ein vortreffliches Werk. Als 1937 Geißlers Einleitung als selbständiges Bändchen erschien, war der Hinweis auf Engel gestrichen; Begriffe, Beispiele und Gedanken, bei denen Geißler wahrscheinlich vergessen hatte, daß sie von Engel stammten, blieben stehen. Der Allgemeine Deutsche Sprachverein verteidigte sein Ehrenmitglied nicht gegen Baumanns Angriff, sondern druckte in der Verbandszeitschrift eine zustimmende Besprechung ab.

Was seine Herkunft betraf, gab Eduard Engel seine Zurückhaltung nur in Briefen auf und schrieb mit einer auffälligen Redewendung von seinem Austritt aus dem Judentum. Den Brief, den Engel am 5. Juli 1933 an den Schriftsteller Gustav Frenssen richtete, hat Anke Sauter in ihrer Dissertation veröffentlicht. Einen zweiten verdanken wir dem Potsdamer Germanisten und Provenienzforscher Mathias Deinert; er ist ein Zeugnis für das Unglück, das Eduard Engel betroffen hat. Engel schrieb am 28. Juli 1938, wenige Wochen vor seinem Tod, an den Grafen Alexander von Brockdorff, der ihm offenbar Hilfe angeboten hatte: »Hochverehrter Graf! Dank für Ihren gütigen Brief. Meine schwächern Augen erlauben mir keine Beantwortung Ihrer einzelnen Worte. Ich bin vor 54 Jahren aus dem Judentum ausgetreten, trotzdem sind meine Bücher verboten, und ich leide mit meiner Frau – aus dem Hause Kleist – bitterste Not.

Vorwort

Sie können mir nicht helfen, selbst wenn Sie wollten … Ich schuldete Ihnen diese Mitteilung, denn wahrscheinlich haben Sie nicht gewußt, daß ich jüdischer Herkunft bin. Verehrungsvoll, Engel.«

Eduard Engel, der von seiner Herkunft Abstand nahm, geht in seiner *Deutschen Stilkunst* und weiteren Werken etliche Male auf Jüdisches ein oder bringt Deutsches und Jüdisches in einen Bezug. So schreibt er im achten Buch, im Abschnitt über »Witz, Humor, Ironie«: »Die Deutschen sind, nach den Juden, das kritischste, oder doch das krittligste Volk der Erde: da ist es nicht verwunderlich, daß sie die besten Witzblätter haben – und daß die Franzosen reichlich daraus schöpfen.« Neben den Historiker Heinrich von Treitschke, dessen Name für immer mit dem Berliner Antisemitismusstreit und der Formel »Die Juden sind unser Unglück« verbunden ist, stellt er Ludwig Börne: »Bei Lebzeiten hätte sich Treitschke empört über jede Gesellung zu Börne. Börne steht neben Treitschke auch wegen der peinlichen Sprachrichtigkeit und -sauberkeit. Immer wieder staunt man: woher hatte jener Juda Löw Baruch, genannt Börne, aus der Frankfurter Judengasse, sein klassisches Deutsch?« Anke Sauter weist auf dieses auffällige Nebeneinander hin. Börne und Treitschke sind für Engel »deutsche Prosameister«, und es wirkt, als ob Engel einen deutsch-jüdischen Gegensatz versöhnen wollte, den er fühlte, aber nicht beim Namen nennen mochte. Und wenn er als Beispiel kunstvoller Wiederholung Lessings dreifaches »Tut nichts, der Jude wird verbrannt« anführt, so ist er offenbar überzeugt davon, in einer aufgeklärten Gesellschaft zu leben, in der dieses Verbrechen eine gemeinsam gehütete warnende Erinnerung und seine Wiederholung undenkbar ist.

Schaurig wird es, wenn Engel im Abschnitt »Länge und Kürze des Satzes« den Satzbau Eugen Dührings rühmt, bei dem er in Berlin Geschichte der Philosophie gehört hatte. Dühring veröffentlichte 1901 die fünfte Auflage seines schändlichen Buches *Die Judenfrage als Frage des Racencharakters* und schlug als Lösung dieser Frage in verworrener Umständlichkeit die Vernichtung vor. Dieses Buch kann Engel nicht entgangen sein; den Blick in den Abgrund hat er wohl vermieden.

Ludwig Reiners: »Zum Schreiben ist der Sonntag da«

Am 22. August 1956 bildete der *Spiegel* auf dem Titelblatt Ludwig Reiners' Kopf ab, und die Titelzeile lautete wie eben zitiert. Im Artikel selbst verteidigte sich Reiners (1896–1957) mit flauer Selbstironie: »Aber hat der Sonntagsschriftsteller nicht doch eine gewisse Daseinsaufgabe, wenigstens auf meinem Arbeitsgebiet, der – sagen wir ›Gebrauchsliteratur‹?« Während der Woche arbeitete Reiners in München als Direktor einer Textilfirma; er war nach Abitur, Kriegsdienst und kurzem Studium über die »wirtschaftlichen Maßnahmen der Münchener Räteregierung« promoviert worden.

Der Sonntag bot ihm zu knappe Zeit, um über Sprache und Stil ein wirklich eigenes Werk zu schaffen, und so nahm er sich mit Eduard Engels Buch eine Vorlage, die ihm alles vorgab: die Idee, die im Titel »Deutsche Stilkunst« liegt, den Titel selbst, der als Titel eines erfolgreichen Buches eigenen Erfolg verbürgte, die Themen, die Begriffe, Urteile, Zitate und Beispiele. Reiners nutzte auch andere Bücher Eduard Engels und Werke weiterer Autoren, die teilweise ebenfalls jüdischer Herkunft und damit rechtlos waren.

Reiners folgt seinem Meister, auch wo der irrt. Engel schreibt über das Adjektiv (Beiwort): »Wenn des Aristoteles Bericht der Wahrheit entspräche, in des Alkibiades Reden seien die Beiwörter nicht bloß eine Würze, sondern die Hauptkost gewesen, so wäre Alkibiades ein eitler blumiger Schwätzer gewesen – zur Bestätigung des Satzes, daß der Stil der Mensch selber ist.« Engel verwechselte die Namen; Aristoteles nannte nicht Alkibiades, sondern Alkidamas. Reiners möchte als Kenner der Antike angesehen werden, schreibt ab und gestaltet ein wenig aus: »Es ist kein Zufall, daß – nach dem Zeugnis des Aristoteles – gerade der schillerndste Charakter des Altertums das Beiwort zum Kern seines Stiles gemacht hat, nämlich Alkibiades.« Engel berichtigte seinen Irrtum in der zweitletzten Auflage der *Deutschen Stilkunst*.

Reiners läßt sich von einem auffälligen Wort anregen und ordnet weiteres Übernommene darum herum an. Engel schreibt: »Nur der sichre Stilmeister mag sich an Satzgebäude mit vielen Stockwerken wagen; ihm werden hier keine Lehren gegeben, keine

Warnungen erteilt, denn er ist mein Lehrer, nicht ich der seine. Indessen da der Meister wenige, der Schüler viele sind, so sei hier mit äußerstem Nachdruck die Mahnung ausgesprochen: Bauet kurze Sätze!« Einige Absätze weiter: »Willst du aber dem Schreiber wehren, wann ihn der Geist treibt, einen kühngeschwungenen, weitausladenden Satz zu bauen? Keinem will ich irgend etwas wehren, wann der Stoff es fordert und – wenn der Schreiber es kann!« Daraus macht Reiners: »In dem Munde des Meisters ist unsere Sprache auch kühn geschwungener Gefüge fähig. Wer einen Carlos, einen Grünen Heinrich oder einen Hutten geschrieben hat, der mag gelassen seine Perioden so bilden, wie ein Gott ihm eingibt. Ihn kann kein Stilbuch etwas lehren, es kann von ihm nur lernen. Wir anderen wollen uns der natürlichen Grenzen unsrer Sprache bewußt bleiben: kurze, meist beigeordnete Sätze sind für uns das beste Ausdrucksmittel unsrer Gedanken und Gefühle.«

Reiners gestaltet seine Vorlage zu eigenen Gedanken um. Im Abschnitt »Geistreichtum und Geistreichtun« zitiert Engel einen Aphorismus von Gerhard Knoop: »›Mozart und Wagner verhalten sich zueinander wie Zeit und Raum.‹ Das ist eine vollkommen sinnleere Phrase; wieviel Gescheites aber würden die Leser herauszulesen glauben, wenn man sie druckte! Denn wo man keinen Sinn findet, vermutet man Geist.« Engel fügt in Klammern an: »Aber nur in Deutschland.« Reiners: »Um tiefe Wahrheiten zu entdecken, braucht man nur zwei – möglichst voneinander entfernte – Begriffspaare zu nehmen und aus ihnen eine Gleichung zu bilden. Also z.B. *Das Schicksal verhält sich zur Kausalität wie die Zeit zum Raum* oder *Shakespeare verhält sich zu Goethe wie die Tiefe zur Höhe oder wie die Ethik zur Logik oder wie Jupiter zu Wotan.* Ob die Gleichung einen verständlichen Sinn ergibt, ist belanglos; ihn zu finden, ist Sache des Lesers.«

Reiners verunklart, was bei Engel klar ist. Engel empfiehlt »aufgrund von Erfahrungen, wie sie reicher nicht viele Schreiber besitzen können« die stenographische Niederschrift. Die Stenographie »vermindert die Reibung zwischen Denken und Niederschreiben um reichlich Dreiviertel der mit der gewöhnlichen Schrift unvermeidlich verbundenen und läßt dennoch dem Geübten jede Freiheit des sofortigen oder späteren Feilens.« Reiners, nahezu unsinnig: »Wer stenographiert, beseitigt die zeitliche Reibung zwischen Denken und Sprechen.« Auf Blatt 156 von Reiners' Dissertation setzte der Betreuer die ungehaltene Randbemerkung: »Unklar wiedergegeben, s. Original.« Das trifft Reiners' Arbeitsweise überhaupt; es gibt zu vielem, vielleicht zu allem, was er schreibt, ein Original, das einzusehen wäre. Heidi Reuschel hat in ihrer Dissertation einige Kapitel der Werke von Reiners und Engel mit einem Suchprogramm verglichen und Hunderte von Übereinstimmungen festgestellt und gedeutet.

Reiners schreibt im Stil Eduard Engels, daß jeder seinen eigenen Stil schreiben müsse. Er ist als Stillehrer die fleischgewordene Unwahrhaftigkeit, und ungerührt schreibt er auch Engels Kernsatz ab und um. Engel: »Redlichkeit ist die Lebensluft alles guten Stils.« Reiners: »Wahrhaftigkeit ist die erste Quelle guten Stils.« Eduard Engel tritt als eine lebendige Persönlichkeit vor den Leser, Ludwig Reiners trägt eine Maske und bleibt hinter der Maske ein Schatten; was an ihm greifbar wird, ist die nationalsozialistische Gesellschaft, die die Vernichtung anderer entweder unterstützte oder in Kauf nahm, jedenfalls Nutzen daraus zog.

»Ich habe gemacht ein feines Geschäft«

Victor Klemperer schrieb am 23. September 1940 in sein Tagebuch: »An den Litfaßsäulen neulich zeigt eine Kirche an: Held eines Volkes, Oratorium von Händel. Darunter klein: (Judas Makkabäus. Neugestalteter Text).« Händels Musik sollte durch einen neuen Text von ihrem jüdischen Hintergrund gelöst werden. In der gleichen Weise hat Reiners den Text des jüdischen Autors Eduard Engel neu gestaltet. Reiners zog in Engels Buch ein wie in eine arisierte Wohnung. Er veränderte manches, verschob Möbel, hängte Bilder um und brachte anderes Gut und Hausrat mit; er handelte im Geiste und unter dem Rechtsschutz der Nationalsozialisten. Reiners war gleich 1933 Mitglied der NSDAP geworden, natürlich um Schlimmeres zu verhüten, und hatte in seinem Buch *Die wirkliche Wirtschaft* die nationalsozialistische Machtergreifung begrüßt: »Das bloße Erscheinen der Regierung Hitler bewirkte einen Umschwung in der Wirtschaft.«

Das Buch von Ludwig Reiners wirkt schon in der ersten Ausgabe von 1944 glatt und sachlich und ist fast frei von nationalsozialistischen Aussagen. Abgesehen vom Vorgang der Arisierung zeigt sich der schreckliche Zusammenhang, in dem das Buch steht, allerdings an zwei Stellen besonders deutlich.

Eduard Engel schreibt zu einer bestimmten Art der Wortstellung sachlich: »Wir dürfen nicht sagen, noch schreiben: *Ich habe gesehen meinen Freund*, denn dies ist undeutsch«. Ludwig Reiners, der doch Hunderte von Beispielen abschreibt, bringt hier ein eigenes und ein eigenes Urteil: »Aber nur in längeren Sätzen können wir das Verb voranziehen. In kürzeren klingt das Voranziehen wie Judendeutsch: *Ich habe gemacht ein feines Geschäft.*«

Was bedeutete dieser Beispielsatz damals? Für die Nationalsozialisten war das Geschäftemachen der wesentliche Charakterzug der Juden. Dieser Charakterzug war eine Kernaussage der Ausstellung »Der ewige Jude«, die im November 1937 in München eröffnet wurde. Im Begleitheft steht unter der Fotografie eines reichen Juden, der sich als Händler tarnte, die Legende: »Das Geschäft ist gemacht. Der schmierige und wehleidige Schacherer von vorhin ist in seine Luxuslimousine gestiegen, die unbeobachtet ein wenig abseits vom Markt hielt. Es ist eine Lust, zu betrügen.« Im Film gleichen Titels erklärt der Sprecher den Zuschauern: »Für den Juden ist das Geschäftemachen eine Art heilige Handlung.« Unmittelbare Quelle für den Satz, den Reiners wählte, sind Texte, wie sie Ernst Hiemer verfaßte, der »Hauptschriftleiter« der Wochenzeitung *Der Stürmer*. Im Buch *Der Giftpilz*, einem »Stürmerbuch für Jung und Alt«, erzählt Hiemer, wie zwei deutsche Frauen von jüdischen Rechtsanwälten betrogen werden; der eine der beiden in Karikatur dargestellten Juristen sagt: »Na, Herr Kollege Morgenthau, da haben wir beide wieder gemacht ein gutes Geschäft.« Das Buch und mit ihm der Satz vom Geschäftemachen will die Leser auf die Politik der Vernichtung einstimmen; in einer seiner Geschichten wirft Hiemer den Juden Morde vor und schreibt: »Wer aber ein Mörder ist, der gehört selbst umgebracht!«

Wenn Reiners nicht Engels sachliches Beispiel übernahm, sondern sein eigenes, antisemitisches einfügte, so stellt sich die Frage, ob er es aus Überzeugung tat; gezwungen hat ihn sicher niemand.

Eine kalte, wie nebensächlich geäußerte rassistische Bemerkung setzte Reiners schon 1921 in seine Dissertation, als er Gustav Landauer das »rationalistische Erbgut seiner Rasse« zuschrieb.

Die zweite Stelle: In einer Liste sprachlicher Formeln »nach dem Stand von 1943« führt Reiners diese auf: »einer endgültigen Lösung zuführen«. Der Anklang ist offensichtlich. Am 7. Mai 1942 erklärte Ernst Hiemer im *Stürmer* die Bedeutung der Tarnrede: »Europa ist heute daran, die Judenfrage einer endgültigen Lösung zuzuführen. (…) Die jüdische Gefahr wird erst dann beseitigt sein, wenn das Judentum der ganzen Welt aufgehört hat zu bestehen.« Als die Nationalsozialisten 1944 die Ermordung der Juden Ungarns planten und durchführten, schrieb Edmund Veesenmayer, »Reichsbevollmächtigter« mit dem Rang eines SS-Generals, in einem Telegramm, das an den Reichsaußenminister Ribbentrop gerichtet war, es seien Verhandlungen mit dem Ziel begonnen worden, »die Judenfrage in Ungarn einer endgültigen Lösung zuzuführen«. Reiners war mit Veesenmayer bekannt; als er den Antrag stellte, in die Reichskulturkammer aufgenommen zu werden, nannte er ihn als Bürgen. Veesenmayer stand damals am Anfang seiner Laufbahn als Kriegsverbrecher und Völkermörder. Der andere Bürge war der Verleger Heinrich Beck, der später Reiners' *Stilkunst* herausbrachte. Heidi Reuschel hat in ihrer Dissertation die einschlägigen Akten zu Reiners ausgewertet. Stefan Rebenich nimmt in seiner Geschichte des C.H. Beck Verlags an, daß die erste Auflage von Reiners' *Stilkunst* im Dezember 1943 bei einem Luftangriff vernichtet wurde, und berichtet, daß die Partei-Kanzlei Interesse an einer Neuauflage gezeigt habe. Leiter dieser Kanzlei war Martin Bormann, »Sekretär des Führers«. Ludwig Reiners muß über beste Beziehungen verfügt haben; seine *Stilkunst* kommt aus der Mitte der nationalsozialistischen Gesellschaft.

Einiges Nationalsozialistische hat Reiners nach dem Krieg selbst getilgt, anderes hat nach seinem Tod der Verlag gestrichen. Die Formel der Endlösung findet sich (auf Seite 134) bis heute in Ludwig Reiners' *Stilkunst*, nicht mehr mit dem Hinweis auf das Jahr 1943, sondern nach der verharmlosenden Einleitung: »Eine kleine Beispielsammlung *älteren Datums*«.

Vorwort

Radeln im Grunewald

Unter den »Hilfsmitteln zum guten Stil« empfiehlt Eduard Engel das Diktieren und führt als Beispiel Goethe an: »Schon die Bewegung beim Diktieren – er ging dabei im Zimmer umher – rühmte er als dem Zustrom der Gedanken förderlich: ›Was ich Gutes finde in der Überlegung, Gedanken, ja sogar Ausdruck, kommt mir meist im Gehen.‹« In der letzten Auflage ersetzte Engel Diktieren durch Einsagen und strich den folgenden Satz: »Radelnde Schriftsteller haben von ihrer noch schnelleren Bewegung Ähnliches behauptet.«

Zu den radfahrenden Schriftstellern gehörte Engel selbst. In seinen Erinnerungen erzählt er: »Um die Wende vom alten zum neuen Jahrhundert radelte ich, der bald Fünfzigjährige, gern und oft. Ich hatte die Erfahrung gemacht, daß das Radeln meiner Gedankentätigkeit merkwürdig förderlich war. Den einen gibt es Gott im Schlaf, mir gab er's beim Radeln. Drum: wollte ich mir etwas Gescheites einfallen lassen, etwa für die Arbeit an meiner Deutschen Literaturgeschichte, so setzte ich mich aufs Rad, fuhr in den Grunewald, der damals noch an einen Wald erinnerte, und manchmal brachte ich den gewünschten Einfall von solcher Fahrt nach Hause.«

Eines Tages sperrte dem radelnden Eduard Engel eine Verbotstafel die Bahn: »Radler absteigen!« Das nahm Engel schwer: »Die sinnlose Verbietewut, die aufreizende Freiheitsbeschränkung, die einem in der guten alten Zeit überall entgegentrat, war um ein empörendes Beispiel bereichert.« Da Engel keinen Grund für dieses »Geschnauz« erkennen konnte, aber eine Begründung haben wollte, schrieb er eine Beschwerde und anschließend eine Beschwerde über die abgewiesene Beschwerde. Nach einem schriftlichen Gang durch die Amtsstuben verschiedener Stufen wurde das Verbot übermalt, und eine Woche später mußten die Radler nur noch an Sonn- und Feiertagen absteigen. »Es war erreicht! Ein preußischer Untertan hatte gegen drei Staatsbehörden, die ihm sein Recht verweigert hatten, von der vierten Recht bekommen. Aber um dieses hehre Ziel zu erreichen, hatte er hinauf bis zum Oberpräsidenten einer Provinz gehen müssen. Lächerlich, nicht wahr? Meine Bekannten, denen ich die große Sache erzählte und mit Urkunden belegte, lachten sehr. Ich habe sie nie lächerlich gefunden, sondern verflucht ernst.«

In diesem »verflucht ernst« steckt Engels politisches Bewußtsein. Er ist der aufgeklärte Bürger, der weiß, was Vernunft und Verantwortung bedeuten, und der bereit ist, für seine Werte zu kämpfen. Engels staatsbürgerliche Haltung ist auch in seiner *Deutschen Stilkunst* spürbar, beispielsweise im Abschnitt über den Kanzleistil. Im Abschnitt »Humor, Witz, Ironie« steht der bemerkenswerte Gedanke, daß das dauernde Witzereißen über öffentliche Mängel dazu führt, sich mit dem Lachen zufriedenzugeben und die Mängel nicht anzupacken: »Wäre an weißer Wand von Geisterhand eine Warnungsschrift erschienen, in der nächsten Nummer aller unsrer vortrefflichen Witzblätter hätten die köstlichsten Witze darüber gestanden.«

Eduard Engels Schatten

Eduard Engel hat wie jeder Literaturwissenschaftler und jeder Kunstkritiker seine Grenzen. Seine scharfen Urteile verdienen in ihrer rücksichtslosen Klarheit immer Anerkennung, müssen aber manchmal mit Vorsicht aufgenommen und ihrerseits beurteilt werden. Bei Thomas Mann etwa fehlen ihm Verständnis und Verstehenwollen, und er gibt sich mit fadenscheinigen Zusammenfassungen und abwertenden Bemerkungen zufrieden. Hans Castorp, der Held des Zauberbergs, ist ihm ein »gleichgültiger junger Hanseate«, so gleichgültig, daß er nicht einmal seinen Namen richtig schreibt (Kastrop).

Eduard Engel hat einen Schatten. Er hat, auch in seinem »Lebensbuch«, einiges geschrieben, was man zur Kenntnis nehmen und an seinem Ort stehen lassen muß. Seinen häßlichsten Satz fügte er in die dreißigste Auflage ein; in einigen früheren stand er im Anhang. Es geht um die Frage, wie der Name der Hereros, der »Herren Hereros«, in der Betonung zu behandeln sei, worüber man »in deutschen Landen mit heiligem Eifer« gestritten habe, »dieweilen unsre Heeresverwaltung gezwungen war, sie mit Maschinengewehren zu behandeln.« Das Wort Zynismus, in den er hier abrutscht, verdeutscht Engel mit Schamlosigkeit, Schamverletzung, Abgebrühtheit und hat damit das deutsche Wort nicht gefunden, das auf seinen Satz paßt. Es spricht für Engel, daß er ihn in der nächsten Auflage, der letzten, gestrichen hat.

Für die Zeit nach der nationalsozialistischen Machtergreifung geben Eduard Engels briefliche Äußerungen, die Anke Sauter in ihrer Dissertation zitiert, das Bild eines gebrochenen alten Menschen, der die Lage nicht begreift, in die er geraten ist. Am 5. Juli 1933 schrieb er dem Schriftsteller Gustav Frenssen und verirrte sich zu der Behauptung, sein Haß gegen jüdische Schädlinge – Engel zählt deren allerdings »keine 12« – überbiete bei weitem den Hitlers und der Seinigen. Engel hatte den rassistischen Irrsinn und den Vernichtungswillen nicht erkannt, der sich mit den Nationalsozialisten mitten in Staat und Gesellschaft festgesetzt hatte.

Über den Krieg, der doch das eigentliche Ziel des Nationalsozialismus war, schrieb Engel den hellsichtigen Aphorismus: »Ein Franzose hat das geistreiche, zugleich wahrste Wort über das Wesen jedes Krieges geprägt: ›La guerre? C'est la mort des autres.‹ (Der Krieg? – Der Tod der andern). Die, von denen die Entscheidung über Krieg oder Frieden ausgeht, sind sicher, daß nur die andern dabei umkommen werden. Sie würden sich alle ganz anders entscheiden, wenn sie sicher wären, sie selber könnten an die Reihe kommen.«

Engel konnte die Zeichen der Zeit nicht deuten. Er, der von Berufs wegen so viele Reden gehört hatte, verkannte die verderbliche Macht der Redner: »Es wird immer schwieriger, durch Reden tief und nachhaltig zu wirken; die Hörer haben gar zu viele Reden gehört und kennen alle ehrliche und unehrliche Rednermittel zu gut, um sich allzu leicht überreden zu lassen. Den rednerischen Volksverführern aller Parteien wird die Wirkung immer schwerer gemacht. (...) Man kann diesen Fortschritt zu größerer Wahrhaftigkeit im öffentlichen Leben nur mit Freude feststellen. Hohler Rednerschwulst findet im deutschen Volke keinen dauernden Schallboden, und das ist gut. Die Menschen- und die Engelzungen allein tun es nicht, die Liebe tut es.« Hätte Eduard Engel wissen müssen, daß die großen Gröler und Haßprediger vor der Tür standen? Wörter wie Sipo und Schupo nannte er im *Verdeutschungsbuch* ekelhafte Unwörter, die »wie anderer Sprachmüll schnell verstäuben« würden.

Sollte er voraussehen, wie viel es einst brauchte, um die entsetzliche Wirklichkeit aus der Welt zu schaffen, die von Sprachmüll wie Gestapo und SD bezeichnet wurde? Pogrom verdeutlichte Engel treffend mit Raubmord, und er war ahnungslos, daß in Deutschland ein zwölfjähriger Raubmord bevorstand, den der Staat plante und durchführte.

Die Meßwerkzeuge des Stillehrers Eduard Engel und sein politisches Gespür versagten, aber damals versagten Meßwerkzeuge und Einsicht der ganzen Welt. Vielleicht trübte ihm seine Vaterlandsleidenschaft den Blick. Thomas Mann sah hier klarer, als er 1934 am *Schweizer Radio* die nationalistische Leidenschaft das gefährlichste Gift des Zeitalters nannte. Wahrscheinlich konnte sich Engel auch nicht eingestehen, was Victor Klemperer am 19. Juli 1937 in seinem Tagebuch festhielt: »Ich habe selber zuviel Nationalismus in mir gehabt und bin nun dafür bestraft.« Wobei zu ergänzen ist, daß die Strafe in keinem Verhältnis zu einem allfälligen Verschulden stand.

In Eduard Engels Garten

Eduard Engel hat zusammen mit seiner zweiten Frau einen einzigartig schönen Garten angelegt und gehegt: »Unser Garten ist vielleicht das Selbstgedachteste meines Lebens: den hatte mir keine Schule, keine Weltliteratur vorgedacht. Und das Beste daran ist, daß ich kein Fachmann gewesen bin, meine Frau keine Fachfrau, und daß wir keinen ›Gartenarchitekten‹ hinzugezogen haben.«

In seinen Erinnerungen schildert Engel den Garten, in dem jene Rose, eine von dreihundert, die »schlecht zur Blüte kommt«, besondere Zuwendung erfährt: »Wir haben sie besser mit der Ambrosia genährt, die sie zum Entfalten ihrer Kraft und Schönheit braucht, dem edlen Kuhmist, und jetzt übertrifft sie ihre früher entwickelten Schwestern an Reichtum der Blumen, an Schönheit ihrer Form.« Die Verbindung von Ambrosia und Kuhmist, gar edlem Kuhmist, halte ich für ein Stilmerkmal Engels, also für ein Zeichen seiner Persönlichkeit.

Wenn Eduard Engel in der Zeitung von politischen Auseinandersetzungen und blutigen Kämpfen liest und sich die Parteien vergegenwärtigt, »die Roten, die Rosafarbenen, die Schwarzrotgoldenen, die Schwarzen, die Blauen, die Schwarzweißroten«, so wird der Garten zum Gleichnis: »In unserm Garten blühen im Hochsommer mehr als 400 verschiedene Dahlien, so viele wie Volksvertreter im Reichstag prangen. Geht man an ihren Reihen entlang, so sieht man, wenn man die Augen hat – uns sind sie aufgeschlossen worden –, wie liebreich sie alle zueinander sind, die höchsten, die mittleren, die niedern, die strotzendvollen, die Seerosen-Dahlien, die einfachen. Alles ein Herz, eine Seele, ein Zusammenblühn im Glanz dieses Glückes, dazusein. Welch Geheimnis waltet über diesem Farbenfrieden! Wir ergründen es nicht, aber wir lernen etwas: daß die äußersten Gegensätze ohne Haß, ohne Kampf, ohne Vernichtung nebeneinander bestehen können, nur muß die Liebe zwischen ihnen weben.«

Das Gleichnis vom Farbenfrieden ist Eduard Engels Traum vom Zusammenleben einer offenen Gesellschaft. Daß es ein Traum ist, wußte er: »Wir werden zumeist von Menschen ohne Garten regiert, das ist unser staatsbürgerliches Unglück.«

Sein eigenes Unglück war vielgestaltig. Er dachte und schrieb in der Überlieferung Deutschlands und Europas und mußte erleben, daß in dieser Überlieferung Kräfte stark und bestimmend wurden, die ihn seiner Herkunft wegen ausschließen und vernichten wollten. Ein Volk war für ihn mit einem wunderbaren Wort, das er prägte, eine Sprachseelengemeinschaft, und er dachte, daß die Sprache und der gute Stil, die *Deutsche Stilkunst*, ihm eine sichere Heimat verbürgten; er mußte erfahren, daß ihm das Adjektiv »völkisch«, das er in seinem Sinne verstehen und durchsetzen wollte, aus der Hand genommen wurde und daß seine Seele keinen Platz in der Sprachgemeinschaft hatte. Er stand, wie in seinen Erinnerungen zu lesen ist, in Beziehung zu manchen Größen des Geistes und der Politik, und seine Werke erwarben ihm, wie er schreibt, zehntausend Freunde; in der Zeit der Verfolgung half ihm keiner wirksam. Schließlich trat der Typ auf, gegen den er sein Lebensbuch geschrieben hatte, der Unwahrhaftige, der Schwindler und Hochstapler, und stahl ihm dieses Buch.

Nun erhält Eduard Engels Lebensleistung den Namen zurück.

**Eduard Engel
Deutsche Stilkunst**

Einleitung

> *Was ich in solchem erfunden hab, so viel mir möglich ist, will ich das von der Jungen wegen an den Tag legen und mich nit unterstehen, die großen Meister zu lehren, die da Bessers wissen, aber gern von ihnen unterwiesen werden wollen.*
>
> Albert Dürer

Dies ist ein Buch der Lehre von einer Kunst, und doch ist das Wichtigste aller Kunst: das Können, unlehrbar. Keine sogenannte ›Stilistik‹ vermag einen guten Schreiber heranzuziehen; keine aus einem schlechten einen guten zu machen. Dennoch wünsche und hoffe ich, daß dieses Buch, wenn die Ausführung nicht allzu weit hinter dem Willen zurückblieb, bei den richtigen Lesern den richtigen Nutzen stifte.

Es scheint allerdings fast ein hoffnungsloses Beginnen, den Deutschen Prosastil auf die Höhe sonstiger Deutscher Kunst heben zu helfen. Die an manchen Stellen des Buches beklagte unglückselige Sprach- und Stilgeschichte Deutschlands hat bewirkt, daß wir im allgemeinen von der Prosa als einer sehr edlen, aber sehr schwierigen Kunst nur dunkle Ahnung haben. Für die Deutsche Prosa, nicht für die Dichtung, gilt immer noch Schopenhauers Wort: ›Das Publikum wendet seine Teilnahme sehr viel mehr dem Stoff als der Form zu und bleibt eben dadurch in seiner höheren Bildung zurück.‹ Gelänge es mir, die Wichtigkeit der Form für die Prosa nicht mit allgemeinen Redensarten, sondern durch überzeugendes Wort und noch überzeugenderes Beispiel in hellerem Licht als bisher zu zeigen, so wäre schon dieser Erfolg die vieljährige Mühe wert.

Guter Stil läßt sich nicht künstlich anlernen; wohl aber läßt sich jeder Schreiber, der eines guten Willens ist, auf den Urgrund aller echter Stilkunst leiten: auf die Wahrheit, die Natürlichkeit jedes von ihm geschriebenen Wortes. Ist dieser Urgrund erreicht, o dann ist viel, ist fast alles gewonnen, was zum guten Stil erstes

Erfordernis ist. Ein solcher Schreiber wird zugänglich sein so mancher nützlicher Lehre fürs Tun, besonders aber den noch nützlicheren Mahnungen zum Lassen. Weitaus die meisten, jedenfalls die ärgsten Stilfehler, soweit sie nicht aus den Urtiefen des Menschenwesens fließen, sind angebildet und lassen sich ablegen.

Ein Buch für Schreiber und Redner jeder Art soll dieses sein, kein Leitfaden für Schriftsteller. Schreiber bedeutet mir ein für allemal jeder, der sich regelmäßig oder häufig zum Übertragen seiner Gedanken auf Andre der Schrift, der gedruckten oder der nur geschriebenen, bedient, und ich verstehe darunter vornehmlich den angehenden Schreiber, den Schüler im Schreibwesen, das noch möglichst wenig beschriebene Blatt. Daß ein fertiger Schriftsteller, wohl gar ein für den Augenblick berühmter, sich durch mein Buch und dessen abschreckende Beispiele, etwa die von ihm selbst beigesteuerten, oder durch irgendein Buch belehren lassen werde, Deutsch zu schreiben, wenn er ein Menschenleben hindurch gefremdwörtelt oder in Zungen geredet hat; nicht mehr geziert zu schnörkeln, gelehrttuerisch anzudeuteln, unentwirrbar zu schachteln, Tiefsinn durch absichtliches Dunkel vorzugaukeln, – nein, diesen Wahn hege ich nicht. Es wäre auch von keiner großen Bedeutung, wenn mir das in einem Einzelfalle wider alles Erwarten gelänge.

Unvergleichlich wichtiger für die hohe Bildungsfrage einer Deutschen Stilkunst ist die Wirkung auf die heranwachsende und die gereifte Jugend. Die schlechten alten Schreiber werden bis an ihr Ende schlecht schreiben und mögen mich schelten; das ist ihr Schreiberrecht, wie es mein Leserrecht war, sie zu schelten. Die noch nicht verbildeten Jungen aber möchte ich durch das Aufdecken der schlechten Stile gewisser Alten auf den Weg zum bessern Stil weisen: dies war der stärkste Antrieb zu meiner Arbeit.

Zugleich wünsche ich, mein Buch möge ein hilfreicher Stilratgeber fürs Lesen sein. Der durchschnittlich gebildete Deutsche Leser hat meist ein richtiges, oft ein feines Urteil über den stofflichen Wert eines Buches, eines Aufsatzes, einer Rede; in den Fragen des guten oder schlechten Stiles lebt er fast durchweg im Stande taufrischer Unschuld. Der gelehrte Schreiber, zumal der mit einem berühmten Namen, ist ihm der gute Schreiber; denn eine strenge Stilprüfung, auch gegenüber der Wissenschaft, wie in Frankreich und in andern Ländern, gibt es in Deutschland so gut wie nicht.

○ ○ ○

Brauche ich zu rechtfertigen, daß ich meine Tausende von Beispielen, besonders die abschreckenden, fast ausschließlich den Schriften bekannter, ja berühmter Schreiber entnahm? Daß ich nur in seltnen Fällen mit sogenannten Stilblüten aus unbekannten Büchern und Winkelblättern zu wirken suche? Stilblüten von der allbekannten lächerlichen Art, einem sonst guten Schriftsteller aufgemutzt, beweisen nichts weiter, als daß ihm einmal ein Unglück widerfahren ist, wie es jedem aus menschlicher Schwäche zustoßen kann. Bin ich sicher, daß mir, trotz größter Vorsicht, in einem Augenblick des Nachlassens gespannter Selbstprüfung nicht doch eine bedenkliche Stilblüte entschlüpft ist? Fast alle Beispiele dieses Buches sollen bestimmte Stilgattungen, oder wenn man will Gattungsstile veranschaulichen und je nachdem anspornend oder abschreckend wirken. Beispiele schlechten Stils von Schmierern sind wertlos, denn daß Schmierer schmieren, ist nichts Neues. Mein Buch will ohne Menschenfurcht die Überzeugung stärken und verallgemeinern, daß die neudeutsche Prosa mit wenigen Ausnahmen nicht gute Kunst, nicht einmal gutes Handwerk ist. Hierzu konnte ich nicht die schlechtgeschriebenen Bücher und Aufsätze der anerkanntermaßen schlechten Schreiber gebrauchen, sondern mußte mich überwiegend an die der berühmten und von mir in manchen Fällen trotz ihrer Unkunst hochgeschätzten Prosaschriftsteller halten.

○ ○ ○

Jedes Buch wie dieses, das an zeitgenössischen Leistungen strenges Urteil übt, ist dem Vorwurf der überheblichen Splitterrichterei ausgesetzt. Ich hoffe ihm dadurch entrückt zu sein, daß mein Buch sich eben nicht mit Splitterchen, überhaupt nicht mit Kleinigkeiten befaßt, sondern überall aufs Ganze und Große der

Stilkunst abzielt. Da, wo verhältnismäßig weniger Wichtiges behandelt werden mußte, wie namentlich im zweiten ›Buch‹, habe ich in dem Gefühl, daß wir Deutsche Schreiber allzumal Sünder sind, weitherzige Milde walten lassen. Alle Schärfe, die mir eigen, habe ich noch schärfer geschliffen zum Angriff gegen die einzige Todsünde des Stils, gegen sie, die nicht vergeben werden kann: die **Unwahrhaftigkeit**, in allen ihren so mannigfachen versteckten und doch unversteckbaren Äußerungen.

Welche unheilvolle Gebrechen am Leibe Deutscher Sprache, am Geiste Deutschen Stils zu bekämpfen sind, zeigt an lehrreichen Beispielen fast jede Seite dieses Buches. Für meinen Ton gegen die ärgsten Schäden und Schädlinge berufe ich mich auf die von unsern zwei größten Prosameistern zur Rechtfertigung ihrer rücksichtslosen Schärfe getanen Aussprüche bei ähnlichen Anlässen: ›Zum Besten der Mehreren freimütig sein, ist Pflicht; sogar es mit Gefahr sein, darüber für ungesittet und bösartig gehalten zu werden, ist Pflicht. – Der Kunstrichter, der gegen alle nur einen Ton hat, hätte besser gar keinen. Und besonders der, der gegen alle nur höflich ist, ist im Grunde gegen die er höflich ist grob‹ (Lessing). – ›Wir sehen voraus, daß wir auch manchmal in den Fall kommen werden, daß ein Liebling der Menge nicht gerade auch unser Liebling sei, und wollen die deshalb unvermeidlichen Vorwürfe gern über uns ergehen lassen. Nur werden wir manchmal erinnern, daß wir nur mit dem Künstler sprechen. – Wer das Recht auf seiner Seite fühlt, muß derb auftreten; ein höfliches Recht will gar nichts heißen‹ (Goethe).

Als Herakles die Ställe des Augias reinigte, wird es nicht nach Lavendeln geduftet haben. Wer aber trug die größere Schuld, Herakles oder Augias? Und doch hat wahrscheinlich Augias wütender auf Herakles geschimpft als umgekehrt.

○ ○ ○

Gegen brandige Wunden wie die Fremdwörterei hilft nur das glühende Eisen des Zornes; gegen den Gesichter schneidenden Veitstanz des preziösen Geschnörkels nur der derbe Prügel; gegen die Affenschande des französelnden gebildeten Hausknechts nur der

Einleitung

Höllenstein beißenden Hohnes. In diesen und ähnlichen Dingen mag man meinen Ton vor jedes unbefangene gerechte Stilgericht stellen. Wer von mir gegen unsre ärgsten Sprachverschmutzer und Stilverderber Höflichkeit fordert, dem erwidre ich mit einem zweiten Wort Goethes:

> So sei doch höflich! – Höflich mit dem Pack?
> Mit Seide näht man keinen groben Sack.

Ich bekenne mich frank zu der wohlerwogenen Absicht, meinen Lesern Widerwillen gegen solche Schreiber, gleichviel ob berühmte oder unberühmte, einzuflößen, deren Sprache und Stil eine Gefahr für den künstlerischen Aufschwung unsrer Prosa und ein Makel Deutscher Geistesbildung vor uns und der gesamten Bildungswelt ist. Man fürchte nichts: ein Klassiker der Kunstform ist nicht darunter, und der innere Wert ihrer Schriften wird sie ohnehin nicht lange überleben. Hierbei kann keine Rücksicht geübt werden auf Forscherverdienst, noch weniger auf bloße Tagesberühmtheit:

> Heilig achten wir die Geister.
> Aber Namen sind uns Dunst;
> Würdig ehren wir die Meister.
> Aber frei ist uns die Kunst. (Uhland)

Mit ängstlicher Vorsicht habe ich die Schiffbruchsklippe der meisten Bücher über den Gegenstand zu umfahren gestrebt: die herrische Gesetzgeberei aus dem eignen einzig richtigen Geschmack, d. h. aus der eignen selbstherrlichen Willkür. Als maßgebend galt mir und sollte den Lesern gelten der Sprachgebrauch unsrer besten Schreiber, soweit sie nicht unter den störenden Einflüssen überkommener und zeitgenössischer sprachlicher Entartung gelitten; und ihr Stil da, wo er die Höhe ihrer Kunst bezeichnet, nicht wo er aus gelegentlicher Nachlässigkeit in den Niederungen stecken geblieben ist.

Alle Gelehrttuerei in Worten, eine gar leichte Fingerfertigkeit, habe ich verschmäht. Dem Schüler kann durch kein Gerede von Parataxe und Hypotaxe, von Zeugma und Chiasmus, Epizeuxis und Epanalepsis die Notwendigkeit eines durchsichtigen Satzbaues beigebracht werden; und es bedarf keiner tiefgründigen sprach- und kunstphilosophischen Untersuchungen des wahren Wesens der Metapher, der Katachrese oder der Antonomasie, um vor der Bilderbogenschreiberei und dem ›Blumenkohl‹ zu warnen.

Vorausgesetzt wird eine gründliche Kenntnis der Deutschen Sprachlehre; gewünscht die eines der mancherlei nützlichen neueren Hilfsbücher, wobei allerdings Vorsicht gegen die in fast allen herrschende Sprachmeisterei geboten ist. Grundsätzlich frei von jeder selbstherrlichen Sprachschulmeisterei ist mein Buch ›Gutes Deutsch. Ein Führer durch Falsch und Richtig‹ (Leipzig, Hesse und Becker).

○ ○ ○

Eine außergewöhnliche Schwierigkeit für das Planen und Ausführen meines Buches lag in dem Mangel fast aller Vorarbeit. Das meiste dessen, was sich bei uns ›Stilistik‹ nennt, ist entweder gelehrte Stilgeschichte, ›Figuren‹-Beschreibung und Sprachphilosophie, oder Grammatik mit Formen- und Satzlehre für Schulen. Mit der einzigen Ausnahme des Abschnittes ›Über Schriftstellerei und Stil‹ in Schopenhauers ›Parerga und Paralipomena‹ besitzen wir nichts Zusammenhängendes über unsern Gegenstand von einem großen Deutschen Schreiber, der selbst ein Künstler des Stiles war.

Über meinen eignen Stil habe ich kein Urteil, steht mir auch keines zu. Von meiner Darstellung darf ich bemerken: ich strebte, durch eine möglichst einfache, selbstverständlich reine Sprache von jedem Leser ohne Unterschied der Bildung mit jedem Satz, mit jedem Wort genau begriffen zu werden. Mein Buch ist nicht für solche Gelehrte bestimmt, deren jeder sich kraft seiner Gelehrsamkeit schon für einen Meister des Stiles hält; sondern für die gleich mir nach einem guten Stil ringenden Ungelehrten, die der liebreichen Unterweisung bedürfen und ihr zugänglich sind. Um solche Leser belehren zu können, mußte mein Buch so geschrieben sein, daß man es ohne Langeweile, also willig und bis zu Ende lesen könnte. Langweilige, darum widerwillig gelesene Bücher pflegen nicht zu belehren. Aber auch danach erkühnte ich mich zu trachten, daß mein Buch über Stilkunst vielleicht eins der Beispiele werde, wie man Fragen der Kunst in künstlerischer Form behandeln könne.

○ ○ ○

Ein Buch wie dieses bleibt zunächst und für lange nur ein Versuch. Es auf eine gewisse Höhe der Vollkommenheit, ja nur des Genügens zu fördern, dazu bedarf es der Mitarbeiterschaft jedes ihm freundlich gesinnten Lesers. Wer diesem Buch irgendwelche Belehrung zu verdanken glaubt, der helfe, es in Lehre und Beispiel fortan zu vertiefen und zu bereichern.

Ein Menschenalter unablässiger Mühe des Vorbereitens, Sammelns, Ausführens wurde neben und zwischen allen sonstigen Arbeiten meines Berufs- und Neigungslebens an dieses Buch gewandt. Vor allem andern war es gemeint als Dank aus den Tiefen des Herzens für den Heimatstolz, die Arbeitsfreuden, die Kunstentzückungen, die ich dir, o Muttersprache, reichste aller Zungen, schulde. Aus allen meinen Kräften täppisches Besudeln und Verunstalten von dir abzuwehren, bleib ich bis zum letzten Hauche verpflichtet. Könnte gar dieses Buch, wie ich leise zu hoffen wage, nur den Saum deines Feierkleides säubern helfen; zu deiner künstlerischen Pflege, da wo die Prosa des Lebens herrscht, im geringsten anspornen, so wäre dies Lohnes übergenug und beseligende Erfüllung des heißen Wunsches:

> Was kann ich für die Heimat tun,
> Bevor ich geh' im Grabe ruhn?

Berlin, April 1911
    Eduard Engel

Zur 31. Auflage

Mein altes Buch erscheint in einer neuen Form, ein wenig gekürzt, ein wenig bereichert, überall sorgsam durchgeprüft. Die 31. Auflage ist die meines 80ten Lebensjahres. Auch sie diene der Ehre des Vaterlands!

Bornim, April 1931
    Eduard Engel

ERSTES BUCH

Grundfragen

- 1. Abschnitt:
  Der Zustand 13
- 2. Abschnitt:
  Vom guten Stil 27
- 3. Abschnitt:
  Von der Wahrheit 35
- 4. Abschnitt:
  Der persönliche und der unpersönliche Stil 47
- 5. Abschnitt:
  Vom besten Stil und vom Wege zu ihm 55
- 6. Abschnitt:
  Natur und Unnatur. Die Preziösen 61

ERSTER ABSCHNITT
Der Zustand

Dem Durchschnitt des lebenden Geschlechts gebricht das Sprachgefühl so gänzlich wie keiner anderen Generation seit Lessings Tagen, da selbst die Deutschen des 17. Jahrhunderts versündigten sich an ihrer Sprache nicht so frech wie die heutigen.

TREITSCHKE

Unter allen schreibenden Bildungsvölkern sind die Deutschen das Volk mit der schlechtesten Prosa. Diese Tatsache braucht nicht bewiesen zu werden, sie steht nach dem Urteil der berufenen Kenner der Sprache und des Stiles fest, und zum Urteil der Deutschen Wissenschaft gesellt sich übereinstimmend das der sprachenkundigen Prosakünstler des Auslandes. Sogar unsre schlechten berühmten Schriftsteller haben eine Ahnung vom jetzigen Zustand Deutscher Prosa, halten mit verwerfenden Aussprüchen nicht zurück, nehmen freilich sich selbst von ihrem Verdammungsurteil aus. Ein ansehnliches Heft aber ließe sich füllen mit nachdrücklichen Aussprüchen hervorragender Männer über unsre klägliche Prosa, die alle mit Treitschkes obenstehendem Satz im Kern zusammentreffen.

> Wer nicht durch unzeitigen Eifer verblendet und beider Nationen Tun kundig, muß gestehen, was oft bei uns als wohlgeschrieben geachtet wird, sei insgemein kaum dem zu vergleichen, was in Frankreich auf der untersten Staffel steht. – Hingegen wer also Französisch schreiben wollte, wie bei uns oft Deutsch geschrieben wird, der würde auch vom Frauenzimmer (in Frankreich) getadelt werden. (Leibniz in seiner ›Ermahnung an die Deutschen, ihren Verstand und Sprache besser zu üben‹, 1703)

> Mir ist aus der ganzen Literaturgeschichte kein Volk bekannt, welches im ganzen so schlecht mit seiner Sprache umgegangen wäre, welches so nachlässig, so unbekümmert um Nichtigkeit und Schönheit, ja welches so liederlich geschrieben hätte als bisher unser Deutsches Volk. (Bürger, 1787)
>
> Wie wenig der Deutsche Deutsch kann, liegt am Tage; nicht der Bauer, nicht der Handwerker reden größtenteils ein verworrenes, abscheuliches, verruchtes Deutsch; sondern je höher hinauf, da geht es oft desto schlechter. (Herder, 1798)
>
> Unsere Sprache geht, wenn sie auf dem jetzt betretenen Wege weiter wandelt, nicht nur einer Verschlechterung – denn diese ist gegen das vorige Jahrhundert schon vorhanden –, sondern selbst der Zerrüttung unausbleiblich entgegen. (Der Deutschforscher Moritz Heyne, 1883)

Wir sind das Volk mit einer Dichtung, die sich an Adel und feinstem Reize der Form mit der jedes noch so sprachkünstlerischen Volkes messen kann, und wir sind das Volk mit der sprachlich mangelhaftesten und unkünstlerischsten Prosa. Kaum irgendwo anders ist die Muttersprache Gegenstand so eifriger gelehrter Untersuchung, und nirgends wird sie so fehlerhaft, so stümpernd in der ungebundenen Rede behandelt. Die Unfähigkeit, Deutsche Prosa nur vollkommen richtig, geschweige denn schön zu schreiben, ist so allgemein, daß jedes im letzten Menschenalter erschienene Buch über Gebrauch und Mißbrauch des Deutschen viele seiner schlimmsten Beispiele aus Werken berühmter, ja bester Prosaschreiber schöpfte.

Ist dieses Gebrechen auf einem der wichtigsten Gebiete geistiger Feinbildung dem Deutschen angeboren oder durch seine traurige völkische und sprachliche Entwicklung anerzogen? Gewöhnlich entschuldigt man in Deutschland die schlechte Prosa mit der allgemeinen Redensart vom höheren Formensinn anderer Völker, besonders der romanischen. Ihr widerspricht die Vollendung der Kunstform in der Deutschen Liederdichtung; ihr widerspricht aber auch die Schönheit Deutscher Prosa von der mittelhochdeutschen Zeit bis fast zur Mitte des 16. Jahrhunderts, also bis zur Deutschverderbung durch die Humanisterei. Die Prosa des Meisters Eckhardt, der großen Prediger des 13. Jahrhunderts, Taulers, Geilers, nun gar Luthers steht an sprachlicher Reine und künstlerischem Formenadel nicht zurück hinter den großen zeitgenössischen Prosaschreibern Frankreichs, Englands, Italiens.

Gescholten allerdings wurde von jeher in Deutschland über die schlechte Behandlung des Deutschen; jedoch in den Jahrhunderten vor dem Humanismus nur so, wie bei Franzosen und Engländern über Nachlässigkeit gegen die Muttersprache geklagt wurde. Wenn z. B. Otfried schreibt: ›Sie scheuen sich vor Fehlern in fremden Sprachen, aber der Ungeschicktheit in der eignen schämen sie sich nicht‹, so bezieht sich dies nur auf seine fast ausschließlich lateinisch schreibenden Standesgenossen. Freilich, ein Stilgebrechen des Deutschen ist nach den Zeugnissen eines Jahrtausends beinah so alt wie das Deutsche Schrifttum: die Durchsprenkelung des Redegewebes mit fremden Sprachfäden. Offenbar billigend schreibt Gottfried von Straßburg über seinen Helden Tristan:

> Der hovesche hovebaere
> Lie sîniu hovemaere
> Und fremediu zabelwortelîn
> Underwîlen fliegen in.

Und der Dichter des ›Welschen Gastes‹, Thomasin von Zirkläre, verteidigt, ja empfiehlt geradezu die ›Streifelung‹ des Deutschen mit welschen Wörtern; allerdings nur aus Bildungseifer.

○ ○ ○

Die geschichtlichen Ursachen der Minderwertigkeit der Deutschen Prosa liegen klar zutage. Die wirksamste war der Mangel eines weltlichen und geistigen Mittelpunktes. Wo in Deutschland hat es zwischen den Zeitaltern der Hohenstaufen und Luthers eine oberste Sprachschule gegeben, wie sie zu allen Zeiten und bei allen Bildungsvölkern in einer Hauptstadt mit ihrer geistigen Auslese geblüht hat? Man rufe sich die Zustände Deutschlands im Jahrhundert des Dreißigjährigen Krieges zurück; denke an den Schüler der Franzosen, Friedrich den Großen; lasse sich berichten von einer der ›Deutschen‹ Akademien des 18. Jahrhunderts, der Kasseler, die satzungsgemäß für alle ihre Schriften und Preisarbeiten die französische Sprache vorschrieb, so daß Herders Deutsche Schrift über Winckelmann unbeachtet blieb, – und man wird begreifend verzeihen, daß die Deutsche Prosa im 17. und 18. Jahrhundert nicht mit der französischen und englischen wetteifern konnte.

Ein französischer König, Franz 1., hatte in einem Erlaß von 1539 den Gebrauch des Lateinischen für alle öffentlichen Urkunden verboten und deren Abfassung vorgeschrieben: *en langage maternel français, et non autrement*; ein andrer französischer König, Ludwig 18., das Wort gesprochen: *Il faut savoir la grammaire française et connaître les synonymes, lorsqu'on veut être Roi de France.* In Deutschland hat es mehr als einen Fürsten gegeben, man denke an Ernst August von Hannover, der von Sprachgesetzen und Wortbedeutung des Deutschen weniger wußte als sein Kutscher.

○ ○ ○

Jahrhunderte hindurch waren in Deutschland einzig die Hochschulen Mittelpunkte des höheren Geistes- und Sprachlebens; jedoch bis zu dem kühnen, noch lange nach ihm vereinzelten Wagnis des Leipziger Professors Thomasius, an einer Deutschen Hochschule eine Deutsche Vorlesung zu halten (1687), war die Deutsche Gelehrsamkeit die Hauptfeindin der Deutschen Sprache. Während in den anderen Bildungsländern kein noch so gelehrter Mann zur höchsten Bildungsschicht gehörte, wenn er nicht meisterlich oder doch anständig seine Muttersprache beherrschte, galt oder hielt sich jeder Deutsche Gelehrte für eine der Blüten am Baume der Menschheit, ob er gleich unfähig war, eine lesbare Seite auf Deutsch zu schreiben. Die Nachwirkungen jener Vorherrschaft des Gelehrten im Deutschen Geistesleben spüren wir noch heute daran, daß manchen wissenschaftlichen Schreibern mit kläglichem Stil jeder gute Prosaschreiber als ›unwissenschaftlich‹ verdächtig ist. Einzig in Deutschland können Gelehrte mit schauderhaftem Deutsch und hilflosem Stil für große Schriftsteller gelten: Hunderte von Beispielen findet der Leser in diesem Buch.

Man hat die Hauptschuld an der schlechten deutschen Prosa häufig auf die zu frühe Beschäftigung unsrer Schreibenden mit den alten Sprachen, besonders dem Lateinischen, geschoben. Schwerlich mit Recht; denn auch in Frankreich, England, Italien lernen die Knaben Latein, schreiben aber, zu Männern geworden, richtiges, zumeist gutes Französisch, Englisch, Italienisch. Daß andererseits die Kenntnis der alten Sprachen ohne bildenden Einfluß auf die Prosa in der Muttersprache ist, beweist die übergroße Zahl der schlechtes Deutsch schreibenden Altsprachler; beweist ferner die nicht mehr abzuleugnende Tatsache, daß die Prosa unsrer guten und mittelguten Schriftstellerinnen keineswegs hinter der ihrer männlichen Kunstgenossen zurücksteht und den größten Teil der Deutschen wissenschaftlichen Bücher bei weitem übertrifft.

Auch die Entschuldigung unsrer schlechten Prosa versagt, daß die Deutsche Sprache so überaus schwer zu erlernen sei. Es gibt überhaupt keine leichte Sprache, sobald man über die Unterstufen hinausgekommen. Nur auf diesen gibt es Gradunterschiede der Schwierigkeit; auf den Oberstufen, zumal auf der des künstlerischen Gebrauches einer Sprache, hören die kleinen Handwerksunterschiede auf, denn da beginnt die Kunst, und eine leichte Kunst ist keine.

○ ○ ○

Neben den geschichtlichen Gründen der Kunstlosigkeit Deutscher Prosa wiegt am schwersten das Verhältnis der **Deutschen Schule** zum Deutschen Stil. Die Schule möchte ihren Schülern gewiß gern einen guten Stil beibringen, und in neuster Zeit steigert sich dieses Streben unsrer Schulbehörden und Deutschlehrer in erfreulicher Weise. Jedoch eine mehrhundertjährige Erziehungslosigkeit oder schlechte Erziehung in einem der wichtigsten Bildungsfächer läßt sich nicht in einem oder zwei Menschenaltern gutmachen. Zum Unterricht im guten Stil gehört vor allem andern ein Lehrer mit Einsicht in die Geheimnisse der Stilkunst und – mit eignem gutem Stil. Die Durchsicht der Werke einer großen Zahl unsrer Schriftsteller über Unterrichtswesen hat mir, bei aller sachlicher Förderung, doch gezeigt, daß es zur Stunde nicht viele schreibende Lehrer, besonders Hochschullehrer, mit untadligem Deutsch oder gar mit künstlerischer Prosa gibt.

Nietzsche bekennt in einem Brief aus seiner Studentenzeit unter den Vorbereitungen zu einer Arbeit: ›Ich habe im Deutschen schlechterdings keinen Stil, obgleich den lebhaften Wunsch, einen zu bekommen. – Als Gymnasiast schreibt man bekanntlich keinen Stil; als Student hat man nirgends Übung; was man schreibt, sind Briefe, somit subjektive Ergüsse, die keinen Anspruch auf künstlerische Form machen. Also kommt einmal eine Zeit, wo uns die tabula rasa unsrer stilistischen Künste ins Gewissen steigt?‹ Ja, bei einem auf künstlerische Prosa angelegten Schreiber wie Nietzsche; bei den meisten andern Deutsch schreibenden Menschen rührt sich das Gewissen ob der Unkunst ihrer Prosa niemals.

○ ○ ○

Die Prosa eine Kunst? Aber Prosa entsteht doch sozusagen von selbst: man tunkt die Feder ins Tintenfaß, schreibt vom linken Rande des Blattes zum rechten und hat eine Prosazeile hervorgebracht. Oder wie Molière in seinem Bürgerlichen Edelmann spottet:

> JOURDAIN: *Quoi! quand je dis: Nicole, apportez-moi mes pantoufles et me donnez mon bonnet de nuit, c'est de la prose?*
> LE MAÎTRE DE PHILOSOPHIE: *Oui, monsieur.*
> (JOURDAIN: Wie! wenn ich sage: Niklas, bring mir meine Pantoffeln und meine Nachtmütze, so ist das Prosa?
> DER PHILOSOPHIELEHRER: Jawohl, mein Herr.)

Fast jeder höher gebildete Deutsche klagt, und mit Recht, über den Deutschen Unterricht in unsern Schulen; wie viele aber ziehen daraus den notwendigen Schluß: Folglich muß ich selbst im reifern Alter nach- und zulernen –? Wie viele Deutsche Schriftsteller haben wenigstens eines unsrer mancherlei nützlichen Hilfsbücher für gutes Deutsch durchgearbeitet? Den meisten Deutschen Schreibern wird nach ihrer Überzeugung die Deutsche Prosa durch die Geburt als Deutscher mitgegeben, zu erlernen ist da nichts. Verse sind Zeilen mit leeren Rändern, Prosa Zeilen ohne Rand, und – ›die Hauptsache bleibt doch der Inhalt‹. Mit Verlaub, der Inhalt des meisten Geschriebenen ist weder so neu, noch so bedeutsam, daß man von ihm als von einer Hauptsache sprechen darf. ›Es haben seit Jahrtausenden so viele bedeutende Menschen gelebt und gedacht, daß wenig Neues mehr zu finden und zu sagen ist‹ (Goethe). Der Durchschnittsdeutsche hält sich schon für einen Schriftsteller, wenn er irgend etwas zu sagen hat; der Franzose nur dann, wenn er schreiben gelernt hat. Voltaire hätte sich auf den Inhalt seiner Schriften ebenso viel einbilden dürfen wie die Mehrzahl unsrer heutigen Prosaschreiber; von ihm aber rührt der feine Satz her: ›Die Dinge, die man sagt, wirken weniger als die Art, wie man sie sagt; denn die Menschen haben alle ungefähr dieselben Gedanken über das jedermann Zugängliche; der Unterschied besteht im Ausdruck oder Stil.‹ Also die gleiche Auffassung wie bei Goethe.

Kein großer Deutscher Prosaschreiber hat sich allein auf den Inhaltswert seines Buches verlassen; jeder hat seine Arbeit für Kunst gehalten und aus allen Kräften das Seine getan, sie künstlerisch zu gestalten. Luther, unser gewaltiger Sprachherrscher, gesteht: ›Ich meinte auch, ich wäre gelehrt, und weiß mich auch gelehrter denn aller hohen Schulen Sophisten von Gottes Gnaden; aber nun sehe ich, daß ich auch noch nicht meine angeborne Deutsche Sprache kann.‹ Und Lessing, der Begründer neudeutscher Prosa, beabsichtigte keinen verblüffenden Witz, als er schrieb: ›Meine Prosa hat mir von jeher mehr Zeit gekostet als Verse.‹

Schreiber, die sich zur Entschuldigung ihrer schlechten Prosa auf ihren großartigen Inhalt berufen, hat Bürger abgetrumpft: ›Wer schlecht schreibt, und schriebe er auch noch so vortreffliche Sachen, ist ein geschmückter Tänzer mit Klumpfüßen.‹ Heine geht so weit, nur vom Dichter gute Prosa zu erwarten: ›Um vollendete Prosa zu schreiben, ist unter andern auch eine große Meisterschaft in metrischen Formen erforderlich‹, ein Satz, der bei Gottfried Keller, in einem Brief an Freiligrath, lautet: ›Es hat sich neuerdings herausgestellt, daß fast nur noch die verpönten Versemacher eine ordentliche Prosa schreiben können.‹

○ ○ ○

Die höchsten Ansprüche an die Prosa als Kunst stellte Nietzsche. Er forderte, ›zu wissen, daß Kunst in jedem guten Satz steckt‹. Feiner noch als Heine und Keller begründete er die dichterische Grundlage eines guten Prosastils: ›Man beachte doch, daß die großen

Meister der Prosa fast immer auch Dichter gewesen sind. Fürwahr man schreibt nur im Angesicht der Poesie gute Prosa! Denn diese ist ein ununterbrochener artiger Krieg mit der Poesie: alle ihre Reize bestehen darin, daß beständig der Poesie ausgewichen und widersprochen wird.‹ Nietzsches Empörung über den Zustand der neusten Deutschen Prosa grollt aus dem Satze: ›Keins der jetzigen Kulturvölker hat eine so schlechte Prosa wie die Deutschen. Der Grund davon ist, daß der Deutsche nur die improvisierte Prosa kennt. An einer Seite Prosa wie an einer Bildsäule arbeiten, kommt ihm vor, als ob man ihm aus dem Fabellande vorerzählte.‹ Ach, wie zufrieden wollten wir sein, wenn jeder Schreiber an einer Seite Prosa nur wie der Schuster an einer Sohle arbeiten wollte.

Natürlich rächt sich die Kunstlosigkeit der Schreiber an ihren Werken. Ranke verdichtete seine Erfahrungen über das Versinken wissenschaftlicher Bücher in den Satz: ›Es bleiben nur die schöngeschriebenen Geschichtswerke.‹ Erschreckend groß, bei weitem größer als in andern Ländern, ist der schnelle Untergang der berühmtesten Deutschen Gelehrtenbücher. Die Wissenschaft von gestern hat gar geringen Sachwert für den Leser von morgen, und die Kunst der Darstellung, wodurch allein gelehrte Bücher gerettet werden könnten, ist in Deutschland zu selten. Auf jeden noch lebendigen Deutschen Prosaband aus dem 18. Jahrhundert kommen zwanzig französische oder englische, und das 19. Jahrhundert hat an diesem Verhältnis wenig geändert. Ungeheuer ist der Verlust geistigen Volksvermögens in Deutschland durch den selbst vortreffliche ältere Werke vernichtenden Stil.

Kein Volk besitzt einen solchen Schatz von Liedern zum Preise der Muttersprache wie das Deutsche. Mit tiefem Gefühl wird Schenkendorfs ›Muttersprache, Mutterlaut!‹ in und außer der Schule schmelzend vorgetragen. Die Franzosen haben kein einziges nennenswertes Lob- und Liebeslied auf ihre Sprache; wie innig aber ist das Herzensverhältnis noch des letzten französischen Schriftstellers zur Sprache seines Vaterlandes! In Deutschland kann man es zum weltberühmten Manne der Feder bringen, sich im äußersten Hochmut neben ›die freien Meister der Sprache, unsre Klassiker‹ zu stellen erdreisten (vgl. S. 273), aber sprachlich selbst unter einem mittelmäßigen Deutschen Zeitungschreiber stehen. Man beachte z.B. den Unterschied zwischen Deutscher und französischer Bücherbesprechung! Ein Deutscher Schreiber muß schon von aller Sprachlehre und Wortschatzkunde verlassen sein, um unsern Besprechern eine Bemerkung über seine ›etwas mangelhafte Form‹ abzuzwingen; der Franzose läßt kein Buch ohne ein Urteil über Sprache und Stil durch, und wehe dem französischen Schriftsteller, der sprachlich nicht auf der Höhe guter französischer Wortkunst steht.

○ ○ ○

Welche Gattung schreibender Menschen in Deutschland schreibt den schlechtesten Stil mit der schlechtesten Sprache? Die fast regelmäßige Antwort lautet: die Zeitungschreiber. Schopenhauer wütete gegen den ›schändlichen Jargon, in welchem meistens die deutschen Zeitungen geschrieben sind‹, und der noch gröbere Nietzsche gegen das ›Schweinedeutsch! – Verzeihung, Zeitungsdeutsch!‹ Beide Schimpfer waren Männer der Wissenschaft, die den Splitter im Auge der Pressemänner, nicht aber den Balken der Fachgenossen bemerkten. Das schlechteste Deutsch, den schlechtesten Stil schreibt die Deutsche Wissenschaft; die rühmlichen Ausnahmen kenne ich und würdige sie doppelt. Der strenge Ausspruch des hervorragenden Deutschforschers Moritz Heyne über die Deutschverderbung des Zeitalters (S. 14) paßt auf keinen Zweig unsers Schrifttums so genau wie auf das immer barbarischer werdende Missingsch des größten Teiles unsrer wissenschaftlichen Bücher und Aufsätze. Daß der Zeitungsmann seine Verstöße im fürchterlichen Drängen des Augenblicks, der Wissenschafter seine Untaten in der weihevollen Stille des Studierzimmers begeht, sollte gerechter als bisher gegeneinander abgewogen werden. Die Gabe, Klargedachtes kurzgefaßt und in untadlig richtigem, gar in edlem Deutsch auszudrücken, ist in Deutschland bei weitem seltner als das dichterische Vermögen. Der Satz des geistreichen Paul Coßmann in seinen Aphorismen: ›Nicht jeder, der ein lesenswertes Buch schreibt, kann einen lesenswerten Satz schreiben‹ verträgt eine größere Verallgemeinerung.

Eine der größten Schwierigkeiten, aus dem herrschenden

Zustande herauszukommen, liegt in dem Mangel an unbedingt mustergültigen Vorbildern. Den Versuch zu einer Sammlung der besten habe ich in meiner ›Deutschen Meisterprosa‹ gemacht. In einem spätern Abschnitt (S. 905) wird hiervon eingehender gehandelt werden; schon hier aber darf der Hinweis auf die Tatsache nicht fehlen: wir haben keinen einzigen neuern Klassiker der Sprache in dem Sinne, wie jedes der alten und neuen großen Bildungsvölker mindestens zehn ausweist. Uneingeschränkt mustergültige Sprache schreibt weder Lessing noch Goethe noch Schiller, weder Jakob Grimm, noch Gustav Freytag, noch Gottfried Keller, Moltke oder Treitschke. Die zahlreichen Beispiele mit argen Sprach- und Stilgebrechen selbst bei unsern Größten im Verlaufe dieses Buches werden erweisen, daß die Behauptung der Nichtmustergültigkeit unsrer Prosameister keine Mückenseiherei ist.

○ ○ ○

Daß der beklagenswerte Zustand unsrer Prosa nicht etwa in einer eingeborenen Unzulänglichkeit der Deutschen Sprache begründet ist, duldet keinen Zweifel. In der Hand eines unsrer Prosakünstler vermag das Deutsche mit seinem unerschöpflichen Wortreichtum, seiner ganz einzigen Freiheit von Wortstellung und Satzbau alles, was irgendwelche andre Sprache leistet. Unsre fast zu reiche Übersetzungskunst beweist, daß das Deutsche in Wahrheit die eigentliche Weltsprache ist oder sein könnte. Schon Goethe hat dies nachdrücklich hervorgehoben. Keine andre Sprache hat bisher vermocht, die Dichtungen aller Völker in ihren Versurformen übersetzerisch wiederzugeben, und unübersehbar ist die Reihe der künstlerischen Deutschen Wiedergaben klassischer Prosawerke aus vielen Zungen. Dazu besitzen wir eigne Prosaschriften vom höchsten Range, die, abgesehen von gewissen Verstößen gegen fleckenlose Sprachrichtigkeit, stilkünstlerisch hinter keinem der berühmtesten Prosabücher andrer Völker zurückstehen. Und da sollte die Hoffnung unberechtigt sein, daß wir auch in den mittleren, ja selbst in den noch geringeren Erzeugnissen Deutscher Prosa wenigstens die Durchschnittshöhe der französischen und englischen Prosa erreichen könnten?

Unumgänglich notwendig hierzu ist allerdings die schonungslose Aufdeckung der zur Zeit noch herrschenden Schäden, das unverblümte Aussprechen dessen, was ist, und die hoffentlich dadurch erweckte Einsicht der nicht unverbesserlich dünkelhaften Schreiber in den wahren Zustand unsrer, will sagen ihrer Prosa. Den Franzosen und den Engländern ist ihre künstlerische oder doch anständige Prosa nicht durch ein gnädiges Himmelsgeschenk zuteil geworden, sondern durch die Arbeit von Jahrhunderten, allerdings unter günstigeren Staatsverhältnissen als den Deutschen. Die wichtigste Schule aber der guten Prosa ist in Frankreich wie in England – die Schule. Nur von ganz unten aus, wie jeder feste Bau, kann die Deutsche Prosa gezimmert werden. Der sich immer freudiger kundtuende Anteil gerade der Lehrerkreise an allen Fragen Deutscher Sprache und Deutschen Stils; die große Verbreitung von wirksamen Büchern über richtiges Deutsch – ich darf auch mein ›Gutes Deutsch‹ nennen –; das ununterbrochene Wachstum des Deutschen Sprachvereins; endlich und hauptsächlich die nicht mehr zu übersehende Zunahme der bewußt auf reine und edle Sprache ausgehenden Schriftsteller und Dichter der Prosa – all dies zusammen stärkt die Zuversicht, daß der Gipfel des Sprachgeschlampes und Stilgeschluders überschritten ist und wir einem neuen Kunstgipfel unsrer Prosa entgegengehen.

Von Zeit zu Zeit verdichtet sich die Unzufriedenheit mit dem Zustande der Deutschen Schriftsprache in den Wunsch: Hätten wir doch eine **Deutsche Sprachakademie**! Ich wiederhole hier die auf eine bekannte Rundfrage darüber in K. E. Franzos' ›Deutscher Dichtung‹ 1902 von mir erteilte Antwort:

> Erstens: Eine Deutsche Akademie ist genau so überflüssig wie die irgendeines andern Volkes. Außer zur Befriedigung unmännlicher Eitelkeiten hat in keinem Lande der Welt eine Sprachakademie zu irgend etwas Wertvollem gedient. Die Französische Akademie ist für die Entwicklung der französischen Literatur, ja selbst der französischen Sprache ohne alle Bedeutung gewesen und ist es heute noch.
>
> Zweitens: Soll eine Deutsche Sprachakademie mehr sein als ein freier Verein freier Deutscher Schriftsteller, so wird sie zu einer Art von Staatseinrichtung. Einer solchen wird nach den bei uns herrschenden Anschauungen niemals vollkommene Freiheit in der Wahl ihrer Mitglieder gelassen werden. Den entscheidenden staatlichen

Stellen werden ganze Richtungen nicht passen, und gerade einige der hervorragendsten Deutschen Schriftsteller werden von einer Deutschen Sprachakademie mit staatlichem Charakter grundsätzlich ausgeschlossen bleiben. Eine Akademie dieser Art würde weder bei den Deutschen Schriftstellern noch im Deutschen Volke besondere Achtung genießen.

Drittens: Alle Verteidiger der Gründung einer Deutschen Sprachakademie erwarten von dieser eine Pflege edler Deutscher Sprache. Das Mindeste also, was man von jedem Mitglied solcher Akademie verlangen müßte, wäre doch wohl, daß es ein fehlerloses Deutsch schriebe. Ich bestreite, daß es zur Zeit in Deutschland eine genügend große Zahl hervorragender Schriftsteller – nun gar Gelehrter! – gibt, die auch nur richtiges Deutsch schreiben. [Man denke an G. Hauptmann! – Zusatz von 1921.]

Will man durchaus einmal eine Deutsche Sprachakademie gründen, so verschiebe man die Ausführung dieses Planes um etwa 50 Jahre, bis wir durch eine vollständige Änderung unsers höheren Unterrichtswesens ein Geschlecht von Lehrern und Schülern herangezogen haben, denen, ähnlich wie in Frankreich, die tadellose, ja die künstlerische Beherrschung der Muttersprache die Krone des Unterrichts ist.

Ich füge heute noch dies hinzu. Käme es dennoch zur Gründung einer Deutschen Sprachakademie, so würde sie **Germanistisches Nationalinstitut** heißen, und ihre Zusammensetzung würde sie von vornherein jedes gesetzgeberischen Ansehens bei der Schriftstellerwelt berauben. Hier gilt kein Stand, kein Name; hier gilt nur eines: daß jedes Mitglied fehlerloses Deutsch schreibt. Noch sind wir nicht so weit, auch die Forderung zu stellen: schönes Deutsch; fehlerfreies und selbstverständlich reines Deutsch müßten einstweilen genügen, um außer hervorragenden inhaltlichen Leistungen einen Schriftsteller oder Gelehrten zur Aufnahme in die Deutsche Sprachakademie zu befähigen.

In neuster Zeit ertönt wieder einmal der Hilferuf nach einem ›**Deutschen Sprachamt**‹. Gesetzt den Fall, es käme zu einer Verwirklichung dieses Gedankens, – wer würde an der Spitze stehn, wer den Rahmen bilden? Höchster Wahrscheinlichkeit nach die Berliner Akademie der Wissenschaften, dieselbe Akademie, deren germanistisches Mitglied Gustav Röthe sich, in einem von der Akademie ihm aufgetragenen Gutachten, gegen die schon landläufigen Verdeutschungen der überflüssigsten Fremdwörter ausgesprochen hat, der leidenschaftlichste Gegner der Säuberung der Deutschen Sprache von ihrer vierhundertjährigen Besudelung. Zweifelt jemand, der mit der amtlichen Behandlung solcher Deutscher Lebensfragen vertraut ist, daß in einem Deutschen Sprachamt die ärgsten Deutschverderber obenan sitzen und das große Wort führen würden? Das Deutsche Sprachamt würde zu einem Amt gegen die Deutsche Sprache werden.

ZWEITER ABSCHNITT
Vom guten Stil

Die allgemeine Quelle jedes Vergnügens ist Zweckmäßigkeit.

SCHILLER

Mit ausführlichen und doch nicht fördernden gelehrten Auseinandersetzungen über Herkunft, ursprünglichen Sinn und Bedeutungsgeschichte der Wörter **Prosa** und **Stil** bleibe der Leser verschont; denn nicht um Wortwissen, sondern um Sachkenntnis ist es uns hier zu tun. Die kurzen Angaben müssen genügen: Prosa ist ein altlateinisches Wort, aus *Prorsa*, genauer aus *Proversa*: vorwärts gerichtete, nicht durch ein festes Maß gebundene Rede. Quintilian gebraucht es im Gegensatze zu *versu loqui*: durch Vers reden. Das griechische *Stylos* bedeutet Pfahl, Säule, Schreibgriffel; in der letzten Bedeutung entspricht ihm lateinischer *Stilus*, nach Wackernagels feiner Bemerkung begrifflich und lautlich verwandt mit Stiel. Prosa und Stil sind eingedeutschte Lehnwörter.

Nicht viel fruchtbarer sind die meisten der zahllosen Erklärungen vom Wesen des Stils. Selbst diese von Hebbel nützt uns gar nichts: ›Das sprachliche Produkt, das entsteht, wenn ein positiv individueller Geist – denn negativ individuell sind alle – den allgemeinen Geist durchdringt und befruchtet, wird Stil genannt.‹ Nicht besser steht es mit der Erklärung Buffons, des Verfassers der in Frankreich berühmtesten Abhandlung über den Stil (vgl. S. 51): *Le style n'est que l'ordre et le mouvement qu'on met dans ses pensées.* (Der Stil ist nur die Ordnung und Bewegung, die man seinen Gedanken gibt). Hierin ist schon die Beschränkung durch

›nur‹ falsch, denn der Stil besteht in noch manchem andern als der Folge und Gangart der Gedanken.

Auf sich beruhen kann an dieser Stelle die Frage nach dem Wesen des Stils in Wendungen wie: Rafaels Stil, Wagners Stil, oder nach dem Sinne des Wortes in dem Satze: der oder jener Künstler hat Stil. Soweit dieses Buch mit solcher Frage zu tun hat, wird sie in dem Abschnitt vom persönlichen Stil erörtert (S. 47).

○ ○ ○

Schriftlicher Stil ist sprachliche Gedankenform: diese einfache Erklärung reicht hin, um uns in den Kern der Frage vom guten Stil zu führen. Eine Schrift mit gutem Stil mag von Feinschmeckern als reines Kunstwerk ohne jeden andern Zweck als den der Schönheit genossen werden, so wie viele Römer und Franzosen eine Reihe schön gebauter Sätze an sich als Kunstwerk bewundert haben. Über jene Ansicht vom guten Stil sind wir, sind auch die Franzosen längst hinaus.

Noch so schön aneinandergereihte Satzgefüge mit feinster Wortwahl und edelstem Lautwohlklang sind tönendes Erz und hohle Schelle ohne menschlich wertvollen Zweck. ›Der Nutz ist ein Teil der Schönheit‹, heißt es schon bei Dürer; ohne jede Einschränkung fast wörtlich ebenso bei Schiller. Alles Gerede über guten oder schlechten Stil eines Schreibers bleibt unentschiedener Widerstreit beweisloser Geschmackslaunen, wenn wir nicht einen unerschütterlichen Ausgangspunkt für unser Urteil gewinnen. Es gibt keinen guten Stil an sich, es gibt nur einen zweckmäßigen und einen zweckwidrigen Stil; jener ist der gute Stil, dieser der schlechte. Die größten Meisterwerke der Prosa aller Zeiten und Völker fügen sich dieser einfachen Erklärung.

Warum wird geschrieben? Nicht zuerst, um ein Kunstwerk zu erzeugen, sondern um die Gedankenwelt des Schreibers so vollkommen wie möglich auf den Leser zu übertragen. Der älteste Schriftsteller über das Wesen des Stils, Aristoteles – er nannte es Beredsamkeit –, erklärte diese als die Kunst im Erfinden von Überredungsmitteln; und der beste Deutsche Schriftsteller über Stil, Schopenhauer, bezeichnete als Zweck alles Schreibens: ›Mittels

Worten den Strom der Gedanken in ihren (der Leser) Kopf zu leiten, mit solcher Gewalt, daß er den ihrer eigenen von dem Gange, den sie bereits genommen, ablenkt und in seinen Lauf mit fortreißt‹. Das einzige vollkommne Mittel hierzu, den wertvollen Inhalt immer vorausgesetzt, ist der vollkommne Stil. **Höchste Zweckmäßigkeit also ist höchster Stil**, und alle Mannigfaltigkeit der guten Stilarten, die ganze Fülle der Stilmittel ist in dem Grundgedanken der Zweckmäßigkeit enthalten. Ob im einzelnen Falle dichterischer oder prosaischer Stil, feierlicher oder alltäglicher, ernster oder heiterer, stiller oder bewegter, schlichter oder geschmückter Stil vorzuziehen, ist einzig nach dem Zweck des Schreibenden und seiner Schrift zu entscheiden.

Alle Unterschiede der Sprachen, aller Wandel der Bildung und des Geschmackes, die unabsehbare Vielfältigkeit sogar der Seelen der Schreiber ordnen sich fügsam unter jenes allherrschende Gesetz. Napoleons Tagesbefehle an seine Soldaten in Ägypten und Kaiser Wilhelms des Ersten Drahtungen vom Siegesschauplatz sind grundverschieden, sind aber beide großer Stil, denn beide erreichen auf großartige Weise ihren Zweck. Du schreibst über Lessing, den Vernichter der geistigen Franzosenherrschaft in Deutschland, und du spreizest dich eitel mit überflüssig eingestreuten französischen Brocken: dein Stil ist erbärmlich, weil zweckwidrig, und dich selbst machst du obendrein lächerlich. – Du schreibst über Schiller, den Sänger höchsten seelischen Aufschwunges, in einem Stil wie über das beste Straßenpflaster oder den ergiebigsten Kunstdünger: zerbrich deine Feder, denn du hast keine Ahnung von Zweck und Wirkung deiner Schreiberei. – Man verlangt von dir einen Sachbericht über einen beobachteten Straßenunfall, und du schwelgst seitenlang über deine Seelenstimmungen vor, während und nachher: du taugst nicht zum Berichterstatter, denn du schreibst an dem Zweck vorbei, der in nichts anderm besteht als in einem getreuen Abbild der Tatsachen. – Du bist ein großer Gelehrter, beherrschest das weite Gebiet deiner Sonderwissenschaft und willst den Nichtwissenden aus deinem reichen Wissensschatze Belehrung spenden. In deinem Zunfthochmut aber dünkst du dich hoch erhaben über die Leser, für die du schreibst, und sprichst zu ihnen, als müßten sie alles wissen, was du selber erst seit gestern weißt; sagst deshalb zur Katze nicht Katze, sondern gebrauchst geziert andeutelnde Umschreibungen, die enträtselt werden müssen: du verfällst dem Possendichter, etwa dem der *Précieuses ridicules* (der ›lächerlichen Zierpuppen‹), denn deine Schreiberei verfehlt ihren Zweck, der nicht im Rätselaufgeben, sondern in klaren Belehrungen besteht. – Oder du leidest an keinem von all diesen Stilgebrechen, kannst dich aber nicht entschließen, in einem Satze nur einen Gedanken auszusprechen, was in drei bis vier Druckzeilen möglich wäre. So wenig Herrscher bist du über deine Gedanken, daß du ihrer keinen ungestört im Hirn und auf dem Papier zu Ende denken kannst. – Oder endlich, du bist wirklich ein Meister des Stils, du beherrschest die innere Form, d. h. du findest den treffenden Ausdruck für deinen wertvollen Gedankeninhalt, müßtest also den Zweck deines Schreibens durchaus erfüllen: du verfehlst ihn dennoch, gerade bei den feinsinnigsten unter deinen Lesern, durch einen peinlichen Erdenrest: du bist unsicher, ja ungebildet in den Gesetzen der von dir geschriebenen Sprache.

○ ○ ○

Ich sehe das erstaunte Gesicht manches Lesers und höre seine Frage: Du sprichst ja immerfort vom Leser, beinahe so viel wie vom Schreiber; der Stil hat es doch mit dem Schreiben, nicht mit dem Lesen zu tun. Mit Verlaub: alles Schreiben, vielleicht mit Ausnahme der Tagebücher, ist eine zweiseitige Tätigkeit: man schreibt nicht für sich, sondern für einen Andern, für einen Leser, für ungezählte, unbekannte Leser; für ›das Ding, das man itzo in Berlin Publikum nennt‹, wie sich Gottsched ausdrückte, als der Leserkreis sich über den Leipziger, den ›Hällischen‹, den Zürcherischen und sonstigen Professorenklüngel auszudehnen begann. Als das Zusammenfassen der Mittel, auf diesen großen Unbekannten, das Publikum, eine ganz bestimmte Wirkung auszuüben, ließe sich neben andern die Stilkunst bezeichnen.

Sorgsame **Rücksicht auf den Leser** ist eine der Urbedingungen des guten Stils. Sie ist in dem Grundgesetz der Zweckmäßigkeit mitenthalten, und keine Untersuchung des Stiles eines Schriftstellers ist erschöpfend ohne eine Antwort auf die Frage: Wie behandelt der Schriftsteller seine Leser? ›Der Seher ist erst das ganze Leben des Gesehenen, so ist erst der Leser das ganze Leben des Geschriebenen‹ (Gottfried Keller). Man kann ohne gewaltsame Scheidekünste die Prosaschriften ganzer Völker und die verschiedenen Gattungen der Prosa eines Volkes je nach der Rücksicht der Schreiber auf ihre Leser in Rangstufen ordnen. Der französische Schriftsteller schreibt durchweg mit dem Gedanken an den Leser, der Deutsche nur in den seltnen guten Ausnahmefällen. Wer jedoch mit hochfahrenden Redensarten die Gleichgültigkeit vieler Deutscher Schreiber gegen den Leser als einen Vorzug, etwa als ›weltentrückten Idealismus‹ preisen wollte, dem ist nachdrücklich zu erwidern, daß der tiefere Grund jenes Mangels die **Phantasielosigkeit** der Schreiber ist. Phantasielosigkeit aber ist nach einem gescheiten Deutschen Philosophen, Rosenkranz, gleichbedeutend mit Dummheit. Wer sich nicht, bewußt oder unbewußt, bei jedem Satze, jedem Worte, ja schon im Vorbereiten und Gliedern seiner Schrift in die Seele seines Lesers, des einen oder ihrer aller, oder doch eines gewissen guten Durchschnittes versetzen kann, der wird nur wie durch ein Wunder die Seele des Lesers ergreifen. Solch ein Wunder jedoch gelingt nur alle paar Menschenalter einmal, wenn ein außerordentlicher Schriftsteller durch die Macht seiner Gedanken oder ihres Ausdrucks die Leser so gewaltsam ergreift, daß er sie hoch über sich selbst hinaus steigert und in die fremde Gedankenwelt mit ihrer trotzig eigenartigen Form hinüberreißt.

Ohne Phantasie, will in diesem Falle sagen: ohne Seelenwitterung, kein guter Stil; ohne sie keine Möglichkeit vollen Wirkens, kein Belehren, kein Bewegen, kein Überzeugen. Aus der Rücksichtslosigkeit gegen den Leser sind die großen und kleinen Formlosen mancher Völker hervorgegangen: z. B. Rabelais, dessen ›Gargantua und Pantagruel‹ schon den Zeitgenossen kaum halb verständlich war und der heute selbst den Franzosen fast nur noch ein großer Name ist. Dann aber die einst hochberühmten, jetzt nicht mehr gelesenen Dutzende der Deutschen Formlosen, von Fischart über Hamann, Jean Paul zu dem unübersteigbaren Gipfel der Unfähigkeit, für einen Andern als sich selbst zu schreiben: zu Hegel. Vielleicht ist das ihm zugeschriebene Wort: ›Nur einer meiner

Schüler hat mich verstanden, und der hat mich mißverstanden‹ nicht gesprochen worden; erfunden ist es meisterlich.

Da schreibt ein Gelehrter ein Buch oder einen Aufsatz für weniggebildete Leser; er soll, er möchte volkstümlich schreiben, hat aber keine Ahnung von den Ansprüchen, die gerade ein Leser aus dem Volke an durchsichtige Klarheit der Gedankenfolge und des Ausdruckes stellt. Sein Geschreibe ist bei aller Gelehrsamkeit wertlos, denn es verfehlt seinen Zweck durch einen Grundmangel des guten Stils: die Phantasielosigkeit. – Ein andrer Gelehrter schreibt für zukünftige Fachgenossen, für Studenten, besitzt aber nicht Phantasie genug, um die mit Recht von diesen Lesern zu erfüllenden Voraussetzungen abzumessen. Er schreibt über Unbekanntes ebenso wie über Allbekanntes, deutet vornehmtuerisch das Fremdeste nur an, statt es klar zu bezeichnen. Dieser Gelehrte mag wissenschaftliche Tagebücher führen, zum Schriftsteller für Andre ward er nicht geboren. Jeder Leser hat das Grundrecht, vom Schreiber zu verlangen, daß er nicht zu den Schwierigkeiten des Gegenstandes Schwierigkeiten der Form füge, die nicht aus dem Gegenstande, sondern aus der Unbegabung des Schreibers herrühren.

Verhältnismäßig leicht ist der gute, der zweckmäßige Stil da zu treffen, wo ein Schriftsteller sich an einen mehr oder minder eng begrenzten, ihm genau bekannten, ihm bildungsverwandten Leserkreis wendet. Hier bedarf es eines so geringen Aufwandes von Phantasie, daß ein schlechter Stil ganz unentschuldbar ist. Der Vortrag eines Hochschullehrers, der den Studenten unverständlich bleibt; die Abhandlung eines Forschers, die selbst den Fachgenossen unfaßbar ist; die Rede eines Abgeordneten im Reichstag an ungefähr gleichgebildete Zuhörer, die dunkel klingt: lauter Beweise von Stilstümperei.

Am schwersten ist das Schreiben und Sprechen zu einer großen, bunt zusammengesetzten Leserwelt. Daher steht der gute Volkschriftsteller, nur gemessen an den zu erfüllenden Stilforderungen, hoch über dem fachwissenschaftlichen Schreiber; der gute Zeitungsmann über den meisten durchschnittlichen Bücherschreibern, die sich im allgemeinen doch an eine enger begrenzte Leserschar wenden. Die ganz großen Meister des Stils, die Verfasser der an den zehn Fingern herzuzählenden ewigen Prosawerke, haben das Wunder vollbracht, dichterische Größe und Gedankentiefe in eine Form zu gießen, durch die sie den Weisesten und den Einfältigsten, den Greisen und den Jünglingen, den Männern und den Frauen gleichermaßen lieb und verständlich geworden sind.

Welche Trübungen schieben sich schon zwischen die eignen Gedanken des Schreibenden und die Ausdrucksform; welche abermalige Trübung zwischen seinen Ausdruck und die im Leser dadurch heraufbeschworene Gedankenwelt. Jedes Begriffswort einer Sprache hat so viele mehr oder minder verschiedene Widerklänge, wie es Leser gibt, ganz so wie nicht zwei Menschen denselben Baum auf dieselbe Weise sehen. Hier liegt die Endlichkeit des Zweckmäßigen selbst für den vollkommnen Schreiber. Keine Kunst des Stils kann Höheres vollbringen, als durch das Erklingen jedes Wortes, durch den Zusammenklang jeder Wortgruppe, jedes Satzes, durch das Verknüpfen von Sätzen zu Absätzen, von Absätzen zu einem schriftlichen Ganzen ›den Leser zu nötigen, genau ebenso zu denken, wie man selbst gedacht hat‹ (Schopenhauer). Womit wir denn zum Ausgangspunkt dieser Betrachtung zurückgekehrt sind.

Kein unbedingtes Erfordernis des zweckmäßigen, also guten Stils ist die Eroberung des Lesers für die abweichende Ansicht des Schreibers. Der beste Stil eines Ungläubigen wird den überzeugten Gläubigen nicht abtrünnig machen. ›Jeder sage, was ihm Wahrheit dünkt, und die Wahrheit selbst sei Gott empfohlen‹ (Lessing an J. A. H. Reimarus, 6. 4. 1778). Allerdings muß der gute Stil des Ungläubigen bewirken, daß der gläubige Leser genau erfährt, was in der Seele seines Gegners vorgeht, und mehr darf von der höchsten Stilkunst nicht gefordert werden. Dennoch wird jeder gute Schriftsteller, der etwas zu sagen hat, über jenes Ziel lückenloser Gedankenvermittlung hinausstreben und den Leser zu überzeugen suchen. Die hierzu dienlichen Stilmittel gehören, soweit sie redlich sind, gleichfalls in die Lehre vom guten Stil. Daß sie redlich sind, dafür ist durch den Grundstein jedes Stilbaues gesorgt, denn dieser Grundstein duldet nur eine Inschrift: **Wahrheit**.

DRITTER ABSCHNITT
Von der Wahrheit

Ich kenne keinen blendenden Stil, der seinen Glanz nicht von der Wahrheit mehr oder weniger entlehnt. Wahrheit allein gibt echten Glanz. Also von der, von der Wahrheit lassen Sie uns sprechen!

LESSING AN GOEZE

Scheidet man alle Stilgebrechen aus, die durch unheilbare Unbegabung oder durch verbildende Sprach- und Stilerziehung zu erklären sind, so bleiben eigentlich nur zwei Hauptstilarten übrig: der **wahrhaftige** und der **unwahrhaftige Stil**. Alle Verstöße gegen die Sprachrichtigkeit lassen sich verzeihen und durch Unterricht beseitigen. Unbeholfenheit des Ausdrucks, Schwerfälligkeit des Satzbaues, Verworrenheit im Ordnen der Gedanken lassen sich mindern oder abstellen. Die unverzeihliche Todsünde des Stils, die Sünde gegen den heiligen Geist in der Menschenrede ist die Unwahrheit. Alle Dichter und alle Weisen, die über Sprache und Stil geschrieben, stimmen mit Vers und Prosa in dieser Grundansicht überein.

Quintilian nennt die wahrhaftige Überzeugung die Quelle der Rednererfolge: *Pectus est enim quod disertos facit. – Ideoque imperitis quoque, si modo sunt aliquo affectu concitati, verba non desunt* (Das Herz macht beredt. Daher fehlen die Worte auch Ungeübten nicht, wenn sie nur von einer Leidenschaft erregt sind). Und sehr ähnlich dem Lessingschen Leitgedanken über diesem Abschnitt heißt es schon in Boileaus ›Dichtkunst‹: *Rien n'est beau que le vrai, le vrai seul est aimable* (Nichts ist schön als das Wahre, einzig das Wahre ist liebenswert). – Uhland mahnt: ›An deiner Sprache rüge

Du schärfer nichts denn Lüge, Die Wahrheit sei ihr Hort!‹ – Und Ruskin schreibt aus der Erfahrung von drei Menschenaltern: ›Solange kein Wort anders als in Redlichkeit ausgesprochen wird, steigt die Kunst der Sprache höher und höher. – Kein edler Stil hat sich je anders als auf ein ehrliches Herz gegründet.‹

Man betrachte einmal alle unverzeihlichen Stillaster nicht mit sprachgelehrtem oder künstlerischem Sinn, sondern mit dem des unerbittlichen Seelenforschers, und man wird als ihren Urgrund die Unwahrhaftigkeit finden. Der geckenhaft gesuchte Ausdruck, die geistreichelnde Bilderei, das überflüssige Lesefrüchteln, das Prunken mit eilig zusammengerafftem Papierwissen, das eitle Auskramen von Brocken aus allen möglichen fremden Sprachen, die verstiegene Fremdwörtelei, die ›preziöse‹, sich kostbar machende, Vornehmtuerei, die Unnatur des Schwulstes: sie alle fließen aus jener schriftstellerischen Unwahrhaftigkeit, die untrennbar ist von einer gewissen Unwahrhaftigkeit im Seelenkern des Schreibers. Auch dies ist eine uralte Erkenntnis; Ἀνδὸς χαρακτὴρ ἐκ λόγου γνωρίζεται (Des Menschen ›Charakter‹ wird aus der Rede erkannt) hieß es bei den Griechen, und die Römer forderten von dem wahrhaft großen Redner, daß er vor allem ein *vir bonus* (redlicher Mann) sei.

Alle Schwindelkünste des unredlichen Stils versagen für ein feines Ohr. Die Eitelkeit läßt sich so wenig verbergen wie die Liebe, der Husten, der Hunger, und kein eitles, also unwahrhaftes Buch hat die geringste Aussicht auf Dauer. ›Möchtest du es zum großen Stil bringen in der Kunst, in der Dichtung? Ich weiß dir ein Rezept dazu: habe eine große Seele. Wenn man's nur in der Apotheke bestellen könnte!‹ (Vischers ›Auch Einer‹). Nicht kann man aus dem Stil erkennen, ob der Schreiber geizig oder freigebig, pünktlich oder säumig, noch weniger ob er schön oder häßlich ist; hingegen ob er wahr oder unwahr, echt oder unecht, ob er ›die pupillarische Sicherheit besitzt oder mit Eitelkeit hypothekarisch belastet ist‹, wie Bismarck die Menschen beurteilte, – ja, das weiß der seelenkundige Stilkenner untrüglich zu unterscheiden. An großen und kleinen Merkmalen, durch alle Schleier der Verstellung hindurch, genau so wie sich der Geizige, der Unpünktliche, der Unsaubere im Alltagsleben unfehlbar enthüllt. Der Stilkenner, der sich nicht

Ehrlicher Stil

bei Kleinigkeiten aufhält, sondern auf den Kern sieht, vermag nach einer Druckseite die Wahrheit oder Unwahrheit des Schriftstellers zu bestimmen, wie der Tierforscher aus einem einzelnen Knochen das ganze Gerippe aufbaut.

Das bekannte Wort Goethes über die Grundlage des Stils: ›Eigentlich kommt alles auf die Gesinnungen an: wo diese sind, treten auch die Gedanken hervor, und nach dem sie sind, sind auch die Gedanken‹, trifft in den Mittelpunkt unsrer Frage, und keiner von uns kann mehr als jenes Wort wiederholen oder umschreiben. Willst du also zu einem guten Stil kommen, so sei wahr und sage deine Wahrheit. Diese braucht nicht die ewige, den Menschen verborgene Wahrheit zu sein, sondern eben nur die von dir ehrlich erforschte, ehrlich geglaubte Wahrheit. Treitschke war ein schlechter Geschichtsschreiber, aber ein guter Schriftsteller; aus Vorurteil hatte er sich in vielen Fällen in die tatsächliche Unwahrheit verirrt. Sein Stil jedoch mutet uns schön an, weil er das Gepräge der Wahrheit trägt, wenngleich nur der, an die Treitschke aus tiefer Überzeugung glaubte.

○ ○ ○

Wer aus einigen klassischen Beispielen lernen will, wie selbst bei einem so wahrhaftigen Schriftsteller wie Goethe die geringste Verschleierung der vollen Wahrheit, nicht einmal ihre Entstellung, sich in einem gewundenen, halb unverständlichen Stil verrät, der lese seine Briefe aus dem Juli und August 1788 an Charlotte von Stein, also aus der Zeit der Verheimlichung seiner Liebe für Christiane:

> Heute früh komme ich auch noch einen Augenblick. Gern will ich alles hören, was du mir zu sagen hast, ich muß nur bitten, daß du es nicht zu genau mit meinem jetzt so zerstreuten, ich will nicht sagen zerrissenen Wesen nehmest. Dir darf ich wohl sagen, daß mein Inneres nicht ist wie mein Äußeres. – Ich danke dir fürs Frühstück. Fritz soll mir lieb sein, es freut mich immer seine Gegenwart, und wenn ich ihm was sein kann. Laß mir die Archivscheine zurück und lebe wohl. Mögest du in dem stillen Kochberg vergnügt und vorzüglich gesund sein. Ich will so fortleben, wie ich kann, ob es gleich eine sonderbare Aufgabe ist.

ERSTES BUCH
Grundfragen
DRITTER ABSCHNITT
Von der Wahrheit

Hier ist einer der seltnen Fälle, wo wir bei Goethe auf eine unvollkommne Wahrhaftigkeit mit einem unvollkommen wahren Stil stoßen. Von noch höherem Reiz ist es für den Leser von Dichtung und Wahrheit, die verschleiernden Stilkünste zu untersuchen, mit welchen Goethe im zehnten und elften Buch die furchtbare Wirklichkeit der Sesenheimer Tage durch alle Zauber der Dichtung zu verhüllen bemüht ist. In diesen beiden Fällen handelt es sich um Lücken der unbedingten Wahrheit aus Rücksicht auf einst geliebte Menschen, nicht um eine schriftstellerische Unwahrhaftigkeit. Niemals aber, in keinem einzigen Satze, wird man Goethe auf dem fahlen Pferde der Stillüge ertappen, wo es galt, die reine schriftstellerische Wahrheit, nichts als die Wahrheit zu bekennen. Jene höchste Wahrheit, die Vischer durch den Mund des Riesenweibes Natur in dem Gedicht ›Ischias‹ von jedem Schreiber bei Strafe unentrinnbaren Todes heischen läßt:

> Wissen will ich, ob du dem Wahren,
> Wo du es selber mit klaren
> Augen erkannt, und wo man es voll
> Und ganz erwarten darf und soll,
> Ob du da in deinem ganzen Leben
> Der Wahrheit hast die Ehre gegeben.

Jeden Satz, jedes Wort so lauterwahr zu schreiben, als liege man auf dem Sterbebett, das zwingt den guten, den großen Stil herbei, und wäre der Schreiber noch so ungeübt in den mannigfachen Stilkünsten, die in den Schriften der Alten und den zahllosen Stillehren der Neuen gebucht und gepriesen stehen. Auch der ehrlichste Schriftsteller ist ein Mensch mit menschlichen Schwächen, und eine dieser, eine unsrer Schwächen heißt Eitelkeit. An dem Willen und der Kraft, diese unsre schlimmste Schreibererbsünde zu bekämpfen, erkennt man die Redlichen und die Unredlichen. Ein Hauptmerkmal des Klassischen, d. h. des Bleibenden, ist das Freisein von Eitelkeit.

Wie ein grundehrlicher Schreiber es fertigbringt, an der Klippe der Unwahrhaftigkeit des Stils durch die Macht eines wahrhaftigen Willens heil vorbeizusteuern, das mag uns Lessing der Wahre an einem wundervollen Beispiel lehren. In seiner vierten Abhandlung über die Fabel rechtfertigt er die Prosaform seiner eignen Fabeln im Gegensatze zu der so sehr viel zierlicheren Versform der alten und neueren Fabeldichter. Lessing erklärt, er habe nicht die Absicht gehabt, die Welt mit seinen Fabeln zu belustigen:

> Ich hatte mein Augenmerk nur immer auf diese oder jene Sittenlehre, die ich, meistens zu meiner eigenen Erbauung, gern in besonderen Fällen übersehen wollte; und zu diesem Gebrauche glaubte ich meine Erdichtungen nicht kurz, nicht trocken genug aufschreiben zu können. Ich fühlte mich zu unfähig, jene zierliche Kürze [des Phädrus] in Versen zu erreichen. Lafontaine, der eben das bei sich fühlte, schob die Schuld auf seine Sprache … Für ein Genie sind die Sprachen alle von einer Natur; und die Schuld ist also einzig und allein meine. Ich habe die Versifikation nie so in meiner Gewalt gehabt, daß ich auf keine Weise besorgen dürfte, das Silbenmaß und der Reim werde hier und da den Meister über mich spielen.

Also weil Lessing fürchtet, die Versform könne ihn zu einem Wort, einer Wendung mehr als für seinen Zweck nötig verführen, ihn von der blankgemünzten Wahrheit, wie Lessing sie will, um Haaresbreite ablenken, darum verschmäht er den sonst bequemeren, aber geschwätzigeren Vers und stellt sich die Aufgabe eines Meisters der Prosa: das Höchste an Zweck mit dem geringsten Aufwand an Mitteln zu erreichen. Und wie vollkommen hat er es erreicht in seinen künstlerisch viel zu wenig geschätzten Fabeln.

○ ○ ○

›Um Prosa zu schreiben, muß man etwas zu sagen haben‹, heißt es kurz, aber ausreichend bei Goethe, und fast wörtlich gleich bei Schopenhauer: ›Der gute Stil beruht hauptsächlich darauf, daß man wirklich etwas zu sagen habe.‹ Dieser fährt dann fort: ›Bloß diese Kleinigkeit ist es, die den meisten Schriftstellern unsrer Tage abgeht und darum schuld ist an ihrem schlechten Vortrage. – Da wird das schwache Minimum eines Gedankens mit fünfzig Seiten Wortschwall diluiert und nun, mit grenzenlosem Zutrauen zur wahrhaft Deutschen Geduld des Lesers, ganz gelassen, Seite nach Seite so fortgeträtscht.‹ Über einen Gegenstand, von dem man nichts weiß, noch so beredt zu schreiben, ist Unwahrhaftigkeit, also niemals guter Stil. Der Sachkenner und Stilforscher wird durch die gewandtesten ›europäischen Redensarten‹ nicht getäuscht. Ihm offenbart schon der schielende Stil, wie Lessing ihn nennt, den Schwindelhuber: ›Das Schielende ist der eigentliche Charakter des Klotzischen Stils, und es steht in keines Menschen Macht, von einer Sache, die er nicht versteht, anders als schielend zu sprechen.‹ Auch bei nichtbewußter Unkenntnis muß die Darstellung dessen, was man nicht weiß, nicht wissen kann, schielend, nebelhaft, unverständlich ausfallen. Cato riet: *Rem tene, verba sequentur* (Habe die Sache, so folgen die Worte), und Buffon mahnte: Um gut zu schreiben, muß man im völligen Besitze seines Gegenstandes sein.

Gibt es z. B. irgend etwas dem Nichtdichter Unzugängliches, so ist es das Geheimnis der dichterischen Zeugung. Schreibt ein noch so gelehrter Nichtdichter über jenes ihm ewig dunkle Rätsel, so nimmt sein Stil trotz bestem Glauben die Farbe der Unwahrheit an. Der wackre Gelehrte Dilthey, der vom Aufkeimen eines dichterischen Gebildes nichts wissen konnte, da er selbst dieses Aufkeimen nie verspürt hatte, wagte sich in einem Aufsatz ›Goethe und die Phantasie‹ an die Darlegung dessen, was Goethen selbst dämonisch verborgen schien und sich keiner noch so umfassenden Gelehrsamkeit je entriegeln wird. Und was kam bei solchem Schreiben über eine nicht gewußte, eine nicht wißbare Sache heraus? Folgender Hauptsatz über die Phantasie: ›Sie ist doch nur (!) eine mächtigere Organisation (!) gewisser Menschen, welche in der seltenen Stärke bestimmter (?) elementarer (?) Vorgänge gegründet ist.‹ Jetzt wissen wir endlich, was die Phantasie ist! In Wirklichkeit wissen wir genau so wenig wie vorher; wir haben nur einen hohlen Wortschwall vernommen. Daß ein Hauptbestandteil solches Wortschwalles über nichtgewußte Dinge fast regelmäßig in verschwommenen Fremdwörtern besteht, sei schon an diesem ersten Beispiel seiner Art nachdrücklich hervorgehoben.

In den Schriften aller Sachunkundiger über die seelischen Vorgänge des dichterischen Schaffens, von Gottsched über Scherer bis zu Dilthey, kann der Leser für Goethes und Schopenhauers Aussprüche eine Fülle von Belegen finden, z. B. von dieser Art:

> Das ist nun meines Erachtens die beste Erklärung, die man von dem Göttlichen in der Poesie geben kann, davon soviel Streitens unter den Gelehrten. Ein glücklicher munterer Kopf ist es, wie man insgemein

redet; oder ein lebhafter Witz, wie ein Weltweiser sprechen möchte. Dieser Witz ist eine Gemütskraft (bei Dilthey: ›eine mächtigere Organisation‹), welche die Ähnlichkeiten der Dinge leicht wahrnehmen und also eine Vergleichung zwischen ihnen anstellen kann. (Gottsched in der Kritischen Dichtkunst)

Aufgabe ist die Analysis (!) des dichterischen Prozesses (!) ... Der dichterische Prozeß muß in solche Elemente (!) aufgelöst werden, an welche das Bewußtsein eines jeden von uns (!) anknüpfen kann ... Der ganze Prozeß, der zur Schaffung poetischer Kunstwerke führt, kann als ein Prozeß der Phantasie bezeichnet werden. (Großartig!) ... Die Phantasie ist die verwandelnde Reproduktion (!). (W. Scherer)

Alles nichts als bewegte Luft, nichts als Worte oder Wörter.

Horaz hatte dieselbe Entdeckung gemacht: *Scribendi recte sapere est et principium et fons* (Des rechten Schreibens Grund und Quell ist das Wissen). Wiederum sei hinzugefügt, daß nicht gefordert wird, ein Schriftsteller müsse die letzte, die ewige Weisheit über jeden von ihm behandelten Gegenstand besitzen; sondern nur, er solle nicht durch Stilmittelchen ein Gran mehr Wissens vorspiegeln, als er nach strengster Selbstprüfung wirklich besitzt. In Molières *Médecin malgré lui* (Arzt wider Willen) wird der Stil eines solchen Vorspieglers köstlich nachgeahmt. Sganarelle soll dem besorgten Vater die vorgebliche Stummheit der Tochter erklären und vollbringt dies dem Beschränkten gegenüber auf folgende Weise:

> SGANARELLE: Ich gehe sogleich auf den Kern der Sache und sage Ihnen, daß Ihre Tochter stumm ist.
> GÉRONTE: Ja, aber ich wünschte wohl, daß Sie mir sagen könnten, woher das kommt.
> SGANARELLE: Nichts leichter: Das kommt daher, daß sie den Gebrauch der Sprache verloren hat.
> GÉRONTE: Sehr wohl; aber was ist die Ursache, bitte, des Verlustes der Sprache?
> SGANARELLE: Es ist die Hemmung der Aktion ihrer Zunge. – Diese Hemmung der Aktion ihrer Zunge wird durch gewisse Humore verursacht, die wir unter uns Gelehrten pekzierende Humore nennen, nämlich die Dünste aus den Exhalationen der Influenzen, die in die Region der Krankheiten aufsteigen.

○ ○ ○

Redlichkeit ist die Lebensluft alles guten Stils; erst weit dahinter kommt das, was man Stilkunst und Stilkünste nennen mag. Bei der kleinsten Unredlichkeit, dem geringsten Trachten nach einer Wirkung, die nicht streng der Sache dient, nur der Eitelkeit des Schreibenden Befriedigung schaffen soll, ist es mit dem großen Stil zu Ende, und es beginnt der kleine, der für eine Weile, eine sehr kurze, seine Bewundrer finden mag, jedoch unfehlbar gleich einem langsam ätzenden Scheidewasser alles Geschriebene zerfrißt. Hebbel vermerkt in seinem Tagebuch: ›Daß so wenig Schriftsteller Stil haben, liegt in ihrer Unfähigkeit, dem letzten hohen Zweck die nebenbei erreichbaren näheren und kleineren zu opfern; überhaupt in der menschlichen Unart, mit jeglichem Tritt eine Art von Ziel erreichen zu wollen.‹ Dies ist nur eine andre Form für: Befriedigung kleiner menschlicher Eitelkeiten. Wem es beim Schreiben nur um die Sache zu tun ist, nicht um die eigne liebe Person, dem werden die meisten äußerlichen Stilmittel sozusagen im Schlafe beschert:

> Such' Er den redlichen Gewinn!
> Sei Er kein schellenlauter Tor!
> Es trägt Verstand und rechter Sinn
> Mit wenig Kunst sich selber vor;
> Und wenn's euch Ernst ist, was zu sagen,
> Ist's nötig, Worten nachzujagen?

Wer den Gehalt in seinem Busen trägt, dem wird die Form in seinem Geist von selber zuteil. Eines der überzeugendsten Beispiele ist das Lebenstagebuch des armen Schweizer Tagelöhners Ulrich Bräcker, eines Zeitgenossen von Lessing und Goethe, die er gar nicht kannte: ›Das Leben und die Abenteuer des armen Mannes im Tockenburg‹ (neue Ausgabe von A. Wilbrandt). Dieser Ärmste der Armen, der nur notdürftig lesen und schreiben gelernt und bis in sein 20. Jahr keine zehn Bücher in der Hand gehabt, setzte sich eines Tages in seiner elenden Hütte an den Tisch, um sich zum Troste sein Leben zu erzählen, ohne einen Gedanken an den Druck, ja ohne zu ahnen oder zu wünschen, daß je andre Menschenaugen auf seinen Blättern ruhen würden. Und jener arme Mann im Tockenburg schrieb einen Stil, um den ihn viele sehr berühmte Schriftsteller unsrer Tage beneiden dürfen (vgl. S. 500). Von jenem Büchlein gilt Nietzsches Wort im Zarathustra: ›Von allem Geschriebenen liebe ich nur das, was einer mit seinem Blute schreibt. Schreibe mit Blut, und du wirst erfahren, daß Blut Geist sei! Wenn du aber, ohne dein Blut dranzusetzen, nach unsachlichen, äußerlichen Wirkungen suchest, so wirst du gesucht schreiben. Erscheint dir die angeborene Natur deiner Rede nicht vornehm genug, so verfällst du unrettbar der Unnatur, dem Zieraffentum. Bildest du dir etwas auf dein Lesewissen ein, das doch nur der Gewinn glücklicher Lebensumstände und beharrlichen Sitzfleisches ist, so wirst du zum Zitateles. Vollends, wenn dir die Sprache deiner Mutter und deines Vaters, die Sprache Goethes und Schillers nicht genügt, um die ganze Abgrundtiefe deines Geistes auszuschöpfen, und du geckenhaft in fremden Zungen radebrechst, so wirst du zu einer traurig-drolligen Gestalt und zu einem öffentlichen Schaden.‹

Ein Ratserlaß der Stadt Braunschweig von 1330 schreibt für die Abfassung des Degedingebuches (Stadtbuches) vor: *We oc ghelard is in deme Rade, de scal to der scrift sen unde to deme dudeschen (deutschen), dat se **redhelik** sin*. Nicht versuchen, über die Kraft zu schreiben; sich nicht auf einen ellenhohen künstlichen Soccus stellen wollen; sich nicht für einen Meister des Stiles halten, wenn es einmal gelingt, auf wenig gebildete Leser durch Stilkunststücklein einen ach so schnell vorübergehenden Eindruck zu machen.

○ ○ ○

Ein paar Beispiele mögen noch klarer machen, was ich unter unredlichem Stil verstehe. Ein Philosoph schreibt in einer Abhandlung von ›*imitatorisch darstellender Konstruktion*‹. Wie das großartig klingt! Und doch handelt es sich nur um die allbekannte Nachahmung von Naturlauten (miauen, blaffen usw.), also Deutsch und redlich gesprochen um nachahmende Wortbildung. Ich stoße beim Lesen in der dritten Zeile auf die ›*imitatorisch darstellende Konstruktion*‹, weiß vom Sprachwesen dieses Schreibers genug und werfe das Heft in den Papierkorb. Möglich, daß er mir etwas zu sagen hat; er will aber mehr scheinen, als er ist, will eine kindlich einfache Sache durch Wortgepränge aufbauschen, ist also ein Sganarelle.

Harden spendet aus dem Füllhorn seiner den Erdball umspannenden Überweisheit den Satz: ›Marokko ist ohne Geld nicht zu erobern.‹ Vortrefflich, allerdings bis zur Überflüssigkeit selbstverständlich. Der Schreiber ist zu klug, um die Nichtigkeit eines solchen Satzes nicht zu fühlen; also bauscht er ihn auf durch den Zusatz: ›wie nach dem von Montecuccoli zitierten Wort des Marschalls Trivulzio das Herzogtum Mailand‹. Der harmlose Leser ist starr vor Bewunderung solches Wissens, und Harden dünkt ihn ein großer Schriftsteller und Gelehrter. Das ganze Einschiebsel über Montecuccoli, Trivulzio und Mailand ist sinnlos überflüssig, dient nur zur Befriedigung der sich blähenden Eitelkeit; ja es verrät nicht einmal eignes Wissen oder Gedächtnis des Schreibers, denn – die ganze Herrlichkeit ist entnommen den Seiten 469 und 470 des den Schriftstellern seiner Art unentbehrlichen Büchmann.

Schopenhauer hat sich über solchen wichtigtuerischen Blähstil köstlich belustigt durch eine, natürlich selbstverfertigte, Buchhändleranzeige, die er ›Liebhabern von Beispielen‹ widmet:

> Nächstens erscheint in unserem Verlag: Theoretisch-praktisch wissenschaftliche Physiologie, Pathologie und Therapie der unter dem Namen der Blähungen bekannten pneumatischen Phänomene, worin diese, in ihrem organischen und kausalen Zusammenhange, ihrem Sein und Wesen nach, wie auch mit allen sie bedingenden, äußern und innern, genetischen Momenten, in der ganzen Fülle ihrer Erscheinungen und Betätigungen, sowohl für das Allgemein-Menschliche als für das wissenschaftliche Bewußtsein systematisch dargelegt werden.

Schopenhauer hatte sich einen Spaß entgehen lassen: die Deutsche Wissenschaft sagt natürlich nicht Blähungen, sie sagt *Flatulenz*.

Strenge Sachlichkeit erzwingt sich den redlichen, den guten Stil; das Schreiben nicht um der Sache willen, sondern zum Selbstbespiegeln, zur Schaustellung des eignen unvergleichlichen Ichs führt unfehlbar zum unwahren, zum unerträglich schlechten Stil. Man prüfe die Theaterberichte, die Tonkunst- und Bücherbesprechungen einiger berüchtigter großstädtischer Schreiber: was geht das besprochene Kunstwerk sie an? Nur sich selbst beäugeln, bespiegeln, bewundern sie, gleichviel ob sie loben oder tadeln, und der unsachliche Stil verrät in jeder Zeile den wahren Zweck des Geschreibes.

Lessings Hamburgische Dramaturgie bespricht überwiegend wertloses, längst vergessenes dramatisches Gestümper; um die Sache aber, um eine sehr große Sache: um die Rolle des französischen Dramas in der dramatischen Weltliteratur und um die Zukunft des Deutschen Dramas ist es Lessing zu tun; seine eigne Person kommt daneben gar nicht in Betracht, wenngleich er sehr oft mit Ich reden muß. Die Hamburgische Dramaturgie wird aller Wahrscheinlichkeit nach weitere anderthalb Jahrhunderte leben; wo werden in zehn Jahren die Dramaturgien unsrer so sehr viel geistreicheren Modeschreiber sein, die mit all ihren halsbrechenden Stilkünsten nichts als sich selbst zu geben trachten?

VIERTER ABSCHNITT
Der persönliche und der unpersönliche Stil

Höchstes Glück der Erdenkinder
Sei nur die Persönlichkeit.
GOETHE

Du willst Wahres mich lehren? Bemühe dich nicht!
nicht die Sache
Will ich durch dich, ich will dich durch die Sache
nur sehn.
SCHILLER

Kein Mensch spricht wie ein andrer Mensch, wie sollte da ein Schreiber anders als ganz persönlich schreiben? Selbst die schlechtesten Schriftsteller haben einen persönlichen Stil, denn ›Jeder Mensch hat seinen eigenen Stil so wie seine eigene Nase‹. Lessing ruft dies seinem Gegner Goeze zu, als der sich nach der Art unsachlicher Streiter, wenn es an sachlichen Gründen fehlt, über den Stil des Herausgebers der Wolfenbüttler Fragmente aufgehalten hatte. In neuster Zeit kann man hochmütiges Gerede der langweiligen zünftigen Schriftsteller über den ›subjektiven Stil‹ der nichtlangweiligen freien lesen.

In Wahrheit gibt es gar keinen andern als den subjektiven Stil; denn wenn das schwammige Fremdwort überhaupt etwas bedeutet, dann doch so viel, daß hinter dem Geschreibe ein menschliches Subjekt steht, das die Feder geführt hat. Höchstens könnte man Logarithmentafeln als ein Erzeugnis objektiven Stils ansehen. Sogar der schlechteste aller Stile, der unnatürliche, ist durchaus persönlich, denn diese Unnatur, dieser Hang zum Andersscheinenwollen fließt eben aus dem Kern der unnatürlichen Persönlichkeit. Unsre schlechtesten älteren Prosaschreiber, z. B. Pückler, Spielhagen, Gottschall, schrieben einen ebenso persönlichen Stil wie Lessing, Schiller, Vischer. Nichts leichter als nach je einem herausgerissenen Blatt den fremdbröcklerischen Gecken Pückler, den ewigen Lesefrüchtler Spielhagen, den blumenkohligen Schiefbilderer Gottschall so sicher zu erkennen, wie man ihre einmal bekannten Menschengesichter aus einem ganzen Bildersaal herausfindet.

Der alte Satz: ›Sprich, damit ich dich sehe‹ kann gewandelt werden in: ›Schreib, damit ich dich höre‹. Allerdings versagt der so geformte Satz bei solchen Schreibern, deren schriftstellerische Unnatur noch nicht den ganzen Menschen durchseucht hat, sondern nur zu Tage bricht, sobald sie die Feder führen. In den meisten Fällen jedoch greift die Unnatur mit der Zeit aus der schreibenden Hand in den ganzen Menschen über, sie wird dann zu seiner zweiten Natur.

Jeder irgendwie bedeutende Schreiber legt bewußt oder unbewußt sein inneres Wesen, alles Wichtige, alles Bleibende seines Menschenwesens in seinen Stil. Fast immer entschwindet uns nach einiger Zeit der Inhalt des Gelesenen, oder es bleiben nur einzelne Bruchstücke. Stand aber hinter dem Buch ein deutlich sichtbarer Mensch, so hinterläßt dieser ein unverlöschliches Bild. Je mehr von seiner Persönlichkeit ein Schriftsteller in seinen Stil zu ergießen vermag, desto tiefer gräbt sich das Bild seines Wesens ein. Man kann von den meisten Büchern, selbst von den meisten bedeutenden, behaupten: Inhalt verweht, Form besteht. Weit mehr um des Stiles als um des Inhaltes willen liest man noch heute einen großen Teil der gelehrten Abhandlungen Lessings. Der persönliche, der lebendige Stil offenbart sich in so vielen Formen, wie es Persönlichkeiten gibt; er ist so mannigfaltig wie das Leben selbst, und mit jedem neuen ganz persönlichen Schriftsteller, er braucht kein bedeutender, nicht einmal ein guter zu sein, vermehrt sich der ungeheure Formenreichtum der Geisteswelt. Einförmig ist nur die Langeweile.

Das Gesetz vom überragenden Stilwerte der Persönlichkeit

duldet keine Ausnahme; es gilt für die strengste Wissenschaft wie für die leichtfertigste Plauderei. Fast alle bloß inhaltlich wertvolle Bücher der Wissenschaft sind dem sichern Untergange geweiht; die fortschreitende Wissenschaft hält die paar bleibenden Wahrheiten eines hochberühmten Werkes als Rohstoff fest, verarbeitet sie und vergißt nach einem oder zwei Menschenaltern den Urheber. Hingegen das seltne Kunstwerk einer in ihrem Schreibstil deutlich ausgeprägten Persönlichkeit überdauert um Menschenalter, ja um Jahrhunderte den wissenschaftlichen Wert des Buches. Ganz im Sinne des Goethischen Ausspruches von der Persönlichkeit als höchstem Glück der Erdenkinder schreibt Treitschke einmal, er schätze es als höchstes Lob für einen Schriftsteller, daß der Leser zu dem Ausruf genötigt werde: ›Das ist er selber!‹ Natürlich bedarf diese Verallgemeinerung des Zusatzes, den Treitschke sich dabei gewiß gedacht hat: vorausgesetzt, daß an dem Schriftsteller sonst noch einiges zu loben ist. Wer das Glück gehabt, eine Vorlesung Vischers zu hören, und gleich darauf nur eine Seite von ihm gelesen hat, der fühlt die Lebenswahrheit der Stelle in Mörikes Brief an den Freund Vischer: ›Wenn ich etwas Neues, von dir selbst Ausgegangenes lese, so steht dein Vischer-Individuum vor mir in hellster lachender Beleuchtung.‹

Die Wahrheit, daß der Stil durch den Charakter des Schreibers bedingt ist, war schon den Alten aufgegangen (vgl. S. 35). Mit weit größerer Sicherheit läßt sich aus dem Stil das ganze Wesen eines Menschen erschließen als aus der Handschrift. Kaum je hat sich der Verfasser dieses Buches in reiferen Jahren über das innerste Wesen eines Menschen getäuscht, wenn er sich an dessen Stil hielt; Schlüsse aus der Handschrift waren ebenso oft falsch wie richtig. ›Der Stil ist Physiognomie des Geistes. Sie ist untrüglicher als die des Leibes‹ (Schopenhauer), und in andrer Form bei ihm: ›Der Stil zeigt die formelle Beschaffenheit eines Menschen, welche sich stets gleichbleiben muß, was und worüber er auch denken möge.‹ Zu beanstanden ist hierin: die **formelle** Beschaffenheit; der Stil ist noch mehr als bloße Form, wie ja der Gesichtsausdruck noch vieles andre ist als bloß körperliche Außenseite. Stil ist nicht die ganze Seele, aber er ist die Seele des Schreibers; und der noch tiefer als Schopenhauer grabende Goethe hat vom Stil der bildenden

Kunst – es gilt aber ebenso von der Wortkunst – gesagt: ›Der Stil ruht auf den tiefsten Grundfesten der Erkenntnis, auf dem Wesen der Dinge, insofern uns erlaubt ist, es in sichtbaren und greiflichen Gestalten zu erkennen.‹

Unwandelbar wie des Menschen Grundfesten überhaupt ist sein Stil. Es gibt mehr als ein Beispiel für das Verharren des gleichen Stils von früher Jugend bis ins höchste Alter. Man höre den vierzehnjährigen Lessing an seine Schwester:

> Ich habe zwar an dich geschrieben, aber du hast nicht geantwortet. Ich muß also denken: entweder kannst du nicht schreiben, oder du willst nicht schreiben. Du bist zwar deinem Lehrmeister sehr zeitig aus der Schule gelaufen, allein wer weiß, welches die größere Schande ist, in seinem zwölften Jahre noch etwas zu lernen oder in seinem achtzehnten noch keinen Brief schreiben zu können.

Zeigt sich nicht schon hierin die Grundform seines Prosastils, die Gegensätzlichkeit, von der Lessing selbst gesagt: ›Jede scharfsinnige Untersuchung läßt sich in eine Antithese kleiden‹? Auch den ›epigrammatischen Nadeln‹, wie Schiller sie bei Lessing fand, begegnet man schon in den frühesten Briefen des unerbittlichen späteren Meisters des Urteils.

Das einzige scheinbare Gegenbeispiel ist Goethes sogenannter Altersstil. Dieser jedoch war kein natürliches Erzeugnis der Lebensentwicklung Goethes, kein Versteifen und Verkrusten des Blutlaufes in seiner Prosa, etwa als eine Begleiterscheinung körperlichen Alters. Goethes Altersstil war, abgesehen vom Einfluß des ihm dienstlich aufgezwungenen Kanzleistils, gewollte Manier, also Unnatur, das Ergebnis bewußten, ja absichtlichen Unterdrückens seines angeborenen und bis zur Höhe seiner Jungmeisterschaft geschriebenen Stils. Die Stilgeschichte aller Literaturen beweist, daß bei einem großen Schriftsteller das Alter allein kein völliges Umwandeln des Stiles zu erzeugen vermag, so wenig wie es das Grundgerüst der Persönlichkeit umstürzt. Der Stil, als ebenso deutlicher Ausdruck der Seele wie das Handeln, kann sich, abgesehen von Nebendingen, nicht im Kern ändern, so wenig wie Aussprache und Tonfall, so wenig wie das Spiel der Gesichtsmuskeln oder der Hände. Dichter und Schriftsteller von ähnlich hohem Alter wie Goethe haben sich keinen Altersstil künstlich geschaffen wie er, weder die Dichter Sophokles, Hans Sachs, Corneille, Grillparzer, Keller, Storm, C. F. Meyer, Vischer, Raabe, Heyse, Tennyson, Hugo, Manzoni, Carducci, Tolstoi, Ibsen, Björnson; noch die Schriftsteller Voltaire, Macaulay, Carlyle, Darwin, Ruskin, H. Spencer, Schopenhauer, Curtius, Helmholtz, Mommsen, Virchow, Bismarck, Moltke. Und Goethes eigne Mutter, diese Meisterin der Prosakunst, ohne es zu wissen, schrieb mit 75 Jahren genau so frisch im Satzbau und Inhalt wie mit 40.

Daß Goethes Altersstil eine absichtlich angelegte Maske war, beweisen die zahllosen Berichte über seine sehr natürlichen, oft ausgelassen munteren Gespräche, beweist die immer wieder durchbrechende unverschnörkelte Menschenart in vielen Briefen, beweisen die liedhaften Gedichte bis ins höchste Alter. Man lese z.B. Goethes jugendlich heitres Gespräch mit Soret vom 17. März 1830 (bei Eckermann), oder die noch überzeugenderen französischen Briefe des letzten Jahrzehnts mit ihrer jugendlichen Frische; zur Umschnörkelung in den steifen Geheimratstil reichte seine Herrschaft über das Französische nicht aus. Bei schärfstem Untersuchen der Altersprosa Goethes wird man übrigens zahlreiche Spuren seines unveräußerlichen echten Goethestils durchleuchten sehen, wie auf den Palimpsesten die verblichenen klassischen Urhandschriften durch das Geschreibsel der mittelalterlichen Mönche schimmern.

○ ○ ○

Sprichwörtlich bekannt ist **Buffons** Satz über den Stil geworden, der in seiner Rede bei der Aufnahme in die Französische Akademie steht und, abweichend von der fast immer angeführten Form, wörtlich so lautet: *Ces choses* (er meint die Kenntnisse, überhaupt den Inhalt) *sont hors de l'homme; le style est de l'homme même* (Diese Dinge liegen außerhalb des Menschen, der Stil ist vom Menschen selbst). Ein herzlich platter Satz, der nur eine Selbstverständlichkeit gegensätzlich aufzuhöhen sucht. Die großen Deutschen Schriftsteller haben bei weitem Tieferes über die Grundlage des Stils gesagt. Ja der Ausdruck Buffons kann irreführen, denn das *de* (vom) läßt die Deutung zu, als habe der Schreiber seinen Stil in der Gewalt. Leider trifft das nicht zu, sonst hätten wir nicht so viele unverbesserlich schlechte Schriftsteller und Schreibarten. Sein Inneres kann der Mensch nun einmal nicht von Grund aus wandeln, aus seiner Persönlichkeit kann keiner heraus. ›Im ganzen ist der Stil eines Schriftstellers ein treuer Abdruck seines Innern; will jemand einen klaren Stil schreiben, so sei es ihm zuvor klar in seiner Seele; und will jemand einen großartigen Stil schreiben, so habe er einen großartigen Charakter‹ (Goethe zu Eckermann). Wilhelm von Humboldt maß der Prosa einen noch größeren Wert als der Poesie für den Ausdruck der Persönlichkeit bei; nach Schillers Tode schrieb er an Goethe: ›Es schmerzt mich jetzt, daß er in den letzten Jahren so wenig Prosaisches geschrieben hat. Der Schriftsteller spricht in der Prosa mehr unmittelbar sich selbst aus, und nach ihm, nach einem Laute seines Wesens sehne ich mich.‹

○ ○ ○

Alles in allem ist der schlechte, nur nicht unnatürliche Schriftsteller mit allen Stillastern, hinter denen man aber aus gewissen Stileigenheiten eine Persönlichkeit erblickt, dem mittelmäßigen Schreiber vorzuziehen, der halbwegs sprachrichtig, beinah verständlich, in äußerlich wohlgebauten Sätzen schreibt, selbst aber hinter seinem unpersönlichen Geschreibe unerkennbar bleibt. Alles Geschriebene und Gedruckte soll nun ein für allemal nicht bloß Schreib- und Druckpapier sein, sondern des Menschen Geist in Sprache offenbaren. Es gibt einen männlichen und einen weiblichen Stil, beide gleichberechtigt, beide gleich wertvoll, wenn sie beide vollkommen natürlicher Ausdruck einer männlichen oder einer weiblichen Persönlichkeit sind. Es gibt einen norddeutschen und einen süddeutschen Stil, einen österreichischen und einen schweizerischen, vorausgesetzt, daß die Schreiber echte, in ihrer Eigenart wurzelnde Nord- und Süddeutsche, Österreicher und Schweizer sind.

> Gleich sei keiner dem Andern; doch gleich sei jeder dem Höchsten.
> Wie das zu machen? Es sei jeder vollendet in sich.

Also vollendete sprachliche Widerspiegelung einer Persönlichkeit, selbst einer mit den Schatten zum Licht, den Fehlern von Tugenden. Sollte das Unmögliche je Wirklichkeit werden, daß alle Schreiber, oder selbst nur eine Oberschicht der besten, denselben noch so guten Stil schrieben, so wären ihre Bücher trotz wertvollem Inhalt tödlich langweilig. Es gibt nichts Öderes als den über einen Kamm geschorenen Stil, z. B. den mancher Nachäffer des Goethischen Geheimratstils: Varnhagens, Schölls und einiger Andrer. ›Hat jemand etwas zu sagen, so gibt's keine angemeßnere Weise als seine eigene‹: das gute Wort rührt von Jean Paul her, und so wenig erfreulich sein eigner Stil war, – für das, was er zu sagen hatte, das Sammelsurium aufgrund von hundert Zettelkästen, war in der Tat sein Sammelsuriumstil der angemessenste, weil persönlichste.

Je unpersönlicher ein Stil, desto reizloser. Der Behördenstil z. B. hat es bei uns zum höchsten Grade der Unpersönlichkeit gebracht; wer aber ohne dienstliche oder sonstige Verpflichtung mag ihn lesen? Aktenstücke aus der Bismarckischen Zeit, die von ihm selbst ausgingen, ja nur einige Striche seines Riesenbleistiftes ausweisen, tragen für jeden Kenner die untilgbaren Spuren seines unnachahmlichen Stils.

Aus dem Begriff der Persönlichkeit als des nur ein einzigmal in der Welt Vorhandenen folgt die Unmöglichkeit, sich einen andern Stil anzuschaffen als den persönlichen. Von dem Stil der Nachäffer eines großen Schriftstellers spreche ich hier nicht, denn der ist kein Stil. Hieraus folgt die Pflicht jedes Schreibers, seine Stilforschungen an sich selbst zu beginnen. Wie schlicht, wie ehrlich, zugleich wie schön ist Kellers Satz der Selbsterkenntnis: ›Es liegt mein Stil in meinem persönlichen Wesen; ich fürchte immer manieriert und anspruchsvoll zu werden, wenn ich den Mund voll nehmen und passioniert werden wollte.‹ So blieb er denn bei seinem stillen Stil; aber wie vollmundig, wie durchglüht von edler Leidenschaft klingt uns Kellers Rede.

Schon hierher gehört die Bemerkung, daß der Fremdwörterstil in allen Fällen schlechter Stil sein muß, weil die Fremdwörter formelhaft, also unpersönlich sind. Sie steigen nicht aus den Urtiefen der fühlenden und denkenden Seele; in Fremdwörtern kann man zwar schreiben, aber weder fühlen noch denken noch träumen. Sie sind unpersönlich wie die Flaggen- oder Lichterzeichen der Schiffe nach einem vereinbarten Wörterbuch.

Der Leser, der bis hierher gekommen und sich vielleicht oft hat sagen lassen, ja bei strenger Einkehr sich selber gesagt hat, er habe keinen Stil oder höchstens einen sehr schlechten, möge wenigstens noch einen Abschnitt weiter lesen, ehe er dieses Buch, das er doch wohl zumeist mit der Hoffnung auf Gewinn für eignen guten Stil zur Hand genommen, hoffnungslos sinken läßt. Es gibt freilich so wenig einen Stiltrichter für Schreiber mit schlechtem Stil, wie es einen Dichtungstrichter für undichterische Menschen gibt. Dieses Buch aber wäre nicht unternommen worden, hätte den Verfasser nicht dennoch die Überzeugung erfüllt, es müsse ein Mittel geben, dem noch nicht hoffnungslos verdorbten Stil eines Schreibers von einiger Selbsterkenntnis und gutem Willen aufzuhelfen.

FÜNFTER ABSCHNITT
Vom besten Stil und vom Wege zu ihm

Schreiben ist ein Mißbrauch der Sprache, stille für sich lesen ein trauriges Surrogat der Rede.

GOETHE

Durch diesen Ausspruch Goethes hindurch hören wir den Satz: Im Anfang war das Wort. Die geschichtliche Entwicklung der Deutschen Sprache und des Deutschen Stils hat Wort und Begriff der **Schrift**sprache im Gegensatze zur **Sprech**sprache geschaffen und jene mit dem Hauch einer großen Vornehmheit umgeben. Die Schriftsprache gilt in Deutschland für das eigentliche Hochziel der Sprache; durch eine breite tiefe Kluft von ihr geschieden, führt die Sprechsprache, selbst der Gebildeteren, ein verachtetes oder mißachtetes Dasein. Die Schrift- und die Sprechsprache, oder sagen wir des Wohlklanges wegen lieber **Rede**sprache, decken sich in keinem Lande vollständig, es gibt Unterschiede zwischen beiden in England, Frankreich, Italien; jedoch in keinem dieser drei Länder sind die Unterschiede der Wortwahl, der Wortstellung und des Satzbaues so groß wie bei uns Deutschen. In den romanischen Sprachen gibt es für Sprache und Zunge nur ein Wort! Mehr als irgendwo sonst ist unsre Schriftsprache wirklich nur eine geschriebene, nicht eine geredete; eine Tintensprache, nicht eine von Menschenlippen fließende. Wie sollte es in Deutschland anders sein, wo die Schriftsprache seit den Tagen der Humanisten den Leidensweg durch das Lateinische, seit dem 17. Jahrhundert durch das Französische hat gehen müssen. In Frankreich galt schon vor der humanistischen Flut die Redesprache der besten Pariser Gesellschaft für die beste Sprache zu jeglichem Zweck. So wurde denn jene am Hof, im Adel, in den gebildesten Klassen des Bürgertums liebevoll gepflegte Redesprache im großen und ganzen zur allgemeinen Schriftsprache, auch zur Sprache der Wissenschaft. Alle führende Stände der französischen Gesellschaft arbeiteten wetteifernd an der Formenfestigung und Stilverfeinerung einer Sprache, die kein ›Mann von Welt‹ nachlässiger zu sprechen als zu schreiben, keiner unlebendiger zu schreiben als zu sprechen wagte.

Die heutige Deutsche Schriftsprache ist ein Erzeugnis der Deutschen Gelehrten, die Jahrhunderte hindurch die Deutsche Gesellschaft darstellten. Ihre Schriftsprache war zunächst und zumeist lateinisch gedachtes Deutsch, und nur dem machtvollen Eingreifen solcher Sprachumwälzer wie Luthers, Lessings, Herders, Winckelmanns, Goethes verdanken wir eine Schriftsprache, die etwas Besseres als beschriebenes Papier ist.

Prüfen wir das Verhältnis der Sprache solcher Umwälzer zu der ihrer gelehrten Zeitgenossen, so finden wir als den tiefsten Grund der ungeheuren Wirkung den Bruch mit der Papiersprache, die mutvolle Rückkehr zur Redesprache. Mindestens ebenso sehr wie der Inhalt der Lutherschen Werke, besonders seiner in Flugblättern verbreiteten Einzelschriften, hat sein Stil gewirkt, seine Menschenrede zu Menschenohren und Menschenherzen. Seine Leser lasen nicht von einem bedruckten Papier die stummen Tintenworte eines stummen Schreibers, sondern vernahmen mit hellhörenden Ohren den Donnerhall seiner gesprochenen Rede. Nicht von den humanistischen Deutschen Affen der Römer hatte er seine Vorbilder fürs Deutsche genommen: ›Denn man muß nicht die Deutschen in der lateinischen Sprache fragen, wie man soll Deutsch reden, sondern man muß die Mutter im Hause, die Kinder auf der Gassen, den gemeinen Mann auf dem Markt drumb fragen und denselbigen auf das Maul sehen, wie sie reden, und darnach dolmetschen, so verstehn sie es denn und merken, daß man Deutsch mit ihnen redet!‹

Redet, nicht schreibt! Die unsterbliche Größe Luthers des Spracherneuerers, Luthers des ersten Prosaklassikers neudeutschen Schrifttums, ist begründet in dem Wagemut des Bahnbrechers, mit der Feder zu reden, statt bloß mit ihr zu schreiben. Luthers Redestil war der Schrecken seiner Gegner, das Hauptmittel seiner

Macht über die Deutsche Seele. Er war sich dieser Macht hell bewußt: ›Die natürliche Sprache ist Frau Kaiserin‹ heißt es einmal siegesstolz bei ihm, dem Kaiser Deutscher Sprache.

Als nach mehr denn zwei Jahrhunderten der ›Literat‹ Lessing zwischen die Schriftgelehrten trat mit seiner geschriebenen Menschenrede, da raschelte ein entsetztes Staunen durch die papierne Schreiberwelt, und alle Papiernen, Klotz an ihrer Spitze, rümpften die Nasen ob des Lessingschen Stiles. Das war der zweite große Krieg zwischen der bloß geschriebenen und der gesprochenen Deutschen Sprache. Und immer aufs neue muß dieser Kampf geführt werden, immer wieder erhebt der Papierstil seine Ansprüche auf die Oberherrschaft im Reiche des Schriftenwesens; ja die ganze Deutsche Stilgeschichte ist die des jahrhundertelangen Kampfes zwischen Papier und Menschenzunge, zwischen Unnatur und Natur. Auf der Schule, von der untersten bis zur höchsten, ist der Stil der Menschenrede verboten, und wehe dem Aufsatz eines noch so sprachbegabten Primaners, der sich nicht nur lesen, sondern sprechen läßt. Später duldet weder die Wissenschaft noch das Amt die Redesprache; den meisten Vertretern der Wissenschaft gilt der Stil der Menschenrede für unwissenschaftlich.

○ ○ ○

Man darf die Gefahr nicht scheuen, scheinbar Selbstverständliches hier auszusprechen, um festen Boden unter die Füße zu bringen; muß daran erinnern, wie Goethe es getan, daß alles Schreiben nur ein Notbehelf, und daß keine noch so beredte Feder die Rede des Menschen zum Menschen ersetzt. Der höchste Zweck alles Schreibens: dem Leser den eignen Gedanken aufzuzwingen oder doch ungetrübt zu vermitteln, und der daraus folgende höchste Maßstab des Stils: seine Eignung zu jenem Zweck – was ist das alles gegen die Wirkung des gesprochenen Wortes? Wer das Glück genossen, die Reden wahrhaft großer Männer mit eignen Ohren zu hören, etwa Bismarcks oder Moltkes, und gleich darauf ihre Reden gedruckt las, der wurde sich des gewaltigen Unterschiedes der Wirkung bewußt, selbst wenn der Druck die Rede genau wiedergab. Der Vorsprung alles Gesprochenen vor dem Geschriebenen liegt nun einmal in gewissen Unwägbarkeiten, die nicht aufs Papier zu bringen sind: Haltung, Stimmklang, Redepuls, Atem, Augenblitz, Muskelspiel des Antlitzes, Gebärden. Erreichen kann die beste gelesene Prosa nicht die gleich gute gesprochene; Hochziel jedoch jedes guten Prosastils bleibt die Wirkung der gesprochenen Prosa. Kein großes, lebendig gebliebenes Prosawerk, das nicht leiser oder lauter an die lebendige Menschenrede anklingt.

Wodurch werden uns Goethes Wanderjahre, trotz ihrem so zukunftreichen Inhalt, so bleiern schwer zum Lesen? Was macht sie so beklagenswert unlebendig? Daß sie sich weiter als irgendein größeres Werk Goethes von der Menschenrede entfernen, daß selbst die vielen darin gehaltenen Reden mehr Papiersprache als Redesprache sind.

○ ○ ○

Was folgt aus dieser durch die Kunstgeschichte aller Völker bestätigten Tatsache? Daß es nur einen Weg zum guten, zum besten Stil gibt: den zur **Menschenrede**. Jeder Schreiber hat einen Stil oder hat doch einmal einen gehabt, nämlich den von ihm gesprochenen. Dieser mag so fehlerhaft sein wie nur denkbar, – er besitzt eine Tugend, die gar viele Fehler aufwiegt: die Lebensechtheit. Die Schule und das vielverschlungene Leben mit seinen verwickelten Abhängigkeiten haben den allermeisten Schreibern ihren eigentlichen Stil in Grund und Boden verdorben, ja ihn bis zur Unmöglichkeit des Wiederauflebens zerstört. Schreiber dieser Art können sich nicht mehr auf ihren angeborenen Stil besinnen und schreiben ihr Leben lang weiter in dem sogenannten Stil, den sie dem Papier entnehmen und aufs Papier übertragen. Daneben allerdings sprechen fast alle diese Papierschreiber im Alltagsleben einen Redestil, der an Menschensprache erinnert; und wäre es ihnen nicht unfaßbar geworden, daß man diesen Redestil schreiben darf, so könnten auch sie zu einem erträglichen Stil gelangen. Rückkehr zur eignen Natur, Wiederentdeckung des eignen Stils: einen andern Weg zum guten, zum besten Stil kann dem Stillosen kein Lehrer, kein Buch, kein Gott und keine von den Alten verehrte Göttin der Beredsamkeit offenbaren.

Denke dir beim Schreiben einen nicht lesenden, sondern zuhörenden Menschen, einen nächsten und liebsten, oder einen dir fremden hochverehrten, und sprich zu ihm mit der Feder, da du kein andres Mittel hast, das Ohr des Abwesenden zu erreichen. Suche, in der Wahl der Worte, in der Wortstellung, im Reigenschritt des Satzes, in dessen Länge, im Klange der Wendungen deiner eignen Rede so nahe wie möglich zu bleiben: schreibe nicht ein einziges Wort hin, das du niemals, in keiner Stimmung, zu keinem lebenden Menschen sprechen würdest, – und sei sicher, du wirst, wenngleich noch lange kein großer Prosaschreiber, so doch einer mit etwelchem Stile sein. Diesen auf solche Weise eroberten, genauer: zurückeroberten, Stil magst du nachher mit allen Kunstmitteln der Sprachlehre und der Redekunst feilen und schmücken; hoch über alledem steht jedoch und stehe dir die Echtheit deines eigenmenschlichen Stils.

○ ○ ○

Der Satz ›**Schreibe, wie du sprichst**‹ ist in dieser uneingeschränkten Fassung unzulässig, zumal in Deutschland, wo viel zu schlecht gesprochen wird, selbst von sehr vielen Gebildeten, als daß man ihre fehlerhafte Sprache nachschreiben dürfte. Indessen, auch zwischen der untadligsten Redesprache und der nur leidlich guten Schriftsprache wird immer noch ein letzter feiner Unterschied bleiben. Untadlig wird uns doch nur die gehörte Rede klingen; beim Lesen der gedruckten werden wir gewisse Lichter und Schatten, gewisse feine Reize des Tonwechsels vermissen, die uns die Rede so sehr verschönen. Unzählige Male hab ich im amtlichen Beruf diese Tatsache durch den Vergleich der besten gehörten und gedruckten Reden festgestellt. Der Unterschied zwischen der besten Redesprache und der guten Schriftsprache ist nicht so groß, wie man gewöhnlich meint, doch immer noch groß genug, um zwei deutlich erkennbare Spielarten der gleichen Gattung: des lebendigen Stils, zu erkennen.

Noch unzulässiger ist der, für die meisten Deutschen Prosaschreiber offenbar geltende, Satz: Schreibe so, wie nie ein Mensch gesprochen hat, spricht, noch sprechen wird. Von Vischer rührt der Ausspruch her: ›Eine Rede ist keine Schreibe.‹ Hierdurch wird der letzte Unterschied zwischen der gesprochenen und geschriebenen Menschenrede knapp angedeutet. Die Redesprache, zumal die des engsten Verkehrs zwischen zwei Menschen, fordert nicht das volle Aufgebot der Stilkunst wie die Schriftsprache, die sich an zahllose, abwesende unbekannte Leser richtet. Vieler Hilfsmittel des Schreibstils kann die lebendige Rede entraten, denn ihr dienen alle Reize, alle Gewalten der menschlichen Stimme und Gebärde. Dieser Unterschied aber zwischen Rede und Schreibe ändert nichts an der, richtig verstanden, unerschütterlichen Wahrheit, erst recht nichts an der erziehlichen Wirkung des Satzes: ›**Schreibe, wie du sprichst!**‹ Nicht wie du in Hemdärmeln, in der Trunkenheit, im Halbschlaf, ermüdet, gelangweilt, geärgert sprichst; sondern genau so, wie du sprechen würdest, wenn du dem einen dir wertvollen Leser oder ihnen allen sprechend gegenüberständest. Schreibe, wie du aus Achtung vor dir und dem besten deiner Leser sprechen würdest, und dieser beste Leser kann ein weiser Fürst sein oder gar der Fürst der Schriftsteller. Der knabenhafte Jüngling Goethe weiß der Schwester Cornelie, deren Briefe er aus dem Frankfurter Ratsverwandtendeutsch in Menschenrede zu verbessern wünscht, keine andre Lehre zu erteilen als: ›Schreibe nur, wie du reden würdest, und so würdest du einen guten Brief schreiben.‹ In seinem ›Werther‹ hat er nicht viel anders geschrieben, als er redete, und ist durch dieses redegleiche Schreiben der Erneuerer unsers Erzählungs- und dichterischen Gesprächstiles geworden.

SECHSTER ABSCHNITT
Natur und Unnatur.
Die Preziösen

Wer preziös schreibt, gleicht dem, der sich herausputzt, um nicht mit dem Pöbel verwechselt und vermengt zu werden; eine Gefahr, welche der Gentleman, auch im schlichtesten Anzuge, nicht läuft. Wie man daher an einer gewissen Kleiderpracht und dem tiré à quatre épingles den Plebejer erkennt; so am Preziösenstil den Alltagskopf.

SCHOPENHAUER IN DEM AUFSATZ
›ÜBER SCHRIFTSTELLEREI UND STIL‹

Von Schopenhauer, dem Todfeind alles Stilschwindels, rühren über den Gegenstand dieses Abschnittes noch einige andre Aussprüche her, die in keinem Werk über Stil fehlen dürfen:

> Dunkelheit und Undeutlichkeit des Ausdrucks ist allemal und überall ein sehr schlimmes Zeichen. Denn in 99 Fällen unter 100 rührt sie her von der Undeutlichkeit des Gedankens, welche selbst wiederum fast immer aus einem ursprünglichen Mißverhältnis, Inkonsistenz und also Unrichtigkeit desselben entspringt. Was ein Mensch zu denken vermag, läßt sich auch allemal in klaren faßlichen und unzweideutigen Worten ausdrücken. Die, welche schwierige, dunkle, verflochtene, zweideutige Reden zusammensetzen, wissen ganz gewiß nicht recht, was sie sagen wollen, sondern haben nur ein dumpfes, nach einem Gedanken erst ringendes Bewußtsein davon: oft aber auch wollen sie sich selber und andern verbergen, daß sie eigentlich nichts zu sagen haben. **Sie wollen zu wissen scheinen, was sie nicht wissen,** zu denken, was sie nicht denken, und zu sagen, was sie nicht sagen. Wird denn Einer, der etwas Rechtes mitzuteilen hat, sich bemühen, undeutlich zu reden, oder deutlich?

Schopenhauer führt dann den tiefen Ausspruch Quintilians an: Gerade das, was von einem sehr genauen Kenner einer Sache herrühre, sei am verständlichsten und klarsten: *Erit ergo etiam obscurior, quo quisque deterior* (Je wertloser jemand ist, desto dunkler).

Schopenhauer ist unser eigentlicher Klassiker über schriftstellerische Unnatur, besonders über die der gelehrten Schreiber. Er hatte seine Beobachtungen an den berüchtigtsten Mustern seiner Zeit, an den drei großen Zunftphilosophen der Jahrhundertwende gemacht und das Ergebnis mit einer in Deutschland nie zuvor erhörten Kühnheit des Ungünstigen ausgesprochen. Viel besser ist es seit Schopenhauers Tagen mit der sich spreizenden Unnatur in Wissenschaft und Tagesschriftstellerei nicht geworden, und fast alles, was er einst darüber geschrieben, ist lebendig wie der heutige Tag.

Schopenhauer meint, es sei zur vorläufigen Wertung der Erzeugnisse eines Schriftstellers nicht gerade notwendig, zu wissen, worüber oder was er gedacht; sondern es reiche zunächst hin zu wissen, wie er gedacht hat. Dann heißt es bei ihm:

> Von diesem Wie des Denkens ist nun ein genauer Abdruck sein Stil. – Im stillen Bewußtsein dieses Vewandtnisses der Sache sucht jeder Mediokre seinen ihm eigenen und natürlichen Stil zu maskieren. Dies nötigt ihn zunächst, auf alle Naivetät zu verzichten; wodurch diese das Vorrecht der überlegenen und sich selbst fühlenden, daher mit Sicherheit auftretenden Geister bleibt. Jene Alltagsköpfe nämlich können schlechterdings sich nicht entschließen, zu schreiben, wie sie denken; weil ihnen ahndet, daß alsdann das Ding ein gar einfältiges Ansehen erhalten könnte. Es wäre aber immer doch etwas. Wenn sie also nur ehrlich zu Werke gehen und das Wenige und Gewöhnliche, was sie wirklich gedacht haben, so wie sie es gedacht haben, einfach mitteilen wollten; so würden sie lesbar und sogar, in der ihnen angemessenen Sphäre, belehrend sein. Allein statt dessen **streben sie nach dem Schein, viel mehr und tiefer gedacht zu haben, als der Fall ist.** Sie bringen demnach was sie zu sagen haben in gezwungenen, schwierigen Wendungen, neugeschaffenen Wörtern und weitläufigen, um den Gedanken herumgehenden und ihn verhüllenden Perioden vor. **Sie schwanken zwischen dem Bestreben, denselben mitzuteilen, und dem, ihn zu verstecken.** Sie möchten ihn so aufstützen, daß er ein gelehrtes oder tiefsinniges Ansehen erhielte, damit man denke, es stecke viel mehr dahinter, als man zur Zeit gewahr wird. – Allen solchen Anstrengungen liegt nichts anderes zum Grunde, als das unermüdliche, stets auf neuen Wegen sich versuchende Bestreben, **Worte für Gedanken zu verkaufen** und, mittels

neuer oder in neuem Sinne gebrauchter Ausdrücke, Wendungen und Zusammensetzungen jeder Art, **den Schein des Geistes** hervorzubringen, um den so schmerzlich gefühlten Mangel desselben zu ersetzen. – Ein Autor aber sollte sich vor nichts mehr hüten als vor dem sichtbaren Bestreben, mehr Geist zeigen zu wollen, als er hat; weil dies im Leser den Verdacht erweckt, daß er dessen sehr wenig habe, da man immer und in jeder Art nur das affektiert, was man nicht wirklich besitzt.

Endlich aus demselben Aufsatz noch dieses Stückchen:

Den Deutschen Schriftstellern würde durchgängig die Einsicht zustatten kommen, daß man zwar womöglich denken soll wie ein großer Geist, hingegen dieselbe Sprache reden wie jeder andere. **Man brauche gewöhnliche Worte und sage ungewöhnliche Dinge: aber sie machen es umgekehrt.** Wir finden sie nämlich bemüht, triviale Begriffe in vornehme Worte zu hüllen und ihre sehr gewöhnlichen Gedanken in die ungewöhnlichsten Ausdrücke, die gesuchtesten, **preziösesten** und seltsamsten Redensarten. Ihre Sätze schreiten beständig auf Stelzen einher. Hinsichtlich dieses Wohlgefallens am Bombast, überhaupt am hochtrabenden, aufgedunsenen, preziösen, hyperbolischen und aerobatischen [luftwandlerischen] Stile ist ihr Typus der Fähnrich Pistol, dem sein Freund Falstaff einmal ungeduldig zuruft: **Sage, was du zu sagen hast, wie ein Mensch aus dieser Welt!**

Zwei einst gerühmte Schriftsteller gab es unter uns, auf die fast jedes Wort Schopenhauers so schlagend zutrifft, als habe er sie gekannt, wie wir sie kennen. Die gleichen allzumenschlichen Menschlichkeiten äußern sich eben immer wieder auf die gleiche Weise; in Deutschland noch etwas häufiger und in besonders auffallenden Erscheinungen, weil bei uns die Ehrfurcht vor dem bedruckten Papier, nun gar vor dem mit Gelehrsamkeit bedruckten, größer ist als in irgendeinem andern Lande. Die beiden neueren Hauptvertreter des Preziösentums, also der sich ›kostbar‹ gebärdenden schriftstellerischen Unnatur, waren **Erich Schmidt** und **Maximilian Harden**, jener einer unsrer sachkundigsten Literaturforscher; dieser ein ehemals außergewöhnlich wirksamer Tagesschriftsteller mit dem berauschenden Ruhm, von einigen harmlosen Seelen ›Deutschlands erster Stilist‹ genannt worden zu sein. Das größere Ärgernis gab Erich Schmidt, denn ein so bedeutender Gelehrter brauchte sich nicht der schlechten Mittel des Preziösentums zu bedienen, um den Schein einer noch größern

Gelehrsamkeit zu erwecken, als er wirklich besaß. Er konnte so einfach wie möglich schreiben, und wir würden sein hinreichend großes Wissen im schlichten Gewande vollkommen schätzen und uns davon aneignen, was uns angemessen ist. Wo er sich frei hält vom Kitzel des Preziösentums, also der Geziertheit, wo er spricht wie ein Mensch aus dieser Welt, wo er dem krankhaften Reize widersteht, noch mehr Geist zu zeigen, als er hat, noch mehr Wissen auszukramen oder anzudeuteln, als für den gegenwärtigen Zweck nötig ist, da gelingen ihm ausgezeichnete Sätze, zuweilen Absätze, – eine ganze Druckseite freilich niemals, denn solange läßt ihm die Unnatur nicht Ruh.

Erich Schmidt will sagen: Der Fauststoff keimte in Goethe zuerst in Straßburg auf. Dies wäre so einfach wie richtig, so verständlich wie genügend; freilich weder neu noch tief. Dies will er sagen, kann es aber nicht sagen, weil es zu einfach, zu gemeinverständlich wäre. Er sagt statt dessen: *Nur ein unbewußtes Keimen fällt nach Straßburg in die Wiege seiner Deutschheit.* Ein **Keimen** fällt, und es fällt in eine Wiege! Selbst ein Keim, der in eine Wiege fiele, käme zu spät; der Keim hätte schon etwas früher fallen müssen. Und dieser Keim, vielmehr dieses Keimen, sogar dieses unbewußte Keimen fällt nach Straßburg! Es fällt in die Wiege seiner Deutschheit, obwohl Goethes Deutschheit nicht in zwingendem Zusammenhang mit dem Aufkeimen des allgemein menschlichen Fauststoffes steht. Weh dem Schriftsteller, der die Einfachheit verschmäht! Was ihn Erhabenheit dünkt, ist uns Lesern gedunsene Flachheit; wo er Brillantenschmuck anzubringen glaubt, da sehen wir Glasperlen; wo er überflüssige Bezüge andeutend einzuflechten sucht, da empfinden wir nur einen verschnörkelten Stil und sagen derb heraus: schiefgewickelt.

Selbst der niedrigste Paria hebt als dankbarer Adorant die Hände zum Herrn der Mächte. Vom Paria in den bekannten Gedichten Goethes ist die Rede, und Schmidt will sagen, daß selbst für den dankerfüllten Paria die Gottheit im Gebet erreichbar ist. Dies ist weder neu noch tief, aber warum soll man es nicht sagen? Nur verständlich soll man es sagen! An der Umschreibung ›Herrn der Mächte‹ ist kein Anstoß zu nehmen, wenn denn doch einmal erhaben gesprochen werden soll. Wie viele Leser aber können die ganze

Fülle des an dieser Stelle überflüssigen Wissens ausschöpfen, das sich in dem ›dankbaren Adoranten‹ unwiderstehlich kundtun will? Sprachkundige ahnen, daß Adorant Anbeter heißt, und fragen sich, wenn sie Sprachgefühl und Geschmack haben, warum ein Deutscher Schriftsteller für eine so grundeinfache Sache wie Anbeter oder Beter ein gelehrt klingendes Fremdwort setzen muß. Schmidt will aber mehr als das Ausreichende, er will das Überflüssige, denn – ihm fällt ein, daß das Berliner Museum eine römische Erzgestalt besitzt: einen betenden Knaben, den die Kunstgeschichte den Adoranten nennt: also muß der indische betende Paria mit dem römischen betenden Knaben zusammengebracht werden, obwohl die beiden weder an sich noch zur Erklärung des Goethischen Gedichtes das Geringste miteinander zu schaffen haben. Welcher Eindruck entsteht bei den Lesern? Ungesucht fällt einem Kellers so unheimlich belesene Züs Bünzlin ein, die durch ihr sprudelndes Auskramwissen den drei gerechten Kammachern so bewundernswert erschien.

Was bedeutet ›Jung-Stillings *Vita*‹? Im allgemeinen Sprachgebrauch: die einer Doktorschrift angefügten Lebensnachrichten; bei E. Schmidt ist es die ins Unverständliche geziert verzerrte Umschreibung für das berühmte Buch ›Jung-Stillings Jugend‹, dessen schlichte Deutsche von Goethe herrührende Bezeichnung den großen Germanisten nicht vornehm genug dünkte. In ›Dichtung und Wahrheit‹ (2, 9) nennt Goethe das Ding ›Lebensgeschichte‹; dies mußte von einem Germanisten gelehrttuerisch verlateinert werden.

Wie viele höchst gebildete Leser verstehen folgende Bünzlinerei E. Schmidts über H. von Kleists Thusnelda: *Kleist will weder mit einer ins Altdeutsche übersetzten Königin Luise noch mit einer Halmschen Prophetin, einer Pilotyschen Theatergermanin paradieren, sondern ...?*

Schmidt schreibt in seiner Einleitung zu Goethes Faust (in der Cottaschen Jubelausgabe) über Lessings Faustbruchstück: *Lessing wollte usw. Es blieb bei geistreichen und spitzsinnigen, zudem **bloß den Wissenstrieb beachtenden, ganz unweiblichen Ansätzen.*** Was sind ›ganz unweibliche Ansätze‹? Wer nicht eigens zum Verständnis dieses Schmidtschen Satzes Lessings Faustszenen liest, der errät schwerlich, was der Schreiber hat sagen wollen, aber nicht gesagt hat. Wer sie eben gelesen – man denke: nur um das dunkle Wort eines die hellen Tatsachen verdunkelnden Gelehrten zu enträtseln! –, dem dämmert vielleicht die großartige Bedeutung der unweiblichen Ansätze auf: in den Lessingschen Bruchstücken kommt kein Weib vor! Es war Schmidt unmöglich, etwa zu schreiben: ›Es blieb bei einer Szene ohne eine weibliche Rolle.‹ Statt einer solchen oder ähnlichen allgemein verständlichen Wendung mußten die unweiblichen Ansätze heran, um den Schein zu erwecken, als stecke dahinter wunder welche Weisheit.

Von den Wanderschicksalen der Parabel von den drei Ringen wird berichtet: *1760 siedelte Des Ormeaux die Parabel im modernen Hindostan an*. Was heißt dies? Hat jener Des Ormeaux die Parabel etwa nach Indien gebracht und als Bekehrungsprediger unter den Hindus verbreitet? Vielleicht, vielleicht auch nicht. Da der so sehr gelehrte und zur Deutlichkeit zu vornehme Schreiber es uns nicht sagt, so zwingt er uns zum Rätselraten. Ich habe mehr als zwölf studierte Menschen, darunter Germanisten, befragt, keiner verstand den Satz. Es sollte ihn ja keiner verstehen! So sei denn die Vermutung gewagt: Des Ormeaux – wer ist das? – hat vielleicht eine der Ringparabel ähnliche Erzählung geschrieben, die er in Indien spielen (›sich ansiedeln‹) läßt. Es kann aber auch eine Tragödie, ein Lustspiel, ein Gedicht, eine Fabel oder sonst etwas gewesen sein. Schmidt weiß wahrscheinlich, was es gewesen, läßt uns aber trotz all seiner Gelehrsamkeit im Dunkeln. Das einzig Wichtige wäre, zu erfahren, ob jene im modernen Hindostan angesiedelte Parabel irgendwelchen Einfluß auf Lessings Erzählung von den drei Ringen geübt hat. Dies bestreitet Schmidt in einer Anhangsanmerkung. Alsdann aber ist die preziös unverständliche Andeutelei mit Des Ormeaux und Hindostan und Ansiedeln erst recht ein Auskramen nutzloser, überflüssiger Bünzlinerei.

Ein andrer Rätselsatz Schmidts: ... *besonders seitdem Percy die old and heroic ballads neu belebt und auch den Deutschen Vettern ans Herz gelegt hatte*. Welch eine rührend schöne Bereicherung unsers Wissens von der Deutsch-englischen Geistesgemeinschaft im 18. Jahrhundert! Also der Bischof Percy hat seine Ausgabe altenglischer Balladen den Deutschen Vettern ans Herz gelegt? Der herzige alte Bischof! Aber in keiner Ausgabe steht eine Silbe davon; Percy hat gar nicht geahnt, daß die Deutschen Vettern sich um seine Sammlung kümmern würden; es ist nichts als preziöses Wortgeflimmer um einen dürftigen Gedanken herum und sollte, vielleicht, bedeuten: Percy hatte gesammelt, und die Deutschen hatten das Buch ans Herz genommen. So erzeugt ein ehrlicher Forscher wie Schmidt durch den preziös schillernden Ausdruck geradezu wissenschaftlichen Irrtum.

Über Geibel: *In Preisgesängen auf Platen hat Geibel sich schülerhaft übernommen.* Geibel schülerhaft? Der verehrungswürdige Dichter? Und an einem Preisausschreiben für Lieder auf Platen hat er sich beteiligt? Wie sehr bereichert dies unsre Kenntnis von Geibel. Wie schade, daß Schmidt uns nicht verrät, wer den Preis ausgeschrieben. Sollte etwa der Platenschwärmer Minckwitz –? Aber all das ist ja Unsinn, Geibel hat sich um keinen Preis beworben; der Geibel, den wir kennen und von dem Schmidt schreibt, hat sich nicht schülerhaft übernommen; vielmehr lautet die Übersetzung aus Schmidts preziös flimmerndem und irreführendem Desperanto – das Wort ist von Karl Kraus – in menschenverständliches Deutsch: ›In Lobgesängen auf Platen hat sich Geibel in seiner Schülerzeit übernommen‹, und so gibt es einen mit der Literaturgeschichte stimmenden Sinn. Soll die Nachwelt Erich Schmidts Schriften benutzen, so müssen sie ins Deutsche übersetzt, oder es muß mit ihnen gemacht werden, wie Gottfried von Straßburg es für einen oder mehrere Dunkelschreiber seiner Zeit empfiehlt:

> Die aber in Mären wildern
> Und wilde Mären bildern,
> Mit Ringeln und Ketten klirren,
> Kurze Sinne verwirren,
> Und Gold von schlechten Sachen
> Den Kindern können machen,
> Die Büchsen schwingen und rütteln,
> Statt Perlen Staub draus schütteln,
> Die sind's! –
> Dieselben wilden Jäger
> Die müssen Wortausleger
> Mit ihren Mären lassen gehn:
> Wir können sie so nicht verstehn.

Die Stimmung am Ausgang des 18. Jahrhunderts soll uns geschildert werden: *Enthusiastisch Schillers Freudenruf ›Alle Menschen werden Brüder‹; phrasenhaft der Hauspoet, der den ›guten edlen Menschen‹ tränenselig belohnte und den ›Marodeur an der Menschheit‹ aus dem Festsaal des Biedersinns verstieß.* – Was gilt die Wette: mit Ausnahme eines einzigen begnadeten Lesers, der rein zufällig mit dem bestimmten Gedicht eines hier sorgsam geheimgehaltenen Dichters des 18. Jahrhunderts bekannt geworden, ahnt kein Mensch, wer jener Hauspoet war und um welches seiner Gedichte es sich handelt. Schiller wird überflüssigerweise genannt, obwohl sein Lied an die Freude jedem Leser bekannt ist; der allgemein unbekannte Hauspoet, den man an einer so farblosen Wendung wie ›guten, edlen Menschen‹ nicht entdecken kann, wird nicht genannt. Warum? Damit wir dumme Leser uns zerknirscht unsrer Unwissenheit schämen und den allwissenden Schreiber um so mehr bewundern.

Von Goethes Balladen ist die Rede; die älteren sind schon behandelt, nun kommt die Nachblüte seiner Balladendichtung zur Sprache: *Dann hielt er* (Goethe, etwa auf einem Ritt?) *im alten Reiche Percys an.* Was soll das bedeuten? Etwa das alte Reich Percys von Northumberland? Aber was hat der mit Goethes Altersballaden zu tun? – Ha, wir haben's: Bischof Percy, unser Bekannter von Seite 66, hat 1765 eine Sammlung altenglischer Volksballaden herausgegeben; dieser Percy wird gemeint sein, und dieses Bischofs altes Reich bedeutet in der preziösen Rätselsprache: die altenglischen Balladen. Was kann einfacher, was natürlicher sein?

Noch einmal über Lessings Faustszene mit Anknüpfung an Marlowes Faust: *In den ausgeweideten* (!) *Trümmern* (wessen?) *hatte Lessing Spuren Shakespearischen Genies erkannt, aber dem Publikum nur einen einzigen geschraubten Auftritt dargeboten* (von wem?), *der von seiner* (wessen?) *eigentümlichen Umgestaltung nichts verrät.* Was sind ausgeweidete Trümmer? Von wem rühren die Trümmer her? Wer hat sie ausgeweidet? Und in diesen ausgeweideten Trümmern – doch wohl des Marloweschen ›Faustus‹, der uns aber keineswegs in Trümmern, sondern vollständig erhalten ist – soll Lessing Spuren Shakespearischen Genies erkannt haben? Was soll dies bedeuten? Hat Lessing etwa Marlowes Faust gelesen und in diesem ein Genie von Shakespeares Art erkannt; oder hat er Marlowes Faustus Shakespearen zugeschrieben? Nie wird sich das Dunkel dieses preziösen Versteckspieles lichten. Obendrein ist aber der ganze Satz irreführend, ja sinnlos, denn diese preziöse, auf Deutsch: sich kostbar machende, flimmernde Andeutelei ist aufgebaut auf einer nicht einmal angedeuteten, sondern vornehm verschwiegenen Stelle im 17. Literaturbriefe Lessings, die der Leser natürlich auswendig wissen muß, um zehn Worte Schmidts zu verstehen. Dann aber kommt das Beste: es ist Lessing in jenem Literaturbrief gar nicht eingefallen, von Marlowes Faust mit angeblichen Spuren Shakespearischen Genies zu sprechen, sondern es handelt sich um jenen Spaß, den sich Lessing gemacht und den nachmals die Gottschedin scharfsinnig durchschaut hat: seinen eignen ›Faust‹ für ein altdeutsches von den Engländern beeinflußtes Drama auszugeben!

Schmidt spricht von den Vorläufern Goethes am Faust, dann von einer Reihe älterer Bücher: *Erst von Goethe kann man wirklich mit dem alten Buch sagen: Er nahm sich Adlerflügel.* Mit welchem alten Buch? Warum wird nur angedeutet, nicht verständlich belehrend gesprochen? Es kann das Buch von Spieß, das von Widman, das von Pfitzer usw. sein; ja es kann die Bibel sein, denn aus ihr hat Spieß das Wort von den Adlerflügeln entliehen. ›Ist denn die Welt nicht schon voller Rätsel genug‹, frug Goethe die preziösen Flimmerschreiber seiner Zeit, ›daß man die einfachsten Erscheinungen auch noch zu Rätseln machen soll?‹

Man sieht, ein Stilgebrechen wie das preziöse Vornehmtun mit seinem Verdrechseln, Andeuteln, Verschrauben artet bis zur äußersten Zweckwidrigkeit aus: dem Leser werden grobe Irrtümer beigebracht. Allerdings dürfen Schriftsteller dieser Art darauf rechnen, daß die meisten Leser ebenso ungenau, verschwommen dämmernd darüber hinhuschen, wie die Verfasser geschrieben haben. Aber ist das eine Entschuldigung?

○ ○ ○

Bei dem andern Großmeister des Preziösentums oder Zierpuppentums, **Maximilian Harden**, entarten die Stilschraubenwindungen in die äußerste Lächerlichkeit und vernichten Inhalt samt Stil, dazu den Schreiber selbst. Der uneigentliche erquälte Ausdruck statt des eigentlichen wird zur Regel. Die gelehrttuerische Aufdringlichkeit mit überflüssigem, gestern aufgelesenem Wissen, meist Büchmann-Wissen; das Prunken mit Sprachkenntnissen, die nicht aus der Sprachlehre, dem Wörterbuch, den fremden Werken, sondern aus den landläufigsten Zeitungsfremdbrocken stammen: niemals hat es etwas Ähnliches, niemals etwas so Albernes und Ekelhaftes zugleich in irgendeinem Lande gegeben. Der ehrliche einfache Schriftsteller, den Harden von hoch oben verächtlich Tintenkuli schimpft, nennt Schopenhauer – Schopenhauer; Harden dünkt sich wunder wie großartig mit seinem Brillantenstil vom ›Deutschen Feuilletonisten aus der Goethestadt‹. Daß der ›Feuilletonist‹ Schopenhauer nicht aus der Goethestadt – übrigens aus welcher? aus Frankfurt oder Weimar? –, sondern aus Danzig stammt, kommt nicht in Betracht. Aristoteles ist dem Brillantenschmuck nicht Aristoteles, sondern ›der Stagirit‹. London? Um keinen Preis, sondern ›das Themsemonstrum‹. Karlsruhe ist in schillerndem Wechsel: ›die Hardtwaldstadt, Friedrichs stille Residenzstadt, die Stadt wo Karl (welcher Karl? Karl der Große? Karl der Kahle? Karl Moor?) Ruhe fand, die hessische Fächerstraßenstadt‹; aus höchsteigner Vollmacht wird das badische Karlsruhe mit einem Federstrich nach Hessen verpflanzt, weil ausnahmsweise nicht im Brockhaus nachgeschlagen wurde.

Gewöhnliche Schreiber nennen den Zaren: Zar, und der Deutsche Leser versteht dies, ohne den Schreiber sonderlich zu bewundern. Der Preziöse will aber nicht schreiben, damit der Leser verstehe, sondern damit er den Schreiber ob seines unerhörten Wissens verblüfft bewundre; folglich schreibt Harden: ›der Gossudar aller Reußen‹ und nennt dessen Thron den ›Monomachenthron‹. Der Leser hat zwar keine Ahnung, was ein Monomach ist und was dieser mit dem Zarenthron zu tun hat; aber das ist ja gerade die Absicht Schmocks: er will nicht belehren, sondern plattdrücken; nicht verstanden, sondern angestaunt werden.

Ganz Frankreich heißt bei diesem preziösen Großschmock: Allgallien; England niemals England, sondern in holdem Wechsel Albion, Britannien, Britenland, der Kanalvetter usw.

Ein gewisser d'Urfé hat einen Schäferroman ›Astrée‹ geschrieben; Harden spricht von dem Verfasser, von dem er nie eine Zeile gelesen, den er auf S. 288 des Büchmann gefunden, nennt ihn aber nicht, sondern gibt seinen Lesern das Rebus zu raten: ›der Astréeerzeuger‹. – Paris, Parisisch? Nie! Immer so etwa wie Lutetia, lutetisch: ›eine nervöse Tragödin aus der Lutetiastadt (Auflösung des Rebus: Rachel); jemand muß ›die lutetische Luft meiden‹.

Für Bismarck hat Hardens Wörterbuch soviel Schnörkeleien wie das des Arabers für Gott oder Pferd; Bismarck heißt der Mann nur ausnahmsweise. – Die Italiener heißen bei Schmock einmal allerliebst ›die Stiefelinsassen‹. Das Schwarze Meer ist der Pontuskäfig. Tasso wird nicht genannt, sondern heißt das ›Goethische Künstlergedicht‹; daß Goethe mehr als ein Dutzend wirklicher Künstlergedichte geschrieben, ist Tintenkuliwissen. Die päpstliche Bulle ›rief (die Bischöfe) aus der Oikumene nach Rom‹. Selbst von den akademisch gebildeten Lesern wissen neun Zehntel nicht, ob Oikumene zum Essen oder zum Trinken ist; aber das ist ja gerade solchen Schreibern das Beste daran.

Etwas leichtere Rebus sind: ›Sich mit frivoler Hand aus dem Sonnenbezirk jäten‹; Auflösung: sich umbringen. – ›Die Wiederkehr der Stunde, die den heute zur Mannheit Emporgereckten ins Dasein rief‹; ›Der Tag, an dem der erste Blick ins Sonnenlicht sich jährte‹. Auflösung: der Geburtstag. Harden darf nämlich bei Strafe der Selbstentleibung niemals Geburtstag sagen! Geburtstag wagt selbst er nicht zu schreiben, und Geburtstag wäre gegen seine heiligste sprachwissenschaftliche Überzeugung (vgl. S. 124); daher jene so sehr abkürzenden Umschreibungen.

Zur Gipfelhöhe seiner Verschauspielerung, treffender: ›Verschmierung‹ der schutzlosen Deutschen Sprache klomm Harden im Weltkriege. Schmierenspieler mit jedem von ihm hingeschriebenen Satze – von seiner blutdürstigen Welteroberung und Feindbeschimpfung in den ersten Kriegsjahren bis zu seiner Schändung des Vaterlandes beim Ausgang und nach dem Zusammenbruch: ohne allen Zweifel die verabscheuungswürdigste Entartung Deutschen Schrifttums in allen Jahrhunderten. Der Harden will sagen: ›Ein Gerede geht um.‹ Dies wird bei ihm zu folgendem Komödiantengefasel: *Auf Umwegen über Bergwälle und Weltmeere kriecht, auf*

Spinnenbeinen, in der Schleimhaube, qualliges Gerede in die Heimat zurück, aus deren Klostertümpeln es einst in den Glaubensschlick krabbelte. Aus ›Wir wollen siegen‹ macht der im sichern Port sitzende, in jedem Federzug unwahre Stilgaukler: *Jeden Lufthauch, der aus dem Brustschacht klimmt, rüttelt der männische Wunsch, den Erzrumpf des Feindes zu zerstückeln, seines Hauptes Dach mit Flammenbiß aufzureißen, seine Polypenarme, als ein Bündel blutiger Fetzen, ins Meer zu streuen.* Genau wie der Schmierenbrüller in der Theaterscheune zu Tripstrill.

So ging das Jahre hindurch, Woche um Woche in bogenlangem Geschmiere. Aber – ›Entweihet den Tag nicht durch fruchtlosen Schwatz!‹ und ›Meidet eitle Rede wie höllischen Schwefelstank!‹ mahnte seine Leser jener Mensch, neben dem Lohenstein zu einem Klassiker, Saphir beinahe zu einem Ehrenmann wird.

○ ○ ○

Die tiefste Wesensgleichheit des Hardenschen und des Schmidtschen Stiles liegt auf der Hand; daß sie nicht früh erkannt wurde, nimmt wunder. Beide Schreiber weichen mit Vorsatz und Überlegung dem natürlichen, dem eigentlichen, dem selbstverständlichen Worte aus, wählen statt dessen das unnatürliche, das uneigentliche, das unverständliche. Beide enthalten dem Leser die von ihm erwartete Belehrung vor: beide führen ihn statt in die Klarheit ins Dunkel. Beide aus dem gleichen Grunde: um durch den unverständlichen Ausdruck zwischen sich und selbst dem gebildetsten Leser eine nicht etwa in den Bildungsunterschieden begründete, sondern erkünstelte Schranke aufzurichten. Beide, um dem Leser den irrigen Glauben beizubringen: das Nichtverstehen liege nur an der Unwissenheit oder Dummheit des Lesers; hoch über ihm, in den Äther hinein, das Haupt vom Sonnenlicht göttlicher Erkenntnis umstrahlt, rage der unerreichbare Schreiber. Beide sagen dem Leser Dinge, die er nicht versteht, die kein Mensch auf den ersten Blick verstehen kann, die keiner verstehen soll, und zwar beide zumeist Dinge von verblüffender Plattheit.

Der Unterschied zwischen den Stilmeistern Harden und Schmidt – ganz abgesehen von der ehrenhaften Deutschen Gesinnung Schmidts – ist einer des Grades. Harden, der von Schwächlingen und Dummköpfen Gefürchtete, ist gutmütiger: er gibt dem Leser zwar weit mehr Rebus auf als Schmidt, nahezu eins in jedem Satze; aber seine Rebus sind einem Leser mit der gleichen Bildung, nämlich einem mit alltäglichem Zeitungswissen, mit einem Büchmann und einem Brockhaus oder Meyer, ohne Ausnahme auflösbar. Einen feinen Vergleichsmaßstab bietet folgendes Beispiel bei Harden. Er will sagen: Bei jedem Morde fragt sich der Jurist: *Cui bono?* Dies wäre eine jedem Tintenkuli geläufige Abgedroschenheit, also muß sie preziös aufgeputzt werden: *Die Frage des Lucius Cassius Longinus Ravilla* (kürzer tut Schmock es nicht) *klingt auf jeder Mordstätte dem Kriminalisten ans Ohr*. Großartig, nicht wahr? Der Leser schlage Büchmann (23. Auflage, S. 382) auf, so findet er, wie solche Großartigkeiten zustande kommen. Damit vergleiche er Schmidts Rebus über ›des Römers *Vim rebus*‹ (S. 834)! Harden nennt seinen Römer überausführlich, verschweigt aber dessen Wort; Schmidt führt das Wort an, verschweigt aber seinen Römer. Mit Hilfe des Büchmann bekommen wir Hardens Rebus sogleich heraus; für Schmidts Rebus gibt es keinen Büchmann, darf es keinen geben: denn in Deutschland wächst die Berühmtheit eines wissenschaftlichen Schreibers mit seiner Unverständlichkeit.

Zuweilen gibt der Stilschäker Harden ungeübten Lesern scheinbar ziemlich schwere Rebus auf, z. B.: ›Die Savoyertruppen, die Stiefelinsassen, der Kniephofer, Teobaldus Cunctator, das Reich des Tenno, der heitere King, der winzige Sohn des Widukindlandes‹; aber sie sind weder so abgrundtief wie die Geheimnisse der Sibylla noch so doppeldeutig wie die Orakel der Pythia. Jeder Handlungsreisende mit Sekundanerbildung, mit einem Brockhaus oder Meyer, vor allem mit dem neusten Büchmann bekommt jene Rebus heraus, verwundert sich dann allerdings über die große Mühe, die Schmock an die Umschreibung solcher Plattheiten gewandt hat. Die Auflösungen lauten nämlich: Die Truppen des Königs von Italien, die Italiener, Bismarck, Bethmann Hollweg, Japan, Eduard, Windthorst. Selbst eins der dunkelsten Rebus: ›Strählt die Miautzer!‹ hat der auf Hardens Fährte gesetzte Spürer Karl Kraus, sein Sherlock Holmes, entziffert: Streichelt die Katzen! Solchen

Scharfsinn hat der starke Gott schwachen Menschen zum Verstecken und Entdecken verliehen.

Anders Erich Schmidt. Er verstreut seine Rebus über einen großem Raum, so daß auf jede Seite eins oder zwei kommen, davon eins nur den gelehrtesten Lesern, eins überhaupt nicht auflösbar. Wem es gelungen, die zur äußersten Not erratbaren mit Hilfe einer gelehrten Bücherei und mit dem Zauberwort ›Mutabor‹ [Ich werde verwandelt werden, Übs. v. S. Stirnemann, im Folgenden mit * gekennzeichnet] herauszubekommen, der staunt über die dürftige Gewöhnlichkeit des Ergebnisses seiner Mühe. Für manche Leser bestand Erich Schmidts wissenschaftliche Bedeutung nicht in seinem unleugbaren Vielwissen, nicht in seiner oft bewährten Schärfe des Forscherblickes, nicht in seinem durch ein Leben voll Arbeit an Dichterwerken gebildeten Kunstgeschmack, sondern in der erkünstelten geheimnisvollen Erhabenheit seiner unerforschlichen Rätsel.

○ ○ ○

Wohlverdientes Schicksal jeder Unnatur in der Kunst ist das schnelle Ausdermodekommen, der sichere Untergang. Alle unsre älteren Preziösen, darunter einige dazumal sehr berühmte, sind verschollen, oder dienen höchstens noch als Stoff für den Stilforscher. Dieser hat gleich dem Naturforscher seine rein wissenschaftliche Freude daran, zu beobachten, mit welcher Naturgewalt die unverbrüchliche Wahrheit vom Stil als dem schriftlichen Wesensausdruck sich durchsetzt. Immer und überall dieselben Mittelchen der Vornehmtuerei, der Andeutelei, des Umdenbreigehens, des vorgespiegelten Tiefsinns, der aufdringlichen Allwissenheit seit gestern oder heute, des Hasses gegen die schlichte Wahrheit und Klarheit der Dinge, gegen das Einfache, das Gemeinverständliche. Ist man einmal argwöhnisch gegen einen dieser Preziösen geworden, und das wird jeder unverbildete Leser nach einigen Seiten, so verfangen alle jene noch so scheingeschickt versteckten Stilkniffe nicht. Seine ganze Mühe ist umsonst, wir kennen seine Künste bald so genau, daß uns nur der Widerwille oder die Selbstachtung hindert, sie spottend nachzuahmen. Über Zeiten und Räume rufen wir ihm zu:

> Setz' dir Perücken auf von Millionen Locken,
> Setz' deinen Fuß auf ellenhohe Socken,
> Du bleibst doch immer, was du bist.

Da goethelt **Varnhagen**: ›Alle stimmten beeifert in dem klagevollen Bekenntnis überein, daß ihnen ein reichstes und bedeutendstes Lebensbild dahingesunken sei.‹ Da schnörkelt er geziert über den Tod der eignen Gattin:

> Sie (die Freunde) fühlen meinen Verlust in demjenigen mit, der auch sie selbst in mannigfacher Abstufung und Richtung, aber gewiß alle zu schmerzlich hoher Würdigung durch dieses Scheiden betroffen hat. – Sie bekennen alle, daß sie von dieser Erscheinung einen seltenen und ahndungsvollen Eindruck der eigentümlichsten Kraft und Anmut empfangen haben, der jeder freigebigsten Voraussetzung Raum gibt.

Da schreibt **Schöll** in seinem des Schnörkelstils wegen unlesbaren Buche ›Goethe in Hauptzügen seines Lebens‹ statt ›in Weimar‹: *in seines Wohnens und Wirkens reeller Begrenzung.* – Er will sagen: Noch wollte Goethe sich nicht verheiraten; da dies aber zu einfach, schlicht wahr und klar wäre, so drechselt er: *Noch ließ er den Knoten des Familienlebens und der bürgerlichen Existenz unzugezogen.* Man erzählt, Buffon habe aus Achtung vor der Kunst des Stils zum Schreiben Handstulpen angezogen; Schöll macht den Eindruck, als habe er dasselbe getan, um für seinen Stulpenstil die richtige Stimmung zu gewinnen.

Sehr löblich handelt ein Schreiber, wenn er sich nicht mit der abgegriffenen Scheidemünze der Sprache begnügt, sondern neue Goldstücke zu prägen wagt. Korn aber müssen sie haben, wissen muß man, was sie bedeuten und wert sind. Schöll prägt nicht aus Sprachschöpferdrang, sondern aus preziöser Eitelkeit, folgenden Satz: *Daß Goethe von seinen osteologischen Erkenntnissen in der Entdeckung des Menschenzwischenknochens eine Probe vollzog.* Zunächst, was ist ›eine Probe vollziehen‹, nun gar bei einer rein zufälligen Entdeckung? Sodann die Folge des geschraubten Satzbaues, daß man beim ersten Lesen ›Erkenntnis‹ und ›in der Entdeckung‹ zusammenfaßt.

Wo keine Wortdrechselei stattfindet, da wird wenigstens der Satzbau aus seinen Gelenken gerenkt: *Die gemeinsam angegrif-*

fene rationelle Ökonomie, wenn sie noch nicht zum Ausbau gelangte, so gewann doch der Herzog die reelle Kenntnis von den Zuständen des Landes. – Wenn nun, wie reich sein Talent sich bildete, die Dichtungen, auf die ich schon hinwies, offenlegen.

○ ○ ○

Der unwiderstehliche Drang zur Satzverrenkung bei all diesen Schnörklern äußert sich mit spaßiger Gleichförmigkeit. Besonders reizt sie das persönliche Fürwort zu Verschiebungen. Die guten Schriftsteller folgen dem natürlichen Deutschen Sprachgebrauch, indem sie das Fürwort möglichst weit vorrücken, was schon aus Gründen des Schnellverstehens nötig ist. Der Gaukler Harden stellt grundsätzlich ›sich‹ an die falsche Stelle: unmittelbar vor das Zeitwort, zum Schaden fürs richtige Auffassen der Beziehungen. Schöll schreibt: *Wodurch Goethes Dichtung eine Lebenserhöhung und Beseligung uns gegeben hat.* Bis zum ›uns‹ weiß der Leser nicht, auf wen sich die Lebenserhöhung bezieht.

Zu den Preziösen gehörte auch Michael **Bernays**, wie denn festzustellen ist, daß sich unter den Goethe-Forschern, besonders in deren allerengstem Zirkel, auffallend viele Sprach- und Stilschnörkler finden. Sie schreiben die begeistertsten Lobreden auf Goethes höchst natürliche Jugendsprache, nehmen sich aber als Muster zum eignen Gebrauch seinen Altersstil, den sie dann noch auf ihre Weise weiter verschnörkeln und verdunkeln.

Als erquicklicher Gegensatz zu all dieser Unnatur sei eine Stelle bei Vischer angeführt; er schreibt in seinem berühmten Aufsatz ›Mode und Zynismus‹ über das enganliegende Frauenkleid der Siebziger Jahre: *Das Kleid wird quer über den Leib geschnitten und spannt über ... Da haben wir's gleich! Wie wäre das zierlich auszudrücken? Sollen wir sagen: über die gewölbte Plastik des Mittelkörpers? oder: über die gewisse Gegend, wohinter sich die Verdauungsstätte befindet? Wäre das nicht viel zynischer, als wenn wir ehrlich schreiben: über den Bauch?* Gewiß wäre es zynischer, außerdem aber lächerliche Unnatur.

Daß alle diese preziösen Schnörkler zugleich Ausbünde an **Fremdwörtelei** sind, versteht sich von selbst. Wer sich seines angeborenen, natürlichen Stiles schämt und mit aller Gewalt sich einen andern, unnatürlichen zurechtdrechselt, der wird sich erst recht seiner angeborenen Sprache schämen und sie zu verschönern oder, Goethisch gesprochen, zu verschönheiteln suchen. Und da sich hinter pomphaft klingenden Fremdwörtern und vornehmtuerischer Pücklerei (vgl. S. 355) die einfachsten und einfältigsten Gedanken am leichtesten verstecken lassen, so ist das Maccaroni-Deutsch die geeignetste und allernatürlichste Sprache der Stiläfferei. Mitschuld am Preziösentum trägt ein Grundfehler künstlerischer Ausbildung: das Mißachten des Einfachen, das Überschätzen des Verwickelten. Die Preziösen wissen eben nicht, daß der einfache Stil bei weitem künstlerischer wirkt als der verwickelte. Alles ganz Große ist ganz einfach.

○ ○ ○

Einen geringen Trost gewährt die Stilgeschichte mit ihren zahlreichen Beispielen des nichtigen Zieraffentums in manchen Zeitaltern und bei vielen Völkern. Schon Quintilian kannte die Gattung der Schreiber, ›denen nichts gut genug ist, die alles ändern, alles anders, als es Brauch ist, sagen wollen‹. Die römischen Stilmeister berichten Stückchen von den Schmidt und Harden ihrer Zeit, z. B. von einem, der, um nicht *spartum* (Pfriemgras) zu schreiben, *Ibericae herbae* (Spanierkraut) schnörkelte; von einem Andern, der statt *salsamentum* (Fischlake) großartiger *duratos muria pisces* (Lake-harte Fische) schrieb.

Über das griechische Preziösentum heißt es in Karl Otfried Müllers Geschichte der griechischen Literatur: ›Außerdem hatten die Athener in dieser Zeit ihrer größten Aufgewecktheit eine besondere Vorliebe für eine gewisse Schwierigkeit des Ausdrucks; ein Redner gefiel ihnen weniger, der ihnen alles plan heraussagte, als der sie etwas erraten ließ und ihnen dadurch das Vergnügen machte, **daß sie sich selbst gescheit vorkamen.**‹

Aristoteles spricht in der ›Rednerkunst‹ (3, 3, 3) verächtlich von einem zieräffischen Schönschwätzer Alkidamas, der statt ›zu den Isthmien‹ schrieb: ›zu der isthmischen Festversammlung‹, statt ›Gesetze‹: ›die Könige der Staaten‹, statt ›Philosophie‹: ›Bollwerk der Gesetze‹, statt ›in Eile‹: ›in der Seele eilendem Sturme‹, und urteilt darüber: ›Durch solche Ausdrucksweise bringt man zu der Unangemessenheit noch das Lächerliche und Frostige hinzu und wird daneben aus Schwatzhaftigkeit unklar.‹

Quintilian hatte den wahren Seelenzustand der Stilgaukler erkannt, indem er sie *ducti specie nitoris* (durch einen Scheinglanz verführt, also eitel) nennt. Und bei Lukrez (1, 162) stehen diese hübschen Verse:

> *Omnia enim **stulti** magis admirantur amantque*
> *Inversis quae sub verbis latitantia cernunt.*
> (Wird doch des Dummkopfs Geschmack durch den
> am meisten bezaubert,
> Der ihm verborgene Weisheit durch Wortgeschnörkel
> erschwindelt.)

Einer modischen Stilkrankheit geistreichelnder Schnörkelei, genannt **Euphuismus**, war der junge Shakespeare eine Weile zum Opfer gefallen, bis er sich durch Selbstverspottung befreite. Aus dem 17. Jahrhundert, der Blütezeit sprachlicher Unnatur in Deutschland, haben wir ein paar hübsche Pröbchen, die uns der Satirenschreiber Schuppius aufbewahrt hat. Einen verdrehten hessischen Prokurator läßt er zu seinem Burschen sagen statt: ›*Jung, hol mir mein Messer*‹: ›*Page, bring mir mein brotschneidendes Instrument*‹, nämlich zu dem Zweck, ›*kundzumachen, daß ein Unterschied sei zwischen ihm und einem gemeinen hessischen Bauern*‹. Und statt: ›*Frau, es ist 9 Uhr, geh' zu Bett*‹: ›*Du Hälfte meiner Seele, das gegossene Erz hat den neunten Ton von sich gegeben; erhebe dich auf den Säulen deines Körpers und verfüge dich in das mit Federn gefüllte Eingeweide.*‹

Unser neustes Preziösentum ist in Wahrheit die Rückkehr zu Opitz! Dieser empfahl ja in seiner Deutschen Poeterei: ›Man muß ein Ding nicht bloß nennen, sondern mit prächtigen, hohen Worten umschreiben.‹ Gottsched nannte dergleichen Sprachverrenkungen mit einem bei ihm seltenen Humor: ›Sich *en parlant* von der Canaille distinguieren.‹

Vorübergehend hat das Preziösentum selbst im klassischen Frankreich des 17. Jahrhunderts die Macht einer französischen Mode an sich reißen wollen. Weibisches Naserümpfen über die angeblich unedlen Wörter des täglichen Lebens führte, freilich nur innerhalb eines sehr kleinen Kreises der *Précieuses*, wie sie selbst sich nannten, zu solchen blöden Umschreibungen wie *conseiller des grâces* (Ratgeber der Grazien) für Spiegel, *écluses du cerveau* (Schleusen des Gehirns) für Nase, *les chers souffrants* (die lieben Leidenden) für Füße, oder zu einem Satzgebilde wie: *Contentez l'envie qu'a ce fauteuil de vous embrasser* (Befriedigen Sie die Lust dieses Sessels, Sie zu umarmen) für: Nehmen Sie Platz. Eine köstliche Sammlung jenes vornehmtuerischen Kauderwelsch findet der Leser in Molières *Précieuses ridicules* (Lächerliche Zierpuppen): das meiste, wenn nicht alles, dem Leben abgelauscht. Molières Lustspiel machte dem Preziösentum in seiner verrücktesten Form sogleich den Garaus. Allerdings die Sucht schlechter französischer Dichter, seltner der Prosaschreiber, zur weitschweifigen Umschreibung des Einfachen, zur scheinbaren Veredelung des angeblich unedlen Wortes überdauerte noch um zwei Jahrhunderte den Molièrischen Feldzug gegen das Preziösentum, bis endlich Victor Hugo es endgültig vernichtete durch seine ehrliche Verssprache:

> *Je nommai le* cochon *par son nom: pourquoi pas?*
> *J'ai dit au* long fruit d'or: *Mais tu n'es qu'une poire.*
> (Ich nannte das Schwein – Schwein; warum nicht?
> Ich sagte zur ›länglichen Goldfrucht‹: Du bist ja nur eine Birne.)

ZWEITES BUCH

Die Deutsche Sprache

- 1. Abschnitt:
  Sprachschulmeisterei 83
- 2. Abschnitt:
  Deutsche Sprachlehre 97
- 3. Abschnitt:
  Drei Hauptsünden 109
- 4. Abschnitt:
  Hauptwort 121
- 5. Abschnitt:
  Zeitwort 131
- 6. Abschnitt:
  Allerlei Sprach- und
  Stilgebrechen 141
- 7. Abschnitt:
  Freiheit 149

Sans la langue, en un mot, l'auteur le plus divin
Est toujours, quoi qu'il fasse, un méchant écrivain.

BOILEAU

(Der Verfasser hätte gern einen Deutschen Leitspruch über dieses ›Buch‹ gesetzt; er fand keinen von gleicher Entschiedenheit, und – das ist die Moral davon.)

(In des Verfassers Buch ›**Gutes Deutsch**. Ein Führer durch Falsch und Richtig‹ findet der Leser viele Ergänzungen, für die es im Rahmen der ›Deutschen Stilkunst‹ an Raum gebricht.)

ERSTER ABSCHNITT
Sprachschulmeisterei

Laß ihn stehen, den Kopf, der eine lebendige Sprache
Vor der Bereicherung Glück hütet, als wäre sie tot.
Laß ihn stehen, er riecht ja nichts, er ist ja von Leder,
Lederne Nase verspürt nimmer den Hauch der Natur.

VISCHER

Welch ein Unsinn: ein Kopf von Leder, der eine Sprache hütet! Welch eine Unmöglichkeit: die lederne Nase, der solch ein Vorwurf gemacht wird! – Alle Sprachschulmeister seit 200 Jahren würden einem Dichter wie Vischer solche Ausdrucksform beschnüffeln und berüffeln. Einen Kopf stehen lassen, einen Kopf, der nichts riecht, einen stehengelassenen ledernen Kopf – lauter schreiende Verstöße gegen die Logik, die Grammatik, die Hermeneutik, die Ästhetik, die Tropik und noch einige andre herrliche Dinge auf ik. Und doch hat der Dichter und Denker Vischer Recht nach Inhalt und Ausdruck; und doch hätte jeder ihn schulmeisternde Nichtdichter und Nichtschriftsteller Unrecht.

Um Himmelswillen keine bloße Schulmeisterei in Fragen der Sprache und des Stils! Niemand vermag über Deutsche Sprache und Stil mit Lehre und Beispiel zu schreiben ohne vielfache Rüge des Zweckwidrigen, des Schlechten, des Abscheulichen, des Unnatürlichen. Jedoch in kleinliche Splitterrichterei, in dünkelhafte Allwissenheit braucht solch Rügeamt nicht zu entarten. Ich bilde mir nicht ein, wie sie das alle getan haben von Gottsched zu Wustmann, daß ich mit beiden Ohren dicht am Born der ewigen Sprachweisheit und Stilkunst lauschend sitze und aufschreibe, was mir aus ihm entgegenrauscht. Es gibt in der Deutschen Sprache und im Deutschen Stil lange nicht so viel unzweifelhaft ›Falsches‹, wie die schulmeisterliche Betrachtung der ganz auf Freiheit gestellten Prosa uns glauben machen will. Der Verfasser hat sich aus allen Kräften gesträubt gegen die eigne sehr menschliche Neigung, seinen Sprachgeschmack, seine wissenschaftliche oder künstlerische Überzeugung allein entscheiden zu lassen über so ausnehmend schwierige Fragen wie die in diesem Buche behandelten. Er hat sich bei jedem Beispiel in die Seelen seiner gebildeten Leser mit unverbildetem Sprach- und Stilgefühl zu versetzen bemüht und durchweg den Grundsatz gelten lassen: in allem Zweifelhaften Vorsicht, Nachsicht, Milde. Wo er verwirft, da hofft er fest auf die Zustimmung der Mehrzahl seiner unbefangenen Leser; ja er wagt zu hoffen, daß sogar mancher Verfasser der aufs schärfste gerügten Beispiele ihm beipflichten, Besserung geloben oder ohne Gelöbnis üben wird.

Wie tief uns allen – wer dürfte wagen, sich auszuschließen? – die Schulmeisterei in Sprachfragen im Blute steckt, dafür werden weiterhin überzeugende Beispiele in Menge beigebracht. Die Besten ermangeln hierin der Gnade, der wir uns befleißigen sollten. Luther schalt über die guten Neubildungen ›Verwunderung, Gelassenheit, beherzigen, behändigen, ersprießlich‹. Jakob Grimm beschulmeisterte ›außer Augen lassen‹ bei Goethe; es müßte heißen: außer den Augen lassen! Und Goethe selbst wütete gegen den harmlosen, kaum entbehrlichen Ausdruck ›nichts andres als‹.

Solche Beispiele jedoch sollen uns nur zur Warnung dienen, nicht zur Entschuldigung eigner überheblicher Polterei. Und dann: gewiß, wir schreiben böses Deutsch und bösern Stil, wir meisten, und so bleiben darf das nicht länger; wollen wir uns aber nicht wechselseitig mit einiger Nachsicht behandeln? Schließlich könnten wir ja sagen: nach der trostlosen Sprachgeschichte Deutschlands, nach unsrer Sprach- und Stilerziehung in den Schulen dürften wir eigentlich noch viel schlechter schreiben, ohne daß wir uns gar zu sehr zu schämen brauchten. Also nichts da mit der groben Schulmeisterei selbst in den zweifelhaftesten Fragen; nichts mit der selbstherrlichen sprachlichen Großmannssucht wohl gar unsern Klassikern gegenüber; nichts mit der Verekelung der erlaubtesten, ja der wirksamsten Formen und Wendungen, nur weil sie dem Herrn Sprachmeisterer nicht wohlgefallen. Einige Sprachbücher des letzten Menschenalters, besonders das von Wustmann, haben bei manchem Leser ungefähr die Wirkung hervorgerufen wie gewisse volkstümliche Werke zur Gesundheitslehre, nach deren Durchlesen man an allen Krankheiten zu leiden wähnt und seines Lebens nicht mehr froh wird.

In Deutschland sind die Bücher oder Aufsätze von bewährten Schriftstellern zur Sprach- und Stilveredelung sehr selten; an diesem Mangel krankt unsre Sprachbildung aufs empfindlichste. Das ist in Frankreich und England anders. Aber schon so ausgezeichnete ältere Stillehrer wie Aristoteles, Cicero, Quintilian sollten uns beweisen, daß über Prosakunst nur schreiben darf, wer – Prosa schreiben kann.

> Wissen wollt ihr und handeln, und keiner fragt sich: Was bin ich
> Für ein Gefäß zum Gehalt? Was für ein Werkzeug zur Tat?

heißt es in den Xenien. Nie hat Gottsched mit seiner von den Schweizern gescholtenen ›diktatorischen Dreistigkeit‹ an seinem Beruf zum Oberrichter in allen Fragen der Sprache gezweifelt. Nie ist seinem Nachfolger Adelung die Lächerlichkeit aufgedämmert, sich selbst an Lessing zu reiben und als Zeitgenosse Wielands, Herders, Goethes, Schillers über die zartesten Geheimnisse des Sprachlebens und des Stiles mit der größten Unverschämtheit zu orakeln, ohne durch ein einziges wenigstens mittelmäßiges Buch seine eigne Stilbegabung dargetan zu haben. In allerneuster Zeit haben wir dann die Spielart des groben Pedanten erlebt, der jedes Sprachunheil Deutschlands von den Berlinern oder gar den Juden herleitet. Der Beweis ist ja so leicht zu führen: ›Für silberne Hochzeit zu sagen Silberhochzeit, darauf kann zum ersten Male nur ein Jude verfallen sein‹ (Wustmann). Die frühesten Fundstellen für Silberhochzeit stehen bei Johann Heinrich Voß und Johann Wolfgang Goethe; bei Börne und Heine kommt das gutgebildete Wort überhaupt nicht vor.

○ ○ ○

Gemeinsam ist allen Sprachmeisterern die Taubheit gegen das ewig fließende, ewig sich wandelnde Leben der Sprache im Munde lebendiger redender Menschen. Wie sie selber rein äußerlich an der Sprache stochern und basteln, so stellen sie sich vor, jede ihnen unbekannte neue Wendung sei ›falsch‹, von einem ihnen an Sprachgelehrsamkeit weit nachstehenden Stümper willkürlich erfunden, also ebenso willkürlich zu verbieten. Mit besonderm Hasse verfolgen sie alles Neue, Kühne, Unregelmäßige. Für **Gottsched** sind alle starke Zeitwörter verdächtig, denn sie sind so überaus unregelmäßig. Backe, buk, gebacken; bringe, brachte; schelte, schalt, gescholten; höchst bedenklich für den einzig guten, das heißt den Gottschedischen Geschmack, dem die Regel, das heißt die selbstherrlich aufgestellte, höchstes Gesetz ist. Er verwirft so vortreffliche, so unentbehrliche Bildungen wie: das Schöne, das Große, die sich ja nicht bloß im Deutschen finden. Er verwirft: Heil dir!, Sammler, wörtlich, entfesseln, verlocken, Beeinträchtigung, Fahrlässigkeit. Doch sei um der Gerechtigkeit willen nicht verschwiegen, daß wir dem vielgeschmähten Gottsched die Ausmerzung einer nicht unbeträchtlichen Zahl wirklicher Sprachwidrigkeiten und lästiger Sprachschäden verdanken.

Noch viel anmaßender als Gottsched spreizte sich der durch keine schriftstellerische Eigenleistung zum Sprachrichteramt berufene **Adelung**. Sein Buch ›Über den deutschen Stil‹ sollte jeder einmal durchblättern, der sich über die Leidensgeschichte der Deutschen Prosalehre unterrichten will. Nie zuvor, nie nachher, selbst zu Wustmanns Zeiten nicht, hat ein so von allen Musen der Sprache verlassener Dünkler eine gleiche Herrschermacht über die Deutschschreibende Welt ausgeübt wie jener Adelung, von dem ein Feinmeister der Sprache wie Wieland schrieb: ›Meine Frau muß es bezeugen, wie oft ich täglich diesen Hund nachschlage, aus Angst ein undeutsches Wort zu schreiben.‹ – Undeutsch! Es war nur die Willkür eines anmaßenden, geschmacklosen, unwissenden Pedanten, der jede neue Wortbildung, jede noch so sprachrichtige, sinnreiche und lebensvolle Bereicherung der Sprache verwirft, sich jedem wahren Sprachschöpfer aus der Fülle seines Dünkels widersetzt und der doch selbst dem ängstlich gemachten Goethe als eine Sprachquelle erscheint: ›Den Adelung erbitte mir, wenn sie ihn nicht mehr brauchen, ich habe allerlei Fragen an dies Orakel zu tun‹ (an Schiller). Adelung verwirft mit der bei all solchen Sprachmeisterern üblichen Grobheit die besten, längst eingebürgerten Schöpfungen. Menschlichkeit, Vervollkommnung – wofür er höchstens Vervollkommnerung zulassen will –, Ingrimm, Langeweile, liebevoll, entgegnen (›da wir bereits liebreich, erwidern haben‹), Überblick (›wir haben ja schon Übersicht‹), tosen (›nur noch in den gemeinen Mundarten üblich‹). Er verwirft Mehrzahlformen wie Generäle, Herzöge; brandmarkt: sacht, binnen, düster, Bucht (er fordert Bay!), blank, Diele, flugs, flink, kostspielig, sich beeilen, weitschichtig, Schlächter, Metzger, Fleischer, Schrein, Spind (Schrank ist nach ihm einzig richtig) und beweist breitspurig und im felsenfesten Glauben an seine sprachliche Unfehlbarkeit: ›warum sie verwerflich sind‹. An Lessing benörgelte er Wörter wie: mutterseelenallein, Wirrwarr, schmeißen. Hätte Lessing länger gelebt, er hätte an Adelung gewiß ein Strafgericht vollzogen wie an Lange oder Klotz. Gegen Schulfüchse, die ihm sein ›kömmst‹ und ›kömmt‹ angegriffen hatten, legte er einmal los: ›Ich ersuche Euch höflich, allen euern Gevattern von mir zu sagen, daß ich unter den Schriftstellern Deutschlands längst mündig geworden zu sein glaube, und sie mich mit solchen Schulpossen ferner ungehudelt lassen sollen. Wie ich schreibe, will ich nun einmal schreiben! Will ich nun einmal!‹

Nach Adelung – **Wustmann**. Sein Verdienst, durch das grobe Buch ›Allerlei Sprachdummheiten‹ in vielen Lesern das Sprachgewissen geweckt oder gestärkt zu haben, sei rühmend anerkannt; alles in allem hat er wohl doch mehr genützt als geschadet. Das hindert nicht, festzustellen, daß er in mindestens ebenso vielen Fällen wie Adelung aus Unwissenheit in der Wortgeschichte, aus Stumpfheit gegen den Sprachgebrauch der Gebildetsten, aus Mangel an Feinsinn für die immer regen neuen Sprachbedürfnisse der Menschheit, besonders aber aus der Erbkrankheit aller Sprachmeisterer: dem Gelehrtendünkel des nicht selbstschöpferischen Schriftstellers, die unschuldigsten, nicht notwendigsten, die vortrefflichsten alten oder neuen Bereicherungen der Deutschen Sprache scheußlich, albern, dumm, jüdisch, schauderhaft schimpft. Wustmann verwirft Mehrzahlen wie Garne, Weine;

nennt Vorstrafe, vorbestraft ›unsäglich albern‹; tadelt: Darbietung, Rückschlag, einwandfrei, minderwertig, selbstlos, Gelände in der Heeressprache (er, wie übrigens auch H. Delbrück und P. Cauer, zieht *Terrain* vor!); bemäkelt so ausgezeichnete Wortschöpfungen wie: fußfrei, eigenartig, Bahnsteig, Heizkörper, Werdegang (ein Lieblingswort Treitschkes), Röntgenstrahlen, Sedanfeier, Fahrkarte, Fahrgast, Lebewesen, ausreisen (von Schiffen), Beamtin, Fremdkörper, Großfeuer, Forstverein, bedankt (› ... mein lieber Schwan!‹) – obwohl sich für alle diese Wörter Belege bei unsern besten Schriftstellern finden, was allerdings noch niemals einen Sprachschulmeister an seiner hochüberlegenen Sprachweisheit irre gemacht hat. Er nennt Einakter eine ›Scheußlichkeit‹. Warum? Also dürfen wir nicht mehr Einhufer, Einmaster, Eindecker schreiben? Einakter ist nur scheußlich, weil Wustmanns Geschmack es scheußlich findet, wie dem Geschmacke Gildemeisters die trefflichen Wörter ›erziehlich, humorvoll‹ ›unausstehlich‹ klangen. Wir finden es unausstehlich, daß jeder Eigenbrötler uns auf Druckpapier von seinen Geschmackslaunen berichtet.

Weitere zahlreiche Beispiele für Wustmanns selbstherrliches Beschimpfen vortrefflicher Deutscher Wörter und Wendungen stehen in E. Engels Buche ›Gutes Deutsch‹. – Nicht vergessen sei, daß Wustmans Geschimpfe gegen vermeintliche Sprachdummheiten mit einer auserlesenen eignen begann: ›**Seit einigen Jahren** sind uns **plötzlich** die Augen darüber aufgegangen, daß sich unsre Sprache usw.‹

Wustmann war ein Sachse und ergoß seine Sprachbelehrungen von Leipzig aus über die Deutsche Welt. Gottsched, der Ostpreuße, hatte gleichfalls in Leipzig seinen Leuchtturm für die richtungslosen Schiffer auf dem Weltmeer der Tinte entzündet, der Pommer Adelung in Dresden seinen Herrscherthron im Reiche der Deutschen Wortwissenschaft und Sprachlehre ausgerichtet. Die Völkerkundigen mögen nach dieser seltsamen Übereinstimmung des landschaftlichen Geistes forschen, die schwerlich bloßer Zufall ist.

Anders steht es mit dem in Sachsen geborenen und wirkenden Theodor **Matthias**, dem Verfasser des im allgemeinen ebenso nützlichen wie fachkundigen Buches ›Sprachleben und Sprachschäden‹. Mit seltnen Ausnahmen trifft er nicht nur das Richtige, sondern das Feine; um so verwunderlicher sind bei ihm gewisse Rückfälle in die Sprachmeisterei. (Er tadelt ›Entstehungsgeschichte des schwäbischen Bundes‹ und fordert ›Geschichte der Entstehung‹ – also darf man auch nicht sagen ›Entstehungsgeschichte des Faust‹? Er erklärt ›die Stationsinsassen von M.‹ für eine Ungeheuerlichkeit, die unbedingt durch ›die Insassen der Station M.‹ ersetzt werden müsse; verwirft mückenseihend ›Straßburgs Eroberung durch Werder‹ und verlangt ›die Eroberung Straßburgs durch Werder‹; stimmt dem Tadel Andresens gegen den Jakob Grimmschen Ausdruck ›Hammerwurf in den Rhein‹ bei, denn es dürfe nur heißen ›der Wurf des Hammers in den Rhein‹, was also auch den ›Pfeilschuß ins Schwarze‹ unmöglich machen würde. Er nennt so schöne Blüten sprachlichen Feinsinns wie: unsanft, unfein, unzart ›Ausgeburten der Zimperlichkeit‹. Wie glücklich ist Heines Wendung: ›Unjung und nicht mehr ganz gesund‹! Wie gemütlich klingt: ›Richte für ungut!‹ Wohin kämen wir, wenn wir dem Dichter oder dem Prosaschreiber solche zartgefühlte Zwischenfarben des Ausdrucks als unschön tadeln wollten?

Der verdienstvolle **Andresen** schulmeistert in seinem Werke ›Sprachgebrauch und Sprachrichtigkeit‹ an dem ›Geschichtschreiber der Päpste‹: es müsse heißen ›der Schreiber der Geschichte der Päpste‹. – Der wackre, nur gar zu oft pedantische **Sanders** tadelt, vielleicht mit einigem Recht: *der Wunsch und die Hoffnung des Kranken auf Genesung*. Was aber schlägt er als richtig vor? *Der Wunsch des Kranken nach Genesung und seine Hoffnung auf dieselbe*. Fehlt bloß noch: und die Hoffnung desselben auf dieselbe. – Er nennt ›der Himmel blaute‹ (Marie Ebner) ›durchaus unzulässig‹.

Der überaus anmaßende Germanist Müllenhoff, der sich dünkelhaft an Klaus Groth rieb, erklärte u. a.: ein Vorredner könne nur jemand sein, der regelmäßig Vorreden schriebe oder der den Leuten etwas vorrede. Der Germanist Röthe verhöhnte die germanischen Wörter ›Bücherei, völkisch‹, verlangte die ›edelen‹ Wortmanschereien ›Bibliothek, national‹. Sein ebenso germanistischer Schwager Edward Schröder verwarf ›Gaststätte‹ als ›unerträglich‹ (vgl. E. Engels ›Menschen und Dinge‹ S. 151).

Wieviel Schaden durch solche Splitterrichterei gestiftet wird, wie diese gerade die einflußreichsten Schriftsteller erbittert und verstockt, das ahnen die Sprachbenörgler nicht, obwohl ihnen die Beispiele aus unsrer Geistesgeschichte bekannt sein müßten. Wie anders hätte sich z. B. Goethe zu Campes lobenswertem Streben nach Reinigung des Deutschen von der überwuchernden Fremdwörterei gestellt, wenn ihm nicht in den von Campe geleiteten ›Beiträgen zur Ausbildung der Deutschen Sprache‹ solche Albernheiten, nicht von Campe selbst, begegnet wären, daß man ihm ein Wort wie ›tiefgeheimnisvoll‹ als Fehler anstrich, weil man doch weder ›Tiefgeheimnis‹ noch ›tiefvoll‹ sagen könne; oder daß ihm ein unwissender Frechling ›mein blutend Herz‹ in der Iphigenie tadelte: es müsse heißen, ›mein blutendes Herz‹, denn man sage ja auch nicht ›mein schön Haus‹!

○ ○ ○

Aus einer Sammelmappe mit Sprachschulmeisterstückchen hier noch eine kleine Auslese besonders lächerlicher Federfuchsereien, davon der bei weitem größte Teil aus den Schriften hervorragender Sprachgelehrter und berühmter Germanisten. Da verbietet einer: Kampf ums Dasein, das einzig Richtige sei: Kampf fürs Dasein. Pflichterfüllung gegen das Vaterland wird getadelt, weil es ›keine Erfüllung gegen das Vaterland gibt‹. Mit den gleichen Gründen der ›Logik‹ wird *Reisegelegenheit nach Berlin* verworfen. Ein Feinspinner bemäkelt *die Tochter mußte sich ihre Abfindung seinerzeit gefallen lassen*: es müsse ›ihrerzeit‹ heißen. Ein andrer schreibt vor: *Dieses Mädchen und sein Bruder sind verreist*. Goethe hätte nicht sagen dürfen: ›Den besten Becher Weins‹, denn nicht der Becher, sondern der Wein soll der beste sein, – was Goethe natürlich nicht gewußt hat. Da bezeichnet ein Sprachforscher die durchaus einwandfreie Wendung ›der **wahrscheinliche** Ausgang des Prozesses‹ als ›in gewählter Rede nicht zu empfehlen‹, ebensowenig wie Eigenschaftswörter mit -weise.

Sehr bedenklich erscheint einem gelehrten Mückenseiher: *Der Verwundete wurde nach Anlegung eines Verbandes in seine Wohnung gebracht*, und er fragt überaus drollig: ›Wer hat den Verband angelegt? Ein Arzt, ein Sanitätsdiener, ein Wachmann? Also sage man das! Will man's unpersönlich bringen, so drücke man die Zeit richtig aus: nachdem man ihm einen Verband angelegt hatte.‹ Da fordert einer: *Ich werde Ihnen auf dem Klavier begleiten*, denn nicht der Sänger, sondern sein Gesang werde begleitet. Selbiger verlangt zu unterscheiden: *Ich danke dafür* und *Ich danke davor!* Auch müsse das Fräulein Müller seinen, nicht ihren Hut aufsetzen. Ein andrer Feinmeister rügt: *Steck es doch in **deine** Tasche*; es genüge ja: in die Tasche. Gewiß wird sich ein noch tieferer Denker finden, der dies für zu unbestimmt und ›deine‹ oder ›deine Rocktasche‹ für unumgänglich nötig findet.

Ein Neunmalweiser eifert gegen ›elektrische Kronleuchter‹: nicht die Kronleuchter, sondern die Lampen seien elektrisch; streng genommen nicht einmal diese, sondern nur ihr Licht.

○ ○ ○

Heftiger Streit tobte, tobt vielleicht noch, um die größere Richtigkeit von **Wir Deutsche** oder **Wir Deutschen**. Bismarck hat deutlich gesprochen: ›Wir Deutsche fürchten Gott, aber sonst nichts in der Welt‹; so habe ich neben ihm sitzend den Satz aus seinem Munde gehört, und so hat er ihn drucken lassen. Mir gefällt diese Form besser als Wir Deutschen; aber es kommt mir nicht bei, das Geringste einzuwenden, wenn einer Wir Deutschen vorzieht. Bei Luther steht einmal: ›Wie kommen wir Deutschen dazu?‹, ein andermal: ›Wir Deutsche sind Deutsche und wollen auch Deutsche bleiben.‹ Lessing, Goethe, Jakob Grimm schrieben regelmäßig Wir Deutsche; ebenso Freytag.

Dann gibt es die ängstlichen Seelen, die hinter Hunderten von unschuldigen gutdeutschen Ausdrücken französischen Einfluß wittern. Kerndeutsches für einen ›Gallizismus‹ verschreien, z. B. eine Wendung wie ›ich komme von Paris‹ verpönen und fordern: aus Paris. Dem Verfasser hat ein unverbesserlicher Fremdwörtler und Pücklerschüler, R. M. Meyer, den Titel des Buches ›Goethe, Der Mann und das Werk‹ als undeutsch bekrittelt, da ja auch Franzosen sagen könnten: *L'homme et l'œuvre!* Und doch hat Goethe gesagt: ›Mein Werk (Lebenswerk) ist das eines Kollektivwesens, das den Namen Goethe trägt.‹

Richard Wagner schulmeisterte an Eduard Devrients Stil und nannte eine Äußerung, *die ihm gegen den Strich ging,* Kutscherdeutsch. – Ein Besserwisser tadelt das ›als‹ in Kleists ganz richtigem Satzgebilde: *Spornstreichs auf dem Wege nach Dresden war Kohlhas schon, als er bei dem Gedanken an den Knecht und die Klage schrittweise zu reiten anfing,* und fordert: *aber bei dem Gedanken.* Ein Übergelehrter verwirft sogar die unbedenkliche Wendung: *Ich lasse es dahingestellt* und fragt: Wohin? Ein Ganzfeiner beanstandet *ein älterer Mann,* weil dieser trotz der Steigerung jünger sei als ein alter Mann.

Ganz im Tone Wustmanns schreibt der Germanist Müllenhoff, jeder müsse sich solcher ›abscheulichen Abstrakta (?) wie Beantragen und Beanstanden schämen‹. Kein Mensch mit Sprachsinn braucht bei so guten und anständigen Wörtern die geringste Scham zu empfinden. Ja, ein Mann von bewährtem Geschmack, Erbe, mäkelt an dem Worte ›Angewohnheit‹ als einer ›häßlichen Verbreiterung von Gewohnheit‹, und der Germanist Minor nennt das unschuldige ›ohnehin‹: ›eine schauderhafte Bildung‹. Warum? Sind auch ›obenhin, vorhin‹ schauderhaft?

Aus der überreichen neueren Schreiberei der geringeren Federchenbürster, die aber sämtlich mit dem gleichen Anspruch auf Allwissenheit auftreten wie die größten Meister der Sprache, seien noch ein paar Proben der uns Deutschen Lesern zugemuteten Tollheiten herausgehoben. Ein Herr Sosnosky tadelt an Rosegger Wörter wie: Schrecknis, friedsam, geruhig, und beweist damit nur, daß er die Deutsche Sprache nicht kennt. Ein gewisser Halatschka erdreistet sich, in einem naseweisen Büchlein auf das Zeitungsdeutsch zu schimpfen, und empört sich über Wörter wie: Geduldsproben, Gepflogenheit, Vormittagsstunde, Unverfrorenheit, Begegnis, Erdrutsch; diesem dummdreisten Sprachmeister genügt nur ›Erdabrutschung‹. Er findet die gar nicht überkühne, unanstößige ›Fragerin‹ unerlaubt und fordert: ›das Mädchen, das fragt‹. Das bei einem Dutzend unsrer allerbesten Schriftsteller übliche, vollkommen richtige ›erstlich‹ dünkt diesen Sprachdünkler falsch, und er fragt: ›Warum nicht auch zweitlich?‹

○ ○ ○

An dieses besonders lehrreiche Beispiel sei eine Einschaltung geknüpft, die keine Abschweifung ist: über das Hauptstreitmittel der Sprachschulmeisterei, die ›**Analogie**‹: den Hinweis auf angeblich gleiche Fügungen. Wie sich Gottsched über die unangenehmen unregelmäßigen Zeitwörter ärgerte und sie am liebsten verregelmäßigt hätte, so der große Sprachkenner Halatschka über ›erstlich‹, dem kein ›zweitlich‹ mit rechtfertigender ›Analogie‹ zur Seite stehe. Die Anschauung von der Sprache als einem in der Willkür der Sprechenden, wohl gar eines Einzelnen, liegenden Handwerkserzeugnis ist eben aus solchen Handwerksköpfen nicht herauszubringen, und es lohnt nicht, mit ihnen zu streiten. Auf eine Frage wie die: ›Wenn erstlich, warum nicht auch zweitlich?‹ gibt es nur die Antwort: Darum! Wohl gehören Analogie und Logik zu den Lebenstrieben jeder Sprache; sie sind aber nicht die einzigen, in vielen Fällen nicht die stärksten. Warum heißt es zwar: Ich singe, sang, gesungen; dagegen Ich bringe, brachte, gebracht? Warum zwar: die Gabel, die Gabeln; aber der Löffel, die Löffel? Und so in Tausenden der Fälle, in denen uns die Sprache willkürlich zu handeln und der Analogie zu spotten scheint. Man denke nur an solche scheinbare Unsinnigkeit wie ›der Bediente‹ für den Bedienenden! Für viele solche Abweichungen von der Analogie vermag die Sprachgeschichte Gründe beizubringen; für weit mehr versagt die geschichtliche Wissenschaft, und wir müssen uns mit der nackten Tatsache der scheinbaren Willkürlaune der Sprache begnügen. ›Untadelig‹ ist ein schönes Wort, obwohl es ›tadelig‹ nicht gibt. Das Sprachgefühl der redenden Menschen, wofür wir ›Sprachleben‹ zu sagen gewöhnt sind, wird seine guten Gründe für diesen Mangel an Analogie haben; unsre Unkenntnis der Gründe macht weder ›untadelig‹ zu einer Sprachdummheit, noch würde sie etwa die Neubildung ›tadelig‹ entschuldigen.

Ich mache eine Verbeugung, aber: Ich tue einen Fußfall. Woher diese Verschiedenheit? Ich weiß es nicht, und keiner weiß es; trotzdem wäre es falsch zu sagen: Ich tue eine Verbeugung und Ich mache einen Fußfall. – Wir sagen: ein Wortbruch, aber: ein Vertragsbruch. Warum? Darum! Vielleicht aus Gründen des Wohlklanges, vielleicht auch nicht. Doch soll sich keiner unterstehen, der Analogie zuliebe Wortsbruch oder Vertragbruch zu schreiben. – Es heißt: der Hochmut, der Anmut, der Frohmut, der Wagemut, der Kleinmut; aber: die Demut, die Langmut, die Wehmut. Die Mutter, die Mütter; aber die Schraubenmuttern. Warum? Darum!

Alle Schreiber mit gesundem Sprachgefühl beachten den Unterschied zwischen ›**her**‹ und ›**hin**‹, ›**herab**‹ und ›**hinab**‹ usw. In großen Teilen Deutschlands verwechseln auch die Sprechenden, selbst die ungebildeten, niemals ›her‹ und ›hin‹. Dennoch spricht und schreibt man allenthalben trotz Analogie und Logik, ja trotz der sinnlichen Anschauung nicht ›hinablassend‹, sondern ›herablassend‹, z. B. in einem Satze wie: ›Der Kaiser zeigte sich freundlich herablassend zu den zahlreich versammelten Fremden.‹ Analogie, Logik und Sinnenhaftigkeit fordern hinablassend; die Sprache, unser aller Meisterin, folgt ihrem eignen Gesetz und sagt herablassend.

›**Dem** sei, wie **ihm** wolle‹: wie unlogisch, nicht wahr? Es kommt schon im 15. Jahrhundert vor, und es ist nicht zu entbehren. – Man darf sagen: die Herren Mitglieder, aber nicht der Herr oder das Herr Mitglied. Was sagt dazu die Logik?

○ ○ ○

Das Beste, was über die Grundfragen Deutscher Stilkunst geschrieben wurde, rührt von **Schopenhauer** her; um so ärgerlicher ist seine grobianische Sprachschulmeisterei, die sich, nur dem eignen Geschmacke folgend, unwissenschaftlich austobt. Er schimpft einen Gegner einen ›elenden Lumpen‹, weil der einmal ›ein Imperfekt statt eines Plusquamperfekts‹ geschrieben, und erklärt: ›Unter allen Infamien, die heut zu Tage an der Deutschen Sprache verübt werden, ist die Ausmerzung des Perfekts aus derselben (!) und Substituierung des Imperfekts die verderblichste.‹ Was bleibt da noch für Urkundenfälschung und Landesverrat übrig? Schopenhauer gebietet von oben herab, ›billig‹ sei ausschließlich ein ›moralisches Prädikat, kein merkantilisches‹; für dieses müsse man wohlfeil sagen. Er wütet gegen den Gebrauch von ›ähnlich‹ und ›einfach‹ als ›Adverbien‹ und behauptet: ›in keiner Sprache erlaubt man sich Adjektiva ohne weiteres als Adverbien zu gebrauchen.‹ Was bewiese dies, wenn es wahr wäre? Gar nichts, denn jede

Sprache hat Eigenheiten, die allen andern fehlen. Es ist ja aber gar nicht wahr! Schopenhauer hätte sich bei ruhigem Besinnen erinnert, daß die Franzosen *vite*, *bas*, *haut* und viele andre Wörter ohne Umstandsendung gebrauchen. Ihm wäre auch eingefallen, daß selbst im besten Griechisch der Hang besteht, Umstandswörter mit Hauptwörtern zu verbinden: ὁ νῦν χρόνος (die ›Jetztzeit‹). Als ob wir Wustmann läsen, heißt es bei ihm: ›Nur Deutsche und Hottentotten erlauben sich dergleichen, schreiben *sicher* statt *sicherlich* und *dann* statt *gewiß*.‹ Zu diesen hottentottenhaften Deutschen haben Lessing, Goethe, Schiller gehört.

Zum lodernden Vertilgungszorn aber wird Schopenhauers Sprachmeisterei, wo er auf die angebliche Verstümmelung einzelner Wörter kommt. Ein so gutes Wort wie ›Nachweis‹ könne nur von stumpfen Tölpeln herrühren, nach ihm muß es Nachweisung heißen. Und er beweist das mit den schönsten Gründen der Logik: ›Die Nachweisung ist ein Subjektives, das heißt vom Subjekt Ausgehendes, die Handlung des Nachweisens.‹ Als ob die Sprache sich um alle diese schönsten Gründe der Logik einen Pfifferling kümmerte. Dabei widerfährt ihm dieselbe Lächerlichkeit wie Herrn Wustmann mit seiner angeblich jüdischen Silberhochzeit: er schimpft über die schändlichen Wortverkürzer, die aus Mephistopheles Mephisto machen, während doch Goethe selbst, der es wissen mußte, mehr als einmal Mephisto schrieb. ›Jähzornig und schimpfsüchtig‹, wie Keller ihn mit Recht genannt, eifert er bis zur äußersten Kleinlichkeit gegen *italienisch* statt ›italiänisch‹, gegen so ausgezeichnete Neubildungen wie *selbstverständlich*, es müsse heißen ›von selbst verständlich‹; *Hochschulen* statt ›Hohe Schulen‹, *Dunkelkammer*, *beanspruchen* (›unverantwortlich dummes Wort‹), *Felswand* (›ohrzerreißende und maulverzerrende Härte‹), das doch in einem der schönsten Gedichte Goethes steht; gegen *Berufung*, *Geschick* (es müsse nur ›Geschicklichkeit‹ heißen), *Tragweite*, *achtbar*, *vorwiegend* und Dutzende von andern gutgebildeten, bei unsern besten Schriftstellern häufig vorkommenden Wörtern. Dieser seltne Meistergeist im Stil der Philosophie und in der Philosophie des Stils wird zum polternden Philister, sobald er über Wörterbuch und Sprachlehre schreibt.

Der Germanist Gustav Röthe, der wütige Feind Deutscher

Sprachreinheit, verwirft den seit Menschenaltern geläufigen ›Ausschuß‹ – ›wegen seiner Nebenbedeutung‹ – und verlangt *Kommission*. Er scheint nicht zu wissen, daß es einige tausend Deutsche Wörter mit den allerverschiedensten Nebenbedeutungen gibt. Er tadelt ›Rohstoffe‹ und zieht *Materialien* vor, und so in Dutzenden von Fällen, als echtes Mitglied der Berliner Akademie **gegen** die Deutsche Sprache. – Der ›Gräzist‹ und Akademiker Diels nennt die kühne und ausgezeichnete Neubildung ›Mundart‹, im Gegensatze zu ›Schreibart‹ – von dem großen Verdeutscher Schottel – ›unsinnig‹, findet den, im klassischen Griechisch unbekannten, *Dialekt* sinniger.

Alle Schulmeisterei solcher Art ist in Deutschland noch für lange Zeit mindestens überflüssig. Selbst wenn sie sachlich richtig wäre und nicht grundfalsch, so wäre sie dennoch so unzeitig und schädlich wie etwa das Tun eines Arztes, der einen mit dem Tode kämpfenden Typhuskranken zunächst einmal von den unschönen Sommersprossen befreien wollte. Der bresthafte Leib unsrer Sprache und Prosakunst stellt ganz andre Forderungen an die Heilkunde. Die Franzosenkrankheit der Fremdwörterei und Pücklerei, die Rückgratverkrümmung des unnatürlichen Preziösentums, die Elephantiasis der Riesenschachtelsätze, die Schwindsucht des Sprachgefühls – sie in ihrer Gefährlichkeit zu erkennen und mit den schärfsten Mitteln zu bekämpfen, das ist eine der ersten Bildungsaufgaben der führenden Deutschen Männer, ist des Schweißes der Edlen wert. Ist sie gelöst, dann mögen die Sprachschulmeister mit ihren Schönheitspflästerchen, Hautreinigungspillen und Haarfärbemittelchen kommen; aber weit, ganz weit hinterher.

ZWEITER ABSCHNITT
Deutsche Sprachlehre

Sprachgebrauch und Sprachrichtigkeit

Achtung vor der Sprache ist beinahe Sittlichkeit.
ALEXANDER VITET, *allerdings ein Franzose*

Ein gebildeter Mann sollte nicht einmal, wenn er im Schlafe spricht, grammatische Fehler machen.
OTTO GILDEMEISTER

Fragt sich nur, was grammatische Fehler sind! Seit einigen hundert Jahren bemühen sich grundgelehrte und andre Schriftsteller, uns Deutschen endlich unser richtiges Deutsch beizubringen; besonders im letzten Menschenalter ist eine große Bücherei über Sprachrichtigkeit entstanden, darunter manches vortreffliche, manches mittelmäßige, manches törichte Buch. Woher nehmen die Herren Verfasser fast all dieser Werke, der streng wissenschaftlichen wie der volkstümlichen, ihre Berechtigung zu solcher Arbeit und ihren Anspruch auf Geltung bei den Lesern und nachmaligen Schreibern? Sache der Sprachgelehrten ist es, die Sprachgeschichte bis in die Gegenwart zu erforschen und uns darzulegen. Die Sprachgeschichte ist eines der nützlichen Hilfsmittel, sich über die verschiedenen Zeitstufen einer sprachlichen Einzelerscheinung klar zu werden. Darüber hinaus reicht ihre Gewalt nicht; wo sie sich trotzdem zur Oberrichterin aufwerfen will, da stößt sie mit einer ungleichlich höheren Macht zusammen, der sie in jedem Fall unterliegen muß: mit dem Sprachgebrauch der gebildeten Sprecher und der guten Schriftsteller.

○ ○ ○

Dem Grundirrtum von einem selbständigen Eigenleben der Sprache wurde schon begegnet. Es gibt eine lebendige Sprache nur im Munde redender oder in der Feder schreibender Menschen; deren Sprachgebrauch stellt die Wissenschaft fest, ohne ihm Vorschriften machen zu dürfen. Wäre die Sprache ein vom Menschenwillen unabhängiges Eigengewächs, so wäre es so gut wie unmöglich, auf ihre Entwicklung einzuwirken, und alles Schreiben über Sprachschäden zwecklos.

So steht es zum Glück nicht. Machtvolle Dichter und Schriftsteller haben zu allen Zeiten auf die Sprachgestalt ihrer Völker im Ganzen wie in Einzelheiten bestimmend eingewirkt, und vernünftige Lehre von wissenschaftlichen und sprachfeinsinnigen Männern hat manches Unkraut ausreißen helfen. Man denke nur an die durch die Deutsche Staatsgewalt erzwungene tiefe Umwälzung des Sprachgebrauchs im Dienste der Post, der Eisenbahn, des Heeres, der Verwaltung, der Gesetzentwürfe usw.

Es kann nicht bezweifelt werden, daß die Deutsche Sprache sich wesentlich anders, besser entwickelt hätte, wenn Lessing, Goethe, Schiller, gleich den französischen Klassikern, eine durch jahrhundertelange sorgsame Pflege feingeordnete, wohlgebildete Schriftsprache vorgefunden und nicht nötig gehabt hätten, sich zu ihren Kunstwerken erst das Werkzeug umzuschmieden und zu feilen. Nun gar wenn ihnen, wie in Frankreich, mehr als ein Jahrhundert sprach- und stilwissenschaftlicher Arbeit vorausgegangen wäre.

So gut wie nichts von dem kam unsern Größten zugute: selbst mußten sie sich und ihrer Sprache den Wert erschaffen, und was ihr Lebenswerk für die Deutsche Sprachwelt ins Riesenhafte steigert: sie waren geboren und aufgezogen im 18. Jahrhundert, in der geistigen Franzosenzeit des Deutschen Volkes. Verstöße gegen den richtigen Gebrauch des dritten und vierten Falles kommen befremdend oft bei Kleist (Was geht dem Volke der Pelide an?), Heine, Arnim vor. Dorothea Schlegel klagte bei ihrem Roman ›Florentin‹, daß ›immer der Teufel an den Stellen regiere, wo der Dativ oder Akkusativ regieren sollte‹. Dennoch, oder gerade darum, hat kein schlechter Schreiber des 20. Jahrhunderts das mindeste Recht, sich für seine Sprachschluderei auf Lessing, Goethe, Schiller zu berufen. Dies sei schon hier nachdrücklich gesagt; zur Wiederholung wird leider noch oft Gelegenheit sein.

○ ○ ○

Das Meiste dessen, was in diesem Abschnitt über streitige Fragen der Deutschen Sprachrichtigkeit und des Sprachgebrauches ausgeführt wird, hat kein Seitenstück in den Büchern über französischen und englischen Stil. Deren Verfasser dürfen bestimmt voraussetzen, daß jeder gebildete Schreiber die Gesetze seiner Sprache fehlerlos beherrscht. Man schämt sich, in einem Werk über deutsche Stilkunst rein sprachliche Fragen zu erörtern, die in den Oberklassen der Volksschule, in der Tertia der höheren Lehranstalten gar keine Fragen mehr sein dürften. Es wäre aber falsche Vornehmtuerei, wollte ich die fehlerlose Beherrschung des Deutschen voraussetzen, angesichts der allbekannten Tatsache, daß die Verfassung des Deutschen Reiches, die alte und die neue, unsre meisten Gesetze und Verordnungen von Sprachfehlern strotzen; daß manche hohe Beamte, viele Zeitungen, die Mehrzahl der Männer der Wissenschaft grobe Sprachschnitzer begehen, vom Stil gar nicht zu reden. Ohne eine saubere Sprache gibt es keine Stilkunst, wie es keinen Malkünstler gibt, der nicht zeichnen kann; keinen Tonmeister, dem die Gesetze der Harmonie fremd sind. Im Deutschen breitet ein großes Grenzgebiet zwischen Sprachform und Stilkunst, und wohl oder übel muß jedes Deutsche Buch unsrer Art sich mit diesem Zwischenreich beschäftigen.

Alle Fragen nach der sprachlichen Richtigkeit irgendeines Ausdruckes bewegen sich in der Form: Wie schreibe ich besser, so oder so? Die Sprachgeschichte durchforscht den Sprachgebrauch von Wulfila über Luther und Goethe etwa bis zu Freytag und gibt uns gelehrte Kunde vom wechselnden oder herrschenden Sprachgebrauch der guten, der besten Schriftsteller. Damit hat die Wissenschaft ihre Aufgabe erfüllt. Manche ihrer Vertreter beanspruchen, daß die lebenden Schreiber sich nach ihren Ergebnissen richten.

Eine große Zahl jedoch der Schreibenden, und nicht der schlechtesten, widersetzt sich der geschichtlichen Sprachwissenschaft, nicht aus Eigenbrötelei, sondern gestützt auf den guten Sprachgebrauch der Gegenwart, und behauptet, der Lebende hat Recht. Wie kann in solchen Streitfällen ein besonnener Richter entscheiden? Soll er sich auf den Sprachgebrauch der Klassiker stützen? Aber der zuletzt gestorbene, Goethe, ist seit bald einhundert Jahren tot; sein Sprachgebrauch hat in den sechzig Jahren seines Schriftstellerlebens öfters geschwankt, und er selbst wäre der letzte gewesen, sich für alle Zukunft zum höchsten Richter in jeder Frage der Sprachrichtigkeit oder des Sprachgeschmacks aufzuwerfen. Gar vieles hat sich seit dem Entstehen der sprachedelsten Dichtung und Prosawerke Goethes im Sprachgebrauch unsrer besten neuen Vorbilder gewandelt, und die leidenschaftlichsten Verehrer Goethes wagen nicht, seine Sprache durchweg als höchstes Gesetz in Sprachfragen aufzustellen.

Betrachten wir z.B. die Streitfrage: Was ist richtiger, ich **frug** oder ich **fragte**? Die Sprachgeschichte mag uns lehren, daß in den ältesten Zeiten nur ›fragte‹ gebraucht wurde, daß ›frug‹ erst im 17. Jahrhundert auftaucht, daß sein Vorkommen bei den guten Schriftstellern des 18. Jahrhunderts noch selten ist, daß es im 19. Jahrhundert häufiger, ja herrschend wird, heute aber ›fragte‹ überwiegt. Eine lehrreiche Auskunft, die uns indessen nicht vollkommen befriedigt. Das Zurückweichen von ›ich frug‹ im letzten Menschenalter ist nachweislich nicht die Folge eines bessern Sprachgefühls, sondern des Einflusses der nur geschichtlich urteilenden Sprachgelehrten und der Schule. Ausgestorben ist die Neigung zu ›frug‹ keineswegs, weder bei den Dichtern noch bei den Prosaschreibern, und aller Wissenschaft zum Trotz kann sich diese Form mit der Zeit die Herrschaft zurückerobern, wenn das Sprachgefühl ›frug‹ für dichterischer, kraftvoller oder bequemer hält. Gründe dieser Art müssen doch bei Bürger vorgewaltet haben: ›Sie frug den Zug wohl auf und ab und frug nach allen Namen –‹ oder bei Goethe: ›Niemals frug ein Kaiser nach mir‹. Schiller schreibt: ›Der Schwed' frug nach der Fahrzeit nichts‹. Bei Storm steht fast durchweg ›frug‹, und der war gewiß einer unsrer Dichter mit dem zartesten und sichersten Sprachgefühl. Nahezu unsre besten Schriftsteller zwischen 1820 und 1890 schreiben ›frug‹! Köstlich ist die Erzählung Bismarcks: ›Wenn mein Vater von der Jagd kam und es gemächlich hergegangen war, so sagte er: Ich jagte; ging es aber toll her, so sagte er: Ich jug. Die Grammatika werden diese Bildung mißbilligen, aber ich selbst möchte meinem Vater Recht geben.‹ Beide Bismarcke waren auf der richtigen Jagdfährte; sie empfanden die starke Form als die belebtere und wirksamere. Noch heute wird entgegen den Verboten der Lehrer und dem Gepolter der Sprachmeisterer von guten Dichtern und Prosaschreibern mit Absicht ›frug‹ geschrieben, und ich bestreite dem Sprachforscher das Recht, dies einen Fehler zu nennen, solange der Sprachgebrauch der Gebildetsten sich nicht unabänderlich für ›fragte‹ entschieden hat.

○ ○ ○

Die Sprach- und Stillehrer des Altertums und der neuzeitlichen Völker mit hochentwickeltem Sprachsinn haben der geschichtlichen Betrachtungsweise so gut wie keine Geltung eingeräumt. Der Sprachgebrauch der Gebildeten war und ist ihnen höchstes Gesetz, der *Usus* (Gebrauch), von dem Horaz geschrieben: *quem penes arbitrium est et jus et norma loquendi* (bei dem die Entscheidung das Recht und die Richtschnur der Sprache ist). Diesen Sprachgebrauch hat Aristoteles gemeint mit seinem Kernsatze: ›Die erste Grundbedingung des sprachlichen Ausdrucks ist das Hellenisch reden‹, d.h. Richtigreden; eine so verrückte Barbarei wie die, daß Hellenen fremdwörteln könnten, kam ihm nicht in den Sinn. Aber auch in Deutschland vollzieht sich die sprachliche Entwicklung trotz der sich noch immer vertiefenden Gründlichkeit unsrer Sprachwissenschaft nach dem Gesetze, daß nicht die Sprachlehre den Sprachgebrauch, sondern der Sprachgebrauch die Sprachlehre erzeugt und beherrscht. Die Sprachgeschichte und die Sprachsätze lehren: es sollte eigentlich und immer heißen ›reines Herzens, hohes Mutes‹. Luther schreibt durchweg so, und Klopstock eifert ihm nach. Gildemeister erzählt, auf seinem Gymnasium wurde ein Fehler angestrichen, wenn ein Schüler schrieb: ›sie sind voll süßen Weines‹, statt ›voll süßes Weines‹. Aber schon bei Goethe gehen beide Formen fast gleichberechtigt nebeneinander her, nachdrücklich erklärt er sich für ›köstlichen Sinnes‹ statt ›köstliches‹; und heute hat sich der Sprachgebrauch fast ausschließlich für ›süßen Weines‹ entschieden.

○ ○ ○

An wenigen sogenannten Sprachfehlern läßt sich der Streit zwischen der durch Geschichte und Sprachgesetz geforderten Sprachrichtigkeit und dem übermächtigen Sprachgebrauch so klar offenlegen wie an den Beiwörtern mit -**weise**: die teilweise Benutzung, die stufenweise Entwicklung, die wechselweise Belehrung. Die Sprachgeschichte widerspricht ihr, das Sprachgesetz verbietet sie, die Bücher der Sprachverbesserer belegen sie mit groben Schimpfwörtern. Treitschke nennt die Beiwörter auf ›weise‹ ›ein Zeichen gänzlicher Verrohung unseres Sprachgefühls‹, und Gildemeister erklärt, sie machen ihm Ohrenschmerz.

Ich gebrauche niemals Beiwörter mit ›weise‹, bin nie in Verlegenheit geraten, sie durch echte Beiwörter zu ersetzen, ärgre mich, sooft ich sie bei einem sonst guten Schriftsteller finde, – und stimme dennoch nicht in Treitschkes und Gildemeisters viel zu scharfe Urteile ein. Ich werde bedenklich und milder als beide, wenn ich bei Lessing finde: ›stufenweiser Gang, stufenweises Steigen, wechselweise Antworten, zu wechselweisen Erläuterungen, stückweise Schilderung‹; bei Goethe: ›teilweiser Besitz, stufenweise Ausbildung‹; bei Schiller ›wechselweiser Übergang‹. Ich werde um so milder, wenn ich bei unserm klassischen Prosaschreiber Moltke auf ein ›angriffsweises Vorgehen‹ stoße und bei Bismarck auf die ›teilweise Vernichtung eines Werkes‹. Lessing, Goethe, Schiller, Moltke, Bismarck haben so gut wie wir alle gewußt, daß Zusammensetzungen mit ›weise‹ eigentlich Umstandswörter sind und strenggenommen nicht als Beiwörter gebraucht werden dürfen.

Wie haben wir uns diese doch wohl bewußte Abneigung von einer wohlbekannten Regel zu erklären? Sie fühlten den Mangel eines echten Beiwortes, wollten sich nicht der Mühe des Suchens nach einem vollwertigen Ersatz unterziehen und behalfen sich mit einer sprachgesetzlich nicht untadeligen Form. Es könnte seltsam erscheinen, daß die Deutsche Sprache nicht imstande gewesen wäre, für stufenweise, wechselweise, stückweise, besonders für teilweise sich echte Beiwortformen zu schaffen, und hiermit kommen wir zum Kern der Frage. Unzweifelhaft besäßen wir für alle jene Begriffe Beiwörter, wenn sich nicht in den Zeiten der Humanisterei und des Franzosentums das Lateinische und Französische vorgedrängt und den schöpferischen Sprachtrieb abgestumpft hätten. Wozu ein Beiwort für ›teilweise‹ suchen, wenn man *partial* oder *partiell* sagen durfte, und ähnlich der Reihe nach mit ›stufenweise‹ (*graduell*), wechselweise (*alternierend*), stückweise (*fragmentarisch*)? Ohne *partiell* hätte man etwa ›teilig‹ gebildet, wie man ja ›zweiteilig, dreiteilig‹ usw. sagt. Der ganze Unsegen der Fremdwörterei zeigt sich an einem solchen scheinbar unbedeutenden Beispiel. Als gebildeter Mensch schämt man sich heute denn doch, ›*partiell, graduell*‹ usw. zu schreiben, wagt aber nicht die so natürlichen Neubildungen ›teilig, stufig, stückhaft, gradig‹ usw., sondern greift in der Not lieber zu einem so bedenklichen Hilfsmittel wie dem Beiwort mit ›weise‹. Ich werde es niemals gebrauchen, sehe aber voraus, daß der Sprachgebrauch in diesem Fall unwiderstehlich über die Sprachlehre hinwegschreitet. Waren doch ›zufrieden, vorhanden, ferner, einzeln, behende‹ ursprünglich nur Umstandswörter; heute nimmt kein Sprachmeister mehr Anstoß an ihrer Wandlung zu Beiwörtern. Daß die guten Schriftsteller sich so lange wie möglich dem schlechten Sprachgebrauch widersetzen, ist nur in der Ordnung, mag selbst in der alten Reichsverfassung ›teilweise‹ beiwörtlich stehen. In diesen wie in allen ähnlichen Fällen ist die Vermeidung von ›teilweise‹ kinderleicht.

Reine Sprache, richtige Sprachform, peinliche Sorgfalt in allen Sprachfragen, und dennoch keine Kleinkrämerei! In dem Abschnitt über die Freiheit der Sprache (vgl. S. 149) wird hierüber noch eingehender gehandelt werden. Wir wollen keinen Anstoß nehmen an einem Satze Gustav Freytags: *Dem Landmann war mehr als einmal sein Getreideboden geleert, seine besten Pferde aus dem Stall geführt worden*; wollen uns nicht vermessen, Goethes Verse zu bemängeln:

> Statt heißem Wünschen, wildem Wollen,
> Statt läst'gem Fordern, strengem Sollen
> Sich aufzugeben ist Genuß.

Ja, wir wollen bei Arndt, der wahrhaftig Deutsch verstand, ohne Kummer lesen: *Der Graf hat die wenigsten seiner tapferen Jünglinge wieder zu Hause gebracht.* Wollen endlich nicht immer gleich von einem Verstoß gegen die Sprachgesetze reden, wo vielleicht nur ein Druckfehler oder ein Übersehen vorliegt. Streng, d.h. pedantisch genommen, gibt es keine Deutsche Literaturgeschichte, sondern nur eine Geschichte der Deutschen Literatur; keine französische Unterrichtsstunde, sondern eine Unterrichtsstunde im Französischen oder gar eine Stunde des Unterrichts im Französischen, wie tatsächlich von gewissen Sprachmeisterern verlangt wurde. Freiheit aber ist nicht Zuchtlosigkeit, eher ist sie das Gegenteil; und gerade wer geneigt ist, der Deutschen Sprache den höchsten Grad von Freiheit zu gönnen, ja zu wünschen, wendet sich mit doppelter Entschiedenheit gegen die Schlamperei, die mit dem Mantel der Freiheit prunken will.

Unsre, wie jede, Sprache hat Klippen, an denen der unachtsame oder ungeschickte Schreiber scheitern kann. Sie genau zu kennen, sich der lauernden Gefahren bewußt zu werden, gehört zu den Pflichten jedes Schreibers. Beim Hauptwort sind nicht alle Fälle der Beugung sofort zu unterscheiden; dieser doch schon in den untersten Schulklassen gekannten Tatsache sollte sich jeder Schreiber sein Leben lang bewußt bleiben. Unsre treffliche Luise von François schreibt einmal: *Viel wird der idealistische Schwärmer Meister Bismarck nicht nützen.* Wir stutzen einen Augenblick, müssen den Satz noch einmal lesen, um zu merken, ›Meister Bismarck‹ soll der Drittfall sein; der idealistische Schwärmer nämlich ist Wildenbruch.

Das Deutsche ist formenreicher als das Englische, formenärmer als alle übrige Hauptbildungssprachen. Unser regelmäßiges Zeitwort, das schwache, bildet nur zwölf verschiedene Beugeformen; die französischen Zeitwörter auf *er* bilden 36, die italienischen auf *are* 40, die spanischen gegen 100. Das Deutsche Hauptwort ist allerdings formenreicher als das französische und italienische; dennoch unterscheiden Französisch und Italienisch vermöge ihrer festen Wortstellung und des Geschlechtsworts sichrer als das Deutsche die Fälle des Hauptwortes. Es geht nicht an, sich immer auf das sofortige Verständnis des Lesers zu verlassen, der beim Anblick des Wortes Goethe erkennen soll, ob er den ersten, dritten oder vierten Fall vor sich hat. Ist etwa ein Satz wie: ›Schiller hatte Goethe von Anfang an bewundert‹ immer nur eindeutig? Im 18. Jahrhundert war man sorgsamer: man beugte auch die Eigennamen, schrieb: Schiller hatte Goethen von Anfang an bewundert, und vermied jedes Mißverständnis. Nichts hindert, diese Form noch jetzt anzuwenden, – nimmt doch niemand Anstoß an den Zweitfällen ›Goethes‹ und ›Schillers‹.

○ ○ ○

Mit ganz vereinzelten Ausnahmen haben denn auch alle große Deutsche Schriftsteller die Notwendigkeit einer sprachgesetzlich saubern Ausdrucksform anerkannt und sich darum bemüht. Seit den ältesten Zeiten unsers Schrifttums ertönt die Klage der Besten über die Vernachlässigung der Muttersprache. Uralt ist die Klage, daß der Deutsche sich mehr vor Fehlern in einer fremden Sprache als in der eignen schäme, und nicht ohne Bewegung liest man in der, allerdings lateinischen, Widmung Otfrieds zu seiner Evangelienharmonie an Kaiser Ludwig den Deutschen die herben Rügeworte auf S. 15.

Hamann dem Dunkeln, dem ›Magus des Nordens‹, war es unmöglich, selbst für Klargedachtes den klaren Ausdruck zu finden, geschweige für das viele Unklargedachte. Aus diesem Bewußtsein heraus schrieb er den Satz ›Die Richtigkeit einer Sprache entzieht ihrem Reichtum; eine gar zu gefesselte Richtigkeit ihrer Stärke und Mannheit.‹ Weder die Griechen noch die Römer haben in der gefesselten Sprachrichtigkeit eine Gefahr für Reichtum, Stärke und Mannheit der Sprache gefürchtet, und weder dem Französischen noch dem Englischen, dem Italienischen oder Spanischen hat die sprachliche Strenge im mindesten geschadet.

Nur in Deutschland gibt es gebildete Menschen, die glauben, jemand könne einen guten Stil mit groben Sprachschnitzern schreiben. Er kann es höchstens zu einem Stil bringen, dessen Reize uns noch mehr ärgern als erfreuen, wie uns ein mit herrlicher Stimme begabter Sänger ärgert, der sich nicht an die ihm pedantisch scheinenden Noten halten will. Nein, dreimal nein: nach dem höchsten Stilgesetz von der vollendeten Zweckmäßigkeit muß selbst der bestgebaute Satz, die musterhaft geordnete Darlegung, der treffendste Ausdruck, der edelste Satzschritt das feine Ohr beleidigen, somit die Wirkung verringern oder verzerren, wenn all jenen Schönheiten des Stils die sprachliche Stümperei zugesellt ist.

Nur in Deutschland konnte ein sonst so strenger Kunstrichter wie Vischer den Satz schreiben: ›Es kommt auf ein paar Nachlässigkeiten und Härten, auf ein Wärzchen nicht an, wenn nur der Satz rote Backen hat.‹ Wie tief beklage ich, daß ich in den unvergeßlichen Stunden, die ich einst mit unserm größten Kunstlehrer nach Lessing zubringen durfte, diesen Satz noch nicht gekannt, also nicht zur Sprache gebracht habe. Der gütige widerspruchsfrohe Mann hätte mir nicht gezürnt, wenn ich ihm erwidert hätte: Jede Nachlässigkeit – es sei denn eine kunstabsichtlich anmutige – stört den Leser durch das von ihr erzeugte Gefühl, der Stilkünstler habe ans Gestalten seiner Gedanken doch nicht die letzte Kraft gesetzt, ihnen also selber nicht den höchsten Wert beigemessen. Jede Härte macht den Leser stocken, hemmt also den Gedankenfluß. Jedes Wärzchen lenkt die Aufmerksamkeit auf sich, vom Inhalt des Geschriebenen ab, und welcher Schreiber möchte dies wünschen? Vischer hätte, als Franzose, Italiener oder Engländer geboren, einen solchen Satz sicher nicht geschrieben; als Deutscher konnte er ihn nur schreiben, weil er die Mehrzahl der Deutschen Leser kannte, also wußte, daß sie auf eine untadlige Form keinen Wert legen.

Noch für lange müssen wir in Sprache und Stil eiserne Zucht fordern und üben. Jedes Nachlassen der Zügel führt, dies lehrt uns wahrlich eine mehrhundertjährige Leidensgeschichte unsrer Sprache, zur Zuchtlosigkeit. Zum Glück wächst zusehends die Zahl der Leser in Deutschland, die gleich mir dem gemütlichen Satze Vischers entschiedenen Widerspruch entgegenstellen und höchstens dem Meister ein gelegentliches Abweichen von den Sprachgesetzen nachsehen. Die Sprachlehre ist ja keineswegs die Zuchtmeisterin, die auf Ordnung hält um der Ordnung willen. Nicht

Willkürlaune hat die Sprache, d.h. die Sprechenden, zur Beobachtung strenger Regeln gezwungen; nicht aus der Herrschsucht schulmeisterlicher Sprachbüttel sind die Verbote gegen den Satzdreh nach Und, den Mißbrauch von Derselbe, Dieselbe, Dasselbe, die Verwechselung von Als und Wie geflossen. Kein Schreiber mit geistigem Freiheitsgefühl brauchte sich jenen Verboten zu fügen, wenn er sie für nutzlos, für bloße Schulmeisterwillkür hielte. Die Sprach- und Stillehrer aller großer Bildungsvölker haben die Unerläßlichkeit der von den schlechten Schreibern als Kleinigkeitskrämerei verschrienen Sprachlehre nachdrücklich betont. Schon bei Quintilian heißt es: *Ne quis igitur tanquam parva fastidiat grammatices elementa* (Halte keiner hochmütig die sprachlichen Grundsätze für kleinlich).

○ ○ ○

Viel Unheil hat **Jakob Grimm**, doch selber ein Meister der Sprache und des Stils, ein peinlicher Verfolger sprachlicher Regeln, zuweilen auch ein strenger Richter der Nachlässigkeit in den Sprachformen – viel Unheil hat er angerichtet durch Aussprüche wie: ›Jeder Deutsche, der sein Deutsch schlecht und recht weiß, das heißt ungelehrt, darf sich nach dem treffenden Ausdruck eines Franzosen eine selbsteigne, lebendige Grammatik nennen und kühnlich alle Sprachmeisterregeln fahren lassen.‹ Wäre dieser Satz Grimms richtig, so würde die Deutsche Sprache in hundert Jahren verwildert sein wie etwa das Indische zum Zigeunerischen, und Jakob Grimms Lebenswerk wäre ganz überflüssig gewesen. Das Einschiebsel ›nach dem treffenden Ausdruck eines Franzosen‹ ist der Schlüssel zu dem unbewußten Trugschluß in jenem Ausspruch. Ein Franzose durfte allerdings jeden gebildeten Franzosen, ja manchen ungebildeten, eine selbsteigne, lebendige Grammatik nennen, denn in Frankreich hat seit der Befestigung des Königsitzes in Paris und der Angliederung einer höheren, sprachgebildeten Gesellschaft eine nie unterbrochene feine Sprachpflege geblüht. Jakob Grimms Satz bedeutet im Grunde nichts andres als: Sprachfehler gibt es im Deutschen überhaupt nicht; jeder darf sprechen und schreiben, wie ihm der Schnabel gewachsen und die Feder geschnitten ist. Von dem verehrten Manne wissen wir aber, wie er zu seiner Abneigung gegen Schulstunden in Deutscher Sprachlehre gekommen war. Er fürchtete, daß die damalige Lehrerschaft mit ihrer geringen Deutschkunde den Unterricht in der Muttersprache nach dem Muster des Unterrichts im Lateinischen und Griechischen gestalten, jeden Freiwuchs des Sprachgefühls beschneiden, kurz eine echte und gerechte Regelmühle daraus machen würde. Statt dessen wollte Grimm lieber gar keine Deutsche Sprachlehre in der Schule.

Ganz anders steht es mit dem lahmen Versuch seines Neffen **Herman Grimm**, sich gegen die vernichtende Verurteilung seiner Sprache und seines Stils durch einen unnachsichtigen Fachmann gleichfalls auf das Recht der Freiheit, will sagen der eigensinnigen Zügellosigkeit zu berufen: ›Es sei keinem verwehrt, auf eigenen Wegen seine eigene Sprache auszubilden; trete kein Schuldeutsch an (die!) Stelle dieser natürlichen Vielfältigkeit. Keinem Schüler soll unter Garantie (!) der Nichtigkeit ein offizielles (!) Deutsch eingeprägt werden und er sich über dessen Besitz auszuweisen haben.‹ Wenn irgendeinem unsrer neueren, ihres sachlichen Wertes wegen geschätzten Schriftsteller strengste sprachliche und stilische Zucht nötig gewesen wäre, dann gerade jenem Grimm, den schon sein Name zu musterhaftem Deutsch verpflichtete.

DRITTER ABSCHNITT
Drei Hauptsünden

Satzdreh nach Und – Als und Wie –
Derselbe, Dieselbe, Dasselbe

Hauptgebrechen deutscher Zunge.

JAKOB GRIMM

Hierdurch beehre ich mich, Ihnen ergebenst anzuzeigen, daß mein Vertreter Herr August Schmidt Ihre Firma demnächst aufsuchen wird, und hoffe ich, daß sie demselben recht reichliche Aufträge in Strumpfbändern übermachen werden.

So schreibt das ehrenwerte Haus der Herren Schulze und Meyer in Treuenbrietzen an einen Geschäftsfreund in Buxtehude und dünkt sich damit auf der Höhe kaufmännischer Bildung und fließenden Geschäftstils. Man sollte diese widerwärtige Umdrehung den Herren Schulze und Meyer überlassen in dem Vertrauen, daß gebildetere Kaufleute schon nicht mehr so schreiben, ja daß Schulze und Meyer sich die Unart mit der Zeit abgewöhnen werden.

Wustmann und andre Sprachschulmeister behandeln den **Satzdreh nach Und** wie Raubmord oder Einbruch. Es gibt viel ärgere Verstöße gegen Richtigkeit und Schönheit der Sprache; doch stimme auch ich dafür, daß jene Umdrehung mit Stumpf und Stil ausgerottet werden muß. Man hat sie mit allerlei Weißwäschermitteln zu retten gesucht, hat Sätze erkünstelt, in denen sie nicht ganz so garstig klingt; trotzdem heißt es in diesem Falle wie in manchem andern: Das Heilmittel liegt nur im grundsätzlichen Vermeiden.

Die schlechten Schreiber, die über einer Fragestellung nach Und ertappt werden, berufen sich, wie immer in solchen Fällen, auf unsre größten Schriftsteller und führen einen vereinzelten fehlerhaften Satz bei Goethe und Schiller oder wohl gar bei Luther an. Über diese Berufung eines schlechten Schreibers auf die guten und besten wird an andern Stellen mit allem Nachdruck das Nötige gesagt. Die verhältnismäßig häufige Umdrehung nach Und bei Luther beweist nichts, denn fast alle solche Stellen sind in ihrem Satzbau ganz anders zu beurteilen als in der heutigen Sprache. Es ist etwelcher Unterschied der Fügung und des Stiles zwischen dem Satze: *Wir haben ihre Order erhalten und werden wir dieselbe bestens effektuieren*, und den Stellen in Luthers Deutscher Bibel: *Es lief das Volk zu, und kamen etliche Tausend zusammen. – Und die Gräber taten sich auf, und stunden auf viele Leiber der Heiligen.* Auch der Satz in einem Grimmschen Märchen ist nicht fehlerhaft: *Da ging das Kind in den Wald, und begegnete ihm da eine alte Frau.* Bei Lessing kommt die Umdrehung nach Und niemals vor, bei Goethe und Schiller sehr selten. Wenn es im ›Fiesko‹ heißt: *Elf Uhr vorüber, von Waffen und Menschen dröhnt fürchterlich der Palast, und (es) kommt kein Fiesko,* so ist dagegen nichts zu sagen. Der 17jährige Goethe, gescheiter als mancher neuere Stillehrer, rät einmal seiner Schwester Cornelie: Streiche das Und, setze davor einen Punkt und beginne einen neuen Satz. Hätten doch die Verfasser der folgenden Satzgebilde jenen Rat Goethes gekannt und befolgt:

> Auf dem Domanium (!) F. wird zum 1. Oktober ein tüchtiger Kuhhirt gesucht, er muß verheiratet sein und muß die Frau mitmelken. (Aus einer Kreisblattanzeige.) – Von Dienstag auf Mittwoch hält das 16. Infanterieregiment eine größere Nachtübung ab. Mittwoch erhält dasselbe feldmäßige Verpflegung und wird auf dem Gelände geschlachtet. (Wörnitzer Bote.) – Der Vorsitzende schloß die Versammlung und forderte sodann bei dem immer größer werdenden Tumulte Bürgermeister L. zum Verlassen des Saales auf.

Und das ließ sich der Bürgermeister gefallen? Aber nein, er selbst war ja der Auffordernde.

In einer großen Zeitung begann ein Manöverbericht: *Übrigens ziehen schon vorher unsere Jägerpatrouillen aus und säubern die diensttuenden Offiziere und Feldwebel –.* Hier stockt der heereskundige Leser und fragt: wovon? Erst die letzten Worte beruhigen ihn: ›das Gelände‹.

Hoffentlich sind dem Leser diese treu dem Leben entnommenen Sätze gebührend lächerlich erschienen. Nicht nur, weil er sich selbst durch die Umkehr nach Und gleicher Lächerlichkeit aussetzt, sondern weil sie dank den erfolgreichen Warnungen der Lehrer und der Sprachhilfsbücher jetzt geradezu eines der Kennzeichen sprachlicher Unbildung geworden, nehme sich der Leser vor, sie unter keinen Umständen mehr zu setzen. Zu streiten gibt es hier nichts mehr.

○ ○ ○

Was bedeutet folgender Satz: *Wir müssen den Alkohol höher besteuern wie in der Schweiz?* Für sprachlich ungebildete Menschen ist er überhaupt unverständlich; da sie **als** und **wie** fortwährend miteinander verwechseln, so kann der Satz einmal bedeuten: Wir müssen den Alkohol höher besteuern, als man ihn in der Schweiz besteuert; oder mit demselben Recht: Wir müssen den Alkohol höher besteuern (als bisher), wie man das schon in der Schweiz tut. Der sprachlich saubre Mensch, der seinen eignen strengen Maßstab an alles Gelesene legt, kann nur die letzte Auffassung zulassen.

Was bedeutet der Satz: *Niemand anders hat gesprochen wie du?* Die sich über alle Sprachgesetze großartig hinwegsetzenden Schreiber werden auf solche Weise ausdrücken, daß keiner außer dir gesprochen hat; ein sprachgebildeter Mensch aber kann diesen Satz nur verstehen: Kein andrer hat so gesprochen wie du.

Wenn es irgendeine sprachgesetzliche Frage gibt, über die alles Streiten für immer aufhören sollte, so ist es die von ›als‹ und ›wie‹. Es ist lächerlich, daß der so notwendige richtige Sprachgebrauch sich in Deutschland noch immer nicht durchgesetzt hat. Man verschone uns mit den abgedroschenen Berufungen auf den unsicheren Gebrauch von ›als‹ und ›wie‹ bei unsern größten Schriftstellern; wer weder einen Faust noch einen Wallenstein geschrieben, möge wenigstens seine Alltagsprosa ohne diesen groben Fehler verfertigen.

Der einzige große Dichter, der das ›als‹ nach der Steigerung so gut wie gar nicht kennt, ist beklagenswerterweise Hebbel; die Folge ist, daß mancher Satz in seinen Tagebüchern und Briefen doppeldeutig oder unverständlich wird.

Alle solche Mißverständnisse ein für allemal zu vermeiden, gibt es nur ein Mittel, die straffe Regel: ›als‹ steht für das Vergleichen ungleicher, ›wie‹ für das Vergleichen gleicher Begriffe. Jede große Bildungssprache unterscheidet genau und ohne irgendwelche Ausnahme zwischen diesen beiden Gattungen des Vergleichens, im Alt- und Mittelhochdeutschen, aber noch mehrere Jahrhunderte später, wurde der Unterschied bei uns gefühlt und durchweg streng bezeichnet. Der sprachgebildete Deutsche würde sich entehrt dünken, wenn man ihm öffentlich vorhielte, er habe *Il est plus grand comme lui* oder *He has more money as the other* geschrieben. Sollte es unmöglich sein, ihn zu bewegen, im Deutschen dieselbe sehr notwendige Unterscheidung mit gleicher Strenge wie im Französischen und Englischen innezuhalten?

○ ○ ○

Was haben wir auf der Schule über die persönlichen Fürwörter im Deutschen gelernt? Doch wohl, daß sie heißen: Ich, Du, Er, Sie, Es, Wir, Ihr, Sie? Dies haben wir in den untersten Klassen gelernt, und hätte man diese Kenntnis in den höheren Klassen mit dem gleichen Nachdruck befestigt wie die des Unterschiedes zwischen *hic* und *ille*, *is* und *idem*, so gäbe es im Deutschen Schriftwesen nicht einen der ärgerlichsten Sprachfehler. Trotz allem Eifer gegen den Unfug von **Derselbe, Dieselbe, Dasselbe** findet man noch immer in der Mehrzahl der amtlichen Schriftstücke, in manchen Zeitungen und fast allen wissenschaftlichen Büchern das schleppende dreisilbige Ungetüm. Auch in diesem Falle haben wir es nicht mit einer sprachmeisternden Schrulle zu tun, vielmehr ist der Mißbrauch von Derselbe ein Verstoß gegen zwei Grundgesetze des Stiles: Anwendung des geringsten Mittels und Sicherheit gegen Mißverständnis.

Der Ungeschmack und die Sprachwidrigkeit von Derselbe statt Er liegen nicht allein in der schleppenden Dreisilbigkeit, wiewohl schon sie jeden Schreiber mit Sprachfeinsinn zur Wahl des einfachen Er zwingen müßte. Schlimmer als die Schwerfälligkeit ist, daß Derselbe nachdrücklich auf die Gleichheit mit einem vorangehenden Wort hinzuweisen scheint, die zumeist gar nicht vorhanden, oder auf die eigens hinzuweisen überflüssig, ja lächerlich ist. *Auf seinem Rittergut im Kreise Konitz ist Herr Oskar Wehr gestorben. Derselbe vertrat früher den Landtagswahlkreis Konitz-Schlochau.* Nur ja Derselbe! Wie leicht könnte man sonst auf den Gedanken kommen, es handle sich um zwei verschiedene Menschen.

Aus dem Bewußtsein vieler Schreiber ist ganz entschwunden, daß es ein persönliches Fürwort **Dessen** gibt. Man kann dicke Bücher und blätterreiche Zeitungen durchlesen, ohne ein einziges Mal Dessen zu finden, dagegen alle zehn Zeilen das stelzbeinige Desselben. Woher mag das dreisilbige Schleppwort stammen? Das älteste Deutsch kennt es als Ersatz für das persönliche Fürwort überhaupt nicht. Erst im 17. Jahrhundert taucht es in der Literatur auf, zunächst vereinzelt, fast niemals mit der gleichen Überflüssigkeit wie heute. Es rührt wahrscheinlich aus der Deutschen Kanzleisprache her, die ja ursprünglich nichts andres war als Übersetzungsdeutsch, lateinisch Gedachtes in Deutscher Nachstümperung.

Heute stehen die Dinge so, daß man ohne Übertreibung die guten und die schlechten Schreiber der Gegenwart einteilen kann in die mit und die ohne Derselbe. Nicht etwa so, als stempelte der einmalige oder seltne Gebrauch eines falschen Derselbe den Schreiber ohne weiteres zum Schmierer; hingegen darf man sicher sein: bei jedem Liebhaber von Derselbe, bei jedem, der es häufiger setzt als Er, Sie, Es, finden sich auch die meisten übrigen Verstöße gegen Sprachlehre und Stil beisammen.

Das strenge Verbot, Derselbe statt Er zu gebrauchen, ist genau so wenig eine Willkürlaune der Sprachschulmeister wie das Verbot der Umkehr nach Und und des Wie nach der Steigerung. Auf die paar mittelmäßigen Sätze, in denen ein bequemer Schreiber sich mit Derselbe aus einer Verlegenheit zu helfen sucht, kommt gar nichts an. Es gibt keinen Satz, worin Derselbe unumgänglich nötig wäre. Gute Prosa, gleichviel ob auf Schreib- oder Druckpapier, ist Kunst, und nur von der Kunst wird hier geredet, nicht von den Möglichkeiten, sich zur Not verständlich zu machen. Die Kunst aber ist keine Sache für bequeme Leute, die sogleich nach dem

Allerweltsmittel Derselbe greifen, weil sie ihren Satz ungeschickt angelegt haben und in ihren falschen Unterbau zu verliebt sind, um ihn ohne Derselbe zu ändern.

Natürlich berufen sich die Schreiber mit der Derselbigkeit auf Goethe, der gleich ihnen zuweilen Derselbe geschrieben. Der junge Goethe hat das sehr selten getan, denn er schrieb veredelten Sprechstil, und dieser kennt kein Derselbe. Otto Schroeder weist nach, daß es in den ältesten Teilen des Wilhelm Meister sehr selten, in den aus späterer Zeit stammenden häufiger ist. In den zuerst veröffentlichten Probestücken des ›Urmeister‹ findet sich ein einzigmal: *Im Grunde desselben (eines Hofes) stand eine künstliche Grotte.* Aus Italien schrieb Goethe (19. September 1786): *Wenn man diese Werke nicht gegenwärtig sieht, hat man doch keinen Begriff davon.* Für die abschließende Fassung von 1816 schlimmbesserte er dies in den Altersstil: *Wenn man diese Werke gegenwärtig sieht, erkennt man erst den großen Wert derselben.*

Bei Winckelmann steht Derselbe ziemlich oft; bei ihm aber, seltsam zu sagen, fast stilgemäß: es paßt nicht übel zu seiner feierlichen, zuweilen ein bißchen gespreizt hinwandelnden Rede.

Jawohl, Derselbe kommt bei unsern Besten vor; aber wie? Als vereinzelte Ausnahme. Bei unsern Mittelmäßigen, Schlechten und Schlechtesten aber kommt es oft, überoft, beinah als Regel vor. Sich auf vereinzelte Mißgriffe bei unsern guten Schriftstellern zur Entschuldigung für die eigne sprachliche Unkenntnis zu berufen, ist eine unziemliche Anmaßung.

Bei Ihering: *Mit diesem Satz berührt unser Schriftsteller noch mit einem Fuß die Erde, dann aber reißt er sich von derselben mit letzterm (!) los und erhebt sich ...* Und kein gebildeter Seher wagte es, den großen Gelehrten um Änderung zu bitten! – Bei Herman Grimm: *Über den Erfolg der Reise hat Curtius Bericht erstattet, **und ist derselbe** unter dem Titel ... besonders erschienen.* Eine prächtige Nutzanwendung des Herman Grimmschen Sprachgrundsatzes auf S. 108 von der Freiheit!

○ ○ ○

Die vorangehenden Beispiele sollten nur die Häßlichkeit von Derselbe dartun, wenigstens den Lesern von Geschmack. Da jedoch über Häßlichkeit und Geschmack eifrig gestritten, aber nichts bewiesen werden kann, so sei versucht, ›Demselben‹ durch den Nachweis seiner Gefährlichkeit den Todesstoß zu geben. Bei Dilthey steht: *Daß aus den Keimen seine Schöpfungen erwuchsen, verteidigte er hartnäckig gegen die Neigung, denselben Ideen zu unterliegen.* Das zweite Denselben kann recht wohl auf ›Keimen‹ bezogen werden. Selbst nach mehrmaligem Lesen bleibt die Möglichkeit eines Zweifels, ob ›denselben‹ zu Keimen oder zu Schöpfungen gehört; beides gibt einen fast gleich guten Sinn.

Wilamowitz-Möllendorfs, ebenfalls einer der selbstbewußten ›Erklärer‹ von 1889, ein hartnäckiger Feind reiner Sprache, schreibt: *Dionysos hat seine Feiern, die zweijährigen Feiern in Berg und Wald, oder was an Stelle derselben tritt, eingesetzt.* Er hätte seine Worte mit noch größerm Bedacht wählen sollen: der Leser schwankt trotz dem scheinbar so scharf hinweisenden Derselben, ja gerade deswegen, ob die Feiern oder Berg und Wald gemeint sind.

Henry Thode will uns belehren: *Das Deutsche Element* (!) *gelangte zum vollen Sieg über das fremde. Worin dasselbe liegt, läßt sich mit wenigen Worten sagen.* Es folgt eine längere Auseinandersetzung, indessen erfahren wir nicht, ob Dasselbe das Deutsche oder das fremde ›Element‹ bezeichnen soll. Er hätte es uns mit weit weniger Worten klar gesagt, wenn er je nachdem jenes oder dieses geschrieben hätte. Er hätte das unzweifelhaft getan, wäre ihm in ganz jungen Jahren beigebracht worden, daß Derselbe kein Wort für einen denkenden Schüler ist und einen ebenso groben Fehler darstellt wie *ut* mit der Bin-Form.

Wenn Düntzer in einer Überschrift sagt: *Goethes Auffassung der (Faust-)Sage und die Darstellung derselben im ersten Teil,* so läßt er uns im quälenden Zweifel, ob Goethe die Faustsage oder seine Auffassung ›derselben‹ dargestellt hat. Und wenn Spielhagen berichtet: *Das Studium umfaßt 6 Jahre. Ich kämpfte mich während desselben allmählich zur regelrechten Ausübung meines Berufes durch. Als es beendet ist, stehe ich für den Rest meines Lebens in demselben fest,* so ist uns alles sonnenklar, nur wissen wir nicht, ob er nun in dem Studium, in dem Beruf, in dem Rest oder in dem Leben feststeht.

Aus Zeitungen: *Der Ballon befand sich gerade über dem Garten des Herrn Kommerzienrats B., als derselbe platzte.* Hoffentlich platzte nur der Ballon. – *Den übrigen Gefangenen wurden die Nasen abgeschnitten und dieselben* (also die Nasen?) *verstümmelt dem Pascha wieder zurückgeschickt.*

Dilthey über einen Katalog: *Für den Literaturhistoriker wäre am günstigsten, wenn derselbe* (also der Literaturhistoriker) *im Unterschiede von Real- oder Namenkatalogen chronologisch geordnet würde. Man könnte dann in demselben –*. Ich fände es noch günstiger, wenn zuvörderst die Literaturhistoriker sprachlich geordneter würden.

Was sagt man zu folgendem Satze W. Scherers: *Die Miss Sarah Sampson beruht auf denselben Voraussetzungen wie Diderots Stück, ist aber unabhängig von denselben.* Und ein Schriftsteller wie Ernst Curtius, auch einer der ›Erklärer‹ von 1889, schreibt hin und läßt stehen: *Die höchsten Leistungen erheben sich ja überhaupt so weit über dem Boden, welcher sie getragen hat, daß derselbe für die Erkenntnis derselben gleichgültig wird.*

Ihering kennt das persönliche Fürwort kaum, jedenfalls haßt er es: *Es wurden drei Fragen gestellt, die eine derselben betraf –. Was soll nun an die Stelle jener theoretischen Arbeiten treten? Wenn dasjenige, was ich bisher über die praktische Wertlosigkeit derselben gesagt habe, richtig ist, so begründet der Wegfall derselben nicht die mindeste Lücke.* Daß wir im Deutschen die Wörter ›deren‹ und ›ihre‹ haben, fällt ihm nicht ein.

Eine besondre, sehr seltne Spielart: das vorausgenommene, frei in der Luft schwebende Derselbe wird durch diesen Satz des ›Erklärers‹ Rodenberg vertreten: *Sie* (die Füchse) *machten zum großen Schrecken **derselben** häufige Spaziergänge und Besuche in der **Nachbarschaft**.*

Das Beschämendste aber leistete in diesem Punkte das wichtigste Stück früherer öffentlicher Deutscher Prosa: die alte Reichsverfassung. Nicht ein einziger Artikel (derselben!), der nur die entfernte Möglichkeit zur Einschmuggelung des langgeschwänzten Kanzleiwortes (in dieselbe!) bot, ist von dem Verfasser (derselben!)

verschont geblieben. Ich weiß nicht, welcher hohe Staatsbeamte 1870 mit der Wortfassung (derselben!) betraut war; wohl aber weiß ich, daß sein Sprachgefühl von äußerster Stumpfheit gewesen sein muß. Die Folgen sind nicht ausgeblieben: Mißverständnisse aller Art entstehen durch die mißbräuchliche Derselberei. Im Artikel 8 heißt es: *In jedem dieser Ausschüsse werden ... mindestens vier Bundesstaaten vertreten sein und führt* (Satzdreh) *innerhalb derselben jeder Staat nur eine Stimme.* Welcher derselben? Der vier Bundesstaaten oder der Ausschüsse?

Mit dem Stil der Reichsverfassung wetteiferte der des alten Reichstages. Einige der letzten Präsidenten – die früheren und frühsten konnten Deutsch – leiteten die Verhandlungen in folgender anmutreicher Sprache: *Wünscht der Herr Antragsteller das Wort? – Er hat dasselbe,* oder ebenso schön: *Derselbe hat es. – Ich eröffne die Diskussion über § 1 und – schließe dieselbe. Wünscht der Herr Referent noch das Wort? – Derselbe verzichtet,* oder: *Er verzichtet auf dasselbe.*

○ ○ ○

Wir wären nicht Deutsche, wenn sich nicht Verteidiger Desselben gefunden hätten. Mein lieber Deutschlehrer Albert Heintze versucht in seinem Buche ›Gut Deutsch‹, Derselbe wenigstens in gewissen Ausnahmefällen zu entschuldigen; ja er empfiehlt geradezu einen Satz wie: *Hat der Veräußerer eines Grundstücks eine bestimmte Größe desselben zugesichert*, in der Meinung, hier sei Desselben unvermeidlich. Ich behaupte: es läßt sich schlechterdings kein Satz mit Derselbe bilden, der nicht durch geringfügige Änderungen ohne die kleinste Umgestaltung des Sinnes von ›Demselben‹ gereinigt und dadurch geschmeidigt werden kann. Was ist einfacher, als in Heintzes Satze zu schreiben: ›Hat der Veräußerer eines Grundstückes dieses (oder es) in einer bestimmten Größe zugesichert‹? Ja, es wäre sogar zulässig: ›Hat der Veräußerer eines Grundstücks eine bestimmte Größe zugesichert‹; denn auch diese Fassung läßt für vernünftige Menschen keine Doppeldeutung zu.

Das beste Mittel, sich Derselbe, Dieselbe, Dasselbe vom Halse zu schaffen, ist in vielen Fällen die Streichung. *Die städtischen*

Behörden dürfen sich nicht von einem unteren Beamten der Krone abfertigen lassen durch die Weigerung desselben, die Akten höheren Orts zu unterbreiten. Man streiche Desselben, und der Rest bedeutet genau dasselbe.

Ein Verteidiger Desselben hat es in folgendem Satze Wundts für unersetzbar erklärt: *Die französischen Kunstrichter sind ihm in der dramatischen Kunst trotz der Verkehrtheit ihrer Ansichten oder vielmehr gerade wegen derselben die willkommensten Objekte.* Unersetzbar? Man schreibe: *trotz oder vielmehr gerade wegen der Verkehrtheit ihrer Ansichten*. Ersetzt ist hierdurch Derselben freilich nicht; aber wozu ersetzen, wo man streichen kann und soll?

○ ○ ○

Außer dem Streichen von Derselbe gibt es das Wiederholen des Hauptwortes. Bei zahllosen Deutschen Schreibern herrscht die grundfalsche Meinung, man dürfe niemals ein Begriffs- oder Zeitwort innerhalb weniger Zeilen wiederholen. Eine törichte Sprachmeisterregel, die zu allerhand Schnörkeleien führt. Das Wiederholen ist keineswegs bloß ein Nothilfsmittel, ist (!) vielmehr unter Umständen ein Mittel (!) zum helleren Belichten oder zum Verstärken des Ausdrucks. Weder die französische noch die englische Stillehre kennt das Verbot der Wiederholung am rechten Platz. Der ausgezeichnete Stilkunstlehrer Lanson beginnt sein Werk über den französischen Stil: *Le livre s'adresse aux jeunes filles, puisqu'il fait partie d'une collection à l'usage des jeunes filles.* Alle ältere Deutsche Stillehrer hätten in einem solchen Falle ›zum Gebrauche derselben‹ geschrieben. Sie hätten es richtiger gefunden, wenn es bei Schiller hieße: *Und setzet ihr nicht das Leben ein, Nie wird euch dasselbe gewonnen sein.*

Vor dem Niederschreiben des Satzes: ›Das Volk las damals noch nicht, also konnte für das Volk unmittelbar nichts geschrieben werden‹ hatte ich einst zu überlegen, wie ich die Rückverweisung auf das Volk ausdrücken sollte. Als gebildeter Mensch wäre ich, nach Gildemeisters hübschem Wort, selbst im Schlafe nicht auf ›Dasselbe‹ verfallen. Ich schwankte ein Weilchen zwischen ›es‹ und der Wiederholung von ›Volk‹ und entschied mich für die Wiederholung. Ich habe sie in späteren Auflagen stehen lassen, mehr aus Rücksicht auf die meisten Leser als aus sprachlicher Überzeugung. Ich wollte eigentlich lieber schreiben: also konnte für **es** nichts geschrieben werden. Da jedoch meine Leser in der Schule gelernt hatten: ›es‹ darf niemals nach ›Präpositionen‹ stehen, so zog ich jene an sich ja nicht schlechte Wiederholung vor.

Adelung war der eigenmächtige Verbieter des Es nach Vorwörtern. Eigenmächtig, denn weder der ältere noch der zeitgenössische Sprachgebrauch berechtigte ihn dazu. Jakob Grimm verteidigte, ja empfahl dringend die Schreibung: ›durch es, für es‹ und schrieb in der Vorrede zum Deutschen Wörterbuch über das gemeinsame Geschäft mit dem Bruder daran: *Auf welche Weise wir uns beide in es finden und einrichten –*. Und in einem der Grimmschen Märchen heißt es: *Das eine der beiden Kinder war von einer Tür, die über es gestürzt war, das andere durch einen auf es gefallenen Stuhl beschädigt worden.* Man ersetze die Es durch Dasselbe, und man hat die schönste Kanzleisprache, aber keine Menschenrede. Es wäre ein Gewinn für unsre Sprache, wenn wir Grimms Beispiel befolgten. Man ersetze in dem Aufrufe Wilhelms I. vom 18. Juni 1866: *Das Vaterland ist in Gefahr! Österreich und ein Großteil Deutschlands steht gegen dasselbe in Waffen* das kanzleimäßige Dasselbe durch das sich von selbst auf die Lippen drängende natürlichere Es oder Uns, und die Wucht des Satzes wird eher verstärkt.

Zum Glück darf festgestellt werden, daß ›Derselbe‹ heute zum Abschütteln vom Lebensbaum der Sprache reif ist. Vielfach begegnet man schon dem bewußten Kampfmittel unsrer Romandichter, die sprachliche Unbildung eines ihrer Menschen durch den Gebrauch von ›Derselbe‹ zu kennzeichnen, z. B. bei Georg Reicke im ›Grünen Huhn‹. Die rechthaberischen Rettungsversuche einiger unkünstlerischer Schreiber, so R. M. Meyers, die auf den bequemen Notbehelf nicht verzichten wollen, sind aussichtslos; spätestens in einem Menschenalter wird ›Derselbe‹ nur noch von den Bildungslosen geschrieben werden.

VIERTER ABSCHNITT
Hauptwort

Worte sind der Seele Bild –
Nicht ein Bild! sie sind ein Schatten!
Sagen herbe, deuten mild,
Was wir haben, was wir hatten.

GOETHE

Dieses Buch ist keine Sprachlehre für Kinder, auch keine für die des Deutschen unkundigen Ausländer; es werden darum hier wie in den vorangehenden drei Abschnitten nur solche Sprachfragen behandelt, die mit der Stilkunst zusammenhängen. Die Kenntnis der Geschlechtsregeln und der Hauptwörterbeugung wird vorausgesetzt; über Zweifelhaftes gibt jede bessere Sprachlehre unsrer Schulen Aufschluß.

Nahezu unbegrenzt ist die Möglichkeit brauchbarer **Zusammensetzungen** von Deutschen Hauptwörtern. Sie nehmen zu; im Nibelungenlied stehen nur 86 zusammengesetzte Hauptwörter. Grimms Wörterbuch enthält 730 Verbindungen mit Land, über 600 mit Hand, 510 mit Geist, 434 mit Mensch, 287 mit Liebe – die von Andern um mehr als 600 bereichert wurden –, 144 mit Vier, sicher unvollständig. Im Griechischen sind uns nur 72 Zusammensetzungen mit ψυχή (Seele), nur 305 mit θεός (Gott) bekannt. Auch das Sanskrit, das zusammensetzungsreiche, steht weiter hinter dem Deutschen zurück. Das Deutsche läßt alle europäische Sprachen an Fülle hauptwörtlicher Neubildung weit hinter sich; dafür sind aber die andern Sprachen geschützt gegen solche Geschmacklosigkeit wie: Persönlichkeitsglaubensbekenntnis (I. Hart), Reichskanzleramtsprüfidentenstelle, Puritinkesselstein-

Neuschöpfung

verhinderungsmittelerzeugungsgesellschaft (kein erfundenes Wort), Kommunalsteuereinschätzungskommission, Zentralgenossenschaftskassengesetznovelle (im preußischen Abgeordnetenhaus, 1896), Kyffhäusergeschenkartikelhalle, Werftverwaltungssekretariatsassistent, Kriminaldiensthundpatrouillen, Zündwarensteuerausführungsbestimmungen. In Regensburg zeigte 1909 ein Finanzrechnungskommissariatsakzessist die Geburt eines gesunden Mädchens an; es wird wohl in das Heiratsverzeichnis des Standesamtes als Finanzrechnungskommissariatsakzessistentochter eingetragen werden, denn es hat dasselbe gute Recht wie die Ansbacher Stiftungsadministrationskontrolloffiziantentochter Magdalena F., die sich kürzlich mit einem Landesversicherungskammersekretär von Mittelfranken verehelichte. – Österreich wetteifert mit Bayern als Heimat der reichsten Amtstitel: dort gibt oder gab es Statthaltereikonzeptspraktikanten, Einreichungsprotokollsdirektorialassistenten, Hilfsämterdirektionsadjunkten.

○ ○ ○

Allgemeine Regeln über die noch zulässigen Grenzen für hauptwörtliche Neubildungen durch Zusammenziehen – oder Zusammenziehungsneubildungsgrenzregeln? – lassen sich nicht aufstellen. Sie hängen vom guten oder schlechten Geschmack ab, und der gute Geschmack läßt sich nicht eintrichtern, der schlechte nicht hinaustadeln. Allzu streng dürfen wir nicht sein, denn wir wollen uns erinnern, welche Fülle herrlicher Dichterneuworte wir dem fast überkühnen Drange Goethes zum künstlerischen Zusammenschweißen verdanken: Lächelmund, Schlossensturm, Führertritt, Unglücksmann, Rettungsdank und reichlich hundert andre. Wenige sind in die allgemeine Schriftsprache, noch weniger in die Redesprache eingedrungen: z.B. Blütenträume, Wonneschauer, Spottgeburt, Sternenall, die Lebensfluten und der Tatensturm, Sprechergewicht; doch wer nähme Anstoß an solchen nur ihm eigen gebliebenen Wortschöpfungen wie: Knabenmorgenblütenträume, Weltwirrwesen, Brandschandmalgeburt, Wonnegraus, Wechselnichtigkeit (von der hohlen Briefschreiberei des Gleimschen Kreises), Flügelflatterschlagen, Pappelzitterzweig. – Kellers wundervolles ›Lindenwipfelwehn‹ ist nicht in die Alltagssprache gedrungen, gehört aber in eine höhere Welt.

○ ○ ○

Ohne Wagemut keine Neubildung, ohne manches unlebendige Neuwort Goethes und Andrer keine Bereicherung durch solche Sprachkleinode wie: Anempfinder und anempfinden, Mitsinn (statt Sympathie), Umwelt (ein Jahrhundert vor dem überflüssigen, modegeckischen Milieu), Übermensch (ein Jahrhundert vor Nietzsche), Buntheit, Halbheit, meilenfern, Mundart, Unstern und wie viele andre, die sämtlich den Adelungs unmöglich und abgeschmackt erschienen. So hüte man sich, Neuschöpfungen der Gegenwart wie Goetheschwärmer, Wagnerfreunde, Bismarckbeleidigungen als Sprachdummheiten zu verschreien. Neue feste Begriffe forderten und erzwängen sich neue feste Ausdrücke.

Daß unsre Neuworte in der Mehrzahl Zusammensetzungen sind, ist begreiflich; neuer sprachlicher Urstoff entsteht nur unter besonders glücklichen Umständen. Doch ein Schöpfer ist schon, wem das Formen des kunstvoll Neuen aus vorhandenem Stoffe gelingt; ist das Neugebilde fertig, so erscheint es selbstverständlich, und gerade dies ist seine Goldprobe. Jeder Dichter strebt nach solchen Neuschöpfungen, manche schwelgen darin bis zum Übermaß, so z. B. Rückert. Nietzsche spielt kühn und schön mit Schöpferkraft:

> Wer nicht tanzen kann mit Winden,
> Wer sich wickeln muß mit Binden,
> Angebunden, Krüppelgreis,
> Wer da gleicht den Heuchelhänsen,
> Ehrentölpeln, Tugendgänsen,
> Fort aus unserm Paradeis! (An den Mistral)

Die Zusammensetzung wirkt fast immer dichterischer als das Nebeneinanderstellen, darum liebt jene der Dichter und der dichtende Volksmund. Im Griechischen des 1. Korintherbriefes, 13, stand: Zungen der Menschen und der Engel; der griechische Schreiber durfte nicht anders, denn selbst das zusammensetzungsfrohe Griechisch versagte. Luther schrieb als etwas ganz Natürliches: Menschen- und Engelzungen. In der Apostelgeschichte (1,24) steht: ›Herr aller Herzen Kündiger‹; erst der dichterische Volksmund schuf hieraus den Herzenskündiger. Mit noch so kühner Zusammensetzung der Griechen halten wir Schritt: Wolkenkuckucksheim (zuerst bei J. Minckwitz) läßt sich neben des Aristophanes νεφελοκοκκυγία sehen.

Aus dem 19. Jahrhundert haben wir: den Waldmeister, die Burschenherrlichkeit, den Blaustrumpf (nach dem Englischen), den Untertanenverstand (allerdings nur den beschränkten), den Prinzipienreiter (vgl. S. 768), den kostbaren Staatshämorrhoidarius (von Pocci in den Fliegenden Blättern), den Struwwelpeter, zweifelsohne (›so reinlich und so zweifelsohne‹, siehe Büchmann), den Großmachtkitzel, den Salontiroler, die Milchmädchenrechnung, das Rauhbein, den Tingeltangel, den Halsabschneider oder Krawattenmacher, und aus neuster Zeit den Lockspitzel (von Karl Henckell), die Scharfmacher und Wadenstrümpfler. Schon hier weise ich hin auf mein Buch ›Deutsche Sprachschöpfer‹, das mehr als zweieinhalbtausend Neubildungen behandelt.

○ ○ ○

Über das seit mehr als einem Jahrhundert umstrittene **Binde-s** in hauptwörtlichen Zusammensetzungen sei bemerkt, daß Jean Paul, der es in späteren Jahren nach einem Hauptwort weiblichen Geschlechts durchweg ausmerzte, aus sprachgeschichtlicher Unkenntnis handelte, indem er das s für das Zeichen des männlichen, also falschen Zweitfalls hielt, anstatt für einen aus seinem Sprachklanggefühl eingeschobenen Wohllautston. In der 39. Makame hat ihn Rückert köstlich ausgespottet. Harden, der Jean Paul nachäffte, hatte nicht einmal dessen Entschuldigungsgrund für sich, denn die heutige Sprachwissenschaft konnte ihn eines Bessern belehren. Seine *Regierungräte, Liebelieder, Milderunggründe* waren ebenso abgeschmackt wie übelklingend. Zur Strafe hatte Harden weder einen Geburtstag noch *Geburttag* (vgl. S. 71). – Hoffentlich ist die ›Hilflosigkeit‹ bei einer Sprachmeisterin wie Ricarda Huch nur ein Druckfehler.

Feste Regeln für und gegen das Binde-s sind bisher nicht aufgestellt worden; es stände traurig um das Sprachgefühl eines deutschgebornen Menschen, wenn ihn sein inneres Ohr nicht untrüglich über diese Frage belehrte. Allenfalls ließe sich die Regel aufstellen: Die im Deutschen reichlich vorhandenen Zischlaute sollten nicht durch ein Binde-s gehäuft werden. Dieses kann in *Hoffnungschimmer, Volkschule, Geschichtschreiber, Zeitungschreiber, Verwaltungsprache, Gesellschaftsitten,* also beim Zusammenstoß von Zischlauten oft unbedenklich wegbleiben, denn darin wird es selbst auf den besten Bühnen nicht gesprochen.

○ ○ ○

Unter den **fehlerhaften Zusammensetzungen** ist die bekannteste und lächerlichste die von der Art der ›reitenden Artilleriekaserne‹ oder des ›ledernen Handschuhmachers‹. Eine Erklärung des solchen Sprachfehlern zugrunde liegenden Irrtums ist überflüssig. Die folgende Sammlung beansprucht nicht, vollständig zu sein. Der Reichstagssprache gehören an: *geheimes Stimmrecht, unlauteres Wettbewerbsgesetz, Einfuhrverbot amerikanischen Schweinefleisches, Getreideeinfuhrscheine nach Rußland.* Aus andern Sprachschichten stammen: *der rote Weintrinker, kleines Gewehrfeuer (statt Kleingewehrfeuer), künstliche Wasserfabrik, keimfreie Eisgesellschaft, der getragene Kleiderhändler, die verfaulte Obstfrau, der gedörrte Obsthändler, der wohlriechende Wasserfabrikant, der rohe Seidenhändler, die verwahrloste Kinderanstalt, die aufgelösten Klosterjungfrauen.*

Eine Abart dieses aus Gedankenverschwommenheit entspringenden Fehlers stellen Wendungen dar wie: *der Bekehrungsversuch eines Gegners* (statt: der Versuch, den Gegner zu bekehren), *die Anpassungsmöglichkeit an die Umgebung.* Da in diesem Buche zu gebildeten Menschen Deutscher Zunge gesprochen wird, so bedarf es keiner umständlichen sprachlichen Darlegung; der Leser begreift aus seinem gesunden Sprachgefühl, daß und warum all jene Beispiele arg fehlerhaft sind, und wird sich hüten, meine Sammlung durch eigne Erzeugnisse zu bereichern. Er entschuldige sich nicht etwa mit dem je einmal bei Goethe vorkommenden *plastischen*

Metallarbeiter, dem unreifen Traubensaft, dem wilden Schweinskopf, dem geschnittenen Steinhandel, der römischen Kaiser-Krönung, oder mit Lessings *verschmitzten Frauenrollen*; denn der Leser ist weder ein Goethe noch ein Lessing, und vereinzelte sprachliche Nachlässigkeiten bei unsern Meistern dienen einem vernünftigen Menschen nicht zum Vorbild, sondern zur Warnung. Bei Jakob Grimm steht einmal ›ungeborne Lämmerfelle‹. Sanders tadelte Grimms Titel ›Deutsches Wörterbuch‹, benamste das seine: ›Wörterbuch der Deutschen Sprache‹ und bewies dadurch nur seinen Mangel an feinem Sprachsinn. Wollen wir etwa Kellers Lobspruch auf Storm, den ›stillen Goldschmied und silbernen Filigranarbeiter‹, vernünftelnd bekritteln? Ebensowenig wie Goethes *Italienische Reise*, oder den *französischen und englischen Sprachunterricht*; ja wir wollen nicht überstreng sein gegen *italienische Reiseeindrücke*. Vereinzelte scherzhafte Wendungen wie *saure Gurkenzeit* oder ein *dummer Jungenstreich* sind nicht wesentlich anders zu beurteilen als Sauregurkenzeit oder Dummerjungenstreich.

○ ○ ○

Daß ein gebildeter Deutscher Haupt- und Beiwort richtig beugen kann, setze ich voraus; über gewisse zweifelhafte Doppelformen (die Werke vieler großer Männer oder vieler großen Männer usw.) geben Hilfsbücher, z. B. mein ›Gutes Deutsch‹, Aufschluß. Sextanerfehler bei bekannten oder berühmten Schriftstellern wie: *Aus aller Herren Länder* (ein Büchertitel Rodenbergs), *des Meister Retzsch, der Besuch des Hofrat B.* (bei Heine) sind beschämend, aber in dem Lande ohne gründlichen Unterricht in der Muttersprache gar nicht selten.

Auf viele Schreiber wirken die » « wie die gesenkten Wegeschranken an der Eisenbahn auf die Kutscher, nämlich, daß ihnen alle Räder der Sprachwelt plötzlich stillstehen: *die Personen in Schillers ›Räuber‹, der erste Akt von ›Die Jungfrau von Orleans‹, in Varnhagen von Enses ›Deutsche Erzählungen‹* (dies letzte bei Heine!).

Welcher Sprachmeisterer hat die Regel erfunden, nach der man nur schreiben darf: mit starkem englischen Whisky? Ich glaube,

Adelung. Warum nicht englischem? Bei Goethe steht: *nach überstandenem sorgenvollem Leben, aus natürlichem frommem Gefühl, nach bezahltem teurem Lehrgeld, eine Art von unnatürlichem wissenschaftlichem Hunger;* bei Schiller: *mit weitem flammendem Rachen;* bei Treitschke: *Gestalten von unvergänglichem menschlichem Gehalt.*

Der Verfall unsrer Beugeformen ist so arg, daß wir retten sollten, was noch zu retten ist. Es ist keine schrullenhafte Altertümelei, wenn man zur größeren Klarheit im dritten und vierten Fall Goethen und Schillern schreibt, und es ist besser, im zweten Opitzens als Opitz' zu schreiben, denn man schreibt doch nicht bloß fürs Auge. Lessing bildet selbst von dem englischen Namen Hill: *Hillen*, Schiller schreibt *Karln dem Fünften.* So werden wir wohl nicht mehr schreiben; dagegen sollten *Lenzens Hofmeister, Vossens Odyssee, Maxens Fahrrad* in gepflegter Sprache die Regel sein oder wieder werden. Wie wird die sofortige Verständlichkeit, und sie ist das Ziel, verstärkt in dem Satze: ›Goethe war damals Shakespeare der einzige echte Dramatiker der modernen Völker‹ durch die Änderung ›Goethen‹!

Den Ausländern macht die Unterscheidung des Dritt- und Viertfalls im Deutschen die größten Schwierigkeiten: im Munde oder unter der Feder der Deutschen ist die meistmißhandelte Beugung der Zweifall. Ein Oberreichsanwalt am Reichsgericht schreibt: ›Des Festungsgefangenen Rechtsanwalt Liebknecht.‹ Überhaupt werden von Schreibern mit stumpfem Sprachgefühl alle Berufsnamen als beugungslos betrachtet.

Man weiß allerdings nicht, was ärger ist: die Weglassung des Zweifalls oder die Ersetzung des echten Zweifalls durch Von mit Drittfall, ähnlich englischem *of* und französischem *de*. Es ist sprachwidrige Schluderei, zu schreiben: *Die Größe von Berlin, die Bedeutung von London, die Vorstellung vom königlichen Theater,* und man sollte sich in jedem solchen Falle nach der Schule und dem Deutschlehrer des Schreibers erkundigen.

Gefährlich wird der echte Zweifall, wo er in Massen auftritt, ähnlich den Wanderraupenzügen, Glied an Glied gehängt. In einer reichsgerichtlichen Entscheidung (Strafsachen Band 3, Nr. 20), also aus der Feder eines der höchsten Richter im Reich, heißt es: *Die*

Zulässigkeit der Berücksichtigung der Unkenntnis der Tatsache der Existenz einer solchen Verordnung ist vom Gesetz nirgends versagt. Hiermit ist aber noch nicht das Äußerste des Raupen- und Bandwurmstils erreicht; die Frankfurter Zeitung berichtete jüngst folgende Juristenleistung: *Die Tatsache der Berechtigung der Nennung des Namens des Verfassers des inkriminierten Artikels der Nummer der Heidelberger Zeitung des betreffenden Tages.* Möglich wären solche Kettensätze ja auch im Französischen und Englischen; warum wohl sind sie ein Vorrecht des Deutschen Stils? – Im griechischen Wortlaut der Offenbarung 19, 15 stehen 5 Zweitfälle hintereinander – ein Beweis, daß kein gebildeter Grieche das geschrieben hat; Luther hat daraus 3 Zweitfälle gemacht.

○ ○ ○

Was hätte ein Deutscher Quartaner zu befahren, der in einer lateinischen Arbeit schriebe: *Vita Alexandri, filius regis Philippi* [Das Leben des Alexander, der Sohn des Königs Philipp*]? Es ist nicht auszudenken. Daß er nicht nach Tertia versetzt werden würde, ist das Mindeste. Ein hochgebildeter Deutscher, Rodenberg, durfte schreiben: *Meine Jugendjahre verflossen mir als Berliner Schusterjunge* (nicht etwa drollig gemeint) und eine hochfahrende Erklärung gegen den Deutschen Sprachverein unterzeichnen.

Eine unsrer sprachlich sehr ungebildeten Schriftstellerinnen, Ossip Schubin, die in mindestens vier Sprachen grobe Böcke schießt, läßt ein Mädchen sagen: *Als Mensch habe ich ihm auch nie besondere Sympathien abzugewinnen vermocht.* Wer ist der Mensch, Er oder Sie? Der weitere Zusammenhang ergibt: Er; Ossip Schubin kann nicht Deutsch genug, um dies auszudrücken. – Lublinski, ein von seiner Gemeinde ehemals gefeierter Richter über Deutsche Wortkunst, fand die Kenntnis der Anfangsgründe Deutscher Sprachlehre für sein hehres Amt entbehrlich; er schrieb über Bleibtreu: *Als Kritiker dagegen war diese dichterische Schwäche in den Tagen der Revolution seine entschiedenste Stärke.*

Von mittelmäßigen Schriftstellern wie Rodenberg, Ossip Schubin, Lublinski fordern wir mit Recht, daß sie wenigstens die Deutsche Sprachlehre beherrschen. Lesen wir dagegen bei Richard

Zeugefälle in Beisätzen

Wagner: *Daß die todesmutige Begeisterung sich immer wieder nur an der Wacht am Rhein stärke, ein ziemlich flaues Liedertafelprodukt,* so sagen wir: Nachlässigkeit eines Meisters, und nehmen uns vor, als arme Schächer doppelt vorsichtig zu sein. Mit gleichem Gefühl lesen wir Schillers bedenkliche Verse: *Noch zuckend, mit des Panthers Zähnen Zerreißen sie des Feindes Herz,* worin ›zuckend‹ zunächst fälschlich auf ›sie‹ bezogen wird, und Goethes Satz: *Der Zug windete sich durch die Katharinen-Pforte, seit Erweiterung der Stadt ein offener Durchgang.* Selbst bei Lessing dem Klaren steht einmal diese zweideutige Nachlässigkeit: *Als Prediger bin ich mit dem guten Matthesius recht wohl zufrieden, aber als Geschichtschreiber gar nicht.* Wer sich aber für ähnliche Nachlässigkeiten auf Wagner, Lessing, Goethe und Schiller berufen wollte, der wäre mit aller Schärfe in seine Schranken zu weisen.

FÜNFTER ABSCHNITT
Zeitwort

Handlungs- und Leideform – Erzähl-
und Vollendungsform – Gegenwart
der Erzählung – Wenn mit ›würde‹ –
Bin-Form und Sei-Form – Nachklappen –
Hilfszeitwörter

Im Anfang war die Tat!

Wer das Zeitwort beherrscht, der beherrscht die Sprache und ist auf dem Wege zum Stil. Das Zeitwort, nicht das Hauptwort, ist die Wirbelsäule des Satzes; wo diese verkrümmt ist, da trägt in zehn Fällen neunmal die schlechte Behandlung des Zeitwortes die Schuld. Natürlich gehören die meisten Verstöße gegen die sichre Beherrschung des Zeitwortes streng genommen in die Sprachlehre, und fast alles in diesem Abschnitt zu Sagende müßte jeder mittelgebildete Leser aus seiner Schule unverlierbar mitbringen. Müßte –! Vielleicht ist es ihm irgendeinmal von einem Lehrer gesagt worden, leider ohne den gleichen Nachdruck wie im lateinischen und griechischen Unterricht.

Alles Reden und Schreiben ist Ausdruck bewegter, sich abrollender, vorwärts strebender Gedanken; darum ist das **Zeitwort in handelnder Form** in jedem Zweifelfalle der Leideform vorzuziehen. Ja sogar das zielende Zeitwort im Zweifelfalle dem nichtzielgen. Bestimmtheit und Klarheit sind bei der Handlungsform; Umschweif, Abschwächung, Trübung bei der Leideform, d.h. in Zweifelfällen, wie abermals hinzugefügt sei. – ›Hinzugefügt sei‹! Eigentlich wollte ich schreiben: wie ich abermals hinzufüge, und dies wäre das Einfachere und Bestimmtere. Da jedoch der Schreiber aus richtiger oder falscher Bescheidenheit nicht immer sein Ich aufdringen mag, so wählte ich zur Abwechselung die Leideform.

○ ○ ○

Die Deutschen Sprachlehren und die neueren Sprachbesserungsbücher bemühen sich mit löblichem Eifer, zwischen **Erzählform** *(Imperfektum)* und **Vollendungsform** *(Perfektum)* unverrückbare Grenzlinien zu ziehen. Ich gebe zu, daß es viele Fälle gibt, wo über die ausschließliche Zulässigkeit des einen oder des andern kein Zweifel, auch kein Schwanken in der Schreibart guter Schriftsteller besteht. Ich bestreite aber, daß für den Unterschied der beiden Zeiten scharfe, jedem Schreiber verständliche Regeln aufzustellen sind, die immer nur die Erzählform oder die Vollendungsform richtig wählen lassen. Ich mache mich anheischig, jeder der in den Sprachlehren aufgestellten Regeln samt ihren Beispielen aus unsern besten Schriftstellern hundert Beispiele entgegenzuhalten, die bei gleichem gedanklichem Verhältnis das Gegenteil beweisen. Schopenhauer wettert mit der bei ihm in Sprachfragen so häufigen Selbstverblendung gegen alles ihn Widerlegende:

> Diese unwissenden Tintenkleckser haben in den Vierzigerjahren aus der Deutschen Sprache das Perfekt und Plusquamperfekt ganz verbannt [beide finden sich reichlich bei hundert zeitgenössischen Schriftstellern], indem sie beliebter Kürze halber, solche überall durch das Imperfekt ersetzen, so daß dieses das einzige Präteritum der Sprache bleibt, auf Kosten, nicht etwa bloß aller feineren Richtigkeit, oder auch nur aller Grammatizität (!) der Phrase [er meint des Satzes]; nein, oft auf Kosten alles Menschenverstandes, indem barer Unsinn daraus wird. Daher ist unter allen Sprachverhunzungen diese die niederträchtigste, da sie die Logik und damit den Sinn der Rede angreift; sie ist eine linguistische Infamie. Ich wollte wetten, daß aus diesen letzten zehn Jahren sich ganze Bücher vorfinden, in denen kein einziges Plusquamperfektum, ja vielleicht auch kein Perfektum vorkommt.

Schopenhauer würde seine Wette sicher oder, um Schopenhauerisch zu schreiben, sicherlich verloren haben.

Weiterhin stellt er, eigenmächtig wie alle Sprachmeisterer, die Regel auf: ›Man darf im Deutschen das Imperfekt und Perfekt nur da setzen, wo man sie im Lateinischen setzen würde; denn der leitende Grundsatz ist in beiden Sprachen derselbe: die noch fortdauernde, unvollendete Handlung zu unterscheiden von der vollendeten, schon ganz in der Vergangenheit liegenden.‹ Diese Regel mag gelten oder nicht, – in unsern besten Prosawerken finden sich so viele Abweichungen, daß der Begriff einer Regel nahezu erlischt. Was würde Schopenhauer z. B. gesagt haben gegen Goethes Verse in der Achilleis:

> Tief im Herzen empfand er den Haß noch gegen den Toten,
> Der ihm den Freund erschlug und der nun bestattet dahinsank?

Denkgesetzlich richtiger wäre ›erschlagen hatte‹; doch welcher Leser wagt, ›schlug‹ für falsch zu erklären?

○ ○ ○

Bekannt ist der Gebrauch der **Gegenwartsform** zur Belebung und Abwechselung des Stils; in größeren Erzählungswerken ist sie unentbehrlich, und alle Bildungssprachen gebrauchen dieses wichtige Stilmittel. Zur richtigen Anwendung gehören Takt und Geschmack: der Inhalt muß durch wertvolles Eigenleben die Verlebendigung der Form rechtfertigen. Unzulässig ist das Hin- und Herschwanken zwischen der Gegenwarts- und Vergangenheitsform auf kleinem Raum. Dahlmann, eine Mischung aus nüchternem Denker und leidenschaftlichem Empfinder, bedient sich immerfort der belebenden Gegenwart, weil ihm andre Belebungsmittel spärlich zu Gebote stehen, und gerät dadurch in störende Stillosigkeit: *Mirabeau verläßt sein Regiment, flieht nach Paris. Von hier begann eine Reihe von Verfolgungen für ihn. Sein Vater läßt gerade ... Er beschloß, ihn von nun an ...*

○ ○ ○

Wie streng wird in unsern Schulen darauf gehalten, daß die Jungen lateinisches *si*, griechisches εἰ und ἐάν mit den richtigen Zeiten und Aussageformen verbinden, die Mädchen wenigstens das französische *si*, das englische *if*. Dürfte ein Deutscher Schüler seine höhere oder mittlere Schule verlassen, ohne mit ähnlicher Strenge belehrt zu sein über den Gebrauch des Deutschen Wenn? Hamerling, ein ehemaliger Lehrer, schrieb über Fehler wie: ›Wenn ich wissen würde‹, statt ›Wenn ich wüßte‹: ›Ich stelle den Antrag zur Gründung eines Vereins zur Konservierung der organischen Form des Konjunktivs *imperfecti* im Deutschen.‹ Wir bedürfen keines besondern fremdwörtelnden Vereins, die Schule ist der beste Verein, und von ihr ist nachgerade dringend zu fordern, daß sie den Schülern einhämmere: Es heißt einzig ›Wenn ich wüßte‹, niemals ›Wenn ich wissen würde‹. Abweichungen von dieser so einfachen wie notwendigen Regel kommen bei guten Schriftstellern äußerst selten vor, bei den meisten überhaupt nicht. Bei der trefflichen Sprachkünstlerin Marie von Ebner-Eschenbach fand ich sie nur einmal in der entschuldbaren Wendung ohne Wenn: ›Würde ich damals geahnt haben (statt: hätte ich), so wäre ich …‹ In den Bummelversen des Scheffelschen ›Trompeters‹ steht:

Ach Gott, und doch wär's besser,
Es würd' ein Andrer sein.

Es wäre für Scheffel eine Kleinigkeit gewesen, einen Reim zu finden auf ›Wenn es ein Andrer wär‹!

In seiner prächtigen Redesprache hätte Rosegger niemals gesagt: *Die Mühle stand so versteckt im Gebüsche, daß ich vergebens nach derselben (!) ausgespäht hätte, wenn an ihr nicht zwei Tannen emporgeragt haben würden,* sondern gerade umgekehrt: ausgespäht haben würde, … geragt hätten. Wie denn überhaupt Rosegger allemal dann unsicher wird, wenn er aus der natürlichen Menschenrede in die Papiersprache abbiegt.

Bei den Ganzpapierenen ist ›Wenn‹ mit ›würde‹ beinah die Regel, so bei dem Geschichtschreiber Ottokar Lorenz: *Es wäre eine vollkommene Täuschung, wenn man den alten Goethe für den Lobredner vergangener Zeiten halten würde.* Aber wer will etwas sagen gegen die Verse im zweiten Teil des Faust:

Würde mich kein Ohr vernehmen,
Müßt' es doch im Herzen dröhnen.

○ ○ ○

Über den Gebrauch der Deutschen **Sei-Form** (des *Konjunktivs*) gibt es eine ansehnliche sprachwissenschaftliche Bücherweisheit. In einigen wenigen Hauptpunkten stimmt sie ziemlich überein; leider sind das die, worin alle gebildete Schreiber ohne sprachgesetzliche Unterweisung übereinstimmen. Selbst in der französischen, sehr viel feiner durchgearbeiteten und durch den festen Sprachgebrauch aller guter Schriftsteller unterstützten Sprachlehre gibt es schwierige Zweifelsfälle des richtigen Gebrauches des ›Subjonctifs‹. Es kann einer Sprache gar nichts schaden, wenn nicht alles und jedes ein für allemal nach dem eisernen Kantel einer starren Regel geradegezogen ist. Eben da, wo die wissenschaftlichen Regeln aufhören, bekommt das künstlerische Sprachgefühl Spielraum, und wir wollen es nicht beklagen, daß im Gebrauche der Deutschen Sei-Form selbst bei den besten Schriftstellern eine edle Freiheit besteht. Freuen wir uns dieses geringen Restes alten Formenreichtums, folgen wir dem Rufe der sprachedelen Isolde Kurz: ›Tretet zusammen und rettet den Konjunktiv!‹; hüten wir diesen jedenfalls sorgsam. Dulden wir nicht, daß er durch gröbliche Schlamperei verwüstet werde; erlauben wir aber den Regelschmieden nicht, den wirklich bedachtsamen Schreibern unnötige Fesseln anzulegen.

Einverständnis über den Gebrauch der Bin- und der Sei-Form herrscht für Sätze wie: ›Der Fürst verdient, daß man ihn liebt‹ (er verdient die ihm schon gezollte Liebe), und: ›Der Fürst verdient, daß man ihn liebe‹ (er verdient die, ihm noch nicht gezollte, Liebe). Und was sollten wir ohne die Sei-Form anfangen, um zu unterscheiden: ›Du hast es nicht verdient, daß man dich begnadigt‹ (aber du bist dennoch schon begnadigt worden), und: ›Du hast es verdient, daß man dich begnadige‹ (aber du bist noch nicht begnadigt worden).

Offenbare Sprachschlamperei ist die Bin-Form in dem Zeitungssatze: *Die Kommandogewalt des Kaisers soll nicht beschränkt werden, aber es soll ihr* (!!) *nahegelegt werden, daß sie sich nicht anders als im modernen und volkswirtschaftlichen Sinn betätigt.* Der Gedanke ist: dies tut sie noch nicht, sonst brauchte ihr nichts nahegelegt zu werden; also zweifellos nur ›betätige‹. Nicht besser steht es mit dem Satze: *Goethe fordert, daß die Ehrfurcht vor der realen Gegenwart* (gibt es auch eine irreale?) *unsere Individualität fast auslöscht.* Goethe brauchte das nicht zu fordern, wenn die Ehrfurcht das schon täte, wie die falsche Bin-Form ausspricht; also unbedingt nur: auslösche. Wir beurteilen diese Nachlässigkeit nicht milder, weil wir bei Nietzsche einmal lesen: *Vom Instinkte des Lebens aus müßte man nach einem Mittel suchen, einer solchen Häufung des Mitleids einen Stich zu versetzen, damit sie platzt.*

Indessen auch bei Goethe kommen für den Ausdruck bestimmten Wissens gelegentlich Sei-Formen vor, die uns befremden: *Sieht man am Hause doch gleich so deutlich, weß Sinnes der Herr **sei**.* Wir erwarten hier statt ›sei‹ das feste ›ist‹. Ebenso in dem Satze: *Es ist klar, daß man mehr die Resultate als die Einzelheiten, wie sie sich damals ereigneten, aufstellen und **hervorheben werde*** – so an Zelter in der Zeit des Altersstils, der überhaupt die Sei-Form liebt. Unantastbar dagegen ist diese in den Versen des ›Westöstlichen Diwans‹:

> Volk und Knecht und Überwinder,
> Sie gestehn zu jeder Zeit,
> Höchstes Glück der Erdenkinder
> **Sei** nur die Persönlichkeit –

denn diese Verse spricht Suleika und läßt es ungewiß, ob sie an die Wahrheit solches Ausspruches glaube. Ja selbst wenn sie daran glaubte, wäre *sei* nicht unzulässig.

Wenn es bei Ernst Curtius heißt: *Gott hat die Völker ihre Wege dahingehen lassen, auf daß sie in verschiedenster Weise zeigen sollten, was aus natürlicher Kraft der Menschen vermöge*, so ist *vermöge* richtig; aber *vermag* falsch zu schelten, wäre mindestens übertrieben. Ebenso ist die Sei-Form, trotz der Abhängigkeit von einem Ausdruck völliger Gewißheit, in Laubes Satze nicht durchaus falsch: *Ein Franzose findet es unzweifelhaft natürlich, daß sein Interesse ganz und gar in erster Linie **stehe** und daß eine Frage der Höflichkeit gegen das Ausland eine untergeordnete **sei**.* Auf den

Schreiber wirkte der Neben- oder Untergedanke mit ein, daß der Franzose dies zwar unzweifelhaft natürlich findet, daß es ihm aber vom Ausland bestritten wird.

○ ○ ○

Wir werden beim Satzbau eingehend vom ›**Nachklappen**‹ zu sprechen haben (S. 563), also von Satzbildungen wie in Palleskes ›Schiller‹:

> Während er die politische Umwälzung des Fiesko auf einem außerdeutschen Boden spielen lassen mußte, **stellte** er [wohin?], was an Gefühl und Wollen in der Deutschen Jugend vereinzelt lobte, mit den Räubern in Deutscher Gegenwart, und was in den kleinen Vaterländern unter dem Druck einer brutalen Minister- und Mätressenwirtschaft seufzte, in der Deutschen Gestalt seiner Luise Millerin **dar** [ach so!].

Erst das allerletzte Wort eines ziemlich langen Satzes verschafft uns Klarheit über ›stellte‹ und über den Zusammenhang des Ganzen. Es bedarf keines Beweises, daß dies ein Stilfehler ist, weil durch einen solchen Satzbau der oberste Zweck alles Schreibens vereitelt wird: seinen Gedanken ohne die geringste Trübung dem Leser zu vermitteln.

In vielen Fällen trägt außer der Ungeschicklichkeit des Schreibers das **zusammengesetzte Zeitwort** einige Mitschuld. Natürlich wird hierdurch der nachklappende Schreiber nicht entschuldigt: er soll die Gefahr des zusammengesetzten Zeitwortes kennen und sie aus allen Kräften bekämpfen. Er kann den ersten Bestandteil eines solchen Zeitwortes schon früher als am Schlusse bringen, wenn er auf seinen langen Satz durchaus nicht verzichten will.

Daneben gibt es noch ein, allerdings mit großer Vorsicht zu gebrauchendes, Hilfsmittel, von dem ich wünschte, es möchte durch das Ansehen unsrer besten Schriftsteller breitern Boden gewinnen: die Nichttrennung des zusammengesetzten Zeitwortes auch im Hauptsatz. Bei einigen dieser Zeitwörter erregt das Nichttrennen keinen Anstoß mehr: ›er übersiedelte nach Berlin‹ wird nur noch von einigen Sprachmeisterern bekrittelt, und zahlreiche Beispiele bei unsern Klassikern und Nachklassikern beweisen außer dem Bedürfnis auch die Überzeugung dieser Schreiber von der

Notwendigkeit, die starre Regel zu einem höhern Zwecke zu durchbrechen. ›Ich anerkenne‹ kommt bei Goethe ziemlich oft vor, so im Prometheus mit starker Wirkung: ›Anerkennst du seine Macht?‹ Es findet sich bei Fichte, Schiller, besonders häufig bei den großen neueren Schweizern, wie denn überhaupt der gebildete Sprachgebrauch in der Schweiz mehr und mehr auf die Nichttrennung hinausgeht. Keller schreibt im Grünen Heinrich: ›Er anerbot dem Alten‹; im Sinngedicht: ›Er anbefahl dem Alten die Obhut seiner Wohnung.‹ – Bei C. F. Meyer steht: ›Das Spiel seiner Natur überquoll wie der Schaum eines jungen Renners.‹

Auerbach versuchte mit voller Absicht diesen Gebrauch durchzusetzen: ›Der Bruder einsegnete das Paar. – Mythus und Volksdichtung vorbereiten die Stoffe. – Andere beistimmten ihm.‹ Leider war Auerbachs Geltung nicht stark genug, solche Neuformen einzubürgern. – Bei Rosegger wimmelt es von Nichttrennungen, z. B. ›Weiter ausbreitete sich der Aufruhr‹.

Wendungen wie: *Ich anvertraue dir mein Kind, Ich anbefehle dir Gehorsam, Ich anempfehle dir Nachsicht, Er anähnlichte sich ihm, Goethe hineingeheimniste im Alter mit Vorliebe allerlei Symbolisches, Ich unterordne mich, Eine Arbeit obliegt mir, Bismarck obsiegte über alle Widerstände* sind nicht mehr streng zu beanstanden, werden zum Teil schon allgemein zugelassen. Mit der Zeit müssen wir dahin kommen, daß Sätze wie: ›Er schätzte ihn mit Recht (folgen drei bis vier Druckzeilen) gering‹ nur noch in der Stilschreckenskammer des Kladderadatsch vorkommen.

○ ○ ○

Der Ausdruck **Hilfszeitwörter** besagt, daß sie uns beim Reden und Schreiben helfen, nicht daß sie uns hindern oder gar die Kraft unsrer Sprache lähmen sollen. Goethe hatte eine natürliche Abneigung gegen solche Hilfen: ›Besonders verdrießen mich die unglücklichen Auxiliaren aller Art‹ (an Riemer während der Arbeit an Dichtung und Wahrheit), und der junge Goethe vermied sie dank dem Springquell seiner Jugendsprache nach Möglichkeit. Man kann aufmerksam lesend eine deutliche Zunahme der Hilfszeitwörterei bei Goethe von Jahrzehnt zu Jahrzehnt bemerken, zumal nach der italienischen Reise. Einen Gipfel erreicht sein Altersstil in der Briefstelle: *Es möchte wohl kein Zweifel sein, daß der unterdrückte Schmerz und eine so gewaltsame Geistesanstrengung jene Explosion, wozu sich der Körper disponiert finden möchte, dürfte verursacht haben* (an Zelter nach Augusts Tode). Daß hierin aber nur Schreibmanier, nicht Lebenssprache vorliegt, beweist die an Hilfszeitwörtern arme Sprache Goethes in seinen Unterredungen mit Eckermann, Soret, Müller bis ins höchste Alter.

Wir Deutsche haben es schlimmer als die Völker des Altertums, die Inder, Griechen, Römer, Goten, mit ihren mancherlei Zeitwortformen, die wir nur durch Hilfszeitwörter umschreiben können. Ja selbst die Franzosen, Italiener, Spanier, von den germanischen Völkern die Skandinavier, brauchen nicht für so viele Zeiten und Aussageweisen wie wir ein Hilfszeitwort zu setzen. Diese unsre Armut an echten Beugemitteln hat zu der sehr natürlichen, also nicht unberechtigten **Weglassung** der **Hilfszeitwörter** in gewissen Fällen geführt. Wird hierin weises Maß gehalten, so verdient diese sprachliche Selbsthilfe nicht die grobe Schelte willkürlicher Sprachmeisterer. Zu diesen gehörte Schopenhauer, der Freund einer gewissen Behäbigkeit und Breitspurigkeit des Stils, die wir bei ihm ertragen, weil er uns soviel Gewichtiges zu sagen hat. Er wetterte: ›Was in aller Welt haben die Auxiliarverba verbrochen, daß sie ausgelassen und übersprungen werden? Der Leser muß sie notwendigerweise aus eignen Mitteln hinzufügen.‹ Sie haben verbrochen, daß sie noch mehr schwächen als helfen, und bei maßvoller Weglassung fügt der Leser sie ohne einen Augenblick Nachdenkens aus eignen Mitteln hinzu. Jean Paul nannte die Hilfszeitwörter ›abscheuliche Rattenschwänze der Sprache, und man hat jedem zu danken, der in eine Schere greift und damit wegschneidet‹. Nicht jedem, wohl aber dem Schreiber mit feinem Sprachgefühl, der also tut.

Das Bedürfnis nach größerer Straffung des Satzes drängte früh zum Einschränken der Hilfszeitwörter; doch ebenso früh lehnte sich gegen diesen lebendigen Drang der Sprache, d.h. der sprechenden und schreibenden Menschen, die Papiersprachlehre auf. Schon der alte Schottel eiferte in seiner Deutschen Sprachkunst gegen solches Streben. Vor jedem Übermaß des Auslassens warnte

Jakob Grimm mit Recht: ›Die Sprache sträubt sich wider Dunkelheiten und Zweideutigkeiten, die dabei entspringen‹, aber doch nur unter der Feder dunkler und zweideutiger Schreiber. Lessing ließ die Hilfszeitwörter mit zunehmenden Jahren immer häufiger aus, sicher nicht zum Nachteil seines kernhaften Stils. Wendungen: ›Wie wir oben gesehen, wie schon berührt‹, sind überall bei ihm zu finden, und es stört uns nicht, daß wir nicht peinlich genau erfahren, ob hatten oder haben, wurde oder worden ist, gemeint wird.

Alles in allem müssen wir Hebbel zustimmen, der das Weglassen der nicht unbedingt nötigen Hilfszeitwörter aus künstlerischen Sprachgründen forderte: ›Der Numerus (Rhythmus, Schritt) des Stils verlangt gar oft das Kappen dieser abscheulichen Schlepptaue.‹

SECHSTER ABSCHNITT

Allerlei Sprach- und Stilgebrechen

Welcher – Aussage mit Ein – Ersterer und Letzterer – Her und Hin – Selten günstig – Rechtschreibung

Nach seinem Sinne leben ist gemein:
Der Edle strebt nach Ordnung und Gesetz.

GOETHE

Der Sprachmeisterer Wustmann haßte keine der sogenannten ›Sprachdummheiten‹ mit solcher Berserkerwut wie das bezügliche Fürwort **Welcher**. Er hat Schule gemacht bei solchen, die sich durch Grobheit einschüchtern lassen; vielen gilt jetzt für einen guten Schreiber schon der, welcher sich angstvoll vor jedem Welcher hütet. Indessen wie so oft: Wustmann sei trotzdem bedankt; denn so übertrieben, fast krankhaft sein Zorn gegen Welcher gewesen, er hat es doch dahin gebracht, daß heute nicht mehr so unlebendig, so kanzleimäßig gewelchert wird wie vordem.

Die sprachgeschichtliche Untersuchung lehrt uns nicht viel; denn aus dem Nichtgebrauch von Welcher als Bezugswort im Alt- und Mittelhochdeutsch folgt für das lebendige Recht der neuhochdeutschen Schriftsprache gar nichts. Anderseits würde das Vorkommen in den ersten Jahrhunderten des Neuhochdeutschen nicht beweisen, daß wir gleichfalls ruhig welchern dürfen. Wustmann, der ein für allemal nur Der Die Das im Bezugsatz gelten lassen will, und den selbst Die die die, in gewissen Fällen ja die unvermeidliche Folge, erträglich, wohl gar sehr wohlklingend dünkt, könnte sich auf eine vereinzelte Stelle aus dem 13. Jahrhundert berufen, auf den Satz bei dem großen Volksprediger Bertold von Regensburg: *Die werdent danne viel zornelîchen rihten unde häzzelichen über die, die die heiligen habent gerihtet ûf ertrîche.*

Für die Literatur zwischen 1750 und 1850 hat Minor durch Zählungen seiner Schüler festgestellt, daß von 2060 Bezugsätzen doppelt so viel mit Der wie mit Welcher angeknüpft sind. Unbedingt notwendig ist Welcher in keinem einzigen Falle; künstlich verzwickte Sätze beweisen nichts, denn man soll eben keinen Satz so verzwicken, daß ihn nur ein Welcher retten kann. Hingegen gibt es Fälle, worin Welcher entschieden falsch wäre, Wendungen wie: Ich, der (ich), z.B. in Lessings Briefsatz: ›Ich, der die ganze Welt ausreisen wollte ...‹ Zuzugeben ist nur, daß in den meisten Fällen rein sprachgesetzlich Welcher ohne Fehler ebensowohl wie Der stehen kann, vorausgesetzt, daß man nichts gegen einen kanzleimäßigen, unlebendigen Stil hat. Denn kanzleimäßig, unlebendig klingt nun einmal das schwere Welcher mit seinen zwei Silben statt einer und mit seiner nicht allzu flüssigen Mitlautergruppe; hurtiger, vor allem redesprachlicher fließt das leichte Der. Ein Schreiber, der grundsätzlich nur Der setzt, aber ›Die die‹, gar ›Die die die‹ und etwaige Doppeldeutungen meidet, wird niemals Anstoß geben; der überwiegende Gebrauch von Welcher beschwert jeden Stil mit einer auf die Dauer fühlbaren Last. Bei den meisten Schriftstellern der Gegenwart steht Der häufiger als Welcher.

Hoffnungslos sind die Bemühungen feinspinnender Sprachmeister, allerlei Regeln für den wechselnden Gebrauch von Welcher und Der zu ertifteln; keine läßt sich auf die gesprochene Rede, keine auf eine stetige Anwendung bei den guten Schriftstellern stützen. Sie haben alle nur Papierwert, nicht Lebenswert. Da predigt z.B. eine Stillehre: ›Wenn ein Adjektivsatz das Attribut des Individuums in einem Satze besonders hervorhebt, so wird die Hervorhebung durch Welcher bezeichnet.‹ Der Verfasser war sicherlich der einzige, der diesen Satz verstand. Und wenn er zum Beweise den Goethischen Satz anführt: *Die Verehrung, welche Gellert von allen jungen Leuten genoß, war außerordentlich,* so ist das ohne jede Beweiskraft, denn in diesem Satze könnte ohne die allergeringste Änderung des Sinnes und der Wirkung stehen: *Die Ver-*

ehrung, die Gellert ... Bei Luther heißt es: *Daß du nicht scheinest vor den Leuten mit deinem Fasten, sondern vor deinem Vater, welcher im Verborgenen ist, und dein Vater, der in das Verborgene sieht, wird dirs vergelten öffentlich,* doch aus keinem andern Grund abwechselnd, als aus Rücksichten der Klangschönheit. Bei Storm, gewiß einem unsrer feinsten Wortwäger, heißt es: *Von dem Ackerstück, an welchem wir vorüberkamen, vernahm man die kurzen Laute der Brachvögel, die unsichtbar in den Furchen lagen.* Will jemand leugnen, daß nicht ebenso gut zuerst Dem, zuzweit Welche stehen dürfte?

Trotzdem wiederhole ich: unbedingt notwendig ist Welcher in keinem Falle; aber bequem und nützlich kann es zuweilen werden: *Alle gehorchten dem Befehl, auch die, welche die Feindseligkeiten begonnen hatten. – Deutschland wird diesen Schritt, seit welchem eine merkliche Beruhigung eingetreten ist, nicht bereuen.*

Freilich ist in diesen Sätzen Welcher geeignet, Übelklang oder Mißverständnis zu verhüten; sie würden sich aber alle auch ohne Welcher gut bauen lassen. Ja selbst ein Satz wie: *Der Mann, der für die Sicherheit der Fürsten zu sorgen hatte und zu dem König Leopold einmal sagte ...* fordert nicht unbedingt Welchem; ›zu dem der König Leopold‹ würde jeden Zweifel ausschließen.

○ ○ ○

Die Arbeit war eine gute, meine Furcht war eine überflüssige, das Haus in der Friedrichstraße ist ein großes – daß man solche Albernheiten überhaupt erwähnen muß, wenn man von Stil spricht, ist ärgerlich. Verschwinden wird die Unsitte der Kanzleisprache nur, wenn sich jeder Schreiber mit der allgemeinen Stilwahrheit durchdringt, daß zwei Wörter überall da von Übel sind, wo sie nicht um ein Haar mehr als eins bedeuten und dazu breitspurig, schlaff und flau wirken. Der Mathematiklehrer mag zu dem Schüler sagen: Diese Linie ist eine krumme, jene eine gerade; der Zeichenlehrer darf nur sagen: Deine Linie ist recht krumm.

○ ○ ○

Dem Treibhausbeet unsrer Kanzleien ›verdanken‹ wir gewiß auch die geilen Wucherpflanzen **Ersterer, Letzterer, Mehrere**; in den älteren Zeiten unsrer Sprache kannte man sie nicht. ›Mehrere‹ wird vielleicht dem Spotte weichen, den man schon jetzt mit ihm treibt: ›mehrererere‹. Die drei E mit den zwei R fordern ihn heraus: die Spötter fühlen eben die Überflüssigkeit der Steigerungssilbe. Warum nicht einfach ›mehre‹? Ich schreibe seit Jahrzehnten nicht anders, und noch nie hat ein Leser sich daran gestoßen oder mich auf einen etwaigen Druckfehler hingewiesen.

Daß der Erste und der Letzte genau dasselbe besagen wie der Erstere und der Letztere, ist sicher; daß es zur Abwechslung noch die Wörter Jener und Dieser gibt, wissen manche Schreiber nicht. Aber wer ist gefeit gegen die Einflüsse der Kanzlei? Auf die Besten hat sie abgefärbt: *Ob wir gleich der Redlichkeit des Herzens, aus dem jene Handlung floß, unsre Achtung nicht versagen, so wird diese letztere nicht wenig ...* (Schiller). Wozu hier überhaupt ›Letztere‹? ›Diese‹ genügt ja vollkommen. Goethe hatte im Urmeister (3,3) geschrieben: *letztere*, in den Lehrjahren änderte er's in letzte! – Sehr spaßhaft wird es, wenn es sich nicht um die Wahl zwischen zwei, sondern mehr Dingen handelt: *Bestimmt die auswärtige Politik eines Landes die innere? oder die innere die auswärtige? oder stehen sie in Wechselwirkung zu einander? Die erstere Anschauung dominiert.* (Hans Delbrück). Sollte man dann nicht lieber das einfache ›erste‹ ganz abschaffen?

Ebers schreibt, noch dazu in einem Roman: *Xanthe näherte sich dem Kranken. Dieser letztere ...* Dergleichen würde wohl nur einer unter hundert Kanzleischreibern begehen.

Wollen wir nicht auch zur größeren Kanzleideutlichkeit verbessern: *Jesus aber stund vor dem Landpfleger, und der Letztere fragte den Ersteren und sprach: Bist du der Juden König. Der Erstere aber sprach zu dem Letzteren: Du sagst es.* Wie unüberwindlich muß der Einfluß der Kanzlei sein, wenn ein Stilmeister wie Bismarck einmal schreiben – nicht sprechen – konnte: *Wenn man es ablehnt, es auf das politische Leben zu übertragen und im letzteren den Glauben an die geheime Absicht Aller zugrunde legt, so ...*

○ ○ ○

Daß **Her** und **Hin** etwas Verschiedenes bedeuten, ahnt zwar der Nord- und der Mitteldeutsche, hält das aber nur für eine bedeutungslose Lehrmeinung; der Süddeutsche fühlt es und spricht demgemäß so lange unbeirrt richtig, wie er nicht durch die allgemeindeutsche Schriftsprache, besonders durch die norddeutschen Zeitungen stumpf geworden. *Ich ging zu ihm herunter* ist eine Sprachwidrigkeit, über deren Unzulässigkeit kein Zweifel bei gebildeten Menschen herrschen sollte. *Bauch hinein! Brust heraus!* hat ein Unteroffizier zu befehlen. Wenn bei dem Süddeutschen Mörike einmal vorkommt (in der herrlichen Stelle über Goethes und Schillers Briefwechsel): *... die ruhige tiefe Fläche nicht zu stören, in deren Abgrund ich nun senkrecht meinen Blick herunterließ,* so vermute ich eher einen Druckfehler. Dagegen hat kein Druckfehler den Satz bei Bartels verschuldet: *Ich glaube nicht an den Kritiker, der auf den größten Künstler herabblickt,* weil dessen Deutsch noch an schlimmeren Übeln krankt.

Bei Herman Grimm darf uns nach seiner Verteidigung jeder sprachlichen Willkür (vgl. S. 108) gar nichts wundern; immerhin zerbricht man sich den Kopf, aus welcher Sinnenwelt es geflossen sein mag, wenn Grimm Goethen *vom geöffneten Fenster* (seiner Frankfurter Dachstube) *in die Stille* (der Straßen) *herablauschen* läßt und gleich darauf schwärmt: *Von der Mainbrücke herab sehen und hören wir nachts neben ihm stehend* (auf der Brücke oder im Wasser?) *die dunklen Wellen ihm entgegenströmen.* Er hätte vielleicht doch weise getan, in dem Deutschen Wörterbuch des Vaters und des Oheims ein Weniges über den Sinn von her und hin, herab und hinab zu lesen.

Allerdings breitet sich hier, wie so oft im Deutschen Sprachleben, ein Gebiet mit fließenden Grenzlinien. Während über die Fehlerhaftigkeit der bisherigen Beispiele kein Zweifel bestehen kann, verdienen die folgenden Sätze ein milderes Urteil. Wenn Max Dreyer schreibt: *Jetzt, wo sie in der Dämmerung zu Hause ist, wo sie sich herausgestohlen hat* (gewissermaßen zu sich selbst) *aus dem Dunkel, noch einmal von der Sonne zu kosten,* so ist das zur Not möglich. Und Karl Frenzels Satz: *Wenn die Franzosen spöttisch und von oben her auf die Deutsche Gesellschaft und Geselligkeit herabblicken,* ist nicht ganz unrichtig, denn es kommt auf den augenblicklichen

Standpunkt des Schreibers an: Frenzel sah die Franzosen oben, sich samt der Deutschen Gesellschaft unten.

Eine Ausnahme von der sonst strengen Regel bilden einige derbe Zeitwörter wie rauswerfen, rausschmeißen, reinfallen, die übrigens in Süddeutschland meist mit n ('nauswerfen) gebraucht werden. Vielleicht hat das rollende N mit seiner stärkeren Tonmalerei dazu verführt. Und gegen das *Ran an den Feind!* für unsre ruhmreiche Flotte im Heldenjahre 1914 ist gar nichts zu sagen. Selbst bei Lessing steht einmal: *Wenn man uns zum Hause herauswirft* (Minna von Barnhelm). Der Süddeutsche Goethe weicht äußerst selten von der Regel ab; wer in ihr unsicher ist, merke sich als Denkspruch seine Verse: *Da stand es gut um unser Haus: Nur viel herein und nichts hinaus.* – Einige versteinerte Wendungen wie: *den Preis herabsetzen, ein Werk herausgeben* beweisen nichts gegen die Regel, zumal da sich der Schreiber den Preis und das Werk als zu sich herabgesetzt, zu sich herausgegeben vorstellen kann.

○ ○ ○

*Ein junges Mädchen mit **selten** angenehmem Wesen:* dies wird von wohlgekleideten Menschen geschrieben, die sich auf hohen, sogar auf sehr hohen Schulen aufgehalten haben. Ist es begreifbar, wie jemand so schreiben kann, den man ein einzigmal auf den unbeabsichtigten Unsinn aufmerksam gemacht hat? – Was bedeutet: ›*Bei dem selten günstigen Wetter des letzten Monats*‹? Unzweifelhaft nur, daß meist schlechtes Wetter war. Und wie sollen wir Fontanes Satz verstehen, daß er von Bismarck den Eindruck ›*eines selten edlen und gütigen Wesens*‹ empfangen habe?

Würde ein Schüler der Mittelklassen eines Gymnasiums oder einer Realschule schreiben: *Inter Caesarem et inter Pompejum* oder *Entre lui et entre moi*? Schwerlich. Deutsche Schriftsteller aber dürfen in all ihrer Berühmtheit schreiben: *Es entsteht dann eine immer größere Spaltung, zwischen den Einzelnen und zwischen der Totalität der Nation* (Julian Schmidt in seiner Deutschen Literaturgeschichte).

○ ○ ○

Über die Deutsche **Rechtschreibung** klagte Jakob Grimm 1847: ›Mich schmerzt es tief, gefunden zu haben, daß kein Volk unter allen, die mir bekannt sind, heute seine Sprache so barbarisch schreibt, wie das Deutsche.‹ Mit unbegreiflicher Übertreibung, denn sinnloser als die Deutsche ist die französische und gar die englische gewiß. Grimm meinte vielleicht nur die damalige Regellosigkeit, nicht den Grad des Abweichens der Schrift vom Laut. Durch zwei amtliche ›Orthographiereformen‹ ist jetzt wenigstens der Zustand geschaffen, daß man ›richtig‹ schreiben kann, wenn man will, das heißt, wenn man sich nach den amtlichen Beschlüssen und den entsprechenden Wörterverzeichnissen richtet. Daß unsre Klassiker und ihre Zeitgenossen meist sehr schwankend und nach heutigen Begriffen sehr unrichtig schrieben, ist bekannt. Beim Freiherrn vom Stein kommt vor ›Crayß‹ statt ›Kreis‹. Sicherlich hat sich die Deutsche Rechtschreibung im Vergleich mit der des 18. Jahrhunderts wesentlich gebessert; schon die endlich errungene Einheitlichkeit ist ein Segen, selbst wenn dabei manches Unbegreifliche untergelaufen ist, so namentlich das ieren (›wegen seiner Abstammung vom altfranzösischen *ier*‹, dem wir Deutsche uns natürlich ehrerbietig unterwerfen müssen).

Rechtschreiberische Eigenbröteleien in Deutschen Wörtern sind nicht zu dulden, allenfalls mit Ausnahme solcher Fälle, in denen durch Groß- und Klein-Schreiben (Alle, alle. Andre, andre) Mißverständnissen vorgebeugt werden kann. In solchen Fällen hat Duden nichts zu sagen. Von den Fremdwörtern sollte es heißen: Schreibt zu, dies Wort ist vogelfrei! Je lächerlicher man sie schreibt, desto eher werden sie verschwinden; es ist ein Ärgernis, daß die Verfasser unsrer Wörterbücher der Rechtschreibung Tausende von Fremdwörtern mitaufnehmen. Ich habe nichts gegen axeptieren, echstirpieren, Milljöh, Nüankße, Fong, Fotöllch, Relljetong, Detalch, Ankßangbel, Enkteriöhr, Emallje, Bassänkß, zumal da diese Schreibungen die Aussprache der höchstgebildeten Fremdwörterfreunde getreu wiedergeben.

SIEBENTER ABSCHNITT
Freiheit

Vergebens werden ungebundene Geister
Nach der Vollendung reiner Höhe streben.
In der Beschränkung zeigt sich erst der Meister,
Und das Gesetz nur kann uns Freiheit geben.

GOETHE

Begonnen wurde dieses zweite Buch mit einer Betrachtung der knechtenden Sprachmeisterei; beschlossen sei's mit der Freiheit. Sollte ich selber dem Leser, der bis hierher ausgehalten, als ein schulmeisternder Regelschmied erschienen sein, weil mir einiges in Sprache und Stil unsrer guten, gar vieles in den Werken unsrer mittelmäßigen und schlechten Schriftsteller mißfällt, so habe ich für ihn nicht geschrieben, denn er vermag nicht den Zorn der Liebe zu unsrer ruhmwürdigen Sprache von Regelschmiede, nicht Freiheit von Willkür zu unterscheiden. Ich hoffe jedoch, daß die meisten Leser deutlich herausgefühlt haben, wie ich über Zwang und Freiheit in dieser unsrer gemeinsamen großen Sache denke. Mein Grundsatz ist in sechs Worten: Im Notwendigen Einheit, im Zweifelhaften Freiheit; und da es weit mehr Zweifelhaftes als unerschütterlich Notwendiges gibt, so darf ich mich rundweg einen Vertreter größtmöglicher Freiheit in allen Fragen Deutscher Sprache und guten Stiles nennen.

›O Muttersprache! reichste aller Zungen!‹ Wahrlich, deine Schatzkammern sind so unerschöpflich, so unübersehbar; deine Mannigfaltigkeit, deine Herrschgewalt gepaart mit bestrickender Zartheit so einzig in der Welt, daß dir mit kleinlicher Silbenstecherei und eigensinnigem Kleinmeisterwesen gar nicht beizukommen ist. Freiheit hat dich durch die Jahrtausende begleitet; oft ist sie ausgeartet in zügellose Unordnung; fremdes Unkraut hat deine blühenden Saaten durchwuchert, manchen gesunden Keim auf ewig zerstörend. Doch immer wieder hat deine unvertilgbare Lebenskraft obgesiegt über Heimsuchungen, die den Sprachen andrer Völker den Untergang oder die Zersetzung ihres innern Wesens bereitet haben würden, vielen bereitet haben.

> Spenderin aus reichem Horne,
> Schöpferin aus vollem Borne,
> Wohnerin im Sternenzelt!
> Alle Höhn hast du erflügelt,
> Alle Tiefen du entsiegelt
> Und durchwandelt alle Welt. –

Diese ›Reine Jungfrau, ewig schöne, Geist'ge Mutter deiner Söhne, Mächtige vom Zauberbann‹, wie Rückert sie in einem seiner schwungvollsten Lieder besingt, soll uns keine gelehrte Knechtschaft in Fesseln schlagen. Das bedeutet aber durchaus nicht, daß nun jeglicher seine aus Trägheit und dünkelhaftem Eigensinn zusammengezwirbelte Willkürlaune an ihr austoben, der erstbeste Schreiber seine sprachwidrige Unform als ›individuellen Eklektizismus‹ verteidigen darf. Es mag sehr wenig ›genial‹ klingen und dem ›Rechte des Individuums, sich sprachlich auszuleben‹, schnurstracks zuwiderlaufen: ›durch‹ steht nun einmal im Neuhochdeutschen mit dem vierten, ›bei‹ mit dem dritten Fall, und nicht der mächtigste Herrscher, nicht der erhabenste Dichter darf sich herausnehmen, ›bei‹ mit dem vierten Fall zu gebrauchen, wie Stefan George sich das herausnimmt. Und die Sonne bleibt weiblich trotz Herrn Momberts ›Der Sonne‹. Der wahre Meister hat sich noch niemals über die Urgründe der Sprache erhaben gefühlt, sondern hat ihren unbegreiflichen, seinem eignen Wesen verwandten und unentbehrlichen Geist andächtig verehrt:

> Denn der Genius, welcher im Ganzen und Großen hier waltet,
> Fesselt den schaffenden Geist nicht durch ein strenges Gesetz;
> Überläßt ihn sich selbst, vergönnt ihm die freiste Bewegung
> Und bewahrt sich dadurch ewig lebendigen Reiz. (Hebbel)

Sprachfreiheiten

Kein gewaltsamer Eingriff in das Grundgerüst der Sprache ist je geglückt, etwa von der Art des Vorschlages Friedrichs des Großen, die ihm zu stumpf klingenden Nennformen auf en durch ein angehängtes a (z. B. gebena) volltöniger zu machen; oder des Einfalles Bürgers, das für den Vers angeblich unbequeme ›oder‹ durch englisches *or* zu ersetzen. In den unendlichen Bereichen der Deutschen Sprache ist Raum für die freieste Form, den kühnsten, den eigenwilligsten Stil, für jede noch so schrankenfeindliche große Persönlichkeit. Goethe durfte ruhig schreiben: ›Der geistreiche Mensch knetet sich seine Sprache selbst‹; dies war in ganz anderm Sinne gemeint als die von Herman Grimm gepriesene Willkür jedes Einzelnen, und dahinter stand Goethe, der Mann und sein Werk. Die von ihm geforderte Freiheit ist eben die Goethische überhaupt: ›die Möglichkeit, unter allen Bedingungen das Vernünftige zu tun‹. Herder erklärte: ›Ein Meister entscheidet durch sein königlich Beispiel mehr als zehn Wortgrübler.‹ Aus demselben Geiste Schiller: ›Wenn der Schulverstand, immer vor Irrtum bange, seine Worte, wie seine Begriffe, an das Kreuz der Grammatik und Logik schlägt, hart und steif ist; um nicht unbestimmt zu sein, viele Worte macht, ... so gibt das Genie dem seinigen mit einem einzigen glücklichen Pinselstrich einen ewig bestimmten, festen und dennoch ganz freien Umriß.‹

Goethe hat sich dieser Freiheit für seine Prosa in einer Weise bedient, die für alle Zeiten durch ihre Kühnheit und zugleich Mäßigung vorbildlich sein könnte, wenn uns nicht die Sprachmeisterei um fast alle Goethische Freiheiten gebracht hätte. Sie verbietet uns, zu schreiben: *Dein Rock und Mütze – Gleichen Wuchses und Würde – Sein sonstiger Ernst und Trockenheit – Sein gelb und rotes Kleid – In jung und alten Tagen – Die klein und große Welt – Den künftigen Tagen und Stunden – Jeden Nachklang fühlt mein Herz Froh und trüber Zeit – Mein Leben und Gesundheit – Inn und äußeren Feinden*. Goethe schreibt: ›süßte‹; wir müssen hübsch genau ›süßeste‹ schreiben. Goethe wußte so gut wie die Sprachmeister, daß der Höchstgrad von ›hübsch‹ nach der Schulsprachlehre ›hübschester‹ heißt, und schrieb dennoch ›hübschter Backfisch‹, doch wohl darum, weil er, der in allem Ordnung liebende, dies für keine willkürliche Unordnung, sondern für eine klangschönere

Freiheit hielt. Er nennt Clavigo ›einen halb groß halb kleinen Menschen‹; wie froh dürften wir sein, wenn wir dies wagen und einmal eines unsrer übermäßig häufigen klangschwachen en beseitigen könnten. Goethe erlaubt sich: *Eine Beschreibung oder Plan konnte ich von Heilbronn nicht erhalten*; es ist nicht auszudenken, was die Wustmänner unsrer Tage über einen neueren Schriftsteller mit solcher ›greulichen Liederlichkeit‹ zusammenschimpfen würden. Goethes Freiheit: *Ein Wundergut, das ich mit Sorgfalt mehr als den Besitz ererbt, errungener Güter ... pflege* (Natürliche Tochter) ist nicht nur in der Dichtung erlaubt, sondern gar wohl, natürlich mit Maß, auch für die Prosa dienlich.

Schiller schreibt, ähnlich wie Goethe: *Geschah mit meinem Wissen und Erlaubnis;* und es ist nicht anzunehmen, daß ihm der Schulfehler entgangen sei in der Ankündigung seiner ersten Vorlesung: *Was heißt* (man?) *und zu welchem Ende studiert man Universalgeschichte?*

Heines Reisebilder beginnen: *Die Stadt Göttingen, berühmt durch ihre Würste und Universität*, schrecklicher Fehler, den Heine wohl bemerkt haben wird. – Storm dichtet in ›Immensee‹: ›Für all mein Stolz und Freude‹, weil diese Freiheit volkstümlicher, für ihn also in dem schönen Liede zweckmäßiger ist. – Bei Keller heißt es im Hadlaub: ›Ein schöner Mann mit dunklen Augen und Haar.‹ Wie leicht wäre dies richtig zu machen gewesen; Keller tat es nicht und hatte recht, es nicht zu tun.

Sollen wir die Stelle in einem Briefe Marianne Willemers an Goethe schelten: *Zugleich demütig und stolz, beschämt und entzückt, schien mir alles wie ein seliger Traum* –? Was hindert uns, nachzuempfinden: mir, demütig und stolz, schien alles?

Novalis spricht von der Geistlichkeit mehrmals in der Einzahl, schreibt aber im folgenden Satz: ›Die niedrigen Begierden waren **ihnen** zu Kopf gewachsen.‹ Warum nicht?

Nach der strengen Sprachlehre ist Annette von Drostes Satz falsch: *Das Fräulein Sophie starb ihm bald nach, sie war nie recht gesund gewesen, und diese beiden Stöße zu hart für sie;* nach der Freiheit eines schöpferischen Schreibmenschen ist er durchaus richtig.

Heyse und Geibel nehmen sich als Dichter die Freiheiten des

Dichters Goethe heraus, schreiben: ›in gut und bösen Tagen, den erst und letzten Kuß, von rot und blauer Zier‹ und tun wohl daran; gleichwie C. F. Meyer das Recht hatte, zu schreiben: ›Mit nur ein bißchen Freude.‹ Wer einwenden will: Ja, in der Dichtung!, dem sei gesagt, daß jede gute Prosa an die Dichtung streift und daß ihr nichts dienlicher ist, als sich aus den Sprachquellen der Dichtung Frische und Kraft zu schöpfen. Wir müssen doch nicht alle wie Kanzleiräte schreiben.

Ich bekenne offen, daß mich sogar Liliencrons Satz: *Früher durch Jahre im großen Generalstabe beschäftigt, lag ihm noch der leidende Zug im Gesicht* nicht gerade entsetzt, trotz dem auf S. 128 Gesagten. Ich nehme keinen Anstoß an Schmollers *Mit und durch die Accise,* lese gleichmütig selbst bei dem mir sprachlich zuwider Herman Grimm: *Vom gemeinsamen Vaterlande und Volksvertretung mußte vorsichtig gesprochen werden,* und finde Moltkes Anrede in einem Brief an seine Frau: *Mein klein liebes Weibchen!* allerliebst.

○ ○ ○

Alle Deutsche Schriftsteller aller Zeiten haben sich jede Freiheit zunutze gemacht, die im Wesen Deutscher Sprache begründet ist. Wendungen bei Luther wie *In deiner Stadt oder Dorf – Wenn man seinen Rat und Bedenken hört – Samt der Seele und Leib – Aus eurem Unglück und Trübsal* sind nicht zu zählen. Paul Gerhardt wagt: ›Das Kleid und Schuhe‹, weil er weiß, der sprachgesunde Deutsche Leser wird aus dem einen Geschlechtswort das zweite mühelos herausfühlen. Winckelmann schreibt schulmäßig falsch, sprachseelisch richtig: *Das schöne Geschlecht bei den Griechen wußte von keinem ängstlichen Zwang in ihrem Putz,* und Claudius in einem Brief an Herder: *Schreibt mir doch ehrlich und gerade heraus, wie es mit Max seinem Examen hergegangen ist.*

O ja, wir haben es in den Richtigkeiten solcher Art mit Hilfe der Schule herrlich weit gebracht; wohin aber ist Saft und Kraft unsrer Sprache entflohen? und wieviel Bereicherungen aus der Kanzleisprache sind an ihre Stelle getreten? Da aber, wo sich gesunde Triebkräfte der Sprache noch regen wollen, wo das Leben, das vielgestaltige, neue Formen, neue Wortgebilde erzeugen will, da wird ihm, man kann es nicht milder sagen, im Unteroffizierston von den Sprachmeisterern der Gattung Wustmann entgegengebrüllt: Albern! Greulich! Scheußlich!, oder was der anmutvollen Sprachkasernenblüten mehr sind. Da wird bemäkelt: Neusprachlicher, naturgeschichtlicher Unterricht, und gefordert: Unterricht in den neueren Sprachen usw. Die eidesstattliche Versicherung wird getadelt, ›weil statt eine Präposition ist, also nicht dekliniert werden kann‹. Als ob die Sprache, d.h. das Sprachgefühl, eine Ahnung hätte, was für ein Ding so eine Präposition sei.

Da werden wonnevoll, würdevoll geschmäht, es dürfe nur heißen wonnig, würdig. Wir dürften also nicht mehr unterscheiden: Goethes würdige Haltung und seine würdevolle Haltung. Die tollsten dieser Pedantereien hatte Jakob Grimm noch nicht erlebt, als er seinen Aufsatz über das Pedantische in der Deutschen Sprache schrieb, worin es heißt: ›Wenn das Pedantische früher noch nicht vorhanden gewesen wäre, so würden es die Deutschen erfunden haben.‹

Geht es mit diesen knechtschaffenen Federfuchsereien so weiter, wohl gar in den Sprachlehren angesehener und nicht unverdienter Männer, so kann man es gebildeten Lesern kaum verdenken, daß sie einen wahren Abscheu vor allen neueren Büchern haben, die in der besten Absicht, das Sprachgefühl zu bessern und die Sprachschäden auszurotten, die gesunde Freiheit der Sprache in Fesseln schlagen und den Schreibern alle Lust fröhlichen Mitschaffens am Kunstwerk der Sprache überstauben.

DRITTES BUCH

Der Ausdruck

- 1. Abschnitt
  Die Macht des Wortes 157
- 2. Abschnitt
  Abklatschwort und Eigenwort – Abgedroschenheit und Ursprünglichkeit 165
- 3. Abschnitt
  Vom Deutschen Wortschatz und seiner Mehrung 179
- 4. Abschnitt
  Ausdrucksmittel 197
- 5. Abschnitt
  Vom nachlässigen, vom schludrigen, vom schlampigen Stil 207
- 6. Abschnitt
  Der sichtbare und der unsichtbare Stil 215
- 7. Abschnitt
  Das Beiwort 231

Das Wort finden, heißt die Sache selbst finden.
                                                    HEBBEL

ERSTER ABSCHNITT
Die Macht des Wortes

> *Ein guter Ausdruck ist so viel wert*
> *als ein guter Gedanke.*
> LICHTENBERG

> *Ein geistreich-aufgeschloßnes Wort*
> *wirkt auf die Ewigkeit.*
> GOETHE

> *Schläft ein Lied in allen Dingen,*
> *die da träumen fort und fort,*
> *Und die Welt hebt an zu klingen,*
> *triffst du nur das Zauberwort.*
> EICHENDORFF

> *Die Sterne reißt's vom Himmel, das eine Wort:*
> *Ich will!*
> HALM

Mehr als ein Volk hat in seiner Lieblingsdichtung, dem Märchen, die Zauberkraft eines einzigen Menschenwortes geschildert. ›Sesam, tu' dich auf‹, und die festverschlossene Pforte tut sich auf. ›Rumpelstilzchen‹ muß man rufen, sogleich stampft das böse Gezwerge die Erde und reißt sich selbst entzwei. Hauffs *Mutabor* im Kalifen Storch ist zwar für ein Märchen zu gelehrt, tut aber seine Wirkung. Ohne *Abrakadabra* ist der mittelalterliche Zauberer ohnmächtig; ohne *Perlipe perlappe* kein Teufelspuk in den ältesten Puppenspielen von Faust.

Wie im Märchen, so in der Wirklichkeit, im hellsten Tageslicht der Presse, in der Volksvertretung, im Königsaal, aus der ernsten und heitern Schaubühne – wie oft hat ein einziges Wort Myriaden, Millionen ergriffen, bewegt, gewandelt! Drei Worte nur schrieb unsichtbarer Finger auf weiße Wand, – ein Königsthron stürzte um in selbiger Nacht, und durch die Jahrtausende hallen noch immer die kaum verstandenen drei Worte *Mene Tekel Ufarsin* als warnende Zauberformel gegen gleiches Geschick. *Gueux*, Bettelhunde – so hatten die spanischen Machthaber die freiheitliebenden niederländischen Edelleute geschimpft; furchtbar haben die Geusen den Namen zu Ehren gebracht: er hat den Spaniern die Niederlande gekostet. Man denke an Catos *Carthago delenda* (Karthago muß zerstört werden), an Wels und Waibling, an *Tabu Schiboleth*, Arier und Semiten. Und im Weltkriege waren es nicht zum wenigsten Worte, die dazu beigetragen haben, uns das Rückgrat zu brechen, obenan das blöde Wort *Militarismus*, ein Gewächs aus dem Unkrautgarten der fluchwürdigen Deutschen Welscherei. Mit teuflischer Freude bedienten sich die Feinde dieser ihnen von uns geschmiedeten Waffe.

Ist es kein Wort, so ist es ein Satz. Je kürzer, desto zauberkräftiger. Schlagt nur im Büchmann nach: da stehen sie friedlich beisammen, die geflügelten Worte, die Sätzlein, deren viele wie Schicksalshammerschläge dröhnen, deren mancher ein Lebenszauber oder ein Todesurteil für ganze Völker geworden. Vom ἔσσεται ἦμαρ (Einst wird kommen der Tag), dem Weissagespruch über Trojas Untergang, dem Weheruf des Siegers über Karthagos Zerstörung – bis zu der Drahtung: ›Welch eine Wendung durch Gottes Führung!‹ Wo immer wir in den Büchern der Geschichte blättern, auf jeder Seite steht solch ein bedeutungsschwerer Satz, und es macht keinen Unterschied, ob jeder wirklich gesprochen oder nachher vom Treppenwitz der Weltgeschichte ebenso gut oder besser erfunden wurde. Zwei Sätze, die auf dem zehnten Teil dieser Druckseite Platz finden, die berühmte ›Emser Depesche‹, eines endlos geschwätzigen Kanzleiberichtes knappeste Zusammenfassung durch die Meisterhand eines an Wort und Tat gewaltigen Mannes, haben einen verhängnisvollen Krieg unvermeidlich gemacht und eine Weltwende bewirkt oder vorbereitet.

Sprachreichtum

○ ○ ○

Wir in dem Meere bedruckten Papiers fast ertrinkende Menschen des 19. und 20. Jahrhunderts werden stumpf und stumpfer gegen Worte und Sätze von noch so mächtiger Wucht, denn morgen schon umrauschen uns neue Wellen der Rede und überfluten die Brandung von gestern. Einst aber gab es Zeiten, da man eingeritzten Worten, den Unheilzeichen bei Homer, den Runen bei den Nordmännern, Macht über Tod und Leben zuschrieb; und ein Nachklang jenes Glaubens oder Aberglaubens muß jeden Redner oder Schreiber durchzittern, der auf Menschen, auf viele viele Menschen mit dem Hauch seines Mundes, mit den stummen Zügen einer Schreibfeder wirken will.

Das Wort finden, heißt die Sache selbst finden: dies schrieb Hebbel nieder, ohne zu wissen, daß es, wie das meiste Gescheite, schon mehr als einmal in andrer Sprache gesagt worden war. Jedem tiefen Sprach- und Stildenker ist die Wahrheit aufgeleuchtet: es gibt nur ein einziges Wort für jede Sache. *Le mot propre* nennt es der Franzose mit schlagkräftigem schlichtem Ausdruck, den wir zum bequemen Gebrauche mit **Eigenwort** schlicht verdeutschen dürfen. *Optima verba **rebus** cohaerent* (Die treffendsten Worte hängen mit den Gegenständen zusammen) heißt es überaus fein bei Quintilian, kürzer und feiner noch als La Bruyère: ›Es gibt für jeden Gedanken nur ein Wort.‹

Quintilian lüftet zugleich den Vorhang, hinter dem wir die Lösung des Geheimnisses suchen müssen. Sie lautet mit der Umdrehung eines Leitspruches über diesem Abschnitt: **Wer die Sache hat, der hat das Wort**! Noch an manchen späteren Stellen wird vom Sesam zu der Schatzkammer unsrer Sprache mit ihrer halben oder vielleicht ganzen Million Wörter zu reden sein, wie schon einmal von ihm die Rede war (S. 39): von der Sachlichkeit, d.h. der vollkommnen äußern und innern Beherrschung des Stoffes.

Beim Deutschen Schreiber noch ausschließlicher als beim fremdländischen; denn jener hat zu graben, zu suchen, zu wählen in einer ihn verwirrenden Reichtumsfülle, wie sie keiner zweiten Bildungssprache beschieden ward. Man vergleiche in einem beliebigen lateinischen und Deutschen Begriffswörterbuch die paar

Sprachreichtum

Ausdrücke der Römer für Essen und Trinken, Kämpfen und Schlagen, Lieben und Hassen und Betrügen mit den Dutzenden, den Hunderten der sogenannten ›Synonymen‹ im Deutschen. Ich darf bitten, in meinem ›Verdeutschungsbuch‹ bei *düpieren* nachzusehen.

Hören wir Börne, den Schriftsteller mit den überscharfen Augen zorniger Liebe für alle Mängel Deutschen Wesens:

> Welche Sprache darf sich mit der Deutschen messen, welche andere ist so reich und mächtig, so mutig und anmutig, so schön und mild als unsere? Sie hat tausend Farben und hundert Schatten. Sie hat ein Wort für das kleinste Bedürfnis der Minute und ein Wort für das bodenlose Gefühl, das keine Ewigkeit ausschöpft. Sie ist stark in der Not, geschmeidig in Gefahren, schrecklich wenn sie zürnt, weich in ihrem Mitleide, und beweglich zu jedem Unternehmen. Sie ist die treue Dolmetscherin aller Sprachen. Was der rollende Donner grollt, was die kosende Liebe tändelt, was der lärmende Tag schwätzt und die schweigende Nacht brütet; was das Morgenrot grün und gold und silbern malt, und was der ernste Herrscher auf dem Throne des Gedankens sinnt, usw.

Ja, das alles und viel mehr dazu ist und hat und kann die Deutsche Sprache; nur unsern Fremdwörtern ist und hat und kann sie nichts, wenn sie nicht Bettelanleihen bei andern Völkern aufnimmt. Wir aber, die wir uns ihrer lebendig reichen Schöne im Innersten erfreuen, wir wollen in Liebe und Haß, mit Glimpf und Schimpf untersuchen, wie der Schreiber, dem ein gnädiges Geschick solch Werkzeug beschert hat, es bedachtsam prüfend und kunstvoll wählend benutzen soll. Der Fremdwörtler allerdings hat es leichter: der braucht nicht zu prüfen, nicht zu wählen; der schlägt das seelenlose Simmelsammelbuch seiner Mengselsprache, seinen ›*Code*‹ auf und trifft blindlings zutappend: *Interesse, Moment, Element, Koeffizient, Faktor, Milieu, Interieur, Naturalismus, Realismus, Individualismus, speziell, reell, partiell, qualifizieren, exemplifizieren, assimilieren, isolieren, Popularität, Realität, Originalität, Quantität, Qualität, Individualität,* und so durch das ganze strotzende Wörterbuch der europäischen Redensarten.

○ ○ ○

Sachlichkeit

Weil das Wort allmächtig ist, weil genau genommen jedes Wort seinem Schreiber eine vorher nicht zu berechnende Verantwortung zuwälzt, darum muß aus den vielen allenfalls möglichen das eine notwendige gewählt werden. **Alle Kunst ist Auswahl**; die Wortkunst, die wir Prosa nennen, ist die Auswahl der Auswahl, und nur der feine Wortwähler ist ein Wortkünstler. Bis zur durchsichtigsten Klarheit muß der verarbeitete Gedanke geläutert sein, ehe das Eigenwort, das einzig treffende, aus dem dunkelwogenden Meer des Sprachschatzes hell im Schreiber emportaucht. Wo immer wir auf einen nachlässigen, trüben, schillernden, schielenden Ausdruck stoßen, da wissen wir: der ihn schrieb, hat nachlässig, trübe, schillernd, schielend gedacht. Doch selbst wenn er das nicht getan, wenn er vielmehr eifrig und klar und redlich gedacht hat, was für Unheil kann ihn auch dann noch treffen! Weniger schuldvolles, doch keiner entschuldigt ihn. Die geringste Unvorsichtigkeit, ein sekundenlanges Nachlassen des innern Ohres, und die ganze Wirkung ist dahin. Lichtenbergs feiner Rat: ›Ein guter Schriftsteller vermeidet alles, wobei dem Leser etwas zum Schaden des Eindrucks einfallen könnte‹, ist berechtigt; wo aber ist der Schreiber, der ihn allzeit buchstäblich befolgen kann?

Kenntnis des Gegenstandes, oder um Goethes Wort noch einmal zu beschwören: ›Um gut zu schreiben, muß man etwas zu sagen haben‹; Kenntnis des Deutschen Wortschatzes in den Höhen und Tiefen, vor den Augen und in den Winkeln; künstlerische Strenge der Wortwahl: habe diese drei, schreibe mit ihnen deinen Eigenstil, suche den redlichen Gewinn und trachte nicht nach unrechtem Gut. Dann wirst du – vielleicht kein großer Prosameister werden, denn ihrer gibt es in einem Menschenalter nur ein halbes, kein ganzes Dutzend; aber man wird dich lesen, auf Schreib- oder Druckpapier, wird dich verstehen, und hast du etwas Ungewöhnliches zu sagen gehabt, so wirst du keinen gewöhnlichen Eindruck machen. Nach mehr laß dich nicht gelüsten; nicht nach dem gefährlichen Ruhm eines geistreichen Schriftstellers, wenn du nicht wirklich geistreich bist; nicht nach dem des Tiefsinns, wenn du nur in Worten tiefsinnig scheinen kannst, es nicht in den Dingen bist. Vor allem aber nicht nach einem Stil, der dir nicht angeboren ist, den du nur zurechtgemacht hast, um zu blenden. Du blendest ja doch nur

DRITTES BUCH
Der Ausdruck

ERSTER ABSCHNITT
Die Macht des Wortes

die Blinden oder Kurzsichtigen, und der Ruhm, der dir von ihnen kommt, ist gar nicht fein.

Als Goethe sich dieses Urgeheimnisses seiner Kunst bewußt geworden, schrieb er aus Wetzlar an Herder, in ähnlichen Jubel ausbrechend wie 15 Jahre später aus Venedig über die Enthüllung des Geheimnisses der Einheit aller Lebewesen: ›Wie eine Göttererscheinung ist es über mich herabgestiegen, hat mein Herz und Sinn mit warmer heiliger Gegenwart durch und durch belebt, **das wie Gedank' und Empfindung den Ausdruck bildet.**‹ Herder hatte ihm das in Straßburg gepredigt; ja schon Klopstock das schöne Bild von Gedanken und Sprache gezeichnet: ›Wie dem Mädchen, das aus dem Bade steigt, das Gewand anliegt.‹ Doch erst durch eignes Erleben im Innern war Goethen diese Grundwahrheit fruchtbar aufgegangen. So würde all mein Predigen dem Leser nichts nützen, – ›wenn ihr's nicht fühlt, ihr werdet's nicht erjagen!‹ Zwing all dein Fühlen und Denken in einen Punkt, in den deiner Federspitze, wie alle Strahlen der Sonne in den Brennpunkt des Hohlspiegels gesammelt werden, und sei gewiß, dir wird das rechte Wort zur rechten Sache im rechten Augenblick nicht mangeln. Ihr Höchstes leistet die Prosa gleich der Dichtung nur aus dem ganz von einem Gefühl erfüllten Herzen. Du sitzest am Schreibtisch, starrst gegen die Wand, sinnst, schreibst, streichst aus, schreibst neu, streichst wieder aus: das erste Wort dünkt dich zu schwach, das zweite zu stumpf, das dritte zu verschwommen in den Umrissen, das vierte zu blaß an Farbe. Stärke deine sachliche Bemeisterung des Gegenstandes, und dir wird das stärkere Wort austönen; spitze dein Denken noch schärfer zu, und der schärfere Ausdruck ist plötzlich da; weise alles nicht streng zur Sache Gehörige weit von dir, und eine scharf umreißende Wendung steht da; sieh was du denkst, und das farbige Wort prangt leuchtend vor deinen Augen. Denke nicht an die Schreibstube, sondern ans Leben; begnüge dich also nicht mit der schwammigen ›Drehvorrichtung‹, sondern sage dir selbst: die Sprache ist keine Kanzleischreiberin, muß also ein Lebenswort dafür haben: Kurbel heißt es. Tu nicht gelehrt mit *hydraulischer Energie,* denn dies ist halb Eitelkeit, halb Unverständlichkeit; sondern schreibe in der Sprache deines Vaters und deiner Mutter: Wasserkraft. *Hydraulische Energie* kann ja nur einem Menschen in die Feder kommen, der dabei weder das fließende Wasser sieht, noch dessen Donnerkraft hört, dem sich vielmehr alles grüngoldene Leben in graues Aktenpapier verwandelt.

Selbst ein Schriftsteller wie Gustav Freytag wird matt und verschwommen, wo er sich nicht um das Eigenwort bemüht, sondern mit einem der flauen, nichtssagenden Fremdwörter vorliebnimmt: *Ihre Opposition* (der Deutschen Humanisten) *hatte einige Momente, die sie von der italienischen unterschieden. – Momente!* ein Allerweltswort wie ›machen‹: ›Ich mache nach Dresden‹, oder wie das allgemeine Ersatzwort für unbekannte Eigennamen: ›Herr Dingsda‹ (im Französischen *Monsieur Chose*). Daß *Momente* verschwommen ist, läßt sich sehr leicht beweisen: man kann ohne jede Änderung des Sinnes ein andres ebenso verschwommenes Fremdwort, ein Schwammwort, an die Stelle setzen: *Elemente, Faktoren, Motive, Attribute, Koeffizienten.*

○ ○ ○

Gibt es für jede Sache nur ein einziges in den Zusammenhang passendes bestes Wort, so kann es keine ›**Synonymen**‹ geben, d. h. Sinnverwandte, die sich miteinander vertauschen lassen. Alle sogenannte Synonymen sind eben nur sinnverwandt, nicht sinngleich. Selbst in den Fällen, wo man bei läßlicher Auffassung von Sinngleichheit sprechen möchte, wird durch die Klangfarbe mit all ihren feinen Nachschwingungen im innern Ohr ein wesentlicher Unterschied bewirkt. Schon Lessing schrieb mit aller Bestimmtheit: ›Vollkommene Synonyma gibt es nicht‹, und Goethe stimmte lebhaft dem Ausspruche W. von Humboldts zu, der Lessings Satz noch erweitert: ›Kein Wort in einer Sprache ist vollkommen einem in einer andern gleich.‹ Der gute Schriftsteller vertauscht nur scheinbar ein Wort mit einem sinnverwandten andern; in Wahrheit vertauscht er nichts, sondern beim scharfen Vergleich seiner Gedankenwelt mit allen sich darbietenden Ausdrucksformen wählt er sorgsam, oft unter Qualen, das Eigenwort, das sich, soweit es der menschlichen Sprache überhaupt gegeben ist, am genauesten mit seinen Gedanken deckt. Wilhelm Schlegel wollte die Möglichkeit der Synonymen auf die Prosa beschränken: ›Es gibt logische Synonyme, aber keine poetische‹; mit Unrecht, denn auch in der Gedankenwelt gibt es streng genommen keine vertauschbare Synonymen. Man vergleiche z. B. die sinnverwandten Wörter: trinken, kneipen, zechen, bechern, picheln, saufen, um nur wenige aus Hunderten herauszugreifen.

Was hieraus für die Fremdwörtelei folgt, braucht vorerst nur angedeutet zu werden. Fast jedes Fremdwort läßt mehr als eine Verdeutschung zu; solche Dunstwörter wie *Interesse, Milieu, Moment, Element, Faktor* usw. sind überhaupt nicht mehr Wörter wirklicher Menschenrede, sondern Formeln, die nur das begrifflich Gemeinsame von Dutzenden unterscheidbarer Begriffsfarben andeuten, etwa so wie die chemische Formel H_2O das Wasser im Menschenauge, in der Regenwolke, im Bach, im Fluß, im Teich, im Tümpel, im See, im Meer und wo nicht sonst noch andeutet.

ZWEITER ABSCHNITT

Abklatschwort und Eigenwort – Abgedroschenheit und Ursprünglichkeit

Wer kann was Dummes, wer was Kluges denken,
Das nicht die Vorwelt schon gedacht?
                                            FAUST

Vielleicht hat Goethe in dem Augenblick, als er diese Verse schrieb, nicht einmal gewußt, daß sie die beinah wörtliche Übersetzung des Ausspruches von Terenz waren: *Nullum est jam dictum, quod non sit dictum prius* (Nichts wird gesagt, was nicht schon früher gesagt worden), die prächtige Bestätigung der tiefen Wahrheit jenes Gedankens. Goethe hat sich immer wieder mit ihm beschäftigt: er sah darin die Lösung des Geheimnisses aller Wortkunst. In den ›Maximen und Reflexionen‹ steht der feine Satz: ›Die originalsten Autoren der neuesten Zeit sind es nicht deswegen, weil sie etwas Neues hervorbringen, sondern allein, weil sie fähig sind, dergleichen Dinge zu sagen, als wenn sie vorher niemals wären gesagt worden.‹

Schopenhauer hat diesen Ausspruch Goethes nicht gekannt und doch dasselbe gesagt: ›Schriftstellerische Vortrefflichkeit besteht darin: man brauche gewöhnliche Worte und sage ungewöhnliche Dinge; aber sie machen es umgekehrt.‹ Wohl der feinste Reiz des Goethischen Liedes und der schönsten Stellen in seinen Prosawerken liegt für den genießenden Leser in der Zauberwirkung des Alltagswörterbuches, dessen sich Goethe bedient. In dem erhabenen Psalm: ›Edel sei der Mensch, hilfreich und gut‹ gehört nicht ein einziges Wort der eigentlich dichterischen Sprache an;

doch welche Weihe strömen diese, nicht einmal in feste Form gebundenen, Worte aus! Man prüfe Wort für Wort die unsterbliche Strophe: ›Wer nie sein Brot mit Tränen aß, Wer nie die kummervollen Nächte Auf seinem Bette weinend saß, Der kennt euch nicht, ihr himmlischen Mächte‹: scheinbar nichts als Prosa, keine dichterische Blume eingestreut; aber jedes Wort, jeder Vers wie ein Seufzer aus schmerzgequälter Brust, und darum vollendetes Lied.

›Eigentümlichkeit des Ausdrucks ist Anfang und Ende aller Kunst‹, lehrt uns derselbe größte Meister Deutschen Stils in der Dichtung und Prosa. Entzückt las Goethe im Nibelungenlied: ›Es **ragete** ihm vom Herzen eine Speerstange lang‹ und rief: Das ist kapital! Aus dem ungeheuren Schatze Deutscher Rede, aus den zehn, zwanzig, hundert ähnlichen Wörtern für einen Gegenstand, eine Bewegung, ein Gefühl – das eine, das einzige Eigenwort zu treffen, das macht aus dem dichterischen Empfinder den dichtenden Künstler.

> Aus dem bewegten Wasser rauscht ein **feuchtes** Weib hervor. – Im **dunkeln** Laub die **Goldorangen** glühn. – War so jung und **morgenschön**. – Es eifre jeder seiner **unbestochnen** Liebe nach. – Mehrheit ist **Unsinn**. – Noch ist kein Fürst so **hochgefürstet**. – **Rosenzeit**, wie schnell vorbei. – Schenk ein den Wein, den **holden**. – Berauschter **Triumphtod** zu Babylon. – Doch nun wandl' ich auf dem **Abendfeld**. – Die Sense **sirrt** im Ährenfeld.

Braucht den Lesern wortreich auseinandergelegt zu werden, daß und warum alle diese Stellen unsrer Klassiker und Nachklassiker so unvergeßlich geworden sind? Der dichterische Gehalt muß natürlich dasein, er ist ›das Moralische, das sich von selbst versteht‹; seine höchste Wirkung jedoch übt dieser Gehalt erst durch den ›eigentümlichen Ausdruck‹, dessen entscheidenden Wert für alle Kunst Goethe nachdrücklich hervorhebt. Keine fruchtbarere Schule des Stils als die unablässige Prüfung unsrer Meisterwerke auf ihre Eigenwörtlichkeit.

Hier die zwei äußersten Gegensätze des Suchens des treffenden Ausdruckes. Fontane bekennt in einem Briefe: ›Der gewöhnliche Mensch schreibt massenhaft hin, was ihm gerad in den Sinn kommt; der Künstler, der echte Dichter sucht oft vierzehn Tage lang nach einem Wort.‹ Börne erzählt, er habe acht Tage vergebens nach einem Wort (für *sub divo moreris*) gesucht, es erst am neunten gefunden. Edmond de Goncourt behauptet in seinem Tagebuch mit Nachdruck, sein Bruder Jules sei an der Überanstrengung gestorben, die er beim sprachlichen Ausfeilen aller seiner Arbeiten erlitten habe. Dies klingt durchaus glaubwürdig, und Ähnliches, wenn auch gerade nichts Tödliches, hören wir von mehr als einem französischen Schriftsteller des letzten Jahrhunderts. Noch nie ist ein Deutscher Schreiber, auch Nietzsche nicht, an Stilüberarbeit zugrunde gegangen: allzu oft hat er sich mit einem sich bequem darbietenden Franzosenwort begnügt. Rücksichts- und schonungslos sind die allermeisten Deutschen Schreiber nur gegen den Leser. Balzac und Flaubert z. B. haben unterm Suchen nach dem einzigen Eigenwort oder nach seiner besten Stellung im Satze körperlich gelitten. Jeder gewissenhafte Deutsche Schriftsteller, der dies liest, wird sprechen: Auch ich. – Und nun das äußerste Gegenteil! Über Jakob Burckhardts Sprache mit ihren zahllosen überflüssigen Fremdwörtern hatte ich in meiner Deutschen Literaturgeschichte gesagt, was zu sagen war: daß seine inhaltlich ausgezeichnete ›Kultur der Renaissance‹ kein sprachliches Meisterwerk sei. In einer schweizerischen Zeitschrift wurde mir von hoch oben herab erklärt: Auf den Wortschatz eines Schriftstellers kommt doch nichts an. – Man stelle sich vor, was ein gebildeter Franzose hierzu sagen würde!

Es gibt zweierlei Sucher des Wortes: die einen suchen, um zu finden; die andern, um nicht zu finden. Jenen gelingt nach redlichem Suchen, je nach der Herrschaft über den Deutschen Wortschatz, je nach Gabe und verdientem Sucherglück, der große Fund; diesen glückt höchstens das Aufspüren eines verblüffenden und zum Verblüffen, nicht zum Gedankenvermitteln bestimmten Wortgebildes. In dem Abschnitt über das Preziösentum hat der Leser allerlei ›Preziosen‹ gefunden, welche dieser Art von Suchern durch die böse Stilfee in die Hände gespielt wurden.

Der gesuchte Stil mit all seiner verblüffenden Seltsamkeit entsteht auf die allereinfachste Weise: der Schreiber geht beim Suchen ängstlich an jedem Ausdruck vorbei, der ihm als der natürliche in den Sinn kommt, denn das Natürliche, womit sich alle große Schriftsteller begnügt haben, dünkt ihn, den Überschriftsteller, gemein. Er weiß nichts von den zarten Geheimnissen des Einfachen; für ihn haben die Klassiker der Völker nicht geschrieben, denn alles Klassische ist ganz einfach und natürlich. Hebbel hat diese Sucher des Unnatürlichen, des Unerhörten gekannt:

> Seien die Stempel uns heilig, die alle Jahrhunderte brauchten,
> Sei es die Weise sogar, die sie bedächtig gewählt.
> Fand ein Goethe doch Raum in diesen gemessenen Schranken,
> Wären sie plötzlich zu eng für die Heroen von heut?

Der ehrliche Sucher muß zwischen zwei fast gleich gefährlichen Klippen des Ausdruckes hindurchsteuern: hier umwirbelt ihn die Charybdis der Gesuchtheit, dort will ihn die Skylla der Abgedroschenheit verschlingen. Leichter zu vermeiden ist immerhin die Gesuchtheit; vor ihr schützt den Schreiber seine Redlichkeit, schützt ihn die Sache, wenn er nur die Sache geben, nicht sich vor die Sache drängen will. Wie aber schützt man sich vor dem abgegriffenen, abgedroschenen Ausdruck, vor der Schablone, dem Gummistempel, dem Abklatsch, dem *Cliché* in der Kunstsprache der Franzosen? Diese wichtige Frage heischt ihre eigne Betrachtung.

○ ○ ○

> Das Menschengeschlecht ist hammelartig, sie folgen blind ihrem Führer. Ein geistreicher Mensch sagt ein Wort, und das genügt zur Wiederholung für tausend Schafsköpfe. (Friedrich der Große) – Leute von Geist hingegen reden, in ihren Schriften, wirklich zu uns; nur sie stellen die einzelnen Worte mit vollem Bewußtsein, mit Wahl und Absicht zusammen. Daher verhält ihr Vortrag sich zu dem der Alltagsköpfe wie ein wirklich gemaltes Bild zu einem mit Schablonen verfertigten: dort nämlich liegt in jedem Wort wie in jedem Pinselstrich spezielle Absicht; hier hingegen ist alles mechanisch aufgesetzt.

Voran geht diesen Sätzen Schopenhauers seine Untersuchung über die Geistlosigkeit und Langweiligkeit der Schriften der Alltagsköpfe. Er findet den Hauptgrund darin, ›daß sie immer nur mit halbem Bewußtsein reden ... Hieraus entspringt der sie charakterisierende fühlbare Mangel an deutlich ausgeprägten Gedanken, weil eben der Prägestempel zu solchen, das eigene klare Denken, ihnen abgeht; statt ihrer finden wir ein unbestimmtes dunkles Wortgewebe, gangbare Redensarten, abgenutzte Wendungen und Modeausdrücke.‹ Wollte man scherzen, so könnte man mit Reuter sagen: Die Armut ihres Ausdrucks rührt her von der Powerteh ihrer Gedanken.

Und die Nutzanwendung? Sei wahr! Wolle nicht mehr sagen, als du sicher weißt, klar denkst, ehrlich fühlst, und du wirst weder gesucht noch abgedroschen schreiben. Groß ist die Kraft und der innere Reichtum der schlichten Rede, wenn Wahrheit sie durchglüht. Aus den stillen Alltagsworten erklingen alsdann überraschende Offenbarungen, greifen uns ans Herz, wie kein künstlich gebauschtes, aus irgendeinem Winkel der Gelehrsamkeit herausgestöbertes Wort, nun gar wie kein noch so pomphaftes griechisches Fremdwort. Die Gezierten ahnen hiervon nichts, obwohl ihrer manche ein Leben darangesetzt haben, den Stil unsrer Klassiker zu erforschen, der die Schlichtheit selber ist.

Man könnte fragen: was haben die allerdings abgedroschenen und für gebildete Menschen unmöglich gewordenen Modeausdrücke verschuldet? Sie waren oder schienen doch ursprünglich sehr schön, und nur ihr Mißgeschick, allzu sehr zu gefallen, hat sie verekelt, wie die schönste Melodie durch den Leierkasten verleidet wird. Mag sein; doch hege ich gegen alle jene abgedroschenen Wörter und Wendungen den Verdacht, sie werden von Anfang an nicht viel wert gewesen sein, sonst hätten sie eben der Masse nicht so ausnehmend gefallen und sie zum immerwährenden Nachplappern verführt. **Voll und ganz** ist kein neues Modewort, es findet sich schon bei Tieck, ja schon bei Schiller, gelegentlich bei Immermann und Scheffel. Luther gebraucht ein paar Mal die Wendung ›ganz und vollkommen‹; da jedoch zu seiner Zeit die Sprachäfferei noch nicht im Schwunge war, so wurde daraus kein Schablonenwort. In einer Kriegsordnung von 1634 steht: ›Ein jeder Hauptmann hat sich zu befleißen, die Zahl ganz und völlig zu haben.‹ Schon Gottfried Keller konnte es nicht ausstehen: ›Voll und ganz ist das charakterloseste Wort, trotz seiner Fülle.‹ Er hätte sagen dürfen: wegen seiner Überfülle, und an ihr ist es zugrunde gegangen, zumal da es begreiflicherweise mit Vorliebe von solchen Schreibern, von noch mehr Rednern gebraucht wurde, denen es innerlich an Fülle und Gänze gebrach. Wuchtig und nicht unschön wendet Arndt es in seiner Schilderung des Freiherrn vom Stein in andrer Wortstellung an: *Stein war in jedem Augenblick ganz und voll, was er war; er hatte in jedem Augenblick sein Gerät und Waffen immer fertig, ganz und voll immer bei sich.* Dies war echt gefühlt und durfte ohne unechten Nebenton so gesagt werden. Geibel durfte noch in den Siebziger Jahren unbedenklich schreiben: *Im Weltall sucht' ich ohn Ermatten, Dich zu ergründen voll und ganz.* Daß ein halbwegs gebildeter Schreiber, selbst in der kleineren Presse, heute noch ›voll und ganz‹ sagt, ist – ausgeschlossen.

Ausgeschlossen! Da steht es, das Lieblingswort mittelgebildeter Jünglinge und Mädchen, die damit ihre jugendliche Entschiedenheit im Verneinen bekunden wollen. Seine Wirkung tut es voll und ganz erst mit der richtigen Betonung: Ausgeschlossen! Jeder Widerspruch nach diesem Kraftwort ist – ausgeschlossen. Noch in voller Maienblüte steht ›restlos‹; es nie geschrieben zu haben, ist mir eine angenehme Genugtuung. Lebe ich noch ein paar Jahre, so hoffe ich es dem Schicksal von ›voll und ganz‹ verfallen zu sehen.

Voll und ganz samt Unentwegt wurden hauptsächlich von gewissen Bierbankschwätzern gemißbraucht, und da sich deren Redekunst vorwiegend von der Phrase nährt, so mußten die mit dem ›Brustton der Überzeugung‹ hinausgeschmetterten Phrasenworte verhältnismäßig schnell abgenutzt und durch neue Abklatschworte ersetzt werden. Der rote Faden, die Bildfläche, der springende Punkt gehören immer noch zu den unentbehrlichen Rotwörtern jedes Dutzendredners, nicht zu vergessen ›die Fahne hochhalten‹, dessen sich der berechtigte Spott mit dem Zusatz ›im steifen Arm‹ längst bemächtigt hat. Natürlich haben fast alle, die sich des roten Fadens oder des springenden Punktes bedienen, keine Ahnung, warum es gerade ein roter Faden sein muß, und was das für ein seltsamer Punkt ist, der springt. Zum Glück ist ja der Doktor Allwissend Büchmann da. Die Bildfläche, auf der etwas erscheint, verdanken wir der Erfindung der Lichtbildnerei; manche Schreiber jedoch gebrauchen sie ganz formelhaft, ohne etwas dabei zu sehen: *Im Namen der Fremdlinge* (die Fremdwörter), *die wie Meteore auf der Bildfläche des Volkes erscheinen* (R. Kleinpaul).

Ein bißchen lächerlich geworden sind Schablonenwörter wie: eine Frage, einen Gedanken ventilieren, etwas auf den Aussterbeetat setzen, eine Frage anschneiden (*Plato war der erste, der die Frauenfrage angeschnitten hat*), einen Gegenstand aufs Tapet bringen und dergleichen. Übrigens ist die ventilierte Frage Deutsches Eigengewächs, d.h. Eigenwelsch; die Franzosen, doch sonst meist die Sprachhelfer Deutscher Gedankenlosigkeit, kennen das alberne Wort nicht.

○ ○ ○

Jedes Zeitalter, ja jedes Jahrzehnt erzeugt sich seinen eignen Vorrat von Abklatschwörtern, teils durch Neubildung, teils durch Herausgreifen von Ausdrücken, die bei einer besondern Gelegenheit schlagwörtlich gebraucht wurden. Wehe jedoch dem Worte, das auf solche Weise bevorzugt wird: in wenigen Jahren ist es durch die immerwährende Benutzung, zumal die mißbräuchliche, ausgeschrotet und für einen Schreiber, der sich achtet, unbrauchbar geworden. Bei der ungeheuren Ausbreitung unsrer Presse, bei der wachsenden Lebendigkeit unsers öffentlichen Wesens geht das Ausdreschen einer solchen unglücklichen Wortähre immer schneller vor sich. Sogar manches fast unentbehrliche Wort ist schon ein wenig bemakelt: ›Stimmungsvoll‹ schreibe ich schon seit Jahren nicht mehr, weil es mir ausgedroschen klingt; ›Entwicklung‹ gebrauche ich spärlich, weil seit Darwin von früh bis spät entwickelt wird. ›Eigenartig‹ z.B. darf man nur noch mit Vorsicht schreiben; ›großzügig‹ überhaupt kaum noch. ›Sich ausleben‹ ist so anrüchig wie die meisten strohernen Wörter der ›Moderne‹. Wie kann ein gebildeter Mensch noch ›Ausleben‹ in den Mund nehmen, nachdem es zu solchen Fratzereien gemißbraucht wurde wie in folgendem ganz ernsthaft gemeintem Satze des Kunstschreiberstils: *König Eduard ließ den untersten Westenknopf auf* (!), *damit die Weste sich energisch* (!) *nach unten zu ausleben kann* (kann!). Die sich auslebende Weste ist die sprachschöpferische Tat Poppenbergs.

Was hat der krankhafte Mißbrauch aus dem guten Worte ›tadellos‹ gemacht! Mit der gigerlhaften Betonung ›tádellós‹ ist es jetzt kaum noch für bessere Kaufmannslehrlinge gut genug. Und doch heißt es in Otto Ludwigs schönem Gedicht ›1848‹:

> Und niemand soll dir's wehren,
> Zu prangen tadellos,
> O Vaterland voll Ehren,
> Vor allen Völkern groß!

Der Krankheitsverlauf solcher Schablonenwörter gleicht auffallend dem gewisser Seuchen: auf ihrer Höhe angelangt, vernichten sie sich selbst durch ausgeschiedene Stoffe, in diesem Falle durch den Ekel vor der Abgedroschenheit.

○ ○ ○

Entschuldbar ist der Reichtum unsrer Sprache an Schablonenwörtern aus der Heeressprache. Man macht energisch gegen etwas Front, bildet eine Einheitsfront, legt für jemand eine Lanze ein (eine warme Lanze, wie neuerdings gespottet wird), steht Schulter an Schulter, schneidet gut oder schlecht ab, der Kampf entbrennt, tobt, wogt auf der ganzen Linie, man tritt mit einer Behauptung den Rückzug an usw. Ganz wird man solche Formelwörter nicht loswerden, und ursprünglich waren sie ja anschaulich und empfunden.

Man glaube nicht, daß es sich bei allen diesen Vorgängen um eine neuzeitliche Sprachkrankheit handelt; allen Sprachen, der Deutschen wohl am meisten, ist das eigen, was man ihren ›pessimistischen Zug‹ genannt hat: das Sinken der Begriffswürde von Wörtern, besonders denen des Alltagslebens. Mähre, Schalk, Pfaffe waren einst vornehme Wörter, Dirne *(thierna)* hat ums Jahr 1000 die Mutter Gottes bezeichnet.

Viel seltner ist das Aufsteigen der Wörter; doch kann es geschehen, daß ein durch Mißbrauch bis zur Unmöglichkeit abgenutztes Wort nach langer Unterbrechung wieder zu Ehren kommt: es wird dann beinah wie eine Neuschöpfung empfunden. Die Franzosen des 18. Jahrhunderts hatten ein so unentbehrliches Wort wie *vertu* durch empfindsam verlogenes Gerede den geschmackvollen Schreibern verekelt, und der Deutschen Tugend erging es ähnlich.

Schreibt heute ein ernster Schriftsteller Tugend und tugendhaft, so klingen die Worte wie schöne Neubildungen.

Zu Worthülsen werden oft stehende Wendungen, deren einzelne Teile von der Ansteckung frei sind. Zu Störungen tritt regelmäßig unliebsam, eine Frage ist allemal brennend, ein Grund immer triftig oder nichtig, die Folge unausbleiblich, der Zwang unweigerlich, ein Bestandteil integrierend, ein Protest flammend, eine Tatsache vollendet – gibt es auch unvollendete Tatsachen? –, ein Künstler allemal von Gottes Gnaden, Erwägungen werden entweder angestellt oder sind in der Schwebe, bestritten wird entschieden, noch lieber energisch usw. Dazu kommen solche Formeln, die altherkömmlich und von Hause aus gesund waren, heute jedoch mehr und mehr versteinern: nun und nimmer, sich drehen und wenden, bei Heller und Pfennig. Die Ungefühltheit solcher Versteinerungen wird durch den guten Witz beleuchtet: ›Wenn alle Stricke reißen, hänge ich mich auf.‹

○ ○ ○

Ein gebildeter Schreiber wird sich ferner hüten vor solchen seit Menschenaltern verwelkten Redeblümelein, mit denen unsre Vorfahren ihre Schriften zu schmücken glaubten. Die läppische Spielerei des 18. Jahrhunderts mit der griechischen und römischen Götterwelt sollte, außer zu drolligen Zwecken, unter keinen Umständen mehr aufgefrischt werden. Das Anrufen des *Jupiter pluvius* oder *Jupiter tonans*, des schelmischen oder neckischen Amor, der Terpsichore als Lehrerin eines Ballettspringers, der Klio als Geschichtsschreiberin des Bundes der Landwirte oder der Fortschrittspartei sollte ein für allemal als Erkennungszeichen des schriftstellerischen Schmockes gelten. Das moderne Seinebabel, das perfide Albion, Spree-Athen, Elb-Florenz, das Tanzen auf einem Vulkan – lauter Zeichen der Stilschmockerei. Man wird auch nicht immer von jeder höheren Leistung sagen, sie stelle einen *Rekord* dar, oder noch stilgerechter: *Der Bau eines Hauses in Amerika innerhalb 12 Stunden konstituiert einen Rekord.* Fremdwörtler haben gefragt, wie man denn solch herrliches Fremdwort ersetzen könne? Als ob nie zuvor in Deutschland auf Deutsch ausgedrückt wurde, daß jemand mehr als alle andre geleistet hat! Es gibt zwanzig, dreißig gutdeutsche Wörter für *Rekord*, kein einziges darunter von gleicher Abgedroschenheit, Sinnlosigkeit und Gemeinheit.

Daß ein gebildeter Schreiber noch Formelwörter wie: *Interesse* und *interessant*, *Individualität* und *individuell*, *Moment*, *Element* und *Faktor*, *Milieu* und *Nuance*, *differenzieren* und *analysieren* gebraucht, ist mir ›unerfindlich‹, um ein vergessenes Strohwort nachzuholen. Sehen, hören, fühlen, riechen, schmecken, was der gute Schreiber bei jedem Begriffsworte soll, läßt sich ja nichts bei all jenem Häcksel europäischer Redensarten. Unsre feinsten Federn werden stumpf, sobald sie auf solch Zeug stoßen; Gustav Freytag spricht von der Erhebung des preußischen Volkes im Jahre 1813 in schwungvollen Sätzen mit durchglühter Sprache: *Schwerlich solange es Geschichte gibt, hat ein Volk das Größte in so reiner Begeisterung geleistet; für den Deutschen aber hat dieses Moment eine besondere Bedeutung.* Fühlt man nicht, wie durch das abgedroschene Moment der Satz verflaut und verflacht wird? Ein andermal spricht Freytag von der ›chaotischen Verwirrung‹. Muß man durchaus das Chaos anrufen, um eine vorübergehende Verwirrung zu schildern?

Geradezu ein Modewort der Arbeiterpresse ist in neuster Zeit *Chaos* geworden. Der erste Satz der Neujahrsansprache des Präsidenten Ebert von 1920 sprach vom drohenden *Chaos*. Die meisten Arbeiter halten dies in aller Unschuld für französisch und sprechen es auch französisch: *Schaó* – so hab ich's mehr als einmal gehört. Zuweilen heißt es *Chóas*. *Schaó* und *katastrophal* – dies ist die neudeutsche Bildungssprache des sich noch immer ›Deutsch‹ nennenden Volkes Luthers, Lessings, Bismarcks. Ist dies mehr zum Lachen oder zum Weinen; und wenn zum Lachen, zu was für einem?

Und dann die kleinen Eitelkeiten im Pücklerstil (S. 355) mit den abgedroschensten fremdsprachlichen Bröcklein. Demonstriert wird immer *ad oculos*; zurückgewiesen nur *a limine*; schließlich oder endlich ist ja nur Deutsch, also besser: *last not least*. Und weil einmal ein großer und geistreicher Mensch von den *Imponderabilien* in der Politik gesprochen, lallen es ihm Tausende von Andern nach. Keine Entlegenheit einer Sprache schützt sie vor dem Mißbrauch, vor der Abgedroschenheit im Munde des Deutschen. Nicht einmal im Scherz – wo ist der Scherz? – sollte man die Deutsche Polizei eine *Hermandad* oder gar heilig nennen; ein als Dichter so wortkeuscher Schriftsteller wie Gustav Falke schreibt in der Prosa eines ernsten Romanes: *Das Publikum hatte nur halblaute Scherze für die heilige Hermandad* – in Hamburg!

○ ○ ○

Gewiß, gewiß, wir können einige der mißbrauchten Alltagswörter nicht entbehren, müssen zuweilen durch ihre schleimige Leichtigkeit hindurchwaten; dann aber so selten wie möglich, eilenden Fußes und immer mit dem Gefühl ihres geringen, fast formwörtlichen Inhaltes. Gutzkow schreibt papieren und abgedroschen: *Ich rechne darauf, daß mein unbefangener und gerechtigkeitsliebender* **Standpunkt** *vorzüglich wirken wird.* Noch vorzüglicher wirken würde seine Unbefangenheit und Gerechtigkeitsliebe. – Der Germanist Muncker hätte bei einigem Suchen gewiß Besseres gefunden als die nichtssagenden Gesichtspunkte: *Morgenland und Deutschtum waren die beiden Hauptgesichtspunkte seiner gesamten Poesie.* Wir brauchen Standpunkt und Gesichtspunkt, aber wir sollen sie mit äußerster Sparsamkeit gebrauchen. Goethe gebraucht gelegentlich, nicht formelhaft, Standort; Standpunkt ist bei ihm selten und nur sinnenhaft.

Am schablonenhaftesten ist wohl der Sprachgebrauch der Volksvertreter; die erstaunlichen Leistungen der besten Kurzschreiber, die es gleich gewissen Rednern bis auf 350 Silben in der Minute und mehr bringen, wären ohne die Ausgedroschenheit der Redehülsen kaum möglich. Beginnt ein Redner: ›Meine Herren, ich stehe‹, so schreibt der kundige Kurzschreiber einfach: ›Meine Herren, ich stehe‹ und weiter nichts, denn er weiß, daß auf ›stehe‹ unfehlbar der Standpunkt folgt. Man hat das Wörterbuch sehr berühmter Abgeordneter auf seinen Umfang geprüft und ermittelt, daß z. B. in zwanzig langen Reden Eugen Richters über die verschiedensten Stoffe nur rund 2000 Wortstämme vorkamen, die Formwörter eingerechnet. Ähnliche Zahlen lieferten die Reden

Laskers und Miquels. Größer war das Wörterbuch Bennigsens und der meisten süddeutschen Redner. Bei den Römern ist es nicht anders gewesen, wie die Reden Ciceros und der bescheidene Umfang der ›Tironischen Noten‹ beweisen, mit denen damals Reden nachgeschrieben wurden.

Wer wird uns endlich erlösen von dem öden ›Zeichen‹, in dem wir und alle Dinge im Himmel und auf Erden stehen? Weil Wilhelm 2. einmal 1891 unter sein Bild geschrieben: *Die Welt des 19. Jahrhunderts steht unter dem Zeichen des Verkehrs*, steht noch tief im 20. Jahrhundert alles in irgendeinem Zeichen: *Die Vogelwelt im Zeichen des Spätsommers, Deutschland im Zeichen des schlechten Wetters, oder des Umzugs, Berlin im Zeichen des Gänsebratens, Apulien im Zeichen der Cholera, Schlaflose Nächte im Zeichen der Wanze.* Und weil derselbe Kaiser, der ein leidenschaftlicher Seefahrer war, irgendeinmal gesagt hat: ›Und nun Volldampf voraus!‹, schreibt der Vorsitzende des Kegelvereins Vordereck auf eine Einladungskarte an die Mitglieder zu einem Sonntagsbummel: ›Mit Volldampf voraus!‹, und der des Rauchervereins Qualmtute, immerhin stilvoller, bei ähnlicher Gelegenheit: ›Wir wandern unentwegt im Zeichen von Volldampf voraus!‹ Alles dies so treu wie möglich nach dem Leben, das phantastischer ist als die kühnste Dichterphantasie.

○ ○ ○

Ein Trost, doch nur ein schwacher, liegt in der Geschichte all dieser modischen Schlagwörter: sie schlagen die Sache, den guten Geschmack, zuletzt sich selber tot:

> Auch Modewörter gibt's, so gut wie Modefarben;
> Sie dauern freilich kurze Zeit.
> Und viele Lieblingsphrasen starben
> Im Sumpfe der Vergessenheit.

Sehr schön, aber solange sie leben, leiden wir unter ihnen. Selbst die Grobheit ist machtlos wider sie. Das hat Lessing erfahren, als er gegen das modische Schablonenwort ›Genie‹ in den Siebzigern des 18. Jahrhunderts wetterte: ›Wer mich ein Genie nennt, dem gebe ich ein paar Ohrfeigen, daß er denken soll, es sind vier.‹ Wo sind die Tränen der Wehmut, die schöne Seele, die sanften Schauer, die tugendhafte Freundin, die zärtliche Sympathie, das Hinschmelzen in Zähren, die wonnigen Entzückungen – all dieses leere Stroh des empfindsamen 18. Jahrhunderts? Schon 1785 schrieb Wieland im ›Teutschen Merkur‹: ›Das Wort Aufklärung fängt jetzt allmählich an, so wie die Wörter Genie, gutes Herz, Empfindsamkeit und andre in üblen Ruf zu kommen.‹ Immerhin hatte die Aufklärung fast ein halbes Jahrhundert einen guten Ruf genossen; nur hören mochte man nichts mehr von ihr. Zwischen 1797 und 1830 war so ziemlich alles ›romantisch‹, selbst mancher Ort in und bei Berlin war eine ›romantische Jejend‹. Heute gehört das Wort fast nur noch dem kunstgeschichtlichen Sprachgebrauch an. Von der ›blauen Blume‹ der Romantik wurde mehr als ein Menschenalter mit himmelndem Blicke geredet, ohne daß die meisten Redenden eine Ahnung hatten, was das für eine Blume sei. Später erschien das Gerede selbst den Romantikern läppisch.

Am schnellsten pflegen sich die politischen Wortschablonen abzunutzen. Wo sind sie hin, die Schlagworte von 1848: der Rechtsboden, die breiteste Basis, die Gesinnungstüchtigkeit, die oktroyierte Verfassung, die Märzerrungenschaften? Und wie's mit den alten geschah, so wird's mit den neuen geschehen: sie werden in die Totenkammer der Sprache wandern, von wannen es keine Auferstehung gibt. Wer bildete einst die weltberühmte ›Quadrupelallianz‹? Wer weiß noch, wann, wo, worüber jemand ›politische Beklemmungen‹ hatte? Was für ein Ding war der Scheiterhaufenbrief? Wie war's doch mit dem Weltmarschall?

Endlich die Abklatschworte, die uns die Wissenschaften, die Künste, die Gewerbe bescheren, ursprünglich meist ganz hübsche Neubildungen, nach einigen Jahren durch das Riesenheer der Nachäffer um jeden Reiz und Wert gebracht. Da wurde der elektrische Strom ein- und ausgeschaltet, – alsbald wird alles und jedes ein-, noch mehr ausgeschaltet: Parteien, Minister, Wetter (*Die Hitze ist in diesem bösen Sommer ausgeschaltet*), Tugenden, Laster.

Ein nicht ganz dünnes Druckheft wäre nötig für die modischen Schlagworte der meisten Kunstschreiber. Da gibt es großzügig und die entsprechende Großzügigkeit, die Höhenkunst, die Ausdruckskultur, die Kultiviertheit, die Differenzierung und Differenziertheit. Augenblicklich ist ein literarisches Lieblingswort – vielleicht für noch ein bis zwei Jahre – ›die Linie, die inneren Linien‹, kein deutsches, sondern ein französisches Gewächs, ebenso wie die *Geste*, für die man zur Abwechslung, nicht etwa zur Verdeutschung, zuweilen Gebärde sagt: die lyrische Gebärde, Kleists Gebärde, Max Liebermanns Frühgebärde. Ich lasse dahingestellt, welchen Gedankenwert Nietzsches Schlagworte haben; mir schwant, daß der Übermensch, die blonde Bestie, die fröhliche Wissenschaft, das Tanzen der Seele, ja selbst das Herdentier und die Umwertung der Werte über ein Kleines der Überliebe seiner Überfreunde zum Opfer gefallen sein werden.

DRITTER ABSCHNITT

Vom Deutschen Wortschatz und seiner Mehrung

Der deutschen Sprache Schatz zu mehren,
Von Jugend auf war mein Bemühn,
Und dieser Trieb soll nie verblühn,
Solang des Lebens Tage währen.

RÜCKERT

So oft ein staatliches Ereignis, eine Erfindung, eine Mode neue Begriffe schafft und Ausdrücke dafür fordert, jammert der unverbesserliche Fremdwörtler verzweiflungsvoll: dies kann die arme Deutsche Sprache nicht bezeichnen, und stammelt sogleich den Franzosen, Engländern, Italienern, Amerikanern, Russen, Japanern, Chinesen ihre unersetzlichen Wörter nach. Ihnen erkläre der sprachgebildete und sprachgesunde Deutsche rundweg: Das ist Unsinn; die Deutsche Sprache, die reichste aller Weltsprachen, kann jeden Begriff in allen Abschattungen schön und klar bezeichnen, wenn ihr sie nur gewähren lasset. Nur du, undeutscher, fauler und unwissender Fremdwörtler, der du dich nie um edles, reines Deutsch bemüht hast, **du** kannst nicht anders sprechen als mit Hilfe von verquatschtem Rackerlatein, Zigeunergriechisch, Schneiderfranzösisch, Stallknechtenglisch.

Schon die Fremdwörter von ehedem haben manchen triebkräftigen Keim für immer zerstampft, so daß die fremde Saat an gewissen Wucherstellen nicht mehr auszurotten ist: man denke an *Natur, Musik, Religion, Humor, Drama, Interesse, naiv, spazieren.* Unzweifelhaft hätte ohne das Dazwischentreten der Humanisterei die Deutsche Sprache für diese Begriffe vollkommen zutreffende, schöne und echtbürtige Wörter aus ihrem fertigen Schatze wählen oder kraft ihrer unbegrenzten Neuschöpfung frisch erzeugen können. Ganz erstorben ist der Wurzeltrieb der Deutschen Sprache noch heute nicht. Trotz dem massenhaften fremden Unkraut, das uns der Teufel der geckischen Ausländerei Jahr um Jahr, nein Tag um Tag zwischen den Deutschen Weizen sät, ist unsre nicht umzubringende Sprache immer noch zeugungskräftig geblieben, wenn sie gleich in der geilen Fruchtbarkeit nicht Schritt zu halten vermag mit den Verfertigern der jährlich mindestens 365 neuen Fremdwörter. Es wäre eine der reizvollsten Aufgaben für einen fleißigen Erforscher des Neuhochdeutschen, die Neuschöpfungen auch nur der letzten 150 Jahre, etwa seit Lessings ›Minna von Barnhelm‹, zu sammeln und ihren Ursprung nachzuweisen. Solche Sammlung würde eindringlicher wirken als die zwar recht schönen, aber wenig überzeugenden Lieder zum Lobe der Deutschen Sprache. – [Zusatz 1930: Da sich kein solcher Erforscher gefunden, so habe ich in meinem Buche ›Deutsche Sprachschöpfer‹ (1919) den ersten Versuch einer solchen Sammlung gemacht.]

Schade, daß wir kein Wörterbuch der Deutschen Berufs- und Standessprachen haben; es würde ein dicker Band werden. Gab es doch schon besondere Wörterbücher unsrer Heeressprache vor dem Weltkriege; und wie gewaltig sind sie durch ihn angeschwollen!

Hier ein Pröbchen aus der Schülersprache, ein lange nicht vollständiges Verzeichnis der Ausdrücke für die Übersetzungshilfen: ›Delsche, Klappe, Klatsche, Ponz (von *pons* = Eselsbrücke), Schmoch, Schmoll, Schmöker, Schniffel, Schwarte, Spelle, Spicke, Spritze, Transe, Wende‹. Der Fremdwörtler nennt sie in edler Einfachheit: Translationsauxiliarien.

Voran in der immer neuen Bereicherung des Wortschatzes stehen, wie sich's ziemt, unsre großen Dichter und Schriftsteller; doch hat auch mancher Geringere sein Scherflein zum Auffrischen des Bestandes beigesteuert. Ohne Wagemut geht es dabei nicht, und der Schriftsteller, der sich bei solchem Bemühn durch den Spott der Philister beirren läßt, taugt nicht zu diesem Geschäft.

Wortneubildung

Bist du beschränkt, daß neues Wort dich stört?
Willst du nur hören, was du schon gehört? (2. ›Faust‹)

›Die Muttersprache zugleich reinigen und bereichern, ist das Geschäft der besten Köpfe‹, heißt es in Goethes Aufsatz ›Deutsche Sprache‹, und er fügt bei: ›Reinigung ohne Bereicherung erweist sich öfters geistlos.‹ In der Tat würde die bloß äußerliche Reinigung die Sprache wohl säubern, sie aber nicht innerlich stärken und mehren. Zum Glück lehrt die ganze Geschichte der Deutschen Sprachreinigung, daß diese immer zugleich eine wertvolle Sprachbereicherung bewirkt hat. Ja so segensreich war alle Zeit schon der bloße Wunsch, unsre Sprache vom gröbsten Schmutze zu befreien, daß selbst mittelmäßigen Schreibern beschieden ward, Worte zu schaffen, die es an Schlagkraft und Lebensdauer mit den Neuschöpfungen der Größten aufnehmen.

○ ○ ○

Daß der Philister jedes Neuwort beim ersten Hören verlacht, ist sein Philisterrecht. Man kann ja das Wesen des Philisters nicht besser bezeichnen, als daß er alles Neue haßt und verhöhnt, weil es neu ist, und es nach kurzer Zeit für das Notwendigste von der Welt, für gleichzeitig mit ihm, dem Philister, geboren hält. Man stelle sich vor, das Allerweltswort für die Seelenempfindungen des Menschen wäre noch heute, wie im 17. Jahrhundert bis tief ins 18., *Sentiment*, und ein tollkühner Sprachschöpfer wagte zum ersten Mal das Neuwort Gefühl zu schreiben, wie das ein gewisser Tetens wirklich vor etwa 200 Jahren getan hat. Gefühl! welch ein albernes, scheußliches Wort! – so und nicht anders, vielleicht noch gröber, würde die Salbaderei derselben Sprachphilister lauten, die jedes noch so blöde Fremdwort sogleich nachstammeln. Wer's nicht glaubt, der lese die Urteile unsrer fremdwörtelnden Philister über vortreffliche Neuschöpfungen auf S. 422, dazu fast auf jeder Seite meiner ›Deutschen Sprachschöpfer‹ nach. Allerdings haben die Wörter so gut wie die Bücher ihre Schicksale: scheinbar vortreffliche Neubildungen haben nicht Wurzel geschlagen; andre, die uns nicht ganz so gelungen scheinen, stehen noch heute in Saft.

DRITTES BUCH
Der Ausdruck

DRITTER ABSCHNITT
Vom Deutschen Wortschatz

Wortneubildung

Für den Seelenforscher der Sprache gibt es wenige so fesselnde Untersuchungen wie die nach den Gründen des Glückes oder Mißgeschickes der neuhochdeutschen Wortschöpfungen.

Neubildungen müssen, das lehrt uns ihre Geschichte, funkelnagelneu sein, müssen durch ihre Neuheit dem Philister, besonders dem Fremdwörtler, aufs äußerste mißfallen, den Sprachsinnigen reizen, packen, zum Nach- und Einfühlen zwingen. Sie müssen bei aller Neuheit zwanglos, hurtig, selbstverständlich klingen und durch nichts verraten, wie lange ihr Schöpfer gesucht, geprobt, gemessen, gewogen hat. Sie dürfen wohl den Geist in seiner Behaglichkeit stören, die Sprachgewohnheit gewaltsam durchbrechen, die Begriffswelt stürmisch umwühlen, wenn sie nur der Zunge und den andern Sprachwerkzeugen keine Mühe machen. Die unerhörte Neuerung ›Gefühl‹, eine der kühnsten in unsrer Sprachgeschichte, hätte sich ohne den leichten Fluß ihrer Laute nimmermehr durchgesetzt.

Man überschaue die Geschichte von Zweirad und Rad: zuerst selbstverständlich lauter Fremdwörter, sintemalen unsre plumpe Sprak so großartige Begriffe wie den eines Leichtfahrzeuges mit zwei Rädern nicht ausdrücken kann, sondern, wie immer den großartigen Fortschritten des Feingewerbes gegenüber, in ihrer Hilflosigkeit auf den Beistand des Griechischen, Lateinischen, Französischen, Englischen und einiger andrer gebildeter oder wilder Sprachen angewiesen ist. Mithin für das schnell dahingleitende, anfangs hohe, später niedrige Fahrzeug aus Stahl: Veloziped oder Bicycle, nachher Safety und Bicyclette. Dann geschah das Unerhörte: die Deutschen Velozipedfahrer besannen sich, daß das Ding, auf dem sie fuhren, bei Licht besehen nichts andres sei als ein Rädergestell. Da sie untereinander solche Unwörter wie Veloziped, Bicycle und Safety schon wegen ihrer stillos klumpigen Vielsilbigkeit nicht sprechen konnten, so wagten sie es Deutsch zu sprechen, also zum Rade Rad zu sagen, obwohl ihnen alle Sprachphilister einwandten: weder Zweirad noch Fahrrad noch gar Rad, wie man bald allgemein mit treffender und vollkommen ausreichender Kürze sagte, ›decken sich‹ mit dem herrlichen Veloziped – einer nichtssagenden, ja irreführenden Bezeichnung: ›Schnellfuß‹ –, noch mit dem schon durch seine griechisch-römisch-englische

Herkunft ausgezeichneten Bicycle, das zwar auch nur Doppelrad bedeutet, aber so unendlich viel vornehmer ist. Da die Deutschen Radfahrer nichts vom Philister hatten, so siegte bald ihr gesunder, feiner Sprachsinn und schuf sich zuerst Hochrad, nach dem Verschwinden der Hochräder: Fahrrad, Zweirad, im Sprachgebrauch des Lebens noch besser Rad. – Die Geschichte vom Hochrad, Fahrrad, Zweirad, Rad lehrt uns eines der Geheimnisse der glücklichen Neubildung: der Sprachsinn ist kein Federchenbürster, er liebt nicht die peinlich genau unterscheidenden Beiwörter, zumal da diese das Wort länger und langweiliger machen. Das Einzige, was z. B. gegen Bahnsteig eingewendet werden mag, ist die überflüssige Belastung mit Bahn; Steig würde genügen, denn daß es kein Gebirgssteig oder Hühnersteig ist, weiß der Reisende auch ohne die ängstliche Belehrung des Eisenbahners. Ähnlich verlief die Geschichte der Vizinal- und Sekundärbahn; ein Menschenalter hindurch wurde lateinert, bis ein sprachgesunder höherer Beamter Otto Sarrazin Kleinbahn vorschlug: es behauptet heute schon die Alleinherrschaft. – Eine ähnliche Geschichte läßt sich von ›Aviatiker‹ und ›Flieger‹ erzählen.

Wann wird die Geckerei mit *Ski* endlich aufhören? Nun gar die Geckennot mit der Mehrzahl! Der Vollgeck sagt so wonnesam *Schier*, der Halbgeck so traut *Schis*. Die Norweger nennen ihre Schneeschuhe: ›Scheite‹: ihr *Ski* bedeutet nichts Vornehmeres als Scheit. In Süddeutschland, wo sprachlich etwas weniger geäfft wird, sagt man zuweilen: Brettln; kann sich aber der Deutsche Sportgeck mit Brettschuh begnügen?

○ ○ ○

Nicht zu den Sprachphilistern hat Kant gehört, und doch hat er den Ausspruch getan: ›Neue Worte zu künsteln, wo die Sprache schon so an Ausdrücken für gegebene Begriffe keinen Mangel hat, ist eine kindische Bemühung, sich unter der Menge wenn nicht durch neue und wahre Gedanken, doch durch einen neuen Lappen auf dem alten Kleide auszuzeichnen.‹ Für gegebene Begriffe! Für diese mangelt es der Sprache allerdings nicht an Ausdrücken, und der Schreiber, der sich mit diesen begnügt, ist nicht zu tadeln. Indessen selbst für gegebene Begriffe will der künstlerische Prosaschreiber, an den Kant allerdings nicht gedacht hat, die durch Alter und Allerweltsgebrauch abgeschliffenen Wörter nicht immer verwenden. Es ist sein gutes Recht, nach neuen Ausdrücken für alte Begriffe zu suchen, um so mehr als ja die Farben der Begriffswelt sich mit den Menschengeschlechtern immer ein wenig ändern.

Mit wie einfachen Mitteln noch das neuste Neuhochdeutsch sprachschöpferisch arbeitet, zeigen uns so kühne Neubildungen wie: *Krach, Ring, Eisenbahner* (warum also nicht auch *Wissenschafter?*), *Urlauber, Eingemeindung, Französelei* – bei Goethe Französerei –, *Wettbewerb, durchlässig, minderwertig, übertragbar* und *unübertragbar, unstimmig, belichten, lochen, abrüsten, durchqueren, enteignen* (dies noch nicht bei Goethe), *verstaatlichen, verstadtlichen, Ausstand, streben* und *Streber* in der bekannten abschätzigen Bedeutung, und so manche andre, die uns heute wie uraltes Sprachgut erscheinen. Fast jede dieser guten Neubildungen hat zuerst Sprachphilistern Gelegenheit gegeben, sich lächerlich zu machen, denn keine ›deckte sich‹ vollkommen mit den Flicken aus den Sprachen dreier Weltteile. Krach z. B. dünkt uns heute so natürlich und alteingesessen, daß wir die ganze Kühnheit dieses Neugebildes kaum noch ermessen. Wo ist in *Krach* die leiseste Andeutung von Banken, Aktien, Börse, Gründern, Direktoren, Administratoren, Aufsichtsräten, Schwindelkniffen usw., wie die Sprachphilister von jedem neuen Deutschen Worte fordern, während sie das Fremdwort überhaupt nicht auf seinen Begriffsinhalt prüfen? Krach ist ein zum Range des vollwertigen Begriffswortes erhobener Naturlaut und bezeichnet dennoch eine so reiche Begriffswelt wie nur irgendein tausendjähriges Urwort. – Kühne, gute Stammwörter der Elektriker sind: *erden* (mit der Erde verbinden), *funken, gefunkt* (Funken geben), *Strom, bestromen*.

Nicht für möglich sollte man es halten, daß einst bei der Einführung des ›Enteignungsgesetzes‹ von halsstarrigen Fremdwörtlern Einspruch erhoben wurde: Expropriationsgesetz dünkte sie viel schöner und richtiger. Beim Gesetz über den unlauteren Wettbewerb wiederholte sich der ebenso lächerliche wie beschämende Vorgang (vgl. S. 451). Der Hauptschreier gegen die Deutschen, für die fremden Ausdrücke war, wie allemal, Hans Delbrück.

Wortschöpfung

○ ○ ○

Noch lange nicht ausgeschöpft ist der Jungbrunnen der Sprachbereicherung durch die Vorsilben *be, ge, er, ver, zer, ent,* durch die Endungen *bar, haft, sam, schaft.* Erlaubt oder nicht erlaubt, wer kann etwas Triftiges sagen gegen Heines Satz: *Die Chinesen verknixen und verbücklingen zwei Drittel ihrer Tageszeit mit der Ausübung ihrer Nationaltugend, der Höflichkeit?*

›Nicht durch das Aufpfropfen fremdartiger Reiser, vielmehr durch das Auftreiben neuer Schößlinge aus dem alten Stamm bildet sich die Sprache lebendig fort‹, heißt es bei Uhland. Mit welcher Bitternis gemischt ist jede Vertiefung in den Deutschen Sprachreichtum, wenn man ihm gegenüber die Ohnmacht unsrer Welscher sieht, aus ihm zu schöpfen; ihre Gier, jedem edlen Deutschwort das elendeste Fremdwort vorzuziehen. Im Schweizerischen gibt es 454 Apfelnamen, für Wacholder hat man über 100, für Primel mehr als 50 Namen gesammelt. Das Kölnische allein hat gegen 15 Wörter für Ohrfeige, das Mittel- und Niederfränkische etwa 64 Ausdrücke für Schmetterling – alles nutzlos, denn in Deutschland gilt das Welsch für eine Bereicherung unsrer armen Sprache: ›darin soll sie nicht verarmen‹, wie E. Schmidt und seine vierzig Kämpen des Welsch einst feierlich erklärten (vgl. S. 272).

○ ○ ○

Eine widerwärtige, zum Glück lebensunkräftige Gattung der sprachlichen Neugebilde sind die Unwörter wie *Hapag* (Hamburg-amerikanische Paketfahrt-Aktiengesellschaft), *Bugra* (Buchgewerbe- und graphische Ausstellung), *Wumba* (Waffen- und Munitionsbeschaffungsamt), *Flak* (Flugzeugabwehrkanone) und ähnliches Unzeug. Ihre einzige Entschuldigung ist: sie waren oder sind sprachliche Notwehr gegen die Taprigkeit bei der ursprünglichen Namengebung. Man war zu sprachohnmächtig oder zu faul, um ein bezeichnendes Kurzwort zu suchen, und griff nach der rohesten Aushilfe. In dieser Sprachroheit stehen wir ausnahmsweise nicht allein: die Engländer treiben es ähnlich. – Ich verhehle nicht, daß ich die Benennung U-Boot für die Deutschen Heldenschiffe stets gemein gefunden, sie nie in den Mund genommen habe. Gibt es denn nicht ›Tauchboot‹? Die romanischen Völker mit ihrem besonders feinen Sprachkunstsinn halten sich von derartigen Mißbildungen fast ganz fern.

Ein großartiger Wortschöpfer war **Luther**; ohne alle Rücksicht auf ›Analogie‹ schuf er sich Kraftworte, wo er Kraft zeigen wollte: ›Herren und Siegmänner des Todes‹ nennt er die Christen. – **Lessing** hat sich vor keinem schöpferischen Wagnis gescheut; wir verdanken ihm Neuworte wie weinerlich, empfindsam, Hirngespinst, und da der ahnende Schöpfer allemal der langsamen Wissenschaft weit vorauseilt, so hat Lessing den wichtigen Grundsatz für alle sprachliche Neubildung, besonders für das Verdeutschen von Fremdwörtern, mehr als ein Jahrhundert früher geformt als der Deutsche Sprachverein. Dem Übersetzer von Sternes *Sentimental journey,* Bode, empfahl er 1768 das Wort *Empfindsam* und schrieb dazu: ›Wagen Sie es! Was die Leser vors erste bei dem Worte noch nicht denken, mögen sie sich nach und nach dabei zu denken gewöhnen.‹ Nach diesem Grundsatz müssen die Schriftsteller handeln, die zur Sprachbereicherung berufen sind.

Merkwürdig lange hat sich die unaussprechbare ›Jetztzeit‹ gehalten, vermutlich weil das Wort gerade wegen seiner zungenbrecherischen Mißlaute mittelgebildeten Menschen besonders großartig erscheint; heute gebrauchen es wohl nur noch innerlich taubstumme Schreiber. Geleimt hatte es Jean Paul, dessen Sprachklanggefühl herzlich grob war. Schopenhauer hat es mit gerechtem Zorn an den Schandpfahl der Sprache angeprangert.

Einer der erfinderischen und glücklichen Sprachneubildner war **Ludwig Jahn**: hat er doch einem ganzen großen Zweig unsers Erziehungswesens, dem Turnen, das Wörterbuch geschaffen. Von ihm rühren her: Turnen, Turner, Turnwart, Barren, Reck, Riege, Welle usw. Selbstverständlich wurde dies alles von den Neunmalweisen zuerst bespöttelt; französische oder englische Bezeichnungen hätten sie mit derselben Affenfreude ungeprüft aufgenommen, mit der unsre heutigen Rasenballspieler, Fußballschläger, Ruderer, Segler sich ihr ganzes oder halbes Wörterbuch aus England holen, da die Deutsche Sprache natürlich außerstande ist, so unerhörte Krafttaten wie Ballspiel, Rudern, Segeln zu bezeichnen.

Den Mangel einer Sammlung aller sprachschöpferischer Neubildungen soll die folgende kleine Auslese natürlich nicht ersetzen; sie mag höchstens eine Ahnung geben von der Unabsehbarkeit der Grenzen unsrer Sprache, die den Fremdwörtlern so armselig scheint, daß sie diesen abgrundtiefen Schreibern für die einfachsten Begriffe versagt.

Ohne weit über das 18. Jahrhundert rückwärts zu gehen, seien hier in bunter Reihe nur einige reizvolle Beispiele vermerkt. Simon **Dach** schrieb zuerst das zu seiner Zeit für ungemein kühn gehaltene ›furchtlos‹. – Erst durch Christian **Wolf** wurde ›Leidenschaft‹ eingebürgert; erst durch Winckelmann ›flau‹ für matt (von Farben). – **Claudius** bildete überkühn: ›zerbrüdern‹ (Brüder entzweien); das Wort hat sich nicht halten können. – Von **Lichtenberg** haben wir das hübsche ›verschlimmbessern‹. – Der alte **Voß** erfand das prächtige ›Anhündeln‹, was noch über das Byzantinern geht. – Krähwinkel war eine gute Erfindung **Jean Pauls**.

Ein reicher Sprachschöpfer war **Schubart**; wir verdanken ihm u. a.: Bluttat, Dichterstern, folgenschwer, herabwürdigen, Flugblatt, Strebsamkeit. – Von Jahn war schon die Rede. Mit ihm zu vergleichen ist E. M. **Arndt**, nur mit dem Unterschiede, daß diesem mehr die schönen Kraftworte gelangen, die an ihrem Orte mächtig wirken, von denen aber nur wenige am Leben geblieben sind. Er schreibt: Sendschaften auftragen, die Abkraft und Unmacht des Alters, Kleinodien vergelden, Erstigkeiten (für Koryphäen), Dünkling; nennt den wortkargen Freiherr vom Stein einen ›rechten Kurzbold‹, spricht von einer ›innerlichen Zornwühlung‹, wo der echte und gerechte Fremdwörtler nur an eine Irritation, Emotion, Emotivität, Indignation denkt, und wagt den für die damalige Rechtsprache sehr kühnen Ausdruck Halssachen statt Kapitalverbrechen.

Unsre Romantiker sind nicht gerade fruchtbare Sprachbereicherer gewesen; selbst ihre an sich schönen Neubildungen, wie **Arnims** ›Trösteinsamkeit‹, haben sich nicht behauptet. **Brentano** bildet einmal ›gesündenfället‹, schwerlich in der Absicht, die Sprache dauernd zu bereichern. – Von **Heine** rührt ›verständnisinnig‹ her.

Immermann erfindet im Oberhof das wunderfeine Wort *ehrenzart* (›die keuscheste und ehrenzarteste Liebe‹); noch sonst stehen im Münchhausen mancherlei Neubildungen, doch zumeist mehr seltsam eigenwillige als lebensfähige. – Annette von **Droste** wagt es mit *enttreiben*. – Ungemein reich an eignen Wörtern und Wendungen ist **Gotthelf**, dem freilich sein kernhaftes Schweizerdeutsch zu Hilfe kam. Wie sinnenhaft läßt er einer neuen Köchin *harthölzige Stimme die Treppe herunter erschallen.*

Das Wort ›stetig‹, das man schon bei Luther vermutet, soll zuerst von Gneisenau und Clausewitz in einem gemeinschaftlich verfaßten Nachruf von 1813 auf Scharnhorst gebraucht worden sein. Das ist ebenso gut möglich wie der nachweisbar erste Gebrauch von ›wohlig‹ durch Goethe (im ›Fischer‹). Man täuscht sich recht oft über das Alter allbekannter, unentbehrlicher Wörter: ›Zeitgenosse‹ ist noch keine hundert Jahre alt, soll von Gutzlow erfunden sein. Dichtkunst, Sprachlehre, Gemeinwesen, Zahlwort und Zeitwort, Beschaffenheit, Gegenstand, Lehrsatz, Staatsmann, Verfasser, Mundart, Wörterbuch, Lustspiel stammen alle erst aus dem 17. Jahrhundert als Neuschöpfungen der großen Sprachreiniger aus dem Kreise der Fruchtbringenden Gesellschaft; Verhältnis, Bewußtsein, Vorstellung, Ergebnis sogar erst aus dem 18ten.

Einer unsrer kühnsten Neuschöpfer war **Vischer**, und mindestens eine seiner Schöpfungen sollten wir lebendig halten: *brecherisch*, für Zustände, die zum Brechen sind, also z. B. für die Fremdwörterei. Vischer schreibt mit Absicht: *Die Karaffe flog den Weg ihrer Geschwister und zerplatschte* (nicht: zerplatzte) *am Granitblock.* Vielleicht ist Vischers ›Gröbe‹ (›er kann das Gemeine in seiner Gröbe aufnehmen‹) schwäbisches Gut; dann sollten wir es erst recht ins Schriftdeutsche einheimen, schon um eine der ewigen *heiten* und *keiten* schlagkräftiger zu ersetzen. Ähnlich schreibt der Schwabe **D. F. Strauß**: ›Bei aller Tiefe keine Trübe.‹ Schon im Faust singt Homunkulus: ›In dieser holden Feuchte.‹

Bei dieser Gelegenheit sei nachdrücklich auf die weiblichen Zeithauptwörter auf e als Bereicherungsquelle, zugleich als eines der vielen Entwelschungsmittel hingewiesen. Die Freunde reindeutscher Sprache brauchen nur an Kühnheit den hundertsten Teil der Unbeschämtheit der Welscher aufzubringen, die mit ihren *ation, ition, ution, isation, ifikation, ifizierung* usw. in Hunderten, in Tausenden von Fällen jedem saubern Deutschen Wort aus dem Wege gehen. Wir haben die Beuge, die Kehre, Wende, Trage, Presse, Schurre; warum nicht auch die Treibe für *Motor*, die Liege für *Chaiselongue*, die Halte für *Station*, ja selbst für Haltestelle? Bei Goethe gibt es die Kleine (statt Kleinheit), die Schöne (statt Schönheit), die Schnelle, die Steile.

Paul **Heyse** bildet *abgründlich* für abgrundtief: *einer der schärfsten Denker und abgründlichsten Gelehrten;* warum nicht? – Ich liebe Wilhelm Jordan nicht, sage aber auch zu seiner Wendung *der arme Spötter und schneidige Hochmüter:* warum nicht? – Gottfried **Kellers** Neubildungen oder feingewandelte Anleihen beim Schweizerdeutsch würden eine gute Seite füllen. Die eine und andre war unlebendig, vereinzelt sogar sprachwidrig, z. B. *der Untersuch* (im Salander) statt Untersuchung. Wie lieblich aber ist bei ihm *ziervoll (das ziervolle Geschöpf)*, und so manches andre Eigenwort. **Hans Hoffmann** bildet *füllig,* gewiß ein Neuwort für voll; er läßt Walter von der Vogelweide in einem der Bozener Märchen sprechen: *Wieviel fülliger wäre dann mein Ruhm!*, und es wäre zu bedauern, bliebe dieses schöne Wort an seiner wenig bekannten Stelle vergraben. **Sudermanns** *Sturmgesellen* wurden schnell zum Schlagwort.

Wir werden **Bismarck** nicht schulmeistern, wenn er an seine Frau einmal gemütlich schreibt: *Wenn ich gefrühstückt und gezeitungt habe,* obwohl die Sklaven der Analogie einwenden werden: Zeitwörter auf *ungen* gibt es nicht. Bismarck würde solchen Schulmeistern erwidert haben: Um so schlimmer, dann müssen sie eingeführt werden. – **Sybel** spricht glücklich vom preußischen *Altland* im Gegensatze zu den neuen Landesteilen von 1866; und Hans Delbrück, der nicht den Mut hatte, seine geliebte *Concurrence illoyale* (er meinte déloyal) durch ›Unlautern Wettbewerb‹ zu übersetzen, er wagte: *Das war für ihn ein Ungedanke*, und er sei dafür eher belobt als bekrittelt.

Ein nicht zu verachtender Wortbildner ist der **Volksmund**, zumal der witzige. Freilich werden viele seiner Gebilde ob ihrer Unvornehmheit nicht über die Schwelle der Schriftsprache gelassen, über die doch so viel gelehrt klingender fremder Unsinn und greuliche Unform unbehindert schreiten dürfen. *Fadenbei-*

ßer für Schneider, *Nachtrat* für Nachtwächter, *Lumpensammler* für den letzten Vorortzug oder Straßenbahnwagen, *Wimmerholz* für Geige, *Schifferklavier* für Ziehharmonika, *Stottertante* für Maschinengewehr, *dicke Luft* für Gefahr, *Mußspritze* für Regenschirm, *Futterluke* und *Revolverschnauze* für ein übermäßig essendes oder schwatzendes Maulwerk, die *Mutter Grün*, die *Bleibe* (Schlafstelle), die *Quasselstrippe*, der *Riechkolben*, der ursprünglich von Rückert erfundene *Glimmstengel*, der *Hammelsprung*, der *Drückeberger*, *Druckpunkt nehmen* – wieviel gute Laune, wieviel sprachliche Sinnenhaftigkeit offenbaren sich darin!

Reicher noch fließt der Zustrom brauchbarer Neuworte aus dem Quickborn der **Mundarten**. Jeder, der aus einer Landschaft mit eigner Mundart stammt, wie zu seinem Glück der Verfasser, wird aus freudigem Herzen dem Schwaben Vischer zustimmen:

> Wohl mir, daß ich im Land aufwuchs, wo die Sprache der Deutschen
> Noch mit lebendigem Leib im Dialekte sich regt,
> Milch der Mutter noch trinkt, noch quellendes Wasser am Borne,
> Vom Schulmeister noch nicht rektifiziertes Getränk!
> Immer wenn einer spricht, der nie gelebt in der Mundart,
> Hör ich im Oberton einen didaktischen Klang.

Schlimmer noch: einen papierenen Dunst! – Schon im 13. Jahrhundert empfahl der Verfasser des ›Renners‹, Hugo von Trimberg:

> Wer aus der Landsprach Gutes nimmt,
> Das sich für seine Dichtung ziemt,
> Mich dünkt, der hat nicht missetan,
> Tut er's mit Kunst und nicht mit Wahn –

und bestätigte die noch immer geltende Tatsache:

> Ein jeglich Mensche sprichet gern
> Die Sprache, drin er ist erzogen.

Welches Stilgesetz waltet über der belebenden Wirkung der Mundart, schon über der eines vereinzelt eingestreuten Mundartwortes? Die Mundart ist Redesprache, nur ausnahmsweise Schreibsprache; man hört bei ihrem Klange sprechen, sieht bewegte Lippen, fühlt einen Menschen dahinter. Alle Schriftsprache ist zunächst nur beschriebenes Papier, und es muß ein lebensvoller Schreiber sein, der uns darin als ein lebendiger sprechender Mensch erscheint. Wie köstlich wirkt Bismarcks ›Dor lach ik öwer‹ statt eines schöngestilten hochdeutschen Satzes mit der entschiedensten Widerlegung. Wie spricht das Leben selbst aus einer Briefstelle Bismarcks an Frau Johanna aus Versailles: ›Trochü wollte Waffenstillstand, – is nich!‹, anstatt etwa: ›aber wir haben seinen Wunsch zurückgewiesen‹. Für sprachliebende Leser sind süddeutsche Zeitungen im allgemeinen erquicklicheres Gelese als die norddeutschen, besonders die großstädtischen. Selbst die Sprach- und Stilstümper ahnen den Zauber, der in der Mundart schlummert: die unbegabten unter den Jüngstdeutschen suchten sich durch *ik* und *det* als ›hochnaturalistische Romanciers‹ aufzuspielen; und so oft – oh wie oft! – einem Berliner Possenverfertiger der Witz ausgeht, ersetzt er ihn durch eine Schnoddrigkeit in ›vogtländischer‹, d.h. berlinischer, Mundart.

Man kann allgemein behaupten: wo immer ein Deutscher Schriftsteller nach Menschenaltern lebendig geblieben, oder wo in unsern Tagen einer uns tief ins Herz trifft, da hat ihn in den Jugendjahren die Mundart umklungen. Selbst Heine wurzelt, wenngleich lose, in seiner Düsseldorfer Mundart. Nun aber die sehr Großen oder uns Inniglieben! Lessing streute, Herrn Gottsched zum Trotz, mit besonderm Behagen allerlei Lausitzisches ein: ›begeizen, sterlen, ausgattern, schwude‹, und führte das heftig bekämpfte schweizerische ›entsprechen‹ in die Schriftsprache ein. Freudig bekannte der Lausitzer in Hamburg, er habe erst dort, im Lande des Niederdeutschen, den ganzen Umfang der Deutschen Muttersprache begriffen.

Goethe sprach in der Erregung oder zur Erhöhung der Gemütlichkeit noch als Achtzigjähriger sein singendes Frankfurtisch und rechtfertigte sich zu Wilhelm Grimm: ›Man soll sich sein Recht nicht nehmen lassen; der Bär brummt nach der Höhle, in der er geboren ist.‹ Die Mundart nannte er ›doch eigentlich das Element, in welchem die Seele ihren Atem schöpft‹. Anders als Jakob Grimm, der, es klingt unbegreiflich, empfahl, ›mit gesammelter Kraft eine einzige Sprache zu pflegen, die gleich der attischen streben sollte, über allen Dialekten zu schweben‹, hat Goethe über die heilsame Notwendigkeit der Mundarten geurteilt: ›Es hieß, die Deutschen sollten ihre verschiedenen Zungen durcheinander mischen, um zu einer wahren Volkseinheit zu gelangen. Wahrlich, die seltsamste Sprachmengerei! Zu Verderbnis des guten sondernden Geschmackes nicht allein, sondern auch zum innerlichsten Zerstören des eigentlichen Charakters der Nation; denn was soll aus ihr werden, wenn man das Bedeutende der einzelnen Stämme ausgleichen und neutralisieren will?‹ Es war zwar wohlgetan, daß Goethe im endgültigen ›Faust‹ die Frankfurtischen *Liedcher, Frauens, Professors* des Urfaust ins Schriftdeutsche umsetzte; freuen aber tut's uns doch, daß er in den Fastnachtspielen unbekümmert stehen ließ: *Hunten* (hier unten), *haußen, räffeln, Bubens, Maidels, Bratens, Geschlapp* und das prächtige *Geles* statt der gemeinen Lektüre. Selbst in so hochgestilte Dichtungen wie Pandora und den zweiten ›Faust‹ nahm er die mundartlichen Formen ›abegewende‹ und ›abestürzt‹ auf. ›Abe, abe!‹ kommt in den ›Räubern‹ Schillers vor, der gleichfalls bis an sein Ende der Mundart die Treue hielt. Ja, Schiller hat im lebhaften mündlichen Verkehr herzhaft geschwäbelt, und mancher Reim, manche Wendung bei ihm sind echtschwäbisches Heimatsgut.

Unsre Klassiker werden uns durch solch sprachliches Bodengefährt, wie Vischer das nennt, durch das mundartliche Geschmückte, nur noch herzlicher vertraut, und wir empfinden es nicht als einen Abbruch an ihrem Klassikertum. Wir genießen es wie eine edle Feinwürze bei Uhland und Mörike, bei unsrer großen Annette und bei der verehrungswürdigen Ebner-Eschenbach, bei allen bedeutenden Österreichern von Grillparzer bis zu Rosegger, bei allen großen Schweizern von Gotthelf bis zu Keller, Meyer, Jahn, Federer; bei Storm und Otto Ludwig; nun erst bei Fritz Reuter, Klaus Groth und Gorch Fock. Nichts dergleichen haben die Franzosen uns gegenüberzustellen, denn Mistrals ›Mireio‹ ist nicht in einer Mundart, sondern in einer selbständigen Sprache geschrieben und obendrein kein französisches Volksbuch geworden. Mit Recht wollte Max Müller ›die Deutschen Mundarten mehr wie Quellbäche denn wie Nebenkanäle auch der Literatursprache‹ angesehen wissen. Mit Recht schrieb Jahn: ›Ohne Mundarten wird der Sprachleib zum Sprachleichnam‹, und Gottfried Keller: ›Durch energische Geltendmachung der Dialekte wird das Hochdeutsche vor der zu raschen Verflachung bewahrt.‹

Ganz frei von jeglicher Mundart ist kaum ein einziger großer Deutscher Dichter oder Prosaschreiber. Selbst bei dem sprachlich wenig bodenständigen Hebbel kommt doch gelegentlich ein derbes Volkswort vor, so in dem strengen Epigramm ›Der Allerdeutscheste‹:

> Niemals wehrt sich der Esel; als Deutschestes unter den Beestern
> Stört er niemands Genuß; selbst nicht des Wolfs, der ihn frißt.

Die guten Schriftsteller, allerdings nur sie, sollten sich noch viel sorgloser aus den Mundarten Lebensfrische und Sprachfarbe schöpfen. Wenn z.B. im Kölnischen ein listiger Mensch ein *Lauer* (Lauernder) heißt, warum sollten Schreiber vom Rhein solch malerisches gutgebildetes Wort nicht gelegentlich verwenden? Warum nicht wenigstens das treffliche *lauersam*, das übrigens schon bei Musäus vorkommt? Der rheinische ›Klüngel‹ füllt wie kein Gleichsinnwort eine Lücke aus; wie könnte man z.B. den ›akademischen Klüngel‹ schärfer ausdrücken und zugleich geißeln? Mundartlich sind *Fex, heikel, Schneid*; der Rheinfranke Goethe schreibt ›schmorgen‹ für ›absparen‹; warum ist solch ein Prachtwort nicht allgemeiner Besitz geworden? Bismarck, der Gutsherr von Varzin, hat die hinterpommersche Wruke schriftfähig gemacht; warum schreiben wir sehr gebildet und sehr papieren noch immer *Kohlrübe*? Man braucht sogar nicht überängstlich zu sein gegen solche Landschaftswörter wie *Mumpitz, Fatzke* oder *Stiesel*; mit Vorsicht und am rechten Ort gebraucht, tun sie sprachliche Wunderdienste. Wie unvergeßlich ist das alsbald geflügelte Wort eines Berliner Polizeipräsidenten über die Deutsche Dichtkunst der Gegenwart: ›Die janze Richtung paßt uns nich!‹ Ohne ›janz‹ und ›nich‹ wäre es saftlos. Und wie schlagend wirkte einst Bismarcks Kraftwort: ›Wat nich will dieken, dat mut wieken.‹

Daß hier nicht ganz allgemein dem Eindringen der Mundart in die Schriftsprache das Wort geredet wird, ist selbstverständlich. Vischer hat wiederum das richtige Maß dafür gefunden:

Die Mundart.
... Traulichem Lampenschein gleicht sie im wohnlichen Haus.
aber die Sprache, sie gleicht der Königlichen, der Sonne,
Wie sie ins Offne hinaus Meere des Lichtes ergießt.

Wo gar die Mundart Fehlerhaftes aufgenommen, oder wo sie zu Unklarheiten führt, da verwehren wir ihr den Eintritt. Es wäre ein Flecken gewesen, hätte Goethe die Worte Gretchens im Urfaust: ›Und macht doch eben so warm nicht draus‹ nicht geändert in: ›Und ist doch eben so warm nicht drauß‹, selbst wenn wir uns Gretchen als Frankfurterin dächten. Wir wünschten nicht, daß noch andre als Hansjakob schrieben: ›Die meisten Schüler der Klasse fürchteten sich auf seine Stunden‹, so anschaulich auch der Ausdruck zeichnet. Und wenn der Schweizer sagen darf: ›Man fand eine große Erbsmasse vor‹, so möchten wir selbst ihm, bei aller Freude an seiner kernigen Mundart, doch empfehlen, daß er die Verwechselung mit einem Erbsenbrei unmöglich mache durch die Schreibart Erbmasse.

○ ○ ○

Solche Kleinigkeiten aber sollen uns nicht die Freude mindern an den vielen saftreichen Eigenworten gerade der Schweizer, an ›innert‹ bei Keller (innert der gegebenen Frist), an sein ›äufnen‹ (seinen heimlichen Schatz äufnen = mehren). Verdanken wir doch den Schweizern ›staunen‹ (erst seit Halter schriftdeutsch), ›anstellig‹ (von Schiller zuerst bei uns gewagt), ›geistvoll‹. Wie nützlich wäre uns die Aufnahme des schweizerischen ›anderlei‹ oder des ›Fürsprechs‹ statt des ›Rechtsanwalts‹. Und wenn Anzengruber schreibt: ›Die Glocken hatten vor langem geklungen‹, so ist dies kürzer und dichterischer als: vor langer Zeit. Mag Wustmann noch so wütend über die Mehrzahlwörter mit s schimpfen, – Goethe und Schiller haben sich dieser derbgemütlichen Form (Kerls, Jungens, Mädels) am treffenden Orte treffend bedient, und der gute Schriftsteller darf ihnen das ruhig nachtun. Es ist noch lange kein Verbrechen, wenn Vischer, der Deutsch verstand, als eigenwilliger Schwab das Bleistift schreibt, oder ein Niederdeutscher das Talg. Gerade aus dem Niederdeutschen, dem von allen Adelungs verachteten, haben wir Dutzende jetzt unentbehrlicher Wörter herübergenommen, deren Plattlandsursprung die meisten Oberdeutschen nicht ahnen. Niederdeutsch sind: *echt, drall* (zuerst in Lessings Nathan), *Lippe, Lehm, Hafer, sacht, Nichte, Hälfte, Nelke, Treppe, Schrulle, ducken* (erst durch Goethe eingeführt, von Moritz entschuldigt), *Wucht, dreist, schwül.* Niederdeutsch die meisten seemännischen Ausdrücke, z.B. *Flotte, Ebbe, Tide, Flagge, Hafen, Kai, Baas, Maat* und zahlreiche andre. Sollten einst die Mundarten auf dem Festlande ganz verstummen, so würde wenigstens das Niederdeutsche seine Zukunft auf dem Wasser noch für unabsehbare Zeit behaupten.

Ein nicht zu übersehender Vorzug der Mundart ist ihre unbestechliche Ehrlichkeit. Gefremdwörtelt oder erlogen gebildet kann in ihr nicht werden; sie ist ›von allem, was undeutsch ist, abgesondert‹ (Goethe).

> ›Un denn, möt ick Sei seggen, is dat Pladdütsch mi vel leiwer, as dat Fine Hochdütsch, wat Sei schriewen, 't is doch taum wenigsten noch nich von de Franzosen verfuscht un verdorben.‹ – ›Es ist eine gemeine Sprache‹, rep Kägebein, de nu ok hitzig würd – ›de oll Konrekter was 't all lang‹ – ›es läßt sich in ihr kein einziger feiner poetischer Gedanke ausdrücken.‹ – ›Dat sall sei ok nich‹, rep de Konrekter un slog up den Disch, ›dortau is sei tau ihrlich.‹ (Reuters ›Dörchläuchting‹)

o o o

Ich liebe die österreichischen Mundarten im Munde der Österreicher zu sehr, um ihre in der Schriftsprache unberechtigten Eigentümlichkeiten überhart zu verurteilen. Nur das muß ihnen in aller Freundschaft mit Nachdruck geraten werden, sich gewisse ausschließlich österreichische Schreibgewohnheiten abzuziehen, sobald sich die Schriften auch an reichsdeutsche Leser wenden. Wenn diese Österreichereien alle wenigstens lustig oder doch lebensvoll wären! Sie sind aber entweder nur Kanzleipapier oder unzierliche Nachlässigkeit. Es ist doch nicht gar so schwer, sich zu merken, daß ›vergessen‹ bei keinem guten Schriftsteller anders als mit dem einfachen Viertfall vorkommt, sich also das Vergessen auf oder an etwas abzugewöhnen. Es heißt nicht ›beiläufig 10 Gulden‹, sondern: ›ungefähr 10 Gulden‹. Es heißt nicht ›beim Fenster hinaus‹, sondern ›zum ...‹. ›Bereits‹ und ›fast‹ sind nicht dasselbe, sowenig wie ›nachdem‹ und ›weil‹. Es heißt im Schriftdeutschen nur ›in Zukunft‹, nicht ›in Hinkunft‹. Es heißt nicht: ›ich habe nur mehr 10 Kreuzer‹, sondern: nur noch. Es ist schlechtes Deutsch, ›über‹ und ›auf‹ zu verwechseln: über Beschluß des Ministeriums, oder: ein Ämtchen bot sich ihm über Verwendung ... (so in J. J. Davids ›Anzengruber‹). Für Nichtösterreicher ist dies fast unverständlich, und die Österreicher schreiben doch mit der Absicht, auch nördlich und westlich von Bodenbach genau verstanden zu werden.

VIERTER ABSCHNITT
Ausdrucksmittel

Was reich und arm! Was stark und schwach!
Ist reich vergrabner Urne Bauch?
Ist stark das Schwert im Arsenal?
Greif milde (freigebig) drein, und freundlich Glück
Fließt, Gottheit, von dir aus!
Faß an zum Siege, Macht, das Schwert,
Und über Nachbarn Ruhm!

GOETHE, ›DIE SPRACHE‹

In den ältesten Stillehren der Römer und in den alten der Franzosen wurde mit großer Ausführlichkeit zwischen **edlem** und **unedlem** Ausdruck unterschieden. Namentlich bei den Franzosen, bis zu den Romantikern unter Victor Hugos Führung, erhielt sich die Ansicht, es gebe an sich edle und an sich unedle Wörter; der gute Schriftsteller müsse ausschließlich jene anwenden, peinlich diese vermeiden. Im 17. und 18. Jahrhundert der französischen Dichtkunst artete diese Ansicht in eine wahre Entmannung der Sprache aus; Hunderte von treffenden Wörtern waren aufs strengste verpönt, weil sie *ignoble* oder doch nicht *noble* wären. Unedel wurde zuletzt fast jedes scharf bezeichnende Wort, besonders für die Dinge der Sinnenwelt, und da man die sinnenhaften Begriffe doch irgendwie ausdrücken mußte, so schrieb man statt eines kurzen Wortes eine ganze Verszeile oder zwei bis drei. Der in solchen Umschreibungen ebenso großartige wie langweilige Delille drechselte z. B. diese zwei Alexandriner:

> *Un insecte aux longs bras, de qui les doigts agiles*
> *Tapissent les vieux murs de leurs toiles fragiles –*
> (Ein langarmiges Insekt, dessen flinke Finger
> Die alten Wände mit ihren gebrechlichen Gespinsten überziehen),

nur um nicht *araignée* (Spinne) zu schreiben, und dies war noch eine der verhältnismäßig kurzen Salbadereien, die an die Stelle des einen treffenden Ausdruckes traten. So tief hatte sich dieser Unfug in die französische Dichtersprache eingefressen, daß Victor Hugo Stürme der Entrüstung bei den sogenannten ›Klassikern‹ entfesselte, als er die Dinge mit ihrem Namen zu nennen wagte. In seinem ›Hernani‹ antwortet jemand auf die schon unerhört kühne Frage: ›Wieviel ist die Uhr?‹ ohne eine langatmige edle Umschreibung zum Entsetzen der ›Klassiker‹: ›Um Mitternacht.‹ – Als Alfred de Vigny 1827 seine gute Übersetzung von Shakespeares ›Othello‹ auf die Bühne brachte, empörten sich die meisten Zuhörer bei dem Worte *mouchoire* (Taschentuch), denn in keinem der klassischen französischen Dramen besitzt ein Held oder Nebenheld ein *mouchoire*. – Als unedel galt und wurde dem so edlen Racine zum Vorwurf gemacht, daß er in einer Tragödie von *chiens* (Hunden) sprach: er hätte eine dichterische Umschreibung wählen sollen. Selbst *chambre* (Zimmer) galt als unedel, *salle* (Saal) mußte es heißen.

Victor Hugo hat jenen höchst klassischen, aber höchst unnatürlichen Zustand und die durch ihn selbst am meisten geförderte Umwälzung des Sprachgebrauches der Romantiker gut gekennzeichnet:

> *Les mots, bien ou mal nés, vivaient parqués en castes,*
> *Alors, brigand, je vins …*
> *Et sur les bataillons d'Alexandrins carrés*
> *Je fis souffler un vent révolutionnaire.*
> (Die Worte, hoch oder niedrig geboren, lebten nach Kasten gepfercht,
> Da kam ich, der kecke Räuber …
> Und ließ über die ausmarschierten Alexandriner-Bataillone
> Einen umstürzlerischen Wind wehen.)

So arg wie in Frankreich ist in Deutschland diese lächerliche Scheidung des Wortschatzes in Edel und Unedel niemals gewesen, und der gesunde Geschmack wird auch in Zukunft unsre Schreiber vor solchen Übertreibungen schützen. Darum genügt die Bemerkung, daß es, abgesehen von gewissen Wörtern aus den heimlichen Gemächern des Lebens und der Sprache, überhaupt kein unedles Wort in dem Sinne gibt, daß es nicht das einzig richtige und treffende an der richtigen Stelle werden kann. Man lese noch einmal Vischers Satz auf S. 76 und überzeuge sich, daß kein andres Wort an jener Stelle stehen durfte als Bauch. Warum der Bauch des Menschen unedler sein soll als seine Brust, ist nicht einzusehen. Vischer hatte vollkommen Recht: wenn es in solchen Geschmacksfragen, wie er sie behandelte, etwas Unanständiges geben kann, so liegt das viel eher in einer andeutenden Umschreibung als in dem ehrlichen kurzen Wort.

Es gibt nicht Edel und Unedel in der Sprache, es gibt nur Angemessen und Unangemessen. Wer in feierlicher Rede, die sich über die Niederungen des Alltagslebens erheben will, ein Wort gebraucht, das, an sich weder edel noch unedel, uns in jene Niederungen zurückführt, der begeht einen der schlimmsten Stilfehler: er behandelt den Ausdruck zweckwidrig. Die Wörter selbst sind alle ganz unschuldig; nur durch die Erinnerungsbilder, die ihr Aufklingen hervorruft, nehmen sie die Farbtöne von Edel oder Unedel, Hoch oder Niedrig, Ernst oder Heiter, Feierlich oder Alltäglich an. Ein sehr unanständiges Wort kann durch die Gewalt des Augenblicks geadelt, ja zur Höhe der Kunst emporgesteigert werden.

Der junge Goethe schied sprachlich nicht zwischen Edel und Unedel, sondern einzig zwischen Angemessen und Unangemessen. Derb und saftig bis an die äußersten Grenzen des noch Erlaubten, ja zuweilen einen Schritt darüber hinaus, in seinen Fastnachtspielen und kleinen dramatischen Schnurren; zart, linde, kosend im innigen Liede; beides gut gemischt in den Briefen an die vertrauten Freunde und Freundinnen: so ist sein Jugendstil für alle Zeiten das herrlichste Muster für die künstlerische Wahl des treffenden Ausdrucks. Man sagt nicht ›kriegen‹; man sagt nur ›bekommen‹: so verfügt's der Sprachschulmeister. Aber Goethe schreibt im Götz: ›zu Gesichte kriegen‹, und nur so darf es an der Stelle heißen. Manche Sprachmeisterer möchten all die guten bildlichen Wendungen wie: *ins Gras beißen, auf den Leim gehen, am Zeuge flicken* als unedel verbannen. Durchaus falsch, völlige Verkennung des Grundgesetzes alles Stils; jene Wendungen können an der richtigen Stelle nicht nur richtig sein, sondern richtiger als irgendwelche andre, die viel vornehmer, viel edler scheinen.

In späteren Jahren scheute sich Goethe vor bestimmten Wörtern, doch nicht aus sprachlichen Gründen, sondern aus einer Gemütstimmung heraus; so zog er alle mögliche Umschreibungen für Tod und Sterben vor, weil ihm die Gedanken an die Todesstarre nach bewegtem Leben, an das Verwesen nach der Entfaltung unerträglich waren. *Das Ausbleiben meines Sohnes – August kommt nicht wieder – Die schließliche Ruhe – Schiller entzog sich am 9. Mai der Welt und seinen Freunden.*

Nur keine Pedanterei! lautet auch für diesen Abschnitt unsre Warnung. Man hat mit den Gründen der ›Logik‹ Ausdrücke wie ›silbernes Hufeisen‹ bekämpft, weil dies eine *contradictio in adjecto* (innerer Widerspruch) sei. Der Grund wird trotz dem Latein nicht triftig: silbern darf gar wohl zum Eisen kommen, wenn dieses seine Urbedeutung in einer Zusammensetzung nahezu verloren hat. Wir denken bei Hufeisen mehr an den Huf als an das Eisen, und wenngleich man nicht gerade von silbernem Eisen sprechen wird, so ist gegen ein silbernes oder goldenes Hufeisen nichts zu sagen. Ebensowenig gegen das *Wachsstreichhölzchen*. – *Gulden* ist von Gold abgeleitet, trotzdem ist Silbergulden sprachlich nicht schlechter als Goldgulden. – *Trinkhorn* hängt mit Büffelhorn, jedenfalls mit Horn zusammen; wer aber gegen ein silbernes Trinkhorn – oder eine goldene Stahlfeder – eifert, der ist ein Pedant.

○ ○ ○

Soll man **lange** oder **kurze Wörter** vorziehen? Eine allgemeine Regel hierüber gibt es nicht; es gibt eben nur die oberste Stilregel der Zweckmäßigkeit. Das kurze Wort kann kräftig, es kann aber in vielen Fällen unkräftig wirken; das lange kann schwächen, es kann aber auch stärken und vertiefen. Der Stilkünstler bedient sich zu seinen Zwecken jedes Mittels, und selbstverständlich ist es nicht gleichgültig, wie lange der Klang eines Wortes im äußern oder innern Ohre des Hörers oder Lesers nachschwingt.

Schlimmer als die ›unedle‹ Sprache, mit Gänsefüßchen, ist die **bedientenhafte**, ohne Gänsefüßchen. Ausdrücke wie ›alleruntertänigst ersterben, der höchstselige Ahnherr‹ hat es nicht einmal in Frankreich zur Zeit Ludwigs 14. gegeben. Beschämt liest ein aufrechter Deutscher jenen Brief Molières an den Sonnenkönig mit dem Eingang: ›Sire, die Pflicht der Komödie besteht darin‹, und dem Schluß: *Mir genügt es, mein Anliegen in den Händen Eurer Majestät zu wissen, und ich erwarte von Ihr, mit Achtung (!), alles, was Ihr darüber zu befehlen gefallen wird. Molière.* Der verschnörkelte Byzantinerstil im Verkehr mit dem Landesfürsten, wie wir ihn von dem österreichisch-römisch-deutschen Kaisertum leider übernommen hatten, war längst geradezu unanständig geworden.

○ ○ ○

Will ich dem Leser meine Gedanken aufzwingen, so muß ich ihn zu diesem Hauptzweck aller Schreiberei vor allem zwingen, aufzumerken und – nicht einzuschlafen oder wegzulaufen. Kann ich ihm keine unerhörten Geistesschätze, keine verblüffenden Neuigkeiten offenbaren, so kann ich ihn doch angenehm fesseln durch das allgemein menschliche Reizmittel des **Wechsels**. Ich bin vielleicht genötigt, ihm oft von demselben Gegenstande zu sprechen, z. B. dem Leser dieses Buches immer wieder von Sprache und Stil; und spräche ich mit Menschen- und mit Engelzungen, sagte ich nicht nur mein Bestes, sondern überhaupt das Allerbeste über den Gegenstand, immer jedoch mit den gleichen Ausdrücken, kein Leser hielte mir stand. Stand aber soll er mir halten, nur darum schreibe ich. Trocken ist unser Gegenstand nicht, indessen nicht so reizvoll, wie wenn ich über die Liebe, die Dichtung, die Malerei schriebe. Alle diese schönen Dinge leuchten mit hundert farbigen Lichtschliffen in tausend eignen Regenbogen. Bei der Sprache hingegen handelt es sich in diesem Buche nur um ein paar Haupteigenschaften, die obendrein auf die Meisten einen sehr geringen Reiz üben, nur sehr Wenige beglücken; beim Stil am Ende nur um eine: höchste Zweckmäßigkeit. Fühlt also der Leser, wie überaus schwierig es ist, Fragen dieser Art – ich will nicht sagen kurzweilig, aber doch nicht allzu langweilig zu behandeln? Unlangweilig, nicht um ihn beim Lesen leichtfertig zu ergötzen, nicht um geistreich zu spielen, nicht um ›interessant‹ zu scheinen; sondern um auf den Leser in meinem Sinne zu wirken. Die Langeweile mag wissenschaftlicher, vornehmer, abgeklärter, ›objektiver‹ sein als die Kurzweile; sie ist aber weniger nützlich, weniger zweckmäßig, wäre also gerade in einem Buch über Stilkunst so stilwidrig wie nur denkbar. Ich besitze kein Wörterbuch der ›Synonymen‹, also der Sinnverwandten, wünsche mir keins, wenn es ein gutes gäbe, begnüge mich mit meiner Kenntnis des Deutschen Wortschatzes, die so unvollkommen ist, wie sie einem so ungeheuren Reichtum gegenüber immer sein muß; wohl aber bemühe ich mich, für die ähnlichen Begriffe mir alle Möglichkeiten des Wechsels im Ausdruck dienstbar zu machen.

○ ○ ○

Jeder Schreiber, der auf Stil hält, strebt nach Mannigfaltigkeit des Ausdrucks, nicht um seine Rede äußerlich zu schmücken, noch weniger um sich zierig aufzuspielen, überhaupt nicht um irgend etwas zu scheinen. Die Sache will's, der Leser fordert's, und der Leser hat um der Sache willen Recht. Jedes Ding hat gar viele Seiten: Aufgabe des Prosakünstlers ist es, das Ding von allen seinen Seiten zu zeigen; künstlerisch frei mit dem Dinge zu spielen; Klänge und Farben, Bilder und Gefühle der vielen Wörter für das eine Ding alle mitwirken zu lassen zu dem einen einzigen Zweck alles Schreibens: der Unterjochung des Lesers unter den Willen des Schreibers. Wie langweilig wird z.B. in jeder längern Lebensgeschichte das doch unentbehrliche Wort Entwicklung; wie notwendig ist dessen häufiger Ersatz durch schärfer zeichnende Begriffs- oder Bildwerte. Keineswegs bloß zum Vermeiden der Langeweile; sondern jeder Mensch entwickelt sich auf jeder Lebensstufe in andrer Weise, in anderm Zeitmaß. Manchmal ist es kein langsames Auswickeln langsam gewachsener Häute, – also würde Entwicklung ein falsches Bild zeigen. Goethe wählt einmal, schafft sich vielmehr das Wort ›Entwirken‹ (›Und hier mit heilig reinem Weben Entwirkte sich das Götterbild‹), weil er an die wirkenden Kräfte des mit warmem Leben angefüllten Kindes denkt.

Die Notwendigkeit, mit dem Ausdruck zu wechseln, ihn dem Klange, der Farbe, dem Schritt, der Seele des Satzes aufs genaueste anzugleichen, sie erstreckt sich durchaus nicht allein auf die Begriffswörter; der gute Schreiber wählt auch seine Formwörter mit feinem Bedacht. Es ist nicht gleichgültig, wie die Bezeichnung eines Gegensatzes eingeleitet wird; aber, doch, jedoch, hingegen, dagegen, indessen, anderseits usw. sind alle Geschwister oder Geschwisterkinder und dennoch einander nicht gleich. Jeder Satz, jedes Satzglied hat seine eigne Klangfarbe, seinen eignen Schritt und Tritt; an jeder Stelle paßt streng genommen nur eins von jenen Sinnverwandten. Und da der gute Schreiber vornehmlich an den guten Leser denkt, so wird er, abgesehen vom verschiednen Begriffswert der Verwandten, schon für das Wohlbehagen des Ohres durch Abwechslung sorgen, also nicht immer abern. Der Verfasser litt früher an einer gewissen Taubheit für Auch, setzte es oft, manchmal überflüssig, manchmal unpassend; ein einzigmal darauf hingewiesen, erkannte er sein Stilgebrechen und besserte gründlich: aus der neuen Auflage eines einzigen, allerdings dicken Buches mußten wohl hundert Auch verschwinden oder sich durch ›ebenso, zugleich, selbst, ferner, sogar‹ usw. ersetzen lassen. Wie viel können wir hierin von unsern klassischen Sprachfeinmeistern lernen. Wie gewandt wechselt Lessing: *Es ist rührend, wenn auch der schwache abgelebte Nestor sich dem herausfordernden Hektor stellen will,* **falls** *kein jüngerer und stärkerer Grieche mit ihm anzubinden sich getraut.*

○ ○ ○

Neuschöpferisch zu schreiben, ist nicht vielen gegeben, nicht jedermanns Aufgabe, und keiner soll gescholten werden, der sich mit dem für alle gewöhnliche und viele ungewöhnliche Ausdrucksbedürfnisse wahrlich genügenden Wortschatz unsrer Sprache behilft. Diesen Schatz jedoch immer tiefer zu durchwühlen, sich immer mehr von ihm anzueignen, nicht immer bloß die abgeschliffene Scheidemünze dünner und glätter zu schleifen, das sollte sich jeder Schreiber, auch der nie etwas drucken läßt, zur erfreulichen Aufgabe machen. Glaubt man etwa, daß unserm meisterlichsten

Beherrscher der Deutschen Wortwelt, Goethen, diese Herrschaft durch eine Himmelsgnade beschieden ward? Erlebt und erlesen hat er sich seinen staunenswerten Sprachreichtum, und er hat uns zugleich manchen guten Rat gegeben, wie auch wir unsern lebendigen Besitz an Ausdrucksmitteln mehren können. Viel und richtig lesen war ihm eine werte Kunst: ›Die guten Deutschen wissen nicht, was es einem für Zeit und Mühe kostet, um lesen zu lernen.‹ Gewiß tut hierzu ein gut Gedächtnis guten Dienst; Wortgedächtnis aber stärkt sich wie von selbst, wenn man mit Liebe und Freude an der Sprache liest, nicht bloß mit Heißhunger nach Stoff ein Buch verschlingt. Der landläufige Wörterschatz der letzten Gegenwart wird uns mühelos durch Alltagsleben und Zeitungen vermittelt; doch wer möchte sich bei diesen immer wieder durchgepausten Schablonen beruhigen? Der Schreiber mit einigem Wortkunstsinn empfindet viele nicht schlechte, aber nicht besonders gute Ausdrücke als matt und platt, lau und flau; dürstet nach mehr Saft und Kraft, mehr Bild und Klang; möchte, ohne die Absicht des Schemens oder Ausfallens, schärfer prägen, glühender malen, vollmundiger sprechen und schreiben. Manche Fundgrube wurde ihm schon in früheren Abschnitten gewiesen; eine der vollhaltigsten nennt uns Goethe, der sie so fruchtbar wie eifrig durchschürft hat: die Schriften unsrer alten und ältesten Wortkunst. Er empfahl z. B. ›die Benutzung treuherziger Chronikenausdrücke‹ und gab den nützlichen Wink, auf die Abstammung der Wörter, also auf ihre Wurzelsilben schärfer zu achten.

○ ○ ○

Außer den alten und ältesten Büchern, die leider vielen Lesern schwer zugänglich oder sonst unbequem sind, gibt es unter denen der Gegenwart vornehmlich die von süddeutschen, österreichischen und schweizerischen Schriftstellern mit solcher Ader gediegenen Goldes. Je tiefer in der Mundart wurzelnd, je vollgehaltiger diese Schriftsteller, desto besser eignen sich ihre Bücher zum Auffrischen und Bereichern unsrer Scheidemünzensprache. Hebel, Vischer, Reuter, Hansjakob, Anzengruber, Rosegger, Gotthelf, Keller, Zahn, Gorch Fock lese man nicht nur, um zu erfahren, was, sondern wie sie schreiben. Mit welcher Freude las ich z. B. bei Gotthelf von der Kleidung: ›nicht kostbar, aber währschaft‹; es nachzuschreiben darf ich nicht wagen, wünsche aber, einer unsrer meistgelesenen Schriftsteller möchte es in die Schriftsprache einbürgern; vielleicht verdrängt es das blöde ›solid‹.

Im 17. und 18. Jahrhundert priesen die Deutschen Sprachgelehrten unsern Reichtum an **Machtwörtern**. Manches ist ohne Schuld versunken oder so veraltet, daß das Beleben zur Gesuchtheit würde. Noch mehr sind der Fremdwörtelei zum Opfer gefallen: wohin diese rohe Plattfüßerin tritt, da verdorrt das Gras. Mit dem unterschiedslosen Aufgraben verschütteter Wortschächte ist es freilich nicht getan, und ich weiß nicht, welcher Ungeschmack ärgerlicher wirkt: die aufdringliche Deutschtümelei oder die abgeschliffene Gewöhnlichkeit. Goethe, der Meister in allen Grundfragen der Wortkunst, hat hierüber wie so oft das Unübertreffliche gesagt; an einen unbekannten Studenten Blumenthal schrieb er über den unausbleiblichen Werdegang der Deutschen Sprache zur Kraft und Reinheit: er möge sich durch die Deutschtümelei nicht irremachen lassen, ›selbst der beste Zweck wird immer getrübt und verschoben; aber demohngeachtet wird das Treffliche gewirkt, wenn auch nicht im Augenblick, doch in der Folge, wenn nicht unmittelbar dadurch veranlaßt. Und so werden Sie erleben, daß Wert und Würde unserer Ahnherrn rein und schön aus der eigenen Sprache hervortreten; denn es ist wahr, was Gott im Koran sagt: Wir haben keinem Volk einen Propheten geschickt als in seiner Sprache.‹

Wie doch selbst in solchen uns urneu scheinenden Fragen alles schon einmal dagewesen ist! Die römischen Stillehrer empfahlen zum Auffrischen ihrer Sprache das gleiche Mittel wie Goethe; Horaz sang von manchen alten *vocabula: Multa renascentur quae jam cecidere* (Vieles lebt wieder auf, was schon versunken). Aber Paul Heyse war nicht der erste, der über eitle Sprachaltertümelei – über die ›Butzenscheibenlyrik‹, besonders Julius Wolffs und Rudolf Baumbachs – spottete. Schon Quintilian warnte vor geckischem Urlateinertum, denn *Nihil est odiosius affectatione* (Nichts ist abscheulicher als Ziererei), und Seneca belustigte sich wie Heyse über die altertümelnden Zieraffen seiner Zeit, *qui duodecim tabulas loquuntur* (die Sprache des uralten Zwölftafelgesetzes sprechen).

Große Vorsicht und feiner Geschmack sind vonnöten, um nicht am hellerlichten Tage des 20. Jahrhunderts alfanzigen Sprachmummenschanz zu treiben. Ein beliebiger Dichter unsrer Tage darf sich nicht herausnehmen, ringer statt geringer zu schreiben; Erich Schmidts geziert altertümelnde ›Jahrzehende‹ haben keinen Tag mehr als unsre Jahrzehnte, und der sonst ›hochmoderne‹ Dichter eines neuen Gudrunliedes wird unfreiwillig lächerlich mit Versen wie: *Nun will ich Sieglands Magen Behalten mir zum Pfand.*

FÜNFTER ABSCHNITT

Vom nachlässigen, vom schludrigen, vom schlampigen Stil

Jeder Deutsche Schriftsteller sollte mit dem Bewußtsein schreiben zu 100 Millionen deutschredender Menschen zu sprechen.

EIN UNBEDEUTENDER

Schludrig und *Schlampig* sind nach der Ansicht der meisten meiner Vorgänger sehr unedle Wörter; ich habe sie daher erst nach einigem Besinnen gewählt. Es nützt aber nichts, grobe Schäden mit seinen Wörtern zu bezeichnen, und warum sollte man mit Schreibern fein umgehen, die mit ihrer und unsrer Sprache sehr unfein umgehen? Natürlich werden die in diesem Abschnitt gelegentlich genannten Schriftsteller nicht samt und sonders zu den nachlässigen, schludrigen und schlampigen Schreibern geworfen. Auch sollen die in ihren Schriften gefundenen Beispiele nicht zu allgemeinen Schlüssen mißbraucht werden, es sei denn zu dem einen, daß in Deutschland selbst die besten Schriftsteller nicht jenes Maß peinlicher Aufmerksamkeit an Sprache und Stil wenden, das in Frankreich sich schon bei mittleren, ja bei noch viel tiefer eingestuften Männern der Feder von selbst versteht. Ich sehe voraus, daß die strengsten meiner Richter, natürlich die selbst makellosen, mir mehr als einen Beitrag zu meiner Sammlung aus diesem Buche liefern werden; ich danke ihnen dafür im voraus und entschuldige mich wie alle Andre, die trotz redlichem Bemühen um tadellose Sprache nicht immer Fehlern entgehen, mit dem Satze, der ebenso sehr Anklage wie Entschuldigung ist: Die Deutsche Schule hat uns nicht streng genug erzogen.

Da gab es vor etlichen Jahren z. B. einen preußischen Minister, einen Mann von Verdiensten sehr verschiedener Art, mit einem gar merkwürdigen Deutsch, nicht just so schlecht wie Wrangels, doch nicht so gut wie eines begabten Sekundaners. Eine seiner stehenden Redewendungen war: ›meines Erachtens nach‹, und selbst das Gelächter eines ganzen Reichstags vermochte nicht, ihn von diesem Deutsch abzubringen. Er hat noch Ärgeres verübt; doch da er fast nur geredet, wenig geschrieben, so lohnt es sich nicht, weitere Proben seiner absonderlichen Sprachlehre zu geben. – Herzog Ernst von Coburg spricht in seinen Denkwürdigkeiten von einem Handstreich auf das Leben Friedrich Wilhelms 4.: *Es erregte eine fruchtbare Aufregung und Erbitterung unter den Parteien, welche sehr geneigt waren, sich eine Art Mitverantwortung zuzuschieben.* Merkwürdige Parteien, noch merkwürdigere Selbsterkenntnis! – Ach so, der Herzog meinte das gar nicht so; er meinte, die Parteien seien geneigt gewesen, **einander** eine Art Mitverantwortung zuzuschieben. Ein französischer Herzog, aber schon ein französischer Sekundaner hätte dies unzweideutig ausgedrückt.

Hans Delbrück, selbsternannter Wortführer der ›mit Bedacht‹ Schreibenden, bemerkt einmal: *Der preußische Konservativismus existierte nicht jenseits der Elbe.* Wo ist das? Auf dem rechten oder auf dem linken Elbufer? Die ganze Ausführung ist unverständlich, wenn man dies nicht weiß; die Schriftsteller schreiben aber für die Nichtwissenden, sonst brauchten sie überhaupt nicht zu schreiben. – Delbrück schreibt: *Die Bestätigung, daß hier der punctus saliens zu suchen ist, gibt die Antithese, welche unsere eigene Ära darstellt.* Wer versteht diesen Satz beim ersten Lesen? Wer beim zweiten? Woher sollen wir wissen, ob die Bestätigung und welche der erste oder der vierte Fall sind?

Nachlässigkeit oder viel Schlimmeres bei Herman Grimm darf uns ein für allemal nicht wundern bei diesem Verteidiger der sprachlichen und darstellerischen Willkür: Er schreibt: *Man will heute Goethes Verhältnis zu Bettina damals so auffassen.* – *Die Zeit des klassischen Französisch scheint für die Franzosen vorüber und für uns ein wenig Gewinn dabei, es sich anzueignen. – Deutschland zerfiel von jetzt an auf fast zehn Jahre in drei Hälften.*

Hier sei der angenehmen Unterbrechung wegen die nicht um einen Grad zu grobe Erklärung Schopenhauers über die Nachlässigkeit und Schlamperei des Stils eingeschaltet:

> Wer nachlässig schreibt, legt dadurch zunächst das Bekenntnis ab, daß er selbst seinen Gedanken keinen großen Wert beilegt. Denn nur aus der Überzeugung von der Wahrheit und Wichtigkeit unserer Gedanken entspringt die Begeisterung, welche erfordert ist, um mit unermüdlicher Ausdauer überall auf den deutlichsten, schönsten und kräftigsten Ausdruck bedacht zu sein; wie man nur an Heiligtümer oder unschätzbare Kunstwerke silberne oder goldene Behältnisse wendet. Daher haben die Alten, deren Gedanken in ihren eigenen Worten schon Jahrtausende fortleben, und die deswegen den Ehrentitel Klassiker tragen, mit durchgängiger Sorgfalt geschrieben; soll doch Platon den Eingang seiner Republik siebenmal, verschieden modifiziert, abgefaßt haben. – Die Deutschen hingegen zeichnen sich durch Nachlässigkeit des Stils, wie des Anzuges, vor andern Nationen aus, und beiderlei Schlamperei entspringt aus derselben im Nationalcharakter liegenden Quelle. Wie aber Vernachlässigung des Anzuges Geringschätzung der Gesellschaft, in die man tritt, verrät, so bezeugt flüchtiger, nachlässiger, schlechter Stil eine beleidigende Geringschätzung des Lesers, welche dann dieser, mit Recht, durch Nichtlesen straft.

Schopenhauer hätte hinzufügen sollen: wenn nicht in diesem Geschlecht, dann im nächsten ganz gewiß.

○ ○ ○

Wilhelm Scherer sagt von Goethe: *Er war religiös und sittlich tolerant.* Ist ›religiös‹ Bei- oder Umstandswort? Beides ist möglich, beides gibt einen guten Sinn. – Besonders im Satzbau ist Scherer von kaum glaublicher Schludrigkeit; auf jeder gedruckten Seite steht mindestens ein Satz, der zu Mißverständnissen verführt. Ich glaube nicht an eine Unfähigkeit Scherers zum richtigen Satzbau, beurteile ihn aber darum nur noch strenger. Scherer über Goethe: *Als er im Alter von 16 Jahren die Universität Leipzig bezog, angeblich um die Rechte zu studieren, in Wahrheit um in allen Wissenschaften zu naschen und schließlich nur von einem Künstler, Öser, eine wahrhaft tiefgehende Anregung zu erhalten.* Also darum bezog Goethe die Universität Leipzig? In demselben Satze das richtige und das falsche ›um zu‹! Schludriger schreiben wenige unter den vielgeschmähten Zeitungschreibern. – Wiederum Scherer über Goethe: *Wie Goldsmith, den Herder liebte, den englischen Landprediger und seine Familie geschildert hatte, so stand er vor ihm.* Wer vor wem? Goldsmith oder Herder oder der englische Landprediger? Alle drei sind an der Stelle möglich, und erst viel später kommt eine ungefähre Auflösung des Rätsels. – Immer noch Scherer über Goethe: *Er setzte die Figur des Helden halb aus sich selbst, halb aus dem jungen Jerusalem zusammen, einem Sohne des Braunschweiger Abtes, der sich am 29. Oktober 1772 erschoß.* Der Abt Jerusalem hätte sich 1772 erschossen? Der hat ja noch neun Jahre später eine Erwiderung auf Friedrichs des Großen Abhandlung über die Deutsche Literatur geschrieben. – Ach so, nicht der Abt, sondern sein Sohn hat sich erschossen, und nur Scherers Schluderei verleitet zu dem Irrtum.

Haym spricht von Schillers ›Fiesco‹: *Nicht als habe der Dichter eigentlich ein kaltes Napoleonsgesicht* (in Fiesco) *zeichnen wollen.* Um 1782 sollte das schwer gewesen sein. – Im Magazin für Literatur schrieb ein Professor Alfred Klaar: *Ich bedaure, selbst auf die Gefahr hin, den Vorwurf, gegen Hans Arnold, also eine Dame, eine Unliebenswürdigkeit zu begehen, hören zu müssen, es auszusprechen, daß der Stil Arnolds recht salopp ist,* und kam sich dabei selbst wahrscheinlich als ein Stilmeister vor. – Selbst bei einem so feinen Schriftsteller wie Karl Hillebrand steht einmal: *Man spricht von der französischen Ignoranz des Auslandes*; er meinte damit die französische Nichtkenntnis des Auslandes, und nur das Fremdwort verursachte den schiefen, kaum halbverständlichen Ausdruck. Adolf Stahr läßt in seiner Kleopatra jemand sagen: *Inmitten der in deiner Heimat wütenden Furie des Bürgerkrieges.* Inmitten einer Furie? Wer kein Dichter ist, hüte sich vorm Bildern, und wer Fremdwörter schreibt, werde sich bewußt, was sie bedeuten. – Der Philosoph Lasson schreibt: *Denn immer tritt ein Punkt ein, wo –*. Was ein eintretender Punkt ist, bleibt rätselhaft.

In jeder Sprachlehre steht die nicht schulmeisterliche, sondern sprachkünstlerisch vollberechtigte Warnung vor dem Zusammenhäufen von Vorwörtern. Herman Grimm verachtet die Vernunft und Wissenschaft, die in der Sprachlehre steckt, und schreibt: *Eine kleine Anzahl von für Mathematik vorzüglich begabten Schülern.* Fälle dieser Art sind bei ihm so häufig, daß man an Absicht glauben muß. Ganz vereinzelt kommt diese Unschönheit bei Jakob Grimm vor (in der Vorrede zum Wörterbuch): *von an der Oberfläche klebenden Arbeiten.* – In einer Zeitung stand jüngst der großartige Satz: *So sehen wir ihn mit durch zum Bösen verlockende Welterfahrung und glückliche Erfolge immer gesteigerter Frechheit zum Jüngling heran- und dem Racheschwerte der ewigen Gerechtigkeit entgegenreifen.*

Verzeihlicher sind Schludereien, die belustigend wirken. Auerbach erzählt in ›Dorf und Stadt‹: *Reinhold kam in das Bierstübchen, wo er sitzenblieb und stundenlang durch die menschenleeren Straßen wandelte.* – In einem der herrlichen Romane von Georg Ebers steht zu lesen: *Der Oberpriester trat ihm näher und legte beide Hände auf seine Schultern. Beide waren von gleicher Größe.* Gilt das nicht von allen Menschenhänden? Indessen Ebers meint den Oberpriester und den Ihm.

In einer großen Berliner Zeitung wird berichtet: *In S. fand man jüngst einen Lumpensammler als Leiche liegen, der nach seiner eigenen Aussage seit 17 Jahren nicht mehr in einem Bette geschlafen.* – In einer andern Zeitung: *Beide Fälle* (von Selbstmord) *betrafen Maurer, die gegenwärtig den besten Erwerb hatten.* Dieser Unsinn ist die Folge der unseligen Anleimerei von Bezugsätzen (vgl. S. 548). – Für die Bilderzeichner unsrer Witzblätter liefert Philipp Galen in einem seiner Romane diesen fruchtbaren Stoff: *Nachdem sich die Portière geschlossen hatte, schlüpfte mit leisem Tritt ein weiblicher Fuß ins Zimmer und löschte mit eigener Hand die Kerze.*

Bei Gerhart Hauptmann heißt es im ›Griechischen Frühling‹: *Als sänke sich von allen Seiten Finsternis;* im ›Quint‹: ›*Ich bin so schlecht gekleidet denn ihr*‹. Dieser ›größte Deutsche Dichter‹ hätte allen Grund, seine Kenntnisse in Deutscher Sprachlehre für Volksschulen zu vervollständigen, anstatt in englischen oder gar in griechischen Fremdbrocken zu schwelgen (vgl. S. 480).

Merkwürdigerweise war Liliencron, dieser leidenschaftliche Bewundrer einer saubern Sprache, oft recht nachlässig, und die mit der Herausgabe seiner gesammelten Werke betraute Freundeshand Dehmels hätte ruhig ausmerzen sollen, was der Dichter bei längerm Leben auf Freundesrat gewiß gern selbst verbessert hätte. Es gibt bei ihm Wendungen wie: *Ein markerschütterndes Hurra entlassen unsere Kehlen. – Er sollte unsere Nordarmee zum Abrücken auf Paris verhindern.*

Überaus schludrig schreibt Adolf Bartels; an dieser Stelle sei nur seines regellosen Durcheinandermengens von Und und Wie gedacht, die er offenbar für ganz gleichbedeutend hält: *Die elementare Kraft wie das feine Gefühl für innere Form kann man sich nicht geben;* wir wären zufrieden, wenn Bartels sich einiges Gefühl für die äußere Form geben könnte. – *Geibel hat in der Tat eine größere Mannigfaltigkeit der Stoffe wie die vollständige Beherrschung der äußeren Form erreicht.*

Dies beides auf einer Seite. – Bartels entschuldigt sich: er müsse von seiner Feder leben, also ›flüchtig‹ schreiben. Das freilich ändert die Sache; sonst aber betrachtet man Deutschen Stil als eine Frage der Kunst und des tiefsten Seelenausdrucks, nicht als eine des Geldverdienens.

Gelegentlich verunglücken selbst unsre Größten und Sorgfältigsten; wir werden in solchen Fällen nicht spotten, vielmehr entweder an Setzerfehler, Durchleseversehen oder an ein augenblickliches Nachlassen der Aufmerksamkeit denken und für uns daraus entnehmen, daß wir um so vorsichtiger sein wollen. Falsche Ehrerbietung vor dem überlieferten Wortlaut hat bis heute den widersinnigen Schreibfehler Lessings stehen lassen: *Wie wild er schon war, als er nur hörte, daß der Prinz dich jüngst **nicht ohne Mißfallen** gesehen* (›Emilia Galotti‹ 2, 6). Man sollte dies ohne weiteres verbessern. – Die berühmte Stelle bei Kant: *Der kategorische Imperativ ist also ein einziger und zwar dieser: Handle nur nach derjenigen Maxime, durch die du zugleich wollen kannst, daß sie ein allgemeines Gesetz werde*, ist sprachlich fehlerhaft, und einer der Herausgeber Kants hat mit Recht vorgeschlagen, ›durch die‹ zu ändern in ›von der‹. – Heinrich von Kleist schreibt in einem Augenblick der Gedankenlosigkeit: *Das Glück wollte, daß das Feuer wegen eines anhaltenden Regens, der **vom Himmel** fiel, nicht um sich griff.* – Dagegen halte ich seinen Satz: *Ein Fluch ruht auf dein Haupt*

Schludrigkeiten

(›Schroffenstein‹ 1, 2) nur für eins der vielen Beispiele seiner Unsicherheit in Deutscher Fügung.

Wenn wenigstens alle Unglücksfälle der Schreiber so erheiternd wirkten wie diese zwei aus einer einzigen Zeitungsnummer: *Der Feldmarschall von Manteuffel würde sich in seinem Grabe umdrehen, wenn er dies erlebt hätte. – Heute Abend Vortrag: Die Abstammung des Menschengeschlechtes von Lehrer Kalb in Gera.*

SECHSTER ABSCHNITT
Der sichtbare und der unsichtbare Stil

Zur Charakteristik [der Scheindenker] gehört auch dies, daß sie, wo möglich, alle entschiedenen Ausdrücke vermeiden, um nötigenfalls immer noch den Kopf aus der Schlinge ziehen zu können: daher wählen sie in allen Fällen den abstraktern Ausdruck; Leute von Geist hingegen den konkretern, weil dieser die Sache der Anschaulichkeit näher bringt, welche die Quelle aller Evidenz ist.

SCHOPENHAUER

Ein geistreicher ausländischer Seelenforscher, dessen Name mir leider entfallen, kennzeichnete einmal die drei wichtigsten Bildungsvölker nach der Art, wie sie die Aufgabe lösen würden, ein Kamel zu zeichnen. Der Engländer würde in die nordafrikanische Wüste ziehen; der Franzose in den Pariser *Jardin de plantes,* der Deutsche würde nichts dergleichen tun, sondern das Kamel aus der Tiefe seines Gemütes zeichnen. – Ganz genau hat jener Forscher uns doch nicht gekannt: der Deutsche würde zwei Kamele zeichnen und eins das subjektive, das andre das objektive nennen. Hüte dich, o Leser, vor solchen Schreibern, die vom Kamel, oder sonst von Tieren, Menschen, Dingen gleichviel welcher Art, aus der Tiefe ihrer Gemüter sprechen, ohne irgend etwas gesehen zu haben: ihre Schriften werden dir nichts nützen, denn wer selber nichts gesehn, kann andre nichts sehn machen.

Warum hat noch kein Germanist unsre Klassiker und Nachklassiker auf die Sichtbarkeit und Unsichtbarkeit ihrer Sprache untersucht? Im voraus darf das Hauptergebnis so bezeichnet werden: je sichtiger der Schreiber, desto lebendig dauernder; je unsichtiger, desto vergänglicher. Goethe schrieb bei weitem sichtiger als Schiller und selbst um etwas mehr als Lessing: Goethes noch immer aufsteigende Geltung ruht nicht am wenigsten auf dieser unerschütterlichen Grundlage. Trotz der höher und höher schwellenden Papierflut ist der Leser des 20. Jahrhunderts ein Mensch mit Körpersinnen geblieben, und wehe den Schreibern, die nicht auf seine Sinnenseele zu wirken vermögen. Das Ding leibhaftig sehen soll uns der gute Stil machen; mit dem wortreichsten Zerdenken des Dinges ist nichts getan. Ein armseliger Papiermensch bleibt jeder Prosaschreiber, der nicht so viel vom Dichter hat, daß er Sinnenbilder in uns heraufbeschwören kann. Wie fein schildert Storm seinen Freund Mörike: ›Bei den Gesprächen, in die wir bald vertieft waren, offenbarte sich überall der ihm innewohnende Drang, sich alles, auch das Abstrakteste, gegenständlich einzuprägen; die Monaden des Leibniz erschienen ihm wie Froschlaich.‹ Gewiß eine sehr unwissenschaftliche Art, sich die Monaden des Leibniz vorzustellen; und doch wird Mörike sie deutlicher gesehen haben als die meisten darüber schreibenden Deutschen Philosophen, ja als Leibniz selber.

Ganze dicke Bücher, halbe Büchereien mit nicht ganz wertlosem Inhalt sind ungenießbar, unwirksam wegen ihrer sinnlosen, verblasenen Ausdrucksform, die allemal die Folge unklaren Denkens ist. Es ist dem Menschen überhaupt nicht gegeben, vollkommen klar zu denken, ohne das Gedachte klar im innern Auge zu sehen. Jeder überwiegend ›abstrakte‹, also von der Sinnenwelt abgezogene Stil ist das sichere Kennzeichen einer gewissen schriftstellerischen Unwahrhaftigkeit; denn unwahrhaftig ist es, von Dingen zu schreiben, die man weder mit dem äußern noch dem innern Auge gesehen, deren Wortwerte man beliebig durcheinander mischt. Allerliebst verspottet der sonst so ernste Lorm die Schwindelsprache der Nichtsseher:

> Der Ritter sprach zum Knappen:
> Auf! sattle mir den Rappen!
> Drauf ritt er ins Getümmel
> Der Schlacht auf seinem Schimmel.

Hei, wie er flog zum Tanze
Mit Schwert und Schild und Lanze,
Er war der Feinde Schrecken
Auf seinem wilden Schecken.

Da schwirrten die Geschosse –
Der Ritter sank vom Rosse;
Er sank zu Aller Staunen
Herab von seinem Braunen; –

Besah die Todeswunde
Und rief: O Kunigunde,
Ich sterbe deinethalben –
Lag tot bei seinem Falben!

Freilich kann auch der Schreiber mit sichtigstem Stil nicht Formeln aus der höheren Mathematik sinnenhaft anschaulich machen. Das aber ist die einzige Ausnahme, die allenfalls zugunsten der unsichtigen Schreibart einzuräumen wäre. Ein befreundeter Mathematiker versichert mir übrigens, daß es selbst in der höheren Mathematik möglich, ja erwünscht sei, künstlerisch zu arbeiten, daß nach der ›eleganten Formel‹ gesucht werde, also nach einer, die auf die Sinne des mathematischen Denkers wirke. Und ganz gewiß wäre es ein schweres Stilgebrechen, z. B. über Stil schattenhaft, dunstig, abstrakt, d. h. abgezogen von aller sichtbarer Wirklichkeit, zu schreiben. Wie wäre ich unglücklich, wenn mir das in diesem Buche öfter als leider unvermeidlich widerführe! Nein, man braucht selbst über beschriebenes und bedrucktes Papier nicht papieren zu schreiben, denn man will ja auf lebendige Menschen wirken.

Wie sinnfällig vom Stil gesprochen werden kann, zeigt uns Lessing. Er will auf Deutsch sagen, was auf Abstrakt und Hochwissenschaftlich etwa lauten würde: *Die linguistisch-psychische Form der graphischen Ideenexpressionen des Individuums steht in einer approximativ äquivalenten Relation zur konstitutionellen Synthese seines physischen Organismus.* Lessing drückt dies in seiner lebensfrischen Menschensprache aus: ›Jeder Mensch hat seinen eigenen Stil, so wie seine eigne Nase.‹ Oder man versuche sich den unsichtigen Wortschwall auszudenken, den ein Meister der Papiersprache über Lessings ›Methode der kritischen Polemik‹ fertig brächte. Lessing, der alles was er schreibt zuerst gesehn, malt ein Bild seines kritischen Amtes, das nach anderthalb Jahrhunderten noch in den frischen Farben des Lebens leuchtet:

> Ich bin wahrlich nur eine Mühle und kein Riese. Da stehe ich nun auf meinem Platze, ganz außer dem Dorfe auf einem Sandhügel allein, und komme zu niemandem und helfe niemandem, und lasse mir von niemandem helfen. – Von der ganzen weiten Atmosphäre verlange ich nicht einen Fingerbreit mehr, als gerade meine Flügel zu ihrem Umlaufe brauchen. – Mücken können dazwischen hinschwärmen, aber mutwillige Buben müssen nicht alle Augenblicke sich darunter durchjagen wollen. – Wen meine Flügel mit in die Luft schleudern, der hat es sich selbst zuzuschreiben. Auch kann ich ihn nicht sanfter niedersetzen, als er fällt.

Es gibt keinen Zweig des Menschenlebens, der den unsichtigen Stil fordert oder – erträgt. Nicht die Staatskunst, denn sie wird von Menschen für Menschen getrieben, nicht von wolkigen Behörden oder Volksvertretungen für wolkige Bevölkerungen und Klassen. Nicht die Volkswirtschaft, denn sie hat zu Gegenständen arbeitende Menschen und ihrer Hände Werk. Nicht die Dichtung und die bildenden Künste, denn Menschen schaffen in ihnen, schaffen Werke für genießende Menschen. Selbst nicht die Philosophie, denn sie spricht von den Gedanken in Menschenhirnen. Wir haben in Deutschland über Unterricht und Erziehung Bücher, in denen man vor lauter Unterricht und Erziehung, meist *Pädagogik* und *Psychologie*, das Kind nicht sieht. Karl August von Weimar, der ganz sinnenhafte Mensch und Fürst, empörte sich über seine tief im Schreibwesen befangenen Unterrichtsbeamten: ›Von allen menschlichen Begriffen den allermenschlichsten, die Erziehung des Menschen, im Aktenstil vorgetragen zu sehen, ist unglaublich‹ (an Knebel).

○ ○ ○

Zwei unverkennbare Merkmale haften dem unsichtigen Stil an: die Hauptwörter auf *ung, heit, keit* und – die Fremdwörter. Goethe, besonders der Jüngling und der Mann, haßte die Ungerei und vermied sie, wo er konnte. Keller schalt in einem Brief an Storm über die ›Anhäufung der verfluchten Endsilben ung, heit und keit‹. Um wieviel schwächer, papierner klingt: ›Ich habe keine Hoffnung mehr‹ als ›Ichhoffe nichts mehr‹. Ein Lehrer der oberen Klassen sollte einmal seinen Schülern die Preisaufgabe stellen, aus einem beliebigen Lesestück, selbst von unsern Klassikern, möglichst viele ungs und Zubehör auszumerzen und durch sichtige Wörter zu ersetzen. Erscheint ein Schreiber unklar, so prüfe man ihn auf das Verhältnis seiner Dingwörter (*Concreta*) zu den Denkwörtern (*Abstracta*).

Völlig vermeiden lassen sich natürlich solche Denkwörter nicht; indessen wer da will, daß der Leser hinter einem Buch einen Menschen gewahre, der wird sie aufs äußerste einschränken. Schon das Bewegen ist etwas weniger bloß gedacht als die Bewegung, das Strömen als die Strömung; und in nicht wenigen Fällen gibt es gute knappe Hauptwörter statt der meist langgeschwänzten auf *ung* und *heit – keit*. Je älter Lessing wurde, desto mehr bevorzugte er Wörter wie Teilnahme vor Teilnehmung, Befremden vor Befremdung. Das Neuwort Abteil in der Eisenbahnsprache ist freudig zu begrüßen und sollte vorbildlich werden. Einiges dergleichen haben wir ja schon: Abschluß, Nachschub, Ausstoß, Verputz, Verzehr, Betrieb, Bauwich.

Der Kunstwart, ›Zeitschrift für Ausdruckskultur‹, leider nicht für Kultur des Ausdrucks, schreibt von den *Kosten der Beherbergung des Bevölkerungswachses* – gemeint sind die Kosten der Häuser für die zuwachsenden Menschen. Bei Lohe steht der Schattensatz: W*eder diese Atome noch jene Bewegungen sind so, wie sie sind, Gegenstände unsrer Beobachtung; beide sind die notwendigen Voraussetzungen, auf welche nur die Berechnung der Erscheinungen zurückführt*. Zum vollen Verständnis bedarf es eines Übersetzens ins Sichtbare. – Kohler vom Kriege: *Er trägt in allen Fällen die Kennzeichnung des Außergewöhnlichen an sich;* er meint die Kennzeichen.

Das bayrische Ministerium schreibt in einem sonst löblichen Erlaß gegen das Umhacken von alten Dorfbäumen: *In vielen Fällen wird sich schon durch einen Wechsel der Baumart Abhilfe schaffen lassen ohne daß eine Auflassung der Allee Platz zu greifen hat*, statt: ohne daß man die alten Bäume umzuhauen braucht. Was bayrische Bauern mit ihrem gesunden Sprachsinn sich wohl unter ›Auflassung der Allee‹ denken?

○ ○ ○

Unentbehrlich sind dem verblasenen Denkstil die lieben, lieben **Fremdwörter**; ohne sie, allein mit den ungen und heiten, gelänge ihm das Verdunsten und Umwölken der Gedanken noch nicht völlig. Je unbestimmter, flauer, europäischredensartlicher, desto besser passen sie in den Stil der bloß bewegten Luft. Ihr *Faktoren, Interessen, Momente, Elemente, Materie, Material,* nicht zu vergessen die ebenso lautschöne wie scharfzeichnende *Individualität* – was finge der Schreiber des nie Gesehenen noch Gefühlten ohne euch gefällige Allerweltsformeln an? Aber er rechnet mit des Lesers gläubigem Vertrauen: Wenn man nur Worte hört, so muß dabei sich auch was denken lassen.

Das beliebteste aller dieser Dunstwörter ist zur Zeit wohl *Material:* Männer, Weiber, Kranke, Gesunde, Tiere, Bäume, Steine, Kleider, alle sind sie Material. Die Ärzte sprechen von Krankenhaus*material* und meinen nicht etwa Verbandwatte und Werkzeuge, sondern kranke Menschen: *Unser Material im Virchow-Krankenhause ist ein* (!) *sehr verschiedenes,* was bedeuten soll: Wir haben dort Kranke sehr verschiedener Art. – Ein Stadtschulrat klagt: *Diese Stadtgegend liefert uns schon seit Jahren nicht mehr genügendes Material für unser Gymnasium*; das *Material* sind lebendige Knaben. – Ein Minister im preußischen Abgeordnetenhause: *Wir verfügen über ein Richtermaterial von außerordentlicher* Gewissenhaftigkeit; er meint lebendige Richter.

Bei B. Litzmann sind selbst Kellnerinnen *Elemente*: der junge Mensch kommt *in Berührung mit Elementen, die ihn das moderne Weib nicht von der idealen Seite kennenlernen lassen.* – Kohler, aber er nicht allein, schreibt: *Es ist für die Rechtspflege von Vorteil, wenn das Laienelement daran beteiligt ist.* Er meint: Laien. Weiterhin läßt Kohler dieses Laienelement in *seiner Lebenserfahrung stets Schwarz und Weiß zugleich sehen.* Ein Element, das sieht! Bei Köhler gibt es auch ein *mangelhaftes Geschworenenmaterial;* er meint Geschworene.

Bei Henry Thode, einem Gelehrten, der alle von ihm besprochene, greifbare Kunstwerke sprachlich verdünstet, wird aus einem begabten Künstler, Mann oder Menschen ›*eine begabte Individualität*‹, und es heißt gar: *Begabte Individualitäten sehen die Nichtigkeit dieses Treibens ein.* Man versuche dies ins Griechische, Lateinische, Französische, Englische, Italienische zu übersetzen! Es ist unmöglich, denn es ist ja überhaupt keine Menschensprache, sondern Wortdunst auf Papier.

Ranke, wie leider die meisten unsrer Geschichtschreiber, läßt mit Vorliebe Begriffe gegen einander anrücken, nicht lebendige Menschen. Die *Faktoren, Momente, Elemente, Materien und Materialien*, besonders aber die *Prinzipien* stehen bei ihm fast auf jeder Seite. Völker sind bei ihm nicht einheitlich gestaltet oder gesinnt, sondern: *Bisher hatte das Prinzip der Einheit in den abendländischen Völkern überwogen;* und nicht fühlen Menschen sich selbständig, sondern: *Das Prinzip der Selbstständigkeit war bis in die unteren Kreise des öffentlichen Lebens eingedrungen.* Statt ›Ehe‹ schreibt er einmal: das *maritale Element*. Erfände dies ein Witzblattschreiber, so riefe jeder: törichte Erfindung!

Selbst die Guten sind bei uns nicht frei von dieser Verwolkung eines festen Gedankens. Bölsche spricht von dem Kritiker Fontane und will etwa sagen: Er war für mich nicht mehr der Verkörperer oder Vertreter einer mir unerfreulichen Macht, sagt aber dies: *Er war für mich nicht mehr der Typus eines mir unsympathischen Machtprinzips.* Was ist ein Machtprinzip, und was ist der Typus eines Machtprinzips? Ich bekomme höchstens eine ganz verschwommene Ahnung, kein deutliches Bild. Dabei ist Bölsche im Hauptberuf darstellender Naturforscher, hat also die Pflicht, seine Leser etwas sehen und fühlen zu lassen.

Unter den vielgenannten Männern der neueren Wissenschaft war Karl Lamprecht der dunstigste, besonders in den letzten Bänden seiner ›Deutschen Geschichte‹; an welchen andern Gebrechen sein Stil leidet, wird weiterhin zu untersuchen sein. Unsichtbar, blutlos, dabei wortreich bis zum breitesten Geschwöge und, selbstverständlich, unerträglich fremdwörtlerisch: so kann sein Stil aufmerksamen Lesern, die sich nicht durch Wortdunst benebeln lassen, als abschreckendes Muster die besten Dienste leisten.

Sein ganzes reiches Lebenswerk versinkt vor unsern Augen schon jetzt, wenige Jahre nach seinem Tode. Hat man eine Weile Lamprecht gelesen, so muß man nach Schopenhauer als einem der Nothelfer unsers Stilelends greifen und sich aus ihm Trost erlesen:

> Was die Schreiberei unserer Philosophaster so überaus gedankenarm und dadurch marternd langweilig macht, ist zwar im letzten Grunde die Armut ihres Geistes, zunächst aber dieses, daß ihr Vortrag sich durchgängig in höchst abstrakten, allgemeinen und überaus weiten Begriffen bewegt, dabei auch meistens nur in unbestimmten, schwankenden, verbissenen Ausdrücken einherschreitet. Zu diesem aerobatischen (luftwandlerischen) Gange sind sie aber genötigt, weil sie sich hüten müssen, die Erde zu berühren, als wo sie, auf das Reelle, Bestimmte, Einzelne und Klare stoßend, lauter gefährliche Klippen antreffen würden, an denen ihre Wortdreimaster scheitern könnten.

Gute Trösterdienste leistet auch Lassalles Schrift über Julian Schmidt. Darin nennt er jenen Wortmacherstil kurz aber deutlich ›Bimbam‹ und schreibt von ihm:

> Sie haben sich aus den Schriften der Denker und Gelehrten einiger vornehmer Ausdrücke bemächtigt und mit deren Hilfe sich eine eigene Art von gespreizter ›Bildungssprache‹ erzeugt, die einen wahren Triumph der modernen Bildung darstellt und zeigt, wohin es die Kunst bringen kann. Es ist eine kaleidoskopartige durcheinander gerüttelte und geschüttelte Anzahl von Worten, die keinen Sinn geben, aber auf ein Haar so aussehen, als gäben sie einen solchen und einen erstaunlich tiefen.

Vor allem aber lese man unsre großen Schriftsteller, deren Größe nicht zum mindesten darin liegt, daß sie nur schrieben, was in klaren festen Bildern vor ihrem innern Auge stand: Lessing, Goethe, Schiller. Gibt es einen scheinbar unsichtigeren Gegenstand als die Erziehung des Menschengeschlechts? Nun lese man Lessings Abhandlung mit diesem Titel und genieße bewunderungsvoll die strahlende Helle jedes Satzes, ja jedes Wortes! Wer zu solchen Stilübungen Gabe und Lust verspürt, der übersetze z.B. den Satz Lessings: *Warum könnte jeder einzelne Mensch auch nicht mehr als einmal auf dieser Welt vorhanden gewesen sein?*, diesen höchst sinnfälligen Ausdruck für den rein gedanklichen Begriff der Seelenwanderung, in die Sprache Hegels, Schellings, Julian Schmidts, Lamprechts, Gundolfs, Simmels! Er braucht keinen Nachahmerspott zu beabsichtigen, er kommt von selbst zustande. Lessing vermochte das Allerunsichtigste sichtbar zu machen, weil er vor dem Niederschreiben den Gedanken bis zu dessen äußersten Grenzen durchdacht und sich mit höchster sinnlicher Deutlichkeit zu eigen gemacht hatte. Er veranschaulichte sogar das Nichts, indem er von dessen ›unfruchtbaren Lenden‹ sprach.

Der Abstrakte schreibt: ›Er war voll und ganz eine dominierende Individualität‹; Shakespeare läßt Lear sich hoch aufrichten: ›Jeder Zoll ein König!‹ – Dem abstrakten Rechtslehrer wäre das Haus: die Umgrenzung der Wirkung der Polizeiverwaltung; die englische Lebenssprache sagt: ›Mein Haus ist meine Burg.‹ – Ein gelehrter Kriegsgeschichtschreiber würde sich ausdrücken: ›Durch die Schußwirkungen war eine Verminderung der Entfernung eingetreten‹; Moltke schreibt von einer Brigade, sie habe sich an den Pachthof ›herangeschossen‹.

○ ○ ○

Feindschaft herrschte von jeher in Deutschland zwischen den sichtigen und den unsichtigen Schreibern. Der Konkrete und der Abstrakte, wie man meist mit überflüssiger Gelehrttuerei so einfache Dinge benennt, hassen einander, wie das Leben den Tod, wie der Tod das Leben haßt. Der Dunstschreiber schimpft den Sinnenschreiber ›Literat‹ oder ›Feuilletonist‹, was auf Deutsch besagt: Du kannst so schreiben, daß man dich versteht und gern liest; der Konkrete sagt zum Abstrakten: ›Du bist nicht Leben, sondern Leder; du gibst nicht Speise, sondern Stroh, nicht Menschenseele, sondern Papier, wirst also weder verstanden noch gelesen.‹

Der sichtige Stil kann flach sein, wenn der Schreiber flach ist; aber er ist ehrlich, gaukelt keine Tiefe vor. Der unsichtige Stil erweckt fast immer den Verdacht, daß der Nebeldunst eine nichtvorhandene ungeheure Wissenswelt, der trübende Schleier ein scheinbar abgrundtiefes Gedankenmeer ahnen lassen soll. Wie greifbar sinnenhaft sind Goethes naturwissenschaftliche Arbeiten; wie sichtbar Schillers schwierigste philosophische oder künstlerische Untersuchungen. Man lese z.B. in Goethes Aufsatz ›Natur‹, einem seiner herrlichsten Prosastücke, diese Sätze, die den Bildern eines großen Malers gleichen:

> Natur! Wir sind von ihr umgeben und verschlungen – unvermögend, aus ihr herauszutreten, und unvermögend, tiefer in sie hineinzukommen. Ungebeten und ungewarnt nimmt sie uns in den Kreislauf ihres Tanzes auf und treibt sich mit uns fort, bis wir ermüdet sind und ihrem Arme entfallen.
> Ihre Kinder sind ohne Zahl. Keinem ist sie überall karg, aber sie hat Lieblinge, an die sie viel verschwendet und denen sie viel aufopfert. Ans Große hat sie ihren Schutz geknüpft. Sie spritzt ihre Geschöpfe aus dem Nichts hervor und sagt ihnen nicht, woher sie kommen und wohin sie gehen. Sie sollen nur laufen; die Bahn kennt sie.

Oder man vergleiche Schillers Aufsatz ›Anmut und Würde‹ mit Thodes wolkig verblasenem Wortdunst und mit dem Mengseldeutsch so vieler andrer Kunstschreiber unsrer Zeit.

Es gibt allerdings auch eine falsche Anschaulichkeit, wir werden sie in dem Abschnitt ›Bild‹ (S. 461) näher betrachten. Es gibt das modische, den französischen Symbolisten nachgeahmte Scheinversinnlichen des Unsinnlichen durch Mittelchen, die jeder handhaben kann: man läßt irgendeinen Begriff nach der Reihe alle erdenkbare menschliche oder tierische Handlungen vornehmen. Der Erzähler Gysä ist zur Zeit der Meister dieser Spielerei: bei ihm gibt es z.B. eine Stille, die sich je nachdem schlängelt, kriecht, sich zusammenballt, lichtet usw.

Sodann erfreuen wir uns der gelehrten Prosaschreiber, die durchaus Dichter sein möchten und dies durch verstiegene Bilderei bewirken wollen. Karl Borinski schreibt z.B.: *Wir dünken uns heute sehr fortgeschritten und entwickelt. Unser Frack fühlt sich der Toga, dem alten Staatskleid der alten Römer, unendlich überlegen.* Gute Dichtung ist dies nicht, es ist nur schlechte Prosa.

○ ○ ○

Nach dem Grade der Willigkeit und der Ausdauer steigern sich die drei Arten, Gedanken aufzunehmen, in dieser Reihenfolge: Lesen, Hören, Sehen. Lesen und Hören können bald einschläfernd wirken. Sehen erst nach längerer Zeit. Nur der Prosaschreiber, der gleich dem Dichter uns sehen macht, erzwingt sich unser Aufmerken. Dies wußten schon die klugen Alten: Quintilian preist die Kunst, die Dinge so auszusprechen, *ut cerni videantor* (daß man sie zu sehen meint). Lessing forderte die Sichtbarkeit sogar für den wissenschaftlichen Stil: ›Was meine Art zu streiten anbelangt ..., ich suche allerdings durch die Phantasie auf den Verstand meiner Leser zu wirken. Ich halte es nicht allein für nützlich, sondern auch für notwendig. Gründe in Bilder zu kleiden. Wer hiervon nichts weiß, müßte schlechterdings kein Schriftsteller werden wollen.‹ Es gibt kaum zwei aufeinander folgende längere Sätze in Lessings wissenschaftlichen Schriften ohne ein Bild, und wo kein fertiges Bild, da enthalten seine nachdrücklichsten Worte Bildstoff. Was Vischer in seiner Ästhetik von der Aufgabe des Dichters sagt, gilt fast mit gleicher Notwendigkeit vom Prosakünstler: ›Dafür zu sorgen, daß das Wort dem Hörer nicht mechanisches, totes Zeichen bleibe; er muß ihn zwingen, zu sehen und selbständig Belebtes, Lebendiges zu sehen.‹

Wo ich nur lese, nur höre, niemals sehe, da glaube ich nicht, ja da verweile ich nicht einmal, und was ist der Schreiber wert, der mich nicht vor allem zwingt, bei ihm zu verweilen? Ursprünglich war alle Menschensprache Bildsprache: sie gab durch die Lautmittel der Rede die Dinge selbst, und Tausende von Einzelwörtern oder Wendungen in allen alten und neuen Sprachen zeugen für jenen Urzustand menschlichen Ausdrucks. Fürs Deutsche hat Hermann Schrader in seinem lesenswerten Buche ›Der Bilderschmuck der Deutschen Sprache‹ eine sehr reiche und doch nicht vollständige Sammlung geliefert. Goethe, der Augenmensch vor allen andern, besaß die Zauberkraft, uns die ganze Welt hinter den Worten schauen zu lassen; ›er gibt immer ein Ding statt eines Wortes‹, heißt es überaus fein bei Emerson.

Die philosophischen Schriftsteller, besonders die Deutschen, halten sich für vornehmer als alle andre, weil sie sich von aller Sinnenwelt durch einen möglichst abstrakten Stil abstrahieren, d.h. abziehen. Dies ist keine Vornehmheit des Stils, sondern die künstlerische Unfähigkeit des Schreibers, mit sichern Füßen im Wirklichen stehend sich sprachlich über alle Weiten hinauszuschwingen, in alle Abgründe des Gedankens niederzutauchen. ›Die ganze Welt der Reflexion‹, heißt es bei Schopenhauer, ›ruht und wurzelt auf der anschaulichen Welt. Alle letzte, das heißt ursprüngliche Evidenz ist eine anschauliche.‹

Wie unsinnlich, wie unwirklich die Deutsche philosophische Schriftstellerei werden kann, lesen wir in einem köstlichen Briefe Fichtes an Schiller; darin wirft der nichtssehende Philosoph dem allessehenden Dichter vor: ›Sie setzen die Popularität in Ihren unermeßlichen Vorrat von Bildern, die Sie statt des abstrakten Begriffes setzen ... Daher, glaube ich, entsteht die ermüdende Anstrengung, die mir Ihre philosophischen Schriften verursachen; ich muß alles erst übersetzen, ehe ich es verstehe‹, d. h. aus der Wirklichkeit in die Unwirklichkeit, aus dem Gesehenen ins Gedachte. Wie schade, daß Schopenhauer diesen Bekenntnisbrief Fichtes nicht gekannt hat. Von den Schriftstellern wie Fichte, den augenlosen, den phantasielosen, die immer nur in sich selbst hinein, niemals in die Seele des Lesers blicken, rühren die unzähligen Aufsätze und Bücher, die uns nichts lehren, weil sie uns nichts sehen machen; die Beschreibungen von Maschinen die wir nicht begreifen, von Einrichtungen die uns beschriebenes Papier bleiben, die Literaturgeschichten ohne Proben.

Von den augenlosen Schreibern haben wir eine augenlose Sprache, die aus einem Ding einen Begriff macht, aus der Kurbel eine Drehvorrichtung, aus der Pumpe einen Schöpfapparat, aus dem Wasserfall die hydraulische Energie. Der Prosameister begnügt sich nicht einmal mit dem Eindruck aufs Auge; hören sollen wir auf sein Gebot, schmecken, riechen, fühlen mit allen Tastnerven unsers Leibes. Wir Schreiber können nicht alle wie Goethe mit Worten zaubern; wer sich jedoch dieses größte Vorbild nicht ein einzigmal, und wär's im Traum, zum Ziele setzt, der erreicht nicht die erste Staffel zum Kunststil der Prosa. Goethe läßt uns Mignon zuerst nur sehn; aber wie? in belebender Bewegung:

> Ein kurzes seidenes Westchen mit geschlitzten spanischen Ärmeln, knappe lange Beinkleider mit Puffen standen dem Kinde gar artig. Lange schwarze Haare waren in Locken und Zöpfen um den Kopf gekräuselt und gewunden. Er sah die Gestalt mit Verwunderung an und konnte nicht mit sich einig werden, ob er sie für einen Knaben

oder für ein Mädchen erklären sollte. Doch entschied er sich bald für das Letzte und hielt sie aus, da sie bei ihm vorbei kam, bot ihr einen guten Tag, und fragte sie, wem sie angehöre? ob er schon leicht sehen konnte, daß sie ein Glied der springenden und 2tanzenden Gesellschaft sein müsse. Mit einem scharfen, schwarzen Seitenblick sah sie ihn an, indem sie sich von ihm losmachte und in die Küche lief, ohne zu antworten.

Philine bekommen wir nicht bloß zu sehn, wir hören sie, und im weitern Verlauf der Darstellung empfangen auch die andern Sinne ihr Teil:

Das Frauenzimmer kam ihnen auf ein paar leichten Pantöffelchen mit hohen Absätzen aus der Stube entgegengetreten. Sie hatte eine schwarze Mantille über ein weißes Neglige geworfen, das, eben weil es nicht ganz reinlich war, ihr ein häusliches und bequemes Ansehen gab; ihr kurzes Röckchen ließ die niedlichsten Füße von der Welt sehen.

Dann riechen wir ihren Blumenstrauß, schmecken ihre gebrannten Mandeln, fühlen, beinah wie Wilhelm Meister, ihre Knie, Strauß und Busen, hören sie endlich ›singend die Treppe hinunterklappern‹. – Oder man genieße die jedes Wort mit Lebensblut durchtränkende Augenhaftigkeit der Verse im Faust: *Und dein Herz, Aus Aschenruh' Zu Flammenqualen wieder ausgeschaffen, Bebt auf!*

In Wahrheit denkt ja kein Mensch aus Fleisch und Bein überwiegend oder ausschließlich in Begriffen. Auch der Abstrakte sieht beim Denken Innenbilder; nur spannt sich in seiner Schreiberseele keine Brücke zwischen Bildgedanken und Bildwort. Dichte graue Spinngewebe verhüllen ihm beim Schreiben die Lebensbilder; diese verdunsten ihm zu Schatten, wie Odysseus sie in der Unterwelt unbestimmt, hin und her schwankend erblickt, und der blutlose Stil des abstrakten Schreibers vermag nicht die Schatten durch den Bluttrank des Lebens zum Sprechen zu bringen.

Der Abstrakte schreibt z.B.: ›Die Menschheit bewahrt bis zum letzten Augenblick Hoffnungen, die sich nie erfüllen‹, und ist stolz auf diesen verständigen, richtig gebauten Satz. Ja, höchst verständig ist er, nur sieht der Leser nichts dabei, und da er keine ganz neue Wahrheit hört, sondern nur eine altbekannte in unsichtiger

Sprache, so hat er sie in der nächsten Minute vergessen. Nun aber kommt ein Meister der Prosakunst über jenen beinah platten Satz und sehenden Auges gestaltet er ihn um: *Der Mensch schreitet dem Grabe zu mit der nachschleppenden langen Kette seiner getäuschten Hoffnungen.* So steht der Satz bei dem französischen Prosakünstler Bossuet; und einem noch Größern gelänge es wohl, auch die Hoffnungen zu versinnlichen. *Die Hoffnung fuhr wie ein leuchtender Stern, der vom Himmel fällt, über ihre Häupter weg* (Goethe, Wahlverwandtschaften). Man achte auf den wesentlichen Unterschied zwischen der abstrakten Menschheit und dem sichtbaren Menschen. ›Es gibt keine Menschheit‹, so eiferte Goethe einst gegen einen gelehrten Abstrakten, ›es gibt nur den einzelnen Menschen‹. Zweitausend Jahre vor ihm hatte Aristoteles gelehrt: ›Ein Einzelner ist sinnenhafter und künstlerischer als Arten und Geschlechter.‹ Für die Prosa gilt dasselbe große Stilgesetz.

Was verzeihen wir nicht dem Schreiber, der gesehen hatte, bevor er schrieb! Es gibt grüne Bäume, es gibt für die Phantasie goldne Bäume, es gibt aber keinen Baum, der zugleich grün und golden ist. Und dennoch empfinden wir Goethes Verse ›Grau, teurer Freund, ist alle Theorie Und grün des Lebens goldner Baum‹ als vollkommen echt: so, gerade so hatte Goethe den grünen, den goldnen Baum des Lebens geschaut.

Der Wirkliche Geheime Abstrakte am preußischen Ministertisch würde der Fortschrittspartei in einem wohlgebauten Satze vorgeworfen haben: ›Ihre Bestrebungen sind nur eine Vorbereitung für die Entwicklung der sozialistischen Bewegung.‹ Der die Gedanken und Worte aus der Sinnenwelt schöpfende Bismarck nennt die Fortschrittspartei ›eine sehr gute Vorfrucht des Sozialismus‹, und alsogleich sehen wir einen Acker, sehen wir die Saat streuen, die Halme sprießen, die Ähren reifen. Jener Satz eines Abstrakten wäre längst wie Spreu verweht; Bismarcks Bildsatz, 1878 gesprochen, wird immer wieder aufgefrischt zu immer neuem Verdrusse der, mit Recht oder Unrecht, gescholtenen Partei.

›Wir können doch aber nicht alle wie Lessing, wie Goethe, wie Bismarck schreiben; wozu also diese unnachahmbaren, unerreichbaren Größten und Großen uns als Muster vorrücken?‹ Wahrscheinlich kann nicht einer von den Zehntausenden, die ich mir zu Lesern wünsche, annähernd wie Lessing, Goethe, Immermann, Bismarck Prosa schreiben, so wenig wie ich, und von keinem wird dies gefordert. Sehen aber könnt ihr alle, hierin seid ihr den Größten gleich: so habet den Mut, habet die blanke Redlichkeit, das zu sagen, und nur das, was ihr gesehen, und ihr werdet, wenn nicht in der Kunst, doch in etwas sehr Kostbarem auf gleichem Boden neben den Größten stehn: auf dem der Wahrhaftigkeit eurer Rede.

SIEBENTER ABSCHNITT
Das Beiwort

Beiwörter sind dichterische Hauptwörter.
NOVALIS

Nisi aliquid efficitur, redundat.
QUINTILIAN

Die Prosa ist, oder sollte sein, eine der schönen Künste. Eines der obersten Gesetze für jede Kunst lautet: Du sollst deine größten Werke mit den geringsten Mitteln schaffen; dieses Gesetz gilt auch für die Stilfrage des **Beiwortes**. Cicero gebraucht das Beiwort in zahllosen Fällen als äußerlichen Schmuck, zum ›Abrunden‹ des Satzes, zum Steigern des Klanges, und ihm folgend, Jahrhunderte hindurch, hat man in alter und neuer Zeit, bei uns bis tief ins 18. Jahrhundert, mit dem Beiwort den Unfug der Schmückerei getrieben. Der nüchterne und doch so geschmackvolle Stilforscher Quintilian hat anders darüber gedacht; wie, das zeigt sein Satz über diesem Abschnitt: ›Wird durch das Beiwort nichts bewirkt, so ist es überflüssig.‹ Sehr einfach, aber, wie alles Einfache, nicht leicht zu finden. Das *Epitheton ornans*, das bloß schmückende Beiwort, ist vielleicht ein Schmuck für den Schmock des Stils; dem Stilkünstler ist es ein Greul, etwa so wie dem Bildner der überladene Schmuckstil der Rokoko-Puppen. Aristoteles berichtet in seiner ›Rednerkunst‹, in des Alkidamas Reden hätten die Beiwörter nicht bloß eine Würze (ἥδυσμα), sondern die Hauptkost (ἔδεσμα) gebildet; danach wäre Alkidamas ein eitler blumiger Schwätzer gewesen – zur Bestätigung des Satzes, daß der Stil der Mensch selber ist. Die Nährkost der Rede besteht in den Haupt- und Zeitwörtern; sie sind Brot und Fleisch, die Beiwörter nur Würze und Beiguß.

In den staatlich und dichterisch flauen Jahrzehnten des Deutschen 19. Jahrhunderts bewunderten die urteilslosen Leser die geschmacklosen Schreiber der blumengeschmückten Rede als glänzende Stilmeister. Das Schreien in allen grellen Farben, das Funkeln in allen Glitzlichtern unreinen Glases, das Begraben eines dünnen Wortkernes unter dem Rauschgold und Flitterkram gehäufter Beiwörter: das war der schöne, der glänzende Stil. ›Wahrheit allein gibt echten Glanz!‹ hatte Lessing hundert Jahre zuvor gelehrt; aber wer von jenen Blumenschreibern kümmerte sich um Lessing? Unwahr wie die Zeit und die Menschen war ihr Stil; denn unwahr, es paßt kein milderes Wort, ist jeder Schmuck, der an sich nichts wert, der eben nur schmücken soll. Die Franzosen haben einen kräftigen Ausspruch über das Beiwort: *L'adjectif es l'ennemi du substantif* (das Beiwort ist der Feind des Hauptwortes). Vielleicht rührt es her von Voltaire, dem sparsamen Künstler des Beiwortes. Es soll bedeuten: das überflüssige Beiwort stärkt das Hauptwort nicht, sondern schwächt es, wie ja für den Stil der durchgreifende Satz gilt: **Was nicht nützt, schadet.** Doch jener Spruch trifft noch nicht in den Mittelpunkt der Frage; das Beiwort ist nicht nur der Feind des Hauptwortes, es ist eines der Erkennungsmale des guten und des schlechten Schreibers. Jedes Beiwort besagt: das Hauptwort, bei dem ich stehe, reicht allein nicht hin auszudrücken, was mein Schreiber gesehen und gedacht, ich muß helfen. Solche Hilfe ist manchmal, ist häufig unentbehrlich; denn unsre Sprache, wie alle Weltsprachen, vermag nicht durch **ein** Begriffswort den Begriff in allen seinen Abschottungen auszudrücken. Es gibt Sprachen ›wilder‹ Völker, die dies in viel höherem Grade vermögen; in ihnen ist die Zahl der Beiwörter geringer als in den feiner durchgebildeten Sprachen. Indessen der Schreiber, der immerfort nach Hilfen für seine Hauptwörter greift, beweist, daß es ihm an Denk- und Sprachkraft gebricht: er hat seinen Gegenstand nicht scharf genug geschaut, oder ihm fehlt eine genügende Kenntnis des Wortschatzes.

Den ganz großen Schriftsteller wie den bescheidenen Schreiber mit gutem Stil erkennt man schon an seiner Sparsamkeit mit

Beiwörtern. Beide lassen sich ihr Stilgesetz von der Wahrhaftigkeit vorschreiben, die gebietet: Setze kein Wort, dessen Notwendigkeit du nicht empfunden hast. Notwendig aber ist einzig das Wort, das der vollkommnen Übertragung der Gedanken und Gefühle des Schreibers auf den Leser dient. Der sonst ziemlich strenge Quintilian ist nachsichtig gegen die Dichter, die von ›weißen Zähnen‹ und ›feuchten Weinen‹ sprechen; dem Prosaiker verbietet er dergleichen. Ganz ähnlich erlaubt Aristoteles den Dichtern, verbietet er den Prosaikern die ›weiße Milch‹. Schwerlich mit Recht, denn alle Grundgesetze des Stiles gelten für Dichtung und Prosa mit gleicher Strenge, und wären ›weiße Zähne‹ wirklich nur eine Überflüssigkeit, so dürfte auch der Dichter so nicht schreiben. Weiße Zähne sind aber durchaus nicht immer eine Überflüssigkeit: es gibt Fälle, wo gerade die schimmernde Weiße der Zähne, nicht die Zahnreihe selbst, die Hauptsache ist. Überdies gibt es Zähne von so mancherlei Farben, daß die besonders weißen gar wohl als solche eine Rolle für den möglichst anschaulichen Ausdruck spielen können. Ebenso steht es mit der dunklen Nacht, dem hellen Tag, dem blauen Himmel, selbst mit der grünen Wiese. Ja sogar der weiße Schimmel läßt sich rechtfertigen: es gibt mehr als zehn Schimmelfarben. In allen diesen Fällen entscheidet die Wahrheit oder Unwahrheit der Empfindung dessen, der schreibt. ›Da lag sie nun in ihrem weißen Kleidchen auf der grünen Wiese‹: warum nicht, wenn es dem Schreiber vornehmlich auf den Farbengegensatz zwischen Weiß und Grün ankommt, und dieser Gegensatz zu seinem Zwecke notwendig ist? Ganz abgesehen davon, daß nicht alle Wiesen Grün zum Hauptton haben.

Ähnlich steht es mit dem weißen Schnee, dem kühlen Grabe, dem tiefen Meer, dem gelben Korn und noch manchen andern scheinbaren Selbstverständlichkeiten, die unter der Hand des Künstlers zu Notwendigkeiten werden können. Anders ausgedrückt: jedes Beiwort, das nicht ein selbst dem passendsten Hauptwort fehlendes, aber wirksames, ja notwendiges Farbentüpfchen hinzumalt, ist eine Sünde gegen die Grundgesetze von der Zweckmäßigkeit und Wahrheit des Stiles. Goethe läßt seinen Werther in dem Abschiedsbrief an Lotte schreiben: *Ich sehe die Deichselsterne des Wagen, des liebsten unter allen Gestirnen.* Nichts von leuchtenden, strahlenden, glänzenden Sternen; nichts vom ungeheuren, bedeutungsvollen, nördlichen Wagen, denn auf all dies kommt es dem Sterbenden nicht an; nur auf das Sternbild, zu dem er so oft der Geliebten gedenkend emporgeblickt. – Dann aber in den Schlußsätzen: *Diese blaßrote Schleife, die du am Busen hattest, als ich Dich zum ersten Mal unter deinen Kindern fand* ... Die Schleife liegt ja in dem Brief, Lotte wird sie sehen, wozu also die blaßrote Schleife? Aber in diesem eigenfarbigen Schmuck hat Werther Lotten zuerst gesehn; so oft er sich ihr Bild hervorruft, ist die Schleife da: so gehört denn sie samt ihrer Farbe notwendig zu den letzten irdischen Gesichten des Unglücklichen.

Je kräftig sinnlicher das Hauptwort, desto entbehrlicher das Beiwort; je erhabener Stoff und Stil, desto spärlicher das Beiwort. Der zweite Satz wird durch den ersten erklärt: der Schreiber des Erhabenen wählt die wirksamsten Worte, und diese sind zugleich die mit den reichsten Eigenfarben. Man zähle die Beiwörter im ersten Kapitel der Schöpfungsgeschichte! Man zähle sie in den Berichten der Evangelienschreiber über Jesu Tod! In dem Aufruf ›An mein Volk‹ von 1813, in den Siegesdrahtungen des Königs Wilhelm aus Frankreich, in der Reichstagsrede Bismarcks auf seinen abgeschiedenen kaiserlichen Herrn! In dem Maße, wie sich die Menschenrede über das Kleine des Alltags erhebt, streift sie alles ab, was Schmuck heißt, aber nur entbehrliches Beiwerk ist. Zwei der feinsten neueren Lehrer und Meister des Stils, die Romandichter Flaubert und Edmond de Goncourt, stimmten überein, daß man den Künstler der Prosa am Beiwort erkenne; beiden war die Wahl des richtigen, das Streichen des überflüssigen Beiwortes oft die Arbeit von Tagen, die Qual von Nächten.

Was nützt z. B. den ›modernen‹ und ›modernsten‹ Wortfarbenreibern und -mischern ihre buntschillernde Farbenplatte? Homer hatte keine sieben Wörter für die Farben am Himmel, auf Erden, im Meer, und doch sehen wir alles, was er gemalt, nach dreitausend Jahren noch in blühender Lebensfrische glänzen. Daß der Sehnerv Homers, der Griechen überhaupt, weniger Farben unterschieden habe als der unsrige, ist undenkbar; sie hielten es nur nicht für nötig, für jede Zwischenfarbe ein eignes Wort zu bilden, sondern verließen sich auf die Farbenphantasie des Lesers, der denn auch beim ›weinfarbenen Meer‹ alles sieht, was für den dichterischen Eindruck nötig ist. Die stehenden Beiwörter Homers: der helmumflatterte Hektor, der wolkensammelnde Zeus, der ferntreffende Apollo, der listenreiche Odysseus, der schnellfüßige Achilleus, waren nicht als Schmuck beabsichtigt, wie ja schon ihre regelmäßige Wiederkehr beweist. Der Dichter der Homerischen Gesänge kannte das Gesetz vom Reize des Wechsels so gut wie irgendein Dichter späterer Zeiten. Seine stehenden Beiwörter sind Namensformeln, vergleichbar unsern Vornamen zu den Familiennamen.

Sicher ist dies: die Sparsamkeit mit Beiwörtern kann niemals zu einem so empfindlichen Stilfehler werden, wie schon eine bescheidene Freigebigkeit. Noch nie wurde ein Dichterwerk wegen seines Reichtums an Beiwörtern, selbst an schönen, gerühmt; wohl aber gibt es vollendet schöne Dichtungen ohne alle Beiwörter. In Goethes ›Über allen Gipfeln ist Ruh‹ steht keins; es fehlt sogar in dem 20 Zeilen langen Gedicht ›Rastlose Liebe‹: der stürmische Schritt duldet keins. In dem Liede ›Der du von dem Himmel bist‹ steht ein einziges, am Schluß, mit außerordentlicher Wirkung. Es gibt keine schmucklosere Liedkunst als Goethes.

Wilhelm Schlegel kennt als Regel für das Beiwort nur ›Weise Sparsamkeit und gefällige Verteilung‹ und vermindert durch die drei letzten Worte den Wert der ersten zwei. Nichts da von Gefällig und nichts von Verteilung, – damit wären wir ja wieder beim gefällig verteilten Schmuck. Einzig die Zweckmäßigkeit, also die Notwendigkeit, entscheidet; was sie erzeugt, wird allemal gefällig und wohlverteilt sein. Ja schon ›weise Sparsamkeit‹ ist ein noch zu mildes Gesetz; Geiz ist besser. Wie heilsam wäre er z. B. für Lenau gewesen, hätte ihn verhindert, sich an Beiwörtern zu berauschen, die, so schön sie klingen, sich gegenseitig schwächen, ja totschlagen:

> Weil' auf mir, du dunkles Auge, übe deine ganze Macht,
> Ernste, milde, träumerische, unergründlich süße Nacht.

Niemals hätte Goethe einen Vers wie den zweiten geschrieben. Nun gar Beiwortschwelgerei wie diese von A. Grün:

> Unermeßlich und unendlich, glänzend, ruhig, ahnungsschwer,
> Liegst du vor mir ausgebreitet, altes, heil'ges, ew'ges Meer!

Fast alle österreichische Dichter, Grillparzer eingeschlossen, haben zu ihrer Liebe für die Klangschönheit die Vorliebe für das gehäufte Beiwort als verhängnisvolle Zugabe bekommen.

○ ○ ○

Wollte man den Werdegang der Weltliteratur, oder auch nur der Deutschen, an einem einzigen Stilmaßstabe messen, so dürfte man einfach sagen: im Fortschreiten durch die Jahrhunderte häufen sich die Beiwörter. Die heutigen Schwelger in Beiwörtern erklären dies durch die ›subtil differenzierte und raffinierte Psyche des modernen Individuums‹, das mehr und feiner sehe als ›der fossile‹ Literaturmensch‹. Der Beurteiler, der sich nicht durch Worte irremachen läßt, erwidert: die Alten haben sinnenhafter empfunden, sinnenhafter gesprochen, und haben gerade darum weniger Beiwörter gebraucht. Alle herrlichste Stellen in der Ilias und Odyssee, genau wie im Alten und Neuen Testament, sind bettelarm an Beiwörtern, überreich an Tiefgehalt der Haupt- und Zeitwörter.

Erstaunlich arm ist das Nibelungenlied an Beiwörtern, selbst da wo es bewegtes Leben beschreibt, wie bei der Jagd im Odenwald. Es gibt Dutzende von Versen hintereinander ohne ein einziges Beiwort, und je tiefer der mittelhochdeutsche Dichter gräbt, desto kärger seine Sprache. Daß er die Kraft des Beiwortes gut gekannt hat, dafür zeugen die paar Stellen, wo es zu starkem Eindruck gehäuft steht, so von dem ungeheuren Steinwurf Brunhildens:

> Man truoc ir zuo dem ringe einen swaeren stein,
> Grôz und ungevüege, michel unde wel.

Wir sollen mit jedem neuen Beiwort die Last schwerer wuchten fühlen, – auffallend ähnlich dem homerischen βριθύ, μέγα, στιβαρόν [»schwer, groß und gediegen«, Voß*] zu gleichem Zweck. Es gibt nicht viele so wirksame Reden an die Deutsche Nation wie Luthers, z.B. die an den christlichen Adel. Man prüfe sie auf die Zahl ihrer

Beiwörter: karg bis zur scheinbaren Dürftigkeit; aber welch Leben durchpulst die Sätze, wie dröhnen die Hammerschläge der Zeitwörter, wie leuchten die Farben der Hauptwörter!

Den Weg der Dichtungssprachen bezeichnet nicht die gerade Linie; sie schwellen zu Wellenhügeln und sinken zu Wellentälern. Immer wieder folgt auf eine Zeit der Kargheit des Ausdruckes der Wortrausch: in Klopstocks Messias, mehr als in den Oden, spreizt sich das Beiwort der falschen Erhabenheit, des überflüssigen Schmuckes, der bloß rednerischen Phrase. Klopstock malt und malt, aber vor lauter Malerei sehen wir kein Bild. Von Winckelmann hätte Klopstock lernen können, wie das Erhabene, die ewige Kunst, karg und keusch im Schildern ist. *Das allgemeine vorzügliche Kennzeichen der griechischen Meisterstücke ist **eine edle Einfalt und eine stille Größe**,* hieß es in Winckelmanns Gedanken über die Nachahmung der griechischen Werke (1755), und wer sonst keinen Satz von ihm kennt, der hat von der edeln Einfalt und der stillen Größe gehört. Hier sind es die Beiwörter, die den Sieg über die Hauptwörter davongetragen: von Einfalt und Größe der griechischen Kunstwerke wußte man; daß aber ihre Einfalt edel, ihre Größe still sei, das hatte Winckelmann zuerst gesehen oder doch so gesagt, daß es wie zum ersten Male gesagt klang; mit Bewußtsein, denn er wiederholte später gern diese ihm so gut gefallenden Gabenworte eines gesegneten Augenblicks.

In der berühmten Beschreibung des Apoll vom römischen Belvedere übt Winckelmann mit dem Beiwort die gebefrohe Sparsamkeit, die am rechten Orte verschwenden will. Man bedenke, daß zu jener Zeit nicht jeder Leser ein Abbild des Apollo neben sich liegen hatte, daß also Winckelmann der mangelnden Sinnlichkeit nachhelfen mußte:

> Die Statue des Apollo ist das höchste Ideal der Kunst unter allen Werken des Altertums, welche der Zerstörung entgangen sind. – Dieser Apollo übertrifft alle anderen Bilder desselben so weit, als der Apollo des Homerus den, welchen die folgenden Dichter malen. Über die Menschheit erhaben ist sein Gewächs (Wuchs), und sein Stand zeugt von der ihn erfüllenden Größe. Ein ewiger Frühling, wie in dem glücklichen Elysium, bekleidet die reizende Männlichkeit vollkommener Jahre mit gefälliger Jugend und spielt mit sanften Zärtlichkeiten auf dem stolzen Gebäude seiner Glieder. – Gehe mit deinem Geiste in das

Reich unkörperlicher Schönheiten und versuche ein Schöpfer einer himmlischen Natur zu werden, um den Geist mit Schönheiten, die sich über die Natur erheben, zu erfüllen; denn hier ist nichts Sterbliches, noch was die menschliche Dürftigkeit erfordert. Keine Adern noch Sehnen erhitzen und regen diesen Körper, sondern ein himmlischer Geist, der sich wie ein sanfter Strom ergossen, hat gleichsam die ganze Umschreibung erfüllet. Er hat den Python, wider welchen er zuerst seinen Bogen gebraucht, verfolgt und sein mächtiger Schritt hat ihn erreicht und erlegt. Von der Höhe seiner Genügsamkeit geht sein erhabener Blick, wie ins Unendliche, weit über seinen Sieg hinaus: Verachtung sitzt auf seinen Lippen, und der Unmut, welchen er in sich zieht, blähet sich in den Nüstern seiner Nase und tritt bis in die stolze Stirn hinauf. Aber der Friede, welcher in einer seligen Stille auf derselben schwebt, bleibt ungestört, und sein Auge ist voll Süßigkeit, wie unter den Musen, die ihn zu umarmen suchen.

Lessing ist, wie alle Große, einer der Beiwortkargen, obwohl er doch, nicht weit hinter Goethe, unser bildhaftester Schriftsteller ist. Sieht man von den dichterischen Werken Beider ab, prüft man nur ihre wissenschaftlichen Schriften, so trägt Lessing an bewegter Bildlichkeit den Preis über Goethe davon. Er veranschaulicht überwiegend durch Haupt- und Zeitwort; um so leuchtender sind die spärlichen Beiwörter, die er bei der geringen Sinnenhaftigkeit vieler seiner Gegenstände benötigt. Mit wie wenig Zutat kommt er z.B. in der berühmten Stelle seines 17. Literaturbriefes aus, von *Er (Gottsched) hätte aus unsern alten dramatischen Stücken* bis *die gebahnten Wege der Alten betritt.*

○ ○ ○

Goethes Prosa ist begreiflicherweise reicher an Beiwörtern als seine Gedichte, weil diese, ganz Sinn und Gefühl, mehr in Dingen als in Wörtern sehen und sprechen. Keine bessere Beiwörterzucht gibt es für den strebenden Leser, als Goethes schönste Gedichte einmal auf Zahl und Wert ihrer Eigenschaftswörter zu prüfen. Wenn Goethe im Werther schreibt: *Nein, ich betrüge mich nicht! Ich lese in ihren schwarzen Augen wahre Teilnahme an mir und meinem Schicksal* so könnten die schwarzen Augen überflüssig scheinen. Sie sind es so wenig wie die blaßrote Schleife an Lottens Busen (S. 234). Werther sieht, wie jeder Liebende, nicht begriffliche

Augen der Geliebten, sondern sieht sie in den Farben des Lebens, und ohne ihre Schwärze wären sie ihm weniger oder nichts. – Man prüfe den Schlußabschnitt des Werther, eine ganze Druckseite, so streng wie möglich auf Zahl und Notwendigkeit der Beiwörter: staunend wird man sich überzeugen, wie der Meister des Schreibens als eines Erlebens mit nur vier Beiwörtern ausreicht, von denen nicht eines ohne Bedeutung, ja Notwendigkeit ist.

Im Wilhelm Meister ist Goethe, wie überhaupt mit zunehmenden Jahren, freigebiger mit dem Beiwort; doch um wieviel sparsamer selbst da, wo höchste Bildlichkeit beabsichtigt wird, als die allermeisten Erzähler des letzten Menschenalters. Nicht ein einziges Beiwort – denn das weibliche und ungewöhnlich hastige Offizierchen zählt nicht – braucht Goethe im ersten Kapitel zur Schilderung des doch nicht gewöhnlichen Vorganges von ›Alles war in Ordnung‹ bis ›keinen Blick gönnte‹.

Erst am Schlusse des Kapitels kommen die zwei für das Bild notwendigen Farbentöne: *Mit welchem Entzücken umschlang er die rote Uniform, drückte er das weiße Atlaswestchen an seine Brust.* Man denke sich die beiden Farbenwörter weg, und das Bild erlischt.

Im Alter wurde Goethe – wie minder sinnenhaft, so beiwortreicher und überhaupt breitbehäbiger; immer jedoch, wo noch einmal in ihm der volle Blutstrom dichterischen Lebens heiß emporquoll, fand er den starken Sinnenton seiner reifen Jugendsprache. So lese man z. B. in den Wanderjahren (3. Buch, 1. Kapitel) etwa das Stück ›Das Gespräch der Handwerker‹ bis ›anmutig erweckt‹ und prüfe diese Stelle auf ihre Beiwörter.

Gewiß kommen bei Goethe, wie bei jedem rechten Dichter, am rechten Ort die feiner ausmalenden Pinselstriche reichlicher vor, und nicht selten überfließt gerade in einigen liedhaften Stücken vom höchsten Wert seine Malerplatte von Farben mannigfalt. Jean Paul bewunderte als Meisterstück die Verse aus Goethes Proserpina: *Wie greift's auf einmal durch die Freuden, Durch diese offne Wonne Mit entsetzlichen Schmerzen, Mit eisernen Händen der Hölle durch.*

Schiller ist von unsern drei Größten der an Beiwörtern reichste; nicht wenige kommen auf Rechnung des rednerischen Zuges in seiner Prosa und Dichtung. Indessen Schillers Reichtum besteht nicht aus Glasperlen und Flittern; ganz überflüssige Beiwörter sind bei ihm selten, und da, wo sie in verhältnismäßiger Menge stehen, helfen sie färben oder belichten. Meister ist Schiller im Beiwort des Seelenbildes, mehr als dem der Natur. Wenn er z. B. im Abfall der Niederlande die Gründe Egmonts zum Bleiben in Brüssel erklärt: *Eine zärtliche Furcht für seine Familie hielt seinen patriotischen Mut an kleinern Pflichten gefangen,* so können wir keines der drei Beiwörter missen.

In einer berühmten Stillehre wird in Schillers Versen: ›Da tritt ein braun Bohemerweib mich an Mit diesem Helm‹ ... ›braun‹ ›ein verschönerndes Adjektiv, ein *Epitheton* ornans‹ genannt. Du lieber Himmel, verschönernder Schmuck für die Zigeunerhexe! ›Braun‹ ist das Licht, durch das der ganze Auftritt erst voll sichtbar wird; ist innerste Notwendigkeit, nicht aufgeklebtes Schmuckstück.

○ ○ ○

Mit einem breiten Sprunge über die Romantiker hinweg, die uns weiterhin mehr zur Abschreckung dienen sollen, zu einigen neueren Meistern im Sparen und Ausgeben des Beiworts.

Als Beiwörtler ist Heine sehr ungleich; mehr als seiner Künstlerschaft nützlich streut er oft mit der Schlegelschen ›gefälligen Verteilung‹ die beiwörtlichen ›Brillanten‹ zwischen seine Prosa, darunter viele Similisteine. Auf der Höhe seiner Künstlerschaft gelingen ihm gleich Goethen großartige Wirkungen durch Kargen wie Verschwenden. Nicht zu wenig, nicht zu viel Beiwörtliches enthält die Lorelei. Wundervoll wirkt die Kargheit in einem von Heines ergreifendsten Gedichten: ›Wo wird einst des Wandermüden Letzte Ruhestätte sein?‹, und nicht ein Beiwort zu viel steht in dem schönen Lied auf Byrons Leichenfahrt in die Heimat:

> Eine starke schwarze Barke
> Segelt trauervoll dahin,
> Die vermummten und verstummten
> Leichenhüter sitzen drin.

> Toter Dichter, stille liegt er,
> Mit entblößtem Angesicht;
> Seine blauen Augen schauen
> Immer noch zum Himmelslicht.
>
> Aus der Tiefe klingt's, als riefe
> Eine kranke Nixenbraut,
> Und die Wellen, sie zerschellen,
> An dem Kahn, wie Klagelaut.

Wie boshaft treffend ist das Beiwort in einem seiner Prosasätze, dem von der ›brillanten Unwissenheit der Franzosen im Reiche der Tatsachen‹, so fein, daß hier sogar das Fremdwort als eine Zierde erscheint. Wie weiß er einen spinnwebenen Rationalisten zu versinnlichen *mit seinen abstrakten Beinen, mit seinem engen transzendentalgrauen Leibrock und mit seinem schroffen, frierend kalten Gesicht.*

Der Österreicher Grillparzer ist nach der Art seines Stammes üppiger mit Beiwörtern, in der Prosa mehr als in den Dramen. Immerhin darf man ihn keinen Beiwörtler nennen: der strenge Künstler in ihm zügelte den läßlichen Österreicher. Wenn es im Eingang des ›Klosters bei Sendomir‹ heißt:

> Die Kleidung der späten Gäste bezeichnete die Fremden. Breitgedrückte, befiederte Hüte, das Elenkoller vom dunkeln Brustharnisch gedrückt, die straffanliegenden Unterkleider und hohen Stulpstiefel erlaubten nicht, sie für eingeborene Polen zu halten. Und so war es auch. Als Boten des Deutschen Kaisers zogen sie, selbst Deutsche, an den Hof des kriegerischen Johann Sobiesky –

so sind alle diese Beiwörter künstlerisch geboten.

Hebbel ist geradezu ein bewußter Feind des Beiwortes: ›Leben, Situation und Charakter springen in kerniger Prosa ohne lange bauschige Adjektivs, die den Jambus so oft ausfüllen müssen, frisch und kräftig hervor.‹ Mit dem Jambus meint er seine Judith, doch ist auch diese trotz ihrer hochgestilten Sprache keineswegs beiwörtlich gebauscht.

Ein Kunstgenuß wird jedem Leser diese Stelle aus Kellers Grünem Heinrich sein:

Obgleich ich ... tief beschämt errötete, daß ich glaubte, die Röte meiner brennenden Wange müsse ihre weiße Schulter anglühen, an welcher sie lag: so sog ich doch Wort für Wort dieser süßesten Schmeichelei begierig ein, und meine Augen ruhten dabei auf der Höhe der Brust, welche still und rein aus den frischen Linnen emporstieg und in unmittelbarster Nähe vor meinem Blick glänzte wie die ewige Heimat des Glücks. Judith wußte nicht, oder wenigstens nicht recht, daß es jetzt an ihrer eigenen Brust still und klug, traurig, und doch glückselig zu sein war.

Nicht minder diese aus einem Gedicht C. F. Meyers:

Mit edlen Purpurröten
Und Hellem Amselschlag,
Mit Rosen und mit Flöten
stolziert der junge Tag.

Der Wanderschritt des Lebens
Ist noch ein leichter Tanz,
Ich gehe wie im Reigen
Mit einem frischen Kranz.

○ ○ ○

Die Gesetze der echten Kunst werden nicht durch Ländergrenzen beschränkt: die große Prosa aller Völker und aller Jahrhunderte verdankt ihre Größe den gleichen Tugenden. Wo wir einem berühmten Schwätzer begegnen; da ist er ein Beiwörtler; wo ein Klassiker des Stils lebendig geblieben, da gleicht er im Gebrauch der Beiwörter dem Nibelungendichter und Luther, Lessing, Goethe und Moltke. Von der Beiwörterarmut der Bibel war schon die Rede. Thukydides, Platon, Xenophon, Aristoteles, Demosthenes, um nur die ersten Prosameister der Griechen zu nennen, sind sparsam mit Beiwörtern; von Äschylos lese man die anschauliche Schilderung der Schlacht bei Salamis in den ›Persern‹ und bewundre die Sinnenkraft der Haupt- und Zeitwörter bei spärlichstem Beiwort.

Der beiwortkarge Tacitus bildet den äußersten Gegensatz zu dem so oft mit zwei, drei Beiwortsklaven anrückenden Cicero, die dem matten Hauptwort die überlange Schleppe nachtragen müssen. Mit wie wenig Beiwörtern kommt Tacitus in seinen bildhaftesten Schilderungen aus, z. B. in der des Teutoburger

Schlachtfeldes (vgl. S. 842). *Ruere in servitium* [Sie stürzten sich in die Sklaverei (Tac ann 1,7,1)*], ohne Umstandswort, ohne Beiwort, wie Cicero sie schwerlich unterlassen hätte; aber die drei schlichten Worte genügen, die spätrömische Selbsterniedrigung und jede noch spätere bis heute mit unverlöschlichem Brandzeichen zu stempeln. *Quam **arduum** cuncta regendi onus* [Wie steil die Last sei, alles zu regieren*] schreibt Tacitus mit falschem Bilde, aber wie überraschend und wirksam. *Trepidi* (bebend) nennt er kühn die *nuntii*, also Eilboten. – Die knechtischen Schmeichler läßt er den Kaiser anhündeln: *Tibi summum rerum judicium di dedere, nobis obsequii gloria relicta est.* (Dir gaben die Götter das höchste Urteil über die Dinge, uns blieb der Ruhm des Gehorsams). Nur *gloria*, welch ein Fund! Sein bloßes *saeculum* (Zeitgeist) statt eines Wortschwalles. – Ein ausgezeichnetes Beiwort zu *judex* ist bei Cicero *nummarius* (münzhaft) von einem Richter, der sich durch klingende Gründe in seinem Urteil bestimmen läßt.

○ ○ ○

Bei Dante herrscht, mit der Freude des Italieners an blühender Rede, ein größerer Reichtum der Beiwörter. In der Göttlichen Komödie macht ihn zuweilen der Zwang der schwierigen Reimform nachsichtiger als in der Prosa der *Vita nuova* (des Neuen Lebens) gegen den nicht unbedingt nötigen Zusatz. Man wäge aber die in jeder Verszeile der Aufschrift über der Höllenpforte stehenden Beiwörter: jedes hallt wie der gellende Klang der Posaunen zum Jüngsten Gericht:

> Per me si va nella città **dolente**,
> Per me si va nell' **eterno** dolore,
> Per me si va tra la **perduta** gente.

Von Shakespeare, in der Jugend mit dem Beiwort schwelgerisch, bei wachsender Reife immer geiziger, sei ein Stück des berühmten Lobliedes Johns von Gaunt auf England aus ›Richard 2.‹ (2, 1) als Probe für seine feine Künstlerschaft auch in diesem Punkte dargeboten:

> This sceptere'd isle,
> This earth of majesty, this seat of Mars,
> This other Eden, demi-paradise,
> This fortress built by Nature for herself,
> Against infection and the hand of war,
> This **happy** breed of man, this **little** world,
> This **pretious** stone set in the **silver** sea, –
> This **blessed** plot, this earth, this realm, this England –
> This land of such **dear** souls, this **dear dear** land, –
> England bound in with the **triumphant** sea.

Welches von den acht Beiwörtern in diesen zehn Versen, davon eins in einem Verse dreimal, könnte von dem peinlichsten Stilprüfer bemängelt werden? Wie hinreißend wirkt gerade das dreifache *dear!*, wie großartig das abschließende *triumphant*.

Unter den neueren Franzosen – die meisten älteren sind Beiwörtler – war der strengste Selbstbeherrscher Flaubert (vgl. S. 234). Jedem Deutschen Schreiber ist dringend zu empfehlen, diesen Künstler des Beiwortes sorgsam zu durchforschen, der nicht ein einziges mit Unbedacht niedergeschrieben. In *Salambo* steht das wilde Gemälde: römische Soldaten auf dem Marsche durch die karthagische Wüste erblicken eine Reihe von gewaltigen Kreuzen mit draufgenagelten toten Löwen auf den verschiedenen Stufen der Verwesung, fürwahr ein Bild, das eine Fülle von Beiwörtern aus allen Sinneswelten zu fordern scheint. Flaubert braucht nur drei.

○ ○ ○

Nur der Raum gebietet die Beschränkung auf diese wenigen etwas längeren Proben; der aufmerksam gewordene Leser wird sie selber nach dem Grade seiner Lust an solchen Untersuchungen vermehren. Daß diese zu den reizvollsten Arbeiten jedes wahren Forschers gehören, braucht nur angedeutet zu werden. Auf einem abermaligen, schnelleren Nachlesestreifzug durch ein paar Länder pflücken wir noch hier und da eine besonders schöne einzelne Blume. Da sind zunächst geschichtlich denkwürdige Beiwörter, deren einige die Jahrhunderte, die Jahrtausende durchdauert haben: das auserwählte Volk, die französische Republik *une et indivisible* (einig und unteilbar) aus der Revolution, das meerumschlungene und up ewig ungedeelte Schleswig-Holstein, die Bassermannschen Gestalten, die moralischen Eroberungen Preußens, die katilinarischen Existenzen, der bestverleumdete Mann, Victor Emanuels Wort von der *Roma intangibile* (dem unantastbaren Rom), Gladstones *unspeakable Turk* (unaussprechlicher Türke), Heinrich Leos skrophuloses Gesindel, Reuleaux's Zusammenstellung Billig und Schlecht; Friedrich Wilhelms 4. gesinnungsvolle Opposition; die affenartige Geschwindigkeit, die 1866 eine Wiener Zeitung den siegenden Preußen vorwarf; das archiprét (erzbereit) Leboeufs und das *cœur légère* (leichte Herz) Oliviers. Ein jetzt selbst in Frankreich wenig bekannter Dichter, August Barbier, verdankte seine frühere Berühmtheit zumeist einem einzigen malerischen Beiwort für Napoleon: *O Corse à cheveux plats* (glatthaariger Korse).

Von einigen großen Dichtern seien erwähnt: das unauslöschliche Gelächter bei Homer, die *dira necessitas* (schreckliche Notwendigkeit) bei Horaz, die fragwürdige Gestalt (*questionable shape*) in Shakespeares Hamlet. Welch glücklicher Einfall war Ibsens ›dreieckiges Verhältnis‹ (in Hedda Gabler). Wie wirksam ist die ›fröhliche Wissenschaft‹, die sich als Übersetzung eines altprovenzalischen Ausdrucks zuerst bei Herder, nach ihm bei Nietzsche findet.

○ ○ ○

Mit Goethe darf man gar nicht anfangen, wo wäre sonst ein Aufhören? Ein einziges, eines seiner so zahlreichen ganz schlichten und doppelt vielsagenden Beiwörter stehe hier für Hunderte: die freundliche Gewohnheit des Daseins, von der Egmont in seiner letzten Stunde spricht. – Schillers konfiszierter Kerl lebt bis heute. – Wie großartig wirkt bei Hölderlin:

> Mit ihrem **heil'gen** Wetterschlage,
> Mit Unerbittlichkeit vollbringt
> Die Not an einem großen Tage,
> Was kaum Jahrhunderten gelingt.

Noch einmal gebraucht Hölderlin es in demselben Gedicht zu gleich starker Wirkung:

> Im **heiligsten** der Stürme falle
> Zusammen meine Kerkerwand,
> Und herrlicher und freier walle
> Mein Geist ins unbekannte Land.

Wie einzig treffend ist bei dem schwindsüchtigen Hölty: O wunderschön ist Gottes Erde! kurz vor dem Hinscheiden. Heine fand nichts Tieferes: Im wunderschönen Monat Mai. – Würde ein allerjüngstdeutscher Dichter mit all seinen Farbentöpfen nur annähernd die Wirkung erreichen wie Claudius:

> Der Wald steht schwarz und schweiget –?

Und welch ein Glücksfund war der so selbstverständlich scheinende ›weiße Nebel wunderbar‹.

Als Kant zuerst vom ›kategorischen Imperativ‹ sprach, wollte er nur ein strenger Verstandesmensch sein und war doch ein machtvoller Wortschöpfer.

Seumes übertünchte Höflichkeit, die richtiger heißen sollte übertünchende, ist in all ihrer Schiefheit beinah das einzige noch ganz lebendige Wort von ihm, wie die mondbeglänzte Zaubernacht beinah das einzige von Tieck. – E. M. Arndts greifender Wein (von Blücher), Uhlands hochgefürstet (Noch ist kein Fürst so hochgefürstet), sein wundermilder Wirt, sein süßes Grauen in Des Schäfers Sonntagslied – lauter Meisterworte. ›Wohlauf noch getrunken den funkelnden Wein‹ von Kerner: wie paßt es als Gegensatz zu der trüben Scheidestunde.

Einer unsrer reichsten Beiwortpräger war Mörike: sein ›sicherer Mann‹ ist unübertrefflich. ›Frühling läßt sein blaues Band Wieder flattern durch die Lüfte‹ – sein blaues, nicht sein buntes. Wie köstlich sind die Beiwörter in: ›O flaumenleichte Zeit der dunkeln Frühe – Von sanfter Wollust meines Daseins glühe‹, hierzu noch die Adelung des gesunkenen Wortes Wollust; ›und welch Gefühl entzückter Stärke‹: dies alles in einem Gedicht, dem ersten in der Sammlung. Von dem Jungdeutschen Wienbarg soll ›taufrisch‹ zuerst gebraucht worden sein, von Heine ›europamüde‹. Heines Beiwörter sind oft abgedroschen; dazwischen stehen aber wahre Perlen, so am Schlüsse des Liedes An die Jungen:

O süßes Verderben! o blühendes Sterben!
Berauschter Triumphtod zu Babylon.

Von Alfred Meißner, dem immer mehr versinkenden, rühren her die bleichen Höhen und die alte braune Stadt in den Liedern auf Venedig.

Eine der schönsten Vertonungen Schuberts galt dem Liede seines Freundes Franz von Schober ›An die Musik‹: Du holde Kunst, in wieviel grauen Stunden – ganz meisterlich. In demselben Liede des fast verschollenen Dichters steht der nicht minder schöne Vers: Ein süßer, heiliger Akkord von dir.

Der lange Knecht in Hebbels Heideknaben; Am grauen Strand, am grauen Meer von Storm; dessen goldne Rücksichtslosigkeiten, dessen Vers: Schenk ein den Wein, den holden: – ja so wählt ein Dichter.

> Heilig ist die Sternenzeit,
> Öffnet alle Grüfte;
> Strahlende Unsterblichkeit
> Wandelt durch die Lüfte

singt Keller, auch einer, bei dessen herrlichen Beiwörtern man nicht lange verweilen darf, von denen man sich so ungern trennt, z. B.:

> Süße Frauenbilder zu erfinden,
> Wie die bittre Erde sie nicht hegt.

Wer vergäße je seinen Maus den Zahllosen! Sein goldner Überfluß der Welt ist sprichwörtlich und zu einem Buchtitel geworden. Die erschrockene Stille im Tanzlegendchen, das sinkende Gestirn im Abendlied (Augen, meine lieben Fensterlein), vor allen aber das kühne Wagnis mit dem **Grünen** Heinrich.

○ ○ ○

Stilfehler oder Neigungen dazu werden noch besser durch Abschrecken geheilt als durch klassische Muster, denen gegenüber sich der Leser, zumal der junge, ohnmächtig fühlt. Nach und neben den Klassikern benutze man die beiwörtelnden Schriftsteller zur vergleichenden Gegenprüfung. Fast alle unsre Romantiker trieben Mißbrauch mit dem Beiwort; denn da sie in ihrer verträumten Unsinnlichkeit die Dinge nicht in scharfen Umrissen, sondern im blauen Nebel sahen, so wollten sie durch reichliche Beiwörter dem Verständnis nachhelfen. Tieck mit seinen flauen Haupt- und Zeitwörtern schwelgte in Beiwörtern, deren meiste man ohne Schaden streichen kann, deren viele das Bild doch nicht verschärfen.

Novalis, in seinen Sprüchen (›Blütenstaub‹, von 1798) so knapp und scharf, ist im ›Heinrich von Ofterdingen‹, dem romantischsten Buche der Romantik, überaus beiwörterlisch, ohne unsern Sinnen dadurch sichtbarer zu werden. Wie sollen wir z. B. seine berühmte ›Blaue Blume‹ vor Augen sehen aus Beiwörtern wie ›hoch, lichtblau‹; von welcher Art sind ihre ›breiten glänzenden Blätter‹? Hätte Novalis sie sinnenhaft gesehen, nicht rein begrifflich gedacht, so hätte er, der in seinen schönsten Gedichten oft genug das Eigenwort auch im Beiwerk trifft, uns mit einem einzigen sichtigen Beiwort die blaue Blume sehen lassen.

Brentano setzt seine Beiwörter in der Prosa beinah, wie es Gott gefällt; nur in ›Kasperl und Annerl‹, dem straffsten seiner Werke, hält sich das Beiwort in den Grenzen der streng wählenden Kunst. Auffallend flaue Beiwörter stehen oft bei Platen: *Gesänge formt' ich aus verschiednen Stoffen,* und statt kraftvoll zu verdichten, häuft er das Verwandte: *Inbrünstige, fromme Gebete Dir, Kypria, send' ich empor.*

○ ○ ○

Außer den Büchern kann uns das Leben lehren, welche Rolle das Beiwort in der mündlichen Menschenrede spielt, die doch immer der letzte Maßstab aller Stilfragen bleibt. Wir alle sprechen ja viel weniger Beiwörter, als wir schreiben, und von den Dichtungsarten ist das Drama, dessen Form die Menschenrede, das beiwortärmste. Schon dies muß uns nachdenklich und vorsichtig gegenüber dem Beiwort machen.

Sodann: je sinnenhafter ein Ding und sein Hauptwort, desto we-

Flaue Beiwörter

niger bedarf es des Beiwortes. All die kaum zählbaren Eigenschaften jedes Dinges, jedes Begriffes kann man ja doch nicht herzählen. Jedes Wort der Menschensprache hat nur einen annähernden Begriffswert; seine Gedankenwellen sind nur ein sehr geringer Teil all derer, die beim Aufklingen eines Wortes – im Menschenhirn mit- und gegenschwingen. Man darf für das Beiwort, mit einem selbstverständlichen Vorbehalt für die Ausnahme, die herrschende Regel aufstellen: eines wirkt stärker als zwei, zwei stärker als drei, keines oft stärker als alle zusammen.

Daß bei der Darstellung von ganz oder überwiegend unsinnlichen Gegenständen das Beiwort notwendig, ja unentbehrlich ist, leuchtet ein: erst durch es gewinnen die Begriffschatten lebensähnliches Dasein. In einem Werke z. B. wie diesem geht es beim besten Willen nicht ohne Beiwörter, an manchen Stellen nicht ohne viele. Stil, Ausdruck, Sprachgesetze, Satzbau und wie viele andre Hauptbegriffe dieses Gebietes sind so gut wie ganz unsinnlich, können fast nur durch möglichst lebendige Beiwörter versinnlicht werden. Darum Nachsicht mit den Beiwörtern in wissenschaftlichen Schriften: sie sind oft das einzige Mittel, die Wissenschaft in Leben zu wandeln. Keine Nachsicht aber mit der Beiwortspielerei, wie sie aus begreiflichen Gründen von solchen getrieben wird, denen die Haupt- und Zeitwörter versagen. Spielerei ist es, wenn Wilhelm Wolters in einem Roman uns ›Rembrandt-als-Erzieher-braune Ripsvorhänge‹ zeigen will: wir sehen weder das besondere Braun, noch die Ripsvorhänge. Nicht besser steht es mit dem beiwörtlichen Farbenspiel des Sohnes Roseggers, der in einer Novelle ›einen törichtblonden Referendar‹ eintreten läßt. Es mag törichte Referendare geben und es gibt bestimmt blonde Referendare; es gibt aber ganz sicher keinen töricht-blonden Referendar, und des jungen Rosegger Satz ist geistreichelnder Unsinn.

Auf der andern Seite darf die Vorsicht nicht in peinliche Ängstlichkeit ausarten. Wenn z. B. Th. Matthias tadelt: ›kaltbleicher Frühschein‹ oder ›es regen sich leisegeheime Säfte‹, so widersprechen wir ihm nachdrücklich; hier ist berechtigte, schöne Neuschöpfung, hier regen sich leisegeheime Säfte des Sprachlebens.

○ ○ ○

DRITTES BUCH
Der Ausdruck

SIEBENTER ABSCHNITT
Das Beiwort

Fragst du, mein Leser, mich aber nach all diesen Betrachtungen und Proben, wie du selber in den Fällen der Notwendigkeit eines Beiwortes unter den zahlreichen Möglichkeiten die eine beste treffen sollst, und sprichst du verzweifelnd: Ich bin kein Dichter wie Goethe, ich bin kein dichterischer Prosameister wie Lessing, was also muß ich tun? –, so sage ich dir: Ich bin das so wenig wie du, mein Leser, und kann dir nur dieses raten: Geheimnisvolle Stilzaubermittel gibt es dafür nicht; so du aber nach meinem Tun und der Art meiner Lehre Vertrauen in mich setzest und glaubst, daß ich es redlich mit dir und unsrer Sache meine, so will ich dir statt einer Regel von obenher einfach vertrauen, wie ich es mache, um zum Wort das Beiwort zu finden, wenn ich eins brauche. Es ist immer dasselbe Mittel, das ich dir schon mehr als einmal empfohlen habe: Sachlichkeit oder, was beinah das gleiche, Wahrheit. Fasse das Ding, von dem du sprichst, so scharf wie dir's möglich ins Auge; packe die Seite, die Linie, die Farbe, die Wirkung, die dir zuerst und zuletzt am deutlichsten sind, dich am stärksten erregen, und du müßtest ein gar zu armseliger Kenner unsers Wörterschatzes sein, tauchte dann nicht ein gutes Beiwort aus den Tiefen deiner sehenden Seele. Laß dich nicht wirren durch den Zweifel, ob das Wort nun auch alle Eigenschaften des Dinges umfasse. Das vermag kein Beiwort, und wäre es aus Goethes Feder geflossen. ›Ein sanfter Wind vom blauen Himmel weht‹; – aber der italienische Wind ist nicht bloß sanft, er ist noch blumenduftig, staubwühlend, föhnschwül und manches andre; und der italienische Himmel ist blaßblau, hoch, höher als der Deutsche, durchsichtiger, äthergleich, und doch sagt Goethe mit ausnehmender Wortmeisterschaft nur: sanft und blau. Ebenso: die stille Myrthe, der hohe Lorbeer. Aber der Leser, in welchem der Schreiber die eine klingendste Saite angeschlagen, ergänzt willig alles Verschwiegene. In dieser steten regen Mitarbeit des Lesers beruht ein Hauptreiz aller Kunst.

Begnüge dich nicht mit dem guten Wort, es gibt ein noch besseres, ein bestes; und hast du erst das gute, so fällt dir bald das beste ein. Weise jedoch, ich rate dir treu, jedes nur gelesene, nicht zugleich selbstgefühlte Beiwort ab, sei ganz du selbst, und es kann dir unter glücklichem Stern gar wohl einmal gelingen, es den Größten gleichzutun.

VIERTES BUCH

Die Fremdwörterei 1

- 1. Abschnitt
  Die Deutsche Barbarensprache 253
- 2. Abschnitt
  Zur Geschichte der Fremdwörter 267
- 3. Abschnitt
  Die Fremdwörterseuche 285
- 4. Abschnitt
  Der fremdwörtelnde Dünkel 299
- 5. Abschnitt
  Der fremdwörtelnde Schwindel 311
- 6. Abschnitt
  Fremdwörter und Verständlichkeit 327
- 7. Abschnitt
  Milieu und Nuance 337
- 8. Abschnitt
  Die Pücklerei 355

Jetzt schrey ich an das Vaterland,
Teutsch Nation in ihrer Sprach,
Zu bringen dißen Dingen Rach!

ULRICH VON HUTTEN

(Als notwendige Ergänzung zu den folgenden zwei ›Büchern‹ müssen hier genannt werden des Verfassers Schriften: ›Sprich Deutsch!‹, Verdeutschungsbuch, Deutsche Sprachschöpfer‹. – Auch auf seine ›Menschen und Dinge‹ sei hingewiesen).

ERSTER ABSCHNITT

Die Deutsche Barbarensprache

O, was ist die Deutsch Sprak für ein arm Sprak!
für ein plump Sprak!

RICCAUT DE LA MARLINIÈRE

Es gibt wackere Deutsche, die diesen spitzbübischen Franzosen verachten und sich belustigen über seine Empörung, daß Minna von Barnhelm seine Künste im *monter un coup, filer la carte, sauter la coupe, plumer un pigeonneau, corriger la fortune* in ihrer abscheulich rohen Sprache Falschspielen, Betrügen nennt. Die wackern Deutschen haben Unrecht: Falschspielen und Betrügen sind gemeine, barbarische Wörter, was schon dadurch bewiesen wird, daß sie Deutsch sind, ihnen also all die zarten **Nüankßen** mangeln, über welche Riccauts Falschspielerfranzösisch verfügt.

Riccaut hat Recht: die Deutsch Sprak ist ein arm Sprak, ein plump Sprak, und es muß wundernehmen, daß ein so feines Fräulein wie Minna von Barnhelm sich so tief erniedrigt, zu einem leibhaftigen Franzosen Deutsch zu sprechen und vom Französischen, das sie ja gelernt hat, mit lächerlich ›chauvinistischem, nationalistischem Purismus‹ zu sagen: ›In Frankreich würde ich es zu sprechen suchen. Aber warum hier?‹ Riccaut der Zartfühlende verzeiht ihr in seiner französischen Überlegenheit solchen Anfall Deutscher Geschmacklosigkeit: ›Gutt, gutt! Ik kann auk mik auf Deutsch explizier', und er expliziert sich, ungefähr ebenso gut, wie sich viele Berliner auf Berlinfranzösisch explizier' (vgl. S. 366).

Riccaut der Geldbedürftige hat sich wohl noch viel zu höflich ausgedrückt. Eine Sprak kann arm sein, aber wenigstens das Notwendigste bezeichnen; plump, und dennoch den Bedürfnissen dessen genügen, der als minderwertiger Barbar sie zu sprechen verdammt ist. Indessen das Deutsche ist nicht bloß arm und plump; es ist die ärmste, die plumpeste unter allen Sprachen, von denen uns die alte oder die neue Geschichte der Menschheit berichtet. Der Hottentott, der Papua, der Fidschimensch, der Tunguse, der Eskimo, der Feuerländer – sie alle vermögen ihre Hausgenossen, ihre Gebrauchsgegenstände, ihre niederen und höheren Begriffe, so viel oder wenig sie deren haben, mit ausreichenden Wörtern ihrer Sprache zu bezeichnen. Glaubwürdige sprachkundige Reisende berichten, daß alle jene braune, gelbe, schwarze, rote Menschen nicht nur ihren altererbten Vorstellungsbesitz, sondern auch die ihnen durch die Europäer vermittelten neuen Dinge und Begriffe einer höheren Gesittung, fremden Kunst, seltsamen Betriebsamkeit ferner Länder sehr bald in ihren Sprachen ausdrücken lernen, mit einem Neubildungstriebe, der jenen Reisenden Staunen einflößt. ›Denn es ist wahr, was Gott im Koran sagt: wir haben keinem Volk einen Propheten geschickt als in seiner Sprache‹ (Goethe). Einzig die Deutschen, dieses, wie verlautet, sonst nicht ganz unbedeutende Volk, von dem sogar die fremden Völker, die Gebildetsten und die weniger Gebildeten, zugeben, daß es etwelches in der Vergangenheit geleistet hat, ja heute noch allerlei leistet, einzig diese, offenbar maßlos überschätzten, Deutschen vermögen nicht, was die farbigen Wilden von den Hottentotten bis zu den Feuerländern vollbringen: alle unentbehrliche Begriffe in der Sprache ihres Vaters und ihrer Mutter auszudrücken.

Ist dies die nichtswürdige Verleumdung eines deutschfeindlichen fremden Dummkopfes, oder die wahrheitsgetreue Zusammenfassung dessen, was ist? Der sonderbare Schwärmer Schiller verstieg sich allerdings einmal zu der Behauptung: ›Die Deutsche Sprache, die alles ausdrückt, das Tiefste und Flüchtigste, den Geist, die Seele, unsre Sprache wird die Welt beherrschen.‹ Wie sollte sie das, sie die ja unfähig ist, von Schillers oder Goethes **Seele** – Verzeihung für das arme, das plumpe Gestammel – mit einem anständigen Worte zu sprechen und sich eins von den Griechen borgen muß: die so unendlich bedeutsamere *Psyche*. Die unfähig ist, Dürers oder Goethes Lebenswerk aus dem eignen Sprachschatz anders als mit dem kläglichen Stümperwort **Werk** zu benennen, also den

Franzosen ihr *Œuvre* nachsäuseln muß, um die sprachliche Höhe eines halbwegs gebildeten Volkes zu ersteigen. Ja die – hier hört eigentlich alles auf – so armselig ist, daß einer unsrer gelehrtesten Goetheforscher, L. Geiger, nicht einmal das Heim Goethes auf Deutsch schildern kann, sondern sich bettelnd an die so sehr viel sprachgewaltigeren Franzosen wenden muß und dann hochbeglückt ›*Goethe intime*‹ schreibt. Also weder über Seele, noch Arbeit, noch Haus kann der Deutsche, selbst der gebildetste, Deutsch sprechen. Nun gar über Weltanschauung, Kunst, Wissenschaft, Staatsleben, Sittlichkeit, Gewerbe, Erfindungen, Leibesübungen, Gesellschaftsleben – ausgeschlossen!

Tacitus berichtet, die alten Germanen hätten die Taten ihrer Helden in Liedern ihrer Barbarensprache, aber in ihrer eignen, besungen. Die Deutschen Gelehrten unsrer Tage, die über altdeutsche Heldenlieder schreiben, benennen ihr Tun mit einem richtigen Barbarenwort, zusammengemanscht aus Latein, etlichem Griechisch, wenigem Deutsch: die **germanistische** Forschung, und schreiben, mit verschwindenden Ausnahmen alle, in ihren Büchern über die Deutsche Heldendichtung ein ähnliches Sprachgemansche. Gustav Röthe, Professor obbemeldeter Germanistik, war außerstande, selbst in einer weihevollen Festrede von der sittlichen Leidenschaft eines Menschen der altdeutschen Heldensage Deutsch zu sprechen, sondern konnte das nur küchen-griechisch tun, z. B.: ›Dieser Held, der immer *ethisches Pathos* besitzt.‹ Da von einem so angesehenen, sprachkundigen und deutschgesinnten Mann wie Röthe nicht anzunehmen ist, daß er die fremden Wörter aus Eitelkeit, aus Unkenntnis des Deutschen oder gar aus unvaterländischer Gesinnung hingeschrieben hatte, so bleibt nur der Schluß, daß er das Deutsche für unfähig hält, den sittlichen Schwung, Hochschwung, Sturmzorn, Adel, die sittliche Leidenschaft, Würde, Glut, Erhabenheit, das sittliche Hochgefühl eines altdeutschen Helden auszudrücken. Röthe durfte verlangen, daß nicht der unzünftige, nichtbeamtete Laie, der ›gelehrt ist, wenn er sein Deutsch versteht‹, sondern ein staatlich festbesoldeter Fachmann von genau gleichem Wissen und Können wie Röthe das Urteil über dessen Sprache fälle. Ein solcher fällte ihm dieses:

Sie (die Fremdwörter) versagen, sobald unsere Rede in die heimlichen Tiefen der Seele dringen, **den Adel erhöhtester und zartester Stimmung gestalten will**. Es scheint mir wirklich ein großer Vorzug unserer Sprache, daß sie in ihren geheimsten Momenten (!) zur Reinheit strebt.

Dieses vortreffliche Urteil hat ein weiser, ein gerechter Richter über Röthes Sprache gefällt; es steht in den Preußischen Jahrbüchern (Band 114, S. 157) und rührt – von Gustav Röthe her. Da seine Fremdwörtelei in einer Rede zur Feier des Geburtstages des Kaisers in der Berliner Universität begangen wurde, so müssen wir eine noch erhöhtestere und zartestere Stimmung, einen noch geheimsteren Sprachmomang dieses Redners abwarten, um uns und ihn den gerühmten Vorzug unsrer Sprache einmal selbst genießen zu fühlen. Bleibt also von allen Möglichkeiten einzig die, daß jener Lehrer der Deutschkunde das Deutsche selbst in den erhöhtesten ›Momenten‹ (oder Momankß?) für zu armselig hielt, um der Seelengröße eines altdeutschen Helden sprachlich gerecht zu werden.

○ ○ ○

Wie freut man sich, bei einem der ›Erklärer‹ (S. 272), Oskar Jäger, folgenden hochgeschwellten Satz Deutschen Sprachstolzes zu lesen (in der Schrift ›Das humanistische Gymnasium‹): *Es hat sehr viele Mühe gekostet, das Deutsche aus fremden Banden zu befreien, aber es ist jetzt befreit* [Hurra!]. *Unsere Sprache ist zu voller Kraft und Reinheit entwickelt* [Hurra hoch!], *wir treten nicht mehr als Bettler und Borger an die andern Sprachen heran.* Heil diesem endlich zur Einsicht gelangten Verherrlicher der Sprachreinheit! Jener Satz aber folgt auf diesen andern: *Ein Verein, der auf dem Wege* (!) *der **Agitation** für eine bestimmte Art von Schulen **Reklame** macht und die Bildung ... mit dem selben **Empressement**, wie eine Fabrik ihre Waren dem **Publikum** anzupreisen sich verbunden hat* – Ach über diesen seiner selbst spottenden Wortdrescher!

Wie gern vernähmen wir das letzte Geheimnis über die Gipfelgeister der Menschheit, solcher, die wir mit einem durch Goethe und Schiller geheiligten Worte der Römer *Genius* benennen! Das

Wort lassen wir uns gefallen, denn unser größtes Zeitalter und ihr verehrungswürdiger Sprachgebrauch haben es uns geheiligt. Mehr als einmal hat der Genius der Menschheit in Deutschland Menschengestalt angenommen; doch, o Trauer!, sein Wesen läßt sich auf Deutsch nicht aussprechen. Wilhelm Dilthey, dieser Beneidenswerte, wußte, was der Genius ist, konnte es aber seinen Landsgenossen nicht in ihrer elenden Barbarensprache mitteilen. Er setzte zur Verkündung des Geheimnisses auf Deutsch an: ›Das Wesen des Genius ist‹, also er konnte bis zum gewissen Grade Deutsch, und wir sind aufs äußerste gespannt; dann kommt sie, die tiefe Enthüllung: ›ist *Penetration* und *Konzentration*‹; und, dies ist das Schönste, es gibt Leser, die sich einreden, wie Dilthey sich's eingeredet hatte, daß sie jetzt wissen, was das Genie ist.

Vom Christentum, überhaupt von einer Weltanschauung kann selbstverständlich nicht Deutsch gesprochen werden. Die Hottentotten bis zu den Feuerländern können von ihrem Weltbilde, ihren Götzen, ihren Glaubensbräuchen ganz geläufig hottentottisch oder feuerländisch sprechen; der große Deutsche Gottesgelehrte Adolf Harnack kann ähnliches nicht, sondern etwa so: *Die christliche Religion ist kein ethisches oder soziales Arcanum, um alles mögliche zu konservieren,* also ein Satz, in dem alle wichtige Wörter aus drei fremden Sprachen geschöpft sind, aus dem Rackerlateinischen, Küchengriechischen und Griechisch-Römischen. Da Harnack ein Gelehrter und Schriftsteller ist, der in einer so wichtigen Sache wie dem Wesen des Christentums nicht ohne große, auch sprachliche, Sorgfalt schreibt, so beweist er, daß er das Deutsche für unfähig hält, eine so abgrundtiefe Wahrheit auszudrücken wie: ›Der christliche Glaube ist kein sittliches oder gesellschaftliches Geheimmittel, um alles mögliche zu bewahren.‹ Die Religion als eines der ältesten Fremdwörter – das Luther fast nie nötig fand! – gestehen wir ihm ohne Nörgelei zu.

Berliner Künstler veranstalten eine Ausstellung älterer Deutscher Bilder. Da ihnen das Deutsche unbrauchbar scheint, eine so unerhörte Sache für jedermann verständlich zu bezeichnen, so müssen sie, o mit wie schwerem Herzen!, das einzig gemäße, jedermann ohne weiteres verständliche Wort wählen: *Retrospektive Ausstellung*.

Ein bis zur Leidenschaft begeisterter einseitiger Vorkämpfer Deutschen Wesens, Friedrich Lange, schreibt ein dickes Buch: ›Reines Deutschtum‹; es wimmelt von den überflüssigsten Fremdwörtern. – Einer unsrer formbegabten neueren Versdichter, Ludwig Fulda, hat für die Prosa offen bekannt: ›Die zahlreichen Fremdwörter, mit denen jede Sprache (?) sich behelfen muß, was bedeuten sie andres, als ebenso viele Zugeständnisse, daß ein treffender Ausdruck mangelt?‹ Doch! sie beweisen etwas ganz andres: die Stumpfheit der Prosaschreiber, aber nur der Deutschen, die den treffenden Deutschen Ausdruck gar nicht erst suchen, sondern das ungesuchte fremde Formelwort aufgreifen. Der fremdwortreine Versdichter Fulda wird sich hüten, so zu verfahren.

In seinem Buche ›Die Kunst der Deutschen Prosa‹ stimmte einst der Jungdeutsche Th. Mundt wahre Lobgesänge auf die reindeutsche Sprache an: ›Der Deutsche Gedanke wird mit dem Heimweh nach dem Deutschen Wort geboren.‹ Nichts als hohles Blech, denn auf derselben Seite und durch das ganze Buch wird in lächerlichen Fremdwörtern gestammelt.

Nein, die Deutsche Sprache taugt weder für eines der höheren menschlichen Anliegen, noch für die gewichtigen Fragen der Stallfütterung, des Ackerdüngers, des Haar- und Bartschneidens, des Schneiderns, Kochens, Tanzens, Reitens usw. Allenfalls zu solchen gleichgültigen Verrichtungen wie dem Gedichtemachen scheint sie, bis jetzt, unentbehrlich; doch wird das fortschreitende Raffinement im Evolutionismus der Deutschen Psyche wie in allen Disziplinen menschlicher Energetik, im Religiösen, Ethischen, Sozialen, Ästhetischen, Artistischen, Politischen, Kosmischen, Germanistischen, Agrikulturellen, sich schließlich wohl auch im Lyrischen, Dramatischen und Epischen zu einer kosmopolitischen Eklektik expressionistisch synthetisieren und damit endlich einen nicht mehr zu überkulminierenden *Comble* der linguistischen Differenzierung repräsentieren.

○ ○ ○

Von keinem andern Volk der bewohnten Erde als dem Deutschen meldet uns die Geschichte, daß es seine eingeborene, mit ihm großgewordene Sprache für unzureichend erklärt hat, auszudrücken, was es sah und empfand, was es zeugend oder nachahmend vollbrachte, was ihm die Heimat bot, die Fremde ihm sandte. Kein totes oder lebendes Volk hat seine geredete oder geschriebene Sprache je auch nur annähernd mit so viel Hunderten, Tausenden, Zehntausenden von Wörtern aus fremden Zungen durchsprenkelt wie das Deutsche seit mehr als drei Jahrhunderten. Wir werden weiterhin den oberflächlichen Einwand zu widerlegen haben, auch die Franzosen und Engländer hätten Fremdwörter; es lohnt nicht, in dieser Einleitung von solchen Dummheiten zu reden. Wir Deutsche selber, mit unserm regen Feingefühl für den fremden Sprachgeist, würden sofort die Albernheit im Munde eines Franzosen empfinden: *J'ai fait un joli* Spaziergang *autour des* Befestigungswerke *avec ma* Base *Marguerite;* aber wir sind unempfindlich gegen die Roheit eines Satzes wie: ›Ich habe eine reizende *Promenade* mit meiner *Kusine* um die *Fortifikationen* gemacht.‹

Gab es je ein Volk, dem man die Fremdwörtelei nachsehen könnte, so waren es die **Römer**. Ihre ganze höhere Bildung hatten sie von einem fremden Volke, den Griechen, übernommen, und wir dürften uns nicht allzusehr wundern, wenn ihr Fremdwörterbuch ein paar tausend griechische Ausdrücke enthielte. Außer einigen Dutzenden griechischer Wörter, die sich überdies alle in die römischen Formen pressen, unter die römischen Tongesetze beugen lassen mußten – man denke an *música* aus μουσική, *grammática* aus γραμματική, *philósophia* aus φιλοσοφία –, blieb Latein selbst in der Hochflut griechischer Bildung Latein, und kein noch so reich aus griechischem Wissen genährter römischer Schriftsteller hat je zu griecheln gewagt, wie im heutigen Deutschland die verhältnismäßig am reinsten schreibenden Männer der Wissenschaft und vieler andrer Berufe griecheln, lateinern, französeln, engländern usw. *Sermo purus erit et latinus* (Die Sprache soll rein und lateinisch sein), fordert Cicero von den römischen Rednern. ›Ich spreche im Lateinischen, schreibt er einmal, ebensowenig Griechisch, wie im Griechischen Lateinisch.‹ Von griechischen Fremdwörtern wie Philosophie, Grammatik, Geometrie, Musik sagt er sehr verständig: das alles lasse sich auch lateinisch ausdrücken; da es aber einmal von den Vorfahren überkommen sei, so könne man dergleichen ausnahmsweise beibehalten. Nie ist ihm eingefallen, in den griechischen Fremdwörtern eine feine Bereicherung der römischen Begriffswelt zu sehen und aus ihnen eine besonders wertvolle ›Nuance‹ herauszutifteln. Er ließ sich nicht irre machen durch den bekannten Trugschluß der Sprachverderber, ein fremdes Wort sei kürzer als die Muttersprache: ›Ich pflege auch in den Fällen, wo die Griechen ein Wort gebrauchen, es durch mehrere (lateinische) wiederzugeben, wenn ich nicht anders kann‹ (›De finibus‹ 3, 1).

Die Römer lernten von den Griechen Grammatik, es ist ihnen aber als einem sprachsaubern Volk nicht beigekommen, die griechischen Kunstausdrücke zu übernehmen. Wir Deutsche sagen seltner ›Fall‹ als *casus*; die Römer nur *casus*, nicht πτῶσις. Wir schreiben ›Metapher‹ (von μεταφορά); die Römer übersetzten sich das griechische Wort durch *translatio*. Cicero gebraucht in seinen philosophischen Schriften nicht den hundertsten Teil der griechischen Fachwörter, ohne die es in keinem philosophischen Buch eines Deutschen abgeht. Wie glatt wäre z. B. über eine römische Zunge die *physiologia*, die *ironia*, das *criterium* geflossen; aber Cicero schreibt: *naturae ratio, irrisio, regula* oder *judicium*. Horaz gibt Elegie durch *querimonia* wieder. L. Seneca spricht sich offen über die Unzulässigkeit des Fremdwörtelns aus: ›Solche Gleichmütigkeit nennen die Griechen εὐθυμία, ich nenne sie Gemütsruhe (*tranquillitatem*). Wir brauchen ja nicht die griechischen Worte nachzuahmen.‹ Quintilian schärfte ausdrücklich ein: *Non alienum est admonere, ut sint quam minime peregrina et externa* (Es ist nicht unangebracht zu erinnern, daß so wenig wie möglich fremdländische Wörter gebraucht werden). Dabei sprach er, wie jeder gebildete Römer, fließend Griechisch.

Auch die alten **Griechen** hätten Fremdwörtler sein dürfen, ja sein müssen, wenn ihnen nicht ein so feinkünstlerisches Sprachgefühl innegewohnt, ihr Schönheitssinn nicht das Gemengsel der Formen für das edle Kunstwerk verboten hätte, das Prosa heißt. Man tut immer so, als zwinge uns Deutsche von heute, uns einzigartiges Ausnahmevolk, unser Wohnen inmitten andrer Völker, unser ›Zusammenhang mit der Gesamtbildung der Welt‹ unausweichlich zur Fremdwörtelei. Die andern heutigen Völker lassen sich jedenfalls hierdurch nicht zwingen, und die Griechen, eins

Das Fremdwort bei den Römern und bei den Griechen

der ersten Handelsvölker des Altertums, haben sich ebensowenig zwingen lassen. Mit allen Völkerschaften Vorderasiens, Süd- und Westeuropas, Nordafrikas haben sie in regem Verkehr gestanden, mit den Persern und Medern, den Bewohnern Italiens und Spaniens, mit Ägypten und Karthago; aber wie winzig sind im Altgriechischen die sprachlichen Spuren dieser Beziehungen. In den seltnen Fällen, in denen sie ein fremdes Wort für eine ihnen fremde Sache aufnahmen, verfuhren sie damit wie die alten Deutschen mit den lateinischen Lehnwörtern: sie zerbrachen den Fremdwörtern alle Knochen und walzten sie so völlig griechisch um, daß erst die vergleichende Sprachwissenschaft den Ursprung ermittelt hat. Die Griechen vernahmen von des Perserkönigs Tiergehege in Susa, das *Pardesch* hieß: da sich dieses persische Wort nicht ins Griechische fügte, so wurde es griechisch gemacht durch eine griechische Vorsilbe *para*, aus *desch* wurde eine wenigstens nicht ungriechisch klingende Wurzel *deis*, die gutgriechische Endung *os* trat hinzu: so entstand aus dem persischen p*ardesch* griechisches *parádeisos*, das Quellwort für unser Paradies. Doch wie wenig solcher Lehnwörter hat das Griechische! – Eigentliche Fremdwörter überhaupt nicht. Als unter der römischen Herrschaft ein griechischer gelehrter Geck eine Geschichte des Partherkrieges mit dünkelhaft eingestreuten wenigen lateinischen Wörtern geschrieben, entlud sich der Zorn des Spötters Lukian: ›Sie (die Fremdwörter) sollen wohl dem Purpurlappen gleichen, den man als Aufputz (auf ein Kleid) setzt, um dem Ganzen ein schöneres Aussehen zu geben.‹

Über das Verhältnis der Griechen zu fremdländischen Einflüssen bemerkte schon Plato mit Tiefblick: ›Was die Griechen etwa von den Barbaren übernehmen, das verarbeiten sie schließlich zu etwas Schönerem.‹ Ebenso taten die alten Deutschen mit ihren Lehnwörtern: man denke an das bequeme ›Pferd‹ aus dem unbrauchbaren *paraveredus*. So undenkbar aber war einem Griechen das Einflicken fremder Sprachbrocken, daß in Aristoteles' ›Rednerkunst‹ die ›fremden Wörter‹, vor denen er warnt, nur ungewöhnliche, selten gebrauchte, aber reinhellenische Wörter bedeuten. Wir Deutsche sind das einzige Volk, das sich einen festen Kunstausdruck für diese Sprachkrankheit geschaffen: ›Fremdwort‹ ist eine Neubildung Jean Pauls und steht in der Vorrede zur 3. Auflage des ›Hesperus‹ von 1819.

○ ○ ○

Ich stelle drei Sätze aus zwei recht verschiedenen Welten hier untereinander, alle drei ungefähr in gleicher Fülle fremdwörtlerisch:

> *Ich bin im Kittgen, und muß grandig schineckeln, und habe wenig zu acheln und zu pasen und der Schoter will mir immer Mackes stecken.* (Aus einem ›Kassiber‹)
> *Alle Relationen, die das bewußte Denken sich diskursiv appliziert, sind nur Reproduktionen expliziter oder Explikationen impliziter oder explizierte Reproduktionen implizierter Bewegungen.* (Eduard von Hartmann)
> *Prüfen wir die negativistischen Formen der Autosuggestion vom einfach satirischen Hang bis zum Herostratentum, voller Pessimism und zerstörender Anarchism, grundsätzliches Behagen am Relativieren und Zersetzen.* (Karl Lamprecht)

Die meisten Leser werden den ersten Satz ekelhaft, die zwei folgenden vielleicht nicht besonders schön, doch immerhin erträglich finden. Ja, diese zwei würden den Lesern ohne meine Einleitungsworte und das Zusammenstellen kaum auffallen, z.B. wenn sie ihnen mitten in einem wissenschaftlichen Werke begegneten. Der erste Satz stammt aus der **Gaunersprache** und bedient sich des bekannten Mauschelgemisches aus verderbtem Hebräisch und verludertem Deutsch. Die zwei andern Sätze vermanschen einige Deutsche Wörter mit Küchengriechisch, Rackerlatein, Falschfranzösisch, und ihre Verfertiger haben dieses Gemansche ebenso schön wie tief gefunden.

Ich nehme mir die Freiheit, alle drei Sätze Gemauschel zu nennen; ja, ich halte den Satz in dem Kassiber des eingesperrten Strolches für stilvoller: seine Bestandteile sind gleichmäßig verderbt, während das Rotwelsch der wissenschaftlichen Fremdwörtler ein paar gute Deutsche Wörter mit vielen schlechten griechischen, lateinischen, französischen mengt. **Gemauschelt** aber klingen alle drei Sätze dem gesunden, nun gar dem feinen Sprachgefühl. Sogar

Gaunerdeutsch

die Zwecke beider Sprachformen sind nicht völlig verschieden: der gefangene Gauner will einem bestimmten Leser etwas offenbaren, es aber zugleich vor den Uneingeweihten verstecken; die wissenschaftliche Fremdwörtersprache offenbart ihr Wissen nur halb, zur andern Hälfte verschleiert, verschleimt, versteckt sie etwas, nämlich die nicht vollkommne Klarheit des Schreibers über den Gegenstand. Selbst rein sprachwissenschaftlich ist z.b. das Wort ›Kassiber‹ weniger unedel gebildet als Lamprechts ›negativistisch‹: jenes aus einer hebräischen Wurzel *kassaw* mit einer Deutschen Endung, dieses aus der lateinischen Wurzel *neg*, zwei lateinischen Bindesilben und einer griechischen, mit der Deutschen Endung *isch*.

Noch an eine andre Sprache ist zu erinnern, an die eines unglücklichen Volkssplitters, ohne Staatsgefüge, ohne andres Band als das seines elend verderbten Geplappers, denn Sprache wäre zu edel: der **Zigeuner**. Aus Indien stammend, in altersgrauen Zeiten im Besitz einer der reichsten und schönsten Sprachen der Welt, einer Abkömmlingin des Sanskrit, hat die gehetzte Wanderhorde der Zigeuner auf ihren Wegen durch die Länder anderszungiger Völker beinah die Hälfte ihres Wörterschatzes verloren, den Sprachbau verelenden lassen, Hunderte von Fremdwörtern aufgenommen – ihre ganze Sprache zählt ja kaum zweitausend Wörter –, und könnte den Deutschen Fremdwörtlern als ein ähnliches Schreckbild dienen wie das Kamel dem Pferde in der schönen Lessingschen Fabel, oder wie der kluge Schimpanse einem faulen Trottel. Haben doch die Zigeuner ihren eigensprachlichen Volksnamen verloren, nennen sie sich doch *Romani pal* (Römerbruder), wie sich die gelehrten Deutschforscher ›*Germanisten*‹ nennen. Ich kenne die Fremdwörtlersprache genau, die Zigeunersprache ein wenig, und erkläre ohne die geringste übertreibende Absicht: beim Lesen besonders fremdwörtlerischer Aufsätze oder Bücher, die vielen Andern keinen Anstoß erregen – denn was erregt in Deutschland sprachlichen Anstoß? –, höre ich's wie Klänge der Zigeunersprache. Ich stehe nicht allein mit dieser Ansicht; Auerbach nannte den fremdwörtelnden Stil der Wissenschaft: ›die Zigeunersprache der Katheder‹, und der Abgeordnete Traub die welsche Sprache der Deutschen Volksvertretung: ›die Gaunersprache‹.

Sprachheuchelei

○ ○ ○

Noch eines unterscheidet den fremdwörtelnden Deutschen von allen Völkern: nachdem er tagsüber in der Wissenschaft, im Handel, im Gewerbe, in der Zeitung jeden Satz, oft jede Zeile mit einem Wort aus andern Zungen besudelt hat, schlägt er in einer abendlichen Mußestunde vielleicht eine Blumenlese unsrer schönsten Gedichte auf und genießt darin mit gerührter Freude die vielen Lobpreisungen der Herrlichkeiten Deutscher Sprache von Klopstock, Herder, Arndt, Geibel, Dahn, Greif, Platen, Leuthold, Rückert, vor allen aber das Liebeslied Schenkendorfs:

> Muttersprache, Mutterlaut!
> Wie so wonnesam, so traut!
> Erstes Wort, das mir erschallet,
> Süßes, erstes Liebeswort,
> Erster Ton, den ich gelallet,
> Klingest ewig in mir fort. –
>
> Sprache, schön und wunderbar
> Ach, wie klingest du so klar!
> Will noch tiefer mich vertiefen
> In den Reichtum in die Pracht,
> Ist mir's doch, als ob mich riefen
> Väter aus des Grabes Nacht. –
>
> Überall weht Gottes Hauch,
> Heilig ist wohl mancher Brauch;
> Aber soll ich beten, danken,
> Geb' ich meine Liebe kund,
> Meine seligsten Gedanken
> Sprech' ich wie der Mutter Mund.

Im tiefsten Herzen bewegt, flüstert er: O wie schön, wie wahr, wie innig! Und wenn er einer unsrer Germanisten ist, so setzt er sich, von der Macht des Liedes getrieben, vielleicht hin und schreibt von dessen *ethischem Pathos* oder *pathetischem Ethos*, *Popularitätsgehalt*, *individualistischem Timbre* des Autors, seinem lyrischen *Coin de la nature*, kurz von unserm ganzen großen lyrischen *Œuvre*. Und das in holder Unschuld, ohne einen Gedanken an ›Spottet seiner selbst und weiß nicht wie‹.

Sprachheuchelei

Im Jahre 1783 setzte die königlich preußische Akademie der Wissenschaften zu Berlin, mit Genehmigung Friedrichs des Großen, einen Preis auf die beste Arbeit ›Über die Ursachen der Weltherrschaft der französischen Sprache‹. An dieser Weltherrschaft und ihrem guten Recht zweifelte damals weder die preußische Akademie mit ihrem französischsprechenden Deutschen Beschirmer noch sonst eine gelehrte Anstalt in Europa. Ein geistreicher Franzose, der Graf Rivarol, gewann den Preis durch die Schrift *Sur l'universalité de la langue française*, ein liebenswürdiges, sehr gescheites Büchlein. Darin steht der wie ein Peitschenhieb klatschende Satz: ›**Von den Deutschen hat Europa gelernt, die Deutsche Sprache geringzuschätzen.**‹ Stilloseres, um ein viel härteres Wort zu unterdrücken, als die Verachtung des Deutschen durch Deutsche im Verein mit wortseliger Schwärmerei fürs Deutsche ist kaum zu erdenken. In seinem bedeutsamen Werke ›Die Lehre von den Geistigen und dem Volke‹ schreibt der von manchen, auch von mir, geschätzte Philosoph Konstantin Brunner:

> Ich, was mich betrifft, ich wollte wie gern! alle die paar (!) Wörter aus fremden Sprachen hingeben für einen einzigen (!) besseren und echten Ausdruck in meinem geliebten, gesegneten, meinem wonnigen, mächtigen, meinem wundertätigen Deutsch, das würdig genannt werden darf neben jenen großen Sprachen des Altertums, und das, ein furchtlos starker Adler, so hoch fliegt wie jene, sich emporzuschwingen vermag bis unmittelbar vor den Thron der Wahrheit! – Mit Jubel wollte ich die paar (!) Brocken und Leichen des Fremden Hinschleudern für ein einziges Wort meiner Muttersprache, wodurch ich den Wert des Gedankens, den ich mitteilen soll, würdiger könnt' an den Tag bringen und ihm in den Gemütern Festigkeit und Dauer verursachen.

Und nach diesem berauschten und berauschenden Lobgesang auf die geliebte, gesegnete, wonnige, mächtige, wundertätige Muttersprache setzt der Sänger sich beruhigt hin und schreibt Sätze wie diesen: *Während Geist mit Analogon sich verbinden kann, weil der Inhalt des geistigen Denkens, das Absolute, und der Inhalt des analogischen Denkens, das fiktiv Absolute, oder die absolut gedachte Realität*, usw. Zur Rede gestellt, wie es ihm von mir geschah, kämpfte er, wie jeder Fremdwörtler – Brunner ist nicht der schlimmste –, um jeden seiner Brocken und Leichenteile des Fremden mit Nägeln und Zähnen wie um ein unersetzlich kostbares Heiligtum. Alle fremdwörtelnde Schwärmer für das vielgeliebte Deutsch sind hierin zum Verwechseln gleich.

Wie ernst meint es scheinbar Adolf Bartels mit dem Deutschtum und der Deutschen Sprache, wie giftig verfolgt er alles Nichturgermanische! Dieser Deutsche Schriftsteller will über die ›drei Stadien‹ des künstlerischen Schaffens schreiben, und da die arme, die plumpe Deutsche Sprache hierfür keine Ausdrücke besitzt, so muß er, o mit welchen Herzensqualen!, die *Stadien* selbst den Griechen, alles andre den Römern und Küchenlateinern entleihen: *Man* (wer ist ›Man‹?) *unterscheidet heute in der Regel drei Stadien: die Konzeption, die Reflexion, die Produktion*. Wie stillos wirken in diesem küchenlateinischen Satze die drei Deutschen Fremdwörter ›die‹. – Auch über das Urteil in dichterischen Fragen, meinethalben über die Kritik, kann ein noch so germanisch gesinnter Deutscher nicht Deutsch schreiben; Bartels unterscheidet wieder drei *Stadien: ›Konzeption, Reflexion, Reproduktion, die der Produktion entspricht‹*, und das urdeutsche Meisterstück ist fertig. – Bartels findet, wie jeder Verschmutzer Deutscher Sprache, eine Entschuldigung: hätte er Deutsch geschrieben, so hätte man (wer ist ›Man‹?) ihn nicht verstanden. Man stelle sich das Gesicht eines Franzosen vor, der solchen das eigne Vaterland frech schmähenden Blödsinn läse!

○ ○ ○

Der Leser wird schon an dem Umfange dieser zwei ›Bücher‹ über die Fremdwörter erkennen, welche Wichtigkeit ich der Frage für die Deutsche Stilkunst beimesse. Sie ist in der Tat die Hauptstilfrage, ragt hoch und weit hinaus über die Bedeutung, die man ihr bisher, fast immer nur aus Gründen des Volksgefühls oder der Sprachsauberkeit, zugeschrieben hat. Wie hoch und weit hinaus, das soll vornehmlich in dem Abschnitt ›Kunstprosa und Fremdwort‹ erwiesen werden. Schon hier aber sei der Feldruf vorweg verkündet, mit dem gekämpft werden soll: Es gibt keine große Prosa, überhaupt keine Prosakunst ohne das reine Kunstmittel, also ohne die möglichst reine Sprache. Die bleibende Weltliteratur der Prosa beweist dies unwidersprechlich.

ZWEITER ABSCHNITT
Zur Geschichte der Fremdwörter

Wê dir, tiuschiu zunge,
Wie stêt dîn ordenunge?

WALTHER VON DER VOGELWEIDE

Kein Schriftentum irgendeines andern Volkes außer dem Deutschen kann sich ›rühmen‹, ein Fremdwörterbuch zu besitzen. Hilfsbüchlein für die gewerbliche Sprache gibt es in Frankreich und England, Fremdwörterbücher nicht. Das erste wurde Deutschland schon 1571 beschert: die ›humanistische‹ Überschwemmung mit Latein hatte es für solche Leser nötig gemacht, die nicht lateinkundig waren wie die Müller, Schulzen, Schmiede, Bäcker, Schneider, die sich der anständigen Deutschen Namen ihrer Eltern schämten und sich in Mylius, Scultetus, Faber oder Fabricius, Pistorius, Sartorius umgeadelt hatten. Es war ein mäßig dickes Buch, 15 Bogen stark, doch sorgte die ›Fremdgierigkeit‹ für das immer stärkere Anschwellen, und heute sind wir so weit, daß die letzte Auflage des Heysischen Fremdwörterbuches es auf mehr als 125 000 wirklich gebrauchte Ausdrücke aus mehr als zwei Dutzend Sprachen gebracht hat.

Aus fremden Sprachschätzen entlehnt hat das Deutsche, wie alle neuere Sprachen, seit unvordenklichen Zeiten. Der Unterschied zwischen der uralten und der neuzeitlichen Aufnahme fremder Wörter besteht darin, daß der Sprachsinn unsrer Vorfahren zu fein und machtvoll zugleich war, um fremde Wörter in ihrer fremden Form zu dulden. Rücksichtslos und ohne eitle Gelehrttuerei wurden die nützlich scheinenden fremden Ausdrücke für deutschgewordene Dinge eingedeutscht; einzelne Laute, ganze

Silben, halbe Wörter ausgestoßen oder zermürbt, zerschrotet, um ein deutschklingendes Wort, jedenfalls eins mit Deutscher Betonung auf der ersten Silbe, zusammenzukneten. Aus dem griechischen *Kyriaké* wurde mit der Zeit Kirche, aus *coróna* Krone, aus *pérsicum* Pfirsich, aus *cúminum* Kümmel, aus *monastérium* Münster, aus *présbyter* Priester, aus *archiatrós* Arzt, aus *praepósitus* Propst, aus *diábolus* Teufel, aus *paraverédus* Pferd. **Lehnwörter** heißen diese durch gewaltsame Umbildung völlig eingebürgerten Fremdlinge, denen von den bekanntesten noch hinzugefügt seien: Kaiser, Prinz, Kreuz, Zirkel, Bezirk, Tisch (aus *discus* vom griechischen δίσκος), Markt, Kerker, Zoll, Straße, Meile, Kelter, Keller, Kiste, Kohl, kosen, kosten, Trichter, Teller, Öl, Mauer, Pforte, Pfosten, Pfeiler, Pulver, Speicher, Koch, Schüssel, Lampe, Spiegel, Seide, Staat, Kanzel, Schule, Orgel, Abt, Mönch, Nonne, Papst, Bischof, Vogt, Essig, Münze, Meister, alle ältere Zusammensetzungen mit der Vorsilbe erz: in allem über 200 ausgezeichnete altdeutsche Lehnwörter aus dem Griechischen und Lateinischen. In meinen ›Deutschen Sprachschöpfern‹ stehen sie ziemlich vollständig verzeichnet. Mit den späteren Ableitungen sind es jetzt zusammen ungefähr 1200.

Nie hat ein vernünftiger Freund der Deutschen Sprache und ihrer Reinheit gegen diese Lehnwörter etwas eingewandt, nicht einmal der verlästerte und verleumdete Philipp von Zesen, von dem kindische ältere Literaturgeschichten die lächerlichsten erlogenen Geschichtchen erzählen. Die Lehnwörter sind eine unentbehrliche Bereicherung unsrer Sprache, und wären die neueren Fremdwörter von gleicher oder ähnlicher Art, so gäbe es überhaupt keine Fremdwörterfrage. Keinem ›Puristen‹, wenn solche Querköpfe noch anderswo als in den Köpfen der Fremdwörtler leben sollten, fällt es ein, unsre Lehnwörter zu bemäkeln. Sie sind alle mit bewundernswerter Sprachkraft und -kunst geschaffen, mit unvergleichlich größerer, als sie irgendeinem fremdwörtelnden Germanisten eigen ist.

○ ○ ○

Ganz erloschen sind Kraft und Kunst des Neuschaffens noch heute nicht; besonders da, wo nicht die Sprachgelehrten entscheiden, sondern die urwüchsige Freude des einfachen Mannes am Spiel mit Lauten und Wörtern waltet, gelingen immer noch gute und nützliche Bereicherungen. Der Streik wurde von den Arbeitern geschaffen nach einer älteren, schlechteren Stricke. Rest, Rente, Rasse, Miene, Mode, Koffer, Kasse, Bresche, Pöbel, Gruppe, Truppe, Sorte, Filter, Finte, Front, forsch, Dose, Prise, Brise, Zone, Kabel, Tube, Norm, Taste, Takt, Flanke, fad, Park, Frack, Sport, Huppe, Titel: lauter brauchbare Lehnwörter, die alle sich den Deutschen Lautgesetzen fügen und fast als ebenso Deutsch empfunden werden wie die echtdeutschen Wurzelwörter.

›Schwindler‹, aus dem Englischen, ist erst ungefähr hundert Jahre alt; ›Scheck‹ beginnt sich einzudeutschen, was durch Deutsche Rechtschreibung zu beschleunigen ist; ›Soße‹ könnte unbedenklich zum Lehnwort werden und die von Stephan vorgeschlagene ›Salße‹ entbehrlich machen. Warum soll das Volk der mittelmäßigen Salßen und schlechten Tunken nicht etwas Gutes von den französischen Großmeistern der Soßenkunst entlehnen? ›Seien wir doch vielseitig!‹ so riet Goethe gerade in Küchenfragen. Er selbst schrieb einmal ›Sößchen‹, und im Deutschen Zollgesetz von 1902 steht ›Soße‹ als amtlicher Ausdruck. Auch die Bluse ist nachgerade kein Fremdwort mehr.

Ein tolles neuzeitliches Lehnwort ist der Proporz für die Proporzionalwahl, angeblich zuerst in der Basler Nationalzeitung von 1890 gedruckt. Es widerspricht dem Lautgesetz des Deutschen, klingt ekelhaft und wird hieran doch vielleicht scheitern. – Aus der Gaunersprache haben wir das Kümmelblättchen durch gute Volksumbildung aus *Gimel-* (drei) blättchen; Schmus und schmusen, schofel und Pleite. Für noch mehr möchten wir uns denn doch bedanken.

Wie mächtig noch heute das Deutsche Tongesetz wirkt, zeigen uns Fremdwörter wie: Jápan, Kóran, Lórenz, Pánik, Téchnik, in denen der Ton vorgerückt ist.

○ ○ ○

Das Eindringen fremdbleibender Fremdwörter ins Deutsche ist so alt, daß man leicht einen eingeborenen, unvertilgbaren Hang zum Durchwirken des Redegewebes mit fremden Sprachfäden annehmen kann. Mit offner Billigung schrieb Gottfried von Straßburg über seinen Helden Tristan die angeführten Verse (S. 15). Im 13. Jahrhundert empfahl Thomasin von Zirkläre geradezu die ›Streifelung‹ des Deutschen mit welschen Wörtern. In der höfischen Versdichtung vermied man die kernhaften Deutschen Heldenwörter wie Recke und Degen und ersetzte sie durch die angeblich vornehmeren französischen Ausdrücke. Indessen jene ganze Dichtung war Kunst einer herrschenden, zum Teil einer gelehrten Kaste, ›Literatenliteratur‹, aber kein Spiegelbild der wirklichen Volks- oder der gebildeten Verkehrssprache. Im Gegenteil, schon in den Frühzeiten unsrer Dichtkunst rührte sich die Verspottung der französelnden Fremdwörterei: Tannhäuser der Minnesänger dichtete Lieder mit absichtlich spottendem Gehäuse von Fremdbrocken, und in der ältesten Deutschen Dorfgeschichte, dem ›Meier Helmbrecht‹, wurde die mit fremdsprachlichen Wörtern durchsetzte Rede des heimkehrenden bäuerlichen Taugenichts dem Hohne preisgegeben. Bis zur Humanisterei blieb unser Schrifttum in Vers und Prosa ziemlich sprachrein. Man prüfe z. B. das alte Gesetzbuch ›Sachsenspiegel‹ auf seine Sprachform: kaum ein Dutzend überflüssiger Fremdwörter stehen darin. Vollends Luthers Prosa ist von einer Reinheit, die bei der Fülle der von ihm behandelten großen Gegenstände unser freudiges Staunen erregt. Nach ihm allerdings begann die Fremdwörterseuche fast uneingeschränkt zu wüten, bis sie um die Wende vom 16. zum 17. Jahrhundert eine Höhe erreichte, auf der die Gefahr einer völligen Verfranzosung Deutschlands, wenigstens seiner herrschenden Kasten, naherückte.

Rümelin, einer der standhaften Verteidiger der Fremdwörterei, meinte: ›Es handelt sich um eine geschichtliche Entwicklung unserer Sprache, die unabhängig (?) als solche zu begreifen und zu begründen ist, die keines Menschen und keines Vereins Willkür wieder rückgängig machen wird.‹ Sprach- und bildungsgeschichtlich unhaltbar, denn eine ›unabhängig als solche zu begreifende Sprachentwicklung‹ gibt es nicht; es gibt nur die den verschiedensten, auch sehr gewaltsamen, Einflüssen zugängliche Gewohnheit sprechender Menschen. Der durch vernünftige Unterweisung sich hebende Geschmack, das Erstarken des völkischen Sinnes, das Vertiefen der Sprachbildung, das gute Beispiel hervorragender Schriftsteller, nicht zum wenigsten die von einer gutberatenen, wahrhaft deutschgesinnten Regierung angeordnete Verbesserung des Deutschen Unterrichtes könnten in einem Menschenalter einen ungeheuren Umschwung bewirken, wie er durch ähnliche wohltätige Einflüsse z. B. im Deutschen Kunstgewerbe im letzten Menschenalter eingetreten ist. Man denke nur an das bewußte Ausmerzen von mindestens tausend überflüssigen Fremdwörtern aus der Heeres-, der Post-, der Eisenbahnsprache und an ihren Ersatz durch vortreffliche, im Umsehen eingebürgerte Deutsche Ausdrücke, um die Hohlheit der Redensart von der unabhängigen Entwicklung einer Sprache zu durchschauen.

○ ○ ○

Seit Jahrhunderten, seit dem Anfang des 17. Jahrhunderts mit nie wieder ganz erlahmender Kraft, hat gegen die Sprachwelscherei die **Sprachreinigung** angekämpft. Dieser noch fortdauernde Kampf hat sich vollzogen durch den groben oder feinen Spott des Häufleins der Sprachreiniger über das Massenheer der Sprachverschmutzer, durch frechen Hohn der übermächtigen Fremdwörtler über die Sprachsäuberer. Unwiderleglich aber beweist die Geschichte dieses Kampfes, daß in zahlreichen Einzelheiten auf die Länge nicht die Fremdwörtler, sondern die Sprachreiniger obgesiegt haben; denn selbst unsre ärgsten Fremdwörtler bedienen sich vieler von ihren Vorgängern verspotteter, jetzt unentbehrlicher Sprachbereicherungen der ›Puristen‹. Nur die unwissendsten Fremdwörtler wissen noch nicht, daß die neuhochdeutsche Sprache den größten Teil ihrer dauernden Bereicherungen dem Verdeutschungseifer einiger Reinheitsfreunde verdankt, sogar des allerdings ein wenig sonderbaren Philipps von Zesen und des bekannteren Campe, des Verfassers des ›Neuen Robinson‹. In dem Abschnitt ›Verdeutschungen‹ (S. 407) werden wir die Früchte ihrer Tätigkeit näher zu würdigen haben; in meinen ›Deutschen Sprachschöpfern‹ (1919) stehen sie, etwa 2500, annähernd vollständig beisammen.

Schon hier aber muß vorweggenommen werden die Gründung des **Deutschen Sprachvereins** durch den hochverdienten Hermann Riegel (1885). Der Verein hat im ersten Menschenalter seines Wirkens manche Erfolge geerntet und selbst den Gegnern oder Entstellern seiner Bestrebungen genügt, wie weiterhin gezeigt wird. Vor allem hat er das Sprachgewissen der Gebildetsten geschärft; mehr als früher erkennen sie die Notwendigkeit, richtiges und reines Deutsch zu schreiben, bemühen sich auch leidlich darum, sind aber im allgemeinen, zumal die meisten Männer der Wissenschaft, noch nicht weiter gekommen, als den übermäßigen Gebrauch der Fremdwörter scharf zu tadeln – bei jedem Andern, dagegen jedes ihrer eignen zahlreichen Fremdwörter für unentbehrlich, ja für eine besondere Zierde des Deutschen Stiles zu halten.

Der Verfasser dieses Buches hält sich für berechtigt, die geschichtliche Tatsache hier festzustellen, daß er im Januar 1881, mit 29 Jahren, vier Jahre vor der Gründung des Sprachvereins, als Herausgeber des ›Magazins für Literatur‹ die ernste Mahnung an seine Mitarbeiter richtete und ihr dauernde nachdrückliche Wirkung erzwang: sich in ihren Beiträgen aller überflüssiger Fremdwörter zu enthalten.

○ ○ ○

Einige Jahre nach seiner Gründung widerfuhr dem Sprachverein das Beste, was geschehen konnte, um seinem Streben scharfen Sporn und neues Ziel zu setzen: 1889 erschien in den Preußischen Jahrbüchern folgende ›**Erklärung der Einundvierzig**‹:

> Seit einigen Jahren haben sich in Deutschland Schutz- und Trutzvereine (?) zur Reinigung unserer Muttersprache ausgebreitet und ihren Grundsätzen nicht bloß mannigfache Anerkennung, sondern auch praktischen Erfolg bei Einzelnen wie bei maßgebenden Behörden zu verschaffen gewußt.
> Jetzt, wo der Gesamtvorstand des Allgemeinen Deutschen Sprachvereins die Autorität der Regierung anruft, die Schule in den Dienst seiner Bestrebungen zu stellen, und nach dem Muster der Rechtschreibung auch den Sprachgebrauch von oben geregelt sehen

möchte (?), fühlen die Unterzeichneten sich gedrungen, öffentlich zu erklären, daß sie auf Grund (?) der Entwicklung und der Bedürfnisse der weltbürgerlichen Aneignungsfähigkeit (?) und der nationalen Widerstandskraft (?) unserer Sprache, Literatur und Bildung, auf Grund des guten Rechtes unserer führenden (!) Schriftsteller, die ihre Worte mit Bedacht wählen, auf Grund der Deutschen und ausländischen (?) Erfahrungen mancher Jahrhunderte solche Bevormundung (?) entschieden zurückweisen.

Pflege der Sprache beruht ihnen nicht vornehmlich auf Abwehr der Fremdwörter, die jetzt zum Gebot des Nationalstolzes (!) erhoben wird. Es genügt, daß unsere Jugend durch wissenschaftlich und pädagogisch gebildete Lehrer wie bisher (?) zum saubern Gebrauch der Sprache (?) und zu fortschreitender Versenkung in die Schätze der Nationalliteratur angeleitet werde.

Sie meinen allerdings, daß verständige Rede und Schrift von berufener Seite (?) dem verschwenderischen Mißbrauch der Fremdwörter im geselligen und geschäftlichen Verkehr (nur?) steuern kann. Die Regierungen mögen, von fach- und sprachkundigen Männern beraten, umfassender und zugleich behutsamer als bisher auf Einzelgebieten der Kanzleisprache und des militärischen Wortschatzes (nur?) Wandel schaffen.

Die Unterzeichneten, denen es fern liegt (?), den Überschwang der Sprachmengerei zu schützen, verwahren sich aber dagegen, daß Richtigkeit oder Unrichtigkeit, Entbehrlichkeit oder Unentbehrlichkeit durch Sprachbehörden (?) entschieden werde.

Sie kennen und wollen keine Reichssprachämter (?) und Reichssprachmeister (?) mit der Autorität, zu bestimmen, was Rechtens sei. Unsere durch die Freiheit [der Verschmutzung] gedeihende Sprache hat nach jeder Hochflut von Fremdwörtern allmählich (?) das ihrem Geist Fremde wieder ausgeschieden, aber die Wortbilder neuer (!) Begriffe als bereichernden Gewinn (?) darin festgehalten. Darin soll sie nicht verarmen (!).

Den maßvollen Satzungen des Allgemeinen Deutschen Sprachvereins laufen zahlreiche Beiträge in den (?) Vereinsorganen und der übergroße Eifer vieler Vertreter (?) zuwider, welche das Heil der Sprache im Vernichtungskriege gegen das Fremdwort suchen und durch sprach- und sinnwidrige Schnellprägung (?) von Ersatzwörtern Schaden (?) anrichten und Unwillen (wessen?) herausfordern (!).

Die Unterzeichneten wollen in diesen Fragen da stehen, wo die freien Meister der Sprache, unsere Klassiker, standen (!). Darum verwahren sie sich gegen die Anrufung staatlicher Autorität und gegen die behende Geschäftigkeit der Puristen, die nach Jakob Grimms Wort (einem durch die Geschichte der zahlreichen geglückten Verdeutschungen längst als irrig erwiesenen Wort) in der Oberfläche der Sprache herumreuten und wühlen.

Verfaßt war diese Erklärung von Erich Schmidt, einem geschätzten Gelehrten, zugleich aber einem Schriftsteller mit dem allerschlechtesten Stil, dem zierig verschnörkelten; veröffentlicht wurde sie von Hans Delbrück, für dessen Stil und Sprachsinn die Leser in diesem Buche zum Urteil ausreichende Proben finden. Die Unterschriften einiger bedeutender Dichter und Prosaschreiber waren, wie sich später ergab, nur dadurch erschlichen worden, daß die Sammler die Unterzeichner über die Satzungen und die Ziele des Sprachvereins getäuscht hatten. Treitschke z. B. hat nachmals bitter bereut, seinen guten Namen einer so schlechten Sache gewidmet zu haben; ähnliches ist von Gustav Freytag bekannt geworden. Wildenbruch wurde sogar begeistertes Mitglied des Sprachvereins. Man hatte Männern wie Heyse, Klaus Groth, Gerok, Sybel, Virchow vorgeredet, der Verein suche die Deutschen Regierungen oder doch die preußische zu bewegen, den Schriftstellern von oben herab, etwa durch Gesetz oder Verordnung, vorzuschreiben, welche Fremdwörter erlaubt, welche verboten seien, und die wirklichen Meister der Sprache in Dichtung und Prosa hatten um der Kunstfreiheit willen ihren Namen hergegeben. Die stillosen Unterschreiber waren froh, sich als Hüter des wahrhaft guten Deutsch aufzuspielen, und die Mitläufer, die als Schriftsteller überhaupt nicht in Betracht kamen, unterschrieben mit Freuden, schon wegen der sie ehrenden guten Gesellschaft.

○ ○ ○

Wir müssen uns die Unterzeichner einzeln ansehen, jedoch erst nach einem Seitenblick auf die durch Abwesenheit Glänzenden. Keine Gefolgschaft hatten den großen Sprach- und Stilmeistern Erich Schmidt und Hans Delbrück geleistet von den damals noch lebenden Klassikern unsrer Dichtung und Prosa: Gottfried Keller, C. F. Meyer, Marie v. Ebner-Eschenbach, Luise v. François, Rudolf Lindau, Rosegger, Moltke, Bismarck, um nur einige der allerbedeutendsten und sprachreinsten Schriftsteller zu nennen. Von den hervorragenden Germanisten fehlten u. a.: Rudolf Hildebrand, Friedrich Kluge, M. Trautmann, Behaghel, Suphan, W. Wilmanns, O. Bremer, P. Pietsch, Wackernell, Heyne; hingegen glänzten die

Namen gerade der nachlässigsten oder noch schlimmeren Schreiber ziemlich vollständig unter der Erklärung. Von Diltheys, H. Grimms, Hayms, Rodenbergs, Wilamowitzens Deutsch stehen durch dieses Buch verstreut der kennzeichnenden Proben mancherlei.

Spielhagen, von den damals berühmten Schriftstellern der mit der kläglichsten Sprache, dem unerträglichsten Stil, durfte nicht fehlen, wo sich schlechte Schreiber neben unsre Klassiker zu stellen erdreisteten. Trotz Treitschkes Widerwillen wurde er als Einundvierzigster ›Führender‹ zugelassen. Wie es um Theodor Fontanes Sprache und Stil bestellt ist, werden die Proben beweisen, die jeder Leser beim Blättern in seinen Werken verhundertfachen kann. Ihm genügte z. B. nicht ›glänzendes Elend‹, das doch Goethen genügte; er mußte ›splendide Misere‹ schreiben. Alle Achtung vor der guten Erzählkunst Fontanes, sehr geringe vor seiner Prosasprache.

Einer der unbeschämten Unterzeichner war jener Karl Weizsäcker, der in seiner ›verbesserten‹ Bibelübersetzung den Satz Luthers: ›Sintemal ich nichts weniger bin, denn die hohen Apostel sind‹ (2. Korintherbrief 11,5) als ›führender Schriftsteller, der seine Worte mit Bedacht wählt‹, verschönerte in: *Denn ich bin in nichts zurückgeblieben hinter den Extraaposteln.* Wir werden diesem ›führenden‹ Johann Ballhorn noch öfter begegnen, wo mit der Deutschen Sprache, mit Luthers Sprache Schindluder getrieben wird (vgl. S. 289).

Von einem andern Unterzeichner, einem gewissen Karl Bardt, der sich gleichfalls zum führenden Schriftsteller ernannte, rührt eine Übersetzung der Horazischen Episteln her, worin u. a. diese von feinstem Sprachsinn zeugenden Verse stehen:

> In kräftiger Arbeit schleunig ausgegeben,
> Beschloß er als Gamin hinfort zu leben (im alten Rom!) ...

Oder: Habt ihr zusammen euch Motion gemacht, ...
Ersucht er dich, noch etwas zu verweilen
Und sein splendides Jagddiner zu teilen.

Man sieht, wie kurzlebig der Eindruck solcher Züchtigungen wie der durch Lessings ›Vademecum‹ an dem Horaz-Übersetzer Lange ist.

Außer diesem berühmten Herrn Bardt, der in holder Bescheidenheit ›stehen wollte, wo unsere Klassiker standen‹, hatten noch eine Anzahl von Männern unterschrieben, die in ihren Berufen als Prediger, Schulmänner, Altsprachler, Zeitschriftleiter aller Ehren wert waren, aber kein einziges hervorragendes Prosawerk auszuweisen hatten, überhaupt als Schriftsteller nur engen Fachkreisen bekannt geworden waren: Hermann Scholz, Gustav Uhlig, Dietrich Volkmann, Karl Weinhold, Gustav Wendt und Andre.

Bemerkenswert ist noch folgendes: Gustav Freytag, 1889 über die Bestrebungen des Sprachvereins gröblich getäuscht, unterwarf bald darauf für eine neue Gesamtausgabe seiner Werke deren Sprache einer strengen Prüfung, **beseitigte über 500 Fremdwörter**, die er trotz dem ›Bedacht‹, womit er angeblich geschrieben, achtlos hatte stehen lassen. Er verfuhr dabei genau nach dem Leitwort des Sprachvereins in der Frage der Fremdwörter: Kein Fremdwort für das, was auf Deutsch gut ausgedrückt werden kann. So ersetzte er u.a. Generationen, mechanisch, Reputation durch Geschlechter und Geschlechtsfolgen, bewußtlos, Leumund.

○ ○ ○

Zu den einzelnen Sätzen jener Erklärung noch dies. Unwahrheit enthielt die Behauptung, daß der Sprachverein den Sprachgebrauch von obenher geregelt sehen möchte. Unwahrheit die, daß die Abwehr der Fremdwörter vornehmlich zum Gebot des Nationalstolzes erhoben werde. Nicht minder Unwahrheit die, daß der Sprachverein gefordert habe, Sprachbehörden, Reichssprachämter und Reichssprachmeister einzuführen. Hohles Gerede war das von ›den maßlosen Vereinsorganen‹; es gab und gibt nur eins: die Zeitschrift des Deutschen Sprachvereins, ein Muster der Maße, für sehr viele einer allzu langmütigen Maße. Die Behauptung, daß die Puristen des Vereins die staatliche Autorität angerufen hätten, war leichtfertig aus der Luft gegriffen; der Verein hatte keinen Puristen im Vorstande, und dieser hatte niemals den Staat zum Zwange angerufen.

Schlimmer noch war die tolle Anmaßung des Inhalts der Erklärung. Man stelle sich vor: ein Gelehrter, der als mustergültiger Vertreter der schlechtesten aller schlechten Stilgattungen, der unnatürlich geschraubten, der eitel gezierten, schon damals galt, sammelte einige ausgezeichnete, viele mittelmäßige und mindestens sechs nach Sprache und Stil klägliche, ja abschreckende Schriftsteller um sich und trat mit ihnen einem großen Verein entgegen, der aus den edelsten Beweggründen für die Reinheit und Schönheit der verwahrlosten Muttersprache kämpfte. Dem Sprachverein gehörten eine Anzahl unsrer bedeutendsten Sprachforscher und viele mit Recht angesehene Schriftsteller an: außerdem Hunderte von Oberlehrern, höchsten und hohen Beamten aller Zweige, führenden Männern in Rat und Tat des Deutschen Volkes.

Natürlich begegnen wir in jener Erklärung all den selbstgefälligen Truggründen, mit denen von jeher die ärgsten Fremdwörtler ihr Kauderwelsch zu verteidigen gesucht. – Der ›verschwenderische Mißbrauch der Fremdwörter‹ – durch die Andern! – wird phrasenhaft gebrandmarkt; den Fremdwörtlern ›liegt es fern, den Überschwang der Sprachmengerei' – bei den Andern! – zu schützen‹. Selbstverständlich ist jedes Fremdwort der Fremdwörtler unter den Verfassern, Sammlern, Veröffentlichern, Unterzeichnern unantastbar, denn – sie erklären sich ja aus eignen Gnaden zu ›führenden Schriftstellern, die ihre Worte mit Bedacht wählen‹. Mit gutem Recht wird daher in diesem Buche jedem der schlechten Schreiber, dessen Namen unter jener Erklärung steht, in den gröbsten Fällen seine selbstgerühmte ›Bedachtsamkeit‹ bei der Wortwahl ins Kerbholz geschnitten.

Dann aber die Dreistigkeit, sich für die ärgsten eignen Sprachsünden auf unsre Klassiker zu berufen und sich anmaßend an deren Seite zu stellen: ›Die Unterzeichneten wollen in diesen Fragen da stehen, wo die freien Meister der Sprache, unsre Klassiker, standen.‹ Wo standen denn diese? Mitten im 18. Jahrhundert, der Deutschen Franzosenzeit unsrer Sprache. Hervorgegangen aus der mehr französischen als Deutschen Bildung ihres Zeitalters;

mühsam ringend mit einer Sprache, die beinah zwei Jahrhunderte hindurch in Gefahr gewesen, Mengselsprache oder Barbarenrede zu werden; aufgewachsen in einem heimischen Schrifttum, das nicht ein einziges großes Sprachmuster neudeutscher Prosa bot: so haben unsre Klassiker Klopstock, Lessing, Wieland, Herder, Goethe, Schiller, nicht zu vergessen Winckelmann, das Gewaltigste geleistet, was in aller Geistesgeschichte je in den Bereichen der Sprache und der Dichtung geleistet wurde: eine edle Wortkunstsprache und eine herrliche Dichtkunst zu schaffen nach wüster Barbarei. In einem Reiche, dessen größter Fürst der vaterländischen Zunge nur stümperhaft mächtig, der vaterländischen Dichtung fremd, ja feindlich war. Kein Deutscher hat das Recht, einem unsrer Klassiker des 18. Jahrhunderts einen Vorwurf daraus zu machen, daß er, als Enkel eines Geschlechtes ohne Vaterland, als Erbe einer halbfranzösischen, viertellateinischen und kaum vierteldeutschen Geistesbildung, die sprachlichen Spuren der traurigen Vergangenheit mehr als uns heute lieb ausweist. Wo in der Geschichte der Menschheit sehen wir einen zweiten Fall, daß ein großer Künstler sich erst Werkstoff und Werkzeug selber verfertigen, ein großer Schriftsteller erst seine Sprache schaffen mußte? Selbst als Dante den kühnen Entschluß faßte, ein großes Gedicht italienisch statt lateinisch zu dichten, hatte es längst eine brauchbare italienische Kunstsprache gegeben.

Und da erdreisteten sich einige unsrer schlechtesten Schreiber am Ende des 19. Jahrhunderts, nach der ruhmreichen Arbeit der Klassiker und Nachklassiker von anderthalb Jahrhunderten an unsrer Sprache, nach drei Geschlechtern von wissenschaftlichen Ergründern Deutscher Zunge, Deutschen Stils, Deutscher Dichtung, sich zur Verteidigung ihres Rückfalls in die Barbarei des 17. Jahrhunderts zu berufen auf eben jene Klassiker, die freien Meister der Sprache, die befangen in den Gewohnheiten vieler Menschenalter sich noch nicht ganz hatten befreien können vom Fluche der Deutschen Franzosenzeit! Wo in Wahrheit der größte von allen, Goethe, ›in diesen Fragen‹ gestanden, das wird am rechten Ort untersucht werden.

○ ○ ○

Dann aber beachte man die tiefe innere Unwahrhaftigkeit jener berüchtigten Erklärung: sie war das einzige in nahezu reiner Deutscher Sprache abgefaßte Schriftstück, das je aus der Feder des Verfassers und des Verbreiters geflossen war! Mit einem lange unentdeckt gebliebenen Schreiberkniff hatten sie sich, gewiß im Schweiße ihres Antlitzes, eifrig bemüht, sich als edle Reinschreiber aufzuspielen, damit die unbefangenen Leser sich sagen möchten: Fürwahr, Schreiber mit so reiner Sprache haben ein Recht, im Namen der Deutschen Sprache aufzutreten. Ich bin hinter jenen Kniff erst sehr spät gekommen. Jedenfalls hat weder Erich Schmidt noch Hans Delbrück je im Leben vor oder nach jener Erklärung etwas so Deutsches verfertigt wie ihre zur Verteidigung der Fremdwörterei erdrechselte Erklärung.

[Die Gerechtigkeit gebietet, hinzuzufügen, daß Erich Schmidt, der Verfasser der ›Erklärung‹ gegen den Deutschen Sprachverein, nach dem Erscheinen meines Buches jene früher unter seinen ›Charakteristiken‹ prangende Erklärung aus einem Neudruck mit voller Absicht wegließ! Nach gut beglaubigten Mitteilungen hat ihn, den gescheiten Mann, nur der Tod gehindert, die einstige Verirrung reuevoll offen zu bekennen. Die von ihrem besser belehrten Verfasser solchermaßen zurückgezogene Erklärung wurde von ihrem unbelehrbaren ersten Veröffentlicher Hans Delbrück nach 25 Jahren, mitten im Weltkrieg ums Deutsche Dasein, abermals abgedruckt. Diesmal hat man sich nicht mehr darüber entrüstet, sondern lachend die Achseln gezuckt. Daß Delbrück in Sprachfragen überhaupt nicht mitzählt, weiß alle Welt. – Nachtrag von 1923.]

○ ○ ○

Seit einem Menschenalter ist die Sprachbewegung über jene ebenso empörende wie lächerliche Erklärung samt den Erklärern hinweggeschritten, und auf mehr als einem Gebiet ist mit erstaunlichem Erfolge der aufgehäufte Fremdwörterunrat der Jahrhunderte ausgefegt worden. Im Behördenstil und im Schriftverkehr der höheren Gewerbskreise herrscht heute unverkennbar größere Sauberkeit als um 1889. Unsre wahrhaft schöpferischen

Schriftsteller huldigen fast durchweg dem Grundsatz der Reinheit als eines unerläßlichen Kunstmittels. Berühmt und schöpferisch sind allerdings oft zweierlei. Auch die Schule, die höhere wie die niedere, tut vielfach, aber lange nicht überall, ihre Pflicht im Ausrotten oder doch Beschneiden der Fremdwörterei, dieser Feindin ehrlicher Bildung, dieser Förderin der Schwindelbildung und des Bildungsschwindels.

Ein Gebiet unsers geistigen Lebens jedoch ist von der Veredelung unsrer Sprache so gut wie unberührt geblieben: die in der ›Erklärung‹ mit weisem Bedacht, oder vielmehr gleichfalls mit listigem Kniff, völlig übergangene **Wissenschaft**. Gerade diese aber verschmutzt die sprachlichen Blutbahnen, die sich säubern möchten, immer von neuem mit dem fremden Blutgift. Bei der hohen sachlichen Geltung der Wissenschaft in Deutschland ist dieses Versündigen an einem der vornehmsten Volksgüter unverzeihlich. Ohne die fremdwörtelnde Sprache der Wissenschaft dürften wirhoffen, wenn nicht zu einer reinen, so doch allmählich zu einer leidlich saubern, anständigen Deutschen Gemeinsprache zu gelangen.

Zwei Jahrhunderte lang gab es Moral, moralisch, und auch wer sie nicht schreiben mag, weil Sittlichkeit und sittlich genau dasselbe besagen, wird sie als längst sozusagen eingebürgert gelten lassen. Da Griechisch viel vornehmer ist als Latein, so wurde Ethos, Ethik, ethisch hinzugetan, und ein Verein zur Vertiefung der Sittlichkeit nannte sich vornehmtuerisch ›Ethische Gesellschaft‹. Bald aber reichten weder Moral noch Ethos aus, und es gab neue Bereicherungen unsrer armen Sprache: Immoral und Amoral. Nun fehlen aber noch immer Bimoral, Exmoral, Submoral, Metamoral, Paramoral, Prätermoral, Hypermoral usw. Aber vielleicht täusche ich mich, und sie sind schon alle da? Immoralismus und Amoralismus sind mir jüngst begegnet. Jedenfalls öffnet sich hier ein unermeßliches Feld für unsre Ethiker, die zwar die unmoralische Menschheit bisher nicht wesentlich gebessert zu haben scheinen, sich aber um so erfolgreicher der gebrechlichen Sprache annehmen. Bald werden Moral und Ethos völlig ausgeleiert sein, und was dann? Ja was dann? Ich empfehle den wortschöpferischen Ethikern das indische Dharma, das mit seinem vornehmen dh das griechische th noch überbietet. Auch zu Ableitungen ist es nicht ungeeignet: dharmatisch, Dharmatik, Dharmatismus, adharmatisch usw. werden keine Schwierigkeiten bereiten.

Primitiv kannten wir, ach ja; seit einiger Zeit kennen wir auch Primitivität, Primitivismus, primitivistisch – sie alle bei gewissen Kunstschreibern und, wie immer, bei Karl Lamprecht. Motiv und motivieren gab es längst; Lamprecht hat uns um die Motivik bereichert, eine unendlich feinere Nüankße als Motivierung. – Die Maschine war alt; jung ist maschinös und wird fortzeugend eben so Schönes gebären, z. B. Maschinosität, Maschinismus, maschinistisch, maschinibel, maschinabel, maschinubel (wie volubel). Warum eigentlich nicht?

Wenn die Franzosen in ihren Witzblättern den Durchschnittsdeutschen schildern wollen, so lassen sie ihn in jedem Satze mindestens einmal ›Kolossal‹ sagen, was immerhin ein wenig übertrieben ist. Karl Scheffler, einer unsrer sich in Fremdwörtern überschlagenden Kunstschreiber, bildet aus dem ohnehin abgeschmackten ›einfachen‹ Schwulstwort die Kolossalität; die Monumentalität hatten wir ja schon zum Glück, sonst hätte er sie erfinden müssen. – Die Imagination, ein Kunstausdruck des 18. Jahrhunderts, war einmal aus der Mode gekommen. Das ging nicht an, der berlinfranzösische Kunstschreiber Poppenberg, bei seinen Lebzeiten der größte Fremdwörtler dieser Gattung, erfand imaginatorisch. Warum gerade so? Warum nicht, ich frage im Ernst, imaginibel, -abel, -übel? Warum nicht imaginal, imaginell, imaginos, imaginistisch, imaginalistisch, imaginalistizistisch?

Die meisten Bereicherungen mit solchen Formen verdanken wir Karl Lamprecht. Seit Menschenaltern gab es das Wort **historisch**, und obwohl es nicht um einen Hauch mehr besagt als geschichtlich, obwohl die Engländer und Franzosen mit **einer** Wortwurzel für Geschichte und geschichtlich gut auskommen, mußten wir uns, da wir Deutsche sind, das Nebeneinanderbestehen von geschichtlich und historisch gefallen lassen. Indessen mit der Zeit bedienten sich des Wortes ›historisch‹ außer den berufsmäßigen Geschichtsforschern ganz gemeine, nicht zünftige Schriftsteller, Zeitungschreiber, Abgeordnete, Minister und andrer Bildungspöbel: folglich verlor das Wort für gewisse Berufsschreiber seinen

Zunftadel, und – sie beglückten die Wissenschaft und uns mit **historistisch**.

Hierbei, so denkt der tumbe Laie, hätte sich die vornehmste Gelehrsamkeit beruhigen können. Sie beruhigte sich nicht, sondern suchte – ich muß Gottscheds prächtiges Spottwort auffrischen – sich noch unverkennbarer ›*en parlant* von der *canaille* zu *distinguieren*‹: sie, das heißt Karl Lamprecht, erfand das herrliche **historizistisch**. Die Fremdwörtelei der Wissenschaft ist ja keine Fachsprache, die für Fachgenossen neue Begriffe kurz und schlagkräftig ausdrücken will; sondern sie ist eine Kastendünkelsprache, die ohne die geringste Begriffsbereicherung, durch bloßes Wortgeklingel, den Schein einer besonders neuen, besonders tiefen Geheimwissenschaft erzeugen will und bei Unkundigen leider oft wirklich erzeugt. Eins der wichtigsten Mittel hierzu ist die griechische Bindesilbe *ist*; wer hiermit Bescheid weiß, kann, ohne ein Wort Griechisch zu kennen, mit den berühmtesten Männern aller Wissenschaften in der Wortflunkerei wetteifern.

Renaissance erklärt jeder Welscher für völlig unersetzbar und unübersetzbar. Hält man ihrer einem vor, daß man ganz einfach ›Auflebung‹ sagen könnte, so erklärt er uns für verrückt. Zeigt man ihm die Stelle bei Goethe (›Italienische Reise‹, 22. 7. 1787), wo statt *Renaissance* Auflebung steht, so wird er verlegen, aber nur für einen Augenblick, *Renaissance* gehörte bis vor kurzem zu den armseligen Welschereien ohne Ableitungen, – da fand ich bei einem Meister des ›Deutschen‹, Th. Heuß: ›C. F. Meyer und der *Renaissancismus*.‹ Es war die höchste Zeit.

Sehr beliebt, allerdings nicht ganz so ergiebig, ist die lateinische Bindesilbe *iv*. Vierbaum will in einem Reisebericht wissenschafteln und schreibt von der Kunst des im Kraftwagen Dahinrasenden: *Bilder objektiv registrativmäßig aufnehmen.* Doch gewinnt erst Lamprecht dem *iv* die feinsten Reize ab. Intensiv und Intensität hatten wir zu unserm Heile schon; aber wo blieben Intensivität, intensivieren? Jetzt hat Lamprecht sie uns endlich geschenkt. Agitator, Agitation, agitieren besaßen wir; agitativ fehlte noch: vor kurzem fand ich es in einer Zeitung aus der Feder eines Mannes, der sich als angesagten Feind des Fremdwörterunwesens – bei den Andern – bekannt hat.

Zustand der Fremdwörterei

In den barbarischen Zeiten unsrer klassischen Kunst sagte man Verinnerlichung und dachte sich etwas Lebendiges dabei; die Deutsche Wissenschaft kommt und setzt dafür Esoterisierung: welche Errungenschaft! – Der Egoismus war von altersher da; als unentbehrliche Ergänzung wurde Altruismus geschaffen: *Die schönste Blüte des Christentumes ist* – man erwartet: *die Bruderliebe*; nein: *der Altruismus* (in der Nationalzeitung). Doch wie kränkend für den echten und gerechten Fremdwörtler: die beiden äußersten Pole des sittlichen Empfindens waren glücklich mit lateinischen Namen bezeichnet: Egoismus, Altruismus, und die so wichtige ›mittlere Linie‹ mußte sich mit gemeinen Deutschen Benennungen begnügen: mit Gegenseitigkeit, Wechselgefühl, Gemeinsamkeit, Gemeinschaftsgefühl. Diesem Unfug mußte ein Ende bereitet werden: obwohl wir doch die so wohlklingende Reziprozität besaßen, wurde *Mutualismus* hinzuerfunden, von einem angeblich lateinischen Worte *mutualis*, das es nie gegeben, und nun erst hatte die liebe Fremdwörterseele Ruh.

DRITTER ABSCHNITT
Die Fremdwörterseuche

Melius malum Latinum quam bonum Teutonicum.
(Besser schlechtes Latein als gutes Deutsch.)

AUSSPRUCH EINES NÜRNBERGER
LATEINLEHRERS UM 1530

Ihr, deren grob verderbtes Blut
Sich gleichsam als des Fiebers Wut
Ob meiner Schrift erhitzet und gefrieret,
Ihr mischet Teutsch, Welsch und Latein,
Doch keines rein,
Euern Verstand nicht zu lang zu verhälen.

WECKHERLIN

Was zur Erhaltung der Teutschen Sprache in ihrer
anständigen Reinigkeit gereichet, absonderlich
zu besorgen.

LEIBNIZ IN DER VON IHM VERFASSTEN
STIFTUNGSURKUNDE DER BERLINER AKADEMIE
DER WISSENSCHAFTEN ÜBER DEREN AUFGABEN

Der vorige Abschnitt schilderte den herrschenden Zustand der Sprache unsrer Wissenschaft; die löblichen Ausnahmen sollen an ihrem Ort nicht verschwiegen werden. Es nützt nichts, sich die Augen zuzuhalten gegen die Tatsache, daß die Fremdwörterseuche in der Wissenschaft, aber noch auf manchen andern Gebieten unsers innern und öffentlichen Lebens immer verderblicher anschwillt. Besteht überhaupt die Möglichkeit, sie zu heilen, dann nur nach der Erkenntnis ihrer ungeheuerlichen Ausbreitung. Behörden und Sprachverein mögen noch so viele schmutzige Zuläufe reinigen und verstopfen, aus immer neuen Schlammgruben und Sielen sickert ununterbrochen neue üble Jauche in den stolzen Strom unsrer Sprache.

Jeder der Schriftsteller, von denen auf den folgenden Seiten Beispiele der überflüssigsten, der lächerlichsten Fremdwörterei stehen, würde sich empören, wenn man ihn für einen Fremdwörtler erklärte; denn heißen will keiner so, und doch trifft diese Bezeichnung auf fast jeden zu, mit nur geringen Unterschieden nach Häufigkeit und Geschmack. An vielen unsrer guten Schriftsteller übersehen die meisten Leser die Fremdwörterei, weil ihr glänzende sühnende Eigenschaften gegenüberstehen. Ein Sprachlaster bleibt, was es ist, selbst bei dem besten Schreiber; doch werden wir die gelegentliche Fremdwörtlerei bei Paulsen, Nietzsche, Dühring, Rosenkranz, also Beherrschern des Ausdrucks und des Stiles, anders beurteilen als bei solchen Schluderern wie Spielhagen oder solchen Sprachgecken wie Poppenberg oder Hermann Bahr. Die Schreiber stehen in bunter Reihe nebeneinander; sie zeitlich oder nach dem Grad ihrer Fremdwörtelei zu ordnen, ist zwecklos.

Paulsen schrieb: *Cicero hat, seitdem die Imitation seiner Latinität aufgehört hat* und wäre um Gründe für die eherne Notwendigkeit von Imitation statt Nachahmung nicht verlegen gewesen. Ob lateinischer Stil oder Wortgebrauch oder Meisterlatein nicht dasselbe besagt wie Latinität, beantworte sich der Leser selbst. Ein andermal beklagte er die *Ekrasierung des Realgymnasiums*.

Rosenkranz wollte sagen (vor 1870): Wir Deutsche sind ein Volk ohne äußerlichen Mittelpunkt. Dies wäre verständlich gewesen. Was schreibt er? Keine Phantasie errät es: *ohne eine äußerliche Centralität!* Sprachlich und vernunftlich ein Unsinn, und doch war Rosenkranz ein sehr gescheiter Mann.

Mommsen ... *weil der von der Koalition beherrschten Fraktion dieser Körperschaft die Instruktionen der Machthaber fehlten.* So in einer Geschichte der Römer! Was würde ein römischer Schriftsteller, etwa Tacitus, zu Koalition, Fraktion, Instruktion im Munde eines Deutschen gesagt haben, zu drei Wörtern, die der Römer entweder gar nicht oder nicht in der Mommsenschen Anwendung kannte? Was gar zu einer sich lateinisch nennenden Darstellung, in der die meisten Hauptwörter schlechtes Germanisch wären?

Nietzsche, der nach seitenlanger Sprachreinheit oft wahre Krampfanfälle der Fremdwörterei erleidet, begnügt sich nicht mit *Degeneration*, die ja um nichts mehr oder besser ist als Entartung, sondern erbastelt sich das tolle Wort *Degenerescenz*, das gleichfalls genau dasselbe besagt wie Entartung. An einer Stelle des ›Antichrist‹ spricht er unaufhörlich von *décadence*, von *dekadenten* Werten und dergleichen, als ob er nicht Deutsch verstünde, und wenige Zeilen später schreibt er in genau dem gleichen Sinne vortrefflich: Niedergang, Niedergangswerte.

Carl Busse, einer unsrer Dichter, der im Lied für die zarten Empfindungen die zarten Deutschen Ausdrücke fand, berichtete über Wilhelm von Humboldts Briefe an eine Freundin: *Sie gelten als eine Zierde unserer epistolographischen Literatur.* Er hätte uns gewiß bewiesen, welche feinere Nüankße diesem Schwulst als der ›Briefliteratur‹ zukommt.

Paul Kühn gibt einem Buche ›Die Frauen um Goethe‹ den Untertitel ›Weimarer *Intérieurs*‹, sprich: Ünkteriörß – oder wie sonst? –, denn der französische *Pluriel* würde anders nicht zur geziemenden Geltung kommen.

Vierbaum, in vielen seiner Gedichte teutschtümelnd bis zur Übertreibung ins Mittelhochdeutsche, brachte ohne Küchenlatein und Speisekartenfranzösisch keinen längern Prosasatz fertig. Er gehört zu denen, die ein Deutsches Begriffswort erst dann wählen, wenn ihnen durchaus kein fremdsprachiges einfällt. Ein Wagen ist bei ihm nicht unzulänglich, sondern *insuffizient*; ein Sitz wird zur Aufnahme weiterer Koffer nicht hergerichtet, sondern *adaptiert*; ein Schutzleder ist nicht sinnreich, sondern *ingeniös* erfunden. Gegen klappernde Fenster hat er nicht Abneigung oder Abscheu oder Widerwillen, sondern *Aversion*.

Schöll will von der Welt, der Gesamtwelt sprechen; Welt genügt dafür, doch doppelt hält besser, also heißt es *Totalwelt*. Das Gegenteil dazu wäre dann die Partialwelt. Aber warum nicht vornehmer *Totalkosmos* oder *Pankosmos*?

Der Germanist Eugen Wolff, unfähig zwei Sätze hintereinander in Deutscher Sprache zu schreiben, spricht von den Begleitumständen lyrischer Gedichte: *Sie muss der Dichter eliminieren, um dadurch die Gefühlserreger in ihrer vollen Intimität zu isolieren, konzentrieren, prononzieren.* Wurde von einem der ärgsten Dunse des 17. Jahrhunderts elenderes Gewäsch verübt? Könnte der hohnvollste Spötter einen Schreiber schonungsloser übertreibend nachäffen? Wolff ist Lehrer der Deutschkunde an einer Deutschen Hochschule.

Der Germanist Max Herrmann, der nicht um sein Leben zu retten die Hauptbegriffe eines längeren Deutschen Satzes Deutsch ausdrücken könnte, schreibt: *Goethes Werther fällt nicht aus dem Œuvre des Dramatikers und Lyrikers heraus.* Er findet im Werther eine Mischung von *dramatischer Objektivität und lyrischer Subjektivität* und bewundert darin *die zyklisch-lyrische Rolle der Tageszeiten*. Es sei *ein erlesener Genuß, die Intensität* (nur so? nicht Intensivität?) *und die Diskretion zu erkennen, mit der auf wichtige Situationen vorgedeutet wird*. Jerusalems Tod sei für Goethe gewesen *das pragmatische Resultat seiner Reflexionen*, und eine Selbstschilderung heißt: *das autopsychologische Element*. Bei diesem Germanisten haben die Deutschen und die fremden Begriffswörter ihre Rollen vertauscht: die Deutschen erscheinen wie Fremdwörter inmitten des fremdsprachlichen Gestammels. ›Brecherisch‹ hätte Vischer dergleichen genannt. Zu solcher Entartung eines Teiles der sich mit Goethe beschäftigenden Germanistik stimmt es ausgezeichnet, daß das Goethehaus in Weimar jetzt amtlich ebenso undeutsch wie sprachwidrig ›Goethe-National-Museum‹ heißt. Die große Weimarer Gesamtausgabe seiner Werke heißt allerdings bis jetzt noch nicht ›Das Œuvre Goethes‹; aber unsre Wissenschaft, besonders die germanistische, ist ja entwicklungsfähig.

○ ○ ○

Vielen Germanisten versagt das Deutsche bis zum Lallen. B. Litzmann will aufzählen, was für Früchte der ›gemeinsame Nährboden der modernen Nervosität und Hysterie‹ in der Literatur erzeugt hat. Man sollte denken, einem deutschgeborenen und deutscherzogenen Manne, der die Erforschung der Deutschen Sprache zu seinem Lebensberuf gemacht, müßte das, wenn auch mit einiger Mühe, in der Sprache seiner Eltern und seines Wissenszweiges halbwegs gelingen. Folgendes sind die Früchte: *Krassester Materialismus, mythischer Spiritismus, demokratischer Anarchismus, aristokratischer Individualismus, pandemische Erotik, sinnabtötende Askese.* Er vergißt: fremdwörtelndes Rotwelsch. Der Gelehrte, der solches Deutsch schreibt, wurde vom Staate dazu bestellt, Deutschen Jünglingen Vorlesungen über Deutsche Sprache und Dichtung zu halten.

Schreiber wie Litzmann haben uns Urteile zugezogen wie das in der Pariser *Revue critique: Ce style à moitié* (?, viel mehr als das) *français qui passe aujourd'hui pour de l'allemand.*‹ Auf unsre gelehrten Welscher macht kein noch so berechtigtes Hohnwort der Feinde Eindruck, denn mit ihrem Dünkelwelsch fühlen sie sich den ja nur reines Französisch schreibenden oberflächlichen Franzosen hochüberlegen.

Der verstorbene Germanist Haym schrieb über Schiller: *... zu einer Biographie gestaltet, deren Motive sich auf dem Niveau des populären Interesses für Schiller bewegen* – jedes bedeutsame Wort fremdsprachlich.

Professor Karl Weizsäcker hat Luthers Bibelübersetzung u. a. wie folgt in sein geliebtes Neuhochdeutsch verbessert: für Bürgschaft schreibt er *Kaution*, für Hauptmann *Kommandant*, für Geschöpf *Kreatur*, für Meuchelmörder *Sikarier*, für Kriegsoberst *Offizier*, für Gerichtstage *Gerichtstermine*, für Ruhr *Dysenterie*, für besessen *dämonisch*, für Fürst *Regent*, für freundlich *human*, für Zerstreuung *Diaspora*, für Gebot *Edikt*, für Kopfgeld *Kapital*, für Judengenossen *Proselyten*, für Vornehmste *Notabeln*. Und dieser Verballhorner eines der ewigen Meisterwerke Deutscher Prosa hatte die Stirn, seinen Namen unter eine Erklärung von angeblich ›führenden Schriftstellern‹ gegen einen Deutschen Sprachverein zu setzen!

In einer Abhandlung über Novalis will Franz Blei von dessen ins Erhabene verfeinertem Liebesgefühl sprechen. Dies würde jeder Leser verstehen; da jedoch das, was jeder Leser versteht, zu gemein ist, so spricht er von ›Hardenbergs *sublimer Metaerotik*‹. Eine gebildete Frau wandte dagegen ein: ich dachte, Hardenbergs Geliebte hieß Sophie, nicht Meta; als ich ihr den Irrtum aufklärte, schämte sich die Gute ihrer Unbildung.

Der Rechtslehrer Franz von Liszt, kein Arzt, spricht von der *deletären Wirkung des Alkoholmißbrauches*. – Ein bekannter Literaturforscher schreibt: *Der Leutnant von heute evolutioniert sich nicht zur Dekadenz*. – Der ›Erklärer‹ Spielhagen spricht von einem *Stadium des Überreizes, des excitement*. Dies soll eine Steigerung sein; Spielhagen weiß nicht, daß *excitement* schwächer ist als Überreiz, aber mangelhaftes Englisch muß ausgekramt werden.

Hans Delbrück, der Sammler und Veröffentlicher der ›Erklärung‹, schreibt: *Brandt war äußerlich **prädisponiert**, intellektuelle Leistungen als aktive Leistungen anzusehen*; gleich darauf aber, diesmal seine Worte wirklich mit Bedacht wählend: *Gneisenau aber hatte, wie man es öfter bei Männern der Tat findet, die mit der **Anlage zur Wissenschaft** ...* Also er **kann** Deutsch, nur nicht immer.

In Delbrücks Preußischen Jahrbüchern verkündete ein Herr Robert Hessen: *Das Wort Journalistik deckt einen Deutschen Kulturbegriff, der erst mit unsrer Nation untergehen wird*. Und doch hatte selbige Nation mehr als ein Jahrhundert Journalisten gehabt, z.B. den Journalisten Lessing bei der Vossischen Zeitung, ehe sie just dieses Wort für die Zeitungschreiber erfand, und hatte doch bestanden. Sie wird den Untergang des Journalisten ebenso heil überleben, wie sie den der ›Armee‹ überlebt hat; wenn ihr nur der ehrliche Zeitungschreiber und das tapfere Heer bleiben.

Der große Sprachmeister Hans Delbrück kennt ein ›*höchstes Maximum*‹ und beschert uns die ›*Rejuveneszenz*‹. Wer aber meint, dies lasse sich verständlicher auf Deutsch sagen, dem wirft er vor, ›die Deutsche Sprache unnational zu verschleimen‹. Reines Deutsch hält er nämlich für unnational. Würde irgendein gesundes Volk einem Menschen wie Delbrück gestatten, über Fragen der Muttersprache mitzureden?

In einer Deutschgesinnten Zeitung, der Täglichen Rundschau, stand folgender Satz: *Drei Resolutionen sind beschlossen worden, um gegen die Zustände zu protestieren, insbesondere dagegen, daß die konstitutionelle Agitation despotisch unterdrückt werde*. Man stelle sich vor, ein Franzose schriebe: *Trois* Beschlüsse *ont été prises pour* widersprecher *à cet état de choses, surtout à la ge-*

waltherrli*que supression de la* verfassungsmäßig*elle* Werbearbeit, und man suche das Wort, das ihm von allen französischen Lesern ins Gesicht geschleudert werden würde.

Der Germanist Rudolf Lehmann, der einst an der Posener Akademie zum Vertreter des Deutschtums gegen fremde Einflüsse bestellt ward, der Verfasser eines großen Werkes über den Deutschen Unterricht, spricht von einer ›Robustizität‹ des Geschehenen und bekennt dadurch, daß solche abgrundtiefe Weisheit sich auf Deutsch nicht aussprechen lasse. Jeder gebildete Pole wird das auf Polnisch ohne weiteres sagen können. Aber mit solcher ›Sprache‹ wie *Robustizität* sichert man vortrefflich den Bestand des Deutschtums, soweit die Deutsche Zunge klingt, nicht wahr?

Ich liebe den prächtigen Erzähler Theodor Fontane und genoß die Ehre, Freund von ihm genannt zu werden. Lebte er, ich würde ihm ins Gesicht sagen – und er war der Mann, es ruhig anzuhören –, daß seine Fremdwörtelei über alles vernünftige Maß hinausgeht. Er fühlte sich nicht wie Chamisso als deutschgebildeten Franzosen, sondern war ein durchaus Deutscher Mann; überdies waren seine Kenntnisse des Französischen von rührender Dürftigkeit. Das hat ihn leider nicht gehindert, bei jeder noch so unpassenden Gelegenheit französische Brocken und Fremdwörter aller Art einzustreuen, beinah so arg wie die ärgsten Germanisten. In den ›Fünf Schlössern‹ heißt es von Deutschen Menschen: *Er ridicülisierte sie, worauf sie jene hautaine Miene annahm.* In ganz Deutschem Zusammenhange spricht er von ›*einem célèbren Recontre*‹, denn im Berlinfranzösischen ist Rencontre sächlichen Geschlechts. Ist es nicht trostlos, daß einer unsrer liebenswürdigsten Dichter feinfühligen Deutschen Lesern, nun gar französischen, lächerlich erscheinen muß durch solche dem tüchtigen Manne so übel zu Gesicht stehende Geckerei?

Bei Marx, dem Vater des Sozialismus: *Die Arbeitsteilung reduziert den Arbeiter auf eine degradierende Funktion. Dieser degradierenden Funktion entspricht eine depravierte Seele.* Wie stören uns die anständigen Deutschen Fremdwörter Arbeiter und Seele inmitten der küchenlateinischen Zigeunersprache.

Ein Leipziger Professor hält folgenden Satz für Deutsch: *Tacitus mit seiner prinzipiellen Abnormität der Satzkonstruktion ist ein Uni-*

kum der Literatur – doch schwerlich ein größeres als die gesamte wissenschaftliche Schreiberei solcher Art in Deutschland. – Eine Preisfrage der Leipziger Universität lautete: *Über das relativ beste Organisationsprinzip der Provinzialadministrativmittelinstanzen*, und zwar Deutscher, nicht etwa römischer ›*Instanzen*‹!

Der Rembrandtdeutsche Langbehn, d. h. der Verfasser eines drittelgescheiten, drittelverrückten, drittelplatten Buches ›Rembrandt als Erzieher‹ (1890), hat endlich das Geheimnis des Deutschtums entdeckt, wie Dilthey das des Genius (vgl. S. 257), und will, o Glück, es uns offenbaren: *Die treibende Grund- und Urkraft alles Deutschtums aber heißt* – höher schlägt unser Herz, unser Atem stockt vor freudiger Erwartung – *heißt Individualismus.*

Die neuhochdeutsche Sprache beginnt bewußt das niedrige Deutsche Wort Seele auszuscheiden; bei vielen Germanisten überwiegt schon die *Psyche*, ja für Goethe gibt es überhaupt fast nur noch die *Psyche*. Ich nenne keine Namen, es sind ihrer zu viele; und unter ihnen ein paar sonst sprachlich anständige. Vertiefen wir uns in die *Psyche* des ersten dieser germanistischen Fremdwörtler, des kühnen Entdeckers der Goethischen *Psyche*. Etwa dieses stumme Selbstgespräch rollte sich ab (ich übersetze aus dem Germanistischen ins Deutsche): ›Wie ist es denkbar, daß ich für eine die Welt einsaugende und wieder rückstrahlende Seele wie Goethes mich eines so abgedroschenen, schon von jedem nicht goethereifen, ja von jedem nicht einmal promovierten, geschweige habilitierten Deutschen gebrauchten Wortes wie Seele bediene? Wie leicht könnte man in und nun erst außer den Fachkreisen auf den Gedanken kommen, daß ich selbst vielleicht gar keine tiefere Einsicht in das Wesen unsers größten Dichters habe als irgendein nichtzünftiger, nicht festangestellter Kenner und Verehrer Goethes. Setze ich aber *Psyche* statt Seele, so schlage ich zwei Fliegen mit einer Klappe (eine übersetzerische Freiheit für ›*Duplizität des Resultats*‹): Ich zeige allen des Griechischen Unkundigen, daß ich Griechisch verstehe, was sehr angenehm ist, und ich erzeuge bei ihnen, vielleicht sogar bei einigen harmloseren Fachgenossen, den Glauben, daß ich noch ganz andre Geisteseigenschaften Goethes als die durch das banausische, laienhafte Wort Seele ausgedrückten erforscht habe. Bei einigem Mut, der den welschenden Germanisten niemals fehlt, könnten dann Verbesserungen gewagt werden wie: ›Glücklich allein ist die *Psyche*, die liebt – Des Menschen *Psyche* gleicht dem Wasser – Das Land der Griechen mit der *Psyche* suchend.‹

Bei der leutseligen Freigebigkeit der Fremdwörtler wurde *Psyche* bald ein Gemeinwort für die Seele überhaupt, von Goethes *Psyche* bis zur *Psyche* eines Rotkehlchens: *Wie verstanden sich aber diese einfachen Leute ganz unbewusst auf die Psyche ihres kleinen Lieblings* (Kunstwart, ›Organ für Ausdruckskultur‹! von 1908). – *Zwei Hauptverfahren gibt es, die Seele, die Psyche, eines lebenden Wesens von außen zu studieren.* So ist's recht, die Leser wissen ja gar nicht mehr, was Seele ist, sie muß ihnen ins Griechische übersetzt werden.

Im *Euphorion*, einer germanistischen Zeitschrift für Literaturgeschichte – Band 17, Heft 1, Seite 95, man kann mit solchen unschätzbaren Dokumenten nicht akribos genug prozedieren – veröffentlicht Heinrich Willemsen einen Aufsatz mit der Überschrift: *Von Heinrich Heines Schulzeit. Ein Beitrag zu seinem Bios*. Der Herausgeber des *Euphorion* fand diese Bereicherung unsers lächerlich kleinen Fremdwörterschatzes durchaus angemessen, und ich begreife nicht, wie Freunde, denen ich vom *Bios* berichtete, sich darüber entsetzen konnten. Auf *Psyche* für Seele müßte *Bios* für Leben folgen; man bedenke: in einer Zeitschrift, die den vornehmen Titel *Euphorion* führt! Entsetzt ihr euch denn über *Psyche, Ethos, Ethnos, Eros*, und alle ihre Sprößlinge? Schreibt ihr nicht längst *Biologie, Biographie, Makrobiotik, Biogenese*? Ist dem einfachen *Bios* nicht billig, was den Zusammensetzungen recht ist? Hätte Herr Willemsen geschrieben: Ein Beitrag zu seiner Biographie, so hätte sich ja kein Mensch entsetzt. Nun also! Kommt aber jemand auf den tollen Einfall, man solle schreiben: zu seiner Lebensgeschichte, so schimpft ihr ihn: Purist.

Welche andre niedrige Deutsche Wörter werden der Seele und dem Leben folgen? *Somatisch* habe ich schon gelesen, also weg mit Leib und her mit *Soma*! Zunächst für Goethe: Goethes *Soma*; später für uns gemeine Lebewesen. – Pflicht, Pflichtenlehre? Kinderfibelsprache! Der Gelehrte hat *Deontologie* zu schreiben. Die weitere Entwicklung unter den Händen unsrer gelehrten Prosakünstler male sich der Leser selbst aus. Denn wie der früh verstorbene Jüngstdeutsche Hermann Conradi so unnachahmbar schön sagte: *Das Fremdwort ist und wird bleiben das natürliche Motivationsherz des Aphorismus. Das Fremdwort ist das Prinzip der Synthese, es hat Atmosphäre.*

○ ○ ○

Haym bespricht Schillers Abhandlung ›Über den Zusammenhang der tierischen Natur des Menschen mit der geistigen‹ und fühlt sich gedrungen, Schillers gemeine Deutsche Ausdrücke ›Zusammenhang‹ und ›tierisch‹ im weitern Verlauf in sein veredeltes Gelehrtendeutsch zu übersetzen: *Der Connex der physischen und geistigen Natur des Menschen.* Jetzt erst ist aus Schillers ungelehrtem, nur Deutschem, nicht germanistischem Laiengestammel etwas Wissenschaftliches geworden.

Ein Naturforscher schreibt in einem Nachruf auf Robert Koch: *Inmitten dieses unermüdlichen Schaffens stand Koch als das energievolle Ferment, das die langsam verlaufende Reaktion der Entwicklung des Menschengeistes beschleunigte.* Ein Mensch ist ein Ferment, und die Entwicklung hat eine Reaktion. Er meinte Aktion, die Reaktion könnte doch erst nach dem Ferment eintreten.

Man sollte denken, ein so vornehmes und wohlhabendes Fremdwort wie *Villeggiatur* genüge für einen Sommeraufenthalt im pommerschen Heringsdorf. Doch da entdeckt einer von den Hyperakribosen, an denen wir reicher sind als sonst ein Volk, daß dies für einen Strandort ungenau sei, und schreibt ebenso gründlich wie schön: *Aquaggiatur*. Ist es zu grob, wenn man darauf mit einer in dem Wort enthaltenen Silbe ›reagiert‹? – In derselben Zeitungsnummer stand: *Dieses Je ne sais quoi besteht in dem Chic und Charme und Pli der Pariserin.* Warum aber das unverständliche Pli? Das richtige Berlinfranzösisch lautet doch Plü.

Was ist eine ›architektonische Kausalpsychologie‹? Ich weiß es nicht, aber Karl Scheffler weiß es; auf uns dumme Leser kommt nichts an. – *Jetzt ist es neun Uhr abends, und die Königin Sonne hat ihren Séjour am Horizont noch nicht abgebrochen* (so im Berliner Tageblatt). – Schaukal heißt ein nicht unbegabter Deutscher Dichter, der sein Deutsch vergißt, sobald er Prosa schreibt: ... *wie er überhaupt das Leben experimentierend traktiert.* Die Gesellschaft wird bei ihm zur *Sozietät,* das Gepräge zum *Cachet,* stürmisch zu *impetuos.* Natürlich höhnt er über die Fremdwörter der andern Dichter, die es genau so machen, z. B. über deren *geste*: ›Eure Gebärden sind im besten Fall Tätowierungen.‹ Es gibt keinen strengern Verdammer des Fremdwortes eines Andern als den Fremdwörtler.

In Frankreich ist das alte Wort *geste* zum Modewort geworden – das haben die Franzosen mit sich abzumachen, denn sie fühlen etwas Unmittelbares bei *geste.* Die Deutschen Affen der Franzosen fühlen nicht, sondern – äffen eben nur. Die Blätter für Kunst, d. h. Stefan George und die Seinen, forderten 1900 großartig, ›daß der Deutsche endlich einmal eine (!) *geste,* die Deutsche *geste* bekomme; das sei wichtiger als zehn eroberte Provinzen.‹ – Aber wir haben sie ja längst, diese echtdeutsche *geste*: die Äfferei, kein zweites Volk macht sie uns streitig; wohl aber haben wir einige Provinzen verloren.

In einer Fibel (von Dietlein, 79. Auflage!) wird zu Deutschen kleinen Kindern gesprochen vom ›*Analysieren und Elementieren* (!) *zweilautiger Wörter*‹, von Vorübungen auf ›*quadrierter* (!) *Tafel*‹, und die Schulbehörde läßt solch Buch gemütlich zu.

Der Germanist W. Scherer mochte nicht ›Herausgeber‹ (eines Deutschen Werkes) schreiben; um wieviel feiner ist *Editor.* Verschiedenartig dünkte ihn unfein, also her mit *heterogen!* – Professor Schmoller wollte ein Bild Bismarcks zeichnen: dies nannte er *das Portrait fixieren.* – Man sollte denken, Konzert sei fremd genug; aber nein, ein Deutscher singender Geck kommt in die Deutsche Stadt Köln und kündigt an: *Vocal recitals,* und die annoch Deutschen Kölner strömen in Scharen hin.

Eine große Berliner Zeitung berichtet über einen verbrecherischen Forstgehilfen: *Es ist typisch für den Jüngling, der im Intérieur der Stube erwachsen ist.* Wäre er doch im Extérieur der Stube erwachsen!, vielleicht wäre er dann nicht auf die Bahn des Verbrechens geraten.

Es gibt eine hübsche Zeitschrift ›Die Biene‹, hauptsächlich gehalten von Bauern, Bahnwärtern, Waldarbeitern usw. Darin steht von einem Pfarrer ein Geschreibsel: ›*Apilogische Miszellen*‹. Dem frommen Manne ist dringend das Lesen des 2. Korintherbriefes 1, 14 anzuraten.

Die Zustände vor der Erfindung der Eisenbahn nennt ein Vortragender in Wien *präferrovial*. Hätte ihm jemand vorgeschlagen ›voreisenbahnlich‹ zu sagen, so hätte der gewiß die Antwort bekommen: Welch unschönes Wort! Gegen *präferrovial* aber ist nichts einzuwenden. Am Ende ›deckt sich‹ voreisenbahnlich gar nicht mit dem unentbehrlichen *präferrovial*?

Der Kunstwart, ›*Organ für Ausdruckskultur*‹, berichtet ernsthaft: *Moral ist lächerlich, sagte mir jüngst ein freidenkender Arzt. Ich kenne nur ethische Werte.* Weder dem Arzt noch dem Ausdruckskulturorganisten im Kunstwort dämmert es, daß dies genau so sinnreich ist, wie daß die Armut von der Powerteh herrührt.

In einer der größten Berliner Zeitungen stand einmal: *Die bravouröse Haltung des Fürsten von Bulgarien*. Zufällig wurde dies dem berühmten französischen Schriftsteller Sarcey berichtet, und er schrieb: ›Frankreich kann es durchaus nicht als eine stillschweigende Ehrenerklärung für seine Sprache betrachten, wenn ein Volk, dessen Sprachreichtum so bedeutend ist wie der Deutsche, die französische Sprache so mörderisch entstellt, wie dies in Deutschland durch die Nachäffung französischer Ausdrücke geschieht.‹ Es gibt kein französisches Wort *Bravourös*, aber dem echten Fremdwörtler genügt ja weder das Deutsche noch das fremde Wörterbuch, sein Wörterschatz muß immer größer sein, und er bereichert sogar den französischen: *tomber en jeunesse*.

Es bildet sich ein Deutscher Postkartensammlerbund. Warum nicht? Aber wie nennt er sich? Philokartistenbund! Eines Philatelistenbundes (der Briefmarkensammler) durften wir uns längst rühmen.

Und angesichts dieses jedem Beobachter wohlbekannten Sprachzustandes schrieb einer der freiesten Köpfe der Sozialdemokratie, Anton Fendrich, im Weltkriege: ›Wer innen Deutsch ist, kann schadlos ein ganzes Schock Fremdwörter vertragen.‹ Welch ein Selbstbetrug! Als ob man über einen Deutschen Schreiber mit einem ganzen Schock Fremdwörter ein Wort verlöre. Als ob es einen Fremdwörtler mit weniger als zehn, als hundert Schock gäbe. Als ob sich nicht in der ganzen Prosa unsers öffentlichen und geistigen Lebens fast neben jedem Deutschen Begriffswort, oft genug jedem voran, ein Fremdwort spreizte. Unser Unglück ist aber, daß der grauenvolle Zustand der Deutschen Sprache nur sehr Wenigen vollbewußt geworden ist.

○ ○ ○

Schadenfreude ist nach Einigen die schönste Freude; aber ach, es freut den Freund sprachlicher Sauberkeit gar wenig, wenn er sieht, wie die Fremdwörtler sich selber mit ihrer Unwissenheit und Lächerlichkeit tagtäglich bloßstellen. Z. B. wenn er in dem Aufsatz eines sehr berühmten Schriftstellers liest: *Trotz seiner Popularität ist Tolstoi der großen Masse kaum dem Namen nach bekannt*, welcher Unsinn ihm nicht widerfahren wäre, wenn er sich Popularität zu übersetzen versucht hätte. – Die angesehenste österreichische Zeitung berichtete über ein Fest: *Das Publikum massierte sich* (gegenseitig?) *vor und hinter dem Burgtheater*. Und das zu Ehren des Kaisers! – Ach so, der Schreiber meinte wahrscheinlich: es häufte, sammelte, preßte, drängte, quetschte sich. Was aber soll der Leser tun, der jenes absonderliche ›massierte‹ im Deutschen Fremdwörterbuch vergebens gesucht hat? Er muß ja ans Körperkneten denken.

Der Germanist J. Minor erzählt von Hamann, *sein erstes Début sei ungeschickt ausgefallen*; leider verschweigt er den Ausfall seines zweiten Debüts. Gerechte Strafe für überflüssige Fremdwörterei; aber ist das ein Trost?

Vor einigen Jahren faselte die Augsburger Allgemeine Zeitung von der *Unantastbarkeit der Integrität der Türkei*. Wendungen wie: *Vokalgesang, ... eine höchstpersönliche Individualität, ... numerisch war ihre Anzahl viel kleiner, ... ostentativ zur Schau tragen* begegnen jedem Zeitungsleser ungesucht. Vom ›Guerillakriege‹ lohnt nicht zu sprechen, er gehört zum eisernen Bestand unsrer Zeitungsprache. – Wundervoll muß die Sprachgewalt eines Wiener Zeitungsmannes sein, der jüngst berichtete: *Vom Dache des Parlamentsgebäudes wehte ein schwarzgelbes Tricolorum*. O möchte es dort wehen in *saecula saeculorum*. – Sehr hübsch ist Ossip Schubins Küchenlatein für ›Backfische‹: *Dieses Mädchen hatte nichts von der eckigen Anmut moderner Adolescentinnen.* Im Fremdwörterbuch fehlte das noch, jetzt kommt's endlich hinein. Die *Epheben* für die gar zu gemeinen Deutschen Jünglinge hatten wir längst.

Ein Herausgeber von Hebbels Tagebüchern spricht von einer *geschlossenen Phalanx der Gleichgültigkeit* gegen Hebbel. Diese neue Vorstellung einer geschlossenen Phalanx der über die Welt Zerstreuten ist sein ausschließliches Eigentum. – *Im Zirkus Schumann sind die Singhalesen noch für zwei weitere Abende prolongiert worden* (aus einer Berliner Zeitung). Und solche Menschenschinderei nach der Art des scheußlichen Prokrustes duldet die Berliner Polizei! Hätte der Prolongierer, wenn ihm der unerhörte Gedanke gekommen wäre, Deutsch zu schreiben, auch ›verlängert‹ geschrieben?

Dies ist der Zustand des Fremdwörterbuchs in unsern gebildetsten Kreisen, soweit einzelne Beispiele, und würden sie aufs Tausendfache vermehrt, das Bild eines Zustandes zeichnen können. Aber ich weiß, der Leser, einmal rückhaltlos auf diesen Krebsfraß unsrer Sprache hingewiesen, wird mein Urteil selber bestätigen; er braucht nur eine beliebige Deutsche Zeitung, ein beliebiges wissenschaftliches Werk aufzuschlagen, und er wird durchschnittlich in je zwei Druckzeilen ein Fremdwort finden.

Mit einer Sprache von solcher Beschaffenheit ist eine Kunstprosa unmöglich.

VIERTER ABSCHNITT
Der fremdwörtelnde Dünkel

Isolentia et frivola iactantia.
QUINTILIAN

Sondern viel mehr liegt ihnen daran, daß sie in Vermummung fremder Sprach und Red vor andern etwas mehr geachtet seien.
FISCHART

Sie wollen sich **en parlant** *von der* **Canaille** *distinguieren.*
GOTTSCHED

Ohne das Mindeste nur dem Pedanten zu nehmen, erschufst du,
Künstler wie keiner mehr ist, einen vollendeten Geck.
SCHILLER

Wie verfährt die Natur um Hohes und Niedres im Menschen
Zu verbinden? Sie stellt Eitelkeit zwischen hinein.
SCHILLER

Mit pathetischem Dünkel
Quadriert den Zirkel,
Bisseziert den Winkel.
GOETHE, NACHLASS ZUM ›FAUST‹

Fremdwörtelnder Dünkel

> *Ach, smet Bräsig bi Sid weg, Produkschon! – Das haben sie sich in den letzten Jahren erst angewöhnt; in meine Kinderjahren wußt kein Mensch was von Produkschon. Das will ich Sie sagen, Meister, das is en bloßen Zierrat, indem daß sie gelehrt aussehen wollen.*
>
> FRITZ REUTER

> *Ein Tropfen Lüge und Eitelkeit im Menschen spiegelt sich notwendig in seinem Stile und kann ihn zwar glänzend, absonderlich, interessant und sonst noch manches machen, scheidet ihn aber aus dem Bereich der Schönheit.*
>
> RICARDA HUCH

Unsre mehr oder weniger fremdwörtelnden Klassiker zeigen die Spuren der sprachlichen Zeitkrankheit ihres Jahrhunderts. Aufgewachsen zwischen der griechisch-lateinischen Gelehrten- und der französischen Gesellschaftsprache, verdienen sie keinen Vorwurf, daß sie nicht mit einem Schlage die ganze fremde Lumpenpracht vernichtet haben. Sie hatten eine noch gewaltigere Aufgabe für Deutschland zu erfüllen als die genügend große, uns aus dem Sprachelend abgelebter Jahrhunderte völlig zu erlösen. Nicht die leiseste Anwandlung kleinlichen Dünkels spricht aus den von Lessing, Goethe, Schiller gebrauchten Fremdwörtern, und wo immer ein eitler Fremdwörtler sich in irgendwelchen Erklärungen auf jene Meister unsrer Sprache zu berufen erfrecht, da darf man ihm gebührend grob über den Mund fahren. Jawohl, Goethe schreibt an Schiller von Apprehensionen, und Schiller antwortet ihm mit Assiduität; aber diese Wörter sprach alle Welt um beide herum, ohne viel darauf zu geben, und kein Gedanke daran, daß Goethe etwa Schillern, Schiller Goethen gegenüber mit dergleichen großtun wollte. Was aber das Entscheidende: Lessing, Goethe, Schiller sind mit dem ererbten Fremdwörtertrödel nicht nur ausgekommen, sondern haben eine große Menge bewußt ausgemerzt, Goethe sein Leben hindurch wie nur je ein Purist (vgl. S. 464), und keiner hat sich gleich einigen unsrer Wissenschafter von heute das Gehirn zermartert und täglich ein bis zwei neue Fremdwörter hinzuerfunden.

Halbbewußte, viertelbewußte, unterbewußte, in allen Fällen aber irgendwelche **Eitelkeit** liegt der heutigen Fremdwörtelei zugrunde, soweit sie nicht aus der gedankenlosen Gewohnheit oder dem Zwange des Berufes entspringt. Als ich schon vor Jahren diese Überzeugung in einer Zeitschrift aussprach, wurde mir die Frage entgegengestellt: War auch **Bismarck** ein Fremdwörtler aus Eitelkeit? Hierauf habe ich geantwortet und wiederhole es hier, da ich den Einwand abermals erwarte: Bismarck war kein Fremdwörtler, denn die meisten Fremdwörter, die er gebrauchte, waren aufgezwungene Berufsprache. Die Meinung, Bismarck sei ein Fremdwörtler gewesen, ist dadurch entstanden, daß von ihm eine Reihe berühmter Aussprüche mit einem Fremdwort angeführt wird, z. B. der von den Imponderabilien der Politik, der pupillarischen Sicherheit, der Konvergenz. In Wahrheit ist Bismarck der Redner, der Schriftsteller, besonders der Briefschreiber mit viel weniger Fremdwörtern ausgekommen, als der jüngste Privatdozent und der untergeordnetste Zeitungschreiber mit der ›höheren Bildung‹ vereinbar hält. Bismarcks Fremdwörterei war die herkömmliche Handwerkssprache der Gesandtschaften und Ministerien. Als er seine Laufbahn als Staatsmann begann, herrschte das Französische im wechselseitigen Staatenverkehr, und selbst da, wo man Deutsch sprach und schrieb, mischte man zum schnelleren Verständnis für die Leute vom Bau die geläufigsten Wörter der französischen Notensprache bei. So kam es, daß der ganz Deutschdenkende Landjunker Bismarck als Gesandter mit den Wölfen heulen, also ihre Fremdwörtersprache reden mußte.

Bismarck ist in den Briefen an Braut und Gattin ein Deutscher Mann mit Deutscher Sprache, die Fremdwörter in ihnen lassen sich zählen. Zieht man in seinen Reden die üblichen Kunstausdrücke der Parlamente ab, Wörter wie Debatte, Amendement, interpellieren und dergleichen, so muß man nach einer sorgfältigen Untersuchung der Staatsschriften und Reden Bismarcks freudig bekennen: Er war das Gegenteil eines Fremdwörtlers, wie es noch jeder wahrhaft große Deutsche Mann und Schriftsteller gewesen ist. Die genaue Durchsicht einiger der wichtigsten Erlasse und Reden Bismarcks hat mir folgendes ergeben. In dem Runderlaß vom 18. Juli 1870 an sämtliche Gesandten des Norddeutschen Bundes, einem Schriftstück von drei Druckseiten, stehen nur elf Fremdwörter, allgemein übliche wie: existieren, Motive, Traditionen, oder zum gesandtschaftlichen Sprachgebrauch gehörige wie: Inzidenzfall, Souveräne. Noch weniger Fremdwörter gebrauchte Bismarck im Reichstag am 20. Juli 1870 in der Rede über die französische Kriegserklärung; auf den drei Druckseiten finden sich mit Ausnahme von ›Genesis der Situation‹ nur ein paar landläufige Parlamentsfremdwörter. Ähnlich steht es mit den drei großen Seiten seines Berichtes an den König Wilhelm über die Verhandlungen bei Sedan.

In der sieben Druckseiten langen Erklärung Bismarcks vom 1. März 1870 im Reichstag über die Todesstrafe kommen nur 13 Fremdwörter vor; in seiner letzten großen Reichstagsrede, der berühmten vom 6. Februar 1888, auf etwa 50 Buchseiten, finden sich nur gegen 20 über den beruflichen Sprachgebrauch hinausgehende Fremdwörter. Ganze Seiten in kraftvollem Deutsch, frei von jedem Fremdwort, so z. B. der schwungvolle Schluß jener Rede, zwei Buchseiten lang, darunter die Stelle: ›Wir Deutsche fürchten Gott und sonst nichts auf der Welt.‹ – Endlich Bismarcks bewegte Ansprache an den Reichstag am 9. März 1888 über den Tod des ersten Deutschen Kaisers. Auf den mehr als drei Druckseiten kommen an Fremdwörtern nur vor: historisches Aktenstück, Dokument, Konsolidierung der Rationalität. Hiermit vergleiche man beliebige drei Seiten eines unsrer nur bescheiden fremdwörtelnden Gelehrten, der nicht über die Beziehungen des vielstaatlichen und vielsprachigen Planeten, sondern etwa über die zwischen zwei unbekannten Dichterlingen des 18. Jahrhunderts geschrieben. In allen großen Augenblicken seiner und der Deutschen Geschichte hat Bismarck den buntlappigen Bettlermantel der Fremdwörtelei weit von sich geworfen, hat zu Deutschen und Fremden auffallend reines Deutsch gesprochen und geschrieben. Träte ein so im Kern Deutschgesinnter Mann wie Bismarck, ausgerüstet mit der veredelten Deutschen Sprachkunde der Gegenwart, in die Deutsche Geistesbewegung unsrer Tage schreibend und sprechend ein, wer wagt zu bestreiten, daß er dann aufräumen würde mit dem undeutschen und unkünstlerischen Sprachgerümpel aus einer im Deutschgefühl so sehr viel schwächlicheren Zeit! Man lese gewisse Seiten in Goethes und Schillers Briefwechsel mit ihren oft unverständlichen, längst abgestorbenen Fremdwörtern: wer dürfte heute noch so schreiben? Das und manches andre sind Staffeln unsers Sprachweges, die hinter uns, wir dürfen sagen unter uns liegen, und zu denen wir niemals wieder zurückkehren werden.

Nein, es bleibt dabei: die fremdwörtelnden Quacksalber, Nahrungsfälscher, Speisewirte, Tanzdielenhalter, Schneider, Schreiber aller Art, gelehrte und ungelehrte – sie alle wollen aus Gewinnsucht oder Eitelkeit mehr scheinen, als sie sind. Jeder spiegelt mit mehr oder weniger Bewußtsein den Lesern vor, hinter der Sprache seiner Salben, Gifte, Tänze, Speisen, Kleider, Abhandlungen und Bücher stecke etwas im gemeinen Deutsch Unaussprechbares; Geheimnisse von so wunderbaren Eigenschaften, daß sie ohne Griechisch, Lateinisch, Küchenlatein, echtes und berlinisches Französisch, Englisch usw. nicht auszudrücken, geschweige zu erfassen seien. Es ist dieselbe unvornehme, geschmacklose Eitelkeit, aus der sich manche Menschen mit falschen Diamanten schmücken und Talmiuhrketten mit erbsendicken Gliedern getragen werden. Bei den feineren Abarten dieser Eitelkeit sind es, um im Bilde zu bleiben, Talmiketten mit dünneren Gliedern.

○ ○ ○

Man prüfe noch einmal die Beispiele mit *Ethos, ethisch, Psyche, Akme, Bios*: wer will uns einreden, daß solche Griechelei nur getrieben werde, weil das Deutsche nicht genüge? Der früher sehr bekannte Germanist R. M. Meyer erwähnt die berühmte Stelle in Gottfrieds von Straßburg ›Tristan und Isolde‹ über die zeitgenössische Dichtung. Sehr schön, also: Überblick, Überschau, Rundblick, Rundsicht, Rundschau, Umschau, Umblick, Musterung und zehn, zwanzig andre gute verständliche Deutsche Wörter stehen ihm, wenn er nur will, mühelos zu Gebote. Aber er will nicht, *Teichoskopie* muß er schreiben, er kann nicht anders; denn obwohl das der Gelehrsamkeit Alexandrias entliehene Wort und Bild nicht im mindesten paßt, der Leser soll erfahren, daß der Schreiber die Ilias und Griechisch kennt, was jeder Leser dem Schreiber ohne Beweis zutraut, und daß dort eine Rundschau von den Zinnen Ilions vorkommt: darum so stillos wie möglich die *Teichoskopie* der Greise und Weiber auf die kämpfenden Feinde für den Gottfriedschen Rundblick über die dichtenden Freunde. Daß eine große Anzahl seiner Leser, selbst der sehr gebildeten, das seltsame Wort nicht ohne weiteres versteht, erhöht nur das Ansehen des Schreibers, soll es ja erhöhen. Wollen wir nicht in Zukunft Heines Gedicht mit dem ›*Thalatta! Thalatta!*‹ die *Thalattaskopie* nennen?

Ein so ehrlicher Schriftsteller wie Bölsche läßt sich von dem kleinen Ehrgeiz – der große ist anders – unterkriegen und befremdet, verblüfft die Leser der Einleitung zu einer Volksausgabe von Humboldts Kosmos: *Diese oder jene hypsometrische Angabe stimmt nicht mehr.* Von zehn Lesern müssen neun ein Riesenfremdwörterbuch aufschlagen – in den andern steht es nicht –, um was zu erfahren? Die großartige Enthüllung, daß hypsometrische Angaben bedeutet: Höhenangaben. Bölsche ist viel zu aufrichtig, um nicht einzugestehen, hier habe es einmal bei ihm gemenschelt.

○ ○ ○

Früher behandelte der Schreiber eine Frage, Aufgabe, Erscheinung, einen Stoff, Gegenstand, Vorwurf; heute ist alles ein großtuerisches Problem: *Das Problem des Kleistischen Versbaues – Das Problem der rationellen Züchtung des eßbaren Kaninchens harrt noch immer seiner definitiven Lösung – Das Müllproblem in Halberstadt.*

Halb oder doch viertel entschuldbar ist ein im Parlamentskauderwelsch altgewordener Schriftsteller wie Bamberger, wenn er von der preußischen ›*Indemnitätsbill* von 1867‹ spricht, weil man in England ein Gesetz *Bill* nennt. Käme aber einem Engländer je der verrückte Einfall, von einem ›*Indemnity*-Gesetz‹ zu sprechen? – In Berlin wird ein neues Museum errichtet, und seinen gelehrten Leitern fällt als das Selbstverständliche ein: *Ethnologisches*. Dem Kronprinzen Friedrich verdanken wir, daß es Museum für Völkerkunde heißt; dem Kaiser Friedrich die Umwandlung des *Ministerconseils* in den Kronrat.

Von der Zigeunerform ›**Germanistik**‹ wurde schon gesprochen (S. 263). Als ich in meiner Deutschen Literaturgeschichte diese Wissenschaft **Deutschkunde** nannte, nach dem Muster von Deutschlehrer, Deutschverderber, Lateinkunde, Erdkunde, Weltkunde, Wortkunde, Volkskunde, Völkerkunde, Sternkunde, schalt der Germanist Muncker das richtig gebildete selbstverständliche Deutsche Wort: ›scheußlich‹. Der Zufall fügte, daß ich in derselben Zeitung angezeigt fand: ›Neue Erscheinungen der Germanistik‹, und durch zwei Zeilen getrennt: ›Das hervorragendste Werk der **Hühnerologie**‹. Was der Germanistik recht, das ist der Hühnerologie billig: beide Wörter sind auf gleich vornehme Weise gebildet, und gegen den Blumisten, Lageristen, Probisten, Hornisten, Comptoiristen kann kein Germanist etwas Triftiges einwenden. Natürlich darf der Blumist keine Blumenspenden verfertigen, sondern stilgemäß ›*blumistische Arrangements*‹; wie der Germanist keine Untersuchungen mitteilt, sondern *Exkurse skizziert*, keine Ausgaben veröffentlicht, sondern *Editionen publiziert*; oder wie kein Anfänger im Schreiben einen Aufsatz zusammenstümpert, sondern einen *Essay*, der ihm keine größere Schwierigkeit bereitet als die der richtigen Betonung.

Ich schalte hier ein schönes Gedicht aus dem Nachlasse Knoops (vgl. S. 724) ein:

Eine Unglückliche
Auf meiner stillen Lebensfahrt
Traf ich ein Weib von sonderbarer Art,
Der Königsmantel schmutzig und zerfetzt,
Mit Flitterkram und Lappenzeug besetzt,
Die unvergleichlich herrliche Gestalt
Gebeugt von eines schweren Grams Gewalt;
Und von Mißhandlungen, die es erfuhr,
Verriet das edle Antlitz manche Spur.
Mich trieben ihrer Blicke stumme Klagen,
Nach ihrem Schicksal mitleidsvoll zu fragen.
›Ich war ein Opfer‹, sprach sie, ›allezeit
Der Roheit und der Niederträchtigkeit.
Von bösen Buben litt ich manche Schmach;
Der traurigste Philister stellt mir nach;
Selbst jene lassen kein Erbarmen walten,
Die sich für edel und für vornehm halten.
Und gar – was muß ich nicht von solchen dulden,

Die ihren Lebensunterhalt mir schulden!‹
›Doch schützt dich nicht Gericht und Polizei?‹
›Ach, die Justiz erklärt mich vogelfrei;
Vergebens würde ich zu jenen wandern,
Sie treiben es noch ärger als die andern.‹
›So unglückselig, wie geheimnisvoll!
Doch nenne dich, wenn ich dir glauben soll!‹
Sie aber sah mir traurig ins Gesicht:
›Kennst du die Deutsche Sprache nicht?‹

○ ○ ○

Ein Augenarzt schreibt: *Die Intensität der Kauterisation muß proportional sein der Intensität der Blennorrhoë.* Erhaben! Einer unsrer hervorragenden Augenärzte, Professor J. Hirschberg, erklärt, es bedeute nichts weiter als: ›Je stärker die Eiterung, desto stärker die Ätzung.‹ Die erste Fassung ist die des Dünkels, die zweite die der Redlichkeit. – Was bedeutet wohl diese meisterliche Probe hochgeschwollener Welscherei: *Die Intelligenz der Agronomen ist irrationell proportional dem Volumen der produzierten Solanosen –?* Die dümmsten Bauern haben die größten Kartoffeln. Wäre ich Lehrer, so machte ich mit meinen Schülern Übungen dieser Art zum Verekeln.

J. Burckhardt schreibt in einem Satze: *Von der Perikleischen Grabrede bei Thukydides möge daher die Rede sein; das Altertum aber kannte auch von Gorgias einen epitaphischen Logos.* Was muß das für ein wundersames Ding sein! denkt der gutgläubige Leser. Epitaphischer Logos ist widerwärtig verunstaltetes Griechisch für Grabrede!

Krafft-Ebing will folgende Plattheit schreiben: Ein Gehirn, das nicht vernünftig denken kann, war schon im Keim entartet. Daraus macht er folgendes gelehrtklingende Geschwätz: *Ein Gehirn, dem diese auf der gegenwärtigen Entwicklungsstufe zivilisierter Menschen integrierende Fähigkeit abgeht, erweist sich als ein ab ovo inferior angelegtes, defektives, funktionell degeneratives.*

G. Hauptmann, ›Deutschlands größter Dichter‹, will nicht in schlichtem Deutsch schreiben: ›Die Sonne geht unter‹, sondern er will irgend etwas Großartiges, Hochgebildetes, Griechischverstiegenes darbieten und schreibt: ›*Dies ist die kosmische Stunde.*‹

Er hat zwar nie Griechisch gelernt, muß aber etwas weiterhin wiederum sagen: ›Das *kosmische* Drama‹ des Sonnenuntergangs. Ein Deutsches Beiwort für die Stunde und das Schauspiel des Sonnenuntergangs findet dieser ›größte Dichter unsrer Zeit‹ nicht. – Sehnsucht nach Einsamkeit heißt bei diesem Deutschen Dichter: ›Sein *quietistisches Ideal.*‹

Es muß endlich einmal gesagt werden: ein großer Teil der solch erbärmliches Deutsch schreibenden deutschverderbenden Kunst und Wissenschaft ist nichts weiter als fremdwörtelnde Zungendrescherei, oder in ihrer eignen Sprache: pueriler Pennalismus. Man übersetze ihre geschwollenen Fremdwörter und man erhält platteste Gemeinplätze, vor denen sich Primaner entsetzen würden. Dies hat der fremdwörtelnden Scheinwissenschaft ins Gesicht einer unsrer besten Wissenschafter gesagt, der zugleich einer unsrer feinen Sprachmeister war, der große Arzt und edle Dichter Richard Volkmann (Leander): ›Wird etwa ein wissenschaftlicher Aufsatz dadurch gelehrter oder geistreicher, daß man ihn mit allen möglichen, sei es selbst von der Straße aufgelesenen Fremdwörtern spickt?‹ Die Fremdwörtler reden das sich und Andern ein.

○ ○ ○

Fremdwörtelnde Kultur, die alle Welt beleckt, hat auf die Strolche und Diebe sich erstreckt. Die Landstreicher heißen in der Amts- und Zeitungssprache Vagabunden, Landstreicherei ist Vagabondage. Mordbuben heißen in der irisch-amerikanischen Straßensprache Hooligans, folglich heißt ein Berliner oder Treuenbrietzer Raubmörder ein Hooligan, und, es mußte kommen, kürzlich berichtete eine Zeitung mit vollem Ernst in längeren Aufsätzen über ein ›Syndikat der Hoteldiebe‹.

In Berlin richten die Schuldiener eine Bittschrift – sie heißt natürlich Petition oder Petitum – an die Stadtverordneten um Verleihung des Titels Kastellan, ›weil Schuldiener dem fortschrittlichen Geiste nicht mehr entspricht‹. Warum sollten sie nicht? Tobt doch ein noch nicht geschlichteter Streit um den höheren oder niederen Rang der Titel Oberarzt oder Assistenzarzt, Stadtsekretär oder

Magistratssekretär oder Magistratsassistent. Mit Entrüstung würden diese Stadtschreiber die Zumutung abweisen, sich amtlich so nennen zu lassen. Ein gewisser Gottfried Keller dünkte sich nicht zu vornehm, Staatsschreiber zu heißen, und doch war er das, was bei uns zum mindesten ein Wirklicher Geheimer Oberregierungsrat ist. – In Sachsen verlangten die älteren Weichensteller den Titel ›Unterassistent‹; da sie bescheidenerweise nicht gleich Subassistenten heißen wollten, so willfahrten die Behörden ihrem billigen, d.h. nichtskostenden Wunsche. – Noch heut und diesen Tag heißen in vielen Schulen die Bänke Subfellien; ein Unterschied allerdings zwischen Ober- und Unter-Subfellien, je nach dem Range der Schulen, wird bisher nicht gemacht.

In Preußen und andern Deutschen Staaten wird eine veränderte Form der höheren Mädchenschulen geschaffen. Etwas so Großartiges ›Höhere Mädchenschule‹ oder ›Mädchenoberschule‹ zu nennen, geht selbstverständlich nicht an, denn wir sind in Deutschland, und wo bliebe da die ›Büldung‹? Folglich heißt das Ding *Lyzeum*, obgleich kein Unterrichtsminister, kein Lehrer, keine Schülerin genau weiß, was *Lyzeum* bedeutet. Die zutreffendste Übersetzung ist ›Wolfsschlucht‹, und dahinein gehört das Scheusal.

Ein Deutscher Tierbändiger, noch besser Bändiger, will nicht so erniedrigend heißen; mit ungebändigtem Stolze fordert er den Titel *Dompteur*, denn so sagen die viel vornehmeren Franzosen, und Presse und Zuschauer nennen ihn so. – Ein Taschenspieler heißt *Prestidigitateur*; das Wort läßt sich schwer aussprechen, wird aber dadurch um so vornehmer. – Der *Defraudant* würde eine Beleidigungsklage gegen den anstrengen, der ihn Kassendieb nennte, und – würde sie wahrscheinlich gewinnen. – Die Berliner Lumpensammler handeln mit *Produkten*. Bei einem oberstolzen Germanisten lese ich: ›Goethes vorweimarische *Produkte*.‹

Ähnlich steht es mit dem schriftstellernden Dieb und Diebstahl: viel seltner liest man diese ehrlichen Bezeichnungen der Unehrlichkeit als *Plagiator* und *Plagiat*. Ein *Plagiator* dünkt sich wohl gar sehr vornehm.

Der Hannoversche Anzeiger vom 10. September 1904 berichtet über die Verhandlung gegen einen Steinträger wegen groben Unfugs. Auf die Frage: *Sie sind Steinträger?* antwortet er: *Nein, das bin ich nicht, ich bin Baumaterialentransporteur. Schallendes Gelächter.* Warum Gelächter? Der Kerl tat doch nur nach den vornehmsten Vorbildern.

Beim Reichspatentamt wurde ein ›Zeitkonstatierapparat‹ angemeldet. Ahnt der Leser, was für ein Ding das gewesen? Eine Uhr. Ein andermal ein ›Ophthalmoskopischer Apparat‹ – es war ein Spiegel.

○ ○ ○

Wie armselig war doch die Sprache unsrer Meister: sie besaßen ja nicht einmal die unentbehrlichen Wörter *Suggerieren* und *Suggestion*, obschon ihnen der wundersam tiefe Begriff nicht ganz fremd gewesen zu sein scheint. Man findet bei ihnen: einreden, unterschieben, beeinflussen, einflößen, eintrichtern und 20, 30 andre Zeit- und Hauptwörter. Doch was ist das alles gegen *Suggerieren* und *Suggestion*! Ich vermute, daß jetzt in den Schulen nicht mehr vorgesagt, sondern suggeriert wird, und gegen eine so vornehme Mogelei werden hoffentlich die Lehrer nachsichtiger sein als gegen das gemeine Vorsagen. Dabei ist *suggérer* ein uraltes französisches Wort, durchaus kein Modewort.

Je länger ein Fremdwort, desto süßer stillt es die Eitelkeit. Der Franzose hat sich das leidlich lange Wort *Acclimatation* gebildet; der Deutsche findet das nicht gelehrt, nicht schwungvoll genug, er macht *Acclimatisation* daraus, wenn er sich nicht mit der etwas weniger gelehrten *Akklimatisierung* begnügt. Doch er verschmäht in der Not auch die kleinen Fremdwörter nicht: *clou* ist jetzt der *clou* der großstädtischen fremdwörtelnden Hanswursterei. Auf einem städtischen Grundstücke Berlins tut sich eine große Musikbude auf, die sich *Clou* nennt, – die städtischen Behörden dulden den Unfug. Und die Bevölkerung Berlins unterstützte Jahre hindurch einen Riesenrummelbau am Potsdamer Platz mit dem blöden Namen *Piccadilly*.

Die Amerikaner bringen ein Börsenwort *Concern* auf; daß die Deutschen Börsen es nachsprechen, ist halb verzeihlich, aber es steht jetzt auch im gebildeten Teil mancher Deutscher Zeitungen:

Bethmanns Minister-Concern verspricht keine lange Dauer. – In der mir vor kurzem zugesandten Bittschrift eines Wohltätigkeitsvereins wurde ich ersucht, ›im Geiste der Charitativität‹ beizusteuern für dessen ›charitativen Zweck‹. O wie sich Herz und Geldbeutel des Menschenfreundes bei solchen tiefergreifenden Worten erschließen!

○ ○ ○

Der übergeduldige Leser hat genug; ihm wie mir wird von all der fratzenhaften Eitelkeit so dumm, als ging uns ein Mühlrad im Kopf herum. Zur Belohnung für ihn, zur Erquickung für uns beide setze ich ein erheiterndes Stücklein Dichtung zum guten Nachgeschmack (›*pour la bonne bouche*‹ auf Gebildet) her. In Raimunds ›Alpenkönig und Menschenfeind‹ gibt es einen ausnehmend gebildeten Hausknecht Habakuk, der sich in der gemeinen Deutschen Wirklichkeit sehr unglücklich fühlt, denn er ist angeblich, wie er bei jeder unpassenden Gelegenheit ausposaunt, ›zwei Jahre in Paris gewesen‹. Kalisch hat diese spaßige Nebengestalt zu einer Berliner Posse ›Der gebildete Hausknecht‹ erweitert. Raimunds Habakuk macht aus der Stubenmädelschaft eine Stubenmädeliade und spricht ganz im Tone des Fürsten Pückler (S. 355) und der Französlinge unter unsern gelehrten Fremdwörtlern etwa in diesem Ton: *Ich versichere Euer Gnaden, ich war zwei Jahre in Paris, aber ein Herz, wie Euer Gnaden zu haben belieben, das ist wirklich nouveau.*

Der gebildete Hausknecht wird sicherlich keine Kunstprosa zustande bringen.

FÜNFTER ABSCHNITT

Der fremdwörtelnde Schwindel

Daher ich bei denen Italienern und Franzosen zu rühmen gepfleget: Wir Teutschen hätten einen sonderbaren Probierstein der Gedanken, der Andern unbekannt; und wenn sie denn begierig gewesen, etwas davon zu wissen, so habe ich ihnen bedeutet, daß es unsere Sprache selbst sei; denn was sich darin ohne entlehnte und ungebräuchliche Worte vernehmlich sagen lasse, das seye würklich was Rechtschaffenes: aber leere Worte, da nichts hinter, und gleichsam nur ein leichter Schaum müßiger Gedanken, nehme die reindeutsche Sprache nicht an.

LEIBNIZ

Fremde Wörter verraten entweder Armut, welche doch verborgen werden muß, oder Nachlässigkeit.

KANT

Wir geben gerne zu, daß jeder Deutsche seine vollkommene Ausbildung innerhalb unserer Sprache, ohne irgendeine fremde Beihilfe, hinreichend gewinnen kann.

GOETHE

*In **einer** Sprache wird man nur groß. Nur in der Muttersprache widerhallen alle Hochgefühle.*

JAHN

Fremdwörterschwindel

Die reindeutsche Sprache allerdings nicht, um so mehr die deutsch-zigeunerische Schwindelsprache:

> *Famosin, Mandlin, Pikantine, Neutraline, Albin, Palmutrin, Laxin, Polarin, Psannin, Ramin, Backin, Holmin, Laurin, Fatin, Carnin, Spartin, Saladin, Bratin, Jasmin, Palmatin, Maslin, Selmina, Arlin, Wasseline, Dallmina, Alpin, Palmillo, Doramin, Kernin, Palmbuttin, Fettalin, Purin, Sanin, Baltina, Sanarine, Homanin, Aromin, Santin, Cosin, Ackasin, Kunerol, Vegetaline.*

Alle diese bei weitem nicht vollständigen, lieblich auf der Zunge zerfließenden Bezeichnungen bedeuten in reinlichem Deutsch: Backfett. Für Stiefelwichse gibt es unter hundert andern feinen Nüankßewörtern: *Liparin, Urbin, Pedol, Glättolin, Glanzol, Blendol.* Zum Hutbügeln wird *Zylindrol*, zum Stärken der Plättwäsche *Glanzin* angeboten, zum Glätten struppiger Haare: *Struwwelin.* Von den fünftausend Nähr- und Stärkungsmitteln seien nur *Lecifferin, Hämoglobin, Nutrol, Tropon, Somatol, Somatose, Sanatogen* herausgehoben; von den Wasch- und Schminksalben: *Kosmin, Javol, Odol.* In einer einzigen Preisliste von Apothekermitteln – sie heißen natürlich ›Pharmazeutische Präparate‹ – fand ich 166 Quacksalbereien auf *in*, 83 auf *ol*, darunter *Glühweinol*, 31 auf *al*, 9 auf *ose* – offenbar nicht den hundertsten Teil dessen, was mit griechischen oder lateinischen Wortschwänzen auf den Markt gebracht wird. – In dem Augenblick, wo dies geschrieben wird, geht mir eine gedruckte Anpreisung von *Pneudichtol* zu. *Pneu* ist offenbar Abkürzung von Pneuma = Geist, *Dichtol* muß mit Dichten zusammenhängen, also wohl ein Rauschmittel zur Abfassung geistreicher Gedichte. Oder sollte es nur ein Radreifenflickmittel sein? – Daß die Nahrungsmittelfälscher fast durch die Bank nur in Fremdwörtern schwindeln, ist bekannt und durchaus stilgerecht.

Allerliebst schilderte jüngst in den Lustigen Blättern Alexander Moszkowski die ›natürliche Schöpfungsgeschichte des Menschen‹:

> Gott machte Adam und Eva eine subkutane Einspritzung von 1,5 Gramm Antischämolin mit der Folge, daß sich beide nicht schämten, obschon sie nackt waren. Später bekam die Schlange eine Dosis Li-

stol und Linguin, um listig mit den Menschen sprechen zu können, worauf Adam und Eva von dem Philosophin am Baum der Erkenntnis in Tablettenform aßen.

Weiterhin gibt es dann noch ein *Transpirantil* für den Schweiß des Angesichtes und zuletzt ein *Antiparadisol*. – Dies ist sehr lustig und sehr lächerlich; steht aber wirklich *Blendol* philologisch tiefer als *Germanist*, *Antiparasidol* tiefer als *Antipromethaisch* (bei Erich Schmidt für ›anders als Prometheus‹)? Doch nicht bloß sprachwissenschaftlich sind *Blendol* und die ganze wüste Horde ähnlicher Unworte gleichwertig mit *Germanist, individuell, individualistisch* usw.; auch sittlich, moralisch und ethisch stehen die Quacksalberschwindelwörter nicht viel tiefer als die fremdwörtelnden Quacksalbereien für die einfachsten Begriffe jedes geistigen Menschen. Die Verfertiger von *Blendol, Glättolin, Kosmin, Pneudichtol* usw. kennen die ›Psyche‹ ihrer Deutschen Landsleute sehr genau. Sie wissen, daß nichts auf sie so tiefen Eindruck macht wie die Gelehrsamkeit oder, was in der Wirkung dasselbe ist, ihr äußerer Schein. Der Zusammenrührer einer neuen Stiefelwichse sagte sich: ›Blitzblank‹ wäre das treffende, sogar das bestechende Wort, wenn ich nicht zu Deutschen spräche. Klebe ich aber meiner Schmiere einen Zettel mit *Blendol* auf, so glauben die wackern Leute, ich sei ein großer Chemiker und habe mit allen Geheimmitteln der Wissenschaft die einzig wahre Stiefelwichse herausbekommen, – folglich: *Blendol*. Der Seelenvorgang ist bei dem Verfertiger von *Blendol* der nämliche wie bei dem von *Psyche, Bios, Ethos* usw.; die Vornehmigkeit des Standes und Berufes macht gar keinen Unterschied im Wesenskern der Fremdwörtelei.

Ein Geistesgenosse des Verfertigers von *Blendol*, gewiß auch ein *Intellektueller*, bot jüngst ›viskosives Konzentrikum‹ an; es war eine Wagenschmiere, und ich bin sicher, daß er glänzende Geschäfte damit macht.

○ ○ ○

Mit Ausnahme einiger sehr weniger, seit Jahrhunderten eingebürgerter, wenngleich ihrer Tonstelle nach immer noch nicht eingedeutschter Fremdwörter, wie etwa Natur, Musik, Melodie,

Religion, Nation usw., leiden alle Fremdlinge an einem unheilbaren Gebrechen, durch das sie zu Werkzeugen jedes Schwindels vorausbestimmt sind: sie werden von dem, der sie schreibt oder spricht oder liest, nur halb oder weniger oder gar nicht gefühlt, nur halb oder weniger verstanden. Zunächst sind alle Fremdwörter für die Fremdsprachunkundigen hohler Schall. Campe hatte vollkommen Recht: für den, der nicht Griechisch und Lateinisch gelernt, könnte Hypothese ebenso gut Tipstaps, Subjekt Hurliburli heißen. Er wollte damit sagen: das sind keine Wörter, sondern Formeln. Es ist selbst für den Gebildeten unmöglich, bei Wörtern wie *individuell, individualistisch, Inkompatibilität*, aber selbst bei scheinbar einfacheren wie *Milieu, Nuance, Faktor, Element* etwas zu fühlen, was wir eben unter Fühlen verstehen: im Herzen miterleben. Alle diese und zehntausend andre Fremdwörter sind im besten Fall äußerlich angelernte, ›auswendig gelernte‹ Begriffsformeln in fremden Lauten; die feinsten Empfindungssaiten dessen, der sie spricht und schreibt, schwingen dabei nicht mit. Kraft des Grundgesetzes des guten Stils: der höchsten Zweckmäßigkeit, sind alle Fremdwörter schlechter Stil, weil sie in höherem oder geringerem Grade dem Zweck alles Schreibens: der vollkommnen, der ungetrübten Gedankenübertragung, widersprechen.

Niemals werden uns die Wurzelwörter, die wir nicht schon in der Kinderstube von Vater und Mutter und Geschwistern gehört, mit der Gefühlskraft berühren, wie sie zum völligen Aufnehmen eines unbekannten Stoffes erforderlich ist. Goethe ging so weit, ›daß niemand den Andern versteht, daß keiner bei denselben Worten dasselbe was der Andre denkt‹, und hatte gewiß nicht Unrecht. Immerhin ist das Verstehen leichter bei Worten, die dem Sprechenden von Kindesbeinen an vertraut sind, die von allen sie Gebrauchenden mit fast gleichem Sinn verbunden werden, also bei denen der Muttersprache. Wir haben hierfür den zwingenden Beweis in der jedermann bekannten Tatsache, daß selbst die ärgsten Fremdwörtler von ihrem Zigeunerdeutsch ablassen, sobald ein Urgefühl sie ergreift: im tiefsten Leid, in höchster Lust, mit den Freunden, den Eltern, den Kindern, der Geliebten, der Gattin; kurz da, wo alle Lügen des Lebens, die großen und die kleinen, die Lügen der Gesellschaft, des Amtes, des Staatslebens, der Wissenschaft, dazu die

Stillügen, im Sturm einer echten Leidenschaft dahinsinken. Dann fährt über den ärgsten Fremdwörtler das reinigende Gewitter der lautern Wahrheit in Gedanken und Worten, der eiserne Fegebesen der Muttersprache. Dann ist es aus mit Röthes gelehrttuendem Bombast vom *ethischen Pathos*, und von Glück kann ein Fremdwörtler sagen, wenn ihm alsdann die sittliche Hoheit geblieben.

Ach und wie viele bedeutende Gelehrte machen sich mit unverstandenen Fremdwörtern lächerlich gleich berühmten Possengestalten. Ein hervorragender, nicht übermäßig fremdwörtelnder Germanist wollte ›der Zukunft die *Diagnose* stellen‹. Er meinte die *Prognose*; da er aber bei keinem der beiden Formelwörter etwas fühlte, sie nur aus dem brüchigen Schulgedächtnis schöpfte, so verwechselte er sie, obwohl er Griechisch gelernt hatte. Ein andrer Germanist sprach von *kriminellen Verbrechen*, nur weil er nichts bei *kriminell* gefühlt hatte.

Alle diese Verquatschungen – wie soll man solch Zeug höflicher benennen? – wären ohne die kaum halbverstandenen Fremdwörter unmöglich. Wer fühlt denn etwas, so wie er bei Deutschen Ausdrücken fühlt, bei Wörtern wie *Fiskus, Patent, bigott, Fiasko, fanatisch, isolieren, Standard, Proviant, Reklame, Rekord*, ja selbst bei *Religion*? Mit dem Gedächtnis haben wir sie uns oberflächlich angeeignet, das Herz weiß nichts von ihnen, ›es ist ein bloßes Nennen‹. Daß selbst Sprachgelehrte von zahlreichen Fremdwörtern nichts verstehen, wird noch gezeigt werden (S. 378).

Das Fremdwort mit seinem Mangel an Gefühlswerten verengt den Kreis der Verstehenden; kommt gar mangelndes Verständnis hinzu, etwas Unvermeidliches bei den ungeheuren Anforderungen der Fremdwörtler an die Sprachenkenntnis der Leser, so schrumpft der Kreis noch mehr zusammen. Die schönwissenschaftlichen, nicht streng fachlichen Werke mit ihren Fremdwörtern wenden sich doch an einen gemischten Leserkreis, müssen aber einem großen Teil halb unverständlich bleiben. Daß viele Zeitungen, die zu Lesern aller Stände auf den verschiedensten Bildungsstufen sprechen, noch immer unmäßig fremdwörteln, grenzt an die bare Verrücktheit. Der Zeitungschreiber will doch, daß seine Darstellung von jedem Leser gefühlt und verstanden werde, handelt aber durch seine Fremdwörtelei zweckwidrig, wie sonst nur ein Sinnloser. Selbst in England, dessen Sprache aus germanischen und romanischen Bestandteilen gemischt ist, gilt als Regel für das allgemeine Verständnis: möglichst viele ›sächsische‹ Wörter statt der lateinischen, weil der Leser in der Kinderstube überwiegend sächsische Wörter gehört hat, sie also tiefer fühlt, voller versteht.

○ ○ ○

Das Deutsche Wort ist klar und rechtschaffen, um mit Leibniz zu sprechen; das Fremdwort im besten Falle schwammig, schaumig, in den vielen noch schlimmeren Fällen unredlich, schwindelhaft. Erst auf Umwegen über die Wissenschaft steigt beim Klang des Fremdwortes eine Vorstellung in uns auf. Wie treffend ist der verächtliche Ausdruck ›europäische Redensarten‹ für alle sprachliche Schaumschlägerei; von den europäischen Redensarten aber sind die verlogensten die mit Fremdwörtern. Lothar Bücher ruft einmal aus: ›*Nationales Prinzip!* Ekelt nicht dem unverdorbenen Sprachgefühl schon vor dem Worte? Klare Gedanken, reine Sprache; reine Sprache, klare Gedanken; Deutscher Sinn, Deutsches Wort! Und dieses Ungetüm zusammengeflickt aus zwei geborgten Fetzen.‹

Köstlich ist die Geschichte, die Fürst Chlodwig Hohenlohe vom Berliner Kongreß (1878) erzählt. Die österreichischen Bevollmächtigten wären ohne Programm nach Berlin gekommen und hätten gemeint, es solle sich dort ›kristallisieren‹. Auf die Frage, was das bedeute, hätten sie geantwortet: ›Wissen's, das ist so ein naturwissenschaftlicher Ausdruck, bei dem man sich allerlei denkt.‹ Ähnliche europäische Allerleiredensarten kennen wir schon: die Faktoren, Elemente, Momente usw. Wenn etwas nichts Besseres ist – ein Faktor, Clement, Moment, Koeffizient ist es immer noch. Ein Professor Karl Voll schreibt über ältere Bilder Lenbachs: *Ihr Wert ruht allein in den Faktoren der Pilotyschen Schule.* Kein Mensch versteht genau, was das Schwammwort hier bedeuten soll. Gleich darauf: *Die moderne Betrachtung hält Lenbach nicht mehr für einen der entscheidenden Faktoren.* Er hätte, wenigstens der anmutigen Abwechselung wegen, hier Elemente oder Momente oder Koeffizienten schreiben sollen.

Unklarheit der Fremdwörter

Weil man phrasenhaft ›*diametral* entgegengesetzt‹ schreibt, heißt es in Paul Friedrichs Einleitung zu seiner Ausgabe Grabbes: ›Er scheint unserer Zeit durchaus *diametral* zu sein.‹ Jetzt wissen wir's.

Bin ich allein so überempfindlich gegen verblasenen Fremdwortdunst, oder fühlt nicht jeder unbefangene Leser mit mir, daß dieser Satz W. Scherers hohles Gerede ist:

> Die wahre Methode literarhistorischer Forschung steigt durch die Zusammenfassung des Verwandten, das sich bietet, zu einem realen Allgemeinen auf und stellt dieses als bewegende Kraft hin, deren Entstehung aus einer Summe individueller Leistungen ein **weiteres** Objekt der Forschung, ein **vorausgehendes** Moment der Darstellung bildet.

Otto Sarrazin, der sachkundige ehemalige Vorsitzende des Deutschen Sprachvereins, gibt in der Einleitung zu seinem Verdeutungswörterbuch ein überzeugendes Bild der Armseligkeit, die durch eins der dunstigsten Fremdwörter: *Idee*, ins Denken, Schreiben und Sprechen kommt:

> Für Plato war sie das **Urbild** der Dinge selbst. Auch wir verbinden mit dem Worte nicht nur den **Vernunftbegriff**, sondern auch andre hohe **Vorstellungen**. Der Dichter begeistert sich für eine Idee: einen großen erhabenen **Gedanken**, und dem Werke des wahren Künstlers wird immer eine künstlerische Idee: ein **künstlerischer** oder **Kunstgedanke** zugrunde liegen. Aber das **Bild**: die Idee, welche diesmal in der Idee, der **Seele** des Künstlers gelebt, entsprach nicht der Idee: dem **Begriffe**, welchen man mit der für ein Kunstwerk geeigneten Idee: einem geeigneten künstlerischen Vorwurf oder dichterischen **Stoff**, zu verbinden pflegt. Es war eine plötzliche Idee gewesen: ein **Blitzgedanke**, ein plötzlicher **Einfall**; die Bezeichnung einer erleuchteten Idee, eines **Lichtgedankens** verdiente seine Idee: sein **Gedanke**, mit nichten. Er hatte hiervon freilich selbst wohl eine unklare Idee: eine undeutliche **Vorstellung**; aber zu der Idee: dem **Entschluß**, von der weiteren Durchführung seiner ursprünglichen Idee: seines alten **Entwurfes**, abzustehen, vermochte er sich nicht durchzuarbeiten. Die abweichenden **Meinungen** seiner Freunde hielt er für verkehrte Ideen: für irrige **Ansichten**, und es wurde bei ihm schließlich zur irren Idee: zu einer **Wahnvorstellung**, zum **festen Wahne**, sie mißgönnten ihm nur die Vollendung seiner Idee: seines **Planes**. Vergeblich versuchte er, ihnen eine ausführliche Idee: einen **Überblick** und eine nähere **Übersicht** über seine eigentlichen Ideen oder **Absichten** zu geben; es kam damit nicht die Idee weiter: nicht die **Spur**.
> Wir sind mit der Allerweltsidee noch nicht fertig: Die Anschau-

ung oder Idee, daß es verhärtete Gemüter gibt, in denen auch die letzte Idee, der letzte **Funke**, von Menschlichkeitsgefühl erloschen ist, beruht keineswegs nur in der Idee oder **Einbildung**. Es ist aber ein Zeichen von augenblicklicher Erregung und Übertreibung, wenn jemand, nur weil beispielsweise der auf den Tisch gebrachte Salat einen etwas faden Geschmack hat, seine Köchin mit der Behauptung anfährt, sie habe von der ganzen Kochkunst nicht die leiseste Idee: nicht die blasse **Ahnung**, bloß weil sie unterlassen hat, eine **Kleinigkeit**, einen **Tropfen**, ein **Tröpfchen**, ein **wenig**, oder **etwas** ... kurzum ›eine Idee‹ mehr Essig an den Salat zu tun.

Seufzend schließt Sarrazin: ›ἰδέα ... armer Plato!‹

○ ○ ○

Begreift der Leser, daß das Fremdwort nur eine Formel, kein Gefühls-, ja nicht einmal ein Begriffswort ist? Daß es schleimig, breiig, schwammig, dunstig, neblig, wolkig, schleierhaft, schillernd, flimmernd, schwankend ist, also zur Unklarheit, zur absichtlichen und unabsichtlichen, damit aber zum Schwindel wie geschaffen ist? Der echte und gerechte Fremdwörtler jedoch wird unentwegt und voll und ganz dabei verharren: keins von den 34 guten Deutschen Wörtern in der Sarrazinschen Plauderei ›deckt sich vollkommen‹ mit Idee, und – er hat Recht: Klarheit deckt sich nie mit Dunst, Schärfe nie mit Schaum, Redlichkeit nie mit Schwindel.

Bettina Brentano-Arnim schreibt an die Dichterin Günderode:

> Schreib doch nicht mehr ›passiert‹. Das Wort ist nicht Deutsch, hat einen gemeinen Charakter und ist ohne Klang. Kannst du nicht lieber in den reichen Deutschen Ausdrücken wählen, wie es der reine Ausdruck fordert: vorgeht, ereignet, begibt, geschieht, wird, kömmt? Das alles kannst du anwenden, aber nicht passiert.

Noch viel mehr gute Deutsche Wörter hätten sich der Günderode dargeboten: begegnen, vorfallen, eintreten, eintreffen, sich zutragen, sich abspielen, zustoßen, widerfahren – doch wo ist das Ende? Der so überaus zart fühlende und wühlende Fremdwörtler wird abermals sagen: Keins von allen deckt sich mit der einzigartigen, unvergleichlichen Nüankße von Passieren.

Objektiv und Subjektiv

○ ○ ○

Wie bedenklich, ja gefährlich das Nebelwesen des Fremdwortes werden kann, mußte Lassalle einst erfahren. In seinem Vortrage ›Das Arbeiterprogramm‹ hatte er wiederholt von ›Revolution‹ gesprochen und damit ebensowohl die gewaltsamen wie die friedlichen Umwälzungen gemeint. Der Staatsanwalt klagte ihn an, und Lassalle wurde verurteilt. Es half ihm nichts, daß er sich verteidigte: ›Mißbrauche ich vielleicht die Sprache, oder führe ich auch nur einen neuen Sprachgebrauch ein, indem ich das Wort Revolution in diesem Sinne nehme? Indem ich es auf die friedlichsten Erscheinungen anwende und den blutigen Aufständen verweigere?‹ Jawohl, er hatte seine Sprache, die Deutsche, mißbraucht, denn sie ward nur den Unredlichen dazu gegeben, ihre Gedanken zu verbergen; dem Redlichen, um seine Gedanken so unzweideutig wie möglich kundzutun, und dies kann man, wenn überhaupt, nur in der Muttersprache. Lassalle erklärte: ›Revolution heißt Umwälzung.‹ Jawohl, so heißt sie; indessen während Umwälzung damals und noch heute nicht unbedingt mit dem Begriff der Gewaltsamkeit verbunden werden muß – kann, ja muß Revolution nach dem allgemeinen Sprachgebrauch und nach den geschichtlichen Erinnerungen allein oder weit überwiegend als gewalttätige Umwälzung gedeutet werden. Hätte Lassalle Deutsch gesprochen, so wäre er nicht verurteilt worden.

Den Landwirten empfahl einst Bismarck, um Mißdeutungen vorzubeugen, ›die Anwendung der Bezeichnung Agrarier gänzlich zu vermeiden und sich stets als das, was sie sind, als Landwirte, zu benennen und zu geben. Man braucht kein Purist der Deutschen Sprache zu sein, um einen **so verlogenen** Ausdruck, wie es heutzutage die Bezeichnung Agrarier geworden, zu perhorreszieren.‹ Die Agrarier ließen sich dies gesagt sein, gründeten den Bund der Landwirte und errangen unter diesem Wortschild Erfolge, die den Agrariern vermutlich versagt geblieben wären.

Man erinnere sich der Heuchelei mit dem Wort *impulsiv* während der Regierungszeit Wilhelms 2.; des drei furchtbare Kriegsjahre hindurch von dem unseligen Bethmann mit den *realen Garantien* getriebenen Schwindels; der Entschuldigung der Rothautgrausamkeit der Franzosen mit der Kriegs-*Psychose*, der Erpressungsfolter der *Sanktionen*, der Verleumdung mit der Deutschen *Kadaver*-Verwertung!

Was für ein schwindelhafter Unfug wird mit *Objektiv* und *Subjektiv* verübt, welche Gedankenverschleimung liegt ihrem Durcheinanderquirlen zugrunde! Max Osborn schreibt in einem Aufsatz ›Die Kunst im Leben des Kindes‹: *Es ist die Frage, ob sich das Millionärskind in seinem sorgfältig ausgestatteten Kinderzimmer subjektiv wohler fühlt als das Proletarierkind auf der Straße.* Kann sich ein lebendiger Mensch anders als subjektiv wohl fühlen? – Häckel entschuldigt sein Buch ›Insulinde‹, es werde recht wenig den Erwartungen entsprechen; ›das gilt sowohl in objektiver als in subjektiver Beziehung.‹ Haben diese Dunstworte überhaupt einen Sinn, dann nur den: es wird weder den Erwartungen der Leser noch den meinigen entsprechen. Aber warum sagt der Mann das nicht in einer ehrlichen Sprache? – Weiteres über die Verblödung durch Subjektiv und Objektiv findet der Leser in meinen ›Menschen und Dingen‹.

○ ○ ○

Wer schwammig und verschwommen denkt; schreibt unfehlbar in schwammigen und verschwommenen Fremdwörtern: *Die Kenntnis Rafaels, der Besitz seiner Werke ist zu einem Element geworden, auf dem die menschliche Bildung überhaupt beruht* (Herman Grimm). Die Bildung beruht auf einem Element: was hat sich Grimm dabei gedacht? Nichts Deutliches, also denken auch wir dabei nichts Deutliches.

Was ist *prägnant*? Es wird selbst von sprachkundigen Fremdwörtlern fast nur in der falschen Bedeutung: ›scharf, genau‹ gebraucht, also im Durcheinander mit ›präzis‹, z. B. ›eine prägnante Äußerung‹. Goethe schreibt ›prägnant‹ selten, dann aber in richtiger Anwendung für inhaltsvoll: vor der Schlacht bei Jena hatte er eine ›prägnante Unterhaltung‹ mit dem Herzog Karl August. – Erich Schmidt rühmt den eignen Stil als ›prägnant‹, weil er in seine Sätze allerlei nicht hinein Gehörendes stopft.

Was heißt *differenziert*? Wie man es zur Not übersetzen könnte, brauche ich nicht zu sagen. Heute ist es zu einem Modeschwindelfremdwort geworden, das jeder anmaßlichen Untüchtigkeit gepaart mit Sittenlockerung zum trügenden Aushängeschilde dient. Früher sprach man von einer ›verdrehten Schraube‹ und wußte, woran man war. Heute nennt man ein Frauenzimmer, das von den Pflichten des Hauses nichts weiß noch wissen will, das aber einen öden Wust von aufgeschnappten Brocken der Kunstgeschichte, Theatergeschichte, Modengeschichte weghat und ebenso elendes Französisch und Englisch radebrecht, ein ›differenziertes Weib‹ und erzeugt in diesem ganz überflüssigen Geschöpf den Dünkel, sie bezeichne eine höhere Stufe des Frauentums. In Gedanken nennt übrigens jeder vernünftige Mann sie nach wie vor ›verdrehte Schraube‹, wenn er sie nicht, mit Rücksicht auf die vielseitige Differenzierung ihrer Gunst, noch ganz anders nennt.

Reizend verulkt Hartleben in der ›Geschichte vom abgerissenen Knopf‹ die schwindelnde Verschwommenheit der Fremdwörter. Da hat ein blöder Bildungsphilister der kleinen Lore geschrieben: ›Ich war suggestiv prädisponiert‹, und Lore fragt mit Recht: ›Quatsch! was heißt denn das?‹ Als ihr erklärt wird: ›So viel wie reingefallen, auf den Leim gekrochen‹, erwidert sie: ›Aha! da hat er nun gedacht, das würd' ich nicht verstehen.‹

In Unzengrubers ›Jungferngift‹ (5, 10) gibt es folgende Unterhaltung:

> REGERL: Du, fürs erste, sag mir amal, was bist denn du eigentlich?
> FOLIANTENWÄLZER: Linguist.
> REGERL: Dös is g'wiß nix Rechtschaffn's, weil d' dir's net deutsch z'sagen traust.

Das Regerl hat eine feine Nase.

Hans Delbrück schreibt: ›*Die feine Eleganz der Sprache*‹ und zwingt uns zu der Frage: gibt es auch eine unfeine? – Ein preußischer Minister von Hammerstein erklärte im Abgeordnetenhause: *Meine Herren, wenn ich ›absolut‹ sagte, so meine ich das natürlich relativ.* Unbezahlbar!

O O O

Von der Verschwommenheit des ungefühlten Ausdruckes ist es zum **Schwindel** nicht weit. Schwindel ist ein hartes Wort, aber ich finde kein andres ebenso treffendes. Wer es gar zu hart nennt, dem räume ich ein: das Schwindeln mittels der Fremdwörter ist vielleicht nicht ganz so gefährlich wie das Fälschen von Banknoten oder Wechseln, aber – geschwindelt ist geschwindelt. Kein Schwindel z. B. im Erwerbsleben ist ohne Fremdwörter vollkommen: man erinnre sich des über die Gaunersprache Gesagten. Im Deutschen lügt man, wenn man noch so höflich fremdwörtelt. Von der Quacksalbersprache war schon die Rede; man prüfe die Sprache der schwindelhaften Ausverkäufe, der Nahrungsmittelfälscher, der prahlerischen Schaubudenbesitzer, der Tingeltangel – überall ein ganz ähnliches Zigeunerdeutsch wie in den Werken unsrer vornehmsten fremdwörtelnden Forscher. Nie hatte z. B. ein Nahrungsmittelfälscher vor dem Weltkriege von einem Ersatzmittel gesprochen, immer nur von einem *Surrogat*. Zichorie war kein Ersatz, kein Zusatz, sondern ein *Surrogat* für Kaffee.

In Stuttgart zimmert jemand ein paar Schwimmbuden zusammen und benamst sie: *Balneologisches Institut*. – Aus einem schwäbischen Nest bietet ein Winkelhändler die Reben und Obststämmchen seines *Önologischen und pomologischen Instituts* an. – In einer Hauptstraße Berlins kann man in Schaufenstern Edelsteine aus Glas sehen; sie heißen natürlich: *Imitationen*, echte *Imitationen*, sogar *garantiert echte Imitationen*! Künstliche Edelsteine heißen *synthetisch*, weil die Deutsche Bezeichnung in ihrer Ehrlichkeit die Unechtheit sofort aufdecken würde. – Über einem Kellerloch in Berlin fand ich die Inschrift: *Zymotechnisches Institut*. Das hatte ich noch nie gehört, und die Wißbegier trieb mich, Namen und Art zu erfragen: Bärme, Hefe, Sauerteig wurde in dem Kellerloch verkauft.

Die Wissenschaft tut gelehrt mit individuell, Faktor, Moment, real usw., das Kleingewerbe spielt sich auf mit Institut, Atelier, Salon usw. Ein Brillenladen ist ein *Optisches Institut*, Fingernägel werden im *Institut für Schönheitskultur* geputzt, Zähne im *Zahnatelier* ausgezogen oder eingesetzt, ein Haarschneider hat einen oder mehrere *Frisiersalons*. Wenn über diesem Kleinschwindel wenigstens ein bißchen Humor waltete, wie ihn der Begründer einer *Hemdenklinik* übte!

Wie fein läßt Gottfried Keller von dem Gauner Wohlwend den arglosen Salander fremdwörtelnd beschwindeln: ›Zinsfuß und Zeitberechnung sind *amikal*‹. Ähnlich läßt Goethe seinen Erzschwindler Cagliostro, den Großkophta, geschichtlich treu mit dem selbstgemachten Unsinn *Melion Helion Tetragrammaton* denen, die nie alle werden, das Geld aus der Tasche fremdwörteln. Unser alter Freund Sganarelle (S. 41) sei hierbei in gebührende Erinnerung gebracht.

○ ○ ○

Wir leben im Zeitalter der **Erotik**: kein Buch über die Beziehungen von Mann und Frau ohne *Erotik, erotisch, Erotiker.* ›Ein ganz unentbehrliches, unersetzliches Wort.‹ Wahrscheinlich so alt wie die Liebe selbst, wie die schaumgeborene Aphrodite. Aber seltsam – bei Goethe kommt keins jener unentbehrlichen Wörter vor! Wahrscheinlich hat er von der Erotik noch nichts verstanden. – Der *Dramatiker und Skeptiker* Lessing kennt weder diese Wörter noch *skeptisch, Skeptizismus, Skepsis*. Wie armselig ist doch der Wortschatz unsrer Größten – jeder bessere Sekundaner von heute überbietet sie.

In neuster Zeit wird in allen Deutschen Groß- und Mittelstädten straßauf straßab besonders eifrig geschwindelt mit *Zentral, Spezial, Universal, National*. Ein kleines Kellergeschäft nennt sich: *Zentralhalle für Milchkonsum*; ein winziger Laden, worin Seife verkauft wird: *Spezial-Seifenmagazin*; ein Schuhflicker nennt seine Bude: *Universal-Besohlungsinstitut*; ein Zahnbrecher seine Folterkammer: *Laboratorium für Prothese*. Daß eine Zahnprothese 20 Mark, ein Zahneinsetzen nur 3 Mark wert ist, entspricht der Schwindelzeit, in der wir leben. Man lese in Reuters ›Stromtid‹ (2. Teil, 20. Kapitel), wie Pomuchelskopp mit Malchens und Salchens ›eigenem Appartement‹ großtut. Pomuchelskopp und Bräsig sind zwei Fremdwörtler:

Üwer't was en groten Unnerscheid tüschen de Beiden. Bräsig wüßt recht gaud, dat hei allerlei dummes Tüg mit de Frömdwürd' anrichten ded, äwer hei hadd't sik einmal anwennt, kunnt' nich laten, hadd sin Pläsier daran un scheerte sik wider üm de Welt nich; Pomuchelskopp äwer wull sine Red' dormit **upposamentieren**.

Ganz und gar nicht besser auf geistigem Gebiet. Zwei blutjunge liebenswerte Anfänger, die Brüder Hart, kommen aus Westfalen nach Berlin; flugs gründen sie eine Zeitschrift ›Deutsche Monatsblätter‹ und geben ihr den ›anmaßlichen Nebentitel‹ (Heinrich Harts eigne Worte): ›Zentralorgan für das literarische Leben der Gegenwart‹. Darf inmitten solches Geflunkers ein Gelehrter vom Range R. M. Meyers anständigerweise noch Zentralfrage für Kernfrage schreiben? Was sollte durch E. Schmidts Allerweltsfremdwort ›universalistisch‹ upposamentiert werden? Und was besagt das gelehrttuerische Geprahle G. Hauptmanns, er ›wolle *Komplexe* geben, nicht *Konflikte*‹?

Der Vorsitzende des preußischen Prüfungsamts für junge Rechtsbeflissene, H. Ule, berichtete unterm 25. 1. 1913: ›Die Vorliebe für Fremdwörter zeigt sich besonders bei schwächeren Referendaren, denen solche Ausdrücke bisweilen über Schwierigkeiten oder über mangelhafte Schärfe und Klarheit des Gedankens hinweghelfen sollen.‹ Also – Schwindelhuberei! Hoffentlich hat Herr Ule solche Schwindelhuberchen ›rasseln‹ lasten.

○ ○ ○

Von hier aus erblicke ich, der ich trotz allen Bemühungen des Sprachvereins und der Behörden keinen Rückgang unsrer krebsartigen Sprachkrankheit wahrnehmen kann, die ferne Möglichkeit einer Heilung. Alle Versuche, dem Übel mit dem Berufen auf die Sprachwissenschaft, auf den völkischen Stolz, auf die Wortkunst beizukommen, sind gescheitert. Man hat den guten Geschmack aufgeboten gegen den schlechten; indessen die Fremdwörtler halten ja ihr Zigeunerdeutsch für wunderschön. Man führe aber den Kampf als einen der Sprachredlichkeit gegen den Sprachschwindel, gegen die ›sprachliche Ehrlosigkeit‹, wie der Deutsch schreibende Germanist M. Trautmann die Fremdwörtelei seiner

Fremdwörterschwindel

Fachgenossen nennt; halte den Belehrbaren unter den Fremdwörtern die Fremdwörtelei der Quacksalber und der Unehrlichen aller Gattungen unter die Augen, und man wird, vielleicht, vielleicht, durch die Scham vor der Gemeinschaft mit der fremdwörtelnden Schwindlerwelt erreichen, was nicht gelang durch das Pochen auf den ja immer bestreitbaren guten Geschmack oder auf die Vaterlandsliebe, die man selbst unsern ärgsten Fremdwörtlern nicht aberkennen mag.

Gelänge es, in unserm Volk das Gefühl zu erzeugen: übe argwöhnischste Vorsicht vor jeder Ankündigung, Zeitung, Schrift mit ausgesprochener Fremdwörtelei, denn sicherlich handelt es sich dabei um nichts vollkommen Redliches, immer steckt eine große oder kleine Unwahrhaftigkeit, ein Mehrscheinenwollen als Sein dahinter, so wäre die Kraft einer uralten Deutschen Krankheit gebrochen. Kein vornehmer, kein saubrer, kein ehrlicher Schreiber würde dann ein einziges Fremdwort mehr gebrauchen, als einstweilen noch unbedingt nötig ist. Besonders die Männer der Wissenschaft würden dann vielleicht erkennen, daß Deutsch vornehmer ist als Welsch.

Eine Kunstprosa wird der Sprachschwindler nicht zustande bringen, denn alle Kunst ist ehrlich.

SECHSTER ABSCHNITT

Fremdwörter und Verständlichkeit

Wer teutschet mir das Teutsche? Es ist ohne einen Dolmetscher, der etlicher Sprachen mächtig ist, nicht zu verstehen.

KARL GUSTAV VON HILLE, MITGLIED DER
FRUCHTBRINGENDEN GESELLSCHAFT

Von jeher ist der Zweck der Einmischungen [der Fremdwörter] gewesen, zuvorderst aus der unmittelbaren Verständlichkeit und Bestimmtheit, die jede ursprüngliche Sprache bei sich führt, den Hörer in Dunkel und Unverständlichkeit einzuhüllen.

FICHTE

Vom Griechischen und Lateinischen reden die Rüger der sprachlichen Alamoderei des 17. Jahrhunderts gar nicht; die beiden alten Sprachen verstanden sich in allen Büchern und Zeitungen von selbst. Das Englische war damals von den Deutschen Fremdwörtern noch nicht entdeckt, tauchte erst im 18. Jahrhundert bescheiden auf und ergießt sich in vollem Schwalle seit einem Menschenalter über unsre Sprache des öffentlichen, ja schon des häuslichen Lebens. Was aber würden sie sagen, wenn sie folgendes Pröbchen der neusten wissenschaftlichen Alamoderei lesen könnten:

> Erweitert erscheint die Suggestibilität der Anfänge der zweiten subjektivistischen Periode: auf kirchlichem Gebiete der Klerikalismus, auf staatlichem und nationalem der Chauvinism, zu geschweige der politischen, wirtschaftlichen und sozialen Egoismen. (Karl Lamprecht)

Ungeschmack, Albernheit, Eitelkeit, Schwindel: lauter äußerste Gegensätze des geschmackvollen, vernünftigen, schlichten, ehrlichen Stils. Indessen mit all diesen Fehlern kann man immerhin auf geschmacklose, alberne, gutmütige, leichtgläubige Leser wirken. Die Berühmtheit einer ganzen Reihe widerwärtigster Fremdwörtler unter unsern Schreibern ist ja nur so zu erklären: sie und ihre Leser sind einander würdig. Eine Seite aber der Fremdwörtelei verstößt gegen das Grundwesen alles Stils, den Zweck alles Schreibens, grenzt unmittelbar an den Wahnwitz: ihre **Unverständlichkeit**. Da schreibt ein Mann der Wissenschaft einen Aufsatz, ein Buch über einen alle Gebildete fesselnden Gegenstand; nicht etwa für seine engsten Fachgenossen, sondern für einen aus allen gebildeten Ständen bunt zusammengesetzten Leserkreis. Natürlich will er von jedem verstanden werden; das Gegenteil anzunehmen, hieße ihn für verrückt erklären. Ein Augenblick Nachdenkens muß dem fremdwörtelnden Schreiber sagen, daß er selbst von sehr gebildeten Lesern keine immer gegenwärtige Kenntnis des Griechischen, Lateinischen, Küchenlateinischen, Französischen, Berlinfranzösischen, Englischen, Italienischen, Spanischen erwarten darf. Allenfalls mag er eine oberflächliche Bekanntschaft vieler Leser mit einigen jener Sprachen annehmen; aber ist es nicht eine Tollheit, zu fordern oder zu hoffen, daß jeder Leser jedes noch so entlegene, noch so knifflige Wort einer in früher Jugend notdürftig gelernten, aber seitdem doch größtenteils vergessenen Sprache ohne weiteres verstehe? Man denke z.B. an die Teichoskopie (S. 304) und ziehe die Wörter auf S. 331 heran: nicht einer von tausend Gebildeten kennt ihre genaue Bedeutung, nicht einer von zehntausend ihre Wurzelform und deren Sinn.

In einer Besprechung meines ›Goethe‹ machte mir einer der ärgsten Fremdwörtler, R. M. Meyer, den sanften Vorwurf, daß ich selbst die ›brauchbaren Fremdwörter‹ verschmäht hätte. Er nannte keine einzelnen, aber ich vermute, er meinte die Allerweltsformeln individuell, Individualität, Faktoren, Momente, Elemente, Milieu, interessant, Evolution und dergleichen. Nicht ihm – er war wie jeder altgewöhnte Fremdwörtler unbelehr- und unbekehrbar –, aber dem unbefangenen Leser will ich sagen, warum ich die angeblich brauchbaren Fremdwörter nicht gebrauche. Geschähe es nicht zur

Aufklärung des Lesers über eine der wichtigsten Seiten der Fremdwörtelei und damit des Deutschen Stils, so spräche ich wahrlich nicht von mir und irgend jemands Meinung über meine so bedauerlich fremdwortarme Sprache. Ich verschmähe die Fremdwörter, weil sie wegen ihrer schillernden Zweideutigkeit für mich als einen redlich bemühten Schriftsteller unbrauchbar sind. Ich schreibe, obwohl mir mancher Völker Sprachen bekannt, einige durch die tägliche Notwendigkeit eines Menschenalters geläufig sind, nicht für einen mir bekannten kleinen Kreis fremdwörtelnder Gelehrter, sondern für eine mir unbekannte Lesermenge auf den verschiedensten Bildungsstufen, und ich will mit jedem meiner Sätze von jedem meiner Leser bis in die letzten Gründe meines bescheidenen Denkens, bis in die äußersten Schwingungen jedes meiner einfachen Worte verstanden werden. Dazu aber taugt keines der von Andern vielleicht noch brauchbar befundenen Fremdwörter. Warum es nicht taugt, wurde in dem vorangehenden Abschnitt aufgezeigt. Ich will nicht bloß verschwommen verstanden werden mit dem, was ich etwa verschwommen gedacht hätte; sondern das Wenige, was ich mich aus allen Kräften bemüht habe zu durchdenken und zunächst für mich selbst bis in die höchste mir erreichbare Klarheit zu steigern, das soll mir jeder meiner Leser, der gelehrte wie der ungelehrte mit guter Volksschulbildung, in höchster Klarheit nachdenken.

Und wie, wenn ich so vermessen wäre, zu glauben, meine Kenntnis des Deutschen reiche hin, um jeden meiner schlichten Gedanken Deutschen Lesern lückenlos auf Deutsch mitzuteilen? Wie, wenn ich die meisten angeblich brauchbaren Fremdwörter unbrauchbar und dazu sprachlich gemein fände? Wenn ich von Lessing (vgl. S. 414) gelernt hätte, daß alle jene brauchbaren Fremdwörter ›nicht das geringste mehr sagen als die Deutschen und auch dem einen Ekel erwecken, der nichts weniger als ein Purist‹? Wenn ich z. B. da, wo mein Beurteiler ›providentieller Moment‹ schreibt und dies sehr brauchbar, wohl gar sehr schön findet, ›Schicksalstunde, Sternenstunde‹ schriebe und dies brauchbarer, verständlicher, ja schöner fände? Und endlich, wie wenn ich alle Schriftstellerei für eine Kunst hielte, die Fremdwörterei für Unkunst, und mir ernstlich verbäte, von **Fremdwörtlern**, die nicht Deutsch schreiben können, die dies selbst eingestehen, über Sprach- und Stilkunstfragen des **Deutschen** belehrt zu werden?

○ ○ ○

Die Fremdwörterei ist die granitne Mauer, die sich in Deutschland zwischen den Gelehrten und den nach Bildung ringenden Klassen erhebt. Die meisten belehrenden Schriften in Deutscher Sprache sind jedem nicht fremdsprachlich Gebildeten kaum halb verständlich, da ja gerade viele der wichtigsten Begriffswörter nicht Deutsch, sondern griechisch, lateinisch, französisch, englisch ausgedrückt werden. Diese ungeheuerliche Tatsache hatte sogar Erich Schmidt durch ein offnes Bekenntnis bestätigt: durch die von ihm besorgte Volksausgabe der Hauptwerke Goethes, worin er jedes Fremdwort in einem Riesenanhang sauber verdeutschte. Hierdurch hatte er selbst bezeugt, daß die Leser dieser Ausgabe unfähig sind, die Fremdwörter Goethes ohne Erklärung zu verstehen, worin er übrigens durchaus Recht hatte.

In der vierten seiner Reden an die Deutsche Nation sagt Fichte von so wichtigen Begriffen wie Humanität, Liberalität, Popularität: ›Diese Worte, vor dem Deutschen, der keine andere Sprache gelernt hat, ausgesprochen, sind ihm völlig leerer Schall, der an nichts ihm schon Bekanntes durch Verwandtschaft des Lautes erinnert und so aus dem Kreise seiner Anschauung und aller möglichen Anschauung ihn vollkommen herausreißt.‹ Welchen unerträglichen Dünkel bekundet jeder Schriftsteller, der für einen großen unbestimmten Leserkreis schreibend von diesem verlangt, daß er genau so viele fremde Sprachen verstehe, oder unverstanden nachplappere, wie er. Oder der erwartet, die meisten Leser besäßen ein Fremdwörterbuch und schlügen voll Ehrerbietung für den Schreiber jedes der zahllosen unverstandenen, unverständlichen Wörter auf. Gesellt sich zu diesem Dünkel noch die unwissende Oberflächlichkeit des Schreibers selber in den vielen vorgeprahlten fremden Sprachen, von denen er in Wahrheit meist nur die Fremdwörterbrocken, ja nicht einmal diese genau nach Ursprung und Bedeutung kennt, so erreicht seine Anmaßung den Grad, wo das Überschnappen beginnt.

Fremdwörtelnde Unverständlichkeit

Vollends da, wo man sich an sprachenunkundige Menschen wendet, zu fremdwörteln – gibt es ein zu grobes Wort für solche Verrücktheit? Da wird ein Erholungsheim für Arbeiter und Arbeiterinnen gestiftet, aber es darf natürlich nicht Erholungsheim heißen, denn der Stifter oder der Leiter darf ja nicht ›seine akademische Bildung verleugnen‹ (vgl. S. 436). Es wird also kurz und klar *Rekonvaleszentenheim* benamst, und einer der Ärzte stellte folgende Briefaufschriften an die Benutzer der Anstalt fest: *Regenvaliszentenheim, Rekonfaliszenthenheim, Rekonfalizentenheim, Rekonvalizentenheim, Reckawaliszentenheim, Rekonfalißzendenheim, Reconfalleszentenheim, Recomfalentenheim, Rekawaleszentenheim, Rekowaleszentenhaim, Rekomvalenzenheim, Rekonfalzentenheim, Rekonfazentenheim, Reskonvalenzentenheim, Rekanvaleszentenheim, Rekonvolzentenheim, Rekovalleszentenheim, Rekonesvaleszentenheim, Rexonfaleszentenheim, Revonwaleszentenheim, Rekonfalescendenheim, Reckonftaleszentenheim, Rekovaliszerteheim, Renevales Zentenfeind.* Dies alles in Deutschland, nicht in Narragonien.

○ ○ ○

Vielleicht noch widerlicher ist die gegenseitige Heuchelei, womit die fremdwörtelnden Schreiber und ihre Leser sich selbst und einander vorschwindeln, daß es sich um lauter genau verstandene Wörter handle. Könnte man doch mit diesen Überphilologen einmal eine kleine Prüfung vornehmen, z. B. ihrer einen vor allem Leservolke fragen: Du hast da ›sarkastisch‹ geschrieben – erkläre es mir sprachlich, aber vom Fleck und ohne griechisches Wörterbuch! Von tausend sogar gelehrten Schreibern weiß das vielleicht einer. Die 999 haben also ein Wort hingeschrieben, das sie selbst nicht verstehen, bei dem sie sich irgend etwas Unklares denken. – Was, o ihr sechs oder sieben Sprachen mißhandelnde Fremdwörtler, die ihr euch über die sprachenunkundige Menge emporblähet, was bedeutet: *Hallucination, mediatisieren, Kontrast, bizarr, isolieren, faszinieren, panegyrisch, fanatisch, Apophthegmen*? Aber bitte: vom Fleck und ohne Wörterbücher! Erkläre mir, du dich mit nicht vorhandener Kenntnis des Französischen spreizender Französling, was bedeutet *Caprice, capriciös, chicanös, kokett*? Was ist ein *Roué*? Aber bitte nicht bloß ungefähr, sondern ganz genau und mit Angabe ihres sprachlichen Ursprungs, wie es sich für so überaus gelehrte Leute ziemt. Was ist *frivol*? was *Sabotage, Police, Veterinär, Siesta, Utopie, Menu, Palliativ, Pasquill, Porträt, Praliné, Nuance, Niveau, Rekord, barock, banal*? Was ist *Fiasko*, was ist *Fiasko machen*? Es klingt italienisch, und du, o fremdwörtelnder Mezzofanti, wirst es verstehen und mir erklären; denn du bist ja zu vornehm, um etwa zu sagen: Das Stück war erfolglos, fiel durch, wurde abgelehnt. Nein, dir genügt einzig die angeblich italienische Nüankße: es hat *Fiasko gemacht*.

Ist denn selbst von jedem Hochgebildeten zu erwarten oder zu verlangen, daß er in all den Sprachen zu Hause sei, aus denen die Welscher zu mausen belieben? Herder der Sprachenkundige bekannte freimütig: ›Ich schäme mich nicht, meine Schwäche [?] zu gestehen, daß ich mir lebenslang nicht zutraue, mehr als eine einzige Sprache [die eigne] vollkommen fassen zu können?‹ Ganz dasselbe bekennt der Verfasser dieses Buches von sich, obwohl er manche fremde Sprache sozusagen geläufig spricht. ›Der Deutsche ist gelehrt, wenn er sein Deutsch versteht‹, heißt es bei Goethe; diese Aufgabe, eine ungeheuer schwere, einigermaßen zu erfüllen, ist ein sehr feiner Ruhm.

○ ○ ○

Zu wie ernsten politischen Kämpfen, zu wie schweren Gewissensnöten Wilhelms 1. von Preußen hat das vieldeutige Fremdwort **Indemnität** im Herbst 1866 geführt! Bismarck berichtet:

> Es kam dazu eine staatsrechtliche Auffassung Seiner Majestät, die ihm ein Verlangen nach Indemnität als ein Eingeständnis begangenen Unrechts erscheinen ließ. Ich suchte vergeblich diesen sprachlichen und rechtlichen Irrtum zu entkräften, indem ich geltendmachte, daß in Gewährung der Indemnität nichts weiter liege als die Anerkennung der Tatsache, daß die Regierung und ihr königlicher Chef *rebus sic stantibus* [wie die Dinge lagen] richtig gehandelt hätten; die Forderung der Indemnität sei ein Verlangen nach dieser Anerkennung.

Schließlich wählte man den Ausdruck: ›nachträgliche Verwilligung‹, und Bismarck fügt in seinen Gedanken und Erinnerungen hinzu: *In verbis simus faciles* (seien wir in Worten [oder Wörtern] willig). Der ganze traurig-lächerliche Zwischenfall wäre vermieden worden, hätte man von Anfang an Deutsch gesprochen, etwa Gutheißung oder Nachbewilligung gesagt. Statt dessen drohendes Zerwürfnis zwischen siegreichem nachgiebigem König und versöhnlich gestimmten Volksvertretern um ein nichtsnutziges, sinnloses Fremdwort, dessen wahrer Sinn niemals erforscht werden konnte, sintemalen es im Französischen eine ganz andre Bedeutung hat: Entschädigung, und im Römischen überhaupt nicht vorkommt.

Was soll man dazu sagen, daß eine Reichsbehörde über Beihilfen an ehemalige Kriegsteilnehmer eine Verfügung erläßt, worin gesprochen wird von *Personen, welche sich nicht im Besitze des deutschen Indigenats befinden*! Dies soll ein armer wundgeschossener ehemaliger Bauernjunge in Hinterpommern verstehen. Bitte, Herr Geheimer oder Wirklicher Geheimer Oberregierungsrat, dem diese Verfügung entflossen, erklären Sie selbst mir vom Fleck den geheimen Ursprung von *Indigenat*, ich meine seine Wurzel samt Zubehör! Sie wissen es nicht? Dann sollten Sie sich schämen, es zu schreiben.

Haym schreibt über Schiller und dessen neuen Dramenstoff: *Diesen Don Carlos konzipierte er jetzt als sein eigenstes Ebenbild.* Was bedeutet das? Das lateinische *concipere* klärt uns nicht auf, denn das hat mehrere, recht verschiedene Bedeutungen; und das Deutsch-küchenlateinische *konzipieren*, mit dem allein wir es hier zu tun haben, läßt uns ebenso sehr im Dunkeln, denn es hat in seiner Verblasenheit noch mehr Bedeutungen als das gutlateinische Wort. Sollte es bedeuten: innerlich empfangen, oder schriftlich entwerfen, oder darstellen? Haym war ein großer Gelehrter, aber ein schlechter Schreiber.

Was besagt folgender Satz von Avenarius im Kunstwart (dem ›Organ für Ausdruckskultur‹!) über Wolfgang Kirchbach: *Manches seiner sichern Urteile war mehr dogmatisch als zertitudinal gedacht*? Da ich mit Kirchbach befreundet war, so wüßte ich für mein Leben gern, was das bedeuten mag. Nie werde ich's erfahren, denn alle Wörterbücher schweigen, und durch eine Anfrage bei

Avenarius ihm meine Unwissenheit im Keltischen – oder ist es Finnisch? – zu verraten, bin ich zu sprachgelehrt-eitel.

Dilthey in einem nicht fachwissenschaftlichen Aufsatz über Faust: *Der Genius Goethes ist ohne Reticenz in seinem Faust enthalten.* Von zehn Lesern müssen drei bis vier in einem Wörterbuch nachschlagen, und was finden sie? Diese verborgene köstliche Weisheit: *reticentia* heißt Verschwiegenheit, und ein Deutscher Gelehrter kann oder darf dies nicht Deutsch sagen. – Was heißt *grassieren*? Welcher Sprache zahmer oder wilder Völker entstammt es? Adolf Bartels will sagen, daß im Oberlehrerstande ›philologischer Hochmut und Kleinigkeitskrämerei immer noch sehr weit verbreitet ist oder wütet‹; hieraus wird: ›sehr stark *grassiert*‹. – Er entschuldigt sich mit dem Hinweis aufs französische *gras* oder etwas Ähnliches. Eine triftige Entschuldigung für einen urdeutschen Schreiber, denn wir müssen als echte Deutsche ja vom Französischen ausgehen.

Richard Wagner erklärt, er wolle *bestimmt und für immer mit der formellen Gegenwart brechen.* Recht so; aber wir wüßten gern, was er damit meint. Erst nach längerem Weiterlesen ahnen wir: er will mit den Formen der Gegenwart brechen.

Rosenkranz spricht von Goethes höfischer Festdichtung, und dies würde der gebildete Leser verstehen; dagegen verstehen von den Gebildetsten 99 unter 100, vielleicht alle 100 nicht, was *enkomiastische Epigrammatik* ist, nebenbei ein selbst fürs Welsch schiefgewickelter Ausdruck. – Was ist ein *Epichronismus*? Novalis schreibt in einem Brief an seinen Bruder: *Mein Schicksal hat einen großen Epichronismus gemacht.* Ob auch nur sein Bruder dies verstanden hat? Welcher Leser von heute versteht es?

Was, o ihr Götter, Musen und Grazien, ist eine Theke? Die Zeitschrift für österreichisches Gymnasialwesen (Band 32) teilt folgende Satzperle mit aus einer k. k. unterrichtsbehördlichen Verfügung: *Ferner ist darauf zu sehen, daß die Theken auch in ihrem Format bei allen Schülern übereinstimmen, daß die Seiten der Hefte paginiert werden, daß das Elaborat stets links, das Correctum rechts geschrieben werde.* So viel ich weiß, war noch bis vor kurzem die Unterrichtsprache auf Deutsch-österreichischen Mittelschulen Deutsch.

○ ○ ○

Sollte man es für möglich halten, daß dasselbe unverständliche Zigeunerdeutsch den einfachen Lesern in Arbeiterzeitungen dargeboten wird wie in den geschwollensten bürgerlichen Blättern? *Auch ein modernistisch-dekorativ-demokratisch zugestutzter Monarchismus verrückt den Sozialdemokraten nicht den Aspekt der Dinge* (Vorwärts, 23. 7. 1911). – Großartig in der Fremdwörterei war der alte Liebknecht, der Verfasser eines Fremdwörterbuches für Arbeiter: *Es muß alles aufgeboten werden, um Licht über die Sache zu verbreiten. Insbesondere Fürst Bismarck ist engagiert.* Wahrscheinlich dazu engagiert, denkt der lesende Arbeiter, um Licht über die Sache verbreiten zu helfen? Man muß das Französische schon sehr gut kennen, um zu ahnen, was ›engagiert‹ hier bedeuten mag. Daß man auf Französisch **nicht** sagen kann: *Bismarck est engagé*, nur nebenbei. Liebknecht, wie übrigens alle Sozialisten mit ›akademischer Bildung‹, fremdwörtelte mit Leidenschaft, aber – er fügte in den tollsten Fällen die Verdeutschung in Klammern hinzu: *Das nationalliberale enfant terrible (Schreckenskind) Hans Blum.* Als ob die Arbeiter nun wüßten, was ein Schreckenskind ist! Hat Liebknecht selber es gewußt? Wer von meinen Lesern weiß es? Wahrscheinlich denken sie an etwas wie eine Schreckenskammer. Erst mit Hilfe von Sachs-Villatte kommt man hinter die Bedeutung, erst durch Büchmann erfährt man ihren Ursprung. All dergleichen ist höchst lächerlich.

Lächerlich oder nicht, eins steht fest: Der Schriftsteller, der sich in unverständlichen Ausdrücken gefällt, wird keine Kunstprosa schaffen.

SIEBENTER ABSCHNITT
Milieu und Nuance

Es sagen auch die Meister wol,
Mehr als das Wort ein Beispiel tut!
BONERS EDELSTEIN

Wie schwer ist das Nüance-gebende Fremdwort
oft zu ersetzen.
CARL BUSSE, DEUTSCHER DICHTER

Häud di vör de Inbillung!
FRITZ REUTER

In dem seit der Begründung des Deutschen Sprachvereins schon ein Menschenalter währenden erneuten Kampfe gegen und für die Fremdwörter hat man von beiden Seiten die Streitfrage immer ganz allgemein behandelt. Man hat von der Entbehrlichkeit oder Notwendigkeit, von dem Geschmack oder Ungeschmack ›der‹ Fremdwörter gesprochen, hat aber kaum versucht, an einem einzelnen Fremdwort, dessen Geschichte sich von uns Lebenden leicht übersehen läßt, die ganze Frage wie an einem Musterbeispiel zu prüfen. Ein solches Wort ist das vor etwa 50 Jahren mit der in Deutschland üblichen ›affenartigen Geschwindigkeit‹ zu einem scheinbar unentbehrlichen Modewort gestempelte **Milieu**. Als ich einst im Beiblatt einer Berliner Zeitung in einem Aufsatz über Modewörter auch Milieu für ein überflüssiges und abgedroschenes Schablonenwort erklärte, nahm der fremdwörtelnde Herausgeber in einer Anmerkung das Milieu, ohne das er selbst keinen seiner Aufsätze fertig brachte, liebreich in Schutz. Die Verteidigung seines Lieblings lautete:

> Milieu wurde zuerst in Frankreich und dann in Deutschland als technischer Ausdruck der Kunstsprache eingeführt; es bedeutet da nicht Umgebung schlechtweg, sondern die Umgebung, die auf die Bildung des Charakters entscheidend einwirkt. Ein Deutsches Wort mit diesem besonderen Sinne müßte erst geprägt werden.

Diese Anmerkung ist lehrreich; sie enthält den am häufigsten gebrauchten, nach der Ansicht der Fremdwörtler unwiderstehlichen Beweisgrund: der armen, plumpen, Deutschen Sprache fehlt für einen unentbehrlichen Begriff gebildeter Menschen ein kurzer Ausdruck, in die Lücke mußte also ein Fremdwort treten.

Die ganze Beweisführung ist bodenlos. Nur dem unfähigen Schreiber fehlte der kurze Deutsche Ausdruck, und diese seine eigne Unfähigkeit erklärte er für einen Mangel der Deutschen Sprache. Niemals braucht eine Lücke der Deutschen Sprache durch ein Fremdwort ausgefüllt zu werden, noch dazu durch ein ganz französisch gebliebenes. ›Umgebung, die auf die Bildung eines Charakters entscheidend einwirkt‹: das soll ein ganz neuer Begriff sein? Solange sich der Charakter eines jungen Deutschen Menschen in irgendwelcher Umgebung ausgebildet hat, also seit Hermanns des Cheruskerfürsten Tagen, muß es einen Ausdruck für diesen landläufigen Grundbegriff gegeben haben, oder das Deutsche Volk und seine Sprache hätten gestanden und ständen noch heute auf einer der untersten Stufen geistiger Bildung.

Das französische Wort *milieu* ist sehr alt und schon zwei Jahrhunderte vor Zola genau in derselben Bedeutung wie bei ihm gebraucht worden. Schon vor Zola hatte Taine es zu einem abgenutzten Schlagwort gemacht: in seinen Schriften über Lafontaine und Livius, noch häufiger in seiner Geschichte der englischen Literatur, gebrauchte er *Milieu* für seine bekannte bequeme Erklärerei aller führender Menschen. Seine Lehre ist längst zu den Toten geworfen, sein Schlagwort hat die Lehre überlebt. Zola konnte für seine auf ähnlichen Gedankengängen wie denen Taines gewonnene Ansicht vom Entstehen eines Einzelgeistes kein nützlicheres Schlagwort finden als das Tainesche *milieu*.

Für Frankreich haben Taine und Zola das Wort zu Tode gehetzt, dort wird es von den besten Schriftstellern nur noch selten gebraucht. Neu konnte es den Franzosen niemals klingen; für Taines und Zolas Leser war es ja nur die ermüdend häufige Anwendung eines ihnen längst geläufigen, nichts Sonderliches besagenden Wortes. Schon in den älteren Auflagen des Wörterbuches der Französischen Akademie findet sich als eine der Erklärungen für *milieu*: *Le fluide qui environne les corps* (das die Körper umgebende Mittel), und als Beispiel wird angeführt: *L'air est le milieu dans lequel nous vivons* (die Luft ist der **Bereich**, in dem wir leben). Ferner erklärte das Wörterbuch *milieu* als *la société où nous vivons* (die Gesellschaft, in der wir leben). Man sieht, weder Taine noch Zola haben dem Worte *milieu* irgendwelche neue Bedeutung beigelegt; denn daß das Mittel, der Bereich, die Gesellschaft, worin wir leben, den Charakter bilden können, steckt ja nicht in dem Worte *milieu*, sondern muß sich erst aus dem Zusammenhang ergeben.

Aber auch im Sinn einer Charakter und Taten bestimmenden Umgebung ist *milieu* über 200 Jahre alt. In Pascals ›Gedanken‹ steht der Satz *Nous voguons sur un milieu* (Welt) *vaste*, und in den Denkwürdigkeiten des Herzogs von Saint-Simon kommt *milieu* genau in der gleichen Bedeutung vor wie bei Taine und Zola: *Louvois fut employé dans un milieu* (Schicht) *qui fit le malheur du royaume*.

Schon durch die Deutschen Besprechungen von Taines ›Englischer Literaturgeschichte‹ drang das Wort als Modeformel in den Deutschen Sprachgebrauch, das heißt in den der Fremdwörtler. Das angeblich neue Modewort wurde als etwas Köstliches gierig aufgegriffen, sofort in den Zigeunersprachschatz aller eitler Kunstschreiber aufgenommen und diente fortan dazu, den in die letzten Kunstgeheimnisse eingeweihten Mann vom Bau wie durch ein Freimaurerzeichen kundzutun. Der redliche gebildete Mann sagte nach wie vor: Umgebung, Kreis, Lebenskreis, Dunstkreis, Lebenslust, Welt, Umwelt, Gesellschaft, Schicht und je nach dem Zusammenhang zwanzig, dreißig andre gute, malende, anschauliche Wörter; der Literaturschmock sprach und schrieb und schreibt nur *milieu*, am Morgen, am Mittag, am Abend, in der Nacht.

Daß es sich um keine Sprachlücke für Deutschland gehandelt hat, sondern nur um eins der tausendfachen Beispiele für die unausrottbare Deutsche Fremdwörterseuche, dafür gibt es einen schlagenden Beweis in dem Verhalten aller übriger Bildungsvölker gegenüber dem Modewort Milieu. Wäre dieses eine großartige Bereicherung der Kunstbegriffswelt gewesen, so hätten die Engländer, die Italiener, die Skandinavier es gleichfalls aufnehmen müssen. Das ist ihnen nicht eingefallen. Obgleich Taines Buch über die Englische Literatur England besonders nahe anging, hat sich kein Engländer einen Fetzen des Taineschen Sprachgewandes angeeignet; alle sind sie ruhig bei ihren guten, vollkommen ausreichenden Wörtern wie *world, circle, sphere, society, surrounding, company, set, province, community* usw. geblieben. Ebenso haben die Italiener ihr treffliches, mit *milieu* gleichbedeutendes *Ambiente* neben vielen andern Wörtern mit gesundem Sprachsinn beibehalten; die Skandinavier ihr *Omgifning*, und selbst die sonst ziemlich arg französelnden Russen haben Milieu nicht aufgenommen, sondern schreiben wie früher ihr gutes *Sredá* (Mitte, Gesellschaftskreis).

Bezeichnete Milieu eine ganz neue Begriffswelt, so hätten es ja gerade die Engländer noch aus einem besondern Grunde aufgreifen müssen, wenn sie an einer ähnlichen Sprachkrankheit wie wir Deutsche litten: das Milieu, die bestimmende Umgebung, war ja für einen viel größern als Taine, für Darwin, ein noch wichtigeres Rüstzeug seines Beweises. Wie muß ein Deutscher Milieu-Schwärmer staunen, wenn er in Darwins drei Hauptwerken: Ursprung der Arten, Umbildung von Tieren und Pflanzen, Abkunft des Menschen und Zuchtwahl, die ja zum Teil erst nach Taines Schriften erschienen, nicht ein einziges Mal Milieu findet!

Unsre armen, plumpen Klassiker mit ihrer ebenso armen plumpen Sprak, wie müssen die gelitten haben unter der Sprachlücke, die angeblich erst durch das Zauberwort Milieu ausgefüllt wurde! Gar nicht haben sie gelitten, und damit berühre ich die tödliche Stelle der ganzen Fremdwörterei. Die Verteidiger der Fremdwörter tun immer so, als ob ihre Lieblinge lauter neue Sprachoffenbarungen seien, köstliche Hilfen in unsrer Armut. Liest man daraufhin unsre größten Schriftsteller des 18. und des 19. Jahrhunderts vor Taine, so zeigt sich, daß die ganze Fremdwörterherrlichkeit eine Lumpenpracht ist. Zahlreiche schlichte, aber gerade darum sinnschwere Deutsche Wörter bei Lessing, Goethe, Schiller und den größten unter ihren Nachfolgern sind durch die schmockische Eitelkeit der Fremdwörtler vernichtet, sind verschlungen worden von irgendeinem farblos nebligen Fremdwort, bei dem sich Hörer und Leser alles Mögliche, nur nichts Bestimmtes denken können, – nichts denken sollen.

Gibt es ein Deutsches Buch vor allen, worin sich Milieu finden müßte, wenn dies ein unentbehrliches Wort für den Begriff ›entscheidend auf die Bildung des Charakters einwirkende Umgebung‹ wäre, so ist es Goethes ›Dichtung und Wahrheit‹. Keiner unsrer jungen und jüngsten Klassiker der letzten 50 Jahre wäre imstande, seine eigne wundersame Tertianerzeit ohne einige Dutzend Milieus zu schildern. Nicht ein einziges Mal kommt bei Goethe etwas Derartiges vor, etwa Atmosphäre, wie man ehedem fremdwörtelte. Der heutige sprachliche Ungeschmack würde es herrlich finden, hätte Goethe in ›Dichtung und Wahrheit‹ geschrieben: *Der Erlöser, an der Bibel erzogen und durch ihre Kraft genährt, lebt nun im Milieu der Erzväter, Propheten und Vorläufer.* Oder: *Ich habe mich gewöhnt, beim Vorzeigen meiner Sammlungen der Personen zu gedenken, durch deren Vermittlung ich das Einzelne erhielt. Unser Milieu erhält dadurch ein Leben, wir sehen es in geistiger, liebevoller Verknüpfung.* Oder: *Ein protestantischer Landgeistlicher ist vielleicht der schönste Gegenstand einer modernen Idylle: er ist Vater, Hausherr, Landmann. In diesem reinen, schönen, irdischen Milieu ruht sein höherer Beruf.* Oder in der Schilderung der Sesenheimer Tage: *In diesem Milieu trat unversehens die Lust zum Dichten, die ich lange nicht gefühlt hatte, wieder hervor.* Absichtlich teile ich die gutdeutschen, feinabgetönten, ›nüankßierten‹ Goethischen Worte nicht mit, versichere aber dem Leser, daß sie alle es mit der Allerweltsformel Milieu aufnehmen. Die Stellen mag er zu seiner Erbauung selbst aufsuchen.

Ebenso würde kein ›modernster‹, etwas auf sich haltender Jüngling mit der allgemein beliebten Erotik einen Leidenschaftsroman wie ›Werther‹ schreiben zu können glauben ohne reichlichen Verbrauch von Milieu. Sein Werther würde z. B. sagen: *Ich könnte das beste, glücklichste Leben führen, wenn ich nicht der Tor wäre. Ein so schönes Milieu findet sich nicht leicht, eines Menschen Seele zu ergötzen, als das ist, in dem ich mich jetzt befinde.* Natürlich schreibt Goethe anders und besser, nämlich Deutsch, was für einen Deutschen Schriftsteller immerhin das Gemäßere ist.

Aber um Himmels willen, was schreibt denn Goethe in solchen Fällen? Ach, so armselig, ›nüankßenlos‹, wie man sich eben nach der Meinung unsrer Fremdwörtler überhaupt auf Deutsch nur ausdrücken kann. So heißt es bei Goethe über Winckelmann: *Der Bibliothekar eines Deutschen Grafen ist für einen Kardinal ein erwünschter Hausgenosse und konnte sich auch da gleich zu Hause finden.* Da schreibt also ein Mann, den man immer, offenbar irrtümlich, für einen unsrer sprachgewaltigsten Schriftsteller ausgegeben hat, ganz einfach, wie etwa ein Deutscher Arbeitsmann sich ausdrücken würde, über ein Leben wie Winckelmanns beim Kardinal Albani, also über sehr vornehme Verhältnisse, höchst gewöhnlich: ›zu Hause‹, anstatt, wie es sich für jeden modernen Deutschen Zeitgenossen geziemt, Milieu zu setzen und dadurch anzudeuten, daß man die so unentbehrliche Kunstsprache der Franzosen kennt; daß man wohl gar selber ›zwei Jahre in Paris gewesen‹.

Auch Lessing, der große Lessing, hat so großartige Dinge wie die einwirkende Umgebung eines Menschen mit einfachen Deutschen Ausdrücken bezeichnet. Und den nennt man einen Deutschen Klassiker! Schreibt der Mann da im fünften Gespräch für Freimaurer: *Indeß hat freilich die Freimaurerei immer und allerorten sich nach der bürgerlichen Gesellschaft schmiegen und biegen müssen, denn diese war stets die stärkere.* Gesellschaft – welch gewöhnliches Wort im Vergleich mit dem überaus gebildeten Milieu!

Wie reizvoll und lehrreich wäre eine Zusammenstellung der sprudelnden Fülle farbenreicher Deutscher Ausdrücke unter den Händen unsrer Sprachmeister für den Begriff ›bildende Umgebung‹. Bei Goethe allein fand ich im flüchtigen Blättern folgende je nach dem Bilde, worin sich der Satz bewegt, fein abgestufte und sinnenhaft gefärbte Wörter und Wendungen: Strom, Zeitstrom, Tageszeit, Welt, Umstände, Kreis, Lebenskreis, Verhältnisse, Gegenwärtigkeit, das was uns umgibt, die Welt in der man sich bewegt, Umgebung, Umgebungen und vor allen die prächtige, ihm von Campe dargebotene, **Umwelt**, hinter der sich *milieu* verkriechen muß. In dem von Goethe und Schiller gemeinsam verfaßten Aufsatz über Epische und dramatische Dichtung heißt es: *Die Welten, welche zum Anschauen gebracht werden sollen, sind beiden gemein: 1. die physische, und zwar die nächste, wozu die dargestellten Per-*

sonen gehören, und die sie umgibt. Würde auch nur einer von zehn heutigen Kunstschreibern ›Welten‹, würden nicht alle ›Milieu‹ schreiben? Umwelt ist unsern Fremdwörtlern bekannt, sie wissen, es steht bei Goethe, – dennoch ziehen sie Milieu vor! Aber sie würden sich auch nicht entsetzen, hätte Goethe geschrieben:

Es bildet ein Talent sich in der Stille,
Sich ein Charakter im Milieu der Welt –

oder im ›Faust‹:

Das ist dein Milieu! Das heißt ein Milieu!

Bei Schiller finde ich, gleichfalls nur flüchtig blätternd: Außendinge (*In dem Zeitalter und in dem Staat, worin der Marquis auftritt, und in den Außendingen, die ihn umgeben, liegt also der Grund nicht ...*); Zeitalter (*Was man gegen diesen Charakter aus dem Zeitalter einwendet, in dem ich ihn auftreten lasse*); Geist (*Der Geist, aus dem die athenischen Dramen geboren*); Umwelt (*Der Tag ist so lang, das Nachdenken ungestört, und die herrlichen Bilder der Umwelt verdrängen keineswegs den poetischen Sinn*).

Kein richtiger Fremdwörtler gibt sich durch solche Beispiele für besiegt, denn: ›keines der Deutschen Wörter bei Lessing, Goethe, Schiller deckt sich genau mit Milieu‹. Als ob der Fremdwörtler überhaupt genau wüßte, was der Franzose bei Milieu empfindet; er kann ja höchstens andeuten, was die Fremdwörtler sich verschwommen bei ihrem Milieu denken. Dieses Milieu allerdings deckt sich genau mit der Begriffswelt des Fremdwörtlers: es ist ebenso verschwommen wie diese. Eben darum ist es ja ein Lieblingswort unklarer Kunstschreiber und halbgebildeter Nachsprecher geworden. Milieu hat man ohne Kunstwahl immer zur Hand; hingegen macht es einige Mühe des Denkens und Wählens, also dessen, was Sprachkunst heißt, für den gegebenen Fall, der ja stets ein besonderer ist, das besondere richtige Wort zu finden. Dies ist schwierig, dies heißt Stil, dies heißt Kunst der Prosa.

Aber Milieu ›ist doch so bequem‹. – Freilich, es ist überaus bequem: nehmen wir bequeme Leute also lieber das große Leichenlaken Milieu und werfen wir es über die Fülle feiner Lebensfarben; lassen wir unsre Sprache elend verarmen, indem wir auf alle zarten Ausdrucksunterschiede verzichten zugunsten einer unklaren europäischen Redensart!

In allerneuster Zeit hat das begonnen, was noch jedem modischen Fremdwort widerfahren ist: das Übermaß des Gebrauches und Mißbrauches hat das Wort lächerlich, ja albern gemacht. Es sinkt aus den Höhen der Kunstschreiberei in deren Niederungen und wird bald das Schicksal von ›voll und ganz und unentwegt‹ teilen. Der bekannte berlinische Zeichner Zille ließ seine drollig-ruppigen Großstadtbilder mit dem Sammeltitel ›Mein Milljöh‹ erscheinen. Recht so.

○ ○ ○

Das erste Wort, das jedem Verteidiger einer saubern Sprache von den Verteidigern der Fremdwörtelei entgegengerufen wird, heißt **Nüankße**. Ich fühle mich nicht verpflichtet, es so zu schreiben wie die Franzosen, sondern wähle die lautlich getreue Wiedergabe der holden Aussprache unsrer Fremdwörtler, was siehoffentlich für eine Huldigung halten werden.

Der Holsteiner Johann Rist (1607–1667), der Begründer des Elb-Schwanenordens, läßt spottend einen alamodischen Sprachgecken sagen: *Stehet es nicht tausendmal zierlicher, wenn man im Parlieren oder Reden zum öftern die Sprache changieret?* Dies war ein guter Spaß; sehr schlechter Ernst ist es, wenn der Dichter Carl Busse, nach der üblichen wertlosen Verbeugung vor der Reinheit der Deutschen Sprache, schreibt: *Wie schwer ist das Nuance-gebende Fremdwort zu ersetzen*, nämlich durch ein Deutsches. Dies über die Sprache mit dem größten Wörterbuch der Welt! Busse hat als Liederdichter doch wahrlich die feinsten Abschattungen des Ausdrucks nötig: warum kommt er in seinen Gedichten ohne die fremden Nüankßen-Wörter aus? Ist seine Prosa so viel gedankenreicher als seine Dichtung, daß ihm die Deutsche Sprache den Dienst versagt? Er täuscht sich; die Wahrheit ist diese: es versteht sich für jeden Deutschen Versdichter seit Jahrhunderten von selbst, daß er nur Deutsch sprechen darf; also kommt er, kommt auch Carl Busse, gar nicht auf den tollen Gedanken, dichterische Gefühle in halbgriechischer, küchenlateinischer, französelnder Zigeunersprache auszudrücken. Und weil dies so ist, so findet er, da er ein Künstler ist, für jede noch so zarte Farbe der Empfindung und des Bildes das zart färbende Eigenwort. Die Deutschen Prosaschreiber hingegen wissen seit Jahrhunderten, daß sie ungestraft sprachlich zigeunern dürfen, also geben sie sich nicht gleiche Mühe wie die Versdichter, sich unbedingt nur Deutsch auszudrücken. Weil sie sich aber keine Mühe geben, noch zu geben brauchen, so schreiben sie für die Prosa nicht, sorgsam wählend, das Eigenwort, sondern setzen, wie Setzer einer Druckerei, die fertige Zierleiste in die Satzform, oder, wie kaufmännische Schreibhilfen einen fertigen Gummistempel, das fremde Formelwort ein, das in dem großen Formelkasten, genannt Fremdwörterbuch, bequem zur Hand liegt.

O über unsre großartigen Meister der Nüankße! Aus dem überreichen Füllhorn des Deutschen schöpfen sie, so viel ihnen ohne künstlerische Wahl zuströmt; dazu plündern sie rücksichtslos alle Sprachen, die sie stümpernd, und viele, die sie gar nicht kennen, alles zu dem hehren Kunstzweck, ihre Sprache so nüankßenreich wie nur menschenmöglich zu machen. Also wird, nein muß die Deutsche Prosa die allererste der Welt sein. Also müßten die andern Meistervölker der Kunstprosa, die von uns bewunderten Franzosen voran, ebenso die Engländer, die Italiener, die Spanier und wer nicht noch, ehrfurchtsvoll staunend zu uns ruhmreichen Deutschen Großmeistern der Weltprosa emporblicken und von uns lernen, wie man eine farbige Glanzprosa zustande bringt. Doch wie seltsam: alle höchstgebildete Völker sind einig, daß die Deutsche Prosa im großen und ganzen die schlechteste ist, die je geschrieben ward; ja was noch seltsamer: alle urteilsfähige Deutsche Schriftsteller alter und neuer Zeit stimmen überein im Verdammen unsers kläglichen Prosastils.

Wie der Teufel als höchsten Trumpf im Spiel um eine arme Seele die Bibel anführt, so die Fremdwörtler Goethen. Seine Stellung zur Frage der Sprachreinheit muß an andrer Stelle (S. 460) eingehend erörtert werden; hier nur, soweit es sich um seine Ansicht von den fremden Abschattungen handelt. Um seine Ansicht; denn von den mit Goethe krebsenden Fremdwörtlern wird immer das Wichtigste übersehen: in die Tat hat er seine Ansicht, vielmehr seinen flüchtigen Augenblickseinfall, nicht umgesetzt! Verärgert, gereizt durch solche Sprachschulmeister wie die auf S. 462 erwähnten Benörgler der ›Iphigenie‹, hat er einmal im Gespräch fallen lassen: ›Ich verfluche allen negativen Purismus, daß man ein Wort nicht brauchen soll, in welchem eine andere Sprache viel mehr oder Zarteres gefaßt hat.‹ Wäre dies mehr als ein vereinzelter Ausbruch des Ärgers gewesen, hätte Goethe dies zur allgemeinen Regel gemacht, so wäre daraus die wüste Verwilderung seiner und unsrer Sprache entstanden. Jene Äußerung aber galt nur dem einen und andern einzelnen, ihm sehr bezeichnend scheinenden Fremdwort, und darüber läßt sich ja ganz ruhig reden. Es gibt keinen vernünftigen Freund edler Sprachreinheit, der jedes Fremdwort, auch das längst eingedeutschte, ohne Ausnahme verbannt wissen will.

Außer jenem Ausspruche Goethes wird dann regelmäßig angeführt seine angebliche Verteidigung von *perfide* im 5. Buche von Wilhelm Meisters Lehrjahren (Kap. 16):

> Zu Reservationen, Halbheiten und Lügen ist es [das Französische] eine treffliche Sprache; sie ist eine perfide Sprache! Ich finde, Gott sei Dank! kein Deutsches Wort, um **perfid** in seinem ganzen Umfange auszudrücken. Unser armseliges treulos ist ein unschuldiges Kind dagegen. Perfid ist treulos mit Genuß, mit Übermut und Schadenfreude. O, die Ausbildung einer Nation ist zu beneiden, die so seine Schattierungen in einem Worte auszudrücken weiß.

Dies sagt aber nicht Goethe selbst, sondern die überheizte und ein wenig verdrehte Aurelie, für deren Aussprüche Goethe die Verantwortung abgelehnt hätte; doch wäre es selbst aus Goethes Herzen geschrieben, müssen wir es unbedingt für richtig halten? Kennt denn das Deutsche nur die von Goethe verworfene Abschattung Treulos? *Tückisch*, *heimtückisch*, oder Lessings noch besseres *hämtückisch*, *arglistig* oder *hinterlistig* sind ebenso kalt, giftig, spitzig wie *perfide*. Sehen kann niemand etwas bei *perfide*; wieviel dagegen bei *hinterlistig*: den von hinten heranschleichenden listigen gewissenlosen Schurken. Einer der neunmalklugen Verteidiger jedes Welschwortes gegen jedes Deutsche wollte aus *perfide* das

Zischen der Schlange hören. Häud di vör de Inbillung! Aus ›hinterlistig‹ zischt die Schlange doch viel deutlicher, aber das vertaubte Welscherohr vernimmt das nicht. Fehlt etwa in Schillers ›Die Falschheit herrschet, die Hinterlist‹ eine Nuance?

Indessen Goethes oder Aureliens Ausführung fordert zu einem noch stärkern Einspruch heraus. Sind wir Deutsche denn so weit, daß wir ursprünglich französisch denken und den französischen Gedanken nur in das Deutsche Wort übersetzen? Wer niemals das Französische gelernt hat, also *perfide* gar nicht kennt, der verfällt überhaupt nicht darauf, daß er dieses Wort notwendig brauche. Der Deutsche empfindet doch wahrlich die Hinterlist eines treulosen Schurken nicht lauer als der Franzos: also wird sein Ausdruck, der für alles Gemeine von jeher zornig kraftvoll genug war, hinreichen, die Verräterei so scharf zu geißeln wie irgendein französisches Wort. Siegfrieds *ir boesen zagen* ist so treffend wie nichts andres. Wallenstein über Octavio: ›Dein Vater ist zum Schelm an mir geworden!‹ hätte treffender sagen müssen: ›Dein Vater hat *perfide* an mir getan‹? – Und endlich: hat denn Goethe selbst jemals nach seinem Augenblickseinfall gehandelt? Mir ist trotz eifrigem Suchen keine einzige Stelle in seinen Dichtungen, Prosawerken oder Briefen bekannt, in denen *perfide* stände. Ebenso kommt bei Goethe das Wort *nuance* in dichterischer Prosa niemals vor; und selbst in der Farbenlehre schreibt er einmal: *Von Honigfarbe durch alle Abschattungen eines gesättigten Gelbs bis zum schönsten Hyazinthrot.* – Aber gerade an dem Wort *nuance* kann man ja die formelhafte Armseligkeit der Fremdwörterei erkennen: wo der Franzose nur zwei, drei Ausdrücke, der Fremdwörtler gar nur dieses eine kennt, da hat die Deutsche Farbensprache mindestens 30. Der sprachgesunde Leser wird sie finden; sie dem sprachkranken Fremdwörtler vorzuzählen, wäre nutzlos.

○ ○ ○

Träfe jenes spielend hingeworfene, folgenlose Gesprächswort Goethes so allgemein zu, daß man jedes Wort gebrauchen dürfte, in dem ›eine andre Sprache viel mehr oder Zarteres gefaßt hat‹, so reichten nicht zehn-, nicht hunderttausend Fremdwörter aus, sondern wir müßten uns folgerecht jedes fremde Wort zu eigen machen. Jedes sagt irgend etwas Zarteres oder Stärkeres, auf alle Fälle etwas andres als das Deutsche (vgl. Humboldts und Goethes Meinung auf S. 346), würde also unsrer Rede irgendeine andre Farbe verleihen. Dann wäre gegen *Psyche* nicht nur nichts zu sagen, sondern sie wäre uns neben der Seele unentbehrlich, denn unleugbar schlummern schon in den Lauten **PSYCHE** andre Schwingungen als in **SEELE**. Ein fremdwörtelnder Tiftler, einer von denen, die das Gras der Sprache wachsen hören, könnte mit reichlichem Wortschwall beweisen, daß *Psyche* mehr den Hauch, Seele mehr das Schweben bezeichnet. Aber auch *Anima* ist anders gefärbt als *Psyche* und als Seele, ist flüchtiger beschwingt als die starken Spondeen und Trochäen; man denke z. B. an Verschen wie: *Animula vagula, blandula*. [Seelchen, du herumschweifendes zärtliches *] – Und *Soul*? Klingt *Shakespeare's soul* dem Engländer nicht großartiger als Seele, *Psyche, Anima*? – Oder *Ame*? *L'âme de Victor Hugo* hat für den Franzosen einen Inhalt und Ton zugleich, woran kein Wort einer andern Sprache reicht. – Und das indische *Atma*? Schopenhauer, der Hundefreund und Menschenhasser, nannte seinen weisen weißen Pudel so und wird sich gewiß etwas absonderlich Schönes dabei gedacht haben. Auch das hebräische *Nefesch* hat nach dem Urteil von Kennern eine sehr besondere Farbe, soll sich z. B. unter andern vorzüglich für die Tierseele eignen, für die uns ein Eigenwort fehlt.

Was gibt es nicht für ausgezeichnete fremdsprachliche Eigenwörter, denen wir nichts völlig Gleichfarbiges gegenüberstellen können. Der Österreicher, gewiß ein Freund der Behaglichkeit, sagt: ›I will mei Ruh haben‹; was aber ist selbst des Österreichers Ruh gegen des Türken *Kef*! Dem Deutschen Badefaulenzer z. B. käme dieses Wort vortrefflich zustatten. – Der Spanier hat einen sehr wuchtigen kurzen Fluch: *Caramba!*, also her mit ihm! Zum Verneinen oder Ablehnen sagt der Spanier, kräftiger als der Deutsche: *Mucho!* Gegen *Mucho* ist ›Fällt mir nicht ein‹ geschwätzig. Also her mit *Mucho!* – Des Italieners allerstärkste Bejahung, die Dickens so sehr gefiel, lautet: *Altro!* Unser ›Na ob‹ ist ja auch nicht übel, aber erstens ist es nicht schriftdeutsch, zweitens ist es nur Deutsch, also her mit *Altro!* – Und wie wirksam ist das arabische *Imschi!* (Scher dich zum Henker!), z. B. gegen zudringliches ägyptisches Gesindel! Es muß schleimig eingeführt werden, etwa gegen unsre Rowdies, Hooligans oder Apachen. – Ich fürchte den Vorwurf eitlen Auskramens von Sprachkenntnissen und streiche den Rest meiner Liste mit mehr als hundert andern schönen Wörtern fremder Zungen, die uns immer noch fehlen. Den Meistern von der Nüankße steht sie zur Vermannigfaltigung ihrer anmutvollen Rede zu Gebote; darunter des Franzosen *charabia*, des Engländers *gibberish* für wüstes Gequatsche, also feine Nüankßen für die Deutsche Fremdwörtersprache.

○ ○ ○

Der feinsinnige Otto Gildemeister, selbst keiner der schlimmsten Fremdwörtler, verteidigte doch die ›Nüancierung durch gewisse Fremdwörter‹. Er führte als Beispiele an: kokett und gefallsüchtig, bigott und scheinheilig, devot und untertänig, frivol und leichtfertig, Eleganz und Zierlichkeit, Grazie und Anmut, Esprit und Witz, und meinte, man müsse all diese Fremdlinge um der Nüance willen dulden. Zunächst kranken die Beispiele an dem von allen Fremdwörtern geübten dürftigen Kunstkniff, daß Gildemeister jedem fremden Wort nur ein Deutsches Wort gegenüberstellte, während es deren je 10 und 20 gibt. Ferner paßt auf Gildemeisters Gedankengang alles das, was vorhin über *Atma, Psyche, Anima, Soul, Ame, Nefesch* gesagt wurde. Wie merkwürdig, daß ein so außergewöhnlicher Kenner fremder Sprachen sich nicht selbst folgenden einfachen Einwand gemacht hat: Also Eleganz und Zierlichkeit, Esprit und Witz usw. haben sehr verschiedenen Begriffswert, drücken sehr verschiedene Nüancen aus. Gut; aber warum hat noch nie einer der vielen ausgezeichneten französischen Stilkünstler, deren leidenschaftliches Streben auf die treffendste Bezeichnung jeder Farbe geht – man denke an Flauberts schlaflose Nächte um ein Wort! (S. 167) –, warum, so frage ich den Leser, da ich leider meinen freundlichen Gönner Gildemeister nicht mehr fragen kann, warum ist noch nie ein großer französischer Schriftsteller auf den Gedanken gekommen, seiner Farbentafel einen neuen Ton hinzuzufügen durch ein Deutsches Wort? Feingebildete oder gelehrte Franzosen wissen sehr wohl die Schönheit und Eigenfarbe vieler Deutscher Ausdrücke zu würdigen, kennen die geheimen Reize von Wehmut, Gemütlichkeit, Sehnsucht, sehnsuchtsvoll, Heim, Heimweh, Schadenfreude, Weltanschauung, Innigkeit und manchen andern Deutschen Eigenwörtern. Was hindert sie denn, sich diese Sprachjuwelen anzueignen, für die sie wirklich keinen völlig entsprechenden Ersatz haben? Da z. B. Zierlichkeit eine andre Farbe trägt als *élégance*, warum hat noch niemals ein französischer Prosakünstler geschrieben: *Elle était d'une élégance et d'une Zierlichkeit qui enchantaient tout le monde?*

Grillparzer weist einmal darauf hin: ›Der Franzose hat kein (einfaches) Wort für Stehen, Reiten, Fechten.‹ Ist es einem französischen, ja nur elsässischen Schriftsteller jemals eingefallen, diese Sprachlücken durch Deutsche Ausdrücke zu stopfen? Es gibt auch kein einfaches französisches Wort für ›sitzen‹, keins für ›hören‹ (er hört schlecht). Haben die Franzosen deshalb die Deutschen Wörter gemaust? Der Franzose kann, vom Wetter sprechend, nicht sagen: *Nous parlions du temps*, sondern muß hinzufügen: *qu'il faisait*; greift er darum zu dem Fremdwort *Wetter*? Er kann mit seinem *homme* nicht Mann und Mensch, mit *fille* nicht Tochter und Mädchen unterscheiden; bettelt er deshalb die Deutschen um ihre doch gewiß nicht unwichtigen Nüankßen an? Wir haben ›himmelblau‹, der Franzose bleibt bei seinem schwerfälligen *bleu de ciel, couleur de ciel*, und wehe dem französischen Schriftsteller, der mit *les yeux himmelblau* zu fremdwörteln wagen sollte. Aber keiner wagt es, keiner wird es je wagen. Warum wohl nicht? Gildemeister hat es so gut wie ich gewußt, hat zufällig nur nicht daran gedacht: weil das französische Sprachgefühl nicht durch eine vielhundertjährige Krankheit verderbt, das Deutsche dagegen seit Jahrhunderten aus der Bahn gesunden Sprachlebens verirrt ist.

Doch! Jüngst fand ich einen gedruckten französischen Brief mit der Stelle: ›*Je n'ai d'autre Heimweh que ...*‹ Aber – der Brief ist von Goethe an die Stein und sollte nur eine Übung im Französischschreiben sein. Goethe fand kein französisches Wort für Heimweh, ein Franzose würde unschwer mehr als ein genügendes Ersatzwort finden. Und nun ein Gegenstückchen: der Franzose hat ein Wort für den ›nächsten Tag‹: *lendemain*, wir haben keins, folglich borgen wir, d. h. unsre Fremdwörtler, den *lendemain*. Und wenn eine französische Zeitung, der *Gaulois*, über solche Borgerei austrumpft: ›Mag das Deutsche immerhin weit mehr Wörter besitzen als das Französische, so ist sein Reichtum doch nur bettelhaft, da es bei der ärmeren Sprache Anleihen macht‹, was haben selbst die Fremdwörtler zu erwidern?

○ ○ ○

Die Sprache jedes großen Bildungsvolkes ist fähig, alle Gefühle und Begriffe dieses Volkes auszudrücken. Die wenigen Ausnahmen für bestimmte gemeinsame höhere Lebensbegriffe, deren Bezeichnungen allen gebildeten Völkern gemeinsam sind, spielen hierbei keine nennenswerte Rolle. Ebensowenig das Berufen der Fremdwörtler auf die Fremdwörter andrer Völker und Sprachen; doch davon eingehend weiterhin.

Was soll man dazu sagen, daß Scherer, einer der berühmtesten Germanisten, schreibt: *Die Schicksale ... entsprechen nicht der Regel, sondern der Ausnahme; sie sind, um es mit Fremdworten schärfer zu sagen, nicht generell, sondern exzeptionell.* Also ein Deutscher Professor für Deutsche Sprache erklärt diese selbe Sprache für unfähig, Regel oder Gattung oder Allgemeinheit und Ausnahme oder Einzelfall scharf, schärfer, am schärfsten zu bezeichnen! Er braucht dazu notwendig ein Wort, das es nie in einer Menschensprache gegeben: *generell*, und ein entstelltes französisches Wort: *exzeptionell*. Nicht um eine Schermesserschneide schärfer als Regel sind *generell* und *exzeptionell*, wohl aber verwaschener und übelklingend, dazu weniger kurz, weniger allgemein verständlich, weniger natürlich, obendrein für jedes gesunde Sprachkünstlerohr roh und lächerlich.

Unschätzbar zur Widerlegung des Geschwätzes von der Unentbehrlichkeit der Fremdwörter fürs Nüankßieren ist folgendes Stücklein des guten Wieland, der, trotz Lessings früher Rüffelei (vgl. S. 415), noch im Alter zuweilen mehr als billig fremdwörtelte. In den ›Abderiten‹ (1, 10) schrieb er: *Sie setzte sich in die Attitüde der Mediceischen Venus* und dazu die Anmerkung: *Ein fremdes Wort! ich bitte es den Puristen ab. Aber weder Lage noch Stellung noch Ge-*

bärde drückt das aus, was Attitüde (woher weiß er, der Deutsche, das?), *und so oft es uns an unentbehrlichen einheimischen Worten gebricht, werden wir wohl genötigt bleiben, fremde zu borgen.* Kaum einem leidlich saubern Deutschen Schriftsteller würde es heute in den Sinn kommen, in solchem Fall *Attitüde* zu gebrauchen. Die gewöhnlichen Fremdwörtler würden *Pose* schreiben; aber an guten Deutschen Wörtern, noch an vielen andern als den von Wieland genannten, für eine so einfache Sache ist gar kein Mangel. Das Schönste aber kommt erst: in einer spätern Ausgabe strich Wieland *Attitüde* und schrieb Stellung: er hatte sich überzeugt, daß es nichts als Selbstverblendung gewesen war, von der Unentbehrlichkeit der *Attitüde* zu sprechen. Wieland der feine Schriftsteller war belehrbar; der gemeine Wald- und Wiesen-Fremdwörtler ist unbelehrbar.

Rümelin erklärte Wörter wie *aigriert, Tailleur* usw. für entbehrlich. Für einen Verteidiger der Fremdwörter mit Unrecht; denn *aigriert* stellt eine andere Nüankße dar als ›ärgerlich‹, wie übrigens auch *fáché, contrarié, vexé*, von denen die Nüankßenfreunde keines aufgeben sollten. Und wie man einen französischen *Tailleur*, diese ganz einzige Nüankße des Schneiderkünstlers, zugunsten des plumpen Deutschen Schneiders opfern will, das ist vom Standpunkt eines Fremdwörtlers schier unbegreiflich. Für den richtigen Nüankßenschreiber, der vor lauter Nüankßen leider nie zum scharf bestimmten, klaren Ausdruck kommt, sind alle fremde Wortverwandte unentbehrlich. Wenn z. B. Bölsche schreibt: *Zweck der Gründung war Seidenkultur, die aber nicht reüssierte*, statt: gedieh, glückte, vorwärts kam, emporkam, blühte, Ertrag brachte, lohnte usw., so wird er, denn er ist ein Fremdwörtler, Stein und Bein schwören: just an dieser Stelle konnte ich armer Deutscher Schächer kein andres Wort als *reüssieren* gebrauchen, und zu rechten ist nicht mit ihm.

Franzos schreibt einmal von Paul Heyse, er werde an *Noblesse* des Empfindens von niemand übertroffen. Wäre es nicht trostlos, wenn das Deutsche für die Vornehmheit oder den Adel des Empfindens keinen eignen Ausdruck hätte, sich einen von den Franzosen borgen müßte? Oder hätte Goethe nicht doch besser getan, zu schreiben: ›*Nobel* sei der Mensch, hilfreich und gut‹?

Im 17. und 18. Jahrhundert, gelegentlich wohl noch im 19ten, hielt man die französische oder küchenlateinische *Ambition* für unentbehrlich. Um wieviel feiner vermag das Deutsche abzutönen zwischen Ehrgeiz, Ehrsucht, Ehrtrieb, Ehrliebe, Ehrsinn, Ehrgefühl, Ruhmliebe, Ruhmsucht, Ruhmsinn, Streben usw.

○ ○ ○

Die Fremdwörtler stehen bei jedem Versuch, einen ihrer Lieblinge zu verabschieden und durch ein Deutsches Wort zu ersetzen, ratlos da: die krankhafte Gewöhnung eines Menschenlebens hat ihnen den gesunden Sprachtrieb ertötet, der als Wegweiser durch die Schatzkammern des Deutschen Wörterbuches dienen könnte. Es geht ihnen wie den Gewohnheitstrinkern, denen nach einem Leben mit täglichem Fusel das klarste Quellwasser nicht mehr schmeckt: das fremde Wort macht ihnen wirklich mehr Freude als das Deutsche. Die sprachgesunden Menschen, Schreiber oder Nichtschreiber, sind niemals in Verlegenheit um den klaren Deutschen Ausdruck für den klaren Deutschen Gedanken. Sprachkraft und Sprachreichtum weniggebildeter Menschen sind erstaunlich groß, sobald das Gespräch sich auf die ihnen bekannten Stoffe lenkt, auf ihr Gerät, Tagewerk, Spiel, auf ihre besonderen Freuden und Leiden. Hinaufsteigend sehen wir einen so mit höchster Bildung auf vielen Gebieten gesättigten Mann wie Moltke in seiner kurzen Geschichte des Krieges von 1870/71 die verwickeltsten Vorgänge in ganz reinem Deutsch erzählen, nur selten unterbrochen durch die paar notwendigen Fachfremdwörter der damaligen Heeressprache. Man vergleiche fast jede beliebige wissenschaftliche Geschichte jenes Krieges mit der von Moltke auf die Reinheit der Sprache! Noch um einen Grad strenger ist die Sprache seines Aufsatzes über den Bau von Eisenbahnen (vgl. S. 841). Was erscheint unentbehrlicher als ›Chaussee‹? Moltke schreibt es das erste Mal, um auch von den Fremdwörtlern verstanden zu werden; dann aber heißt es: Kunststraßen, und weiterhin: versteinte Wege. Ja unser großer Purist Moltke kommt ohne ›parallel‹ aus: *Schienen, welche unter einander genau gleichlaufend sein müssen.*

Der Deutsche Schriftsteller, der seine Sprache frei beherrscht, findet in ihr für jeden Farbenton, jedes Spiel von Licht und Schatten, jedes leise oder laute Regen der Seele das fein abgestufte Wort; wogegen der Fremdwörtler, der aus den Sprachen aller Völker fremde Brocken in sein Geschreibsel einstreut, es niemals zu einem bleibenden Kunstwerk der Prosa bringt.

ACHTER ABSCHNITT
Die Pücklerei

Es nutzt die Sprachenkunst sehr viel,
Wann man sie recht gebrauchen will.
Zum Prachtschein nicht, noch Übermut,
Nur wenn es höchst von Nöten tut.

GRIMMELSHAUSEN

EINE STIMME AUS DEM WINKEL: Das sollen Deutsche sein? – SCHMIDT (EIN KUNSTRICHTER): Es ist mir, als ob ich in Paris wäre.

PANDAEMONIUM GERMANICUM
VON R. M. LENZ

Wandre, lerne
In der Ferne
Viel und gerne.
übe die Zunge und den Sinn.
Aber bleibe in deiner Haut,
In deinen Knochen, wie sie gebaut.
Sprich, wie es wahrhaft dir zu Mut
Im eignen Fleisch, im eignen Blut.

VISCHER

Kein lautbegabtes Lebewesen spricht in den Tönen eines andern; kein Vogel singt die Weise eines andern Vogels nach. Nie hat ein gebildetes oder wildes Volk ohne zwingende Gewalt, ohne weltgeschichtliche Umwälzungen seine angeborene Sprache mit zahllosen Brocken aus fremden Sprachen durchsetzt, mit der einzigen Ausnahme des Deutschen Volkes, oder doch seiner gebildetsten, seiner gelehrtesten Schichten.

Wir Deutsche sind das Volk der Philologen, der Sprachenfreunde, der Sprachforscher; kein zweites Volk treibt mit solchem wissenschaftlichen Eifer fremde Sprachen, tote und lebende, europäische und außereuropäische. Wir treiben sie aus Forschbegierde, und wir treiben sie, weil wir tiefer als die meisten Völker von dem Bewußtsein durchdrungen sind: die Kenntnis fremder lebender Sprachen ist für den Welthandel und für den Verkehr der Gebildeten aller Länder unentbehrlich. Gegen diese beiden Antriebe zur Beschäftigung mit fremden Sprachen ist nichts einzuwenden. Ich lasse an dieser Stelle sogar den recht bezweifelbaren Bildungswert fremdsprachlicher Kenntnisse auf sich beruhen und begnüge mich mit der kurzen Prüfung des immer wieder nachgesprochenen Satzes: Ohne die Kenntnis fremder Sprachen keine volle Kenntnis der Muttersprache. Er klingt sehr schön, nur läßt er sich durch nichts beweisen, ja alle Erfahrungen der Geistesgeschichte widersprechen ihm schlagend.

Ist es ein bloßer Zufall, daß das sprachgewandteste Bildungsvolk der alten Geschichte, die Griechen, und das sprachkünstlerisch höchstgebildete Volk der Neuzeit, die Franzosen, in der Beschäftigung mit fremden Sprachen am tiefsten stehen? Nicht einmal unter römischer Herrschaft haben die Griechen Latein getrieben. Dagegen rühmen unsre ›klassischen Philologen‹ mit Recht den künstlerischen Sprachfeinsinn der alten Griechen und erzählen mit heller Freude den Schülern die allerdings sehr lehrreiche Geschichte von der Sprachkunde einer athenischen Volksversammlung, die dem Demosthenes einen absichtlich begangenen Betonungsfehler sogleich durch allgemeinen Zuruf rügte. Und neiden wir so überaus sprachkundige Deutsche nicht den Franzosen die Sicherheit, mit der selbst ihre untergeordneten Schriftsteller das Französische beherrschen, während unter dem Deutschen Philologenvolk manche hochgebildete und berühmte Schriftsteller kein einwandfreies Deutsch schreiben?

Was aber in aller Welt hat der unleugbare Nutzen fremder Sprachen für Handel und Verkehr, was der bestreitbare Bildungswert fremder Sprachen zu schaffen mit der einzig im Deutschen Schrifttum geduldeten, ja vielfach reizend gefundenen Durchsprenkelung des Deutschen nicht bloß mit mehr oder minder umgestalteten oder verunstalteten Fremdwörtern, sondern mit unverändert gelassenen fremden Wörtern, Wendungen, Sätzchen und Sätzen? Es ist wahr, wir Deutsche wissen durchschnittlich etwas mehr von fremden Sprachen als andre Völker; müssen wir aber dieses meist recht mangelhafte Wissen überall aufdringlich auskramen, selbst da wo der fremde Brocken nicht um ein Haar mehr oder Besseres ausdrückt als das Deutsche, nun gar zu Lesern, die wenig sprachkundig sind?

Müßten nicht schon der gute Geschmack und die Selbstachtung jedem Schreiber das Einstreuen von Fremdbrocken verbieten, so sollte die einfachste Vorsicht davor warnen. Nur wer die Sprache eines Fremdbrockens vollkommen beherrscht, dürfte ihn einzustreuen wagen. Allerdings wird sich gerade solch hochgebildeter Sprachkenner vor der Stilwidrigkeit der Sprachstreifelung hüten; denn er weiß, welche lächerliche Anmaßung es ist, aufgrund der durchschnittlichen Sprachenkenntnis auch nur zwei Sätze in fremder Zunge drucken zu lassen. Der Verfasser war sein ganzes Mannesleben hindurch gezwungen, beinah so viel in fremder wie in Deutscher Sprache zu reden; nie aber hätte er gewagt, seine Fremdsprachenkunde ohne zwingendste Not schriftlich zu erproben, wohl gar französische *Bons mots* der von Schiller gerügten Art zu verfertigen (vgl. S. 361). Dem Seelenkundigen ist es leicht begreiflich, daß der Fremdbrockenstil nur von solchen verübt wird, die wenig oder nichts von fremden Sprachen wissen, aber gern den Schein reichen Wissens vorspiegeln möchten. Also auch in diesem Falle Unwahrhaftigkeit, Unredlichkeit als letzte Ursachen eines schweren Stilgebrechens.

○ ○ ○

Kein Deutscher Schreiber ist verpflichtet, irgendeine fremde Sprache zu kennen, so wenig wie sich Platon verpflichtet fühlte, Egyptisch, Phönikisch, Chaldäisch oder Persisch zu kennen; so wenig wie viele der größten französischen Schriftsteller irgendeine lebende Fremdsprache gekannt haben. Man zweifle darob an Platons oder Daudets ›Bildung‹; ihren klassischen, ihren reinen Stil muß man gelten lassen. In Deutschland herrscht übrigens ein grober Irrtum über die Möglichkeit des Beherrschens von mehr als einer Sprache, nämlich der Muttersprache. Unsre Fremdbrockenschreiber, die fünf, sechs Sprachen oder mehr plündern, um die plattesten Dinge zu sagen, werden es nicht glauben, wahr ist es dennoch: Nie hat es einen großen Schriftsteller, ja nie einen großen Mann gegeben, der zwei Sprachen, deren eine die Muttersprache, mit gleicher Vollkommenheit meisterte. Man lese Goethes treffende Ausführungen hierüber im 11. Buche von ›Dichtung und Wahrheit‹, z.B. die über Schöpflin. Große Oberkellner mit vollkommner Herrschaft über zwei Kellnersprachen mag es geben. Nichts beweist siegreicher die Alleinherrscherrolle der Muttersprache im Seelenleben als die durch reichliche Beispiele belegte Tatsache, daß nur die Mittelmäßigkeit oder die Nichtigkeit sich in zwei Sprachen gleich gut, das heißt gleich schlecht auszudrücken vermag. In einem französischen Briefe Goethes an Frau von Stein steht ein so unmöglicher Satz wie: *en changant ce palais dans une cabanne de charbonnier*; aber bald war ihm die ganze Französischschreiberei zuwider: *Il m'est presque impossible de poursuivre* (?) *ce jeu*. In dem französischen Nachwort zu einem Deutschen Brief an Chézy stehen die unfranzösischen Wendungen: ... *dans une langue où ..., persuasion* statt *conviction*. Aber Goethe schrieb das französische Nachwort nur aus Höflichkeit; sonst hat sich der Sonnenklare nicht getäuscht: ›Soll ich französisch reden? eine fremde Sprache, in der man immer albern erscheint, man mag sich stellen wie man will, weil man immer nur das Gemeine (Gewöhnliche), nur die groben Züge ausdrücken kann?‹ (Briefe aus der Schweiz)

Offenkundige Deutschwendungen stehen in den französischen Briefen der Königin Luise, sogar der das Französische besonders eifrig pflegenden Kaiserin Augusta. In der Wiedergabe französischer Gespräche begeht Fürst Chlodwig Hohenlohe in seinen Denkwürdigkeiten grobe Schnitzer, und von Bismarck berichtet er, wie sauer diesem die Leitung des Berliner Kongresses von 1878 in französischer Sprache gewesen sei. Man prüfe übrigens z.B. den

Gelehrtendünkel

Eingang des französischen Briefes Bismarcks vom 15. Februar 1877 an Schuwaloff (in den ›Gedanken und Erinnerungen‹), einen Satz mit einem Bezugsatz und zwei weiteren von diesem und untereinander abhängigen Bezugsätzen. – Wenn Einer hätte französisch schreiben können oder sollen, dann Friedrich Gentz, der Verfasser zahlloser französischer Schriftstücke der österreichischen Regierung unter Metternich. Nun lese man in seinen Tagebüchern die zusammenhängenden französischen Stellen: sie wimmeln von schlecht übersetzten zugrunde liegenden Deutschen Wörtern und Wendungen.

Man kann es geradezu als einen der Beweise für die geistige Größe eines Mannes bezeichnen, daß er unfähig ist, etwas Bedeutendes in einer andern als der Muttersprache fehlerlos oder gar künstlerisch darzustellen. Sechsundzwanzig Jahre hat Heine in Frankreich gelebt, – kein längerer französischer Brief von seiner Hand ist wirklich Französisch, und niemals hat er sich unterstanden, die französische Übersetzung auch nur eines seiner Prosawerke ohne fremde Hilfe abzufassen. Max Müller, der den größern Teil seines Lebens in England zugebracht, besaß zu tiefe Einsicht in die Unmöglichkeit, daß ein deutschgeborener, deutschgebildeter Mensch Englisch schreiben könne, um jemals eine seiner englischen Arbeiten allein abzuschließen. Und keinem leidlichen Kenner französischer Stilkunst, ja nur echt französischen Satzbaues kann die Berechtigung von Voltaires Urteil über Friedrichs des Großen Französisch entgehen: *Tudesque!* Schon Justus Möser, ein guter Kenner des Französischen, klagte: ›Es geht mir als einem Deutschen nahe, ihn, der in allem Übrigen ihr [der Franzosen] Meister ist und auch in Deutscher Art und Kunst unser aller Meister sein könnte, hinter Voltairen zu erblicken.‹

○ ○ ○

Jeder Fremdbrockenschreiber verfällt unentrinnbar dem Fluche wohlverdienter Lächerlichkeit, sei's durch den Ungeschmack der Eitelkeit, sei's durch alberne Sprachschnitzer, meist durch beides. Kein Schriftstellerruhm, keine noch so angesehene Gelehrtenstellung, kein noch so hochgesteigertes Selbstbewußtsein eines modischen Zeitungschreibers schützen den Fremdbrockler vor den ärgsten Albernheiten.

Wer sich überzeugen will, daß Fontane das Französische nicht einmal leidlich verstand, der lese seine ihm aufgezwungenen französischen Briefe aus der Kriegsgefangenschaft. Aber dieser geschmackvolle Künstler konnte dem Deutschen, besonders dem berlinischen Kitzel nicht widerstehen, in seine Romane und selbst in die Märkischen Wanderungen lächerlich falschfranzösische Brocken einzustreuen. Ja ihm ist die wüste Ungeheuerlichkeit widerfahren, in einem Gedicht auf den Tod Wilhelms des Ersten diesen den ›Kaiser Blanchebart‹ zu benamsen! – Liliencron, der, wie ich bestimmt weiß, kein Spanisch verstand, schloß einen Deutschen Brief an mich mit ›*Qui sabe?*‹, was ihm spanisch vorkam.

Von Immermann berichtet Erich Schmidt: er ›wies alle romantische *prédilection d'artiste* für den Katholizismus zurück‹. Die Bedeutung des Gelehrten, nicht des Schriftstellers Schmidt reizt zum Untersuchen der Seelengründe, aus denen solch ein Satz erblühen konnte. Man stelle sich das Unmögliche vor, ein französischer Akademiker, wohl gar ein Professor des Französischen an der Sorbonne beginge die Tollheit, zu schreiben: *Immermann s'abstenait de toute* Künstlervorliebe *pour le catholicisme*. Welches Schicksal erlitte er bei seinen Hörern, bei der obersten Unterrichtsbehörde, bei der gesamten französischen Presse! Und keineswegs bloß oder zumeist aus ›Chauvinismus‹. Wäre *prédilection d'artiste* ein allbekannter Kunstausdruck der Franzosen, so bliebe dessen Anwendung im Deutschen immer noch ganz überflüssig, denn wohin kämen wir, wollten wir alle französische Kunstausdrücke aufnehmen? Es ist aber kein stehender Kunstausdruck, sondern eine ganz gewöhnliche französische Wendung, die sich ungezwungen bei jedem über Kunstfragen schreibenden Franzosen oder etwa bei einem Deutschen Fremdbrockenschreiber findet. Bei solch einem, nämlich bei dem Brockler Friedrich Schlegel, hat Schmidt diese ihn großartig dünkende Redensart aus der Deutschen Franzosenzeit gefunden, – sogleich wird sie angeeignet ohne den Versuch der Prüfung, ob Künstlervorliebe nicht genau dasselbe ist wie der von Schlegel aus bloßer Geckerei einmal gebrauchte französische Brocken. Dabei sagt uns Schmidt nicht einmal, wär's nur durch

Gänsefüßchen, daß er den überflüssigen Brocken von Schlegel hat; er selber also ist dem Leser für solche Brockenschreiberei verantwortlich.

Auch für folgende Französelei: *Karoline Schlegel gelangt in diesen sicheren Hafen, wo Schellings Hausherrnjugend sich übermütig als souverain de sa femme* fühlte. Etwas so Großartiges läßt sich natürlich von einem Großgermanisten nicht auf Germanisch sagen.

Erich Schmidt war einer der genauesten Kenner Lessings, – was hatte er von diesem Todfeinde alles Scheines gelernt? Über ähnliche zeitgenössische Geckereien mit nichtbeherrschtem Englisch heißt es einmal bei Lessing: ›Es gehört wirklich eine rare Stirne dazu ... In einer toten Sprache mag es noch hingehen, denn eine tote versteht niemand vollkommen mehr; aber in einer lebendigen, wo mich ein jeder, dessen Muttersprache es ist, auslachen kann, das ist mir zu unbegreiflich‹ (39. Literaturbrief). Bei dem unausrottbaren Deutschen Gelehrtenkitzel zur eitlen Ausländerei ist nichts oder – alles unbegreiflich.

Die bedeutendste wissenschaftliche Zeitschrift der Franzosen, die *Revue critique*, schrieb über dergleichen gelehrte Deutsche Geschmacklosigkeiten mit vollem Recht: ›Wir müssen feststellen, daß die Sprache dieser Herren nicht mehr Deutsch ist und niemals französisch werden wird.‹ Im Weltkriege spie uns der *Matin* deswegen an mit einem höhnischen Aufsatz ›*Le Boche tel qu'on le parle*‹ (Das wirklich gesprochene Schweinedeutsch).

Wie alt diese sprachliche Hautkrankheit in Deutschland ist, lehrt uns Schillers nicht übergrobes Xenion:

> Die französischen *Bons mots* besonders, sie nehmen sich herrlich
> Zwischen dem deutschen Gemisch alberner Albernheit aus.
> (Ausgabe der Xenien von E. Schmidt und B. Suphan, Nr. 261)

Kann man es bei solchen Stilmustern unsrer ›führenden Schriftsteller‹ einer bescheidenen Schreiberin wie Natalie von Eschstruth verargen, wenn sie mit einem Französisch von dieser Art prunkt: *Supçon, Chançe, Piéçe*? Oder ihrer Kunstgenossin Eufemia von Ballestrem, die sich mit einem Italienisch eigner Mache spreizt wie *San Trinita di Monte*? Oder der großartigen Berlinfranzösin Pinkus-Wertheim (Truth): *Il est servi, Madame* ...?

Einer dieser Redner in Zungen, Peter Altenberg, der gleichfalls jede geplünderte Sprache mißhandelt, läßt ein Frauenzimmer ›den hysterischen Blick, *le précipice de l'oeuil*‹ bekommen. Selbst bei richtiger Schreibung wäre dies für einen Franzosen Blödsinn. Bei Altenberg sitzt am Schreibtisch ein Clark und irgendwer setzt sich ans Klavier und spielt die *Kamárinskája*, ein Russisch seiner Erfindung. Er muß irgendeinmal einen fernen Dunst vom Latein bekommen oder von einem *locus minoris resistentiae* [Ort geringerer Widerstandskraft*] läuten gehört haben, – also quasselt er von *loca minorum resistentium*, anstatt zu schreiben: schwache Stellen.

Erläßt ein spanischer Aufrührer einen Aufruf, so muß der gebildete Deutsche Zeitungschreiber sein Spanisch leuchten lassen und von einem *Pronunziamento* sprechen, was sehr gebildet klingt, aber bei weitem weniger spanisch ist. Werden ein paar alte Briefe im Ofen verbrannt, so ist dies für den Deutschen Dutzendschreiber unfehlbar ein *Autodafé*, was nur zwei Fehler hat: Unsinn und Unspanisch zu sein. – In einer Berliner Montagszeitung standen jüngst aus der Feder eines nicht unbedeutenden Schreibers, der keine Ahnung vom Italienischen hat, in einem Absatz: ***Sino é vero, é bien troyato*** und als letzte Forderung eines schwungvollen Schlusses: ***Libero chiesa in libero estado***. Was denkt sich dabei der Durchschnittsleser, und wie verachtungsvoll lacht jeder Sprachkundige! – Weil Nietzsche einmal vom indischen Tschandala spricht, wird dieser Tschandala von einem Dutzend Deutscher Schreiber alsbald der geliebten Muttersprache einverleibt, und ohne eine Ahnung vom Sanskrit zu haben, stottern sie ihren Lesern so oft wie möglich den geheimnisvollen Satz *Tat twam asi* vor.

Seltner sind die Sprachschnitzer unsrer Fremdbrockler im Lateinischen, solche von der Art des ›Reichsboten‹, der die Kölnische Zeitung mit *captationes benevolentiae* [Werten um das Wohlwollen*] um sich werfen läßt.

Der österreichische Minister des Äußern Graf von Mensdorff schreibt 1866 an den Herzog Ernst von Koburg: *Duobus litigantibus tertius gaudet*, denn so tiefe Weisheit wie ›Wenn zwei sich streiten‹ darf nicht in richtigem Deutsch, sondern nur in lächerlichem Latein gesagt werden.

Die Pücklerei

○ ○ ○

Das Tollste auf diesem Gebiet, etwas nur in Deutschland Mögliches, hat der Erzfremdbrockler Thomas Mann in seinem ›Zauberberg‹ verübt. Um zu zeigen, welch ein Meister des Französischen er ist, läßt er seinen Helden, den er vorher als einen Menschen mit dem elenden ›Durchschnittswissen‹ eines ehemaligen Gymnasiumschülers geschildert hat, eine elf Druckseiten einnehmende Rede an eine anständige, vollkommen Deutsch sprechende Russin halten über die geheimsten Reize des nackten weiblichen Körpers – in feinstem sprachkünstlerischem Französisch! Natürlich hat nicht er, sondern ein gebildeter Franzose diese französische Rede verfertigt; aber in welche Seelenabgründe läßt uns diese Geckerei eines zur Stunde hochberühmten Deutschen Schriftstellers schaudernd hinabblicken. Kennt der Leser ein Seitenstück zu solcher Ungeheuerlichkeit bei irgendeinem Volke? Aber in Deutschland war keinem Menschen jene feinfranzösische Rede eines Deutschen in einem Deutschen Buch aufgefallen, bevor ich sie entdeckte. Es gibt Menschen, allerdings nur in Deutschland, die Thomas Mann für ›den größten Deutschen Stilisten‹ erklären. Gott ist groß und sein Erbarmen grenzenlos.

○ ○ ○

Dieser Abschnitt trägt die Überschrift **Die Pücklerei**, so genannt nach dem lächerlichsten Sprachgecken unsers ältern Schrifttums, dem Fürsten Hermann zu Pückler-Muskau (1785–1871). Zum Teil aus verkehrter Erziehung, mehr noch aus unvornehmer Eitelkeit flickte er bis zum Ekel in seine Rede nicht nur Hunderte, Tausende von Fremdwörtern ein, sondern suchte auch seine vermeintlich vielseitigen Sprachkenntnisse gigerlhaft aufdringlich auszukramen durch Satzflicken in allen europäischen Zungen, selbst in solchen, von denen er so gut wie nichts verstand. Immermann – man lese das 6. Buch des 3. Teils des ›Münchhausen‹ – und Börne haben ihn fürchterlich verspottet, ihn als Schriftsteller totgeschlagen; seine Gattung lebt munter unter uns, denn der Boden zeugt sie wieder. Man spottet oft über die greuelvolle Prosa des Jahrhunderts; diese war klassisch rein im Vergleich mit der alten Pücklerei, der neuen Poppenbergerei (vgl. S. 492), der Mengselsprache Thomas Manns. Die folgenden beim hastigen Blättern gesammelten Pröbchen des echten Pückler-Stiles sind sicher lange nicht die ärgsten: *Man hat den Fehler begangen, das Corps de logis nicht so zu placieren, um es entre cour et jardin, mit einer bloßen grille nach der Straße hin zu bringen,* – *ungarische Volksredner in ihrer Faconde,* – *er tauschte im anmutigsten Contrast mehrere poignets de mains* (französisch sein sollender Unsinn) *mit einem jungen Republikaner aus.* – *It is so delightful für jemand, der fühlt und denkt wie ich.* – Die weibliche Linie des Pückler-Stils wurde durch die Gräfin Ida Hahn-Hahn mit fast gleicher Lächerlichkeit vertreten. Für die Franzosen waren diese beiden Sprachnarren mit ihrem vorgeblichen Französisch eine ebenso reiche Quelle der Heiterkeit wie unsre heutigen gelehrten und ungelehrten Nachstammler des gegen sie ewig spröden Französisch. Nur Thomas Mann traut seinem eignen Französisch nicht: da er unbedingt französisch schreiben muß, so läßt er sich von einem Franzosen helfen.

Pücklers treuster Schüler aus älterer Zeit, besonders in der Französelei, war Spielhagen. Eine kerndeutsche junge Dame läßt er zu Deutschen loslegen: *Ah mon Dieu! rief die junge Dame. So allein, Mesdames? Ich komme früh und toute seule.* Weiterhin faselt ein junger Deutscher: *Aber schön ist sie, verteufelt schön! sagte Alfred. Grands Dieux, combien elle est jolie!* Und dies nicht etwa zu Franzosen.

Kommt man von Spielhagen, der als einer der ›Führenden da stehen wollte, wo unsere Klassiker standen‹, so wird man nachsichtig gegen eine Schreiberin wie A. von Gersdorff: *Dann blieben wir daheim au coin du feu, nachdem wir noch ein leidliches Diner à la fortune du pot eingenommen hatten.* Beschämt allerdings und verzweifelnd liest man bei Fontane in den ›Fünf Schlössern‹, märkischen, deutschen Schlössern: *In Vater und Sohn ist dasselbe talent épistolaire vorhanden.* – Hermine von Preuschen überschreibt ein Gedicht auf die Berliner Straßenbahn: *A travers la ville!*

Der Germanist Röthe, der auf seinem Gebiet, älterer Deutscher Sprache und Dichtung, allerlei Wissen besaß, fühlte nicht die Stillosigkeit von Französeleien wie *eine Erscheinung à la Karl der Große* oder: *bei seinen* (des alten Fritz) *Entdeckungsreisen à la*

Harun al Raschid. – Ein berühmter Rechtslehrer schreibt über einen Deutschen Mordprozeß: *Das Ganze mutet uns wie eine Romantik de bas étage an.*

Der Prosakünstler Nietzsche, der doch selber die strengsten Forderungen an die Prosa stellte, erniedrigte sich zu unerträglichem Sprachgesprenkel, oft nicht anders als die rückständigsten Zeitungschreiber: *Ich habe mir einmal erlaubt, den ganzen christlichen Buß- und Erlösungstraining als eine methodisch erzeugte folie circulaire zu bezeichnen.* Selbst hochgebildete Leser müssen nachschlagen, was *folie circulaire* bedeutet, und ist jeder Leser Nietzsches verpflichtet, Stallknechtenglisch zu verstehen? Oder gleichfalls bei Nietzsche: *Diese Toleranz und Largeur des Herzens, die alles verzeiht, weil sie alles begreift.* Dergleichen sollten wir nicht auf Deutsch sagen können? Ist *largeur* irgend etwas andres als Weite oder Größe? Besonders im ›Fall Wagner‹ französelt Nietzsche Seite für Seite. Da genügt ihm z. B. nicht, allenfalls zu sagen: ›Wagner ist eine *Nevrose*‹, sondern diese höchst einfache, jedem gebildeten Deutschen vollverständliche Behauptung, die übrigens auch ganz Deutsch lauten dürfte, mußte ganz französisch gefaßt werden: *Wagner est une nevrose.* Wäre es zu streng, solche Französelei bei einem Meister der Sprache als den Beginn einer Nevrose zu bezeichnen?

Ein drolliger Germanist, R. M. Meyer, behauptet von dem Deutschen Dichter Goethe und dessen Deutscher Liedkunst: *Die dauernden Bestandteile eines bestimmten coin de la nature gehören dazu.* Auf Deutsch kann er's nicht sagen, denn er muß zeigen, daß er Französisch gelernt und Zola gelesen hat. – Hofmannsthal schreibt in dem Kellnerdeutsch seiner Prosa: *Ein Garten ist die große Natur à la portée eines Kindes.* Unsre arme, unsre plumpe Deutsche Sprak ist natürlich unfähig, einen so erhabenen Gedanken auszudrücken.

Ein echter Franzose mit gesundem Sprachsinn, Prémonval, hat über solche Verrohung das unwiderlegliche Urteil gefällt: ›Sieht man diese üppige Fülle von Wörtern, Wendungen, Satzteilen des Deutschen aus dem Französischen zur Bezeichnung der allergewöhnlichsten und unentbehrlichsten Dinge des Lebens, wer würde nicht die Deutschen für einen nordamerikanischen Indianerstamm halten, welcher der einfachsten Begriffe entbehrt und sie samt den passenden Ausdrücken von den Franzosen entlehnt?‹ Aber es gibt ja keinen sprachlich so niedrig stehenden Rothautstamm!

Und alle jene Französeleien werden verübt von Deutschen, die höchstens vorübergehend in Paris gewesen, von denen also keiner behaupten kann, daß dieses Stillaster etwa durch dauernde Gewöhnung in fremdem Lebenskreise erzeugt wurde. Damit vergleiche man die Reinheit der Sprache von Franzosen, Engländern, Italienern, die Menschenalter hindurch in der Fremde gelebt haben! Zornig schreibt einmal Mozart über einen Franzosen im Dienste des Königs Friedrich Wilhelms 2. von Preußen, der ihn, den Deutschen Mozart, zwingen wollte, französisch mit ihm zu sprechen: ›So ein welscher Fratz, der jahrelang in Deutschen Landen lebt und Deutsches Brot frißt, muß der nicht Deutsch reden oder radebrechen, so gut oder so schlecht das französische Maul ihm dazu gewachsen ist?‹ Der Franzose konnte sagen: Nein, das muß ich nicht, das will ich nicht, denn ich liebe meine Sprache und zwinge euch würdelose Deutsche Dummköpfe dadurch, sie mit mir zu sprechen.

○ ○ ○

Eine absonderlich trübe Sprachpfütze, aus welcher Deutsche Schreiber verschwenderisch schöpfen, stellt das **Berlinfranzösisch** dar. Im *Journal des Débats* standen einmal Auszüge aus einer Spottschrift des Franzosen Dubray über diese ›Bereicherung‹ des Deutschen, die freilich, so lehrreich sie waren, keinen Fremdbrockler bessern werden. Als sinnlos und unfranzösisch führte er an: Akkréditif statt *lettre de créance*, Balletteuse statt *ballerine*, Parforcejagd statt *chasse à courre*. ›Wer‹, fragt Dubray, ›läßt es sich diesseits der Vogesen einfallen, daß jemanden *alterieren* bedeuten soll: jemanden in Zorn versetzen, und die *Balance* verlieren unserm *perdre l'équilibre* entspricht? Wer vermutet, daß *Apparat* einen *appareil de physique* und *Chansonette* eine Kaffehaussängerin bezeichnet? Wenn Sie auf der Eisenbahn ein *Coupé* vorausbestellen, dürfen Sie sich nicht wundern, daß man Ihnen ein ganzes Abteil zur Verfügung stellt, und was wir in Frankreich ein *Coupé* nennen, heißt in Deutschland ein *Halbcoupé*. Ein *vestiaire* wird zur

Garderobe, ein *mouvement diplomatique* zu einem *revirement*, ein *expéditionnaire* nennt sich *Expédient*.‹

Mindestens neun Zehntel aller französelnder Brocken im Berlinfranzösischen sind alles andre, nur nicht französisch. Berlinfranzösisch sind das *Parterre* und die *Belétage*, die *Ménage* (Salz und Pfeffer), die *Poussade* und die *Retirade*, das *Couvert* (statt *enveloppe*), die *Galanteriewaren*, die *Kulanz*, die *Blamage* und *Kontrahage*, der *Portier*, die *Lorgnette*, die *Taille*, der *Friseur* und die *Friseuse*, das *Rouleau*, die *Gage*, die *Pikanterie*, die *Delikatessen*. Dann gar solche Redensarten wie: sich ein *air* geben, er hat *pli* (oder plü), das wunderschöne *à la Bonheur* und was dieser allerdings noch mehr erheiternden als ärgerlichen, überdies meist mehr als hundertjährigen Berliner Friseurfranzöseleien mehr sind. Als Satzpröbchen diene: *Der Friseur im Parterre kondolierte seinem Kompagnon in der Belletage.*

Noch einer dieser verunglückten Mezzofantis ist Alfred Kerr; er schließt einen Aufsatz: *So ist das Leben. Questa è la vita. Such is life. C'est la vie!* Aber diese Sprachbrocken sind ja jedem bessern Banklehrling bekannt! Nicht einmal spanisch kommt uns dieser Sprachgelehrte.

Hermann Bahr war keine ganzen drei, vier Jahre in Paris, vergaß aber in noch kürzerer Zeit das Wort Vorhang und schrieb dafür ›die *Courtine*‹. *Vieux jeu* ist ihm unvergleichlich vornehmer als Alter Kram oder Olle Kamellen; *Description* feiner als die plumpe Beschreibung. Zu seinem Schaden war er nicht lange genug in Paris; irgendwo platzt er mitten in sein Österreicherdeutsch hinein mit einem überflüssigen *Embarquement à Cythère*. Er hätte wenigstens solange in Paris bleiben sollen, bis er von den Franzosen gelernt hätte, daß man in diesem Falle nicht *à*, sondern *pour* sagt.

Will ich mit all diesen höchst lächerlichen Beispielen mich etwa als überlegenen Sprachen-Kenner und -Schulmeister aufspielen? Kein unbefangener Leser kann aus dem Anführen solcher Fremdsprachschnitzer etwas andres herauslesen als meinen tiefen Widerwillen gegen die Geschmacklosigkeit, trotz mangelhaften Kenntnissen durchaus Fremdsprachenbrocken in unsre Prosa einzustreuen. Zudem handelt es sich in fast allen von mir gerügten Fällen um Schnitzer, die ein Sekundaner oder eine höhere Tochter der zweiten Klasse, nun gar eine Lyzeistin, Lyzeastin, Lyzeanerin, verbessern kann.

○ ○ ○

Der folgende Absatz dürfte gelassen überschrieben werden: ›Affenschande‹, ohne mir den Vorwurf mangelnder Sittenmilde zuzuziehen. Zwei Germanisten geben eine neue Zeitschrift für Deutschkunde heraus und nennen sie: *Acta Germanica*. Eine Stettiner Kohlenhandlung empfiehlt ›oberschlesische Steinkohlen billigst *ex* Kahn‹, eine andre: ›*ex* löschenden Kähnen‹. Im Frankfurter Journal war einmal zu lesen: *Der Fürst Bismarck geleitete die Schwiegertochter per Arm zum offenen Wagen.* Ja, schrecklich zu sagen, selbst bei Heine steht einmal, wohl aus schierer Gedankenlosigkeit: ›*per* fahrender Post‹, und Vierbaum berichtet: ›Heute sind wir *à la* Postkutsche gereist.‹ Man reist in Deutschland *per* Bahn, fährt *per* Rad, sucht *per* 1. Oktober oder *per* bald eine Wohnung, die kostet so und so viel *pro anno*, bezahlt zehn Pfennige *per* Pfund, *pro* Pfund, oder *à* Pfund. Man bescheinigt das Bezahlen einer Rechnung mit *per acquit*, und im Omnibus oder Straßenbahnwagen heißt oder hieß es fast ausschließlich: Zwei *à* zehn.

Hat es je eine Menschen- oder Tiersprache gegeben, worin Ähnliches vorgekommen? In edler Zornwallung hat der Germanist und Erzfremdwörtler Richard Meyer diese Affenschande Deutschlands mit dem schonungslosen Satze gebrandmarkt: ›Das Häufen fremdsprachlicher Ausdrücke [bei allen Andern als bei ihm] ist barbarisch wie die Tracht eines mit Zylinder, Kotillonorden und Sporenstiefeln ausgestatteten nackten Negers.‹ Wir wollen ihm für das Wort danken und uns dessen erinnern, so oft wir auf Beispiele stoßen wie: *Nur das, was man, Dieu m'en préserve, Saison zu nennen pflegt* (Johannes Schlaf), – oder: *Wer ist nur auf den entzückenden Einfall geraten, mir meine Bude inzwischen in dieses wunderschöne Himmelblau zu kleiden? Wirklich je me trouve en bleu!* (bei Selbigem), – oder: *Hélas, sie sinkt zurück ins Meer* (Peter Altenberg in einer Novelle mit Deutschem Stoff). – *Tout Wahnfried wohnte der Aufführung von Siegfried Wagners neuer Oper bei* (aus einer Münchener Zeitung).

Harmloser ist das Einstreuen solcher fremdsprachiger Schulfuchsereien wie *Quod erat demonstrandum, – Summa summarum, – Qui pro quo, – Lupus in fabula, – Conditio sine qua non, – Videant consules.* Sie sind Gemeingut aller ›humanistisch‹ gebildeten Völker, doch schwelgen die Deutschen natürlich am wonnigsten in dergleichen gelehrt klingenden Bröckchen; die Engländer haben diese kleine Pennälerdummheit abgetan. Einsam stehen die Deutschen da mit Verlateinerungen wie: Bremenser, Hallenser, Jenenser, Badenser, Hannoveraner, Kasselaner (bei Dingelstedt), Gothaner, Pommeraner, Weimaraner (von Goethe fast immer nur scherzweise gebraucht).

Gelehrttuende Eitelkeit steckt hinter Pedantereien wie: Der Rhône, Die Peloponnes, und dergleichen. Auch der Gebildetste braucht sich nicht zu schämen, das Parthenon und die Tiber (wie Goethe) zu schreiben, und selbst wer mit Stangen oder Cook in Egypten war, braucht uns keine Kenntnis des Arabischen durch Fellahim oder noch echter Fellahin vorzuspiegeln; die Fellahs tun es ebenso gut. Früher sagte man sehr hübsch ›der Muselmann‹; heute muß es ›der Moslem‹, in der Mehrheit ›die Moslemim‹ heißen, denn solches verlangt die Bildung. In den Zeiten kraftvollen Sprachgefühls in Deutschland hat ein so gelehrter Mann wie Hutten ruhig geschrieben: Vincenz (Vicenza), Terviß (Treviso), Veron (Verona). Goethe schreibt: venedisch, Bellenz (Bellinzona), übersetzte im ›Cellini‹ fast alle italienische Vornamen ins Deutsche, schreibt z.B. Julius der Römer, nicht Giulio Romano. Der heutigen Pücklerei kann es gelingen, solche höchst ungebildete Verdeutschungen wie Mailand, Venedig, Rom, Neapel zugunsten der echtitalienischen Namen zu verdrängen, ja uns mit Pjätjrburk und Moskwa zu beglücken.

Schreiber, die einmal im Ausland gewesen, müssen durchaus ihre überlegene Sprachkunde leuchten lassen. Köstlich verspottet Gottfried Keller im Salander solchen Deutschen Ausländer: *Wenn er von England spricht, wird er Dschury sagen; Schüri, wenn er von Paris erzählt.*

○ ○ ○

In allerneuster Zeit ist zur Französelei die **Engländerei** und **Amerikanerei** gekommen, über deren wachsenden Umfang ein treffliches Büchlein von H. Dunger unterrichtet. *Rowdy* ist feiner als Raufbold, *Pennyaliner* als Zeilenschreiber, *Pace* als Gangart, *Lunch*, *Dinner* und *Five* (sprich: feif) *o'clock* viel vornehmer als Frühstück, Mittag und Nachmittagstee oder Jause. Wer auf einem Spreedampfer nach Treptow fährt, gibt sich den Anschein eines Weltmeerreisenden durch *Steamer*, *Starboard*, *All right*, *Go ahead*. Nach einem vierwöchigen Aufenthalt in England kennt er keine Selbstverwaltung mehr, sondern nur noch ein *Selfgovernment*, keinen Wagen, sondern nur noch ein *Cab* oder *Coach*, und diesen oder andern Unsinn nennt er *Nonsense*. Der gebildetste Engländer sagt: *The Times writes*; unser Deutschengländer überengländert ihn: Die Times schreiben. Da erzählt einer von einer ungarischen *Gentry* und berichtet, daß ein Ungar in einem Klub *geblackballed* wurde. Schildert unser Berliner Angelsachse eine erste Sitzung des preußischen Abgeordnetenhauses, so erfahren wir von ›freundlichen Begrüßungen und allgemeinen *Shakehands*‹. Die Nationalzeitung berichtete aus Moskau: ›Keiner ging an Katkow vorbei, ohne ein *Handshaking* mit ihm auszutauschen.‹ Ein wichtiges Deutsches Buch wird von dem besprechenden Schmock unfehlbar ein *Standardwork* genannt, obwohl er keine Ahnung hat, warum. – Deutsche Maschinenbauer sprechen von einer Dampfmaschine mit 500 **HP** (*Horse power*); käme ein Engländer je auf den hirnverbrannten Gedanken, im ähnlichen Falle **PK** (Pferdekraft) zu schreiben? Und täte das ein vereinzelter Narr, würde seines Bleibens in einer englischen Werkstatt sein?

Auf Deutsche Banken in Notlagen wird nie ein Ansturm gemacht, immer nur ein *Run*, d. h. in Deutschen Zeitungen. Daß die meisten Leser das englische Wort nicht verstehen, daß es eins von den etwa 20 gewußten englischen Wörtern des Schreibers ist, tut nichts, denn in London sagt man *Run*, folglich auch in Kyritz an der Knatter.

Lächerliche und zugleich widerwärtige Engländfferei sind Schiffsnamen wie: Die Deutschland, die Vaterland, sogar die Kaiser. Es gibt nicht den Schatten eines Grundes für diese Geckensprache; aber die Engländer sprechen von Schiffen mit *she*, folglich –. Jetzt gehören alle diese sprachlich verengländerten Deutschen Schiffe den Engländern, also ist die Sache wohl in Ordnung.

Es gibt in Deutschland Jugendvereine, die sich sehr hübsch ›Pfadfinder, Wandervogel‹ nennen. Wird man es in einem Zeitalter mit Deutschem Ehrgefühl für wahr halten, daß eine große Berliner Zeitung darüber schreibt und die Vereine hartnäckig *Boy-scouts* nennt? Es ist die furchtbare Wahrheit. Das Furchtbarste daran ist, daß nicht einer von den hunderttausend Lesern Einspruch dagegen erhob.

FÜNFTES BUCH

Die Fremdwörterei 2

- 1. Abschnitt
  Die unwissenschaftliche Wissenschaft 375
- 2. Abschnitt
  Kunstprosa und Fremdwörter 389
- 3. Abschnitt
  Die Verdeutschung der Fremdwörter 407
- 4. Abschnitt
  Sprachmenger und Puristen 439
- 5. Abschnitt
  Unsre klassischen Puristen 457
- 6. Abschnitt
  Fremdwörter und Deutsches Volkstum 469
- 7. Abschnitt
  Die Zukunft der Fremdwörterei 479

ERSTER ABSCHNITT
Die unwissenschaftliche Wissenschaft

Sagen sie [die Gelehrten] daß sie nach vielem Nachsinnen und Nagelbeißen kein Teutsch gefunden, so ihre herrliche Gedanken auszudrücken gut genugsam gewesen, so geben sie wahrlich mehr Armut ihrer vermeinten Beredsamkeit als die Vortrefflichkeit ihrer Einfälle zu erkennen.

LEIBNIZ

Im 17. Jahrhundert schrieb die vornehme Welt in Deutschland samt der Deutschen Wissenschaft überwiegend den Stil Wallensteins in dem auf S. 219 angeführten Bericht. Unsre Staatsmänner und Feldhauptleute haben seitdem Deutsch schreiben gelernt; hingegen hat unsre Wissenschaft, nach Kellers bekanntem Wort, inzwischen einen neuen höchsten Gipfel erklommen und schreibt – ich wähle eine ihrer berühmtesten Zierden zum Muster wie folgt:

> Die Charaktere sind oberflächlich *skizziert*, *Dialog* und *Motivierung* sehr leicht genommen und nicht einmal der nahe liegende *Effekt* erreicht ... – Im zweiten Teile des Faust *regiert* ausschließlich der *typische Realismus*, nur daß der *Realismus* mehr und mehr verschwindet und lediglich die *Typen* bleiben, neben denen *Allegorien, Personifikationen* üppig wuchern. – Drei begnadete Sünderinnen stehen neben Gretchen, um das völlig *individuelle* und *exzeptionelle* Bild der schuldigen Unschuld in eine *typische* Reihe zu rücken. (W. Scherer, ein Germanist)

Die meisten wichtigsten Begriffs- und Eigenschaftswörter aus dem verquatschten Rackerlatein!

Daß Stil und Sprache der Deutschen Wissenschaft, nach Abzug

der rühmlichen Ausnahmen, in schreiendem Widerspruch zum sachlichen Werte stehn, ist eine so allgemein zugegebene Tatsache, daß sie hier nicht besonders bewiesen zu werden braucht. Hunderte von Beispielen dieses Buches aus den Schriften unsrer größten Gelehrten sind Beweises genug. Deutsche Wissenschafter haben selbst mehr als einmal die wissenschaftliche Prosa – natürlich immer nur die der Andern und besonders die der Presse, des großen Unbekannten – für sehr mangelhaft und verbesserungsbedürftig erklärt, und im Auslande herrscht über den größten Teil unsers nicht ›schönen‹ Prosaschrifttums nur eine Meinung: daß sie wirklich sehr unschön, daß sie sogar überaus häßlich ist. Wie wenige Deutsche wissenschaftliche Bücher, selbst inhaltlich bedeutende, ja notwendige, werden von den Franzosen oder Engländern übersetzt! Viele sind unübersetzbar, weil in ihnen schon die Übersetzung aus dem Gedanken in den Ausdruck mißlungen ist; sie müßten zuvor ins Deutsche übersetzt werden, was sehr schwierig wäre.

Stünden wenigstens unsre wissenschaftlichen Fremdwörter annähernd auf der Höhe des sprachlichen Wissens in Deutschland. Auch die Franzosen und Engländer haben wissenschaftliche Fremdwörter, von diesen wird hernach zu sprechen sein; sie haben jedoch unvergleichlich weniger Fremdwörter, und diese wenigen sind nach den Gesetzen der fremden und der eignen Sprachen gebildet. Der Deutsche Gelehrte hingegen, der sich, auch wenn er kein Sprachforscher ist, gar viel auf sein Sprachwissen einbildet, bedient sich Hunderter, Tausender von Fremdwörtern, deren Sprachformen unwissenschaftlich, schlampig, knotig, roh, sextanerhaft, barbarisch sind.

Der Fremdwörtler mit seinem kranken Sprachsinn hat vor fremden Sprachen ebenso wenig Achtung wie vor der eignen: er verquatscht sie alle. Man prüfe sie nur oder lasse sie durch einen verständigen Sekundaner prüfen, solche Urkunden Deutschen Gelehrtengeistes wie: *generell, individuell, universalistisch, historizistisch, Intensivierung, Emotivität* usw. Ganze Seiten ließen sich mit solcher Zigeunersprache füllen. Alle diese Wörter sind genau nach den lieblichen Sprachregeln des Gaunerrotwelsch gebildet. Man nehme z. B. *Die genetische Erklärung der Motive* (Eugen

Wolff) – welcher genetisch-philologische Unterschied besteht zwischen ›*genetisch*‹ und dem Gaunerwort ›*bekochisch*‹ (aus bekoche = Gewalt, also gewalttätig)? Sprachwissenschaftlich keiner, sprachkünstlerisch erst recht keiner.

Hans Delbrück forderte in einem offnen Brief an einen französischen Geschichtschreiber irgend etwas von dessen ›*Loyalität*‹. Der Franzose war zu höflich, um ihm zu erwidern: ›Sie rufen etwas in mir mit einem Worte an, das es in keiner Menschensprache gibt. Wollen Sie mit mir, dem Franzosen, französisch sprechen, so seien sie hiermit belehrt, daß wir eine *Loyalité* nicht kennen, sondern nur eine Loyauté, und ich verbitte mir die beleidigende Zumutung, daß ich das verpöbelte Küchenlatein Deutscher Professoren oder das Berlinfranzösisch Ihrer ›Friseure‹ verstehen solle. Da Sie, der vaterländisch gesinnte Deutsche Forscher, kein Deutsches Wort für Ihre ›*Loyalität*‹ lernten, so empfehle ich Ihnen, zu prüfen, ob sich nicht für Sie besser eignen möchten: Redlichkeit, Ehrlichkeit, Pflichtgefühl, Pflichtsinn, Ehrenpflicht, aufrechter Sinn, Wahrheitsliebe, Mannesehre und 20 andre schöne Deutsche Wörter, die Sie in den Wörterbüchern Ihrer Sprache finden könnten, wenn Sie nicht mit Ihrem einzigartigen Sprachgefühl die einzigartige Nüankße der nicht-französischen *Loyalität* allen Deutschen Ausdrücken vorzögen.‹

○ ○ ○

Erbärmliches Küchenlatein sind: *intellektuell, Motiv, Motivik, objektiv, subjektiv, normal, anormal, abnormal*. Küchenlatein und Rotwelsch zugleich ist Lamprechts großartige *Emotivität*, überhaupt alle seine zahllosen Erweiterungen der ohnehin sprachlich unmöglichen Urfremdwörter. Da drechselt einer, um der kostbaren Nüankße willen, ein ›*intellektiv*‹, ein andrer ein ›*intelligenziös*‹. Warum nicht auch ›*intellektibel, intellektibilistisch*?‹ Wo ist die Grenze? Etwa bei Lamprechts *Emotivität*? Nun, dann los mit *Intellektivität*, die streng nach Lamprechts Sprachbildungsgesetzen geformt ist.

Ist der Welscher ein Sprachlehrer, so hält er z.B. bei seinen Schülern im Unterricht peinlich auf strengste Behandlung der fremden Sprachen. Als Welscher aber ist er blind und taub gegen die sprachliche Pöbelhaftigkeit seines geliebten Welsch. Er nimmt in den Mund und die Feder solche Ekelwörter wie *Interessenten, Reflektant, Referat* und unzählige andre, die Sprachgesetzen Hohn sprechen, denn er kennt, wie für die eigne Sprache keine Sprachehre, so vor der fremden Sprache keine Sprachscham. Und so schreiben und sprechen nicht etwa die rückständigen unter den Kellnern, Schneidern und Haarscherern, sondern die geschwollensten Mitglieder von Akademien der Wissenschaft.

Ein berühmter Berliner Germanist, Erich Schmidt, trägt seinen Studenten über ein Puppenspiel Faust vor: *Der Text ist nicht genuin.* Die Studenten, die das Wort nie zuvor gehört, also nicht verstehen, unterhalten sich nachher über dessen Bedeutung. Ein Einziger, ein Neusprachler, ahnt sie: er hatte auf einer Büchse mit englischem Mostrich das Wort *genuine* gelesen. – Eine Wissenschaft, die sich nicht verständlich machen kann, ist keine. Zudem besagt das schwammige *genuin* jenes Germanisten gar nichts über die Art des Puppenspiel-Wortlauts. Ist er gefälscht, nicht gut überliefert, zum Teil geändert, – was ist er? Den Studenten wird also etwas durchaus Unwissenschaftliches beigebracht. Hätte der Germanist sich der germanischen Sprache bedient, so hätte er sich gewiß nicht mit einem Schwammwort, etwa ›echt‹ begnügt, sondern klar gesagt, wie es mit jener Fassung bestellt sei. – Derselbe Obergermanist nennt jedes Gemisch aus Deutscher Prosa und Poesie, z. B. den ersten ›Faust‹, *genre mélé*! Kann man es den Franzosen verargen, daß sie solche Ekelsprache verachtungsvoll ›*Le Boche*‹, das Bosch, nennen?

Ein Gelehrter wie Pfleiderer spricht von der *Chronik skandaleuse des Kretischen Hofes*, und eine gelehrte Zeitung rügt das *ik.* Warum? Muß ein Deutscher Gelehrter mehr Französisch wissen oder mehr Sprachgefühl haben als ein zwei Jahre in Paris ausgebildeter Hausknecht oder Koch? Erinnert denn nicht die ganze fremdwörtelnde Wissenschaft mit ihrem haarsträubenden Sprachengesudel an die Deutschen Speisekarten mit ihrem: *Huhn en fricase, Hemetex (Ham and eggs), Puleori, Din de fassée, Tour le deau, Chaudo, Vollovan* usw.? Sind *Prozedur, Remedur, histori-*

stisch, *exemplifizieren, Emotivität* richtiger oder geschmackvoller gebildet?

Adolf Bartels, der Urdeutsche aus der ›Römerüberwinderbrut‹, schreibt: *Meine Geschichte der deutschen Literatur ist mehr als die meisten früheren historisch sicher fundamentiert.* Ja warum denn nicht? Seien wir dankbar, daß er nicht *fundamentisiert, fundamentiziert* schreibt, was er in seiner ›Sprache‹ doch ebenso wohl durfte. Er schreibt ja nur, was er von den ihm nicht sonderlich angenehmen Germanisten gelernt hat. – Wiederum entschuldigt sich Bartels glänzend: *fundamentiert* komme sogar in einem deutschen Konversationslexikon vor. Dann allerdings –! Nun aber ernstlich: Bartels erklärt, daß er angefangen habe, seine Bücher von Fremdwörtern zu säubern. Das ist die beste Entschuldigung, die eines Deutschen Schreibers einzig würdige. Er hasse mich, wie ich's verdiene; aber er lese mich!

Es ist ein zweifelhafter Vorzug modernster Deutscher Kultur, daß dilettantische Epitomierung in Blüte steht (Walzel). Warum so schlicht, so kurz, so dilettantisch? Warum nicht *Epitomisierung, Epitomation, Epitomiäit, Epitomivität, Epitomistizismus*? Die Wissenschaft bevorzugt doch sonst in solchen Fällen irgendwelchen Ismus. *Epitomierung* ist nicht auf der Höhe der Deutschen Wissenschaftsprache, ist eines Professors der Germanistik unwürdig, kaum gut genug für Privatdozenten.

Epoche erzeugt *epochal*: wissenschaftlich ausgedrückt eine *generatio aequivoca*; Deutsch, nach Goethe, eine Brandschandmalgeburt: *Es ist nichts Großes, nichts Epochales in dieser Zeit geschehen* (in dem geschwollenen Aufsatz eines Germanisten über die ersten vier Wochen eines Berliner Theaters). Wie unfruchtbar ist übrigens Epoche geblieben: kein Sprößling außer *epochal*! Das heißt bis jetzt, vielleicht gebe ich hiermit die Anregung zu reicherer Nüankßierung. – [Sie war schon da! Ein Leser schickt mir eines Herrn Andreas Moser Lebensbeschreibung des Geigenmeisters Joachim, worin Brahms ein ›*Epochant*‹ genannt wird. Das war um 1912; seitdem ist der *Epochant* ein unentbehrliches Schmuckwort des Schmockstils geworden. Wer aber beschert dem Deutschen Volke den *Epochisten*? wer den *Epochismus*? Meine nächste Auflage erwartet diese Bereicherungen mit Sicherheit.]

○ ○ ○

Damit ich, der ich die Deutsche wissenschaftliche Prosa im allgemeinen für die schlechteste in der schreibenden Menschenwelt halte, – damit ich es einmal nachdrücklich ausspreche: Es gab zu allen Zeiten und es gibt in unsern Tagen Männer der Wissenschaft in Deutschland zu Dutzenden, deren angeborne Sprachgewalt es mit der fast jedes berühmten ausländischen Prosaschreibers aufnimmt. Ohne die Fremdwörtelei würden sie zu den Zierden der wissenschaftlichen Prosa der Weltliteratur gehören, und ihre Werke würde man mit Genuß nach Menschenaltern lesen, wann längst ihr inhaltlicher Wert gemindert wäre durch den rastlosen Fortschritt der Geistesarbeit. Doch ohne die künstlerische Behandlung der Sprache gibt es kein Kunstwerk auch in der wissenschaftlichen Prosa. Und böte uns ein Forscher noch so viel des Wissenswerten, wir werden sein Buch des Stoffes wegen einmal durchlesen, an Bereicherung unsers Wissens soviel daraus schöpfen, wie es enthält, es aber nicht zum zweiten Male lesen, wie man eben echte Kunstwerke zu betrachten nie müde wird.

Wie nahe sich der wissenschaftliche Stil vielfach mit dem Schwindelstil des niedrigen Geschäftslebens berührt, wurde schon gezeigt. Es ist vornehmtuerischer Stilschwindel, statt Wasserkraft zu sagen: *hydraulische Energie*. Es ist Schwindelprotzentum, in einem nicht strengwissenschaftlichen Buche zu schreiben: *Die Ontogenese ist eine Rekapitulation der Phylogenese*; ja es ist Stilohnmacht, in einem noch so strengwissenschaftlichen Buche solch wüstes Gestammel zu verüben, um die blitzeinfache Vermutung auszudrücken: Die Keimgeschichte wiederholt die Gattungsgeschichte. Das Geschwätz vom *Differenzieren* ist um kein Jota mehr wert als das Reden vom Abstufen, Spalten; die *Synthese* ist nur um so viel ›wissenschaftlicher‹ als die Zusammenfassung, wie das *Blendol* wissenschaftlicher ist als die Stiefelwichse. Es tut gut, Goethes Worte mehr als einmal hinzuschreiben: ›Die Modernen sollen nur Lateinisch schreiben, wenn sie aus nichts etwas zu machen haben.‹ Um Wahrheit bemühte Wissenschaft – und nur sie ist Wissenschaft – bedient sich des schärfsten Werkzeugs: der Astronom der schärfsten Linsen, der Naturforscher der feinsten

Waagen, genauesten Maßstäbe, klarsten Vergrößerungsgläser. Die Deutschen Geisteswissenschaften bedienen sich trüber Linsen, plumper Waagen, roher Maßstäbe, so oft sie ihre Gedanken nicht mit den klarsten Worten der gefühlten Muttersprache, sondern mit den schwammigen und entstellten aus allerlei fremden, ungefühlten Sprachen ausdrücken. W. Grimm nannte die Fremdwörter: ›die um den Gedanken schlotternden Redensarten‹. **Das Unwissenschaftliche, das Unredliche an der Deutschen Wissenschaft ist ihre Fremdwörterei.** Fast jedes Deutsche Buch der Wissenschaft fordert vorweg einen starken Wertabzug: wahre Wissenschaft ist nur das, was nach Wegstreichen seines Fremdwörterfirnisses, seiner Upposamentierung an gemeinverständlichem echtem Gehalt übrigbleibt.

Brennende leidenschaftliche Scham durchglüht jeden sprachgesunden Menschen, wenn er unsre ersten Gelehrten, die Zierden ihrer Wissenschaft, die Vertreter Deutschlands auf ihren Gebieten vor dem Auslande, mit den Quacksalbern um die Wette fremdwörteln sieht. Wenn er bei einem der ersten Geschichtschreiber neuerer Zeit, Mommsen, über die Juden liest, sie seien *ein wirksames Ferment des Kosmopolitismus und der nationalen Dekomposition* gewesen, oder über Pompejus, er habe *unter den Demokratenchefs die erste Stelle eingenommen*. Oder wenn er bei Ranke, dem Fürsten der neueren Geschichtschreibung, findet: *Die Repression der populären Emotionen, – Die oppositionellen Elemente, welche in der Kation fermentieren, – Das gegen die Nationalsouveränität rebellierende Pouvoir exécutif*. Oder bei Wilamowitz-Möllendorff: *Diogenes gerierte sich im Leben als ein potenzierter Sokrates*. Oder bei Lamprecht: *Solche Zeiten sind stets von hoher Suggestibilität, wie Zeiten neuer Dominanten und Idealismen nach ihrem Moment der Synthese, der Konzentration zu sein pflegen*. Oder bei einem der bedeutendsten Philosophen, Paulsen, über Goethes *ethische Anschauung als einen teleologischen Energismus mit perfektibilistischer Tendenz*. Wirkt es da nicht herzbefreiend, wenn man bei Schopenhauer liest: ›Ist denn die Deutsche Sprache vogelfrei, als eine Kleinigkeit, die nicht des Schutzes der Gesetze wert ist, den doch jeder Misthaufen genießt? Wie würde ein solches willkürliches, ja freches Umspringen mit der Sprache, wie heutzutage in

Deutschland jeder Tintenklexer es sich erlaubt, in England, Frankreich, Italien ausgenommen werden?‹

Gern rühmen wir uns des einen Stilmeisters Nietzsche und stellen diesen einen mit Stolz den französischen und englischen Prosameistern gegenüber. Wo Nietzsche aus feinem Kunstgefühl kristallreines Deutsch spricht, oft seitenlang, da schwingt er sich zu den Höhen der großen Prosa empor; oft aber, allzu oft, erniedrigt er sich durch die ärgste Fremdwörtelei bis zu den ihm so verhaßten Stilstümpern in der Deutschen Wissenschaft und Zeitung. Ist das der Nietzsche des Zarathustra und der schönen Gedichte, der ein Zeug schreibt wie: *Man übersetze sich einen solchen physiologischen Habitus in seine letzte Logik* – die letzte Logik einer körperlichen Anlage! Bald darauf: *Ich nenne dies eine sublime Weiterentwicklung des Hedonismus auf durchaus morbider Grundlage*; als ob *morbid* um den Schatten mehr wäre als krankhaft. Und wenn *morbide*, warum nicht *Basis* statt Grundlage, *Evolution* statt Weiterentwicklung? Er nannte die Philologie die *Ephexis in der Interpretation*, und wußte doch, mußte wissen, daß von tausend selbst seiner Leser kaum einer dies verstehen würde. Er hatte die französischen Moralphilosophen des 18. Jahrhunderts eifrig gelesen, verdankte ihnen zum nicht geringen Teil manche glänzende Eigenschaft seines Stils, leider jedoch die unausstehliche Franzoserei des Ausdrucks an gar zu vielen Stellen. Er glaubte sprachlich neu zu sein, wenn er vom Gegensatz einer vornehmen Moral und einer *ressentiment-Moral* sprach, und schrieb doch nur, wie etwa im galanten Leipzig vor Gottsched geschrieben wurde.

Vollends nicht bloß mit heißer Scham, nein mit tiefer Empörung liest man bei vielen unsrer bedeutendsten Germanisten, deren jeder sich als einen treuen Eckart, als einen Priester im Tempeldienst Deutscher Sprache fühlen müßte, ein Kauderwelsch, das ärger nicht in den Zeiten unsrer ärgsten sprachlichen Erniedrigung, während des Dreißigjährigen Krieges, hingeschmiert wurde. Ich mag den vielen Proben dieser Sprachschande, dieser Selbstbefleckung einer unsrer wichtigsten Wissenschaften, an dieser Stelle nicht neue hinzufügen, will aber schon hier mit meiner Meinung nicht zurückhalten: Es gibt keine schreiendere Stillosigkeit, keine schmählichere Doppelzüngigkeit der Seele, als daß Männer ihr Leben an die Erforschung einer Sprache und der Schriftwerke in dieser Sprache setzen, von der sie durch ihr Tun bekunden, sie sei zum Ausdruck der Urbegriffe der Menschheit, geschweige der Kunst unfähig. Goethes *Psyche*, Goethes *Œuvre*, Goethe *intime* und wieviel andres steht bei dem beanspruchten Range der Urheber noch viel tiefer als die *Hautes nouveautés* oder das *Pour* und *Per acquit* Deutscher Schneidergesellen und Kellner. Da schwärmt W. Scherer von den wunderbaren Kräften des Deutschen und vergleicht es in unwahrhaftigem Begeistertun mit der ›Weltesche der germanistischen Mythologie‹, welscht dann aber: ›Keine Sprache ist wie die Deutsche geeignet, den fernliegendsten *Idiomen* noch etwas von ihrem *Charakter* abzugewinnen, der fernliegendsten *Poesie* und ihren Formen noch ein verwandtes *Element* aus ihrem Eigensten entgegenzubringen.‹ Fürwahr, was für eine herrliche Sprache ist das! Aber ein Deutscher Lehrer dieser Sprache ist unfähig, diesen einfachen Gedanken in der von ihm gepriesenen Deutschen Sprache auszudrücken.

Beherrschen die Deutschen Wissenschafter und ihre Sprache allein unser Geistesleben, so drohte uns die Gefahr, in die Sprachverwilderung des 17. Jahrhunderts zurückgeworfen zu werden. Das Sprachgemengsel vieler wissenschaftlicher Bücher neuster Zeit unterscheidet sich nicht mehr wesentlich von der germanisch-romanischen Doppelsprache, die Englisch ist. Es gibt englische Dichter, z.B. Shakespeare im ›Othello‹ und ›Sturm‹, Tennyson und Longfellow, von der überwiegend angelsächsischen Bibel der Engländer abgesehen, in denen sich nicht mehr romanische Begriffswörter finden als in den Büchern einiger unsrer widergermanischen Germanisten. Schon Leibniz warnte um die Wende vom 17. zum 18. Jahrhundert vor jener Gefahr: ›Es will fast das Ansehen gewinnen, wenn man so fortfährt und nichts dagegen tut, es werde Deutsch in Deutschland selbst nicht weniger verloren gehen, als das Engelsächsische in Engeland.‹

Herbe Wahrheit, nicht mehr Hohn, wie er beabsichtigt war, ist der Satz in einer großen französischen Zeitschrift: ›Die Deutschen Männer der Wissenschaft machen ernstliche Anstrengungen, durch eine Verschmelzung der Deutschen und der französischen

Sprache [Küchenlatein wird hier zum Französischen gerechnet] zur Weltsprache zu gelangen. Das **Esperanto wird überflüssig.**‹ Wir haben unter den Deutschen Wissenschaftern Dutzende, die kein Deutsches Begriffswort schreiben, wo irgendein welsches aufzutreiben oder neu zu erbasteln ist. So erfüllt sich zum zweiten Mal das bittre Wort des wackren Julius Zincgref, geschrieben im Jahr 1624: ›Aber die Stammler in frembden Sprachen‹, über ›die gewelschten Teutschen‹: ›Geraten also durch diesen ihren albern Wahn endlich dahin, daß sie daheim billig verhaßt, draußen nit unbillig verlacht und veracht werden.‹

○ ○ ○

Soll denn aber die Wissenschaft auf ihre **fremden Kunstausdrücke** ganz verzichten? Bist du ein so verrannter Purist, daß du Philosophie, Metaphysik, Kritik, Theologie, Religion, Medizin, Literatur, Drama, Poesie usw. aus der Gelehrtensprache verbannen willst? – Ich bin weder ein verrannter Purist noch überhaupt ein Purist in dem albernen Sinne, den die Fremdwörtler aus ihrem schlechten Gewissen damit verbinden, und es fällt mir gar nicht ein, die fest eingebürgerten Kunstwörter der Wissenschaften zu verdammen. **Entbehrlich sind sie alle**, aber zu ihrer Ersetzung durch gute und bessere Verdeutschungen bedürfte es des übereinstimmenden entschlossenen Willens der Deutschen Gelehrten, sich des Deutschen zu bedienen. Der Leser weiß ja längst, daß ich selbst eine winzige Zahl fremder Kunstwörter zwanglos gebrauche, nicht ausschließlich, sondern zuweilen abwechselnd, jedenfalls aber sie nicht alle verwerfe. Meine Sprache ist das nicht, sondern die meiner Leser, auf die ich Rücksicht nehme. Den Fremdwörtlern, die mit der alten stumpfen Plempe der ›notwendigen Kunstausdrücke‹ kämpfen, sei von jedem saubern Schreiber kurz erwidert: Wolltet ihr euch auf die paar Dutzend, allenfalls hundert, angeblich notwendigen Kunstwörter beschränken und im übrigen eure Zigeunersprache aufgeben, so brauchten wir über die ganze Frage nicht weiter zu streiten, sie wäre gelöst. Eher über das Beibehalten oder Verdeutschen der Kunstwörter zu sprechen, hat keinen Zweck, verschiebt nur den Kern der Sache. Die Griechen allerdings haben ihren ganzen wissenschaftlichen Wortbedarf aus dem Eignen bestritten, haben weder persische, noch egyptische, noch chaldäische Brocken, noch lateinische entliehen. Indessen die Griechen waren ein sprachlich nicht angekränkeltes Volk; wir Deutsche hingegen, besonders wir Deutsche Gelehrte, sind seit vier Jahrhunderten sprachkrank, können also kaum noch leisten, was ein urgesundes Volk vor Jahrtausenden fertiggebracht hat. Wir können und wollen eine vielhundertjährige Geistesabhängigkeit oder -Gemeinschaft mit anderssprachigen Völkern nicht von heut auf morgen ungeschehen machen oder verleugnen, gestehen also die Notwendigkeit oder doch Nützlichkeit einer ziemlich großen Zahl von fremden Kunstwörtern noch für lange freimütig zu.

Hieraus folgt natürlich nicht, daß wir auch die Tausende ganz entbehrlicher Fremdwörter für alle Zeiten dulden müssen: *Perron, Coupé* (mit seinen anmutig wechselnden Schreibungen: *Koupé, Koupee, Coupee, Coupé, Cupé, Kupé, Cupee, Kupeh* usw.), *retour, Milieu, Terrain, Avancement, Anciennetät* usw. Weder sind sie so unentwurzelbar eingebürgert, daß sie nicht ohne weiteres beseitigt werden könnten, wie dies ja zum Teil schon seit einem Menschenalter geschehen ist; noch sind sie so geheiligt durch eine wertvolle ältere Wortkunst, daß sie nicht mit sanfter Gewalt durch Deutsche Gleichworte und Gleichwerte zu verdrängen wären. In dem Abschnitt ›Verdeutschungen‹ wird hierüber eingehend gesprochen. Sind aber z. B. in dem Satze Eugen Wolffs (S. 288) *eliminieren, isolieren, konzentrieren, pronoztieren* unersetzliche Kunstwörter? Oder können wir uns nicht verständlich machen ohne Lamprechts *Emotivität, Suggestibilität, Intensivierung*? All dies und tausendfach ähnliches ist nichtsnutziges Zigeunerdeutsch, verdient nicht die geringste Schonung, darf sich nicht hinter der Schutzfreiheit der notwendigen Kunstwörter verstecken.

Als eins von vielen Beispielen für die Entbehrlichkeit selbst der scheinbar unentbehrlichsten wissenschaftlichen Fachwörter sei ›*Methode*‹ angeführt. Wundt schreibt den überzeugenden Satz: *Auch in ihren Verfahrungsweisen ist die Kritik in vielen Beziehungen den Methoden verwandt, deren sich der Naturforscher bedient.* Durch die Abwechslung erzeugt er den trügenden Schein, als seien

Verfahrungsweisen und Methoden etwas Verschiedenes; sie sind aber völlig gleich, und Wundt konnte schärfer und kürzer schreiben: ›Auch in ihren Verfahrungsweisen ist die Kritik ... denen verwandt ...‹ – Aber, so heißt der Einwand, Verfahrungsweisen ist um zwei Silben länger als Methoden, wir Sprachgewaltigen brauchen ein schlagkräftiges Wort. Das ist wahrscheinlich auch der Grund, aus dem ihr mit Vorliebe Majorität statt Mehrheit, Kalamität statt Notstand, identifizieren statt gleichsetzen, hydraulische Energie statt Wasserkraft schreibt. Ihr sollt aber euren Willen haben: schreibt einfach ›Verfahren‹, das eine Mehrzahl zuläßt und ihr habt ein in allen Fällen verständliches gutes Deutsches Wort. Da, wo es vielleicht zuerst ein wenig fremdet, gilt Lessings berühmter Rat:

›Wagen Sie es! was die Leser vors erste bei dem Worte noch nicht denken, mögen sie sich nach und nach dabei zu denken gewöhnen.‹ Man kann ausgezeichnete Kunstprosa über wissenschaftliche Fragen mit einer verschwindend geringen Zahl von fremden Fachwörtern schreiben. Einige hervorragende Wissenschafter haben diese Kunst unwiderleglich durch ihr Beispiel erwiesen. Es ist gar keine schwierige Kunst, denn ich schlichter Schreiber habe das in einer Reihe von Büchern fertiggebracht, die für nicht wertlos erklärt wurden.

Kunst! Kunstprosa! höre ich die fremdwörtelnden Wissenschafter unwillig rufen. Du redest immer von Kunst; wir reden von Wissenschaft. Wer sagt dir, daß wir Kunst schaffen wollen? Wissenschaft wollen wir treiben, Wissenschaft fördern, und dazu genügt uns, daß wir uns untereinander, unter uns Leuten vom Bau, irgendwie verständlich machen. – O dann bitt ich euch alles ab, was ich jemals Herbes gegen euch geschrieben habe. Wenn ihr nichts mit der Kunst zu schaffen haben wollt, so sind wir sogleich wunderbar einig; doch dürft ihr nicht fordern, daß man euer Geschreibe nur von weitem zur Deutschen Literatur zähle und daß man euch Schriftsteller nenne. Aber dann ist ernstlich an euch die Aufforderung zu richten, euch doch wieder des Lateinischen zu bedienen und das Deutsche unbesudelt zu lassen. Der Einwand, daß ihr das Lateinische nicht mehr schreiben könnt, ist hinfällig, denn ihr schreibt auch Deutsch, ohne es zu können. Nur noch die paar stilwidrigen Deutschen Fremdwörter aus eurem Küchenlatein beseitigt, und ihr habt endlich, was ich euch innig wünsche, die vornehme, ganz reine küchenlateinische Gelehrtensprache. Für die Deutsche Sprache sind alsdann eure Schriften unschädlich, und ihr seid, was doch eure Absicht ist, ganz unter euch.

ZWEITER ABSCHNITT

Kunstprosa und Fremdwörter

Wanana sculun frankôn einôn thaz biwankôn,
Sie sint so sama chuani selb so thie români.
Ni tharf man thaz ouh redinôn thaz kriahi in es giwiderôn.
Warum sollen die Deutschen allein das entbehren?
Sie sind ebenso tüchtig wie die Römer,
Auch rede man nicht davon, daß die Griechen es ihnen zuvortun.

OTFRIED

Der Verfasser glaubt nicht an eine angeborene Unbegabung des Deutschen Prosaschreibers zur Kunst, sondern an die Verderbnis seines Vermögens durch die Fremdwörterei. Er ist zu diesem Glauben nicht durch einen schrullenhaften Haß gegen die Fremdwörter verführt worden; er hat ihn durch ein Menschenleben voll Beobachtung unsrer guten und schlechten Prosa langsam, aber jetzt unzerstörbar errungen. Angeboren mag uns Deutschen sein das liebevollere, schärfere Auge für den Stoff als für die Form, das eifrigere Spüren nach dem Kern als nach der Schale. Zu groß aber ist die Zahl der guten, der ausgezeichneten Deutschen Prosameister seit den ältesten Zeiten, als daß wir die sprichwörtlich gewordene Formlosigkeit und Unbegabung des Deutschen für die Prosa als ein zu tragendes Verhängnis hinnehmen dürfen.

Die Kunst fordert außer der mitgeborenen Gabe die Einsicht in ihre Grundgesetze und sie fordert den Fleiß; dazu noch, aber nicht so unbedingt, die künstlerische Erziehung durch die Fülle der Vorbilder. Die Gabe ward uns vom Geschick so reich wie allen andern Völkern; was uns mangelt, sind sprachliches Ehrgefühl, Wahrheitsleidenschaft im Ausdruck, gründlicher Unterricht in der Muttersprache, Fleiß und allgegenwärtiges Vorbild. Unter unsern fremdwörtelnden Prosaschreibern sind viele, die mehr wollen, als sich bloß verständigen. Sie möchten für ihr Leben gern Prosa, das heißt ein Kunstwerk, schaffen, und manche von ihnen halten sich für Meister dieser in Deutschland so seltnen Kunst. Sie können ganz sicher sein: nicht eins ihrer Bücher wird sie ein Menschenalter überleben; nicht eins verträgt schon jetzt die Goldprobe des Vergleiches mit den wirklichen Prosameisterwerken des Deutschen, französischen, englischen Schrifttums. Prosakunst und Fremdwörtelei stehen nicht etwa in einem Verhältnis wie Gesundheit und Tabakrauchen, um einen fernliegenden, aber lehrreichen Vergleich zu wagen. Man kann mäßig rauchen, ja beinah unmäßig, und ein hohes Alter in guter Gesundheit erreichen; man kann aber nicht fremdwörteln und zugleich Kunstprosa schreiben. Keiner hat das je gekonnt.

Ein Grundgesetz aller Kunst ist das des **reinen Mittels**; die Einsicht in dieses Gesetz mangelt den meisten Deutschen Schreibern, sie mangelt jedem Fremdwörtler. Man denke sich einen noch so hoch begabten Bildner, der aus falscher Kunsterziehung oder aus einem Anfall verrückter Laune dem Marmorkörper seiner Aphrodite echte Menschenhaare auf das Haupt, echte Brauen über die Augenhöhlen, echte Nägel an Finger und Zehen, echte Zähne in den Mund klebte: was für ein Mißgebilde ergäbe solche Mancherei aus Kunst und Unkunst! Oder: ein Tonkünstler trüge den Beethovenschen Trauermarsch auf dem Klavier vor und unterbräche sich nach jedem dritten, fünften, zehnten Takt mit einigen Tönen auf der Querpfeife. Brauchen wir noch weitere Vergleiche?

Die Sprache des Fremdwörtlers sündigt gegen das **Grundgesetz vom reinen Kunstmittel**; sie ist keine Sprache der Kunst, ja nicht einmal eine zuverlässige Sprache der Wissenschaft. Wer dies nicht fühlt, gegen den kämpfen Götter selbst vergebens. Wer sich ein Marmorbild von der vorhin geschilderten Art ins Zimmer stellt und ein Kunstwerk zu besitzen glaubt, dem störe man nicht seinen sogenannten Genuß: er versteht uns nicht, wir nicht ihn. Mit Gründen läßt sich keinem Kunstrüpel erklären, warum ein

Zeus aus grobem Zinkguß, die Sixtinische Jungfrau in schäbigem Öldruck nach einer Stümperpause, die Neunte Symphonie auf der Ziehharmonika Greuel vor Gott und gebildeten Menschen sind. Den Schönheitsinn hat man oder hat ihn nicht. Laß dich, o Leser, niemals in ein Gespräch über Stilkunst mit einem Fremdwörtler ein, der einen Satz wie den von E. Wolff auf S. 288 oder die Sätze von Lamprecht auf S. 262 und 327 ganz nett findet, der dabei nicht alle Zeichen künstlerischen, ja körperlichen Ekels gibt. Der Mann kann sehr gelehrt, sehr scharfsinnig, auch ein ehrlicher Steuerzahler, guter Familienvater und geriebener Skatspieler sein, – von der Stilkunst, ja nur vom Wesen der Sprache hat er keine Ahnung. Der Satz *De gustibus non est disputandum* (Über Geschmack ist nicht zu streiten) fordert für diesen Fall die einzig treffende Übersetzung: Streite nicht mit angeborenem Ungeschmack. Nie hätte z. B. Spielhagen oder einer von seiner Stilart die Kunstwidrigkeit dieses Satzes begriffen: *Ich wollte nach Leipzig gehen, promovieren, das Terrain inzwischen rekognoszieren und, wenn ich es für meine weiteren Zwecke geeignet fände, den Versuch machen, mich dort zu habilitieren.* Der ganz reine ieren-Stil würde allerdings noch fordern: *qualifiziert* statt *geeignet*, *riskieren* statt *Versuch machen*.

Unter den Ierern ist der unvermeidliche Hans Delbrück: *Die Kreise, auf denen die Macht der Nation rouliierte ...* Ist dies sprachlich vornehmer als *Anbei retournieren wir Ihnen Ihre letzten für uns nicht akzeptablen Kalikoproben?* Ach, der Deutsche Mensch iert, so lang er strebt.

Spielhagen iert nicht bloß, er ist auch einer unsrer eifrigsten Iker: *Neue Beiträge zur Theorie und Technik der Epik und Dramatik* heißt eins seiner Bücher. Zu beklagen ist, daß das gelehrttuende Gequieke durch das eine Deutsche Begriffswort und das Fremdwort auf ie stillos unrein wird; stilvoller wäre schon Theoretik; auch fände sich bei einigem Eifer wohl ein schönes Fremdwort auf *ik* für Beiträge.

Lublinski über Storm: *Er wirkte nicht durch seine Gedichte, sondern ging zur Novellenproduktion über.* Warum nicht zur Novellenkonfektion? Das eine ist so treffend wie das andre, und in der sprachlichen Gemeinheit unterscheiden sie sich für ein gebildetes Ohr nicht.

Selbst Nietzsche wird zum Dutzendwelscher, sobald er einmal nicht der Kunst gedenkt, sondern in das barbarische Kauderwelsch der Gelehrtenzunft zurückfällt, aus der er hervorgegangen: *Dieser depressive und kontagiöse Instinkt* (das Mitleid) *kreuzt jene Instinkte, welche auf Erhaltung ... aus sind; er ist ebenso als Multiplikator des Elends wie als Konservator alles Elenden ein Hauptwerkzeug zur Steigerung der Dekadence* (im Antichrist). Nicht eines dieser Fremdwörter ist notwendig, keines sagt das Geringste mehr als jedes der zehn guten Deutschen Gleichwörter. Und anderseits, keinen stichhaltigen Grund gibt es vom fremdwörtlerischen Standpunkt gegen *contrekarriert* statt kreuzt, *Misère* statt Elend, *Konservierung* statt Erhaltung, *Instrument* statt Werkzeug. Mit bitterm Gefühl lesen wir bei Nietzsche einmal ein vernünftiges Wort des Tadels über die Fremdwörterei – der Andern: er schilt ›die Initiative ergreifen‹ eine ›arge Geschmacklosigkeit‹; es ist um nichts geschmackloser als hundert Welschereien Nietzsches.

○ ○ ○

Rein sei das Mittel der Kunst; doch diese Forderung reicht nicht hin, sie bedarf der Ergänzung durch: Edel sei das Mittel der Kunst. Wer mit unedlem Mittel schafft, bekundet, daß ihm die Kunst nicht die hohe, die himmlische Göttin, daß sie höchstens die Kuh ist, die ihn mit Butter versorgt. Ein großer Bildner mag einmal, um seine Hand zu weisen, wie Dürer an Rafael schrieb, zum Scherz, aus spielender Künstlerlaune ein zierlich Weiblein oder etwa einen Schornsteinfeger aus Schnee formen; ein Geigenmeister mit einem Fiedelbogen aus Strohhalmen auf bindfädenen Saiten spielen: sie beide und wir werden dann nicht von Kunstwerken sprechen. Die Fremdwörter sind nicht allein unreines, sie sind **unedles Mittel** wegen ihrer schnellen Vergänglichkeit.

Ohne zu ahnen, welch vernichtendes Urteil er über die Fremdwörterei, seine und seiner Stilgenossen, damit fällte, schrieb E. Schmidt in jener zu sprachgeschichtlicher Berüchtigtheit verdammten ›Erklärung von 1889‹: ›Unsre Sprache hat nach jeder Hochflut von Fremdwörtern allmählich das ihrem Geist Fremde wieder ausgeschieden.‹ – Ein Daniel, ein zweiter Daniel! Ich danke dir, der mich so klug belehrt! Jawohl, die reine, die keusche Deutsche Sprache speit die sie besudelnden Fremdwörter aus ihrem Munde, säubert sich in jedem Menschenalter von der Verschmutzung durch das vorangegangene, behält kaum ein Fremdwort in fünfzig Jahren als Wertbesitz. Lest sie doch, die einst berühmt gewesenen Fremdwörter abgelebter Zeiten, die ihrem Klüngel und urteilslosen Menschen für große Schriftsteller gegolten, – lest sie, wenn ihr es vor verachtendem Gelächter und vor Ekel noch könnt! Genau so wird es euch noch berühmteren Fremdwörtlern der Gegenwart über ein Kleines ergehen, wären eure Schriften auch voll noch tieferer Weisheit, als ihr vermeinet. Kein fremdwörtelndes Buch überlebt seinen Verfasser nur um ein Menschengeschlecht, nicht das wissenschaftlich wertvollste, nicht das geistreichste, nicht das sittlich schönste. Nennet mir eine einzige Ausnahme, und ich bekenne mich für besiegt. Es gibt keine, kann keine geben, denn ein Buch mit lächerlich, putzig gewordener Sprache vernichtet den ernstesten Inhalt. Lächerlich aber, krausputzig klingt schon dem nächsten Lesergeschlecht jede Schrift mit mehr als den wirklich unentbehrlichsten Fremdwörtern.

Friedrich Kluge, einer unsrer ersten Deutschforscher, selbst ein Meister reinen Stils, versuchte es mit dem Trost: ›Fremdworte, die dem Deutschen Sprachcharakter widerstreben, sind kurzlebend.‹ Zweifellos; aber auch das Eintagsgeziefer aller Art, dazu viele Bakterien und Bazillen sind kurzlebend: mindert das die Schädlichkeit oder Todesgefahr für uns Menschen von heute, die wir ohne sie länger leben würden? Mit solcher Trugvertröstung auf die Zukunft wollen wir uns nicht einschläfern lassen. Heute wollen wir rein und edel sprechen und sprechen hören; das kommende Geschlecht wird trotzdem Arbeit genug finden zur immer höheren Steigerung unsrer Prosakunst.

Man lese diesen Bericht des großen Feldhauptmanns Wallenstein nach der Schlacht bei Nürnberg an Kaiser Ferdinand: *Das Combat hat von frühe angefangen und den ganzen Tag caldissimamente gewährt, alle Soldaten Eurer kaiserlichen Armee haben sich so tapfer gehalten, als ich's in einiger occasion mein lebenlang gesehen, und niemand hat einen fallo in valor gezeigt. Der König hat sein Volk über die Maßen tief diskuragiert; Eurer Majestät Armee aber, indem sie gesehen, wie der König repassiert wurde, ist mehr denn zuvor assekuriert worden.* Nicht wahr? sehr lächerlich, – und doch wird von einer gar ernsten Sache geredet. Lächerlich aber wodurch? Weil die Fremdwörter, die Wallenstein gebrauchte, seitdem zufällig veraltet sind, wie mit ganz wenigen Ausnahmen alle Fremdwörter des 17. Jahrhunderts jetzt lächerlich klingen. Aber nicht lächerlicher, als schon nach einem Menschenalter die schönsten Fremdwörter der heutigen Feldhauptleute der Sprachmengerei klingen werden. Nicht lächerlicher, als E. Wolffs Satz auf S. 288 schon heute klingt.

Gildemeister hat vollkommen Recht, zu schreiben: ›Schriftsteller, die noch Etage für Stockwerk, Hotel für Gasthof, Bouteille für Flasche und Fourchette für Gabel schreiben, gehören nicht mehr zur guten Gesellschaft.‹ So aber schrieben vor 100, ja vor 50 Jahren noch sehr viele damals zur besten Schriftstellergesellschaft gezählte Schriftsteller, und ›Hotel‹, ja selbst ›Etage‹ schreibt heute noch fast jeder. Wie seltsam aber, daß Gildemeistern nicht die zwingende Schlußfolge einfiel: Schriftsteller, die heute noch Individualität, interessant, Popularität, isolieren, Impressionen, Emotivität usw. schreiben, werden schon nach zwanzig Jahren, viele also noch bei ihren Lebzeiten, nicht mehr zur guten Gesellschaft gehören. Für Leser mit künstlerischem Sprachsinn gehören sie ja schon heute nicht dazu.

Wer darf noch, wie doch Lessing und Goethe taten, ›turlupinieren‹ schreiben? Wer schreibt noch die ›polierten Völker‹, eine bis zum Ende des 18. Jahrhunderts für wunderschön gehaltene Wendung? Wie lange dauert's, und ›zivilisierte Völker‹ wird eben so putzig klingen. Zivilisation ist schon jetzt durch Kultur so gut wie verdrängt. Gebildete Menschen sagen nur selten noch ›komponieren‹, meist ›vertonen‹. Im Reich sagt niemand mehr ›Korrespondenzkarte‹, niemand mehr den Sprachunsinn *per express*; das Retourbillett stirbt auch sprachlich aus. Nur Dienstboten ›amüsieren‹ sich noch, und wie unentbehrlich schien dieses gemeine Wort vor zehn Jahren.

Mit welcher Empfindung lesen wir bei Goethe über Spinoza, er sei ein guter ›Staatsbürger, ein mitteilender Mensch, ein ruhiger *Particulier*‹ gewesen. ›Staatsbürger, mitteilend, ruhig‹ klingen heute so ernst und edel wie vor hundert Jahren; *Particulier* klingt spaßig, und ein Klassiker sollte niemals mit einem ernstgemeinten Ausdruck spaßig klingen. Wer versteht noch vollkommen Goethes Satz: *Mit welcher Sorgfalt, mit welcher Religion folgten sie* (die Deutschen Poeten und Prosaisten) *auf ihrer Bahn einer aufgeklärten Überzeugung?* Goethes Leser im 18. Jahrhundert kannten die Nebenbedeutung der französischen *religion* (Gewissenspflicht); wie viele hochgebildete Leser des zwanzigsten kennen sie?

Man unterschätze nicht die wachsende Gefahr solches Vermuffens der Sprache; es stände nicht unbedenklich um die lebendige Fortdauer des ›Werther‹, wenn es viel mehr solcher unfreiwilliger Lächerlichkeiten darin gäbe wie: *Surtout* statt Überrock, *Chapeau* für den tanzenden Herrn in einer Gesellschaft, das bei Goethe unangenehm häufige, gelegentlich auch bei Lessing vorkommende ›sich prostituieren‹ für harmloses ›bloßstellen‹. ›Radotage und radotieren‹ im ›Werther‹ befremden heute, und wie steif klingt uns an einer der schönsten Stellen: ›nach Proportion des Alters‹! Eine genaue Untersuchung hat ergeben, daß von den 169 Fremdwörtern im Werther – auf 185 Seiten, also im ganzen nicht viel – 50 ganz veraltet sind oder ihren Sinn gewandelt haben. Bei Goethe kommen leider mehr als 500 Fremdwörter vor, die heute selbst aus der Gelehrtensprache völlig verschwunden sind, darunter Dutzende, zu deren Verständnis genaues Wissen des Lateinischen, Griechischen, Französischen nötig ist, z. B. *Kondeszendenz, styptisch, Exaggeration, präsumptuös, imperturbabel, derelinquieren, exkolieren, operos.* Die Stellen, in denen solch Zeug steht, sind den meisten heutigen Lesern Goethes unverständlich. Die Zeit ist nahe, ja sie ist schon da, wo sich sehr viele Leser bei einer Betrachtung Goethes über die wachsenden Fazilitäten der Kommunikation fragen: Ist dies der Großmeister Deutscher Sprache?

Außer einer gründlichen Kenntnis des Französischen zum bloßen Verstehen brauchen wir noch unsre volle Liebe für Schiller, um ohne Wimperzucken in seinem schönsten Brief an Goethe, dem vom 23. August 1794, zu lesen: *Alle ihre denkenden Kräfte scheinen auf die Imagination, als ihre gemeinschaftliche Repräsentation, kompromittiert zu haben*, oder an einer andern Stelle bei Schiller: *Der Pivot des ganzen Stücks.* Wer versteht ohne Erklärung genau diesen Satz in Schillers Besprechung der Iphigenie Goethes: *In dieser Szene erlaubt sich der Dichter, eine höhere Menschheit uns gleichsam zu avancieren?* Wir lesen in Goethes und Schillers Briefwechsel von *Apprehensionen, Admissibilität, Assiduität, Kontinuation, Remboursement, Lokat* (Fach), *Apparition, Aisance, Extremitäten* (Notlagen), *deployieren, renunzieren, indisponieren, kriminellen Inkulpationen.* Wir lesen und seufzen und fragen: Was wäret ihr Fremdwörter einst, was seid ihr jetzt, wohin seid ihr geschwunden? In jenen Bereich, aus dem keins von euch wiederkehrt: in den Papierkorb der ungefühlten, erkünstelten Wörter der Papierwelt.

Heine konnte 1828, ohne lächerlich zu werden, noch schreiben: *Heute um Mitternacht arrivierte ich in Mailand*; heute dürften und würden selbst Lamprecht, E. Wolff und Poppenberg das nicht wagen; allenfalls der Überwelscher Simmel. Wird den Schwärmern fürs Milieu oder fürs Milljöh (vgl. S. 344) nicht doch ein wenig bange? Hören sie nicht schon das Rascheln des Schnitzelgekräusels im Papierkorbe der Vergessenheit?

Will man eine Mustersammlung des Berlinfranzösischen lesen aus der Zeit, als Ruhe die erste Bürgerpflicht war, so blättre man in dem sonst so geistreichen Werke ›Rahel. Ein Buch des Andenkens für ihre Freunde‹ (von Varnhagen herausgegeben): wie lächert es uns auf jeder Seite! *Ich bin sehr zerstört, weil mich gestern etwas atroce beleidigte und kränkte ... Du aber, Franz, desesperierst mich.* Solch Zeug galt einst für feinste Berliner Prosa.

Wer schreibt heute noch ›Pantalons‹? Gutzkow schrieb 1852 in den ›Rittern vom Geist‹: ›die Pantalons verwaschen‹; 20 Jahre später schon nicht mehr. – Wo modern jetzt die einst sehr bewunderten Reisebücher des Fürsten Pückler-Muskau, in denen ein Satz mit nur zwei, drei affigen Fremdwörtern durch seine Vereinzelung stillos wirkt? Wo die Romane der mit ihm in der Pücklerei wetteifernden Gräfin Hahn? Wer findet heute noch Spielhagens Stil ›glänzend‹, wie man doch, noch klingt mir's im Ohre nach, vor fünfzig Jahren tat?

Bei Lebzeiten meiner jüngsten Leser sind veraltet, vermufft: *Visite* und *Visitenkarte* (heute im Munde der Gebildeten fast nur Besuchskarte), *Gratulation, Fauteuil* (in den feinsten Klubs und

Gemeinheit der Fremdwörter

Kriegsschiebergesellschaften gibt es nur noch Sessel), *Statuten* (fast jeder Verein von Gebildeten hat heute nur Satzungen). Aber so war's ja zu allen Zeiten: wie schnell wurden die Französeleien des 13. Jahrhunderts alfanzig: *Schanzûn, Pasturele, Folate, Rundate, Stampenie!*

○ ○ ○

Woher dieses reißend schnelle Veralten, schlimmer noch: dieses schnelle Verpöbeln der Fremdwörter, ihr ›pejorativer, pessimistischer Zug‹, wie ihn einer der germanistischen Fremdwörtler selbst genannt hat? Das Deutsche Urwort saugt mit Lebenswurzeln Lebenskraft aus unserm Herzblut; das Fremdwort gleicht nicht einmal ganz dem künstlichen Porzellanzahn, den der Kitt für eine Weile in der Zahnhöhle festhält. Der Kunstzahn tut immerhin, solange er festsitzt, seine Dienste und beleidigt das Auge nicht; das erkünstelte Fremdwort tut schlechten Dienst und empört jedes feinere Ohr. Sehr scharf erkannte Richard Wagner das Deutsche ›Wurzelbewußtsein des Sprechenden und Schreibenden‹; den Fremdwörtlern mangelt es, wie es – den Papageien mangelt: beide sprechen nicht, sie plappern nur. Hunderte, Tausende von Worten gibt's im Deutschen, die mit ungeschwächter Frische, mit vollem Gefühlswert seit mehr als tausend Jahren erklingen; dagegen leben nicht zehn Fremdwörter, solche wie Natur, Religion, Musik, seit 300 Jahren. Man prüfe aber z. B. die Brauchbarkeit von *Religion* am strengsten Maßstabe: dem der gehobenen Sprache, – wie wertlos, wie matt und platt klingt es alsdann. In seiner ›Marienbader Elegie‹ (1823) nennt Goethe das höchste Gefühl ›Frommsein‹; *Religion* wäre an der erhabenen Stelle ganz unmöglich. Und in der schönen Bekenntnisstelle Bismarcks in seinem Brief aus dem Felde vom 8. September 1870 heißt es in schlichter Prosa nicht *Religion*, sondern ›Glauben an Gott‹. Alle Fremdwörter, fast ohne jede Ausnahme, sind eben schäbig, und wo eines an erhabener Stelle nicht unedel klingt, da beweist es gerade dadurch, daß es kein Fremdwort mehr ist, – aber nur dadurch.

Es mag einst nach vielen Menschenaltern Brauch werden, ein andres Beiwort als ›gebildet‹ zu ›Völkern‹ zu setzen; selbst dann aber wird ›gebildete Völker‹ höchstens ein bißchen altertümlich, sicher nicht so schnurrig klingen wie schon heute ›polierte Völker‹. Winckelmann schreibt manchmal Gewächs statt Wuchs, Genugsamkeit statt Genügsamkeit oder Zufriedenheit; aber wir lesen es, ohne zu stocken. Oder wenn es in Lessings erschütterndem Brief an Eschenburg heißt: *Ich ergreife den Augenblick, wo meine Frau ganz ohne* **Besonnenheit** *liegt* – werden wir durch den Wortwandel zu ›Besinnung‹ etwa gestört? Oder wir lesen in Goethes Gedicht ›Auf Miedings Tod‹: *Anständig führt die leis' erhobne Hand Den schönsten Kranz ...* – der Sinn von ›anständig‹ (anstandsvoll) ist uns leider entschwunden, aber Anstoß nehmen wir nicht, denn wir ahnen, zu Goethes Zeit hatte dieses Wort eine höhere Bedeutung.

Die Schreiber, die nur für heute, schon nicht mehr für morgen schreiben, brauchen sich ja nicht vor dem Vermuffen und Vermultern ihrer heute noch vielen so lieblich klingenden Fremdwörter zu fürchten. Daß aber Schriftsteller, die mit menschlich berechtigtem Ehrgeiz nicht nur heute und morgen, sondern nach sehr langer Zeit noch gelesen werden möchten; daß gar Sprach- und Wortkunstforscher, denen das schnelle Vermodern der Fremdwörter genau bekannt ist, bei ihrer Zigeunersprache verharren, gehört zu den vielen Seelenrätseln, die jeder Lösung spotten; denn ein vollkommener Widerspruch bleibt gleich geheimnisvoll für Kluge wie für Toren.

Welch ein Abgrund klafft heute zwischen der Sprache unsrer Wissenschaft und unsrer Dichtung! Wie abgedroschen fremdwörtelnd schreiben die meisten Gelehrten, wie rein alle unsre wirklich besten Prosadichter und -dichterinnen! Wenige Ausnahmen, so namentlich der mit seinen großartigen Sprachkenntnissen prunkende G. Hauptmann, bestätigen nur die Regel; aber beklagenswert ist es, daß ein Dichter wie Dehmel folgenden Satz noch für Deutsch hielt: ›Ich merkte, daß ich beim ersten Mal mit allzu *dramatischem* Gehör auf die *momentan metrischen Dissonanzen* der *sensuellen Affekte* geachtet und so die *lyrisch perpetuelle Rhythmik* der *sentimentellen* (!) Motive überhört hatte.‹ Schriebe man alles Welsch mit der ihm gebührenden welschen Schrift, so würde der künstlerische Reinlichkeitssinn vielleicht abschreckend wirken; die Deutsche Schrift täuscht über alles Undeutschtum hinweg. Bei vielen, z. B. bei Sudermann, bei C. Busse, selbst bei Schaukal ist im Fortschreiten ein bewußtes Aufsteigen von der alten Fremdwörtelei zu sprachlicher Reinheit zu gewahren. Fast nie dagegen ist mir ein Gelehrter vorgekommen, der sich von der Unwissenschaftlichkeit und Unkunst seiner Zigeunersprache überzeugt hätte.

○ ○ ○

Das Fremdwort ist minderwertig; jedes Prosastück voll Schwung und Weihe beweist das, wenn die fremdwortfreie Dichtung es nicht bewiese. Das Fremdwort gedeiht nur in den Niederungen der Prosa; es ist gemein oder, um stilgemäßer zu sprechen, subaltern, vulgär, ordinär und plebejisch. Und schriebe es ein so vornehmer Mensch, wie Herman Grimm einer war, es bleibt plebejisch: *Über diese **Partie** (von Goethe ist die Rede!) war nicht mehr zu **disponieren** in der Weimaraner Gesellschaft.* Und wo es nicht geradezu gemein wirkt, da mit beleidigender Stillosigkeit, wie in E. Schmidts sonst schönem Satz über Schillers Balladen: *Er gibt diesen Schöpfungen eine gehobene, glanzvolle Sprache, den Faltenwurf seines Purpurmantels* (das Bild ist von Dahn!) *schlagend um Schilderungen und rednerische **Partien**.* Es gibt in Schillers Balladen keine ›Partien‹; Ramschhändler bieten Partiewaren an, Spießer machen eine Partie. Viele Menschen, und nicht die schlechtesten, ziehen eine saftige Derbheit der sprachlichen Taktlosigkeit vor.

Ist es Zufall, daß selbst in unserm sprachverseuchten Volk fast jeder Verfasser eines auf Begeisterung, auf Weihe hinzielenden Schriftstückes mit fast der gleichen Selbstverständlichkeit auf Fremdwörter verzichtet wie der Liederdichter? In Schillers Prosa findet sich hier und da ›Piedestal‹; in der Braut von Messina ändert er's in ›Fußgestell‹. Hippels für den König Friedrich Wilhelm 3. verfaßter Aufruf ›An mein Volk‹ vom März 1813 ist so gut wie rein, und wie hat der gewirkt! Dabei war Hippel (der Jüngere) ein Aktenmensch, der sonst nicht wenig fremdwörtelte. Fichtes ›Reden an die Deutsche Nation‹ sind eines der fremdwörterreinsten, zugleich eines der dauerhaftesten Deutschen Prosabücher: außer Religion, Nation, Natur steht darin so gut wie kein Fremdwort. In König Wilhelms des Ersten ›Aufruf an mein Volk‹ von 1866 steht unter

600 Wörtern nur das eine Fremdwort Existenz. In der denkwürdigen ersten Thronrede Wilhelms 1. an den Norddeutschen Reichstag gibt es auf vier Druckseiten an Fremdwörtern nur: *Ideale, praktisch, Moment, national, defensiver Charakter, Tendenz* – ein in der Geschichte Deutscher Prosa fast unerhörter Fall von Sprachreinheit. In der Rede des Königs am Schlusse der ersten Tagung nur ein Fremdwort: *national*. In der mächtigen Kundgebung des Reichstags an den Bundesfeldherrn beim Ausbruch des Krieges mit Frankreich stehen nur die Fremdwörter *Nationen* und *zivilisiert*. Da wir Nation, so wenig wie national, leider kaum mehr zu den Fremdwörtern zählen dürfen – ich zähle sie dazu –, so muß der Erlaß des Kaisers Wilhelm vom 18. Januar 1871 über die Begründung des Deutschen Reiches als eins der sehr wenigen mustergültigen geschichtlichen Schriftstücke unsrer neuen Geschichte gelten. Und endlich, in Wilhelms 2. Erlaß ›An mein Heer‹ vom 22. März 1897 über die Einführung der Deutschen Kokarde bei allen Deutschen Truppen steht gleichfalls kein Fremdwort, da *Kokarde*, obwohl überflüssig, gerade in jenem Erlaß schwer zu umgehen war.

Diese, jedem sprachgesunden Menschen ohne weiteres einleuchtenden, Tatsachen weisen uns den Weg zum Unschädlichmachen der Fremdwörter, wenn nicht zu ihrem völligen Verdrängen. Es muß Allgemeingefühl werden, daß die Fremdwörterei den Schreiber bemakelt; daß sie unanständig, niedrig, gemein ist. Vischer rechtfertigt den Gebrauch von ›cynisch‹: weil ›ihm offenbar ein Gefühl zugrunde liegt, als würde das Höchstwiderliche der Vorstellung bereits zu nahe gerückt, wenn man die Bezeichnung aus der eignen Sprache holte‹. Sehr fein gedacht; doch ließe sich, da man den klugen, treuen Hausgenossen nicht durch ›hündisch‹ beleidigen mag, sehr wohl mit ›kötrig‹ aushelfen. Indessen ich habe auch nichts gegen ›cynisch‹, wünsche im Gegenteil, daß den Fremdwörtern allgemein das geheime Gemach des Hauses und Lebens als ihr eigenster Bereich zugewiesen werde. Alles Verächtliche, Gemeine, Ordinäre, wie der Volksmund mit richtigem Gefühle spricht, mag mit Fremdwörtern bezeichnet werden. Als Friedrich Schlegel in seiner ›Lucinde‹ geistreichelnd eine Schweinerei empfehlen wollte, griff er stilgemäß französelnd zur ›Ehe *à quatre*‹, denn *es kommt drauf an, ob einer ein Individuum für sich oder nur der integrante Teil einer gemeinschaftlichen Personalität sein will.* Friedrich Schlegel war überhaupt einer der widerwärtigsten Fremdwortgecken; selbst in einem seiner Briefe an den Bruder steht folgender Blödsinn: *Die Epideixis* (man suche im dicksten Fremdwörterbuch!) *der Universalität und der Symfonismus* (man suche!) *der Fragmente würde durch die reale Abstraktion und praktische Kritik des Ganzen in beiden Stücken eine formale Destruktion erleiden.* Es war ein wechselseitiges Belügen, ein ›hohles Fratzentum‹, wie Schiller an dem Schlegelpaar treffend erkannt hatte.

Behalte man doch Latrine, Klosett, Kompost, Diarrhoe, Päderast, Prostitution, Kokotte, Fäkalien, Exkremente, urinieren, laxieren, vomieren und ähnlich duftende Fremdwörter bei, da wir ja nach der Meinung der 41 klassischen Fremdwörtler die ›weltbürgerliche Aneignungsfähigkeit‹ (S. 273) nicht ganz aufgeben dürfen. Weltbürgerlicheres als jene schönen Fremdwörter und die durch sie bezeichneten Dinge gibt es schwerlich. Vornehmlich aber für den quacksalbernden Schwindel wünsche ich das Beibehalten der Fremdwörter als die stilgemäße Sprache. Und um Himmels willen nicht die noblen Passionen verwechselt mit den edlen Leidenschaften, ein edles Vergnügen nicht mit einem gemeinen Plaisir!

> Himmlisch war's, wenn ich bezwang
> Meine sündige Begier;
> Aber, wenn's mir nicht gelang,
> Hatt' ich doch ein groß Plaisir.

So singt Heine mit durchaus richtigem Stilgefühl.

So gemein, wie sie wirklich sind, müssen die Fremdwörter für das Volksgefühl werden. Sie sind es schon zum Teil: will der Volksmund die Lumpenkleidung kurz bezeichnen, so französelt er: Kledage; oder er spottet: Futterage, schauderös, pechös. Dem ausgeschroteten ›tadellos‹ gehen jetzt unsre witzigen Studentchen mit tadel-*sine* recht geschickt zu Leibe. Und will ein Romandichter einen lächerlich eingebildeten Protzen schildern, so läßt er ihn in Fremdwörtern, möglichst in verquatschten, schwelgen. Dieses Mittel findet sich übrigens schon bei Shakespeare, z. B. in ›Viel Lärm um nichts‹, wo Holzapfel *odious* und *odorous*, *aspicious* und *suspi-*

cious verwechselt. Ebenso sinnlos fremdwörtelt Lanzilot im ›Kaufmann von Venedig‹, und Polonius im ›Hamlet‹ (2, 2) spreizt sich gelehrttuerisch mit gehäuften Fremdwörtern. Cervantes wandte dasselbe Mittel zur Kennzeichnung seines Sancho Pansa an. Und wie geschickt bediente sich Gryphius dieses Zuges mit dem welschenden und alle Welschwörter verquatschenden *Arendator* in der ›Geliebten Dornrose‹. Zur Schilderung eines Lumpenkerls greift Lessing nach der Welscherei: *Er konnte frisieren und rasieren und parlieren und charmieren* (Minna 3, 2). Goethe läßt seinen albernen Dr. Bahrdt mit *kursieren, roulieren, produzieren* um sich werfen und bringt uns E. Wolffs *eliminieren, isolieren, konzentrieren, prononzieren* in holde Erinnerung. Immermanns Buttervogel im Münchhausen beweist seine Albernheit vornehmlich durch reichliche und verdrehte Fremdwörter. Ein Mensch, der fremdwörtelt, ist eben ein alfanziger Geck: dies hat man seit jeher überall gefühlt, – nur in Deutschland ohne Frucht für den Begriff der wahren Bildung.

Auf diesem gut erspürten Wege nur weiter! Wir müssen dahin kommen, daß nur noch die Zurückgebliebensten unter den Kellnern, Handlungsreisenden, Bartscherern, die frechsten unter den Kurpfuschern, Geheimmittelschwindlern, Zahnbrechern, Hochstaplern, Schiebern, Zuhältern die fremdwörtelnde Zigeunersprache mauscheln. Ich gebe die Hoffnung nicht auf, daß sie alsdann selbst den Germanisten ein wenig verekelt sein wird.

Es gibt eine unfehlbare Goldprobe für die Minderwertigkeit, Gemeinheit, Lächerlichkeit, Pöbelhaftigkeit des Welsch: Jedes Fremdwort, das beim Gebrauch in der künstlerischen oder erhabenen Rede durchaus lächerlich wird, ist als innerlich wertlos zu verwerfen. In meinem ›Sprich Deutsch‹ (S. 242 bis 246) findet der Leser die nähere Ausführung und eine Reihe von Beispielen. Ich füge noch diese hinzu: ›Glücklich allein ist die *Psyche*, die liebt!‹ Moltkes Wahlspruch ›Erst wägen, dann wagen‹ klingt doch viel unfeiner als ›Erst *banlancieren* (oder *deliberieren*), dann *riskieren*‹ – ›Und wenn ihr das Leben nicht *riskiert*, Nie wird euch dasselbe *konserviert*.‹ – ›Der Not gehorchend, nicht *initiativ*‹ – Mignon sänge gebildeter: ›Allein und *isoliert* von aller Freude.‹ – ›Trinkt o Augen, was die Wimper hält, Von dem goldnen *Luxus* dieser

Welt.‹ – Schillers Mädchen aus der Fremde bekäme geheimnisvolle Reize, nennte man es das *exotische* Mädchen. – ›Nichts ist schwerer zu ertragen Als eine *Serie* von guten Tagen. – Nachbarin, euren *Flacon*! – *Nobel* sei der Mensch, hilfreich und gut‹ – Nur die paar Fremdwörter, die dieser Goldprobe standhalten, mag man als zulässig, als vollkommen eingedeutscht und vollgefühlt ansehen.

○ ○ ○

Alle Kunst ist Wahl, ist feinste Auslese der künstlerischen Mittel. **Der Fremdwörtler ist kein Künstler**, kann keiner sein; denn während der Prosakünstler für jeden Begriff, jedes Beiwort, jedes Zeitwort mit rastloser Kunstmühe nach der einzig passenden Farbe, der blühendsten Sinnlichkeit, dem allein stimmenden Klange sucht, sucht, sucht, hat der Fremdwörtler mit der ihm eignen Fixigkeit die für ihn jedesmal einzig passende Formel gefunden: *Moment, Element, interessant, Material, Milieu,* irgendeins der so wohlklingenden 5000 Hauptwörter aus ation, ition, ution, isation, ifikation, tät, ität, ilität, alität, der 6000 Zeitwörter auf ietert, isieren, izieren, ivieren, isizieren – und allemal ›mit Bedacht‹, wer wagt das zu bezweifeln?

Zuweilen hört man die Fremdwörter verteidigen: sie bieten doch ein bequemes Mittel zum Wechsel des Ausdrucks. Ein bequemes? ja; ein künstlerisches? Nein. E. Schmidt hat z. B. wiederholt ›Volkslied‹ gebraucht und möchte abwechseln. Sehr löblich; anstatt aber aus dem reichen Deutschen Wortschatze künstlerisch prüfend und wägend ein edles Wechselwort zu wählen, stopft er das lautlich und sprachlich so gemeine – in Berlin sagt man: poplige – wie sachlich schwache Unwort *Popularpoesie* hinein. Ihm ist bekannt, daß Herder zur ärgsten Franzosenzeit Deutschlands in seiner Schrift ›Von Deutscher Art und Kunst‹ (1773) unsicher tastend ›Volkslied‹ und ›Populärlied‹ wechselweise gebrauchte, daß aber der gesunde Sprachsinn ›Populärlied‹ alsbald ausscheiden ließ. Dieses widerwärtige Anschwemmsel der ›Hochflut der Fremdwörter‹ muß ein Deutscher Gelehrter uns nach anderthalb Jahrhunderten wieder vorsetzen!

Alles ohne Wahl hingeschriebene Fremdwörterzeug hat mit der

Kunst noch viel weniger zu tun als der Massensteindruck oder das Abziehen von der Lichtbildplatte. Formeln klatscht ihr ab, nicht schreibt ihr gefühlte, gesuchte Wörter, und formelhafter Abklatsch ist das Gesamtwerk, das allein dabei herauskommen kann.

Ohne Fleiß kein Künstler; der Fremdwörtler aber hat nichts von jenem Fleiße, der sich nicht bei dem Notdürftigen, bei dem Erträglichen, ja dem Befriedigenden beruhigt, sondern der mit der Inbrunst einer suchenden Seele das Gute, das Vollkommne, ja das Übermenschliche erzwingen will. ›Es hat noch niemand etwas Ordentliches geleistet, der nicht etwas Außerordentliches leisten wollte‹ (Marie von Ebner-Eschenbach). Was weiß hiervon der fremdwortelnde Gummistempeldrücker, dieser so sehr bequeme Mann, von dessen Stilgattung je 12 genau ein Dutzend geben? Die Fremdwörtler haben überhaupt keinen eignen Stil; sie schreiben alle den gleichen, mit den Hauptwörtern, Beiwörtern, Zeitwörtern, die in den Fremdwörterbüchern stehen; mit den abgeleierten pfeifenden, näselnden, quiekenden, zischenden Endungen, die uns zum Ekel sind; mit all den abgegriffenen küchenlateinischen und kellnerfranzösischen Wurzeln, deren keine in unserm Herzen einen Widerklang erweckt, weil keine vom Herzen des Schreibers empfunden, alle nur formelhaft nachgeplappert wurden.

Das geringste Hinneigen eines Schriftstellers zur Fremdwörtelei ist der sichre Verderb seiner Stilkunst noch in ganz andern Dingen als in der schludrigen Auswahl der Begriffswörter. Wer sich gewöhnt, die suchende Stilarbeit zu sparen durch das Hineingreifen in den fertigen Abklatschvorrat, der schludert auch in der Sprachrichtigkeit, in der Gliederung, im Satzbau, im Wohlklang, in der Verständlichkeit, in der Klarheit und Wahrheit, kurz in allem, was den Stil zum vollkommnen Ausdruck des denkenden Menschen macht. Ist es ein bloßer Zufall oder gar meine Bosheit, daß ich fast für jeden gröbsten Fehler der Sprachlehre und des Stils die überzeugendsten Beispiele in den Schriften Derer gefunden, die durch ihre fremdwörtelnde Gleichgültigkeit gegen das sorgsam zu suchende Eigenwort ihr ganzes Sprachempfinden unheilbar vergiftet haben?

Die Fremdwörtelei ist nicht bloß ein Ärgernis für sprachgesunde Leser; sie ist in gleichem Grade die rächende Vergeltung für die Schluderei des Schreibenden selbst. Freilich ist es bequemer, zu schreiben: Sujet, Milieu, Material, Moment, Faktor, Individualität usw. Freilich macht ihr euch damit verständlich bei euresgleichen, die genau so bequem verschwommen denken, wie ihr schreibt. Von Kunst aber wage keiner zu reden, der's mit der Bequemlichkeit hält.

DRITTER ABSCHNITT
Die Verdeutschung der Fremdwörter

Die Muttersprache zugleich reinigen und bereichern ist das Geschäft der besten Köpfe.

GOETHE

Die Überschrift ist mir leid, aber ich finde keine sogleich für jedermann verständlichere, und Überschriften sollen ja nur andeuten. Sie gefällt mir nicht, weil sie ein wenig nach dem weitverbreiteten Irrtum klingt: die eigentliche Denksprache des Deutschen in zahllosen Fällen ist das Fremdwort; diese sogenannte Sprache übersetzt er, verdeutscht er mühsam aus Anstandsgefühl, weil wir doch einmal in Deutschland leben. Jener Grundanschauung trete ich mit Nachdruck entgegen. Der Deutsche hat sich zu gewöhnen, Deutsch zu denken und seine Gedanken so gut oder so schlecht er kann Deutsch auszusprechen. Die verdrehte Welt ist's, wenn er zuerst in Fremdwörtern denkt und sich dann abquält, diese ihm zur Natur gewordenen Fremdwörter in ungewohntes stümperndes Deutsch zu übersetzen. Ich darf aus eigner Erfahrung sprechen: seit vielen Jahren habe ich mich durch strenge Selbstzucht daran gewöhnt, nicht mehr in Fremdwörtern zu denken; ich verdeutsche daher längst nicht mehr, sondern schreibe die mir natürliche reindeutsche Sprache. Nur in den seltnen Fällen, wo sich eine Erinnerung aus der, Gott sei's geklagt, von jedem gebildeten Deutschen durchlebten Fremdwörterzeit aufdrängt, bin ich gezwungen, sie durch ein kräftiges Deutsches Beschwörungswort in ihr Nichts zurückzuweisen. Wer noch nicht auf dieser einzig natürlichen Sprachstufe steht, aber aus künstlerischen und andern Gründen die Pflicht fühlt, Deutsch zu schreiben, dem bleibt leider nichts übrig, als aus dem Fremden ins Deutsche zu übersetzen.

Noch einmal sei's gesagt, es geht eben nicht ohne Wiederholungen: Jede Sprache eines der großen Bildungsvölker kann alles und jedes, sicher aber jeden menschlichen Urbegriff, mit eignen Mitteln ausdrücken, und abgesehen von sehr wenigen Fremdwörtern hat jede Sprache, außer der Deutschen, dies zu allen Zeiten geleistet. Es gibt ein wunderbar überzeugendes Beispiel, wie sich ein Volk verhält, das von einem nicht unähnlichen sprachlichen Verhängnis wie das Deutsche betroffen wurde: die Griechen. Eine fast vierhundertjährige Knechtschaft hatte ihr Volksgriechisch zu einem elenden Gemisch aus Hellenisch, Türkisch, Italienisch gemacht, in seinem Wörterbestande ähnlich dem Zigeunerischen, dem Gaunerwelsch und der Deutschen Gelehrtensprache. Sogleich nach der Befreiung vom Türkenjoch setzte das bewußte Säubern ein, und heute ist das Griechische wieder eine anständige Sprache. Das geschriebene Neugriechisch ist beinah zu rein, nämlich zu sehr dem Altgriechischen künstlich geähnlicht; das gesprochene, auch in den ungebildeten Klassen, ist von unvergleichlich größerer Reinheit als das Deutsch der Puristen unter den Deutschen Gelehrten. Lateinische Fremdwörter hatte das Neugriechische selbst in seinen barbarischsten Zeiten nicht zugelassen. Daß also ein Volk mit rechtem Willen seine verschmutzte Sprache säubern kann, ist unleugbar, wird übrigens von unsern ärgsten Fremdwörtlern zugegeben, nur daß jeder die Säuberung immer bloß an den abscheulichen Fremdwörtern aller Andern zulassen will. Deutschland könnte bei rechtem Willen in zwei Menschenaltern eine Sprache besitzen, die gleich den Sprachen der andern Bildungsvölker durchweg edel und rein wäre, wenn nicht das Übel immer wieder von oben käme, nämlich von den Höhen Deutscher Wissenschaft.

○ ○ ○

Daß die wahre Verdeutschung nicht im Übersetzen aus dem fremdsprachlich Gedachten, sondern im Deutschen Denken besteht, zeigen die unzähligen Stellen bei allen unsern größten Prosaschreibern, wo selbst für die verwickeltsten Gedankengänge, die wissenschaftlichsten Urteile, die feinsten Geschmacksregungen kein einziges Fremdwort steht, wo vielmehr der ganze Satz das Gepräge des sogleich Deutschgedachten trägt. Man prüfe dies an einem einzigen Beispiel, an Schillers Urteil über die Romantiker Schlegel und Tieck: *Weder für die Hervorbringung noch für das Kunstgefühl kann dieses hohle Fratzenwesen ersprießlich ausfallen.* Schiller hat dies nicht aus puristischer Absicht verdeutschend geschrieben, sondern als den natürlichen Ausdruck seines natürlichen Gedankens. Ist Hervorbringung weniger ›deckend‹ als Produktion, Kunstgefühl weniger als Ästhetik oder ästhetisches Gefühl? Sicher aber ist dies: hätte Schiller Produktion und ästhetisch geschrieben, und behauptete heute ein Freund Deutscher Sprache, es hieße besser Hervorbringung und Kunstgefühl, so wäre der welschende Philister sogleich mit dem Geschwätz vom Decken und lächerlichen Purismus bei der Hand.

Man müßte an der Zukunft der Deutschen Sprache verzweifeln, sähe man nur ihren heutigen durch die Wissenschaft, durch sie zumeist, verwilderten Zustand und nicht zugleich den nie erlahmenden starken Gegentrieb aus den Eingeweiden des Deutschen Volkes zum Abschütteln des Joches der die Sprache besudelnden Fremdwörter. Seit den ältesten Zeiten gewahren wir von Jahrhundert zu Jahrhundert, bald mit großem, bald mit geringerm Erfolge, die Bemühungen der Besten, ihrer Sprache das zu geben, wessen die Sprachen aller andrer Völker, selbst die gemischten Sprachen, sich rühmen dürfen: die Sauberkeit des Ausdrucks. Kein Spott hat diese unaufhaltsame Bewegung je ganz gelähmt, und gerade heute hat sie eine Gewalt gewonnen, vor welcher der Spott zu verstummen beginnt. Die eingehenden Beweise, mehr als 2000, findet der Leser in meinen ›Deutschen Sprachschöpfern‹, die ich hier nicht abschreiben kann.

Wie haben schon unsre ältesten großen Prosaschreiber, denen keine Reichshauptstadt als mächtige Stütze reiner Sprache diente, gerungen gegen die Macht des Fremden, das mit allen Reizen angeblich verborgenen Wissens und höherer Bildung eindrang. Unser ältester namhafter Denker, der Dominikaner **Meister Eckhart**, will nicht auf Lateinisch philosophieren, sondern müht sich ab mit kühnen, zum Teil vortrefflichen Neuschöpfungen, z.B. Istigkeit für *Existentia*. Einsam in der Deutschen Geisteswelt, ohne einen Leserkreis, wie Paris ihn geboten hätte, konnte der tiefe Denker und große Prosameister nichts Bleibendes für unsre Sprache hinterlassen: die Deutsche Philosophie küchenlateinerte weiter.

Geiler von Kaisersberg schrieb bescheiden: *Ich hätt ein Sun, der wäre Meinerlei, eiusdem speciei; ich kann die species nicht baß teutschen.* Er wollte es dennoch teutschen, und gibt es Besseres als ›Meinerlei‹? – **Tauler** wagte es mit ›reichnen‹ statt ›regieren‹: wie schade, daß sich das gutgebildete Wort, zu dem sich dann Reichnung für Regierung gesellt hätte, nicht durchgesetzt hat; aber den Kanzleischreibern klang regieren und Regierung vornehmer, weil es französelndes Küchenlatein war. Von Tauler wurden zuerst die Verdeutschungen ›Empfänglichkeit, Unwandelbarkeit, Willenlosigkeit‹ gewagt.

An **Luthers** Bibelübersetzung ist das sprachlich Reizvollste, zu beobachten, wie er von Auflage zu Auflage selbst solche Fremdwörter auszumerzen bemüht war, die ihm damals kein Mensch verargte. Lange hatte er ›vermaledeien‹ stehen lassen, endlich setzte er dafür: fluchen, verfluchen; ebenso für ›benedeien‹ segnen. Sogar ›regieren‹ empfand er – mit Recht – als undeutsch, also unbiblisch, stilwidrig und schrieb später dafür: Herrsein (Matth. 2, 6), König sein (Matth. 2, 22), weiden (Ap. Gesch. 20, 28). Barbar ersetzte er durch Ungrieche, Drachme durch Groschen, Familie durch Haus, Magier durch Weiser, Okzident durch Niedergang, Orient durch Aufgang, Prokonsul durch Landvogt, prophezeien durch weissagen, Religion durch Gottesdienst, Gottseligkeit, Weg; nur ein einzig Mal (3. Makk. 2, 32) ließ er Religion stehen. Luther hat sich gegrämt, Person nicht ausmerzen zu können; bei trotzigem Willen wär's geglückt.

Zu den ältesten Gegnern der Welscherei gehörte der Schweizer Ägidius **Tschudi**, der den naswyßen Cantzlern und consistorischen Schrybern vorwarf, ›sy könnend nit ein linien ohne latinische Wort schryben, so sy doch der tütschen genug hattend‹. Er machte Vorschläge zu treffenden Verdeutschungen.

Alberner Deutscher Brauch wollte bis vor kurzem, daß man sich in Deutschen Literatur- und Sittengeschichten lustig machte über das Reinigungsstreben der **Deutschen Sprachgesellschaften** im 17. Jahrhundert, besonders über die der ›Fruchtbringenden‹. Was kann es Rührenderes, Herzerhebenderes geben, als daß die ein Jahr vor dem Ausbruch des Dreißigjährigen Krieges durch einen hochgesinnten Deutschen Fürsten, Ludwig von Anhalt-Köthen, gegründete Gesellschaft durch alle Greuel der folgenden Zeit hindurch treu zur Fahne reiner Deutscher Sprache gestanden, daß die besten Deutschen Männer im Norden und im Süden sich um diese Fahne geschart und, nach dem Grade der damaligen Einsicht in Wesen und Leben der Sprache, gewirkt haben wie keine andre Gemeinschaft vor der Begründung des Deutschen Sprachvereins von 1885. Was gibt es zu spotten über eine Gesellschaft, in deren Satzungen es hieß – man denke: 1617! –: ›Fürs andere, daß man die hochdeutsche Sprache in ihrem rechten Wesen und Stande, ohne Einmischung fremder ausländischer Worte aufs möglichste und tunlichste erhalte und sich sowohl der besten Aussprache im Reden als der reinsten Art im Schreiben und Reimdichten befleißige.‹

Unsterbliche Meisterwerke hat die Fruchtbringende nicht hervorgerufen; Frucht aber hat sie reichlich gebracht, als die edelste die: das Sprachgewissen der Gelehrten und Gebildeten zu schärfen und bis an die Fürstenthrone den Mahnruf zur Wahrung eines der hehrsten Güter jedes Volkes zu entsenden. Wenn die Fruchtbringende nur das eine gewirkt hätte, daß Hunderte hervorragender Deutscher Männer, unter ihnen der große brandenburgische Kurfürst Friedrich Wilhelm, es für Pflicht hielten, in Schriften und Briefen Deutsch zu reden, so hätte sie schon wackre Arbeit getan und verdiente am wenigsten Spott von der Mehrzahl unsrer zeitgenössischen welschenden Schreiber und Leser. Auf des Großen Kurfürsten Einfluß zurückzuführen war die alte Berliner Bauordnung, die in ihren 54 Abschnitten kein einziges Fremdwort enthielt.

Alle tote oder lebende noch so berühmte Germanisten zusammen haben für das Deutsche nicht so sprachschöpferisch gewirkt wie die verspottete Fruchtbringende Gesellschaft. Aus ihren Kreisen sind so ausgezeichnete Neubildungen, Verdeutschungen von Fremdwörtern, hervorgegangen, wie: *Abhandlung* (für Traktat), *Gesichtskreis* (Horizont), *Lustspiel, Trauerspiel, Schauspiel, Briefwechsel, Dichtkunst, Wörterbuch, Rechtschreibung, Höfling, Lehr-*

satz, *kunstsinnig, Gemeinwesen, Beschaffenheit, Zahl- und Zeitwort, Gegenstand, Leidenschaft, Staatsmann, Verfasser, Mundart, selbständig* und einige hundert andre.

○ ○ ○

Wie ein vollkommner Narr, wie ein lächerliches Opfer des ›krankhaften Purismus‹ wird in allen oberflächlichen Darstellungen **Philipp von Zesen** (1619–1689) behandelt, eins der geschäftigsten Mitglieder der Fruchtbringenden Gesellschaft. Gelesen haben ihn die Darsteller nicht, wohl aber haben sie all die kindischen Geschichtchen von seinen angeblich tollen Verdeutschungen unentbehrlicher Lehnwörter dem Geschwätz unbekannter Quellen nachgeschwätzt. Zesen war weder ein Narr noch ein Weiser, vielmehr einer jener nicht seltnen Menschen, die in der Verteidigung einer an sich berechtigten Liebhaberei gelegentlich einen närrischen Seitensprung tun. Bei seinem löblichen Streben, die verwelschte Gelehrtensprache der Zeit zu säubern, sind ihm mehr als hundert ausgezeichnete Neubildungen gelungen; daneben ist allerdings mancher wunderliche, doch ganz unschädliche Mißgriff untergelaufen. Unwahr aber sind die Schnurren, die in fast allen älteren Literaturgeschichten stehen: Zesen habe Wörter wie Mantel, Natur, Nase, völlig eingedeutschte Lehnwörter oder Deutsche Urwörter, durch Ausdrücke wie Windfang, Zeugemutter, Gesichtserker ersetzen wollen. Gegen solche Albernheiten hat sich schon Zesen selbst verteidigt und sie als ›eine unverschämte, grobe, ehrlose Schand- und Landlüge‹ bezeichnet. Wohl hat er einmal das schöne Wort ›Zeugemutter‹ geschrieben, aber mit wie schöner Wirkung: *Diese große Zeugemutter aller Dinge, die überschwänglich reiche Natur, mit ihrer wohlgearteten Tochter, der tiefsinnigen Kunst*. Könnte Zeugemutter, ja dieser ganze Satz, nicht von Goethe herrühren und in seinem herrlichen Aufsatz ›Die Natur‹ stehen? (vgl. S. 224).

Dem verspotteten Zesen verdanken wir die kühne unentbehrliche Verdeutschung *Vollmacht* für das damals ausschließlich gebräuchliche Plenipotenz, ferner *Vertrag* für Kontrakt, *Ausübung* für Praxis, *Letzter Wille* für Testament, *Gotteshaus* für Tempel. Und zeugen nicht *Urwesen* für Clement, *Gottestisch* (noch heute lebendig) statt Altar für ein Sprachgefühl von seltner Kraft und Feinheit? Den Holländern hätte er gern ihre ausgezeichnete ›Schauburg‹ zum Ersatz für Theater entliehen; wäre es vom Übel, wenn es ihm gelungen wäre? Das neuste Theater in Hannover heißt ›Schauburg‹; vielleicht dringt das gute Wort jetzt durch, wie Lichtspiele für Kinematograph, Biograph, Vitaskop usw. Als Wortneuschöpfer hat Philipp von Zesen unvergleichlich Größeres geleistet als Jakob Grimm. Dieser hatte bei seinen gelegentlichen Verdeutschungsversuchen meist eine sehr schwere Hand: Auslauf für *Exkurs*, unfolgerichtig für *inkonsequent* halten keinen Vergleich aus mit Wielands *Abschweifung* und Campes *folgewidrig*. Man kann ein großer Sprachgelehrter und doch ein sehr ohnmächtiger Sprachschöpfer sein.

Über die meist übersehene Bedeutung **Schottels** (1612–1676) für die Deutsche Wortneuschöpfung handelt ein besonderer Abschnitt meiner ›Deutschen Sprachschöpfer‹.

Auch **Opitz** ist mit Ehren unter den verdeutschenden Wortschöpfern zu nennen. Wir verdanken ihm so ausgezeichnete Neubildungen wie: *Sturmwind, Kirchhof, Vogelfang, Notwehr, Spielart, Denkzettel, Flickwort, Barschaft, Sippschaft, Begnadigung.*

Aber wie steht es in der Gegenwart mit den Versicherern unsrer Sprache durch einen jener ›besten Köpfe‹, denen Goethe solche Aufgabe zuschrieb, etwa mit dem wortreichen Karl Lamprecht? Für die neuen Auflagen der Deutschen Fremdwörterbücher war er der fruchtbarste Mitarbeiter, noch hat keine mit dieser seiner Erfindungsgabe Schritt gehalten. Der Deutsche Sprachschatz verdankt ihm ein einziges neues Wort, aber es ist danach: *Reizsamkeit*, ebenso überflüssig wie unaussprechbar. Er hätte es ruhig bewenden lassen sollen bei ›Emotivität‹, und trieb ihn der Geist zu weiteren Neubildungen, ei warum dann nicht stilgemäß: Emotionismus, Emotionabilität, Innervatisation, Irritabilismus usw.? All dies wäre doch nur im Stil – oder im Stilistizismus? – der herrlichen Lamprechtischen Wortkunstgebilde: *Objektivismus, Periodisierung, Phänomenalismus, tentakulärer Handelsstaat* (aufgeschnappt von Verhaeren, der einmal Paris die *ville tentaculaire* genannt hatte!), *Systemisierung*.

Die großen Reinschreiber

○ ○ ○

Im 18. Jahrhundert folgte auf das Wellental nach dem Abwelken der Fruchtbringenden Gesellschaft der Wellenberg, aufgewühlt durch die großen Schriftsteller und manche nebenher gehende kleinere, aber kaum weniger wirksame. Dank gebührt hier, der Zeit nach, trotz allem und vor allen dem Leipziger Poesieprofessor **Gottsched**. Wegen seiner rechthaberischen Verbohrtheit in den Grundfragen der Dichtkunst hat man zu lange seine nicht geringen Verdienste um das Befestigen und Säubern der Muttersprache mißachtet. Mit viel stärkerer Nachwirkung als die Sprachgesellschaften des 17. Jahrhunderts und als Zesen nahm er zu günstigerer Zeit und von günstigstem Orte, der Gelehrten- und Buchhändlerstadt Leipzig, die reinigenden Sprachbestrebungen wieder auf. War an Gottsched etwas echt und sogar groß, dann seine Deutsche Gesinnung, sein Ringen um Deutsche Geistesbildung, wie er sie verstand, um Reinheit der Deutschen Sprache. Er, dessen letzte Gabe wahrlich die sachliche Leidenschaft war, konnte leidenschaftlich werden, wo es um die Verteidigung der Deutschen Sprache ging. Da schalt er: ›Das Lächerlichste ist, daß die Deutschen Affen der Ausländer ihre Mundart verachten und lieber die Sprachen ihrer Nachbarn verstümmeln, ihre Wörter radebrechen und ihre Silben verfälschen, als ihre eigene Landessprache rein und fertig reden wollen.‹ Daß Gottsched eben doch nur ein Gefühl für sogenannte Richtigkeit und Sauberkeit besaß, von ihren tieferen Reizen nichts fühlte, haben wir gesehen (S. 86). Doch wollen wir ihm nicht vergessen, daß er eine ganze Reihe der bis dahin allgemein üblichen schlimmen Sprachwidrigkeiten ausgemerzt hat.

Neben und nach Gottsched wirkte dann allerdings Einer, der es noch weiter brachte: **Lessing**. Wir sind ihm als schöpferischem Verdeutscher schon wiederholt begegnet, und wäre er nicht Lessing, so würden ihn die heutigen Fremdwörtler, darunter die Sonderforscher seiner *Psyche*, seines *Bios*, *Ethos* und *Œuvre*, einen der ärgsten Deutschen Puristen schimpfen. Lessing, wie so viele, suchte sich zwar gegen den Anwurf des blöden Wortes Purist durch die Beteuerung, er sei keiner, zu schützen; handelte aber von den Erstlingstagen seiner Schriftstellerschaft bis zuletzt in zahllosen

Fällen ganz und gar wie ein vernünftiger feinfühliger Reiniger der verschmutzten Sprache. Erfüllt vom Ekel des sprachsaubern Menschen gegen die schmuddelige Fremdwörtelei, schrieb er über Wielands unreinen Stil in dessen Jugendwerken: ›Alle Augenblicke läßt er seine Leser über ein französisches Wort stolpern. Lizenz, visieren, Edukation, Disziplin, Moderation, Eleganz, Ämulation, Jalousie, Korruption, Dexterität und noch hundert solche Wörter, **die nicht das Geringste mehr sagen als die Deutschen**, erwecken auch dem einen **Ekel**, der nichts weniger als ein Purist ist.‹

Diesem Grundsatz ist Lessing durchweg treu geblieben; die mancherlei gelehrten Fachfremdwörter in seinen wissenschaftlichen Schriften ändern hieran nichts. Ebenso lehrreich wie erfreulich ist der bewußte Reinheitssinn in seinen Übersetzungen einiger kleiner Schriften Friedrichs des Großen und Voltaires. Er machte sich diese Brotarbeit schwerer, als in Anbetracht der damaligen Sprachunsitte nötig war, indem er Dutzende französischer Wörter, die von jedem gebildeten Deutschen nachgesprochen wurden, durch gute Deutsche ersetzte: Verweisung (*exil*), Einfall (*bon mot*), Schenktisch (*buffet*), Gewissenszweifel (*scrupule*), Marktschreier (*charlatan*), Einstürzung (*brèche*), Irrstern (*planète*), Wahlspruch (*devise*), Gnadengeld (*pension*), Denkwürdigkeiten (*mémoires*), Losung (*signal*). Für *industrie* läßt er je nach dem Sinn der Stelle ein ganzes Heer guter Verdeutschungen anrücken: Arbeit, Arbeitsamkeit, Fleiß, Emsigkeit, Geschicklichkeit; für *luxe*: Pracht, Verschwendung, Staat, Schwelgerei, Putz, aber nicht ein einziges Mal Luxus. Lessing wechselt gern zwischen Theater und Schaubühne, zwischen Logik und Vernunftlehre; übersetzt *intérêt* je nachdem mit Vorteil, Ursache, Anliegen, Angelegenheit; verwirft Lektüre und schreibt Lesung. Ja dieser schreckliche Purist wagt sogar, nach dem Beispiel von Staatsbedienter, staatsbedienstet, das Deutsche Wort ›Bedienter‹ für *ministre*!

Der Berliner Prediger **Spalding**, einer unsrer reinsten Prosaschreiber des 18. Jahrhunderts, hatte einmal ›Tatsache‹, die wörtliche Übersetzung des englischen *matter of fact*, statt des damals allein bräuchlichen ›Factum‹ geschrieben: sogleich griff Lessing, der noch in der Hamburgischen Dramaturgie regelmäßig Faktum geschrieben, die ›Tatsache‹ auf und setzte sie dem

Widerspruche des schulmeisternden Adelung trotzend durch. Von Lessings ›empfindsam‹ für ›sentimental‹ war schon die Rede (S. 186).

Lessing der Purist wagt gelegentlich die einfache ›Laune‹ statt eines Modewortes des 18. Jahrhunderts: Humor, ›weil ich nicht glaube, daß man ein bequemeres in der ganzen Deutschen Sprache finden wird‹. Er wagt es, obgleich es sich doch ›gar nicht deckt‹. Hätte er nur standhaft Laune geschrieben, so würden wir sie heute ungemein deckend finden. Lessing schreibt statt der scheinbar unersetzlichen Kunstwörter Geometer, Anatom, Astronomie, Kompaß: *Meßkünstler, Zergliederer, Sternkunst, Richtscheit*. In der ›Theatralischen Bibliothek‹ schreibt er statt ›Dekoration‹: *Verzierung, Auszierung*, und verdeutscht *Aparte* gut durch ›Seitab‹. Statt ›Definition‹ schreibt er absichtsvoll wiederholt *Bestimmung*. – Die Puristen sind wirklich in guter Gesellschaft.

Das 18. Jahrhundert hätte die Sprache vielleicht von noch mehr Fremdwörterschmutz gereinigt, wenn sich nicht die feinbesaiteten Schriftsteller vor den nörgelnden Schulmeistern von Adelungs Art mehr als nötig gefürchtet hätten. Immerhin gewahren wir bei vielen neben Lessing und Goethe das deutliche Bestreben, sich von dem eklen Wust der Deutschen Humanisten- und Franzosenzeit zu befreien. Der treffliche **Justus Möser**, ein auffallend reiner Schreiber, bildete fast überkühn für Rivalen: *Mitminner* (nach dem holländischen *Medeminners*). – Als **Forster** der Jüngere die ›Sakuntala‹ aus einer englischen Übersetzung ins Deutsche übertrug, stieß er im Titel auf *The fatal ring* und wollte fatal durchaus verdeutschen, obwohl es damals bei keinem Leser Bedenken erregte. Nach langem Suchen fand er schließlich doch nur: ›der entscheidende Ring‹; er hätte *Schicksalsring* sagen können. Heute würden wir ›verhängnisvoll‹ schreiben, ein Wort, das Forster noch nicht wagte, weil es sich erst kürzlich gebildet, noch nicht durchgesetzt hatte.

Bis tief in Goethes Theaterleitung hinein gab es nur *Acteurs* und *Actricen*; es erschien als ungeheures Wagnis, dafür *Schauspieler* und *Schauspielerinnen* zu schreiben; aber es gelang, obwohl sich *Acteurs* und *Schauspieler* ›nicht ganz decken‹.

Zu den Puristen des 18. Jahrhunderts gehörte neben dem sehr

fruchtbaren **Wieland** noch **Musäus**, der Verfasser der Volksmärchen. Nicht alles, was er an Verdeutschungen gewagt, ist lebendig geblieben, so nicht die Schweberin, ein prächtig sinnenhaftes Wort für Somnambüle; die allerdings noch bessere *Schlafwandlerin* hat bei den guten Schreibern überwogen.

Der glücklichste aller Verdeutscher, nicht bloß des 18. Jahrhunderts, war der Braunschweiger Joachim Heinrich **Campe** (1746–1818), der Verfasser des belehrsam verwässerten Robinson, ein mittelmäßiger Schriftsteller, mittelmäßiger Sprachgelehrter, wunderbar begabter Finder treffender Deutscher Neuwörter. In seiner Preisschrift ›Grundsätze, Regeln und Grenzen der Verdeutschung‹ (1801) stehen neben manchen platten Bemerkungen andre, die uns durch ihre Feinheit überraschen. Schon **Jean Paul** hatte anerkannt: ›In dieser Schöpfung (des kräftigen Kernes echtdeutscher Söhne) kann sich kein Autor mit ihm messen.‹ Doch nicht auf seine für den damaligen Stand der Sprachwissenschaft oft auffallend gescheiten Bemerkungen kommt es an, vielmehr auf seine Verdeutschungen selbst, über die das gerechte Urteil zu lauten hat: In der gesamten Deutschen Sprachgeschichte hat kein zweiter einzelner Mensch so viele durch ihre unzerstörbare Lebendigkeit bis heute als wohlgelungen erwiesene Wortneuschöpfungen vollbracht wie jener eine Campe, der seinen größten Zeitgenossen nur als ein Pedant erschien. In meinen ›Deutschen Sprachschöpfern‹ stehen 273 lebendig gebliebene Bereicherungen der Deutschen Sprache von Campe.

Wirklich durchgedrungene, alltäglich gewordene Neuwörter hat weder Luther noch Goethe in gleicher Menge geschaffen wie der Purist Campe, dessen Verspottung durch Goethes und Schillers Xenien so ungerecht wie undankbar war (vgl. S. 433). Campes Verhöhnung nun gar durch gewisse unsre Muttersprache besudelnde Germanisten, denen noch nie ein lebensfähiges neues Deutsches Wort, wohl aber oft das ärgste welsche Unzeug gelang, ist eine der nur in Deutschland möglichen Unbeschämtheiten. (Ein vollständiges Verzeichnis der Campeschen Neubildungen geht über den Rahmen dieses Buches hinaus, einige besonders merkwürdige Proben müssen genügen. Sollte man es für möglich halten, daß die neuhochdeutsche Sprache erst seit Campe und durch ihn besitzt:

Zartgefühl (statt *délicatesse*), *ursächlich*, *verwirklichen* statt realisieren; *gegenständlich*, dieses nicht erst, wie Goethe vermeinte, von Heinroth gebildete, Goethen so überaus wohlgefallende Kennwort gerade für seine Dichtung und Stilart; *Ehrenpunkt* für *point d'honneur*, *Feingefühl* (neben Takt), *Beweggrund* (statt Motiv), *Bittsteller* für Supplikant, die von Goethe nachgeschriebene *Selbstigkeit* für Egoismus, *Zerrbild* (für Karikatur), *Öffentlichkeit* (statt Publizität), *eignen* und *geeignet* statt qualifiziert, *prickelnd* für pikant, *ergiebig* für lukrativ, *Feldzug, Fehlgeburt, Mehrheit, rechtmäßig, Eigenname, altertümlich, Dienstalter* für Anciennetät, *Tondichter, Zwiegesang* für Duett (zuerst von Goethe, später von Mörike sogar in Gedichten verwendet)?

Die Allgemeine Literaturzeitung erklärte damals Zwiegesang für ›unerträglich‹; aber was haben die, selbst unfruchtbaren, Fremdwörtler nicht alles für unerträglich erklärt und es bald nachher, mit der bekannten liebevollen Vergeßlichkeit des Philisters für seine eignen Dummheiten, so geläufig geschrieben, als hätten sie es seit Kindesbeinen gekannt. Erst jüngst erklärte der Germanist Edward Schröder die festeingebürgerte ›Gaststätte‹ für eine ›unerträgliche Totgeburt‹. Sie wird ihn um Jahrhunderte überleben. – Dieselbe hochgelehrte Zeitung fand Campes Bittsteller für Supplikant ebenso unerträglich; Supplikant erschien ihr erträglicher. Gar fein erwiderte ihr Campe: ›Das Wort Schriftsteller mochte vor 150 Jahren, da die Fruchtbringenden es zuerst aufbrachten, wohl ebenso unerträglich klingen.‹ Den durch die Fremdwörterei vertaubten Ohren klingt allerdings jedes neue, noch so gute Deutsche Wort zunächst unerträglich; jedes neue piepsende, quiekende, zischende, pfeifende, gurgelnde, näselnde Fremdwort wie Sphärenmusik.

Campe empfahl nach Hallers Vorgang, Observatorium durch *Sternwarte* zu ersetzen. Nichts Ergötzlicheres für den Geschichtschreiber der Sprache, als das zeitgenössische Philistergeschwätz dagegen zu lesen: Wartet man der Sterne, wartet man auf die Sterne? Sternwarte ›deckt sich nicht‹ mit dem Begriff, deckt sich nicht mit Observatorium, ist ein ganz unsinniges Wort.

Von Campe wurden nach hartem Streit handlich für *traitable*, Stelldichein für *rendez-vous* durchgesetzt. Über seinen Vorschlag

›verantwortlich‹ für *responsable* wollten sich die Neunmalklugen in Berlin und anderwärts totlachen. Wer glaubt heute, daß gebildete Deutsche jemals *responsable* schreiben konnten?

Zuweilen wurde der fast tollkühne Campe in einer unbegreiflichen Weise schüchtern, dann wieder bockbeinig: *Demoiselle* durch Fräulein zu ersetzen, wie ein andrer Purist vorschlug, dünkte ihn zu weitgehend; Sterblichkeit für *Mortalität* bedenklich, und zum Zerrbild für die *Karikatur* bemerkte er: ›Dies, ich fühle es, ist unter allen vielleicht das gewagteste!‹ Daß Campe mit vielen guten Verdeutschungsvorschlägen nicht durchdrang, z. B. Schautanz statt Ballett, echtigen statt legitimieren, mindert seine außerordentlichen Verdienste um die Bereicherung des neuhochdeutschen Wörterbuches nicht. Auf keinen Fall trifft Goethes Verfluchung alles ›negativen Purismus‹ den im höchsten Grade schöpferisch fruchtbaren Campe.

Der bequeme Spott unfruchtbarer Sprachphilister ist noch einem andern oft sehr glücklichen Neuschöpfer und Verdeutscher, **Ludwig Jahn**, nicht erspart geblieben. Und doch verdanken wir ihm, außer dem Wörterbuch für das Turnwesen (vgl. S. 186), das unentbehrlich gewordene Neuwort *Volkstum* samt *volkstümlich* (für Nationalität und populär) und das so einfach klingende, aber damals tollkühne *Landwehr*. Der waschechte Fremdwörtler hätte von den Franzosen die ›Territorialreserve‹ geborgt und über Hochverrat an der ›internationalen Zivilisation‹, über ›unnationale Verschleimung‹ gezetert, wenn nachher ein Purist ›Landwehr‹ vorgeschlagen hätte.

Jahn zuerst drang auf Deutsche Bezeichnungen der höchsten Heeresämter, auf: *Kriegsherr, Feldoberst, Oberstzeugmeister, Feldzeugmeister* usw. Fast all dies ist jetzt Deutsches Sprachgut. Man hat es heute wohlfeil, über seinen kurzen ›Flinter‹ statt des fünfsilbigen Infanteristen nach Philisterart zu lachen; wäre vor hundert Jahren Flinter eingeführt worden, wie lächerlich klänge uns allen heute der Infanterist! So bekämpfte Jahn den unaussprechlichen Superintendenten und erklärte jedes leidliche Deutsche Wort für besser. Daß die Superintendenten nicht längst von selber einen geschmackvolleren Namen verlangt haben, ist nur durch den bekannten Lateindünkel zu erklären, nicht zu entschuldigen.

○ ○ ○

Ein gar nicht übler Verdeutscher ist der **Volksmund**, dessen Leistungen auf diesem Gebiete man besser Volksdeutschung statt Volksetymologie nennen sollte. Das Ohr des Sprachenunkundigen hört in den meisten Fremdwörtern nur wüstes Geräusch, sucht dieses in verständliche Laute umzusetzen und vollbringt hierbei sehr oft allerliebste freiwillig oder unfreiwillig geistreiche Sächelchen, darunter gelegentlich ein lebensfähiges Wortgebilde. Das *Scharmützel* ist eine sehr alte Soldatenverdeutschung von *scaramuccio*; die *Karoline* im Billardspiel ist entstanden aus *caramboline*, die *Hängematte* aus englischem *hammock* (nach spanisch-indianischem *hamaca*); die französische Modefarbe *bleu mourant* wurde zu *blümerant*, und dieses bekam, ohne weitere Hilfe des Französischen, alsbald noch einen schwer anders auszudrückenden Nebensinn. Das Wort der Schülersprache ›schassen‹ (aus *chasser*) wäre vor tausend Jahren ein nützliches Lehnwort geworden. Daß die Schriftsprache leider noch nicht ›Forsche‹ (*force*) einläßt, während doch *forsch* die geheiligte Schwelle zu überschreiten beginnt, ist bedauerlich; gegen *Energie* hat sie nichts.

Was für eine feine Verdeutscherin war jene Köchin, welche die Deutsche Küche um die Pechhammelkartoffel bereicherte; sie werden nicht schlechter, sicher aber verständlicher gewesen sein als die *à la Béchamel*. – Als in den Zeiten Deutscher Begeisterung für polnische Empörer das Lied aufkam: ›Polen, Polen macht sich frei, Polen bricht die Tyrannei‹, verdeutschte sich das Volk den zweiten Vers in ›Polen bricht die Türen ein‹. – Zu diesen Volksdeutschungen gehören u.a.: ›Mumm haben‹ aus *animum*, das ›Konsifchen‹ aus *convivium*, Ich will dich Moritzen lehren (*mores*) und der wundervolle ›umgewendte Napolium‹ aus *unguentum neapolitanum*. Der Pfälzer hat aus *bouleversement* einen Pulversmann gemacht, der Elsässer aus *chandelle* ein Schandlicht, der Lausitzer hat sich *sukzessive* durch zickzackziefe, der Obersachse *Crimson-rambler* durch Krimskramsler mundgerecht gemacht. Die Jungfernante aus *Gouvernante*, die Zanktippe aus *Xanthippe*, ratzenkahl aus *radikal*, die Birnblank aus *Beurre blanc*, die Mandelbohne (oder Mannheimbohne) aus *Magnum bonum* gehören hierher, und sie alle erheitern uns bei weitem mehr, als sie uns grämen. Der Volksmund ist sprachschöpferisch, die Gelehrtenfeder in zahllosen Fällen sprachverderbend.

○ ○ ○

Es gibt keine festen Grundsätze für das Verdeutschen; dieses ist eine der schönen Künste, die sich ohne angeborene Gabe nicht üben lassen. Die folgenden Winke sollen denn auch nicht das Verdeutschen lehren, sondern nur die Forderungen aussprechen, die wir an gutzuheißende Verdeutschungen stellen. Sie dürfen erstens nicht so sehr aus der fremden Sprache in die Deutsche übersetzt sein – obwohl auch dies oft nicht zu vermeiden ist –, wie aus dem Deutschen Denken ins Deutsche Sprechen. Sie dürfen ferner nicht das Unmögliche bezwecken: den ganzen reichen Begriffsinhalt eines Fremdwortes, der ja in dem Worte selbst fast niemals steckt, sondern hineingelegt wird, durch ein alle Begriffsfarben wiedergebendes Deutsches Wort zu ersetzen. Sie müssen möglichst knapp lauten und sich flüssig sprechen lassen. Endlich: sie müssen ein gewisses Etwas in sich haben, das sich ebensowenig genau umschreiben wie lehren läßt, wovon aber am Ende die Lang- oder Kurzlebigkeit jeder Verdeutschung abhängt. Nur der feine Sprachsinn findet es, die bloße Gelehrsamkeit findet es nie. Der große Übersetzer Voß schrieb hierüber an den großen Verdeutscher Campe das feine Wort: ›Neue Wörter müssen sich selbst wie alte Bekannte, die man nur lange nicht gesehen, einführen und durch ihre auffallende Geschicklichkeit und Anmut das Herz gewinnen.‹

Vor allem keine Pedanterei! Man stelle sich vor, wir hätten nur *Typograph* und sollten ein gutes Deutsches Gleichwort finden. Ein Pedant fordert und ein andrer Pedant schreibt: Schriftsetzer, unbedingt Schriftsetzer, denn was kann der einfache Setzer nicht alles bedeuten! Wie leicht könnte der Leser, der von dem Pedanten für ebenso – klug wie er selber gehalten wird, auf den Gedanken kommen, ein Ofensetzer, Steinsetzer, gar ein Krippensetzer sei gemeint.

Dem Vorsitzenden des Sprachvereins Sarrazin verdanken wir den *Bahnsteig* statt des näselnden Perrons, und jenes nicht üble

Wort hat sich schon fast ganz eingedeutscht. Kerndeutsch wäre es geworden, hätte Sarrazin einfach Steig gesagt; daß wir auf einem Bahnhof nichts mit einem Gebirgssteig oder einem Wildsteig zu tun haben, wissen wir ja. So hat der Sprachfeinsinn des Volkes längst Rad aus Zweirad und Fahrrad gemacht, ohne Mißverständnisse zu erzeugen. – Ein Billett fordern fast nur noch die ungebildeten Reisenden, die andern eine *Fahrkarte*. Einfach eine Karte zu fordern, wagen auch diese nicht, weil sie nicht ganz sicher sind, ob der sich streng nach der ›Instruktion‹ richtende Beamte ihnen nicht Schwierigkeiten machen könnte; gibt es doch auch amtliche Eisenbahnkarten, nämlich die des Bahnnetzes. Seien wir dankbar, daß wir wenigstens Monats- und Jahreskarten bekommen.

○ ○ ○

Die höchsten Ansprüche an das Verdeutschungswort stellt der überzeugte Fremdwörtler. Vom Fremdwort verlangt er so gut wie nichts, begnügt sich mit einer entfernten Andeutung der Begriffswelt, mit der barbarischsten Unform, dem widerwärtigsten Klange, der Unaussprechbarkeit für Deutsche Zungen. Fremdwörter wie: *Lizitation, identifizieren, Inkompatibilität, Mystifikation, Rezepisse, Assoziation* bereiten ihm keine Pein, im Gegenteil hohes Vergnügen. Der alte Jahn, der sich so oft mit den Französlingen herumgeschlagen, schrieb aus seiner Einsicht einmal ärgerlich: ›Es ist merkwürdig, daß die Deutschen an ein Kunstwort, aus einer fremden Sprache eingeschwärzt, nicht den kleinsten Teil der Forderungen machen wie an ein einheimisches. Dort gilt ein leerer Schall als genug zur Bezeichnung: hier kann es nie genug und nicht genug ausdrücken.‹ Daher denn das dumme Gerede: Es deckt sich nicht; Umwelt nicht mit Milieu, Wettbewerb nicht mit Konkurrenz, Behändigung nicht mit Insinuierung. Als die alten Deutschen den runden *discus* der Römer und Griechen für jeden beliebigen Tisch, auch für den viereckigen, einführten, da scherten sie sich den Henker darum, ob rund und eckig sich deckten; aber jener großen Unbefangenheit verdanken wir mehr als 600 gute Lehnwörter. Decken sich doch nicht einmal die besten Deutschen Wörter mit ihren Begriffen; widersprechen sie diesen doch manchmal aufs schroffste oder aufs lächerlichste; außer an den schon erwähnten Handschuh denke man an: Operngucker, Perlmutter, Augapfel, Wachsstreichholz, Backfisch, Baumwolle, Eisbein, Grasmücke, Wetterhahn, Armbrust, Felleisen, Bedienter.

Was haben nicht gewisse eigensinnige Pedanten in der Presse, leider sogar einige in den Schreibzimmern der besten Zeitungen, gegen *Schriftleitung* und *Schriftleiter* vorgebracht! Man leite doch keine Schrift, man leite auch keinen Druck, – kurz, überaus weise Gründe. Aber der Schriftleiter leitet das gesamte Schriftwesen seiner Zeitung, daher der treffliche Name. Als ob Redakteur und Redaktion genau das bezeichnen, was in den Zeitungstuben vorgeht. Sicher werden Redakteur und Redaktion mit der Zeit verschwinden, und nach höchstens 25 Jahren wird all jenes Gerede so leer klingen, wie das im 18. Jahrhundert gegen Schriftsteller für *Autor*. Klopstock wetterte dagegen mit den wörtlich gleichen Gründen, die heute gegen Schriftleiter vorgebracht werden: ›Stellt man denn Schrift? Deutsche, zaudert nicht länger, dies Wort zu verbannen!‹

Was für ein schlicht schönes Wort ist *Gelese* oder *Geles* für Lektüre: Frau Rat schreibt es wiederholt, vielleicht war es ihre eigne Erfindung. Wer wird es heute wagen? Nein, die alltägliche Sache muß reinfranzösisch ausgedrückt werden. Am Ende finden gar die Fremdwörtler Gelese niedrig? – Den unlautern Wettbewerb statt der *Concurrence illoyale*, richtig *déloyale*, erklärte Hans Delbrück 1896 für ›fürchterliches modernstes Kunstdeutsch‹. Heute ist es jedenfalls nicht mehr modernst, und aus dem Kunstdeutsch scheint es selbstverständliches Naturdeutsch geworden zu sein.

Campes Vorschlag, statt *locus communis* zu sagen Gemeinort oder Gemeinplatz, erregte den Zorn Adelungs; Gemeinort war ihm ›eine buchstäbliche und daher sehr ungeschickte Übersetzung. Noch verwerflicher ist das von Andern gewagte Gemeinplatz‹. Das noch Verwerflichere hat alles andre verdrängt.

○ ○ ○

Daß es kein selbständiges ›Leben der Sprache‹ gibt, sondern nur ein vom bewußten oder unbewußten Willen sprechender Menschen abhängiges, beweist kein Beispiel überzeugender als die Säuberung des Deutschen Behördenwörterbuches durch die höchsten Männer in Reich und Staat. Man denke an Stephans 600 Verdeutschungen allein im Postwesen, von denen nur noch die Gebildetsten wissen, daß statt ihrer einst halblateinische und halbfranzösische Wörter amtlicher Gebrauch waren. Wer sagt heute noch *Rekommandiert*, wer noch *Posterestante*, wer *Insinuationsdokument*? Wer ahnt noch, daß dieses Wortungetüm in unserm sprachlichen Mittelalter, d. h. bis gegen 1880, Behändigungsschein bedeutete? Nun lese man aber das ebenso philisterhafte wie unwissenschaftliche Gegakel, das die, schon nach wenigen Jahren völlig eingedeutschten, Ersatzwörter bei den Fremdwörtlern hervorriefen! Da wurde mit jener Sprachenunkenntnis, die den meisten Fremdwörtlern eigen, behauptet, die Ausländer, die teuren Ausländer, denen zuliebe wir unsre Sprache beschmutzen sollen, würden unser Eingeschrieben und Postlagernd nicht verstehen. Wurde gejammert über die Zerreißung der ›internationalen Völkergemeinschaft‹ durch das Einführen von Ausdrücken, die von dem kosmopolitischen *Rekommandiert* und *Posterestante* abwichen. Bis ihnen der sprachenkundige Reichspostmeister Heinrich Stephan nachwies, daß für *Rekommandiert* und *Posterestante* fast in allen Ländern ganz andre Wörter gebraucht werden.

Ähnlich steht es mit den Verdeutschungen im Eisenbahnwesen, z. B. mit Abteil, Bahnsteig, Ortsverkehr, Fernverkehr. Wer spricht heute noch vom Lokalverkehr, Externverkehr? Besonders gegen Abteil führten die Fremdwörtler die ausgetifteltsten sprachlichen Gründe ins Feld. Dabei war es gar kein ganz neues Wort: es stand schon in einem Kriegswörterbuch von 1814 für Sektion. Heute hat es das *Coupé*, das es ja im Französischen in der Bedeutung unsers Abteils gar nicht gibt, so gut wie ganz verdrängt. Im Straßenbahnverkehr gelten schon längst keine Billetts mehr, nur noch Fahrscheine. Leider wird die amtliche Verdeutschung vielfach den papierensten unter den Beamten überlassen. Bis vor kurzem prangte auf dem Lehrter Bahnhof in Berlin eine mächtige ›Personenfahrpreistafel‹. ›Fahrpreise‹ würde genügen. Immerhin war selbst jenes Deutsche Wortungetüm der großen Mehrzahl der Reisenden verständlicher als der Personentarif. Gildemeister schrieb 1886:

›Das Publikum (er meinte die Reisenden) und die Schaffner sagen nach wie vor Coupé. Coupé ist kurz und handlich.‹ Dies mochte 1886 zutreffen, schon heute ist es falsch. Daß Coupé kürzer und ›handlicher‹ sei als Abteil, bestreite ich.

Bei der Fahrpost gab es in alten Zeiten einen Kondukteur neben dem Postillon; er entsprach dem heutigen *Zugführer* oder *Schaffner*. Ich erinnere mich, daß es noch in den Sechzigerjahren auf der preußischen Eisenbahn meist Kondukteur hieß: wohin ist der entschwunden? In Österreich lebt er allerdings noch fort. – Was ist aus dem Konstabler geworden, der bis nach 1848 die Straßen Berlins beherrschte? Der, zuerst natürlich von allen Philistern verlachte, *Schutzmann* hat ihm das sprachliche Lebenslicht ausgeblasen.

Bis tief ins 19. Jahrhundert gab es im preußischen Heer keinen Hauptmann, sondern einen Kapitän. Die lächerlichsten Einwände wurden gegen den *Hauptmann* vorgebracht, als die Verwaltung ihn einführen wollte. Zweifellos würde ein Deutsches Ersatzwort für Leutnant – etwa Leutmann? – sich überraschend schnell einbürgern, und nach einem Menschenalter würde der Leutnant ebenso befremden wie heute der Kapitän. Überhaupt verdanken wir der Heeresleitung eine große Zahl ausgezeichneter Verdeutschungen, die bei der straffen Zucht nach wenigen Jahren festgewurzelt waren. Für wie unentbehrlich galten einst *Terrain, Lisière, Plateau, Tête, Avantgarde, Arrièregarde, Rekognoszierung, Requisition* usw., und wie schnell haben sich Gelände, Saum oder Rand, Hochfläche, Spitze, Vorhut, Erkundung, Beitreibung an ihre Stelle gesetzt. Gegen Gelände statt Terrain eiferte, selbstverständlich, Hans Delbrück. – Clausewitz ging so weit, *esprit de corps* mit ›Innungsgeist‹ (beim Heere!) zu verdeutschen. – Gegen ›Garde‹ ist um so weniger einzuwenden, als es ein französisches Lehnwort aus Deutscher Wurzel (›Warte‹) ist.

›General‹ ist ein schönes, durch Heldentaten geadeltes Fremdwort (bei Schenkendorf: ›Preußen, euer General‹). Aber selbst dieses taugt nicht für den höchsten Stil, – welch eine Lehre! In Geroks herrlicher Trauerrede auf König Wilhelm 1. hieß es: *Manchen seiner treuen Räte und Diener, seiner tapferen* **Waffenbrüder** *und* **Feldhauptleute** *mußte er scheiden sehen aus der Tafelrunde seiner Helden* (nicht, wie bei Fontane, Paladine! vgl. S. 291). Fürwahr, die feinsten Fremdwörter sind bei erhabener Gelegenheit nur ›zweite Garnitur‹. – Die Verdeutschungen im Heere während des Weltkrieges gehen in die Dutzende. Bei der Reichswehr gibt es nicht mehr Corps, sondern Truppe.

Der gleiche Vorgang in der Rechtsprache. Das frühere Deutsche Handelsgesetzbuch mit seinen 2620 ›Paragraphen‹ vermochte alle Rechtsverhältnisse bis auf das eine Fremdwort ›Hypothek‹ Deutsch auszudrücken. Der erste Entwurf des Deutschen Bürgerlichen Gesetzbuches enthielt noch eine Menge überflüssiger Fremdwörter; sie wurden beseitigt, und es geht vortrefflich ohne sie. Verschwunden sind *Appellation, Expropriation, Advokat, Exekutor, Conat, Delikt, vidimiert, Zession, Interessent, Akkord, Defizit, Insinuation, insinuieren*, und was das Beste: sie sind nicht bloß aus der Amtssprache verschwunden, auch das Volk kennt sie nicht mehr. Ein anständiger Mensch muß ja solche fremdlautige Welscherei eigentlich als ›Tusch‹ empfinden. So tat König Friedrichs wackrer Gesandter von Plotho, als ihm der Notarius Aprill am Regensburger Reichstag 1757 die Reichsacht zu ›insinuieren‹ kam, worüber der Herr Notarius nach Wien berichtete: ›Was, du Flegel, insinuieren? und stoßete und schubste sothane Citation benebst dem Opponendo vorwärts zwischen meinen Rock mit aller Gewalt hinein, druckete mich bei dem Mantel haltend zum Zimmer hinaus und ruffete zu den zwei Bedienten: Werfet ihn über den Gang hinunter!‹ Welch lobebäres, nachahmenswertes Puristenstückchen! Im 18. Jahrhundert war es so berühmt, daß der Knabe Goethe es erfuhr (›Dichtung und Wahrheit‹ 1, 5).

Daß Friedrich der Große, von dem immer behauptet wird, er habe das Deutsche kaum verstanden, oder doch sehr geringgeschätzt, gar nicht übel Deutsch schreiben konnte, habe ich schon in meiner Deutschen Literaturgeschichte nachgewiesen. Es gibt aber einen wenig bekannten, höchst beachtenswerten Brief Friedrichs an den Minister von Broich, der des Königs Ansicht über das Wesen der Fremdwörterei unzweideutig ausdrückt. Der Minister hatte ihm das Todesurteil über eine Kindesmörderin zur Bestätigung übersandt, das in dem damals üblichen küchenlateinischen Kauderwelsch abgefaßt war; hierauf erging aus Potsdam unter dem 7. August 1744 folgender Erlaß des Königs:

Ich remittire Euch beikommende Ordre unvollzogen. Ihr hättet von selbsten leicht einsehen können, wie es sich ganz nicht schicke. Mir Rubriquen, so mit viel juristischem Latein bespickt sind, vorzulegen, da solche zwar denen Juristen-Facultäten, Schöppenstühlen und Kriminalgerichten bekannt genug sein mögen, vor Mir aber lauter Arabisch sind. Ihr hattet solches auch in dieser Pièce soviel mehr verhüten sollen, da es auf Menschenleben ankommt, und ich keineswegs dergleichen mit so vielen Mir unbekannten Worten angefüllete Confirmationes unterschreiben kann, ohne den wahren Inhalt zu wissen. Ihr sollet also mit dergleichen lateinischen Rubriquen sparsamer sein und, wenn Ihr etwas berichtet oder zur Unterschrift schicket, hübsch Teutsch schreiben, solches auch denen Secretarien der Kanzlei bekannt machen.

○ ○ ○

Wer sich mit der Geschichte der Welscherei eingehend beschäftigt, muß sich eigentlich über jedes Deutsche Wort für einen neuen Gegenstand wundern. Wie merkwürdig ist es z. B., daß bei der ersten Einführung der Eisenbahn in Deutschland, die zumeist durch Engländer geschah, nicht *train, track, rail, switch* usw. aufkamen, sondern Zug, Geleise, Schiene, Weiche. Der Wagen hat längst den Waggon verdrängt. Station hat allerdings lange vorgeherrscht; heute fragt wohl niemand mehr: Wo ist die Station? sondern: Wo ist der Bahnhof?

Wie ein Wunder ist mir stets der von Helmholtz erfundene *Augenspiegel* erschienen. Man denke nur: ein ganz einfaches, jedem verständliches, ganz Deutsches Wort statt eines großartigen *Ophthalmoskops*! Unfaßbare, nach H. Delbrück unnationale Verschleimung. Hätte aber Helmholtz *Ophthalmoskop* gesagt, so wäre die Verdeutschung mit Augenspiegel auf den größten Widerstand gestoßen, auf so großen wie noch heute Fernsprecher statt Telefon bei zahllosen Welschern.

Wie merkwürdig ferner sind Birne, Strumpf, Glühstrumpf: so oft ich sie höre, staune ich über die vorzüglichen Deutschen Wörter statt der so ›natürlichen‹ *Inkandeszenzlampe* und *Bec Auer* (sprich: Oähr). Man stelle sich das Gezeter der Freunde ›der Entwicklung der weltbürgerlichen Aneignungsfähigkeit‹ vor, wenn *Bec Auer* oder *Inkandeszenzlampe* eingeführt, und von einem dummen Puristen ›Strumpf‹ oder ›Birne‹ zum Ersatz vorgeschlagen worden wären!

Wie erstaunlich sind Abgeordnete und Abgeordnetenhaus statt Deputierter und Deputiertenkammer! Dafür sind aber fast alle Parteinamen küchenlateinisch, und Richard Wagner durfte nicht ganz ohne Grund bemerken: ›Schon die Benennungen, welche sie sich beilegen, sagen, daß sie nicht Deutscher Herkunft, somit gewiß auch nicht von Deutschem Instinkte (!) beseelt sind.‹

Blitzzug statt *Rapide*, Stichwahl statt *Ballotement*, Dreibund statt *Triple Alliance*, Schutz- und Trutzbündnis statt *Defensiv-* und *Offensivallianz*, Lichtdruck statt *Phototypie*, die es übrigens nebenbei noch gibt; Schutzzoll statt *Protektionszoll*, Füllfeder statt *Fountainpen*, Zündnadelgewehr statt *Perkussionsgewehr*, Hinterlader statt *Breechloader* oder *Culasselader*, Deutscher Schaumwein statt Deutscher Mussöh: alle diese Deutsche Wörter grenzen an Wunder.

Die *Patina* scheint jetzt langsam zu verschwinden, sie wird durch *Edelrost* ersetzt. Man hätte das schöne Wort viel früher einführen sollen; Wieland schrieb schon im Deutschen Merkur von 1790 ›edler Rost‹, und das Athenäum der Schlegel schrieb es ihm nach. – Im Reichstage Deutscher Nation wurde bis in den Anfang der Achtzigerjahre des 19. Jahrhunderts nie anders als *agent provocateur* gesagt; ein junger Dichter, Karl Henckell, mußte kommen und ihn das Wort Lockspitzel lehren.

Wie schön klingt, wie sinnlich wirkt Alexander von Humboldts *Ostwelt* für Orient: ›die alten Sagen der Ostwelt‹ (in den Ansichten der Natur). Und doch gehört Orient zu den meist für unersetzbar gehaltenen Fremdwörtern. – Ist es sträflicher Purismus, wenn Keller (in der ›Armen Baronin‹) schreibt: *Täglich einige Stunden auf dem Ministerium als Freiwilliger arbeitend*? Ist dies weniger vornehm als *Volontair*? Arndt schrieb *Bänker* statt Bankier, – warum frischt man das gute Wort nicht auf? Bei Chamisso, dem französischen Deutschen, steht: ›Der Gurt der Erde mißt 5400 Meilen‹; ist *Äquator* (Gleicher!) unbedingt notwendig?

Varnhagen verdeutschte wiederholt Notizen durch Anmerke; Merke wäre kürzer, also besser, – wer darf das heute wagen? In Worms heißen die Logen des Festspielhauses seit Jahren *Lauben*; kein Mensch sagt dort jetzt noch Logen. Im Schauspielhause zu Berlin ist der amtliche Name für Kulissen: *Flügel*, ein treffliches, fest eingebürgertes Wort. – Statt ›Kinematograf‹ (im Volksmunde ›Kientopp‹) heißt es jetzt fast allgemein *Lichtspiele*.

Alle diese Verdeutschungen, die verzehn-, verhundertfacht werden könnten, sollen beweisen, wie weit, wie fast grenzenlos weit die Verdeutschung gehen kann, wenn sie vom guten Geschmack eingegeben und mit festem Willen durchgesetzt wird. Zur Zaghaftigkeit auf diesem Gebiet ist kein Grund; ein Deutsches Wort müßte schon ganz ungeschickt ersonnen sein und sehr übel klingen, wenn es nicht bei Gebildeten wie Ungebildeten nach kurzer Zeit das Fremdwort verdrängt haben sollte. Allerdings, so leichtfertig, so roh darf man beim Verdeutschen nicht verfahren, wie beim Einschleppen immer neuer Fremdwörter gewütet wird. Immer muß man sich bewußt bleiben, daß das Deutsche Wort ja für die Dauer bestimmt ist, während das fremde Wort durchschnittlich nur für ein Menschenalter auszureichen braucht. Ein so häßliches und überflüssiges Wort wie Lamprechts Reizsamkeit darf nicht beim Verdeutschen gewählt werden. War etwas Ähnliches nötig – doch wozu? wir haben ja Reizbarkeit, Erregbarkeit und andre –, so hätte ein Verdeutscher mit gebildeten Ohren Erregsamkeit geschrieben.

○ ○ ○

Selbst die entschiedensten Freunde sprachlicher Sauberkeit behaupten nicht, daß jedes noch so fest eingebürgerte Fremdwort sich ohne weiteres durch ein Deutsches ein für allemal ersetzen lasse. Dies ist aber nicht so zu verstehen, daß nicht für jedes Fremdwort ein gutes Deutsches zu finden wäre; eine solche Annahme wäre gleichbedeutend mit dem Armutszeugnis für die Deutsche Sprache. Nicht an der Ohnmacht unsrer allgewaltigen Sprache scheitert das Verdeutschen aller Fremdwörter, sondern an der notwendigen Rücksicht auf eine vielhundertjährige Geistesentwicklung, gleichviel ob man diese für glücklich oder unglücklich hält. Es geht nicht an, gewisse Fremdwörter, die durch unsre großen Dichter und Denker die Deutsche Adelswürde empfangen haben, ebenso zu behandeln, wie den gemeinen Packtroß des gelehrttuenden Welsch. Wir wollen die Verse ›Nichtswürdig ist die

Nation, die nicht ihr Alles freudig setzt an ihre Ehre‹ nicht anders hören; wollen nicht rühren lassen an: ›Wie herrlich leuchtet mir die Natur!‹; haben nichts gegen ›Grau, teurer Freund, ist alle Theorie‹, nichts gegen ›Mit Worten ein System bereiten‹. Hieraus folgt aber mit nichten, daß es nun in jedem Falle einzig und allein heißen darf: Nation, Natur, Theorie, System. *Volk* ist so edel wie Nation, *völkisch* wie national, und selbst der gelegentliche Mißbrauch durch die einseitig und aufdringlich Völkischen wird dieses gute, ja unentbehrliche Deutsche Wort nicht mehr verdrängen. Es bedeutet genau das Gleiche wie Deutsch (*diutisk* = völkisch). Gegen ›volklich‹ gibt es naheliegende Bedenken, gegen ›völkisch‹ kein einziges. Was der Germanist Röthe dagegen vorgebracht, war unwissendes, ihn aufs äußerste bloßstellendes Gewäsch. In mehr als einem Falle darf, ja muß selbst für Natur ein gefühlteres Wort gesetzt werden; der große Schriftsteller wird entscheiden, wann er z. B. *die Zeugemutter* (vgl. S. 412), *das Weltwesen, die Unendlichkeit, das All, das Weltall, das Alleben* und noch manches andre wählen darf statt der stark abgenutzten Natur. Kultur ist keins der schlechtesten und überflüssigsten Fremdwörter; aber ichhoffe, meine Leser haben den Ersatz: *Sitten(geschichte), Bildung* und *Bildungsvölker* oder *Geistes(entwicklung)* in diesem Buche ohne weiteres verstanden und gebilligt.

Der Deutsche Sprachverein rühmt sich seines Grundsatzes: ›Kein Fremdwort für das, was Deutsch gut ausgedrückt werden kann.‹ Über die Bedenklichkeit, ja Gefährlichkeit dieses Grundsatzes handelt mein ›Sprich Deutsch!‹ eingehend (S. 230–232). Der Grundsatz fürs Deutschsprechen hat zu lauten: **Kein Fremdwort für das, was Deutsch gesagt werden kann**‹; Deutsch aber kann alles. Deutsch soll alles gesagt werden. Was dem Schreiber dieses Buches mühelos gelang, wird jedem Deutschen Schreiber gelingen, der eines guten Willens ist und seine Ehrenpflicht gegen Vaterland und Sprache fühlt.

Gar wandelbar sind die Ansichten über die angebliche Unentbehrlichkeit gewisser Fremdwörter; zahlreiche Beispiele des Verschwindens einst tiefgewurzelter, für unersetzlich gehaltener stehen auf den vorangehenden Seiten. Dem bewußten Welscher ist jedes seiner Fremdwörter unersetzlich, jedes drückt nach seinem Wahnglauben eine ganz einzige Nüankße aus. Doch nicht mit dem Welscher wollen wir hierüber streiten, sondern mit dem sprachfeinsinnigen Schreiber, der grundsätzlich das Deutsche Wort dem fremden vorzieht und nur für gewisse wenige Fremdwörter Ausnahmen zulassen will; mit ihm ist die Verständigung nicht schwer. Kein Gehör gebührt der Redensart: Man darf im Verdeutschen nicht zu weit gehen. Der krankhaften Übertreibung der Welscher gegenüber wäre selbst eine gelinde Übertreibung im Verdeutschen nicht verwerflich, denn so sinnlos wie das auszutreibende Übel könnte sie niemals werden. Indessen an solche Übertreibung denkt ja kein Freund der Sprachsauberkeit. Wie bei gewissen lasterhaften Angewöhnungsleiden, bei der Schnaps- oder Opium-Sucht, der kluge Arzt nicht mit plötzlichem Entziehen, sondern mit langsamem Giftvermindern heilt, so der Spracharzt beim Verdeutschen. Gäbe es nur die einstweilen noch unersetzbaren 40 oder 50 Fremdwörter, so redete ja kein Mensch über die Fremdwörterfrage. Ob wir für alle Ewigkeit Nation, Natur, Musik usw. beibehalten müssen, darüber wollen wir die Entscheidung getrost unsern Enkeln anheimstellen.

Goethe hielt *sekretieren, Apprehension, Esprit* für unersetzbar. Das letzte ist schon viel seltner geworden als zu seiner Zeit, das erste fast ganz verschwunden, das zweite verschollen, und doch gab sich Goethe (in einem Brief an Schultz vom 25. Mai 1816) große Mühe, Apprehension zu verteidigen. Adelung verwarf ›Schutz- und Trutzbündnis‹, erklärte ›*Defensiv- und Offensiv-Alliance*‹ für unentbehrlich, verwarf ›Geschwader‹ für *Escadre*. Unentbehrlich scheinen die meisten Fachausdrücke der Philosophie, und doch übersetzte Wilhelm Schlegel mit feinem Gefühl Shakespeares Verse im ›Hamlet‹:

There are more things in heaven and earth, Horatio,
Than are dreamt of in your philosophy.
Es gibt mehr Ding' im Himmel und auf Erden,
Als eure Schulweisheit sich träumt, Horatio.

Schluß für *Konklusion* stammt erst aus dem 18. Jahrhundert; Vorstellung als Wechselwort für *Idee* rührt von Christian Wolf her. Eucken weist in seiner ›Geschichte der philosophischen Terminologie‹ nach, daß ziemlich junge Verdeutschungen sind diese den früheren Fremdwörtlern abgerungenen: *Entwicklung, Einteilung, Gegenstand, Gemeinwesen, Genauigkeit, Lehrsatz, schließlich, wahrscheinlich, Wahrscheinlichkeit.* Noch der Deutschgesinnte Thomasius war so tief in der Fremdwörterei seiner Zeit befangen, daß er für unübersetzbar hielt: *Attention, attent, sublevieren* für unterstützen, *abkopieren* für abschreiben, *Promessen* für Versprechungen, *imprimieren* für einprägen, *präsupponieren* für voraussetzen. Kein einziges dieser Fremdwörter wird mehr gebraucht.

Für unersetzbar gelten heute noch *Interesse, interessant, interessieren.* Nie kommen mir diese häßlich klingenden verwaschenen Wörter in die Feder oder auf die Lippen, und nie war ich um eins der hundert guten Deutschen Wörter verlegen, deren jedes seine eigne Farbe hat, wie der ärgste Fremdwörtler zugeben muß. Für interessant allein kann man je nachdem schreiben: wertvoll, beachtenswert, merkwürdig; – reizend, reizvoll, prickelnd, entzückend, anziehend, fesselnd, spannend, packend, anregend, ansprechend; – unterhaltend, vergnüglich, ergötzlich; – lehrreich, belehrend, inhaltreich, willkommen, angenehm, hübsch, eigenartig, eigentümlich usw. usw. Indessen der Fremdwörtler sagt überlegen: Was ist das alles gegen meine Zauberformel *interessant*? Goethe hatte die Waschlappigkeit von *interessant* gefühlt, als er es in seinem Götz strich. Über die Vieldeutigkeit von *Interesse* bei Kant vgl. S. 632. Und was bedeutet bei J. R. Lenz: *Das Interesse ist der große Hauptzweck des Dichters*? Erst viel weiterhin entdeckt man: Spannung.

Das Haus Siemens-Schuckert bedient sich schon seit Jahren grundsätzlich nicht mehr des Wortes *Interesse*, etwa in einer Wendung wie *Interessensphäre*, sondern schreibt kühn und gut ›Belange‹ (man denke an: Dies ist von keinem Belang), also auch: ›Kreis unsrer Belange‹. Gewiß klingt dies, wie so viele ausgezeichnete Verdeutschungen, auf den ersten Ton ein wenig fremd, was nicht verwunderlich ist nach dem allzu langen Gebrauch des fremden Wortes statt des Deutschen; es gilt aber hier wie überall der grundlegende Satz Lessings über alle Verdeutschung: bei Gelegenheit des ersten Gebrauches von ›empfindsam‹ statt *sentimental* schrieb er an Bode, was auf S. 100 zu lesen steht.

›Unersetzlichkeit‹ der Fremdwörter

Ohne *individuell*, fünfmal, zehnmal hingeschmiert, erscheint heute schwerlich ein längerer Aufsatz über Dichtung oder bildende Kunst; das Gleiche gilt von *charakteristisch*. Goethe schreibt für beides sehr häufig ›bedeutend‹, z.B. in den ›Wahlverwandtschaften‹ über Luciane: *Ihr schöner Wuchs, ihre volle Gestalt, ihr regelmäßiges und doch bedeutendes Gesicht.*

○ ○ ○

In den Xenien Schillers heißt es mehr spitzfindig als geistreich gegen Campe:

> Sinnreich bist du, die Sprache von fremden Wörtern zu säubern;
> Nun so sage doch, Freund, wie man **Pedant** uns verdeutscht.

Der arme Campe erwiderte mit einigen schwachen Gegenversen; er hätte Schillern ganz anders zu schaffen machen können. Wie, wenn er ihn gefragt hätte: Künde mir, Schiller, zuvor, aus welcher Sprache entnommen, was es darin wohl besagt, wer es zu uns denn gebracht? Oder was hätte ihm Schiller Triftiges entgegnen können als die Antwort: Wir können im Deutschen auf mindestens zehn gute Arten Pedant ausdrücken: Schulfuchs, Kleinmeister, Kleinigkeitskrämer, Fädchenzähler, Linsenzähler, Mückenseiher, Silbenstecher, Quengler usw., alle sinnenhafter, schärfer, geistvoller als das eigentlich doch unverständliche Pedant. Die Franzosen, die es nicht erfunden, aber zu uns gebracht, haben nur dieses Wort, dessen Anwendung auf die Dauer langweilt. Campe hat nachmals wirklich Schulfuchs für Pedant vorgeschlagen und ist damit durchgedrungen, allerdings ohne Pedant zu verdrängen. Das außerdem von Campe vorgeschlagene Ersatzwort Steifling taugt nicht viel. Neuerdings wurde Peinling empfohlen; welcher bedeutende Schriftsteller wagt es damit? Es würde sich überraschend schnell einbürgern.

Gildemeister, der leider oft für die seltsamsten Fehlschlüsse genannt werden muß, meinte 1886: ›Wir würden außerstande sein, den Begriff des englischen *pluck* wiederzugeben [müssen wir das unbedingt?], wenn wir das Wort *Courage* verschmähen wollten.

Courage ist für uns (?), durchaus nicht im Französischen, der animalische Mut, wie ihn tüchtige Jungen und gute Dachshunde zeigen.‹ Und doch gehört *Courage* heute zu den aussterbenden Fremdwörtern, und doch haben wir ein, leider oft mißbrauchtes, urdeutsches Wort, das viel treffender und kürzer genau dasselbe besagt wie *pluck*: Schneid. Es ist sogar noch viel besser als *pluck*. Aber Gildemeister, der *courage* für die unentbehrliche Wiedergabe von *pluck* hält, hätte doch nichts einwenden dürfen gegen ein neues Fremdwort *pluck*! Schade übrigens, daß Traute (Traute haben) noch nicht schriftdeutsch ist. Wie merkwürdig aber, daß die Franzosen, die auf Tapferkeit in allen Graden so großen Wert legen, sich keine der fremden Nüankßen angeeignet haben! Hält Gildemeister die Deutschen für verpflichtet, *Courage* aufzunehmen, ei warum hat nie ein Franzose daran gedacht, Mut oder Schneid oder Tapferkeit oder *pluck* zu schreiben, die doch für ihn auch irgendeine neue Farbe haben müßten? So landen wir immer an derselben Sandbank der Betrachtungsweise: Wir Deutsche leiden an dem krankhaften Reiz, jede kleine fremdsprachige Nebenfarbe eines Begriffes aufzugreifen; keinem Fremden fällt es ein, sich aus dem reichen Farbenschatz des Deutschen eine einzige anzueignen.

In einer Schulsprachlehre finde ich als ›Fremdwörter, die ebensowenig zu entbehren sind wie die Lehnwörter‹, aufgeführt: *Despot, Tyrann, Demokrat, Pedant, Roman, Pöbel* (schon längst Lehnwort), *Orchester, Melodie, Satire, Idee, Literatur, Audienz, Möbel* (Lehnwort!), *Modell, Konzert, naiv, klassisch* (schon Lehnwort), *marschieren.* Das Verzeichnis ist zu lang oder zu kurz: ganz unentbehrlich ist nicht die Hälfte, in gewissen Fällen durch Wechselwörter ersetzbar sind alle; und sollen einmal die fast unentbehrlichen aufgezählt werden, dann dürfen z. B. nicht fehlen: *Natur, Musik, Novelle, Lyrik* und *lyrisch, Drama* und *dramatisch, tragisch, Tragik, Politik, Kritik, Religion, Oper, Phantasie, Maschine.* Nun wohl, nicht eins von allen diesen ›unentbehrlichen und unersetzbaren‹ steht immer und unterschiedslos z. B. in der neusten Auflage meiner zweibändigen Deutschen Literaturgeschichte und in meinem Buch über Goethe. In weit mehr als zusammen hundert Fällen habe ich jedes ohne Mühe durch Wechselwörter ersetzt, die ich an ihren Stellen für ebenso gut, ja für wirksamer hielt, und noch nie hat ein noch so strenger Beurteiler meiner beiden Arbeiten mir eine der Stellen gerügt, wo ich solche Verdeutschung vorgenommen hatte; er hat sie wahrscheinlich gar nicht bemerkt.

Der ungeheure Schriftenhaufe über das Wesen des **Tragischen** rührt überwiegend daher, daß ein griechisches Wort gebraucht wird, das an sich für uns gar nichts besagt, denn die wörtliche Übersetzung ›bocksmäßig‹ deutet wohl auf den geschichtlichen Ursprung, nicht aber auf den jetzigen tiefen Sinn des Wortes. Die Hunderte von Büchern, die Tausende von Abhandlungen über das Wesen des Tragischen sind im letzten Grunde nichts andres als mühselige und doch hoffnungslose Versuche, ein an sich sinnloses Fremdwort so zu erklären, daß alle Welt mit der Erklärung einverstanden sei. Hätte man von Anfang an ein kernhaftes Deutsches Wort für ›tragisch‹ gewählt oder geprägt, gleichviel welches – Lessing wäre der Mann dazu gewesen –, so gäbe es zwar immer noch den Streit darüber, ob dieses oder jenes Drama eine echte ›Tragödie‹ sei; aber wir hätten dann wenigstens einen festen Begriffsboden des Tragischen. Lessing hätte vielleicht eine schlagende Zusammensetzung mit ›traurig‹ (urtraurig, großtraurig, grundtraurig) geprägt, hätte dieses Wort der Deutschen Kunstwelt aufgezwungen und vielem wissenschaftlichen Streit, wie so oft nur Wortstreit, ein Ende gemacht. Schon ›trauerspielig‹ sagt mehr als *tragisch*, denn dieses sagt gar nichts. Welch ein Glücksfund Schottels war Lustspiel für *Komödie*!

Für unentbehrlich gilt *Publikum*; aber Jahrhunderte hindurch hatte man sich ohne es beholfen, erst 1760 schrieb Gottsched: ›In Berlin heißt das Ding itzt Publikum.‹ Nie kommt mir das häßliche Wort in die Feder, nie bin ich in Verlegenheit um ein besseres Deutsches gewesen. Aristoteles begnügte sich durchweg mit ›Zuschauer‹. – Für ebenso unersetzbar gilt heute *Aristokrat*; es ist nicht vor 1796 nachzuweisen (zuerst bei Jean Paul), *Aristokratie* nicht vor 1806.

○ ○ ○

Hieran möchte ich eine sehr notwendige allgemeine Bemerkung über eine der Haupttriebfedern der Fremdwörterei knüpfen. Sie heißt **Pennälerei**, Wissensprotzerei, Schuldünkel oder, um sie mit einem Ismus in den wissenschaftlichen Sprachgebrauch einzuführen: *Pennalismus*. In Deutschland, mehr als in andern Bildungsländern, herrscht das kindliche Streben, bei jeder Gelegenheit kundzutun, daß man eine höhere Schule besucht hat. Wer nun gar auf einem ›humanistischen Gymnasium‹ gewesen, gleichviel ob er es mit dem Reifezeugnis oder mit geknickter Tertianerbildung verlassen hat – die Welt muss erfahren, daß er in seinen Knabenjahren Latein, Griechisch, Französisch zu lernen gezwungen wurde. Man darf von einem wahrhaft gebildeten Manne fordern, daß er seine Bildung durch den Inhalt dessen, was er schreibt, bekunde und daß er das schlichtstolze Bewußtsein habe, jedermann werde ihm seine höhere Bildung ohne die eitlen Mätzchen der Pennälerei anmerken.

Der tiefste seelische Grund aber, warum von vielen nicht ganz wertlosen Schreibern gefremdwörtelt wird, ist dieser: Sie sind eben trotz allem Dünkel nicht völlig sicher, daß das, was sie zu sagen haben, siegreich überzeugend sei für ihre geistige Bedeutung, müssen also durch läppische kleine Äußerlichkeiten fortwährend ins Gedächtnis rufen, daß sie wenigstens das amtliche Schulzeugnis, die Bildungspapiere, die staatlich abgestempelte Berechtigung zur höheren Bildung besitzen. Die herrlichste Bestätigung dieser meiner Erklärung des Fremdwortdünkels als einer lebenslänglichen Pennälerei erfuhr ich jüngst durch einen Kunstschreiber, den Leiter eines großen Museums. Als ich ihn frug, warum er in seinen Schriften so arg fremdwörtle, erwiderte er mir stolz entrüstet: ›Soll ich denn meine akademische Bildung ganz verleugnen!‹ Meine Gegenfrage: ›Müßte sich nicht Ihre akademische Bildung jedem durch den Gehalt Ihrer Schriften offenbaren?‹ überzeugte ihn nicht.

Nicht unersetzbar sind sämtliche Ausdrücke der Sprachlehre. Solange freilich durch die obersten Schulbehörden keine einheitliche Bezeichnung für Deklination, Konjugation, Indikativ, Konjunktiv, Imperfektum, Plusquamperfektum, Nominativ, Akkusativ, Komparativ usw. usw. eingeführt ist, bleibt vielen Freunden reiner Sprache nichts übrig, als mit den römischen Wölfen zu heulen. Nicht unerwähnt sei, daß alle jene gutlateinischen Kunstwörter von den sprachgesunden ›puristischen‹ Römern bewußt zum Ersatz der griechischen gebildet wurden. Daß die Schulbehörden wie die Macht so das Recht zur Verdeutschung hätten, steht außer Frage. Jedenfalls darf man schon jetzt überall da, wo allgemeines Verständnis gesichert ist und eine gewisse Übereinstimmung platzgreift, ruhig Deutsch schreiben: Hauptwort, Zeitwort, Geschlechtswort, Tatform, Leideform (obwohl der silbenstechende Schulfuchs höhnen wird: handelt, tut, leidet denn die Form?), Gegenwart, Zukunft, Beiwort, Umstandswort, Bezugsatz (Relativsatz), Bin-Form, Sei-Form (Indikativ, Konjunktiv) und so weiter.

○ ○ ○

In allen früheren Auflagen dieses Buches bis zum Jahre 1920 hatte ich, aus überflüssiger Rücksicht auf den an allen unsern höheren Schulen herrschenden Pennälergebrauch der lateinischen Kunstausdrücke für den Unterricht in der Deutschen Sprache, die Begriffe der Sprachlehre wechselweise reindeutsch oder schulmäßig lateinisch bezeichnet. Gegen meine selbstverständliche Überzeugung, daß es ein unhaltbarer Zustand ist, Deutschen Kindern den Unterricht im Deutschen, aber ebenso den in fremden Sprachen, mit lateinischer Kunstsprache zu erteilen. Schon in meinem Buche ›Gutes Deutsch‹ habe ich jedes fremde Kunstwort mühelos durch leichtverständliche Deutsche Ausdrücke ersetzt, und in dieser umgearbeiteten Ausgabe meiner Deutschen Stilkunst [schon 1922] bin ich durchweg demselben Grundsatz gefolgt: über die Sprache, nun gar über die Muttersprache, soll man nur in der Muttersprache reden. Ich bin sicher, daß kein Deutschgesinnter Leser sich über meinen Deutschen Sprachgebrauch beklagen wird; undeutsch gesinnte kommen nicht in Betracht.

Über das selbstverständliche ›Schrifttum‹ für *Literatur* wird von den Fremdwörtlern gehöhnt: Puristerei! Das Deutsche muß sich allemal gefallen lassen, von Deutschen verhöhnt zu werden. Die anmaßlichen Verhöhner wissen nicht, daß Literatur einst selbst nur eine gesunde Puristerei der Römer war: *Grammatice, quam in Latinum transferentes Litteraturam vocaverunt* [die Grammatice (griechisch), die man als litteratura ins Latein übersetzt hat.*] (Quintilian 2, 1, 4).

Vielleicht am schwierigsten auszumerzen sind solche Ausdrücke des täglichen Lebens wie Adieu, Pardon. Das letzte wird schon mehr und mehr durch Verzeihung, Vergebung verdrängt; Adieu ist hartnäckiger, denn es kann sich stützen auf eine Umformung wie Ade, das schon Lehnwort, sogar in der Dichtung, geworden ist. Und dennoch, wie schön, wenn es mit der Zeit gelänge, was andern germanischen Völkern gelang: uns auf Deutsch zu begrüßen: Grüß Gott! und auf Deutsch zu verabschieden: Guten Tag! Guten Abend! – oder Fahrwohl! gleich dem dänischen *farvel*, dem englischen *good bye*. – [Mein Wunsch ist im Weltkrieg erfüllt worden: Adieu ist so gut wie verschwunden. Für wie lange?]

VIERTER ABSCHNITT
Sprachmenger und Puristen

Was siehst du aber den Splitter in deines Bruders
Auge und wirst nicht gewahr des Balkens in deinem
Auge?
Den Unterzeichneten liegt es fern, den Überschwang der
Sprachmengerei zu schützen.

›ERKLÄRUNG VON 1889‹

O ja, weltenfern, denn es gibt in Deutschland nur eine Art verwerflicher Sprachmengerei: die aller Andern; die eigne heißt: notwendige Nüankße oder Freiheit der Wissenschaft. Der Leser kennt diese Art des Urteils über die Fremdwörter schon zur Genüge und weiß, was von ihr zu halten ist. Doch jeder Fremdwörtler hat sich einmal hochbrüstig gegen den ›Überschwang der Sprachmengerei‹ erklärt, doch immer nur gegen den der Andern; keiner hat unbedingte Fremdwörterfreiheit gefordert, außer für sich. In der berüchtigten ›Erklärung von 1889‹, die ein Wissenschafter verfaßt, ein zweiter Wissenschafter veröffentlicht hat, fehlt jedes Wort über die Fremdwörterei der Wissenschaft, wird nur die aller andrer Berufe mit verblendeter, unwahrhaftiger Anmaßung beseufzt.

Gildemeister, der zwar eine Menge überflüssiger Fremdwörter schrieb und noch mehr verteidigte, als er selber schrieb, aber bei weitem nicht zu den schlimmsten Fremdwörtlern gehörte, Gildemeister erklärte: ›Die geschmacklose Sprachmengerei, die im 17. Jahrhundert in unsrer Literatur vorherrschte, gebe ich ohne weiteres der Verdammnis preis?‹ Warum? Die heutige wissenschaftliche Literatur weist mindestens so viel geschmacklose

Sprachmengerei auf wie die des 17. Jahrhunderts; nicht die Zahl, nur die Auswahl der Fremdwörter hat sich geändert.

Jeder eifrig welschende Verteidiger der Fremdwörter schilt ihr sogenanntes Übermaß; ach wenn er uns nur ehrlich sagen wollte, wo das Maß aufhört, das Übermaß beginnt. Jeder denkt sich's, schämt sich nur, es frei zu bekennen: Das Maß hört auf, wo der Andre anfängt; das Übermaß beginnt, wo ich ende. Gildemeister, immerhin der kenntnisreichste und geistvollste unter den Verdammern und Verteidigern des Fremdwortes, schreibt: ›Durchaus verwerflich, ja geradezu scheußlich ist es [alle Andern sind immer ›scheußlich‹], wenn das Fremdwort in die lediglich konstruktiven Teile des Satzbaues eindringt. In einem ganz ernsthaft gemeinten Geschichtswerk lese ich: Eine Politik *à la* Bismarck [vgl. S. 364 über Röthe] ... Eine Batterie lag oberhalb Ehrenbreitstein, fast *vis-à-vis* von Mainz ... Der Aufwand belief sich auf eine Million *per* Woche.‹ Gildemeister nennt dies ›die Sprache eines Musterreiters, eines Oberkellners oder eines Feldwebels‹. Ich bin der gleichen Ansicht und habe ein gutes Recht dazu; Gildemeister hatte keins. Die konstruktiven Teile des Satzbaues – er meint die Formwörter – sind doch nicht annähernd so wichtig wie die Begriffswörter; wie kann also der Verteidiger von zahllosen Begriffsfremdwörtern die paar fremden Formwörter, denn mehr sind es noch nicht, verwerflich und scheußlich nennen? Ist es scheußlicher, zu schreiben: ›mir *vis-à-vis*‹ als ›mein *Vis-à-vis*‹? Beides ist, wenn doch so hart geurteilt werden soll, gleich verwerflich und scheußlich.

Nichts Belustigenderes für den Geschichtschreiber des Sprachgemengsels als die Splitter- und Balken-Richterei der Verteidiger des ›maßvollen Gebrauches der Fremdwörter‹, nämlich des lieben ihrigen; der Verdammer des Überschwanges des Sprachgemengsels, nämlich der Andern. Noch jeder von denen, die in dieser Art über die Fremdwörterfrage geschrieben, verfiel der unfreiwilligen Possenhaftigkeit. Schleiermacher schalt einst mit leidenschaftlichen Worten die ›französisch-deutsche Doppelzüngigkeit‹ und schloß mit dem höchsten Trumpf: ›*Keine Duplizität!*‹ Der Fremdwörtler Friedrich Schlegel, den die Franzosenzeit halbwegs entschuldigt, eiferte in den Heidelberger Jahrbüchern von 1808 gegen die Fremdwörter im Wilhelm Meister und schloß: ›Goethe hätte das alles sagen können, ohne zu der barbarischen *Avantage* (?) ausländischer Redensarten seine Zuflucht nehmen zu müssen:‹ Und einer der schroffsten Verdammer der Fremdwörterei der Andern, R. M. Meyer, der Verfasser der ›kriminellen Verbrechen‹, der ›charakteristischen *note personnelle*‹, des *coin de la nature* in der Lyrik, des *trompe d'œil* in der Literatur, der *Teichoskopie* Gottfrieds, der *Originalität der Individualität*, des *providentiellen Moments*, der *Topik und Heuristik der Probleme* (dies in einem Buch über Deutschen Stil!), entrüstet sich tief: ›Wir empfinden es als eine Verleugnung der Muttersprache, wenn ein Deutscher sie wie eine fremde Sprache behandelt.‹ Ja er schwingt sich zu so grausamer, doch wohl übertrieben grausamer Selbstanklage auf: ›Das Häufen fremdsprachlicher Ausdrücke ist barbarisch wie die Tracht eines mit Zylinder, Cotillonorden und Sporenstiefeln ausgestatteten nackten Negers.‹ Dieser Neger geht über meinen Zigeuner.

In einer Besprechung dieser ›Deutschen Stilkunst‹ verteidigte R. M. Meyer die Fremdwörter mit außergewöhnlicher Oberflächlichkeit: ›Selbst ein scheinbar entbehrliches Fremdwort kann da, wo es steht, unentbehrlich sein [er meinte: dem zum Gebrauch reiner Deutscher Sprache unfähigen Fremdwörtler unentbehrlich scheinen], weil es eine besondere Schattierung des Begriffs enthält; weil es eine besondere Klangwirkung bringt; weil es bestimmte Assoziationen erweckt; weil es Abwechselung schafft.‹ Diese abgedroschenen Gründe reichen nicht aus; vor allem fehlt der Hauptgrund: Weil es die Kenntnis fremder Sprachen beweist oder vorspiegelt. Außerdem nenne ich noch einige andre ›Weil‹: Weil der Schreiber im Deutschen zu unwissend ist, um alle jene wünschenswerten Dinge mit den Mitteln seiner Muttersprache auszudrücken; weil er durch seine sprachliche Verbildung von früher Jugend an unfähig geworden, das zu leisten, was alle gute Schreiber aller andrer Bildungsvölker fertigbringen: jede Begriffsfarbe, jede Klangwirkung, jedes Mitklingen eines Gedankens, jede Abwechselung mit den Mitteln der Muttersprache zu erzeugen. Natürlich antwortet der Fremdwörtler, – und wenn er nicht so antwortet, so denkt er sich's: ›Die Deutsche Sprak ist eine arm Sprak, eine plump Sprak; sie ist völlig unzulänglich, meinem erhabenen Gedankenfluge zu folgen, meine unübersetzbaren Begriffsfärbungen wiederzugeben, die in meinem innern Ohr schwingenden geheimnisvollen Klänge und Mitklänge ertönen zu lassen.‹ Die Erwiderung hierauf steht bei Leibniz (vgl. S. 311).

○ ○ ○

Ich schalte bei dieser Gelegenheit nachträglich eine allgemeine Bemerkung ein über den Haupteinwand der unbelehrbaren Fremdwörtler, die ich ursprünglich in meinem Buche nicht machen zu müssen glaubte, weil ich sie für allzu selbstverständlich hielt und das Verständnis der Fremdwörtler überschätzte. – Die am häufigsten gehörte Verteidigung der Fremdwörterei lautet so: Die Deutsche Sprache kann dieses unentbehrliche Fremdwort nicht ausdrücken; sie kann es entweder gar nicht, oder doch nicht so gut, so schön, so kurz, so klar, so bestimmt, so scharf, so treffend, so deckend, so farbig usw. ausdrücken; folglich muß ich armer Sprachgroßmeister mit meiner überwältigenden Gedankenfülle, der ich nach höchster sprachlicher Vollkommenheit, nach der Akme linguistischer Prägnanz strebe, zu meinem schmerzlichen Leidwesen unbedingt dieses Fremdwort, und in tausend ähnlichen Fällen andre Fremdwörter benutzen. – Ich rate jedem Leser, einem solchen Verteidiger der Fremdwörter mit der äußersten innerhalb der Grenzen der Höflichkeit noch gestatteten Grobheit zu antworten, etwa so: Mit welchem Recht nimmst du, der berufsmäßige Gewohnheitsfremdwörtler, dir heraus, irgend etwas über die Leistungsfähigkeit der Deutschen Sprache auszusagen? Hast du jemals den ernsten Versuch gemacht, den unausschöpfbaren Reichtum Deutscher Sprache durch die Tat zu erproben? Bist du nicht vielmehr durch deine schlechte Spracherziehung überhaupt außerstande, dich in reinem Deutsch auszudrücken? Fallen dir nicht, nach der Sprachverluderung eines halben Lebens, in Hunderten, in Tausenden von Fällen zuerst die fremden, dann erst, wenn überhaupt, die Deutschen Wörter ein? Rede also nicht eher im Namen der Deutschen Sprache, von der du aus ernster eigner Übung weniger weißt als von dem fremdwörtelnden Kauderwelsch, dieser deiner wahren Denk- und Schriftsprache; sondern sprich nur das aus, was ist, nämlich dieses: Ich, August Piefke, oder meinethalben germanistischer Professor Dr. August Piefke, habe von frühauf nur Fremdwörterdeutsch, nicht reines Deutsch geschrieben; habe niemals mit ernstem Kunstwillen, wie die gelehrten Schreiber andrer Völker, mich bemüht, mit den unübersehbar reichen Mitteln meiner Muttersprache alles auszudrücken, was ich in meiner Abgrundweisheit an weltumwälzenden Gedanken erzeuge; habe also einfach nicht die Übung, die zu aller Kunst unerläßlich ist, muß mich daher notgedrungen mit den geläufigen Allerweltsformeln der Fremdwörtersprache behelfen. Ich schäme mich dieser Schande, aber ich bin unfähig, sie zu tilgen.

○ ○ ○

Der Kampf mit den Verteidigern der Fremdwörter ist darum so widerwärtig, jedenfalls so unfruchtbar, weil man durchweg mit Männern zu kämpfen hat, die immer wieder die hundertmal wissenschaftlich widerlegten Scheingründe vorbringen, ohne eine Ahnung von dem widerlegenden Schrifttum zu haben. Die Seichtheit, ja man muß sagen die Unwissenheit der meisten Gegner in dieser wichtigen Stilfrage ist erschreckend. Selbst die Schriften von Gildemeister und Rümelin, zu schweigen von den vielen ganz unfähigen Vorkämpfern der Sprachmengerei, z. B. Röthe, E. Schröder, Cauer, H. Delbrück, beweisen, daß sie die grundlegenden Arbeiten über Fremdwörter: von Riegel, Dunger, Sarrazin, R. Hildebrand, Fr. Kluge, Behaghel, Trautmann, Streicher usw. nie zur Hand genommen, die gründlichsten Aufsätze von Fachgelehrten in der Zeitschrift des Deutschen Sprachvereins und ihren Wissenschaftlichen Beiheften nie gelesen haben.

Noch in einem wesentlichen Punkte unterscheiden sich die Verteidiger und die Gegner des Welsch aufs schärfste. Jene kämpfen mindestens ebenso sehr für sich selbst wie für die Sache; diese ausschließlich für die Sache. Die Verteidiger des Welsch können überhaupt nicht ohne Fremdwörter schreiben, verteidigen also mit ihnen ihre eigne Stilgewohnheit. Sie fühlen, daß es um den Wert aller ihrer Schriften, also ihres geistigen Lebenswerkes, geschehen wäre, wenn die Sprachreinheit siegen sollte. Die Gegner der Sprachmengerei dagegen haben gar nichts zu verlieren, wenn sie scheinbar unterliegen sollten: so weit sind wir doch selbst in Deutschland noch nicht, daß ein Schriftsteller, der etwas Rechtes in reiner Sprache vorträgt, darum als minderwertig erscheint. Im Gegenteil: die ganze Deutsche Schrifttumsgeschichte zeugt für den Dauerbestand des saubern Stils, für den sichern Untergang aller über ein sehr bescheidenes Maß welschender Bücher. Was gibt es Leichteres, als es den Welschern gleichzutun? Wie man mühelos gelehrttuerisch großartig fremdwörteln kann, glaube ich mit einigen Scherzbeispielen bewiesen zu haben. Sein Geschreibsel mit hochtönenden, anscheinend tiefsinnigen Fremdbrocken aufzuputzen, mit der Kulturendosmose, der literarischen Teichoskopie, der antiprometheischen Weltanschauung, der sensiblen Emotivität, der charakteristischen *note personnelle* oder selbst der individuell differenzierten Psyche, der subtil analysierenden Ethik, der subjektivistischen Suggestibilität – ja wer sich solcher Schaumschlägerei und Sprachquacksalberei nicht schämte, wie bewundert könnte der dastehen! Kratzet den Welscher, – fast immer erscheint ein Dutzendschreiber.

○ ○ ○

Hören wir den hervorragendsten unter denen, die sich im letzten Menschenalter schützend vor die Fremdwörterei gestellt haben: wiederum **Gildemeister**, den geistvollen Schriftsteller, den mit Recht bewunderten Verdeutscher fremder Dichtungen, der Übersetzergilde Meister, wie sein Freund Paul Heyse ihn fein genannt hat. Und hören wir ihn mit seinen allerstärksten Gründen, die sich gesammelt finden in dem Aufsatz von 1886: ›Der Kampf gegen die Fremdwörter‹ (in seinen ›Essays‹). Auf einiges wurde schon an verschiedenen Stellen hingewiesen (S. 349 und 425). Sein vermeintlich bester Einwand lautet: ›Wenn ein guter Schriftsteller ein Fremdwort vorzieht, hat er gewiß einen guten Grund dafür.‹ Dies trifft leider nur in seltnen Ausnahmefällen zu; in den allermeisten handelt der gute wie der schlechte Fremdwörtler aus gleichem Beweggrunde: aus dem der üblen Gewohnheit eines Menschenlebens. Er zieht überhaupt nichts vor, denn er wählt gar nicht, sondern das Fremdwort kommt ihm, wie unzähligen Andern, zuerst als das natürlichste in den Sinn, und er streicht es nur, nachdem er derb auf dessen Erbärmlichkeit hingewiesen worden. Daß dies tatsächlich so ist, beweist das Beispiel eines unsrer besten Prosaschreiber, Gustav Freytags, der erst durch den Kampf des Sprachvereins auf das Übermaß der entbehrlichen Fremdwörter in seinen eignen Schriften aufmerksam gemacht wurde und dann viele Hundert durch bessere Deutsche Ausdrücke ersetzte: er hatte eben beim ersten Hinschreiben ohne guten Grund ein Fremdwort vorgezogen. Und Freytag war nicht der Mann, nicht der Schriftsteller, der sich aus Furcht vor dem Urteil eines noch so mächtigen Vereines zu solcher Säuberung verstanden hätte; er war vielmehr, um die Worte der Erklärung von 1889 einmal richtig anzuwenden, durch ›verständige Rede und Schrift von berufener Seite auf den verschwenderischen Mißbrauch der Fremdwörter‹ hingewiesen worden. So handelte ein wahrhaft bedeutender Mensch und Künstler zum dauernden Gewinn für seine Werke; die unbedeutenden hielten unverbrüchlich an jedem ihrer Fremdwörter fest.

Es gibt also gemäß Gildemeisters allgemeinem Ausspruch nur die eine Möglichkeit: alle in diesem Buche mit widerwärtigen Proben vertretenen Schriftsteller, von denen der mildeste Beurteiler zugeben muß, daß sie ohne guten Grund, ja ohne irgendeinen vernünftigen Grund, vielmehr nur aus nachlässiger Gewohnheit das Fremdwort dem Deutschen Ausdruck vorgezogen haben, sie alle sind schlechte Schriftsteller. So weit gehe nicht einmal ich, denn so mancher macht durch andre glänzende Eigenschaften seines Stils die schlechte welschende Spracherziehung beinah wett oder versöhnt uns durch den ungewöhnlich wertvollen Inhalt bis zu jenem Grade, wo uns die Form zwar noch stört, doch nicht mehr das Lesen verekelt. Ich hoffe, der Leser wird längst gemerkt haben, daß ich Unterschiede mache zwischen Fremdwörtlern und Fremdwörtlern, z. B. zwischen einem Schriftsteller wie Gildemeister, der nur zuweilen überflüssige Fremdlinge einmischte, und einem wie Lamprecht, der in den letzten Bänden seiner Deutschen Geschichte kaum einen längern Satz in reinem Deutsch hinschrieb.

Hier noch ein Beispiel gerade aus Gildemeister. Er fährt über den angeblich mit ›gutem Grunde‹ das Fremdwort vorziehenden

Schriftsteller fort: ›Er wählt zwischen fremden und einheimischen Worten genau (?) nach demselben Prinzip, nach welchem er auch zwischen mehreren Deutschen Worten wählt.‹ Hat etwa Gildemeister nach diesem Prinzip ›Prinzip‹ gewählt? Will jemand, der Latein und Deutsch kennt, wirklich behaupten, aber ohne Haarspalterei und Phrasenmacherei, daß der geringste erkennbare Unterschied zwischen Grundsatz und Prinzip besteht? Und sollte Grundsatz sich nicht vollkommen ›decken‹ – ist Prinzip auch durchaus verschieden von Urgrund, Leitgedanke, Leitsatz, Richtschnur, Grundgedanke, Geschmacksgrund, Kunstanschauung usw., so daß noch von einem ›guten Grunde‹ des Vorziehens des Fremdwortes die Rede sein kann?

›Wenn irgendwo Autoritäten gelten, gelten sie auf diesem Gebiet‹, heißt es bei Gildemeister: mit den Autoritäten meint er unsre Klassiker. Über diese als Autoritäten, also als Vorbilder, für den heutigen Sprachgebrauch, wurde schon mehr als einmal ausführlich gesprochen; die Autorität des Größten wird im nächsten Abschnitt zusammenhängend geprüft. Immer wieder aber muß gesagt werden: so schwer das Gewicht unsrer Klassiker für die Grundfragen der Sprachform und des Stiles wiegt, – gerade in dieser einen Frage, der Fremdwörterei, dürfen uns als Lehrer nicht Schriftsteller gelten, die, im französischen Zeitalter erzogen, sich selbst erst mit gewaltigem innerm Ringen sprachlich aus fremdem Joche hatten erlösen müssen. Nicht der lächerlichste Fremdwörtler von heute dürfte noch die zahlreichen einzelnen Fremdwörter, ja die vielen zusammenhängenden fremdwörtelnden Wendungen wagen, die Goethe und Schiller in aller Unschuld niederschrieben, ohne uns dadurch weniger verehrungswürdig zu erscheinen. Es ist ein gewisser Unterschied, ob ein heutiger Germanist vom *providentiellen Moment* in Goethes Leben, oder ob Goethe über Winckelmann schreibt: *Wir finden bei ihm das nie nachlassende Streben nach Ästimation und Konsideration.* So wie Goethe schrieben, ja so sprachen die gebildetsten Menschen des 18. Jahrhunderts; so aber darf heute nicht mehr der Musterreiter, der Oberkellner, der Feldwebel schreiben, von denen Gildemeister angesichts der Sprache vieler wissenschaftlicher Männer mit durchaus nicht gerechtfertigter Verachtung spricht. Ja so darf heute kein noch so gelehrter

Professor, kein noch so berühmter Germanist mehr schreiben. Wenigstens keiner, ohne uns als alberner Geck zu erscheinen. Was aber für uns Lebende vielleicht das Wichtigste: keines aller jener Goethen und Schillern so geläufigen Fremdwörter hat sie beide lange überlebt!

○ ○ ○

Gildemeisters Beispiele und Beweise kranken durchweg an dem seltsamen, freilich von den meisten Welschen begangenen Fehler, daß er, um die Unentbehrlichkeit irgendeines Fremdwortes zu erweisen, diesem ein einziges beliebig herausgegriffenes, eben **nicht** entsprechendes Deutsches Wort gegenüberstellt und dann fragt: Müssen wir also nicht das Fremdwort beibehalten? Er, der sprachgewandte Übersetzungsmeister, besann sich in solchen Fällen niemals auf die Fülle guter Deutscher Wörter, die uns sonst noch zu Gebote stehen. Er will z.B. durchaus Kanone beibehalten, denn ›Feuerschlünde klingt mir zu gespreizt für die schlichte Kanone‹. Ja, wer schreibt denn Feuerschlünde für Kanone? Doch nur der Dichter; in der Dienstsprache heißt es schon seit mehr als einem halben Jahrhundert Geschütze, nur so z.B. in Moltkes Werken. Die Kanone ist aus der Prosa so gut wie verschwunden und gerade durch diese Seltenheit wieder zum Dichterwort geworden.

Das Erstaunlichste aber an Gildemeister, dem außergewöhnlichen Sprachenkenner, ist seine Blindheit gegen den offen vor Augen liegenden Zusammenhang der Welscherei mit dem Abstumpfen des sprachlichen Feingefühls, dem Mißachten der Sprachgesetze, kurz mit dem gerade von ihm so eindringlich geschilderten Verludern der Sprache. ›Es ist rätselhaft‹, schreibt er, ›wie es zugeht, daß die Deutsche Sprache in den Urzeiten und das Mittelalter hindurch höchst korrekt und sauber die logischen Kategorien unterschied, ... für die Komparativfälle ›denn‹, für die Vergleichung ›als‹, für die Frage ›wie‹ hatte und niemals eine mit der andern verwechselte, ... und wie dann in einem Zeitalter höherer Bildung, im Jahrhundert der Reformation, auf einmal eine Verwirrung dieser schönen Ordnung eintrat.‹ Rätselhaft hieran ist einzig, daß es für Gildemeister ein Rätsel war. Die höhere Bildung mit ihrem lateinischen Blutgift im Jahrhundert der Reformation, ihrem französischen im 17. Jahrhundert, die aus beiden zusammenfließende Verseuchung durch die Fremdwörterei aller Schreibender – was gibt es da noch zu enträtseln? Gildemeister hatte den Finger auf die Wunde gelegt und fühlte sie nicht.

○ ○ ○

Rümelin verdient geringere Beachtung als Gildemeister; seine dürftigen Kenntnisse in den lebenden Fremdsprachen und die gar zu bequeme Art der Behandlung unsrer Frage machen die Auseinandersetzung mit ihm allzu leicht. Er glaubt an eine unwiderstehliche ›Naturkraft‹, die der Deutschen Sprache so viele Fremdwörter zugeführt habe. Ach, wir kennen die Naturkräfte, die im 16. und 17. Jahrhundert Deutschland mit Fremdwörtern überschwemmt haben: Ohnmacht des völkischen Bewußtseins und Dünkel der Gelehrtentaste. Von diesen Naturkräften ist die eine heute nicht mehr mit gleicher Stärke wie ehedem am Werke, die andre vielleicht noch wirksamer als in früheren Jahrhunderten. Eine in der Deutschen Sprache selbst waltende Naturkraft der Fremdwörterei gibt es nicht, denn daß ein Volk seine eigne Sprache verachtet und fremde Sprachen bestiehlt, ist naturwidrig.

Was aber sagen die Leser zu Rümelins stärkstem Beweisgrund für die Unschädlichkeit, ja Nützlichkeit der Fremdwörter: ›Ich fühle mein Deutsches Gewissen um kein Haar mehr belastet, wenn ich nach Bedarf (!) ein fremdsprachliches Wort gebrauche, als wenn ich mich in australische Wolle kleide, chinesischen Tee oder französischen Wein trinke.‹ Das heilige innerste Leben und Weben der Menschenseele verglichen mit dem gleichgültigen Plunder, der unsre Haut wärmt, unserm Gaumen einen vorübergehenden Reiz verschafft. Welch eine Auffassung vom Wesen der Sprache, von ihrer Rolle im Geistesleben! Bei solcher Gesinnung wäre es das Natürlichste, doch lieber gleich das australische Englisch oder das Französisch von Bordeaux als Landessprache anzunehmen: auf diese Weise bekämen die Welscher endlich wenigstens eine reine Sprache. Geistreicher als Rümelin läßt Horaz (in der 10. Satire) einen römischen Sprachgecken seine griechischen Fremdbrocken verteidigen: ›daß der Falerner mit Chioswein gemischt noch besser schmecke‹.

○ ○ ○

Ein Satz Gildemeisters leite uns hinüber zu einer andern Verteidigung der Fremdwörter. Er, wie übrigens alle Verteidiger, beruft sich auf die Fremdwörter der andern Völker, besonders der Franzosen und Engländer, und führt z. B. aus einem wissenschaftlichen Aufsatz der *Revue des Deux-Mondes* an: *problème, économie, caractères, idées, puéril,* die er als Fremdwörter bezeichnet, weil sie nicht dem lateinischen oder griechischen Sprachschatz entstammen, aus dem die alten Gallier beim Formen ihrer neuromanischen Sprache vor bald zwei Jahrtausenden schöpften. Hätte sich Gildemeister an einen lebenden Franzosen, selbst an einen weniger gebildeten, gewandt, statt nur sein geschichtliches Wörterbuch des Französischen zu befragen, so hätte er gehört, daß keines jener Wörter in Frankreich als unfranzösisch empfunden wird. Selbst der Ungebildete sagt alltäglich: *C'est un problème difficile ... Elle ne fait pas d'économies ... Quel vilain caractère ... Il a des idées ... C'est puéril.* Er weiß ganz genau, was jedes der Wörter bedeutet, wenn er auch nicht ihren lateinischen oder griechischen Ursprung nachweisen kann, so wenig wie der nicht sprachwissenschaftliche Deutsche den griechischen von Tisch, den lateinischen von Keller. Ein Franzose würde den Deutschen Sprachgelehrten auslachen, der ihm sagte: *économie, idée, caractère* usw. sind Fremdwörter.

Indessen es ist wahr: es gibt im Französischen und im Englischen eine Anzahl wirklicher Fremdwörter, weit überwiegend streng wissenschaftlicher, die der ungebildete Franzose und Engländer als nicht echt französisch und englisch empfindet. Aber auch die gelehrten Franzosen und Engländer machen keinen Versuch, diese Fremdlinge einzubürgern, sondern heften ihnen das Fremdenschild durch den *Cursiv*-(Schräg-)Druck an. Gegen ein Fremdwort der Gesandtschaftsprache wie *le Hinterland* lief jüngst die französische Presse Sturm, und gegen die Fremdwörterei gewisser Pariser Gigerl, die sich mit ihrer Kenntnis einiger englischer Brocken spreizen, hat sich sofort ein Sprachschutzverein gebildet.

Es ist ferner ein gewaltiger Unterschied, ob eine Sprache wie die französische mit ihrem zu mehr als 99 vom Hundert lateinischen Wurzelbestande noch ein paar lateinische oder selbst griechische Wörter in den wissenschaftlichen Fachgebrauch aufnimmt, oder ob die reine Deutsche Sprache, die ›Hauptsprache‹, wie man sie, stolz auf ihre Urreinheit und im Gegensatze zur französischen und englischen Mengselsprache, im 17. Jahrhundert nannte, ob sie Tausende von durchaus fremdklingenden Wörtern aus fast allen Sprachen Europas für die einfachsten Begriffe in die Rede der Wissenschaft wie des Alltags stopft, ja bei dieser Mantscherei selbst vor den Urbegriffen nicht Halt macht. Freilich, für eine so widernatürliche Krankheit wie das fremdwörtelnde Gemauschel muß die französische Sprache sich ein Deutsches Wort borgen: ›*L'Auslaenderei est encore un défaut des Allemands*‹, schrieb vor Jahren die *Revue critique*.

Auch dem Engländer, trotz seiner halb germanischen Sprache, sind die romanischen Laute in Stämmen und Endungen seit bald einem Jahrtausend so geläufig, daß ihm ein paar mehr oder weniger neue lateinische Eindringlinge auf *ation, ition, ution, ible, able* usw. nichts ausmachen. Daß man aber selbst in England von der gelehrttuerischen Sprachmengerei nichts wissen will, wurde schon bemerkt. In einer eingehenden Untersuchung über ›Die Deutschen Wörter im Englischen‹ (von A. Heinrich in der Zeitschrift ›Die neueren Sprachen‹, 1913, Band 20) wird festgestellt, daß das große Oxforder Wörterbuch ganze 80 Deutsche Wörter aufführt, daß davon jedoch etwa 60 nur äußerst selten von einem Engländer gebraucht werden. Und da dichtet der welschende Germanist G. Röthe dem Englischen und Französischen, in denen beiden er gleichmäßig unwissend ist, mehr Fremdwörter an, als es im Deutschen gibt!

○ ○ ○

Aber der ›Kulturzusammenhang der Welt‹! Um seinetwillen darf das Deutsche angeblich nicht auf seine hunderttausend Fremdwörter verzichten. Mit dieser hohlen Phrase haben die Fremdwörtler seinerzeit *Eingeschrieben* und *Postlagernd* bekämpft, die angeblich ›kosmopolitischen Wörter‹ *Rekommandiert* und *Posterestante* verteidigt (vgl. S. 424). Hören wir Rümelin in seiner ›Berechtigung der Fremdwörter‹ (1887): ›In der höheren Technik, in der technischen Chemie, den Ingenieurwissenschaften arbeiten, vielleicht noch mehr als in den akademischen Disziplinen‹ (er meint Wissenschaften, Fächern, Zweigen, Gegenständen, Berufen, Gebieten; wählt aber, aus welchem ›guten Grunde‹ wohl?, das Fremdwort) ›stets die besten Köpfe aller Völker wetteifernd an den gleichen Problemen (!) und bedürfen dazu einer gemeinsamen Terminologie.‹ Sie bedürfen ihrer nicht und – sie haben sie nicht! Die besten Köpfe der gewerblichen Wissenschaften kennen fast alle mehr als eine Sprache; selbst die Franzosen und Engländer lesen die wichtigsten Bücher und Aufsätze ihrer Fachgenossen in den zwei fremden Hauptsprachen, müssen sie in diesen lesen, weil mit seltnen Ausnahmen keine Übersetzungen erscheinen, nicht zu erscheinen brauchen, da kein Bedürfnis besteht. Doch wäre das selbst anders: muß der Deutsche Chemiker oder Maschinenbauer französische und englische Fremdwörter in Massen anwenden, damit ein zurückgebliebener Franzose und Engländer ihn verstehe? Aber dieser Franzose und dieser Engländer müssen ja außer der ihnen vielleicht geläufigen ›gemeinsamen Terminologie‹ so viel Deutsch können, um alles andre außer den Fremdwörtern zu verstehen! Und der ausländische Fachmann, der es so weit gebracht, sollte nicht die paar Fachausdrücke in Deutscher Sprache hinzulernen?

Aber das ganze Gerede von der gemeinsamen Terminologie, will sagen Fachsprache, ist ja nichts als beweisloser Wortdunst. Nehmen wir **die** Gewerbswissenschaft, die heute stolz an der Spitze des schaffenden Völkerlebens schreitet: die der Anwendung des elektrischen Stromes. Ich stelle einfach die Hauptbegriffe in den drei Hauptsprachen aus einem Fachwörterbuch nebeneinander:

Draht, *wire, fil*
Birne, *bulb, ampoule*
Glühlampe, *glow lamp, lampe à incandescence*
Sammler, *storage battery, accumulateur*
Klemme, *terminal, borne*
Strom, *current, courant*

Fremde Fremdwörter

> Drehstrom, *rotatory current, courant tournant*
> Gleichstrom, *direct current, courant continuel*
> Wechselstrom, *shuttle current, courant inverse*
> schalten, *join up, grouper*
> Schalter, *switch, commutateur*
> Messer, *meter, metre*
> Steckdose, *box, boîte*
> Litze, *strand, toron*
> Fassung, *socket, douille*
> Spannung, *tension, voltage*
> Spule, *coil, bobine*

Wer je einer Jahresversammlung von Fachmännern aller Bildungsvölker in Deutschland oder im Auslande beigewohnt hat, der weiß, daß die nichtigen Ausländer alle wichtigste Fachausdrücke der Deutschen, französischen, englischen Fachwissenschaften geläufig beherrschen.

Auf dem Seelengrunde aller unsrer Welscher wirkt aber in Wahrheit eine ganz andre Anschauung als ihre zur Schau getragene von der ›Kulturgemeinschaft der Völker‹, die da fordert, daß das Deutsche Volk sich auch auf solchen Gebieten, die es besser als irgendein andres Volk bemeistert, mit seiner Sprache demütig allen andern unterordne. Kein zweites Volk versteht die Kulturgemeinschaft in diesem Sinne, jedes will Herr für sich bleiben, mit Herrenvölkern neben sich; einzig das Deutsche Volk, vielmehr seine Führerschaft, verzichtet mit altgewohnter Selbstverständlichkeit und Selbsterniedrigung auf die Herrenschaft und ist bereit, um der ›Kulturgemeinschaft‹ willen Schleppenträger statt Herr zu sein. Nicht einmal für die Philosophie wäre aus dem Grunde der Gemeinsamkeit der Wissenschaft eine besondere Fachsprache notwendig: der französische und englische Philosoph, der es fertigbringt, ein philosophisches Werk in Deutscher Sprache zu lesen – eine der schwierigsten Aufgaben für den menschlichen Geist –, wird mit seinem Verständnis an den paar Deutschen Fachausdrücken nicht scheitern.

Kant untersuchte ›*das ontologische Problem*‹, weil die gelehrte Welt damals allgemein so schrieb. Ist die ›Frage des Wirklichen‹ etwas andres? Gewiß nicht, nur verständlicher ist sie, auch denkrichtiger. Ebenso steht es mit Kants ›*intelligibler Realität*‹, die um kein Haar mehr ist als die ›gedankliche Wirklichkeit‹. Indessen Kant durfte im 18. Jahrhundert schreiben, wie er geschrieben; wenn Simmel heute so schreibt, so verrät er nur seine sprachliche Unfähigkeit und Eitelkeit. Euckens verhältnismäßig reine Sprache beweist, daß die strengste Wissenschaft nicht zu welschen braucht. Cicero schrieb nicht einmal *philosophicus*, nicht *politicus*; eine politische Rede heißt bei ihm *civilis oratio*.

Widerliche Faselei über Kant sind z. B. diese Sätze eines Dr. S. Friedländer in seiner ›Intellektualen Biographie‹ Nietzsches:

> Nietzsches *historisches Philosophieren* ist wie das Heraklits original und exzellent durch den Leben*siktus*, der es mit aller Schicksalsschwere durchwuchert: es ist göttlich ... Durch ein Schirm-, Sperr- und Schleusen*system* von *kompliziertester Retardation* hatte Kant *Idee* und *Realität kritisch* besonnen *distanziert*, welche *Distanz* bei Schopenhauer in eine *Alternative* zerbricht. Nietzsche läßt diese Distanz, diese Alternative nicht bloß bestehen, sondern macht sie geradezu *exorbitant*: aber den Wert*akzent* verlegt er von der *Idee* auf die *Realität*.

In Deutschland kann ein Sudler dieser Art es schnell zum Ruhm eines tiefsinnigen Denkers und ›glänzenden Stilisten‹ bringen.

Ein Hauptunterschied zwischen den Deutschen wissenschaftlichen Schriftstellern und denen der andern großen Geistesvölker ist der, daß die Deutschen ihre buntscheckige Fachsprache nicht bloß für den ersten Fachkreis schreiben, was ja für die Allgemeinbildung gleichgültig wäre, sondern ihr Zigeunerdeutsch auch den hochgebildeten nichtgelehrten Lesern aufdrängen; denn zwischen der strengen Wissenschaft und der Verwertung ihrer Ergebnisse für die Lesermenge verschwimmen heutzutage die Grenzen. Der welschende Germanist z. B. beschränkt sich ja leider nicht auf seine *Acta Germanica*, spricht vielmehr, gleich jedem andern Zeitungschreiber, in den Blättern für den Tag, den Morgen, den Mittag, den Abend, die Woche, den Monat, zu Tausenden von nichtgermanistischen Lesern und trägt hierdurch zur Verschmutzung unsrer Schriftsprache so unausfegbar bei.

○ ○ ○

Jede echtdeutsche Verkehrtheit ist unvollständig, solange sie sich nicht auf die Deutsche Freiheit berufen hat. O, wir kennen sie, diese ›Deutsche Libertät‹, hinter die sich von jeher die unvaterländische Eigenbrötelei verkrochen, mit der sie gar sich frech gebrüstet hat. So fehlt denn auch in der ›Erklärung von 1889‹ nicht der Phrasendrusch von ›unsrer durch die Freiheit gedeihenden Sprache‹, nämlich durch die Vogelfreiheit, die Schopenhauer mit nicht zu groben Worten gebrandmarkt hat. Die Rheinbundfürsten haben sich in der Franzosenzeit auf ihre Freiheit berufen, um sich der Kulturgemeinschaft mit Napoleon anzuschließen. Wuchtig hat Heinrich von Kleist diese Art Deutscher Freiheit gezüchtigt in dem Auftritt am Schlusse der Hermannschlacht, wo sich der freie Ubierfürst Aristan gegen Hermann aufspielt:

> Ich las, mich dünkt, ein Blatt von deiner Hand,
> Das für Germanien in den Kampf mich rief.
> Jedoch was galt Germanien mir?
> Der Fürst bin ich der Ubier,
> Beherrscher eines freien Staats,
> In Fug und Recht, mich jedem, wer es sei,
> Und also auch dem Varus zu verbinden!

Was Hermann ihm erwidert, lese man selber nach. Milder sind seitdem die Sitten geworden; was aber kann uns hindern, an den ärgsten Welschern die wohlverdiente unblutige Strafe des Totschweigens durch Nichtlesen zu vollziehen?

○ ○ ○

Versagt aber die ›Kulturgemeinschaft‹ mit ihrer ›weltbürgerlichen Aneignungsfähigkeit‹, versagt gar die Deutsche Freiheit, dann gibt es für die Fremdwörtler noch eine letzte Verteidigungswaffe: das öde Geschwätz vom **Purismus** und den **Puristen**. Sie sind nicht einmal imstande, denen, die ihnen in ehrlichem Deutsch die Verschmutzung der Sprache vorwerfen, mit einem Deutschen Scheltwort zu erwidern, sondern müssen sich aus ihrem welschen Wörterschatz die Bezeichnungen holen – wofür? Für das Reinhalten und die Reiniger der Deutschen Sprache von fremdem Unflat. Die Schmutzigen verhöhnen die Saubern ob ihrer angeblich zu großen

Sauberkeit! Zum Glück haben diese lächerlichen Scheltwörter in neuster Zeit ihre Wirkung eingebüßt: die wahrhaft Gebildeten wissen jetzt, daß die besten Männer Deutschlands als Puristen gewirkt haben; sie sehen überall die Früchte des Purismus und sind ihrer froh. Es ist den Puristen ähnlich ergangen wie einst den von den Spaniern beschimpften niederländischen ›Geusen‹ oder den von Napoleon verachteten Deutschen ›Ideologen‹, denn ›noch immer hat die Begeisterung gesiegt über den, der nicht begeistert war‹.

Was ist ein Purist? Wer von den Lesern hat schon einen lebendigen gesehen? Die Fremdwörtler erfinden sich einen Narren oder eine ganze Narrenzunft, die jedem Fremdwort den Tod geschworen habe und, wie angeblich Philipp von Zesen, jedes aus einer fremden Sprache stammende Lehnwort verdeutschen wolle. Unfehlbar bekommt von einem richtigen Fremdwörtler der sich zur Sprachreinheit Bekennende die geistreiche Entgegnung zu hören: Ach so, Gesichtserker für Nase, Windfang für Mantel, oder doch: Handlungsstück für Drama, Leiersang für Lyrik, Gebärerin für Natur. Es gibt, außer im Hirn der unwissendsten Fremdwörtler, heute keinen irgendwie bekannten oder beachtenswerten Sprachreiniger, der die Beseitigung sämtlicher aus fremden Sprachen entnommener Wörter, Lehn- oder Fremdwörter, verlangt oder zur Zeit für möglich, ja für wünschenswert hält. Mir wird niemand das Zeugnis verweigern, daß ich es an Begeisterung für eine möglichst reine Sprache mit jedem aufnehme; doch wird auch keiner von mir das falsche Zeugnis ablegen, daß ich ein Purist in dem bezeichneten Sinne sei. Meine Lehre wie mein Beispiel widersprechen dem mit überzeugender Deutlichkeit.

FÜNFTER ABSCHNITT
Unsre klassischen Puristen

Die Muttersprache zugleich reinigen und bereichern ist das Geschäft der besten Köpfe.
GOETHE IN DEM AUFSATZ ›DEUTSCHE SPRACHE‹

Die Sprachreinigkeit, der wir uns doch auf alle Weise zu fügen haben.
GOETHE AN SCHULTZ, 25. MAI 1816

Die Puristen befinden sich, wie gesagt, in der allerbesten Gesellschaft: jeder unsrer größten Dichter und Schriftsteller war Purist. Die Welscher bilden eine Gesellschaft für sich; daß sie keine gute, geschweige die beste ist, beweist die Tatsache, daß es noch niemals einen bleibend großen Welscher gegeben, noch nie einen wirksamen Lehrer des Stils, der nicht die Reinheit der Sprache für eins der wichtigsten Erfordernisse erklärt hätte. Ein Purist war Aristoteles; Puristen waren Quintilian und Cicero. Über **Luthers** Sprachreinheit lese man auf S. 410 nach; über **Lessings** Ansicht auf S. 186. – Nachzutragen ist Lessings Wort von 1755 über den Titel seines Lustspiels ›Der Misogyn‹: ›Der Verfasser hätte wohl sagen können Der Weiberfeind, denn ist es nicht abgeschmackt, seinen Sohn Theophilus zu nennen, wenn man ihn Gottlieb nennen kann?‹ Und etwas ganz andres als das Gerede von der fehlenden Nüankße ist Lessings Wort: ›Persiflage ... ich brauche dieses französische Wort, weil wir Deutschen von der Sache nichts wissen.‹ Wäre dies wahr – es ist aber nicht wahr –, so ließe sich allerdings gegen Persiflage ebensowenig sagen wie etwa gegen Sonett, Zebra, Kaffee, Muezzin, Bakschisch.

Nicht fehlen darf hier der Satz des Puristen Kant: ›Fremde Wörter verraten entweder Armut, welche doch verborgen werden muß, oder Nachlässigkeit.‹

Daß jede nur um einen Ton gehobene Sprache die Fremdwörter aus ihrem Munde speit, ist allgemein bekannt (vgl. S. 390). ›Wenn sich die wissenschaftliche Sprache (gemeint ist die fremdwörtelnde) am unrechten Orte einmischt, auf der Kanzel, in der Geschichtsschreibung, im Gedicht, so zische man den unreinen Barbaren aus‹ (**Herder**). Was für ein närrischer Purist muß jener **Fichte** gewesen sein, der inmitten des französelnden Berlin seine Reden an die Deutsche Nation in einer kaum je erhört reinen Sprache hielt. Oder jener **Schiller**, der alle seine zuerst in den Horen gedruckten Gedichte für die Buchausgabe von Fremdwörtern säuberte, selbst von den nichtanstößigen, also ganz puristisch. Im ›Spaziergang‹ hatte es geheißen: *Majestätisch verkündigen ihn die beleuchteten Kuppeln*; für ›majestätisch‹ trat ›prangend‹ ein. In dem Verse *Prüfet der Elemente Gewalt* mußten die Elemente den Stoffen weichen. Zu wie viel schönerer Wirkung wurde in den ›Idealen‹ geändert *Bis warm von sympathetischem Triebe* in *Bis teilend meine Flammentriebe*. Nun gar jener **Uhland**, neben Grimm unser größter Germanist, der in seinem wirklich ein klein wenig übertreibenden Purismus so weit ging, zulässige Fremdwörter, die schon auf der Grenze zum Lehnwort stehen, wie *Chronik, Strophe, Text*, mit Zeitbuch, Gesätz, Wortbestand zu verdeutschen. **Wilhelm Schlegel**, mit seinem Feingefühl für die künstlerische Seite der Sprache, strich bei der Durchsicht seiner ›Vorlesungen über schöne Literatur und Kunst‹ (1808) Dutzende von Fremdwörtern und ersetzte sie durch klarere Deutsche Ausdrücke, z. B. Fiktion durch *Erdichtung*, Naturell durch *Anlagen*, Präzision durch *Bestimmtheit*, Elemente durch *Bestandteile*, Energie durch *Nachdruck*, direkt durch *geradezu*, Intention durch *Absicht*, selbst das beinah eingebürgerte Klima durch *Himmelsstrich*.

›Modenachtreter, Wälschenanbeter, Fremdwortkneter‹ schalt uns **Vischer**, der große, der mit V, und tröstete sich und uns mit dem Zusatz: ›Doch wie oft er entgleist. Empor sich ringender, Nichtumzubringender Ureigener Geist.‹ Schade, daß er zwei Jahre vor der Erklärung der 41 Führenden starb! Die Antwort dieses ›Auch Einen‹ auf Erich Schmidts etwaiges Ersuchen um seine Unterschrift wäre ein echtvischeres Stück Deutscher Prosa gegen die ›Wälschenanbeter‹ geworden, ein Wischer vom Vischer, wie er selbst einmal aus anderm Anlaß gescherzt hat.

Jakob Grimms Urteil über die Fremdwörterei lautet: ›Jeder Sprache, welche sie auch sei, stehen außer ihren heimischen Wörtern auch fremde zu, die der Verkehr mit Nachbarn unausbleiblich einführte und denen sie Gastrecht widerfahren ließ. Sie nach langer Niederlassung auszutreiben, ist ebenso unmöglich, **als es die Reinheit der Sprachsitte gefährdet, wenn ihr Zudrang leichtsinnig gestattet wird.**‹ Ein wenig zu lau, aber ausreichend, um die Grenze zwischen Lehnwörtern nebst unentbehrlichen Fremdwörtern und überwuchernder Fremdwörterei scharf zu ziehen. 999 von 1000 Fremdwörtern unsrer Gelehrtensprache sind nicht durch den Verkehr mit Nachbarn harmlos eingeführt, sondern durch Pennälerdünkel und Sprachohnmacht unsrer Gelehrten stümperhaft erzeugt.

○ ○ ○

Nach dieser Vorschau zu unserm größten Puristen **Goethe**, dessen Geltung wir alle bis zu den äußersten Grenzen achten, selbst da wo wir ihm in Einzelheiten ehrerbietig widersprechen müssen, weil er kein Gott und kein Halbgott, sondern ein sehr großer Mensch mit den Endlichkeiten alles Menschentums gewesen. Zum höchsten aller Vorbilder nehmen wir ihn in allem Schönen und Edlen, nicht aber da, wo er strebend sich bemüht und als Sohn seines Zeitalters, des französischen, geirrt hat. Der folgenden Darstellung der Ansichten Goethes über Sprachreinheit und Fremdwörterei liegt des Verfassers Abschnitt ›Goethes Sprache und Stil‹ in seinem Buche ›Goethe, der Mann und das Werk‹ zugrunde; zur Ergänzung sei auf das Namenverzeichnis des vorliegenden Buches unter ›Goethe‹ verwiesen.

›Die größten Menschen hängen mit ihrem Jahrhundert durch eine Schwachheit zusammen‹ (Goethe); unser größter Sprachschöpfer und Stilmeister mit dem seinigen, dem 18., durch seine Stellung zur überkommenen Fremdwörterei. Manche unsrer ärgsten heutigen Welscher verteidigen ihre aus eitlem Gelehrttun und Unbegabung für edle Reinheit fließende Sprachflickerei gern durchs Berufen auf Goethes Beispiel. Dies wäre höchst unziemlich, selbst wenn Goethe ein Fremdwörtler heißen dürfte; denn wir ertragen seine zu weit gehende Fremdsprachigkeit in einigen Prosaschriften – in keiner seiner lebendigsten – doch nur darum, weil er unser größter Dichter und Prosakünstler ist; mit welchen Meisterwerken aber können unsre Welscher ihr kunstloses Zigeunerkauderwelsch rechtfertigen?

Der Grundzug in Goethes Sprachwesen war der zu reinem Deutsch, ja in gewissem Sinne muß er als einer unsrer kühnsten Puristen gelten. Man prüfe die 138 in meinen ›Deutschen Sprachschöpfern‹ aufgeführten Neubildungen Goethes, deren meiste zum Ersatz von Fremdwörtern bestimmt waren. Von frühauf zeigte sich bei diesem Großmeister Deutscher Sprache der triebmäßige Widerwille gegen die Fremdwörterei. Als Leipziger Student von 16 Jahren ermahnte er die Schwester Cornelie, doch ja keine Fremdwörter zu gebrauchen. Vom Anbeginn seiner schriftstellerischen Laufbahn belehrte ihn sein künstlerisches Sprachgefühl: Fremdwörter sind Flicken und Flecken am Kunstwerk. Zu einer Zeit, als überall in Deutschland fast ebenso wüst gewelscht wurde wie unter der wissenschaftlichen Sprachverwilderung der Gegenwart, strich Goethe mit voller Absicht eine beträchtliche Zahl überflüssiger Fremdwörter aus dem ›Urgötz‹. Aus Kommission wurde *Auftrag*, aus Detachement: *Haufen*, aus dem Deklamieren gegen die Weiber: *schelten*; ja er strich Fremdwörter, die an ihrer Stelle nicht unwirksam waren, wie Baldachin, Rebellion, und schrieb dafür *Prachtvorhang, Aufruhr*. Ausgemerzt wurden: appellieren, deplaciert, Descente, Spekulation, Viktualien, Virtuosität; sogar Humor, Materie, Szene mußten Deutschen Wörtern weichen. Wie bezeichnend für Goethes Purismus sind folgende Verdeutschungen: *Aber um dich, Adelheid, ist eine Atmosphäre von Leben* wurde zu *Aber um dich, Adelheid, ist Leben;* statt *ging sehr ins Detail* schrieb er: *Allerlei durcheinander, Großes und Kleines*. Und sintemalen alle Verteidiger des Welsch in der Unentbehrlichkeit von ›interessant‹ übereinstimmen (vgl. S. 432), so mögen sie sich eines Bessern durch Goethe belehren lassen, der die Stelle: *Ein* *halb trauriger Zug auf seinem Gesicht war so interessant* Deutscher und wirksamer wandelte in: *Ein halb trauriger Zug auf seinem Gesicht gefiel mir so wohl.* Ähnlich machte er aus Interesse nehmen: *Anteil nehmen.* Purist bis ins Alter, ersetzte er noch in der Fassung von 1804 ›in dieser Extremität‹ durch *in dieser bänglichen Lage*, ›gemessene Ordre‹ durch *Befehl*, ›Diskurse‹ durch *Verhandlungen*. Absichtlich schrieb er in der ›Campagne in Frankreich‹ gegen den damaligen allgemeinen Gebrauch von ›royalistisch‹: ›königisch Gesinnte‹ (nach Luthers Wort bei Johannes 4, 47).

Goethe war kein Purist von der närrischen Gattung, die sich die Fremdwörtler aus der Tiefe ihres schlechten Gewissens schöpfen, – das zeigt die Stelle im 4. Aufzug des Götz; in dem Satz: *das Ebenbild des Kaisers, das ich auch in der gesudeltsten Malerei verehre* wurde Ebenbild durch das zeitgemäßere, wirksamere *Konterfei* ersetzt. Gespannschaft für Kameradschaft, Sicherplatz für Asyl stehen schon im Urmeister. Für die erste Gesamtausgabe seiner Werke von 1787 strich er die Fremdlinge in Masse, obwohl er durch die Kanzleisprache seiner weimarischen Jahre vor Italien (1775 bis 1786) an die damals allgemein übliche Fremdländerei gewöhnt war, an solch Zeug wie: reskribieren, instituieren, submissest, Deliberation, Inkumbenz, Responsabilität usw. Wie bezeichnend sind auch seine puristischen Verdeutschungen in der Italienischen Reise, z.B. aus ›proportionierlich‹ (im ersten Teilabdruck von 1787 im Merkur) in *verhältnismäßig*, ›Tableau von Neapel‹ in *Gemälde*, ›auf ein Volk kalkuliert‹ in *berechnet*.

Daß Goethes Lieder fast ganz sprachrein sind, versteht sich von selbst: die Kunst verabscheut das gemeine Besticken des Feiergewandes Deutscher Rede mit fremden Lappen. Je erhabener das Dichtwerk, je tiefer dessen seelischer Gehalt, desto Deutscher wird Goethes Sprache. In seinem Nachlaß fand sich ein nichtvollendeter Beitrag zu den Venezianischen Epigrammen, der beginnt: ›Ungern brauch ich in meinen Gedichten die anderen Sprachen.‹ Schon in einer Jugendschrift hohen Stils, ›Von Deutscher Baukunst‹, stehen auf 13 Druckseiten nur zwei Fremdwörter. Von der ganz fremdwortreinen ›Iphigenie‹ war schon die Rede. Im ›Egmont‹ gibt es nur 24 fremde Wörter, die meisten durch die Zeitfarbe des Dramas entschuldigt, ja gefordert. Der ›Tasso‹ ist so gut wie rein; in beiden Teilen des ›Faust‹ zusammengenommen kommen nur ganze 200 Fremdwörter vor, in Anbetracht des Inhaltes und des Zeittons, zumal im zweiten Teil – der Held ist ja ein Deutscher Professor! –, erstaunlich wenig, viele davon an ihrer Stelle ganz unentbehrlich.

○ ○ ○

So steht es mit Goethes Tun gegenüber den Fremdwörtern, und nach seinem Tun, nicht nach vereinzelten verwehenden Aussprüchen des leidenschaftlichen Mannes in einer gelegentlichen, doch nicht wortgetreu überlieferten Unterhaltung dürfen wir urteilen. Am wenigsten nach solchen, die er im berechtigten Unmut über törichte Angriffe schulmeisternder Sprachnörgler getan, aber – selbst nicht befolgt hat. Unschöpferische Sprachbasteler hatten sich zu Ende des 18. Jahrhunderts anmaßlich in Sprach- und Stilfragen breitgemacht; deren Eingriffe in das Recht, das nur den guten Schriftstellern zustünde, wollte sich Goethe nicht gefallen lassen. Seinen Widerwillen gegen den nicht verdienstlosen Sprachreiniger und Neuwortbildner Campe und seinesgleichen begreift man nur, wenn man die Albernheiten in den ›Beiträgen zur Ausbildung der Deutschen Sprache‹ liest, die seit 1795 unter Campes Leitung erschienen. Da hatte ihm ein platter Schulfuchs, nicht etwa Campe selbst, ein Wort wie ›tiefgeheimnisvoll‹ angestrichen, weil man weder Tiefgeheimnis noch tiefvoll sagen könne. ›Mein blutend Herz‹ in der ›Iphigenie‹ hatte ihm ein unwissender Pedant gerügt: es müsse heißen ›mein blutendes Herz‹, denn – man sage ja auch nicht ›mein schön Haus‹. Oder man hatte ihm den Vers: ›man spricht vergebens viel, um zu versagen‹ verballhornen wollen in ›wenn man versagt‹.

Sich von solchen unschöpferischen Wortklaubern seine Sprache vorschreiben zu lassen, war Goethen freilich nicht zuzumuten. Und wenn das löbliche Streben nach Sprachreinheit überwiegend von solchen Dummköpfen ausging, so versteht man, daß Goethe, unser großer Sprachreiniger, von ihnen abrückte, ja sie heftig bekämpfte. Hierzu kam sein Widerwille gegen alles, was er in einem mit Heinrich Meyer zusammen verfaßten Aufsatz als ›Neudeutsche-religiös-patriotische Kunst‹ verwarf: die mit Deutschtümelei gepaarte Hinwendung protestantischer Schriftsteller zum Katholizismus, das Wiederaufleben der Vorliebe für den gotischen Stil, die ›Lust an Ritterromanen und Schauspielen, Turnieren, Aufzügen, mit dem ganzen gotischen Spitzen- und Schnörkelwesen, welches bis in die Wohnungen, auf das Hausgerät und selbst die Kleidung sich erstreckt‹. Irrtümlich brachte Goethe mit dieser Richtung die Sprachreiniger zusammen, und so verzerrte sich ihm das Bild dieser von jedem Nebenzwecke freien Bewegung.

Nebenher aber – wie durchaus Goethisch! – liefen die eifrigsten Bemühungen, seine eignen Werke von Fremdwörtern zu säubern. Er schalt auf die Puristen und – lernte von ihnen, ganz so, wie Gustav Freytag und andre gute Schriftsteller nach ihrem Unterzeichnen der törichten Erklärung von 1889 taten. Goethe machte sich über Campe lustig, schrieb spitzige Verse gegen ›die furchtbare Waschfrau, welche die Sprache des Teut säubert mit Lauge und Sand‹; dann aber kaufte er sich dessen Wörterbuch der Deutschen Sprache für einen Dukaten und spottete: ›Ich bin bemüht, so viel daraus zu lernen, als dieses Goldstück wert ist.‹ Es war für ihn viel mehr als einen Dukaten wert, und bald durfte Campe mit Recht nachdrücklich entgegnen: ›Was unsern Glauben, daß die Benennungen Purist usw. keine beschimpfende, sondern vielmehr eine schmeichelhafte Bedeutung haben müssen, bis zur Gewißheit erhöht, ist die Bemerkung, daß der Herr Geheimrat von Goethe oft selbst kühn und glücklich genug dem Geschäfte der Verdeutschung obliegt, daß er statt der unserer Sprache aufgebürdeten Fremdwörter neue Deutsche bildet, daß er ferner auch von Andern vorgeschlagenen Verdeutschungen einen Platz in seinen Schriften gönnt.‹ Campe wies als Goethische Anleihen bei den Sprachenreinigern u. a. nach: *Beiwesen* für Accessoria, *untergelegte Pferde* für Relais, *überspringend* für alternierend, das fast überkühne *Strengling* für Rigorist. War doch das von Goethe so sehr bewunderte *Gegenständlich* eine Schöpfung Campes für das abgedroschene und mehrdeutige ›Objektiv‹.

Bisweilen hat man das Gefühl, daß Goethe es Campen im Verdeutschen noch zuvortun wollte, um so recht zu zeigen, daß nur der Dichter der wahre Wortschöpfer und Sprachmeister sei. Nach

Campes *Stelldichein* für Rendezvous bildete Goethe *Süßzettelchen* für *billet-doux*, wandelte beim Umarbeiten seiner Tagebücher und Briefe zur ›Italienischen Reise‹ z.B. sentiert in *gefühlt*, Inkongruität in *Unschicklichkeit*, Aquädukt in *Wasserleitung*, Botanik in *Pflanzenkunde*, sogar eine Antike in *ein Altertum*. Von Campe entnahm er *Ehrenpunkt, Selbstigkeit und selbstisch* für *point d'honneur*, Egoismus und egoistisch; bildete oder wählte selbst: *Gespannen, Briefgespräch, Mächler, Geschwindschreiber, Einhelfer, Selbstlernerei, ewig, Irrgarten, umlaufen, bildhauerlich, ausheimisch, Lustsitz, geviert, eirund, beidlebig, Zweigesang, Gegenbilder, Zwischenreich, Auslebung* statt: Kameraden, Korrespondenz, Faiseur, Stenograph, Souffleur, Autodidaktentum, absolut, Labyrinth, zirkulieren, plastisch, exotisch, Villa, quadratisch, oval, Amphibium, Duett, Pendants, Interregnum, Renaissance.

Der leidenschaftliche Purist Goethe begnügte sich nicht mit einer Verdeutschung, denn wie unerschöpflich reich ist unsre Sprache! Für zirkulieren z.B. schrieb er je nachdem: *kreisen*, noch kühner: *runden*. Für Journalist, dessen Unentbehrlichkeit ein Neunmalweiser jüngst behauptet hat, bildete Goethe neben *Zeitungschreiber* und *Tagesschreiber* abwechselnd: ›Tag-, Wochen- und Monatsblättler‹, wie er schon im Tagebuch (19. Februar 1819) sich für ›Journal‹ vermerkt hatte: *Tagschrift*. Er wechselt zwischen *Kurort* und *Heilort*; ja hier und da sucht er durch die Tat zu beweisen, daß man, will sagen daß er, so gut wie gar keine Fremdwörter und keine Verdeutschungshelfer benötige. Die scheinbar unersetzlichen Fremdlinge kosmopolitisch, Original, Prozeß, Disziplin, Generation, Trophäen, Vivat, Indifferenz werden gut verdeutscht: *großweltisch, Urbild, Rechtshandel, Mannszucht, Zeitgeschlecht, Kampfgewinste, Leberuf, Anteilnahme*. Sogar solche Fremdwörter, die von ihren grundsätzlichen heutigen Gegnern zumeist noch einstweilen geduldet werden, verwirft der überstrenge Purist Goethe: statt Praxis schreibt er *Ausübung*, statt Theorie und Praxis: *Lehre und Leben*, statt Optimisten und Pessimisten: *Hoffer und Verzweifler*, statt Harmonie: *Übereinstimmung*, aus dem Rationalisten macht er einen *Menschenverständler*. Doch schon früher hatte er aus Vicenz (so bei Goethe statt Vicenza) nach Weimar geschrieben, er möchte ›einen schnellen Lauf [Kursus] der Architektur machen‹;

noch früher beim Umarbeiten des Werther geändert: Discurs, employieren, Dimission, Permission in: *unterreden, sich einem Geschäft widmen, Entlastung, Erlaubnis*. Was sagen die Fremdwörtler nun gar zu der puristischen Verdeutschung von Gesandtschaftsattachés in *Gesandtschaftsuntergeordnete* (in ›Dichtung und Wahrheit‹)? – Goethes sprachliche Durchsicht des ›Wilhelm Meister‹ für eine Gesamtausgabe der Werke (1805/06) hatte zum Hauptzweck das Austilgen überflüssiger Fremdwörter.

Bis in die letzten Lebensjahre beschäftigte Goethen das Ausmerzen des Welsch, der ›affirmative Purismus, der produktiv ist‹, wie sein spaßhafter Ausdruck lautete. Dem sinnenhaften französischen *percher* für das Sitzen des Geflügels auf Stangen stellte er ein kühngebildetes ›stängeln‹ gegenüber. Im Kreise der Mutter Schopenhauers in Weimar beteiligte er sich eifrig an der geselligen Arbeit guten Verdeutschens der Fremdlinge, schlug z. B. ›in der Schwebe sein‹ für balancieren vor. Zu Eckermann klagte er: ›Was sollen erst Engländer und Franzosen von der Sprache unserer Philosophen denken, wenn wir Deutschen sie selber nicht verstehen‹, und tadelte aufs schärfste das Wort *Komposition* für künstlerische Leistungen: ›Ein ganz niederträchtiges Wort, das wir den Franzosen verdanken und das wir so bald als möglich wieder loszuwerden suchen sollten. Wie kann man sagen, Mozart habe Don Juan *komponiert*? Als ob es ein Stück Kuchen oder Biscuit wäre, das man aus Eiern, Mehl und Zucker zusammenrührt.‹

Dem Mitpuristen Riemer, der freilich so gut wie nichts von Campes Finderblick und -glück besaß, stellte Goethe 1813 vertrauensvoll die Beseitigung von Fremdwörtern aus ›Dichtung und Wahrheit‹ anheim: ›Ausländische Worte zu verdeutschen, sei Ihnen ganz überlassen‹, und ›Bei meiner letzten Sendung habe ich Ihnen abermals völlige Macht und Gewalt gegeben, die Fremdworte aus der Handschrift zu tilgen, insofern es möglich und rätlich sei, wie wir auch schon früher getan haben. Ich bin in diesem Punkte weder eigensinnig noch allzu leicht gesinnt.‹ Von Riemers Campen verdankten Verdeutschungen ließ Goethe u. a. gelten: *folgerecht* für konsequent, *geradezu* für direkt. Das von den Fremdwörtlern so gern angeführte Wort des Meisters: ›Ich habe die Erfahrung gemacht, daß es eigentlich geistlose Menschen sind, welche auf

Sprachreinigung **mit zu großem Eifer** dringen‹, bezog sich auf solche Übereifrige, welche die Monatsnamen und Wörter wie Natur, Musik, Literatur und dergleichen ganz ausmerzen wollten. In diesem Urteil stimmt der Verfasser Goethen vollkommen bei.

o o o

Goethes lebenslanges Verhalten zu den Fremdwörtern, sein eiferndes Verdeutschen und seine polternde Abneigung gegen gewisse Verdeutscher erscheinen uns heute als treues Abbild des Ringens zweier tiefgegensätzlicher Zeitalter: des sprachkünstlerischen, des Deutschen, das er für uns herausgeführt hat, mit dem sprachrohen, dem barbarischen, aus dem er selbst hervorgegangen war. Nicht daß Goethe, gleich den meisten guten und besten Deutschen Schriftstellern seiner Zeit, so viele allgemein gebräuchliche Fremdwörter gewohnheitsmäßig nachschrieb, hat für uns Erziehungswert; vielmehr daß er, in der Fremdwörterei des Franzosenzeitalters groß geworden, aus so sicherm Gefühl für die Unvereinbarkeit einer Flickensprache mit der Wortkunst, im Ganzen und im Großen so herrlich rein geschrieben hat. Er, wie Schiller, hat sich in Briefen, Gesprächen und Schriften mindern Wertes zuweilen mehr, als uns lieb und dem vollen Verständnis zuträglich, gehen lassen. Selbst den unbelehrbarsten Verteidigern der Fremdwörter wird manches ausheimische Wort bei Goethe halb oder ganz unverständlich sein, z. B. Chromagenesie, styptisch, Adiaphorie, anastomosiert, depontenziiert, Acheminement: und gar bei dem Fürsten der Deutschen Dichter und Schriftsteller auf etwas so Ungeheuerliches wie eine ›equestre Statue‹ zu stoßen, ist einigermaßen ärgerlich. Es gibt so manche Stelle bei Goethe, namentlich im Briefwechsel mit Schiller, die ohne Fremdwörterbuch selbst dem Hochgebildeten dunkel bleibt. Wenn Goethe in den ›Lehrjahren‹ (2, 14) schreibt: ›Sie warf sich ihm wie ein Ressort, das zuschlägt, um den Hals‹ – wer versteht dies? Wie viele wissen, daß *ressort* auch Schnappfeder bedeutet? In der neudeutschen Fremdwörtersprache kommt es ja nur in der Bedeutung ›Fach, Berufsgebiet‹ vor. Gegen 500 solche Fremdwörter Goethes sind inzwischen dem allgemeinen Schicksal jeder Unnatur verfallen: vergessen, geschmacklos, ja lächerlich zu werden, gewiß kein unbedenklicher Vorgang für das Dauerleben der Schriften eines Klassikers.

Ich sehe die Zeit kommen, ohne die Hoffnung, sie selbst zu erleben, wo Ausgaben von Goethes Prosawerken mit durchgehender Verdeutschung aller gänzlich veralteter und unverständlicher Fremdwörter erscheinen werden. Einige rückständige Goethe-Gelehrte werden über Tempelschändung zetern; die gebildeten Leser werden froh sein, nicht beinah auf jeder Seite solchen vermufften und dem allgemeinen Verständnis hinderlichen Welschereien zu begegnen wie: *Apprehensionen, Travers, Parrhesie, expedit, prolix, Lokat, Konzent, indefinibel, digestiv, kohobieren, kompensativ, amplifiziert* usw. Mit Rankes Werken hat der gutgeleitete Verlag von Bachem in Köln den Anfang solcher durchaus erlaubter, ja zur Rettung der fremdwörtelnden Bücher unsrer großen Schriftsteller notwendiger Sprachsäuberung gemacht, und die solchermaßen gereinigten Ausgaben werden stärker gekauft als die ursprünglichen. Man vergesse doch nicht: Goethes Fremdwörter sind ja nicht Goethe, sondern 18. Jahrhundert mit seiner humanistischen und französelnden Sprachverderbtheit. Goethe selbst sagt an einer berühmten Stelle (›Dichtung und Wahrheit‹, 2, 7) hierüber: ›Der Deutsche, seit beinahe zwei Jahrhunderten [seit dem 16.] in einem unglücklichen tumultarischen Zustande verwildert, begab sich bei den Franzosen in die Schule, um lebensartig zu werden, und bei den Römern, um sich würdig auszudrücken.‹ Beides haben wir nicht mehr nötig.

SECHSTER ABSCHNITT

Fremdwörter und Deutsches Volkstum

Wie werden wir bestehen, wann uns ein Volk bekriegen und unsere Freiheit unter sich zwingen wollte, dessen Sprache wir schon reden, dessen Tun und Wandel wir lieben und ihm in allem nachäffen?
GRIMMELSHAUSEN, ›TEUTSCHER MICHEL‹

Der Charakter des Deutschen in zwei Worten (Vergils):
Patriam fugimus *(Wir entfliehen dem Vaterlande).*
LICHTENBERG

Ein Volk, das seine eigne Sprache verlernt, gibt sein Stimmrecht in der Menschheit auf und ist zur stummen Rolle auf der Völkerbühne verwiesen.
JAHN

Lernet und heiliget eure angestammte uralte Sprache und haltet an ihr, eure Volkskraft und Dauer hängt in ihr.
JAKOB GRIMM

Ew'ge Schmach dem deutschen Sohne,
Der die angeborne Krone
Seines Menschenadels schmäht!
SCHILLER

> *Doch ihr, die Geistesmacht entflammt,*
> *O haltet den Tempel rein!*
> *Ist heiliger doch kein Priesteramt,*
> *Als Hüter des Worts zu sein.*
>
> P. Heyse

Ohne Sprachgefühl kein Volks- und Staatsgefühl: gibt es irgendeine unbezweifelbare Lehre der Weltgeschichte, dann diese. Als die Juden aufhörten eine eigne Sprache zu reden, hörten sie auf ein Staatsvolk zu sein und wurden Volkssplitter. Volkstum und Heimat genießen sie erst wieder, seitdem sie reine Sprachen besitzen. Wenn nach dem grausigen Unglück von 1918 an den Grenzen des Deutschen Stammes im Osten, im Süden, im Westen, im Norden Deutsches Volkstum verloren geht, woran wird der Verlust erkannt werden? Am Aufgeben der Deutschen Sprache. Die Vorstufe ist jedesmal die verwildernde Durchsetzung des Deutschen mit Fremdem. Von Fichte rührt das unerbittliche, aber gerechte Wort her: ›Ein Volk, das sich nicht selbst mehr regieren kann, ist schuldig, seine Sprache aufzugeben.‹ Mindestens ebenso berechtigt ist das Wort: Ein Volk, das seine eigne Sprache nicht mehr sprechen kann oder will, ist reif, von Fremden regiert zu werden.

In der Deutschen fremdwörtelnden Zigeunersprache bezeichnet man wie andre Urbegriffe so die Vaterlandsliebe mit dem Welschwort **Patriotismus**, und will ein unsauberer Fremdwörtler einem Freunde sprachlicher Reine, der da meint, es sei unanständig in Fremdwörtern zu mauscheln, etwas besonders Verächtliches nachsagen, so schimpft er ihn einen **Chauvinisten**. Nur in Deutschland hat man sich erdreistet, den Stammesstolz derer zu verhöhnen, die den Ehrenschild Deutscher Sprache blank halten wollen. ›Puristen und Chauvinisten‹: viel mehr wissen die Welscher über die ihnen jetzt furchtbare Sprachbewegung des letzten Menschenalters nicht zu sagen. Daß es sich hier um die ersten Wehen einer innern Wiedergeburt nach der Aufrichtung des äußern Machtstaates handelt, um die Sühne Jahrhunderte alter Volksversündigung, das ahnen die Gegner des Sprachvereins noch gar nicht.

Fremdwörter und Volkstum

Einem großen Teil der Deutschen mangelt **das sprachliche Ehrgefühl**, das jedem andern Volke eigen. Statt einer langen, wenig anschaulichen Erklärung dieses Ehrgefühls einige Beispiele. Ein Deutsches Hoftheater führt das vaterländische Schauspiel ›1812‹ Ottos von der Pfordten auf und schreibt über die Ankündigung: ›*Abonnement suspendu*‹. Wenn Preußen 1812 ganz französisch geworden wäre, könnte es jetzt schlimmer um seine Sprache stehen? Warum sind 1813 die Preußen aufgestanden? Unter anderm oder vornehmlich, um zu verhindern, daß sie von dem fremden Machthaber gezwungen würden, Französisch zu sprechen. Man schämt sich, daß man solche Dinge überhaupt und auf Deutsch sagen muß.

Ein Deutscher Offizier besucht mich und läßt mir seine Karte überreichen: ›N. von N., Leutnant *à la suite* des Regiments der *Gardes du corps*‹. Also hätte ich 40 Jahre geträumt und Frankreich hätte uns 1870 besiegt? Ich weiß, daß solche Benennung aus dem 18. Jahrhundert stammt; bei welchem andern Volke aber wäre das Beibehalten solcher Unsprache denkbar?

Am 10. März 1913, dem amtlich festgesetzten hundertsten Gedenktage des Beginnes des Befreiungskrieges – zur Befreiung vom Franzosenjoch, so wird behauptet –, lese ich in der Zeitung: ›Um 12 Uhr legten die drei früheren Flügeladjutanten Kaiser Wilhelms 1. von Pl. ..., von L. ..., von O. ... einen Lorbeerkranz am Sarge des Kaisers [des Deutschen Kaisers!] nieder, dessen Schleife die Inschrift trug: Die *maison militaire*.‹ Wie stillos, daß sie dabei nicht unter gedämpftem Trommelklang sangen: ›*Allons, enfants de la patrie!*‹ – Am Abend selbigen Gedenktages gab es im Königlichen Schauspielhause zu Berlin eine Festvorstellung im ›*Théâtre paré*‹ mit ›*Abonnement suspendu*‹.

Eine gutdeutsch gesinnte Berliner Zeitung schloß im Weltkriegsjahr 1915 einen schwungvollen Aufsatz zugunsten einer der Deutschen Kriegsanleihen mit der Versicherung: ›Wir zweifeln keinen Augenblick: Jeder, auch der Ärmste, wird sein Scherflein dazu beitragen, es wird werden eine wahre *Levée en masse!*‹ Denn, nicht wahr, Deutschland über alles!

In Berlin tut sich eine vorgeblich Deutsche Gesellschaft auf, die flinke Laufjungen zu allerlei Besorgungen bereithält. Wie nennt sie sich? *Messenger boy Company*! Und die bis jetzt noch Deutschen Berliner bedienen sich dieser Jungen, die, durchaus stilgemäß, die in England üblichen Kappen eines Zirkusaffen tragen.

Oft schon habe ich mich gefragt: was mag wohl der Gipfel der Deutschen Sprachschande sein? Es gibt keinen, – jeder neuentdeckte wird unfehlbar nach kürzester Zeit übergipfelt. Das Schmachvollste, was ich bis zur Stunde erlebt habe, war wohl der Aufruf eines Deutschen Gelehrten in einer sich überaus Deutsch gebärdenden Zeitung zur Trauer für die uns von den Feinden geraubten Brüder in den Deutschen Grenzlanden. Ich hoffe, jeder Leser wird es als einen Schlag in sein Gesicht empfinden, wenn er liest, daß diese Brüder genannt wurden: unsre *Connationalen*. Wie wird die nächste Schmach lauten, die Deutsche uns Deutschen antun? Aber unmöglich ist es nicht, daß die Berliner Akademie der Wissenschaften, beraten von ihrem Obergermanisten, machtvoll für die ›edelen‹ *Connationalen* gegen die Stammesbrüder eintritt.

○ ○ ○

›Eine Sprache ist eine Weltansicht‹, heißt es mit einem erhabenen Wort bei W. von Humboldt. Welche sprachliche Weltansicht hat das Deutsche Volk darnach? Offenbar die von Bedienten, die durchdrungen sind von ihrem Minderwert und ihrer Bedientenpflicht. Unser Sprachzustand strich uns schon vor dem Weltkrieg aus der Reihe der wahren Herrenvölker; will das Deutsche Volk je in diese Reihe eintreten, so muß es seine Gesindewelscherei ablegen. Wer dies nicht fühlt, weiß weder was Volk noch was Sprache ist.

Jeder Kutscherkeller in jeder Deutschen Haupt- und Mittelstadt nennt sich *Restauration*, worüber der Franzose lacht, denn er kennt dieses Wort für Kneipe gar nicht. Liegt die Speisewirtschaft höher als der Keller, so heißt es auf dem Schilde: *Grand Restaurant. Sämtliche Delicatessen der Saison. Déjeuners, Diners, Soupers à prix fixe und à la carte*. Wohnt der Deutsche in einem Deutschen Gasthof, so empfängt ihn der *Chef* oder der *Gérant*, und der *Portier* bemächtigt sich seiner *Bagage*. Auf der ihm beim Abschied überreichten Note prangt natürlich *Grand Hotel du Nord, d'Angleterre*, *de Grande Bretagne, Astoria, Bristol, Savoy, Carlton* oder sonst etwas ebenso Großartiges. Der Zimmerpreis wird als *Logis* (*pro* oder *per lit*) berechnet, in besondern Fällen müssen *Service*, *Chauffage* und *Eclairage* bezahlt werden, und der *Chef* oder der *Gérant* oder der erste *Garçon* oder der *Chef de salle* August Piefke schreibt oder stempelt zuletzt unter das *Total* der *Note*: *Per* oder *par* oder *pour acquit*. – Ich weiß, ich weiß: ›der internationale Kulturzusammenhang‹, die notwendige Rücksicht auf den ›internationalen Charakter des Reiseverkehrs‹! Vortrefflich, nur will's mich schier wundersam bedünken, daß weder die französischen noch die englischen Gasthöfe die geringste Rücksicht darauf nehmen.

Und alle alle sind sie im Punkte des sprachlichen Ehrgefühls bei uns gleich: auf keinem Gebiet unsers öffentlichen Lebens besteht eine so vollkommne Übereinstimmung ohne jeden Unterschied der Partei, wie wenn es sich handelt um Muttersprache, Mutterlaut, wie so wonnesam, so traut. Deutschnationale, Demokraten und Sozialisten beider Flügel, Nationalsozialisten, Agrarier und Anarchisten, Juden und Antisemiten, alle, alle lassen sich in holder Eintracht dieses Verschandeln der Deutschen Sprache gefallen und wirken unterstützend oder doch duldend dabei mit.

Jedes ehrliebende Volk auf dem weiten Erdenrund hält seine Sprache für die schönste, reichste, edelste, mag es immerhin eine oder einige der fremden Sprachen zu mancherlei Zwecken erlernen. Einzig wir Deutsche erklären durch Tausende von Fremdwörtern und Fremdbrocken in der gesprochenen und geschriebenen Rede, auf Millionen von Schildern und Anzeigen, daß unsre Muttersprache unfähig ist zur Bezeichnung all der Herrlichkeiten andrer Völker an Speis und Trank, Kleidern und Schmuck, Haus und Wohnung, Vergnügen und Arbeit, Sittlichkeit, Leben und Seele, Ethos, Bios und Psyche.

Vischer nannte die Fremdwörtelei ›der Deutschen Wortborger und Allerweltsanpumper ein Laster, das uns die Bemerkung eines Franzosen eingetragen hat‹ (er meinte Rivarol, vgl. S. 265): Wir lernen die Verachtung der Deutschen Sprache von den Deutschen. Daß die heutigen Franzosen uns nicht lieben, ist zu begreifen; daß sie uns, ganz wie zu den Zeiten Rivarols ohne allen ›Chauvinismus‹ um unsrer Zigeunersprache willen verachten und verhöhnen, ist zwar auch begreiflich, sollte uns aber zur ernsten Selbstprüfung zwingen, denn in Fragen der Sprache sind die Franzosen seit Jahrhunderten das, was im Altertum die Griechen waren: die Meister der Wortkunst. ›Wenn die (Deutschen) Zeitgenossen Ludwigs 14.‹, heißt es bei Treitschke, ›eine Menge alamodischer Fremdwörter gebrauchten, so meinten sie doch ein gutes Werk zu tun, ihre rauhe Sprache lieblich zu schmücken; die heutigen Barbarismen entspringen einfach der Mißachtung, einer Roheit des Gemüts, die gar nicht mehr weiß, was der Deutsche seiner Muttersprache schuldet‹. Er schuldet ihr nichts Geringeres als ein Vaterland. Die gemeinsame Deutsche Sprache war Jahrhunderte hindurch die einzige Gemeinschaft jenes ›geographischen Begriffes‹, den der Staatsrechtslehrer Pufendorf nannte: ›einen irregulären Körper, desgleichen in der ganzen Welt nicht anzutreffen ist‹, und von dem noch Hegel im 19. Jahrhundert als von der ›konstituierten Anarchie‹ sprechen durfte. Die Deutsche Sprache ist nach dem Zusammenbruch von 1918 wieder unser einziges Vaterland.

Wie es im Alltagsleben aussieht, weiß jeder Leser. Die Würzburger Schriftstellerin Agnes Sapper hat den Stil des Deutschen Briefverkehrs sprechend ähnlich so nachgeahmt:

> Liebe Schwester! Der *definitive* Entscheid ist getroffen, ich bin für ein Jahr *engagiert*; und zwar nicht mehr *au pair*, sondern gegen ein kleines *Salär*. In *pekuniärer* Hinsicht habe ich mich also gegen das Vorjahr verbessert; aber manche schöne *Illusion* muß ich aufgeben. Vom ersten Moment an *frappierte* mich der Kontrast zwischen den jetzigen Verhältnissen und der früheren *luxuriösen* Lebensweise. Die Menschen haben sich selbst und ihr *Milieu* verändert. Ich hatte *kalkuliert*, in der *Saison* wieder die *Salons* belebt zu sehen, bei *Soupers* und *thés dansants* die *haute volée* in ihren eleganten *Toiletten* zu bewundern und ihre *amüsante, pikante Konversation* zu hören. Aber das sind *tempi passati*. Der Krieg hat alles *Frivole* weggefegt; er *absorbiert* jegliches andere *Interesse*. Zuerst war ich darüber *deprimiert*, aber jetzt *imponiert* mir dieser *Patriotismus*; ich bin vom selben *Enthusiasmus* ergriffen und fühle mich wohl in dieser *Atmosphäre* – usw.

Der alte Arndt hatte vollkommen Recht mit seinem zornigen Satz über das mangelnde Sprachehrgefühl: ›Wir gebärden uns, als hätten wir gar keine Sprache, als seien wir ganz ohne Geist, ohne Begriffe und Zeichen für Geist und Begriffe, als seien wir in den

Anfängen unserer Bildung und müßten alles von Fremden holen.‹ Dies wurde vor mehr als hundert Jahren geschrieben und gilt für eine lange Reihe von Schriftstellern, darunter hochberühmten, noch heute. Was hätte Arndt gesagt, hätte er bis 1870 gelebt und gesehn, was ich gesehn habe: Deutsche Frauen und Mädchen sich bis zur Unanständigkeit um die gefangenen Franzosen drängen, nur um mit ihnen elendes Französisch zu radebrechen. Dieses Gebaren entfloß derselben Schlammquelle, aus der sich die Deutsche Fremdwörterei bis auf diesen Tag so ekel speist.

Mit welchen Gefühlen liest ein sprachgesunder Deutscher die Äußerungen des Sprachstolzes bei andern Völkern! Wie klar und scharf klingen z. B. die Worte Ciceros in den Tuskulanen: *Dicam, si potero, Latine; scis enim me Graece loqui in Latino sermone non plus solere quam in Graeco Latine.* (Ich werde nach Möglichkeit lateinisch sprechen; du weißt ja, daß ich im Lateinischen ebensowenig griechisch, wie im Griechischen lateinisch zu reden pflege). Oder die Erzählung von des Kaisers Tiberius reuiger Selbstanklage im Senat wegen seines Gebrauches von *monopolium*; von seinem Befehl, *emblema* aus einem Senatsbeschluß auszumerzen. – Die Lobsprüche der französischen und englischen Schriftsteller auf ihre Sprachen hier wiederzugeben, fehlt wie der Raum so Lust und Mut: sie sind gar zu beschämend, denn sie entsprechen dem ehrlichen Stolze, der so handelt, wie er spricht, dieweilen wir uns begnügen: Muttersprache, Mutterlaut! zu singen und dann ruhig weiter in sechs Sprachen zu kauderwelschen.

Wohl weiß ich, daß die meisten Welscher – ich will sogar sagen alle, denn das Vaterländische sollte sich gleich dem Moralischen von selbst verstehen –, daß sie an Stärke des Vaterlandsgefühls nicht hinter denen zurückstehen, die für ein großes Volk eine edelreine Sprache begehren. Stark oder doch laut mag ihre Liebe zum Vaterlande sein; zart ist sie unmöglich bei einem Fremdwörtler, dem für die zartesten Regungen der Deutschen Seele in jeder Minute des Sprechens, in jeder zweiten, dritten Zeile des Schreibens ein fremdes Wort das natürlichste ist. Das mochte hingehen in längst abgelaufenen Zeiten, als die Weltbildung ein überwiegend lateinisches oder französisches Gepräge trug; hingehen noch in dem Weltalter, als Wilhelm 1. und Bismarck Knaben waren, um sich her französisch sprechen hörten und die Fremdwörter kaum als etwas Fremdes empfanden. Wer sich aber im 20. Jahrhundert auf jene beiden zu berufen wagt, wie das geschehen ist, um das eigne Rotwelsch zu verteidigen, gegen den ist so leicht keine Grobheit zu Deutsch.

Jakob Grimm hat in trüben Zeitläuften das Verheißungswort geschrieben: ›Man klagt über die fremden Ausdrücke, deren Einmengen unsre Sprache schändet: dann werden sie wie Flocken zerstieben, wenn Deutschland sich selbst erkennend stolz alles großen Heiles bewußt sein wird, das ihm aus seiner Sprache hervorgeht.‹ Noch hat sie nicht geschlagen, diese Stunde des Selbsterkennens, und ein großer neuerer Forscher und Wirker auf anderm Felde, der berühmte Arzt und Lehrer Credé, durfte ohne ernsten Widerspruch erklären: ›Ein starkes Volk, das so viel Fremdes in seiner Sprache duldet, ist noch nicht zum vollen Bewußtsein seiner Stärke gelangt.‹ Auch nicht zum vollen Bewußtsein seiner Pflicht und Ehre.

○ ○ ○

Daß die Fremdwörterei eine **Kunstfrage** allerersten Ranges ist, glaubt der Verfasser nach seinen Kräften bewiesen zu haben. Weil sie von dieser Seite bisher nur spärlich betrachtet wurde und weil sie in einem Buch über Stilkunst die wichtigste ist, hat er ihr einen so großen Raum, etwa den fünften Teil dieses Buches, gewidmet. An ihrer Wichtigkeit für das Volkstum achtlos vorüberzugehen oder sie gar aus Scheu vor den läppischen Anwürfen ›Purismus und Chauvinismus‹ lau und flau zu behandeln, dazu müßte er mehr gemeine Menschenfurcht haben.

Käme es einzig auf Kunst an, gelöst von allem Volkstum, so wäre ja der Not leicht abgeholfen: die Deutschen Schriftsteller, die durchaus nicht Deutsch schreiben wollen noch können, brauchten ja nur gründlich Französisch zu lernen, was zwar noch etwas mehr als zwei Jahre in Paris fordert, aber immerhin leichter wäre als die Bemeisterung der ›Deutschen Zunge, ungebändigt, hartgefügt‹, wie sie in einem altdeutschen Gedicht aus dem 12. Jahrhundert heißt (vgl. S. 779). Unsre Kunstschreiber z. B. sind schon auf halbem Wege zu einem Französisch, das zwar von den Franzosen nicht verstanden wird, aber den Schreibern und vielen ihrer Leser ausnehmend gefällt. Nur die paar Deutschen Fremdwörter inmitten des Scheinpariser Gefasels stören noch; indessen die lassen sich ja mit gutem Willen unschwer ausmerzen.

Einige unsrer Germanisten sind ebenfalls eifrig und erfolgreich bemüht, den groben Fehler der Weltgeschichte zu verbessern, daß Varus von Hermann geschlagen wurde: sie setzen an die Stelle der wichtigsten germanischen Begriffswörter verquatschte romanische, griechische, kellnerfranzösische und halten in dieser Zigeunersprache mit der ›*Originalität der Individualität*‹ dem ›*ethischen Pathos*‹ – oder ›*pathetischen Ethos*‹ –, der ›*Popularprädilektion*‹ usw. in den ›erhöhtesten Momankß‹ Festreden auf den Deutschen Kaiser oder auf Bismarck, worin sie die Freunde sauberer Deutscher Sprache beschimpfen. Denn: **In Deutschland ist Jeder gegen Jeden, aber Jeder für den Feind.**

Außer der Besudelung der Ehre Deutscher Art und Sprache wirkt die Welscherei unmittelbar vernichtend auf das lebensvolle Sprießen des Sprachtriebes. Der unglücklichste unsrer Stürmer und Dränger, Reinhold Lenz, ein feinhöriger Sprachbeobachter, hat vor 150 Jahren den sehr beachtenswerten Satz niedergeschrieben: ›Mir scheinen in unsrer Sprache noch unendlich viele Handlungen und Empfindungen unsrer Seele namenlos, vielleicht weil wir bisher als geduldige Bewunderer alles Fremden uns mit auswärtigen Benennungen für einheimische Gefühle begnügt haben, die dann nicht anders als schielend [nämlich durch Fremdwörter] ausgedrückt werden konnten.‹ Wie ewig schade, daß dieser beinah gewichtigste aller Gründe gegen die Fremdwörterei nicht von den Stürmern und Drängern, zumal von ihrem größten, Goethe, zum sprachlichen Feldgeschrei gewählt wurde, von ihnen, die doch so viel wertlosen und vergänglichen Modetand in den Stil jener Zeit gewoben haben. Jedes Fremdwort wirkt wie ein Schimmelpilz anfressend und zerstörend auf die in seiner Begriffsnähe blühenden Deutschen Wörter. Zahllose herrliche Ausdrücke sind auf solche Weise verdrängt, ja ausgerottet; ebenso viel gute Neubildungen dadurch verhindert worden, daß im fruchtbaren Augenblick sich ein blödes, elendgeformtes Gelehrtenwelschwort an die Stelle pflanzte. So hat *partiell* die rechtzeitige Bildung von ›teilig‹ verhindert (vgl. S. 103); so hat *elastisch* das noch zu Lessings Zeit allgemein gebräuchliche ›prall‹ (Nathan, 2, 5) so gut wie verdrängt; so *naiv* die edlere Bedeutung von ›einfältig‹ fast ganz vernichtet, die rechtzeitige Bildung eines Eigenwortes unmöglich gemacht. Man denke an das Beispiel von Zweirad, Rad und Radler, von Flieger und Steher: werden die Deutschen Luftschiffer sich ebenso sprachkräftig erweisen, um uns so bald wie möglich von der Aviatik, den Aviatikern, den Propellern, dem Aeroplan und den Aeroplanatikern, oder wie sonst gestammelt wird, zu erlösen? Im Kraftwagenbau scheint die bei der ersten Einführung eingeschleppte Französelei von *Chassis, carosserie, voiturette, Limousine* bis zum *Töff Töff* jedes Deutsche Eigengewächs ausgestampft zu haben.

Sind wir ganz sicher vor der Gefahr, daß die wissenschaftelnde Vornehmtuerei nicht mit der Zeit Leben, Seele, Sittlichkeit, Liebe, künstlerisch, begeistert usw. ganz ausrottet und durch *Bios, Psyche, Ethik, Eros und Erotik, artistisch, dionysisch* verdrängt oder erniedrigend umwertet? Für das kostbarste Seelengut eines Volkes, für die Sprache, aus der alles tiefste Geistesleben sprießt, gibt es keine größere Gefahr als das Massengewelsch, wie es in Deutschland seit dem Jahrhundert der nachäffenden Humanisterei bis auf diesen Tag getrieben wird.

SIEBENTER ABSCHNITT
Die Zukunft der Fremdwörterei

Untröstlich ist's noch allerwärts. UHLAND

Es ist dafür gesorgt, daß die Bäume nicht in den Himmel wachsen. GOETHE

Seit einem Menschenalter besteht der Deutsche Sprachverein, eine kurze Spanne im Leben unsrer Sprache, eine genügend lange, um eine Überschau seiner Erfolge zu ermöglichen. Die 1910 erschienene Festschrift des Vereins (von Hermann Dunger) hebt als die bedeutendste Wirkung seiner Tätigkeit im Gegensatze zu früheren Sprachgesellschaften hervor:

> Die jetzige Sprachbewegung hat das ganze deutsche Volk ergriffen ... Die leitenden Kreise sind für unsere Sache gewonnen. Die geistigen Führer unseres Volkes haben in den Zeiten der Ohnmacht und des staatlichen Niederganges die Überflutung mit lateinischen und französischen Fremdwörtern verschuldet; sie haben es jetzt als ihre Pflicht anerkannt, diesen Schaden wiedergutzumachen.

Zutreffend bis auf eine notwendige Einschränkung: Die Wissenschaft in ihrer weit überwiegenden Mehrheit hat diese Pflicht noch lange nicht anerkannt, geschweige erfüllt; am wenigsten die Wissenschaft von Deutscher Sprache und Kunst, die allen andern Zweigen unsers geistigen Lebens gerade auf diesem Felde mit laut hallendem Mahnruf und glänzendem Beispiel voranschreiten sollte. Sonst aber ist wirklich die Tatsache festzustellen, daß zur

Zeit etwas wie eine Volksströmung zur Sprachsauberkeit ihre leisen Wellen zu kräuseln beginnt. So weit sind wir doch schon, daß die lächerlichen Schlagworte Purist und Chauvinist nur noch von den rückständigsten und am schlechtesten schreibenden Welschen der Bewegung entgegengeschleudert werden.

Die Einzelerfolge, die der Sprachverein verzeichnet, sehen, in gedrängter Zusammenstellung auf mehreren Seiten, sehr stattlich aus, sind aber eher als Vorzeichen denn als große Errungenschaften zu werten. Sie beweisen, daß tief unten im Deutschen Volksgeist ein starker Trieb zur sprachlichen Ehre schlummert, dem nur die richtige Pflege der geistigen Leiter des Volkes fehlt, um Blüte und Frucht zu erzeugen. Man lächelt freundlich, wenn man in der Festschrift liest, wie viele Deutsche Vereine ihre Satzungen von Fremdwörtern gesäubert haben, daß z.B. im Radfahrbund (früher Bund der Velocipedisten), im Verein Lichtbild (Klub der Amateurphotographen), in dem der Feuerbestatter (Krematisten) usw. nicht mehr mit *Akklamation, Decharge, Generalsekretär, Kommission, Plenum, Generalversammlung, Korrespondenz, Remuneration, Skrutinium, Protokoll, Vereinsorgan* usw. lateinert und französelt wird. Man wird aufmerksam, wenn man in dem Warenverzeichnis eines der größten Geschäfte Berlins, des Grünfeldschen Wäschehauses, den wohlgelungenen Versuch einer wenigstens halbreinen Sprache für all den Kram gewahrt, der sonst nur auf Parisisch oder Berlinfranzösisch bezeichnet wird.

Man freut sich noch mehr, wenn man die ziemlich lange Reihe der Deutschen Zeitungen überblickt, die ihre Geschäftssprache verdeutscht haben, also nicht mehr schreiben: *Abonnement, Exemplar, Extraausgabe, Feuilleton, Lokal- und Provinzialnachrichten, Miszellen, Publikum, Redakteur, Chefredakteur, Telegramme*; sondern: Bezug, Stück, Sonderausgabe, Unterhaltungsblatt, aus Stadt und Land, Vermischtes, Leser und Leserkreis, Schriftleiter, Hauptleiter, Drahtbericht.

Immer aufmerksamer wird man, wenn man über die Stellung angesehener Schriftsteller zur Sprachbewegung liest, z.B. erfährt, was **Rosegger** in begeisterter Verallgemeinerung darüber gesagt hat: ›Jeder Deutsche Dichter und Schriftsteller ist mit Ihnen, es kann und darf gar nicht anders sein, uns vor allem muß an der

Reinigung, der naturgemäßen Entwicklung unserer Sprache gelegen sein‹; oder Näheres über **Gustav Freytags** durch den Sprachverein beunruhigtes Kunstgewissen liest (vgl. S. 276); oder über **Treitschkes** Reue, sich durch E. Schmidt und H. Delbrück haben täuschen zu lassen. Oder **Moltkes** Erklärung von 1887 an den Deutschen Sprachverein: ›daß er die auf Reinigung unserer Sprache gerichteten Bestrebungen nach Kräften gefördert habe und auch fernerhin zu unterstützen gesonnen sei‹ – eine Erklärung, die uns erklärt, warum E. Schmidt und H. Delbrück ihm nicht ihre ›Erklärung von 1889‹ zur Unterschrift vorzulegen wagten. Oder wurde sie ihm vorgelegt? Dann sollte uns seine Antwort nicht länger vorenthalten werden!

Eine höchst widerwärtige Ausnahme von den schaffenden Deutschen Schriftstellern stellt Gerhart **Hauptmann** dar. Er weiß von den fremden Sprachen noch weniger als Karl Bleibtreu, bemüht sich aber gleich diesem, sein großartiges Wissen und Nichtwissen auszukramen. In seinem kläglichen Roman ›Atlantis‹ schwelgt er besonders in der Engländerei: der Deutsche Dampfer heißt *steamer*, auf diesem Deutschen Dampfer gibt es einen *first call for dinner*, das Lesezimmer wird in allen Fällen zum *readingroom*, und der Deutsche Dampfer hat keine Schraube, sondern einen *Propeller*, was dieser Deutsche Dichter für Englisch hält, während die Engländer in ihrem Eigensinn das Ding *screw* nennen. Auf seinem Deutschen *steamer* läßt der Deutsche Dichter einen Begrüßungsmarsch ›*konzertieren*‹; zum Mittagsmahl werden nicht fünf Stücke, sondern fünf *Piècen* gespielt, was dieser Deutsche Dichter für Französisch hält, während die dummen Franzosen von *morceaux* sprechen. Brauchen wir uns angesichts solcher Sprachbildung Hauptmanns zu wundern, daß er ›brauchen‹ ohne ›zu‹ schreibt, daß er Sätze bildet, wie ›die Luft ging nicht zu atmen‹, und daß er, der kindlichstolze Fremdwörtler, dicht neben seiner Fremdwörterei Anfälle von selbstverfertigtem Altdeutsch bekommt und z.B. schreibt: ›Er nahm an Friedrichens Seite Platz. Mit Friedrichen‹ –? Man stelle sich vor, in Frankreich schriebe ein berühmter Dichter solche Sprache! Aber das ist ja gar nicht vorstellbar.

Die Festschrift berichtet von mehr als 200 Hochschullehrern, die schon 1891 Mitglieder des Sprachvereins gewesen seien. Mögen es jetzt 300 sein: was will das sagen bei einer Gesamtzahl von mehr als 5000 Lehrern an unsern Universitäten, gewerblichen Hochschulen, Akademien aller Art, und bei mehr als 20000 Oberlehrern, die nicht so, sondern Studienräte heißen wollen? Bei gewiß mehr als einem Viertel dieser Zahlen von schreibenden und druckenden Hochschul- und Oberlehrern? Bewundernswert sind die ohne jeden andern Lohn als die erfüllte Edelpflicht geleisteten Arbeiten der Führer des Sprachvereins. Dennoch sei die Sorge nicht unterdrückt, daß es bei der jetzigen Art rastloser, aber sich verzettelnder Kleinarbeit noch in hundert Jahren nicht wesentlich, nicht im Kern besser um die Deutsche Sprache stehen wird als heute. Gegen die Hauptförderer der sich stets erneuernden Verunreinigung muß der Hauptangriff mit voller Wucht und äußerster Rücksichtslosigkeit geführt werden, mit allen Waffen ehrlichen Kampfes: **gegen die unsre Sprache verwelschenden wissenschaftlichen Schreiber.** Die Deutsche Wissenschaft ist uns Deutschen die mit Recht verehrte Hochmeisterin der Bildung, vielfach des Könnens. Sie bereitet unsre Lehrer auf ihren Beruf vor, die oberen, die mittleren, alle. Sie unterrichtet unsre Schriftsteller, unsre Zeitungschreiber, unsre Beamten vom Minister bis zum ›Magistratssekretär‹; unsre Abgeordneten, unsern Adel und unser Bürgertum; den Offizier des Land- und des Seeheeres; den gebildeten Kauf- und Gewerbsmann; den Künstler und den höheren Handwerker. Entscheidend für die Sprache eines Volkes ist in allererster Reihe die der Wissenschaft, des Unterrichts; denn auch der Dichter, dem die höchsten Aufgaben der schöpferischen Pflege der Sprache zufallen; nicht minder der Zeitungsmann, aus dessen Sprache jedermann seine eigne Sprache schöpft, – sie alle sind Zöglinge der vorbildenden Wissenschaft gewesen, bevor sie selbst ihr Volk höher zu bilden beginnen. An dem Tage, wo die Deutsche Wissenschaft durch eine gemeinsame Kundgebung oder durch ein feierliches Wort ihrer erlauchtesten Führer erklärt, dass sie die heilige Pflicht endlich erfüllen will, die Sünden ihrer Vorgänger von vier Jahrhunderten an der Deutschen Sprache zu sühnen, kann sich der Sprachverein auflösen.

○ ○ ○

Die Führung auf diesem Buß- und Besserungsgange gebührt den Germanisten, d.h. den Hütern der Deutschen Sprache. Sie selbst müssen laut verkünden, daß welschende, also die Muttersprache besudelnde Deutschforscher eine Deutsche Schande, ein öffentliches Ärgernis schlimmster Art sind, und daß ein Volk, eine Wissenschaft, eine Regierung, die diese völkische Schmach dulden, des Deutschen Namens unwürdig sind. Eine Zeit wird kommen, wo gegen das lebende Geschlecht die schwersten Anklagen daraus geschöpft werden, daß es sich von der Berliner Akademie der Wissenschaften inmitten des Deutschen Daseinskampfes ein Gutachten gegen die amtliche Verdeutschung der elendesten Fremdbrocken, abgefaßt von dem Germanisten Röthe, hatte bieten lassen.

Nichts Geringeres als ein stolzes Bekenntnis der deutschen Wissenschaft zur Deutschen Sprache, eine Gegenerklärung gegen die von 1889, kann gründliche Heilung bringen; keine Erlasse von höchster Stelle, keine Beschlüsse von Berufsvertretungen, nicht einmal die Presse. Und würde selbst zu glücklicher Sternenstunde in Deutschland ein Dichter von der Größe Goethes oder Schillers geboren, mit einer Sprache reiner als jener Großen aus der Deutschen Franzosenzeit, – nach seinem Tode ergösse sich die schmutzige Schlammflut doch wieder in das gereinigte Bett der Deutschen Sprache, wenn sich an unsern hohen Schulen mangelnder Sinn für die Kunst des reinen Wortes und gelehrtes Vornehmtun zu neuer Fremdwörterei vereinigten.

○ ○ ○

Die Hoffnungen, die vielfach in den **Schulstaat** gesetzt werden – ›wer die Schule hat, der hat die Zukunft‹ –, sind trügerisch; denn in Wahrheit wird die sprachliche Erziehung in der Schule nicht vom Staat, sondern von der freien Hochschulwissenschaft beherrscht, die unsre Lehrer sprachlich vorbildet. Auf wie schönem Papier und in wie edler Sprache auch die jahraus jahrein ergehenden Rundschreiben und Richtlinien der höchsten Schulbehörden Deutscher Länder über die Reinheit der Muttersprache abgefaßt seien, sie bleiben das bekannte ›schätzbare Material‹. Die Herren Minister, gleichviel ob kaiserliche oder freistaatliche, unterschreiben die schönen Erlasse, und die Männer der Wissenschaft bilden die Lehrer vor und schreiben die weniger schönen Schulbücher, etwa von der Art der Cauerschen Geschichtstabellen: *Der französische Adel emigrierte und agitierte im Auslande*, oder des Paulsiekschen vorgeblich Deutschen Lesebuches: *Anthologien als Früchte einer subjektiven Eklektik*. Und die wackern Deutschen Jungen und frischen Mädchen lesen das, schwören, wie sie ja müssen, auf die Worte des Lehrers und schreiben, da sie ›nicht für die Schule, sondern fürs Leben‹ lernen sollen, in ihren späteren Berufen dasselbe undeutsche Deutsch; die vielen Allzuvielen lassen es sogar drucken.

Die Deutsche Wissenschaft, unser Stolz vor den Völkern, unsre Freude daheim, unsre geistige Mutter, ja selbst das sei gerühmt: einst die Pflegerin der Deutschen Hoffnungen, die Vorbereiterin der Deutschen Zukunft in den trübsten Zeiten, sie ist heute in vielen ihrer Vertreter die ärgste Feindin, **die tödlichste Gefahr der Deutschen Sprache** und damit des Dauerbestandes des Deutschen Volkes. Sie, keiner sonst, mischt den fremden Unrat dort in den Strom, wo er hoch an den Bergen entspringt. Herr von Goßler, der sprachfreundlichste preußische Unterrichtsminister, war's, der zuerst an machtreicher Stelle das Wort gesprochen **von der Pflicht zur Sühnung alter Schuld:** ›In der Hut und Pflege des in unserer Sprache und in unserm Schrifttum uns überkommenen Besitzes erkennt die preußische Schulbehörde **eine heilige Aufgabe unserer Schule.**‹ So in seinem Erlaß vom 15. Januar 1889 auf eine Eingabe des Deutschen Sprachvereins. Als schroff widersprechende Antwort der Deutschen Wissenschaft erfolgte die von Erich Schmidt verfaßte Erklärung vom Februar desselben Jahres. In dieser stand der hochtönende Satz, nein, die verlogene Phrase: ›Es genügt, daß unsere Jugend durch wissenschaftlich und pädagogisch gebildete Lehrer wie bisher (?) zum sauberen Gebrauch der Sprache und zu fortschreitender Versenkung in die Schätze der Nationalliteratur angeleitet werde.‹ Das ›Genügen‹ wird vereitelt durch die fremdwörtelnden und die Fremdwörterei verteidigenden Vorbereiter unsrer wissenschaftlich und pädagogisch gebildeten Lehrer. Der Nachwuchs der Deutschen Wissenschaft fremdwörtelt gleich seinen Vorgängern, ja er fremdwörtelt vielfach noch toller, noch geschmackloser, z.B. Max Hermann, R. M. Meyer, Eugen Wolff, B. Litzmann, Fr. Gundolf viel ärger als Erich Schmidt. In der jüngern Literatur- und Kunstwissenschaft hat die französelnde Geckerei einen Grad erreicht, der das ekelhafte Sprachgemengsel des 17. Jahrhunderts überbietet. Und um den Becher bis über den Rand zu füllen: die preußische Regierung und das preußische Abgeordnetenhaus einigen sich über eine möglichst reine, nicht einmal neue Geschäftssprache, – da erklärt sich der Obergermanist Gustav Röthe als Verfertiger eines Gutachtens der Berliner Akademie der Wissenschaften gegen diesen kräftigen Versuch zur Wiederherstellung der Deutschen Sprachehre (vgl. die Einleitung zur ersten Auflage meiner ›Deutschen Sprachschöpfer‹). In welchem andern Lande der Erde wäre solche Verletzung völkischer Scham denkbar!

Der Schulstaat hat also seine Aufgabe bisher nicht erfüllt; die klarsten Bestimmungen in den amtlichen Lehrplänen, z.B. ›Fremdwörter, für die gute Deutsche Ausdrücke vorhanden sind, sollen ausgemerzt werden‹, sind fruchtlos geblieben und werden solange fruchtlos bleiben, wie die Lehrer nicht von den Hochschulen reines Deutsch als das sicherste Kennzeichen des wahrhaft wissenschaftlichen Menschen mitbringen.

○ ○ ○

Viel größeres Vertrauen als der Schulstaat hat sich der **Beamtenstaat** verdient. Ginge es in der säubernden Pflege unsrer Sprache ohne ihn, täten die lehrenden und schreibenden Hüter der Sprache ihre Pflicht, so wäre das besser, denn in solchen höchsten Geistesfragen ist allemal dem rohen Zwange der Macht die sanfte Gewalt freier Lehre und innerer Überzeugung vorzuziehen. Die Deutsche Sprachgeschichte lehrt aber unwiderleglich, daß es, bei dem deutschwidrigen Verhalten der Deutschen Wissenschaft, nicht ohne die Staatsgewalt gehen wird. Auf ausdrücklichen Befehl Bismarcks, dies hat **Heinrich Stephan** selbst bezeugt, wurden auf einen Strich gegen 600 Fremdwörter aus dem einen Zweig unsers öffentlichen Lebens, der Postverwaltung, ausgetilgt, gegen den lauten Widerspruch der Wissenschaft und ihrer Schüler; für keines hat sich das Bedürfnis nach Wiedereinführung jemals geregt. Außer Campe hat kein Sprachreiniger so furchtbar und fruchtbar ausgefegt wie Stephan, und jeder sprachsauber empfindende Deutsche dankt es ihm. Das ähnliche Walten andrer wichtiger Zweige der Reichs- und der Staatsverwaltung wurde erwähnt.

Solches Tun und solche Erfolge weisen den Weg. Die wissenschaftlichen Erklärer von 1889 haben die Einmischung der öffentlichen Gewalten zurückgewiesen, haben sich aber, mit Ausnahme solcher Männer wie Freytags und Treitschkes, unfähig gezeigt, aus eignem Entschluß ›dem verschwenderischen Mißbrauch der Fremdwörter, dem Überschwang der Sprachmengerei‹ zu steuern, am wenigsten in den Kreisen, die an Mißbrauch und Überschwang die Hauptschuld tragen. So bleibt denn nichts übrig, als fortzuschreiten auf der mit wohlverdientem Glück betretenen Bahn: die Staatsaufsicht über alle Schulen mit vollem Ernst einzusetzen für ›die Pflege des Ausdrucks in allen Fächern und auf allen Stufen‹, und zur Wirklichkeit zu machen das Stück Papier, auf dem einst befohlen ward: ›**Fremdwörter, für die gute Deutsche Ausdrücke vorhanden sind, sollen ausgemerzt werden.**‹ Ein Vierteljahrhundert Deutschen Schulunterrichts, worin die Anwendung eines überflüssigen Fremdwortes in Rede und Schrift des Schülers mit gleicher Strenge behandelt wird wie *ut* mit dem *Indikativ, si* mit dem *Conditionnel* oder die Unwissenheit eines Sekundaners im Pythagoreischen Lehrsatz, – und aus den so erzogenen Schülern erwachsen dereinst die Oberlehrer, die Hochschullehrer, die, was sie als Knaben gelernt, die Jünglinge der Zukunft lehren: Das Fremdwort kennzeichnet den halbgebildeten, den scheinwissenschaftlichen Menschen. Daß es das Kennzeichen des unkünstlerischen ist, habe ich mich bemüht zu lehren, –– mit beredten Worten, soviel ich ihrer fand, mit eignem Beispiel, soweit meine Gabe reichte.

○ ○ ○

Endlich noch drei einfache Rechtsfragen. 1. Welches göttliche oder menschliche **Recht** hat ein Deutscher, dem die Deutsche Sprache zum Ausdruck seiner Gedanken gegeben ward, die Sprache andrer Völker zu **bestehlen** und die gestohlenen Wörter pöbelhaft verunstaltet in die eigne Sprache einzuflicken? – 2. Mit welchem **Recht** spricht ein Deutscher zu seinen Deutschen Volksgenossen in verpöbelten Wörtern fremder Sprachen? – 3. Jedem Deutschen ward die Deutsche Sprache nicht als unbeschränktes Eigentum, sondern nur als heiliges, pfleglich zu behandelndes Geisteslehen gegeben. Mit welchem **Recht** untersteht sich ein Deutscher, Wörter der ihm anvertrauten Sprache zu verdrängen, zu unterdrücken, auszurotten, um an ihre Stelle die verpöbelten gestohlenen Wörter fremder Sprachen zu setzen? Auf diese drei Rechtsfragen schuldet jedem Deutschen jeder Welscher klare Antworten.

Dann aber nach den Rechtsfragen die **Machtfrage**. Alle wissenschaftliche, alle vaterländische Gründe für die Selbstverständlichkeit, daß in Deutschland Deutsch gesprochen werden muß, sind längst erschöpft; nichts Neues kann mehr beigebracht werden, um jemand von einer völkischen Urpflicht zu überzeugen, der durchaus nicht überzeugt werden will. Die Deutsche Sprachfrage ist eine Machtfrage geworden. Sobald das Deutsche Volk aller Stände das welsche Zeug ablehnt, nützen dem gelehrttuerischen Welscher alle seine Scheingründe nichts: man hört ihn nicht, man liest ihn nicht. Man stelle sich vor, eine Volksregierung, ein wahrhaft gebildeter Minister für Volksbildung käme auf den doch nicht allzu fern liegenden Gedanken: Ich will der Deutschen Sprachschande und der sprachlichen Gliederung des Deutschen Volkes in Sprachkasten ein Ende setzen, – und er verordnete: **Kein Lehrer** (vom Volksschullehrer zum ordentlichen Hochschullehrer) **wird angestellt und befördert, der sich nicht in Wort und Schrift möglichst reiner Sprache befleißigt.** Dieser Erlaß, mit unerbittlichem Ernst und voller Macht durchgeführt, würde uns in 25 Jahren ein sprachsauberes Vaterland schenken. Wo ist der Staatsmann, der nach diesem unvergänglichen Ruhme strebt? Sind Deutsche Staatsmänner unfähig geworden zu wahrem Ehrgeiz der Höhe zu?

○ ○ ○

Schon einmal wurde in diesem Buche gesagt: Kein echter Fremdwörtler hat sich je zu reiner Sprache bekehrt. Gustav Freytag, der sich belehren ließ, war ja kein Fremdwörtler, und Treitschke erst recht nicht. Der echte und gerechte Fremdwörtler wird fortfahren, seine ›brauchbaren Fremdwörter‹ zu schreiben, unbekümmert, ob sie nach einem Menschenalter unbrauchbar sind und seine Schriften unbrauchbar, ja lächerlich machen. Sie wissen, denn sie sind Männer von reichem Wissen, daß nicht ein einziges fremdwörtelndes Buch bis über das nächste Lesergeschlecht hinaus lebendig geblieben. Sie wissen z. B., daß, als Thomasius Deutsch vorzutragen und zu schreiben begann, alle andre Leipziger Professoren bei ihrem Latein verharrten, gegen Thomasius ›Erklärungen‹ erließen, und – daß von keinem jener Lateiner uns ein lebendiges Blatt überkommen, während der Deutsche Thomasius in unsrer Geistesgeschichte eine hochragende Gestalt geblieben ist. Sie wissen, daß von der ganzen ältern Germanistik des 19. Jahrhunderts, die fremdwörtelte, wenn auch nicht ganz so arg wie die heutige fremdwörtelt, nur Jakob Grimm und Uhland ein Besitz für die Gegenwart und die Zukunft sind, – und die haben Deutsch geschrieben.

Nein, von der Wissenschaft, wenigstens von der jetzt schon bewürdeten, ist keine Besserung zu erwarten. Eher noch von den gebildeten Laien, die sich der Deutschverderbung durch die Gelehrten zu erwehren trachten. Fürwahr, die Zahl der hochgebildeten Menschen wächst und wächst, die, ganz abgesehen von dem wohl noch erlaubten ›Nationalstolz‹, aus Gründen des guten Geschmackes die reine Deutsche Sprache fordern. Die Zeit, da es für gebildet galt zu fremdwörteln, ist in der besten Gesellschaft vorbei und wird niemals wiederkehren. Das ist schon viel, aber nicht genug. Das gehäufte Fremdwort muß zum unfehlbaren Merkmal des Pöbels werden, muß für so gemein gelten wie unsaubre Kleider, Nägel oder Zähne. Die ›Magistratssekretäre‹ müssen und werden dann von selbst mit der Bittschrift kommen, sie ehrenhalber Stadtschreiber zu nennen: es läge eine feine Rangerhöhung darin, ähnlich den Beamtentiteln in der Schweiz, wo der Staatsschreiber einer der höchsten Beamten ist mit allerlei Dutzendsekretären tief unter ihm. Ja selbst die Herren Studienräte werden dann den Schulminister bitten, ihnen einen vernünftigen Deutschen Amtsnamen zu geben.

○ ○ ○

Indessen – ›Es ist eine Lust, zu leben!‹ wird der Sprachfreund doch erst rufen dürfen, wenn die allerstärkste geistige Macht auf den Plan getreten ist: **die Deutsche Jugend.** Wie oft schon in der Geschichte unsers Schrifttums hat Sturm und Drang von reifenden Knaben und Jünglingen eine neue Blütezeit heraufgeführt! Klopstock und Lessing, nach ihnen die Stürmer und Dränger um Goethe, dann die jungen und jüngsten Romantiker, abermals um ein Menschengeschlecht später das Junge Deutschland, nach einem halben Jahrhundert das Jüngste Deutschland – immer war es die blühende Jugend, das fordernde Geschlecht, wie Goethe es nannte, das die stockig gewordene Deutsche Welt mit goldener Rücksichtslosigkeit gewitterhaft erfrischend aufrüttelte.

O daß ich noch jung wäre wie ihr, die ihr jetzt in den Hörsälen auf den Bänken sitzet, auf denen ich im Werdejahr des jungen Deutschen Reiches gesessen! Kampffreudig wie ich schon damals war, würde ich einen Studentenverein ›Deutsche Sprache‹ gründen und den höchsten Wurf wagen, der in dieser Zeitlichkeit zu augenblicklichem, allerdings vergänglichem Ruhme führt: die Entfesselung einer Mode! Ohne Eicheln-essende Deutschtümelei. Ohne jene fratzenhafte hohle Spielereien, wie sie von Klopstock und den Barden des 18. Jahrhunderts für einige Zeit getrieben wurden, mit geringem Widerhall bei den Lesern, zu keiner Frucht für die Kunst. Nein, ganz einfach so, daß junge Deutsche Menschen im hellen Lichte des 20. Jahrhunderts ebenso reines edles Deutsch zu sprechen und zu schreiben haben, wie die Franzosen und Engländer seit Jahrhunderten Französisch und Englisch, nichts andres, sprechen und schreiben. Erst dann wird der Wettlauf zwischen der Deutschen Kunstprosa und der aller großer Sprachkunstvölker unter gleichen Kampfgesetzen anheben, und, dessen seid sicher, es währt nicht lange, so wird der Spott der Ausländer über unsre Sprache aufgehört haben.

Ein wenig Mode war bei jedem Sturm und Drang; die der jungen Leute um 1770 kam sogar dem Ziele, das ich von der gebildeten Jugend aufgerichtet sehen möchte, sehr nahe: reindeutscher Sprache. Was hätten unsre für die schöpferische Dichtung zum allergrößten Teil unfruchtbaren Allerjüngsten um 1885 wenigstens für die Sprache leisten können, wenn sie, die den französischen ›Naturalismus‹ für ein paar Jahre in die Mode brachten, statt der ›Revolution der Literatur‹, die sie mit prahlerischer Ohnmacht ankündigten, eine Erneuerung der Deutschen Sprache gefordert und gefördert hätten!

O ihr meine Leser in den segenschweren frühen Zwanzigern, lasset euch sagen von Einem, der zwei Menschenalter sah und mehr als eines von Schreibern: kein Werk der Wortkunst dauert über den flüchtigen Tag, das nicht mit dem höchsten Kunstmittel geschaffen wurde: der reinen Sprache. Wie gekräuselte Menschheitschnitzel verraschelt all die eitle Wortgaukelei, heiße sie noch so großartig Impressionismus oder gar Expressionismus, die sich aus den nachgestammelten Sprachen der umwohnenden Völker ein Ragout von Andrer Schmaus zusammenbraut. Bewunderung von Kindern und Affen, wenn euch darnach der Gaumen steht; doch werdet ihr nie Herz zu Herzen schaffen, wenn es euch nicht von Herzen, nicht Deutsch über die Zunge und aus der Feder geht.

Dieses Buch wurde von Daniel Sauthoff, Hamburg,
gestaltet und ausgestattet.
Den Satz übernahm Dörlemann Satz, Lemförde, mit
der Schrift Abril Text und Benton Sans.
Die Herstellung betreute Katrin Jacobsen, Berlin.
Das Memminger MedienCentrum druckte auf 100 g/m² holz- und säurefreies, ungestrichenes Munken Lynx.
Dieses wurde von Arctic Paper ressourcenschonend
hergestellt.
Den Einband besorgte die Verlagsbuchbinderei
Conzella in Aschheim-Dornach.

Die Originalausgaben der
ANDEREN BIBLIOTHEK
sind limitiert und nummeriert.

1.– 4.444 2016

Dieses Buch trägt die Nummer:

1034 ✳

ISBN 978-3-8477-0379-2
AB – DIE ANDERE BIBLIOTHEK GmbH & Co.KG
Berlin 2016